Inhalt

DER HIMALAYA

Geographie und Umwelt

Politisches Spannungsgebiet

Traditionsgebiet der großen asiatischen Religionen

Reisen im nordindischen Himalaya

JAMMU & KASHMIR

Politische Geschichte

Geographie

Wirtschaftliche Entwicklung

KASHMIR

3

Eberhard Schmitt

NORDINDISCHER HIMALAYA

Kashmir · Ladakh
Himachal Pradesh · Uttarakhand

Ein EXpress Reisehandbuch

unter Mitarbeit von
Hagen Berndt und Helko Peters

Mundo Verlag

CIP-Kurztitelaufnahme der Deutschen Bibliothek

Schmitt, Eberhard:
Nordindischer Himalaya : Kashmir, Ladakh, Himachal
Pradesh, Uttarakhand / Eberhard Schmitt. Unter Mitarb. von
Hagen Berndt u. Helko Peters. – Rieden am Forggensee :
Mundo-Verl., 1990
(EXpress Reisehandbuch)
ISBN 3-926966-25-4

© 1989 MUNDO-Verlag, Aggensteinstr. 6, 8959 Rieden am Forggensee
Alle Rechte vorbehalten
Gesamtherstellung: WB-Druck GmbH & Co Buchproduktions KG, 8959 Rieden/Allgäu
Printed in Germany

schaft – Wachsender moderner Sektor: Bürokratie, Militär, Tourismus – Religion, ein wesentlicher Bestandteil des Lebens

HIMACHAL PRADESH

Politische Geschichte

Geographie und Ökologie

Politik und wirtschaftliche Entwicklung

Religion und Alltagskultur

Reiseziele in Himachal Pradesh

Trekking in Himachal Pradesh

Reisepraktisches zu Himachal Pradesh

UTTARAKHAND

Geographie

schaftsentwicklung in Uttarakhand

Gesellschaftliche Situation

Reiseziele in Uttarakhand

Trekking in Uttarakhand

Reisepraktisches zu Uttarakhand

REISEPRAKTISCHE TIPS VON A–Z

ZEICHENERKLÄRUNG

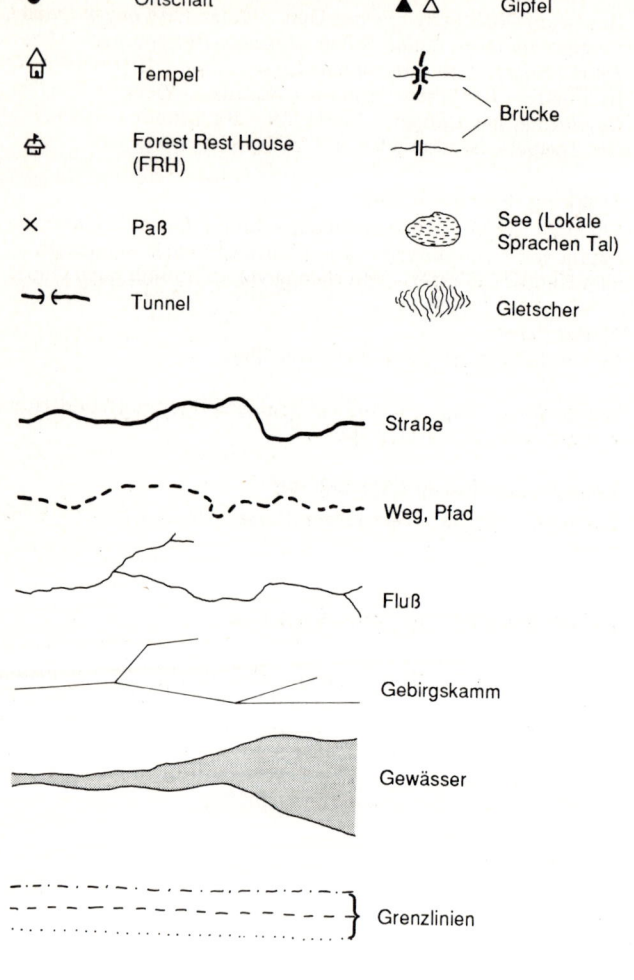

●   Ortschaft

⌂   Tempel

⌂   Forest Rest House (FRH)

×   Paß

→←   Tunnel

▲ △   Gipfel

Brücke

See (Lokale Sprachen Tal)

Gletscher

Straße

Weg, Pfad

Fluß

Gebirgskamm

Gewässer

Grenzlinien

VORWORT

Das Reisebuch beginnt mit einer knappen Einführung in Geographie und Umwelt, politische Verhältnisse und religiöse Struktur der gesamten Himalayaregion.

Daran schließt ein Kapitel zum Thema »Reisen im nordindischen Himalaya« an, in dem vielfältige Formen des für dieses Gebiet typischen Reisens für die Vergangenheit und Gegenwart vorgestellt werden.

Der Hauptteil des Buches ist in die Reiseregionen Ladakh, Kashmir, Jammu, Himachal Pradesh und Uttarakhand gegliedert. Für alle diese Gebiete wird die politische Geschichte, die gegenwärtige wirtschaftliche und soziale Situation sowie ihre kulturelle Besonderheit dargestellt. Im Anschluß an diese allgemeinen Teile folgen jeweils Beiträge, in denen ausgewählte Reiseziele vorgestellt werden. Am Ende der Regionalteile stehen Wanderkapitel.

Wandern wird hier als soziales Wandern verstanden; es zielt darauf ab, das soziale Gesicht einer Landschaft (Besitzverteilung, soziale Ungleichheit etc.), die Kunstschöpfungen und technischen Errungenschaften, die ökonomischen Überlebensfragen und ökologischen Probleme kennenzulernen.

Den Abschluß bildet ein Kapitel mit allgemeinen Reisetips für Indien, insbesondere den nordindischen Himalaya.

Ein besonderer Dank geht an Helko Peters und Hagen Berndt für ihre Beiträge zum Wanderkapitel bzw. zur Umweltsituation und ökologischen Bewegung in Uttarakhand.

Bei der Beschreibung der Wanderrouten können trotz aller Sorgfalt der Recherche zwischenzeitlich Veränderungen eingetreten sein, die zur Zeit der Drucklegung nicht bekannt oder vorauszusehen waren.

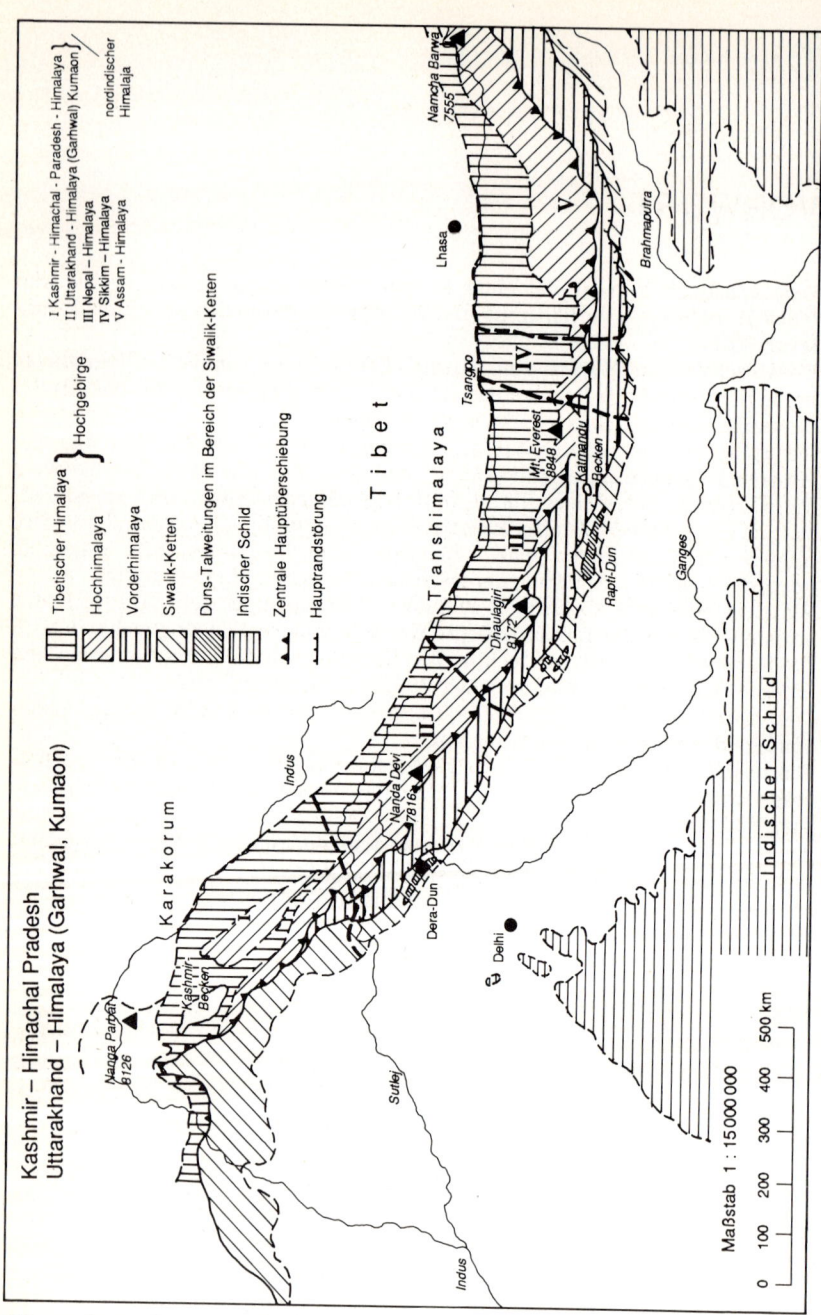

Die großräumliche Landschaftsgliederung des Himalaya

10

Der Himalaya
Geographie und Umwelt

Das höchste und gewaltigste Gebirge der Erde

Der Himalaya ist eine riesige Gebirgskette, die sich vom *Pamir* im afghanisch-pakistanischen Grenzgebiet im äußersten Nordwesten des Indischen Subkontinents in einem nach Norden offen Bogen über 2.500 km bis zum äußersten Nordosten Vorderindiens nach *Burma* hinzieht. Über seine genaue Begrenzung gibt es unter den Geographen allerdings unterschiedliche Ansichten. Am häufigsten werden der *Nanga Parbat*, 8.126 m (pakistanischer Teil Kashmirs), bzw. der *Indus* als westliche Grenze und der *Namcha Barwa*, 7.726 m (Tibet), bzw. der *Brahmaputra River* als östliche Grenze angegeben. Wie gewaltig dieser Gebirgszug wirklich ist, läßt sich daran ermessen, daß die Himalayakette doppelt so lang ist wie der Alpenbogen. Der Himalaya ist im Westen (Kashmir, Himachal Pradesh, Ladakh) 400 km, im Zentralbereich (Uttarakhand, Nepal, Sikkim) ca. 180 km und im Osten (Bhutan, Arunachal Pradesh) etwa 100 km breit.

Der Himalaya ist erst im Tertiär entstanden, so daß er unter Geologen wie die gleichaltrigen Alpen als erdgeschichtlich jung eingestuft wird. Immer wieder auftretende Erdbeben zeigen, daß die Gebirgsbildung auch heute noch nicht abgeschlossen ist. Wer dies nicht genügend zur Kenntnis nimmt, geht beim Straßenbau und der Anlage von Riesenstaudämmen nicht zu verantwortende Risiken ein, die zu Katastrophen führen können.

Die höchsten Erhebungen des Himalayas befinden sich im Bereich Nepal-Sikkim, wo die Hauptkette in einem Bereich von 500 km Länge zwischen dem *Dhaulagiri* und dem *Kangchenzönga* neun Achttausender aufweist.

Die Berge von Lahaul, vom Rothang-Paß aus gesehen

Höchste Erhebung ist der 8.848 m hohe *Mount Everest*, der höchste Berg der Erde. 10 Himalaya-Gipfel sind höher als 8.000 m, 31 höher als 7.600 m. Die meisten dieser schneeglitzernden Bergriesen heben sich steil und schroff gegen die Hochtäler ab (2.000–3.000 m Höhendifferenz).

8–12 % der Oberfläche des Himalaya ist vergletschert (Alpen 2,2 %). Er wird in dieser Hinsicht nur noch vom Karakorum (Nordpakistan) übertroffen, von dessen Oberfläche sogar 28 % vergletschert sind und das die größte zusammenhängende Eisfläche außerhalb der Polarzonen bildet.

Größte Himalaya-Gletscher sind der 40 km lange *Gangotri Glacier* im nordwestlichen *Garhwal-Himalaya* und der 31 km lange *Zemu Glacier* am *Kangchenzönga* im Grenzgebiet zwischen Nepal und Sikkim. Die Himalaya-Gletscher sind im allgemeinen relativ kurz, sehr spaltenreich und reichlich von Schuttmassen bedeckt, so daß sie lediglich aus der Ferne weiß glänzen.

Die Himalaya-Gletscher sind von eminenter Bedeutung für die Bewässerungskulturen in Nordindien (Punjab, Haryana, Uttar Pradesh) und Pakistan, wo sie für eine relativ stabile ganzjährige Versorgung mit dem lebensspendenden Wasser in diesen extrem trockenen Gebieten sorgen.

In den Gebirgsregionen selbst kommt das Gletscherwasser nur in den Hochtalböden und den größeren Talbecken (Kashmir, Kangra, Kulu, Katmandu, Tista) den Einheimischen zugute. An vielen Hochgebirgsdörfern fließt das Wasser der reißenden Gebirgsflüsse in tiefen und engen Schluchten vorüber, ohne daß es landwirtschaftlich genutzt werden kann.

Komplexes System höchst unterschiedlicher Gebirgsketten

Der Himalaya besteht – vereinfacht ausgedrückt – aus drei in etwa parallelen Gebirgsketten, die im Westen, Zentralbereich und Osten in ihrer Breite und Höhe beträchtliche Unterschiede aufweisen.

Siwaliks:

Der Himalaya thront wie eine riesige Mauer über der nordindischen Tiefebene. Den Übergang bildet ein als die *Siwaliks* bezeichnetes 400–1.500 m hohes Mittelgebirge, das geologisch aus Erosionsmaterial (verfestigtes Geröll, Sandsteine, Mergel) zusammengesetzt ist.

Die Siwaliks werden durch stark verästelte Flußsysteme in zahlreiche kurze und schmale Schluchten (Täler) gegliedert. Das schwierige Relief und die ungünstige Vegetation bewirken, daß große Gebiete in den Siwaliks unbewohnt bleiben. Lediglich in den breiten Muldenlandschaften der *Duns* sind größere Siedlungen entstanden. Während die Siwaliks im Westen noch eine etwa 150 km breite Zone bilden, sind sie im Zentralhimalaya und im Osten im Laufe der Jahrhunderte fast vollständig abgetragen worden.

Vorderhimalaya:

Nach Norden hin schließt sich parallel zu den Siwaliks die bis 5.000 m hohe Gebirgskette des *Vorder-* oder *Niederhimalaya* (Lesser Himayalas) an. Auch dieser Teil ist im Westen wesentlich stärker ausgebildet als im Zentral- und Osthimalaya.

Im Westen wird dieser Teil von den Bergen des *Pir Panjal* (Jammu und Kashmir) und der *Dhaula Dhar Range* (Himachal Pradesh) gebildet. Zwischen den 3.000–5.000 m hohen Bergen des Vorderhimalayas und dem 5.000 bis über 8.000 m hohen Hochhimalaya (Great Himalayas) erstreckt sich abschnittweise ein Raum mit Mittelgebirgscharakter, für den schmale Kerbtäler, steile Bergflanken und das Fehlen von Hangverflachungen charakteristisch sind. Besonders ausgebildet ist diese Landschaft in Himachal Pradesh, Uttarakhand und Nepal (Pahar). Verschiedene größere Becken (Kashmir Valley, Katmandu Valley z. B.) und viele kleine Becken sorgen dank günstiger Bedingungen (Klima, Boden) dafür, daß diese Region teilweise sehr dicht besiedelt ist.

Hochhimalaya:
Ganz im Norden erhebt sich schließlich der *Hochhimalaya* oder die Hauptkette des Himalayas (Great Himalayas), die man im allgemeinen als »den Himalaya« bezeichnet. Jenseits dieses mächtigen Gebirgszuges aus Fels, Eis und Schnee liegt das weite (etwa fünfmal so groß wie die Bundesrepublik) wüstenhafte Hochland von Tibet, das auch das »Dach der Welt« genannt wird. Diese Region ist durchschnittlich 4.000–5.000 m hoch. Die Hochfläche wird immer wieder von Inselbergen unterbrochen, die bis zu 6.500 m Höhe aufragen können.

Wasserreservoir und Lebensader Nordindiens

Der Himalaya wird im wesentlichen von drei großen Flußsystemen entwässert: dem *Indus* (mit den großen Nebenflüssen Beas, Sutlej, Jhelum, Chenab und Ravi), dem *Ganges* (mit den großen Nebenflüssen Jamuna und Kali Gandaki) und dem *Brahmaputra*, die alle in den Indischen Ozean (Arabisches Meer, Golf von Bengalen) münden. Im Gegensatz zu den Alpen bildet der Himalaya keine Wasserscheide. Fast alle Gewässer führen in den Süden. Die Quellen von Indus und Brahmaputra liegen zwar auf dem Hochland von Tibet, aber beide Flüsse umfließen die Ketten im Westen/Osten und durchbrechen sie schließlich in eindrucksvollen Schluchten Richtung Süden. Dagegen führt das Flußsystem des im Innern des Hochhimalayas entspringenden Ganges auf direktem Wege in Durchbruchstälern in die nordindische Ebene.
Der Wasserstand dieser Flüsse variiert im Laufe des Jahres sehr stark. In der Zeit der Schneeschmelze und des Monsuns treten vielfach schwere Überschwemmungen auf, die zu riesigen Schäden führen können. Dies betrifft am stärksten den mittleren und östlichen Abschnitt der nordindischen Ebene (ab Varanasi bis zur Mündung in Bengalen/Bangla Desh), da der Monsun im Zentral- und Osthimalaya wesentlich stärker ist als im Westen. Anzahl und Ausmaß der Überschwemmungen haben in jüngster Zeit in beängstigender Weise zugenommen, da, durch die Abholzung weiter Himalayaregionen bedingt, der Monsunniederschlag nun oft ungebremst auf schnellstem Wege abfließt. Die Auswirkung der Zerstörung der Himalayawälder wird am Beispiel von *Uttarakhand* ausführlich dargestellt, so daß wir an dieser Stelle nicht weiter auf die Zusammenhänge von Entwaldung, Bodenerosion und Überschwemmung sowie andere ökologische Fragen eingehen.

Durch den Monsun modifiziertes alpines Klima

Die klimatischen Verhältnisse sind in den einzelnen Himalayaregionen höchst unterschiedlich. Hinzu kommt, daß auch in den Kleinräumen vielfältige Unterschiede existieren, da das Klima auch durch die z. T. beträchtlichen Höhendifferenzen auf engstem Raum große Temperaturunterschiede aufweisen kann.

Der Westhimalaya (Kashmir, Himachal Pradesh) befindet sich im Winter unter dem Einfluß einer Mittelmeerdepression mit vorherrschenden Westwinden. Hier fallen die Hauptniederschläge von Januar bis Mai (Regen in tiefen Lagen, Schnee in Gebieten oberhalb von 1.300 m), während der Einfluß des Monsuns nicht allzu groß ist.

Die Jahreszeiten sind etwa wie in den Alpen: warmer Sommer im Juli/August, frischer Herbst im September/Oktober; nicht allzu kalter Winter (bis in die mittleren Lagen von 2.000 m Höhe) mit starken Schneefällen von Dezember bis März; kurzer Frühling im Mai.

Im Nordwesten, den extrem trockenen Bergwüsten von *Ladakh, Zanskar, Rupshu, Lahaul* und *Spiti* sind hingegen die Winter arktisch kalt und zwei bis drei Monate länger sowie die Sommer noch kürzer als in Kashmir und dem südlichen Himachal Pradesh. Alle Gebiete hinter der Himalayakette (Ladakh, Tibet, Sinkiang) werden vom Monsun nicht mehr erreicht. Hier herrscht ein warmer Fallwind vor, der sehr trocken ist.

Ganz anders ist das Klima im mittleren (Uttarakhand, Nepal, Sikkim) und östlichen (Bhutan, Arunachal Pradesh) Teil der Himalayakette, wo typisches Monsunklima mit regenreichen Sommern (Juli bis September) und trockenen milden Wintern (Oktober bis März) vorherrscht, das allerdings durch die Höhenlage variiert wird. Wirklich kalt wird es im Winter erst ab etwa 3.000 m Höhe.

Artenreiche Flora und Fauna

Pflanzenwelt:

Die Pflanzenwelt der verschiedenen Himalayaregionen wird durch die Höhenlage und das Ausmaß der Niederschläge bestimmt. Zwischen dem Westen und dem zentralen und östlichen Teil bestehen große Unterschiede, was damit zusammenhängt, daß der Westhimalaya kühler und trockener ist.

Im Westen ist in den Vorbergen bis 900 m, den *Foot Hills*, trockene *Savanne* mit Sträuchern und Gestrüpp das vorherrschende Erscheinungsbild der Vegetation.

Zwischen 900 und 1.500 m besteht die natürliche Vegetation hier aus Mischwäldern. In Höhen von 1.500–3.350 m wachsen *Deodar* (2.000–2.600 m), *Silbertannen* (2.450–3.350 m), *Blautannen* (2.250–2.600 m), *Rottannen* (2.600–3.050 m), *Eichen, Walnüsse, Ahorn* und *Pappeln.*

Diese früher sehr waldreiche Zone ist v. a. durch den starken Holzeinschlag im Interesse von Möbel- und Sportartikelfabrikanten, aber auch durch ökologisch unverantwortliche Ausdehnung von Ackerland stark entwaldet worden. In dieser Zone sind schwere Erosionsschäden zu beobachten, da der Boden ohne schützenden Waldschirm dem Regen ausgesetzt ist.

In 3.350 m Höhe beginnt die *alpine Zone*, die bis 4.550 m hinaufreicht. Im Bereich von 3.350–3.650 m besteht die natürliche Vegetation primär aus einem Gürtel mit zwergwüchsigen Bäumen und Sträuchern, bestehend aus *Wachholder, Rhododendron* und Weiden.

Ab 3.650 m begegnet man nur noch Kräutern und Gestrüpp. Darüber liegt in den Höhenlagen zwischen 3.900 und 4.550 m noch eine Zone mit alpinen Matten.

Im Bereich zwischen Baumgrenze (3.650 m) und der Linie des ewigen Schnees stößt man auf einen außergewöhnlichen großen Artenreichtum an Blumen, wie man sie in Westeuropa in dieser Vielzahl nicht kennt. Besonders prächtig sind die Bergwiesen im Juli, wenn das strahlende *Fingerkraut*, die *Anemonen*, der *Lärchensporn*, mehrere *Eisenhut*- und *Edelweißarten*, *Steinbrechgewächse*, *Iris*, *Astern*, blaue, lilafarbene und weiße *Enziane* sowie die *Zwergmispel* blühen.

Durch die sehr kurze Wachstumszeit von lediglich 14 Wochen bedingt, perennieren die meisten Pflanzen, d. h. sie benötigen drei oder vier Jahre, bis sie genügend Energie gesammelt haben, um eine Knospe zu entwickeln, zu blühen und Samen freizugeben.

Die alpine Zone geht in Gesteinswüste und die Zone des ewigen Schnees über, wobei auch die letztere keineswegs unbelebt ist. *Moose* und *Flechten* überleben, selbst wenn sie mehrere Jahre unter Eis und Schnee begraben sind. Auf dem Schnee sind *Blutalgen* (Haemotacocus) zu Hause, die bei starkem Wachstum den Schnee rötlich färben.

Im feuchteren und wärmeren Osthimalaya (einschließlich Uttarakhand und Nepal) bestand die Niederung (Terai) am Fuße des Gebirges und die Vorderhimalayaregion bis 900 m ursprünglich aus üppiger subtropischer Vegetation. In diesem Gebiet mußte die natürliche Pflanzenwelt dem Ackerbau (Getreide) weichen.

Im Vorgebirge fand man früher zwischen 900 und 1.800 m ausgedehnte *Eichen*- und *Buchenwälder* (auch Eschen). Darüber liegt – soweit noch vorhanden – im regenreichen Zentral- und Osthimalaya ein offener Wald aus *Kiefern*, *Zedern*, *Tannen* und *Silberföhren* mit Strauchunterwuchs von *Rhododendron*, *Lorbeer* und *Bambus*.

Wie im Westen ist die Waldzone beträchtlich reduziert worden, die Erosionsschäden sind auch hier (Uttarakhand, Nepal) enorm.

Ca. 300 m höher als im Westen beginnt bei 3.650 m die alpine Zone, die bis in die Höhe von 4.900 m reicht (Mont Blanc, Europas höchster Berg, 4.810 m). Aufgrund der größeren Feuchtigkeit bestehen in dieser Zone bei einer Reihe von Bergblumen Unterschiede in der Größe und den Schutzeinrichtungen (gegen starke Monsunschauer, starke Temperaturunterschiede) gegenüber der Westhimalayaregion.

Tierwelt:

Die Bergwelt zwischen 2.700 und 4.500 m Höhe ist außerordentlich reich an *Singvogelarten*. Dies hängt damit zusammen, daß die blumenreichen Bergwiesen viele Insekten anziehen, die wiederum reichlich Nahrung für kleinere Vögel (Rotschwänze, Ohrenlerchen, Sperlinge, Alpenbraunellen etc.) bieten. Diese haben sich dem Muster von Steinen, Gräsern und Schnee auf geschickte Weise angepaßt, um sich vor den ebenfalls sehr zahlreichen *Raubvögeln* (Adler, Lämmergeier) zu schützen.

Viele der im Sommer in der alpinen Zone lebenden Vögel ziehen im Winter in die Wälder der Vorgebirge (bis 1.500 m) hinunter. Dort haben sie ihre Lebensgewohnheit stark umzustellen. Wohl gibt es zur Genüge Nahrung und Unterschlupf, aber die Konkurrenz ist noch zahlreicher als im Hochgebirge.

Die Zahl der im Hochgebirge lebenden Säugetierarten ist längst nicht so zahlreich wie die der Insekten und Vögel. Im gesamten Bereich der alpinen Zone sind das *Himalaya-Blauschaf* und *Ziegen* zu Hause. Dagegen findet man *Bären*, *Wölfe*, *Schneeleoparden* und *Murmeltierchen* im Sommer lediglich im oberen Bereich der angeführten Zone. In dieser Höhenlage ist von Natur aus auch der zottelige *Yak* beheimatet, dem große Höhen, Eis und

Kälte angesichts seines dichten langhaarigen Fells nichts auszumachen scheinen.

Sogar in der Zone des ewigen Schnees vermögen einige Tiere zu überleben, so die *Schneemaus*, der *Gletscherfloh* und verschiedene *Spinnenarten*.

Politisches Spannungsgebiet

Die Himalaya-Gebirgskette ist zwischen den fünf Staaten *Pakistan, Indische Union, VR China, Nepal* und *Bhutan* aufgeteilt. Von diesen sind Indien und China regionale Großmächte, Pakistan eine Mittelmacht, Bhutan und Nepal Kleinstaaten, die lediglich dank der Rivalität zwischen den Hegemonialmächten Indien und China politisch überleben können. Pakistan ist mit den USA verbündet; Indien, Nepal, Bhutan und China gehören außenpolitisch und militärisch zum blockfreien Lager.

Mehrere Gebiete sind politisch umstritten: So streiten sich seit 1947 die säkulare Indische Union und der indische Moslemstaat Pakistan um den Besitz von *Jammu & Kashmir*, das seither geteilt ist (s. S. 27). In den vergangenen 40 Jahren wurden zwischen beiden Staaten deswegen drei Kriege geführt (1947/48, 1965, 1971), wodurch beide Staaten in ihrer ökonomischen Entwicklung stark zurückgeworfen wurden.

Im Nordosten der nordindischen Himalayaregion hält die VR China seit 1958 widerrechtlich das Gebiet von *Aksai Chin* besetzt (s. politische Geschichte von Ladakh). 1962 wurde zwischen den Staaten um dieses Gebiet und das ebenfalls von China beanspruchte *Arunachal Pradesh* im östlichen Himalaya ein Krieg geführt, der mit einer demütigenden Niederlage für die herrschende Klasse Indiens endete. Daraufhin begann Indien mit der Anlage zahlreicher Militäreinrichtungen im westlichen (Ladakh, Kashmir, Himachal Pradesh) und östlichen Himalaya (Arunachal Pradesh), um den chinesischen Vorsprung aufzuholen.

Heute ist ein beträchtlicher Teil des Himalaya (Pakistan, Indien; von China besetzt gehaltenes Tibet) stark militarisiert. Die militärischen Anlagen und Transporte (umweltzerstörender Straßenbau; Bodenerschütterung durch Militärkonvois; Manöverschäden etc.) bedeuten eine enorme ökologische Belastung für die gesamte Region.

Tibet Border – Indiens gefährdete Grenze

Die Grenze des kolonialen Indiens zu Tibet wurde 1912 zwischen den britischen Kolonialherren und Tibet als sogenannte »McMahon-Linie« festgelegt. Die Indische Union übernahm 1947 diese Grenzlinie, wobei mit Tibet Konsens bestand.

Diese Situation änderte sich entscheidend, als die VR China 1950 Tibet überfiel und annektierte. China ist Tibet in den Grenzen von 1912 nicht genug, vielmehr erhebt es »Ansprüche« auf Teile von Ladakh und Arunachal Pradesh. In Tibet selbst degradierte die Besatzungsmacht die Tibeter in großen Teilen des Landes durch die Massenansiedlung von Chinesen ganz einfach zur Minderheit, wodurch sie gegen Grundprinzipien des internationalen

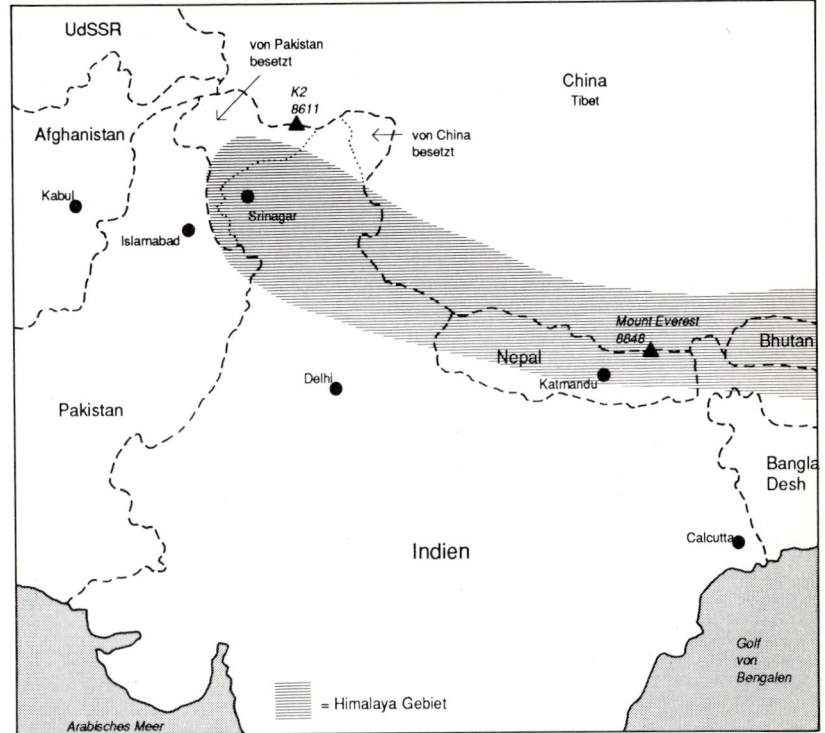

Politische Geographie des Himalaya

Rechts verstieß und Tatsachen in ihrem Sinne schuf. Besonders brachial war die Chinisierungspolitik im tibetischen Kernland, dem Tal von Lhasa, wo heute auf 35.000 Tibeter 300.000 Chinesen kommen.[1]

Die Annektion Tibets wird von den chinesischen Kommunisten damit gerechtfertigt, daß man die Tibeter von dem mittelalterlich-klerikalen Feudalsystem des Dalai Lama befreit habe. Doch hatten sich hier keineswegs die unterdrückten Menschen für eine freiere Gesellschaft erhoben, sondern es wurde ihnen von außen durch militärische Invasion ein fremdes Regime oktroyiert. Tibet wird heute von 55.000 politisch-ideologischen Aufpassern und 300.000 Militärs aus China kontrolliert.

Atomraketen auf dem Dach der Welt

Das mehr als eine Million km² große und zwischen 4.500 und 6.000 m hohe Dach der Welt stellt für die VR China eine riesige Festung in strategisch idealer Lage dar, von der aus sie militärischen Druck auf die tiefgelegenen Länder Süd- und Südostasiens ausüben kann.

Tibet ist inzwischen von einem dichten Netz chinesischer Militäreinrichtungen überzogen, darunter u. a. mehrere Raketenabschußrampen, 17 Radarstationen und ein Dutzend Flughäfen. In den Interkontinental-Basen in *Kongpo*

Nyitri und *Powo Tamo* sind mit atomaren Sprengköpfen bestückte Raketen (Reichweite: 2.400 km) stationiert, die auf die nordindischen Städte Delhi, Ludhiana, Kanpur und Amritsar gerichtet sind. In ihrer Reichweite befinden sich aber auch Burma, Kambodscha und Vietnam. Nach verschiedenen Schätzungen soll die Stärke der chinesischen Truppen in Tibet 300.000 Mann betragen.[2]

Rüstungswettlauf zwischen Indien und Pakistan

Die Auseinandersetzungen um Kashmir haben zwischen Pakistan und Indien ein Klima des Rüstungswettlaufs ausgelöst, was beide Länder in ihrer wirtschaftlichen und sozialen Entwicklung außerordentlich behindert. Nach offiziellen Angaben wurden 1986 in Pakistan 38,5 % der gesamten Staatsausgaben (2,2 Mio. $) für Militär und Rüstung verausgabt.[3] Diese Ausgaben sind jedoch in Wirklichkeit noch wesentlich höher, da verschiedene, auch anderen Zwecken zuordenbare Aufgaben im zivilen Sektor ausgewiesen werden (z. B. Anlage strategisch wichtiger Straßen).

Seit mehr als einem Jahrzehnt wird mit enormem Aufwand am Aufbau einer eigenen Atombombenherstellung gearbeitet. Gegenwärtig soll Pakistan im Besitz von vier atomaren Sprengköpfen sein. Dieses Land ist nach dem Fall des Shah-Regimes im Jahre 1979 der Haupt-Hilfspolizist der US-Amerikaner am Golf und erhält von ihnen massive militärische Unterstützung. Diese hat außerdem u. a. für die US-West- und Südasienstrategie[4] die Funktionen, die blockfreie Indische Union im Rüstungswettlauf mit Pakistan zu halten, um sie politisch und ökonomisch zu schwächen. Daß in Pakistan von 1975 bis 1988 eine Militärdiktatur bestand, hat die USA dabei nicht gestört.

Pakistan erhielt von den USA von 1981 bis 1987 Militärkredite in Höhe von 3,2 Mrd. $ bei Zinssätzen in Höhe von 10–14 %. Für den Zeitraum von 1987–1993 soll das Regime in Islamabad von den USA weitere 4,02 Mrd. US-$ für Militär und Rüstung erhalten, davon werden 1,5 Mrd. US-$ nicht rückzahlbar sein, während es sich bei dem übrigen Geld um langfristige Kredite zu einem Jahreszins von 5 % handelt. Die Indische Union, die etwa achtmal soviel Einwohner wie Pakistan zählt, gab 1986 etwa viermal soviel wie Pakistan für Militär und Rüstung[5] aus. Auf das Bruttosozialprodukt bezogen machen in Indien die Rüstungsausgaben ca. 4 %, und in Pakistan ca. 7 % aus.

Tabelle 1: Stärke der Armeen in Pakistan und Indien 1987

	Heer	Flotte	Luftwaffe	Reserve
Pakistan	450.000	13.000	17.600	513.000
Indien	1.100.000	47.000	115.000	240.000

1) Quelle: Far Eastern Economic Review, 9. Juni 1988, S. 32 und 33.

Tabelle 2: Ausgaben für Militär und Rüstung

	Indien		Pakistan	
	Mrd. US-$	v.H. des BSP	Mrd. US-$	v.H. des BSP
1978	,233	2,9	1,254	5,7
1979	4,585	3,0	1,321	5,9
1980	4,578	2,8	1,544	6,4
1981	5,290	3,2	1,688	6,6
1982	5,582	3,2	1,670	6,1
1983	5,470	3,0	1,865	6,3
1984	,069	3,9	2,233	7,1
1985	6,320	3,2	2,353	6,9
1986–87	7,970	4,0	2,270	6,9
1987–88	9,730	n.a.	2,540	n.a.

Anmerkungen

1 Details s. Gyaltsen, Kelsang: Sinisierungspolitik in Tibet, in: P. Kelly, G. Bastian (Hg.): Tibet, ein vergewaltigtes Land, Reinbek 1988.

2 Vgl. hierzu Alexander, M.: Atomwaffen auf dem Dach der Welt, in: P. Kelly, G. Bastian (Hg.), a.a.O.

3 Alle in diesem Kapitel verwendeten Statistiken entstammen: SIPRI Yearbook 1987, World armaments and disarmament, Oxford University Press 1987, S. 139 ff.

4 Auf andere Funktionen wie etwa Pakistans Hinterlandfunktion für die US-Afghanistanpolitik in der US-Militärstrategie gegenüber der UdSSR gehen wir hier nicht ein.

5 Mehr zum Thema »Rüstung und Militär« in Indien: s. Schmitt, Eberhard: Indien – Politik, Ökonomie, Gesellschaft, Berlin 1982, S. 130 ff.

Traditionsgebiet der großen asiatischen Religionen

Ab etwa 1500 v. Chr. drangen indoarische Stämme, die Anhänger einer früheren Stufe des Hinduismus waren, in den Nordwesten Indiens einschließlich der zugänglicheren Teile des angrenzenden Himalayagebirges vor. Im Laufe eines Jahrtausends wurden jedoch lediglich die Gebiete des nordwestlichen Himalayas hinduistisch, während im Zentral- und Osthimalaya *animistische* Vorstellungen vorherrschend blieben.

Ab dem 3. Jh. v. Chr. verbreitete sich schließlich der aus Protest gegen das repressive Kastensystem entstandene *Buddhismus* im West- und Zentralhimalaya. In einigen Gebieten (z. B. Kashmir) wurde der *Hinduismus* für lange Zeit stark zurückgedrängt.

In der Zeit vom 8. bis 12. Jh. setzte eine hinduistische Gegenbewegung ein, die nun ihrerseits den Buddhismus erfolgreich in den alten Hindugebieten auslöschte. Dafür gelang es den Buddhisten andererseits, in Tibet und verschiedenen anderen Regionen die animistischen Religionen zu dem durch die

Buddha-Statue in Ladakh

einheimische Geisterwelt und magische Kräfte modifizierten Mahayana-Buddhismus (*Lamaismus*) zu konvertieren.

Schließlich tauchten ab dem 8. Jh. im Westen und Nordwesten des Subkontinents *islamische* Missionare und Invasionsheere auf und »bekehrten« zuerst Sindh sowie Teile des Punjab und später schließlich auch die Bevölkerungsmehrheit der Himalayaregion Kashmir zum Islam.

Heute ergibt sich, was die Verbreitung und Vorherrschaft von Religionen betrifft, folgendes Bild: Tibet, Ladakh, Bhutan, Arunachal Pradesh und die nördlichen Gebirgsregionen von Himachal Pradesh (Lahaul & Spiti, Kinnaur), Uttarakhand, Nordnepal und Sikkim sind *buddhistisch* (lamaistische Variante); Kashmir ist *moslemisch* und die übrigen Gebiete (Jammu, Himachal Pradesh, Uttarakhand, der größte Teil von Nepal und der Süden von Sikkim) sind *hinduistisch*.

Der Himalaya – bevorzugtes Terrain hinduistischer Mythologie

Insbesondere für die Hindus hat der Himalaya eine herausragende religiöse Bedeutung. Die hohen Berge des westlichen und zentralen Himalaya sind nämlich der Sitz der Götter. Der heiligste von allen ist der *Kailash*, heute im von China okkupierten Tibet gelegen. Von den Gletschern dieser Berge werden die großen heiligen Flüsse Nordindiens gespeist, allen voran die Mutter *Ganga*, die wir Ganges nennen.

An den Quellen jener verehrten Flüsse sind im Laufe der Jahrhunderte vielbesuchte Hochgebirgswallfahrtsorte wie *Kailash/Manasrovar* (Tibet), *Yamunotri, Gangotri, Kedarnath* und *Badrinath* (alle Garhwal/Uttarakhand) entstanden. Aus anderen Gründen sehr bekannte populäre Himalaya-Hindu-Heiligtümer sind u. a. *Amarnath* in Kashmir, *Vaishno Devi* in Jammu und Kashmir.

Aber auch die Moslems, Buddhisten und Sikhs besitzen populäre Pilgerzentren im Himalaya. Der wichtigste Sikh-Schrein, *Hemkund Sahib* in Garhwal, gilt als der höchstgelegene Pilgertempel der Erde.

Reisen im nordindischen Himalaya
Ladakh, Kashmir, Himachal Pradesh, Uttarakhand

Händler, Hirten, Pilger

Reisen ist in den nordindischen Himalayaregionen nichts Neues. Seit dem Altertum führen durch diese Gebiete zahlreiche Karawanenpfade, auf denen Händler mit ihren Waren zwischen Indien (Kashmir, Ladakh, Uttarakhand), Sinkiang und Tibet einen regen Handel betrieben. Die Zentren dieses Handelsverkehrs waren Gilgit, Kashgar, Srinagar, Leh, Yarkand und Lhasa.

Heute folgen die Hauptstraßen oft exakt dem Verlauf der alten Karawanenwege, dies ist z. B. bei den Straßenverbindungen Gilgit–Kashgar, Srinagar–Leh und Manali–Leh der Fall. Während das alte Verkehrssystem mit seinen schmalen Saumpfaden ökologisch unproblematisch war, sind die neuen, oft in steilen Fels hineingesprengten Verkehrswege ein System, das der Natur mit Gewalt aufgezwungen wurde, was immer wieder zu Steinschlägen und Erdrutschen führt, insbesondere wenn die Umgebung der Straßen darüber hinaus entwaldet worden ist.

Eine andere Gruppe, die seit Jahrhunderten weite Reisen durch den westli-

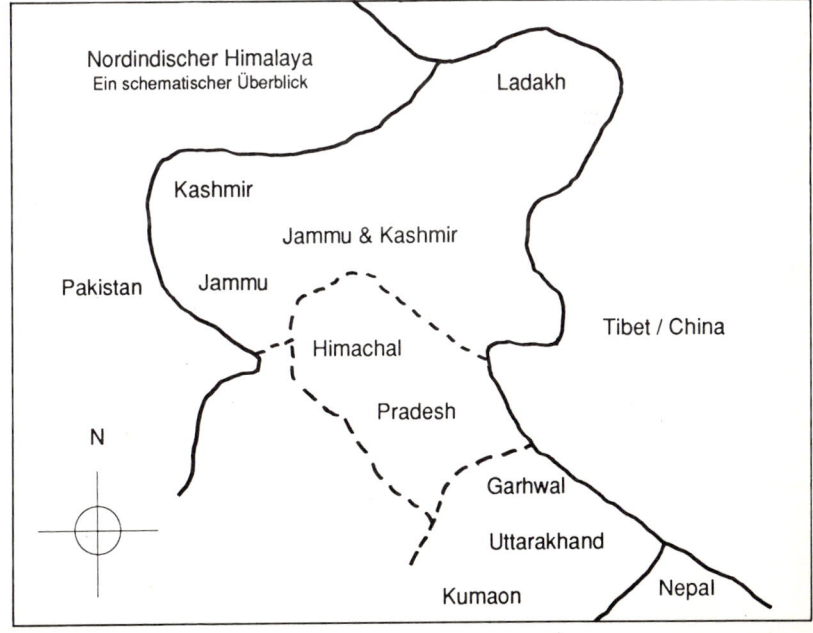

Nordindischer Himalaya
Ein schematischer Überblick

Ladakh

Kashmir

Jammu & Kashmir

Pakistan

Jammu

Himachal

Tibet / China

N

Pradesh

Garhwal

Uttarakhand

Kumaon

Nepal

Saddhu, auf dem Weg nach Amarnath

chen Himalaya unternimmt, sind verschiedene Hirtenstämme, die im Sommer ihre Herden auf den Almen in Kashmir, Zanskar und Lahaul weiden lassen und im Herbst mit ihnen in den Punjab und das Kangra Valley hinunterziehen, um in einem milderen Klima zu überwintern.

Die dritte Gruppe früher Himalaya-Reisenden waren die zu den berühmten Tempeln an den Quellen der heiligen Flüsse Ganges und Yamuna pilgernden Hindus – Hauptpilgergebiet: Garhwal Himalayas. Solche *Yatras* (Pilgerfahrten) waren früher sehr anstrengend, da die in 3.000–4.000 m Höhe gelegenen Wallfahrtsorte Yamunotri, Gangotri, Kedarnath und Badrinath nur über beschwerliche Saumpfade zu erreichen waren. Eine Pilgerreise von der nordindischen Ebene nach Kedarnath dauerte damals (einschließlich Rückweg) fünf bis acht Wochen. Entlang der Yatraroute waren Übernachtungsplätze (Chattis) und einfache Speiselokale angelegt. Heute, da die Yatris fast die gesamte Anreise mit dem Bus machen, sind die alten Pilgerpfade samt der dazugehörigen Einrichtungen verfallen. Auch die verschiedenen Heiligtümer (z.B. Badeghats an Zusammenflüssen) entlang der Routen haben einen unübersehbaren Funktionsverlust erlitten.

Gärten der Moghuls, Hill Stations der Briten

Die ersten politischen Herrscher, die sich im Sommer vor der Hitze der nordindischen Ebene (Tagestemperaturen zwischen 40 und 50°C in den Monaten Mai und Juni) in die Kühle und Frische der Himalayaberge zurückzogen, waren verschiedene Moghulherrscher. Diese Sitte begann unter *Akhbar*, Ziel war das Kashmir Valley. Er verbrachte zwei Sommer mit seinem Hofstaat in *Srinagar*, sein Nachfolger bereits zwölf. Mehrere schöne Ziergärten am Ufer des *Dal Lake* von Srinagar erinnern heute noch an den Sommerurlaub der Moghulherrscher in Kashmir.

Ihre politischen Erben, die britischen Kolonialherren, setzten diese Tradition fort; diesen Invasoren aus dem kühlen England war die Sommerhitze der nordindischen Ebene noch unerträglicher als den mittelasiatischen Moghuls. Sie gründeten gleich ein ganzes Dutzend Erholungsorte im Himalaya, insbesondere im Westhimalaya. Einer davon, *Shimla*, erhielt sogar die Funktion der Sommerhauptstadt. In dieser Zeit kamen auch jene Freizeitbeschäftigungen in Mode, die man heute bei uns mit Urlaub im Hochgebirge verbindet: Bergwandern, Angeln, Bergsteigen, Golf, Skilaufen etc. Da die Kolonialherren die Einheimischen – das unvermeidliche Dienstpersonal ausgenommen –

aussperrten, erhielten die *Hill Stations* genannten Sommerfrischen einen durch und durch kolonialen Charakter.

Im 19. Jh. begann auch eine Reihe von Forschungsreisenden, teils im Auftrag der Briten, die Informationen verschiedenster Art für ihre Himalaya-Politik gegenüber Afghanistan, Rußland, Tibet und China brauchten, teils auch im privaten Interesse als Geographen, Botaniker, Ethnologen etc. oder Abenteurer Wissen über den Himalaya zu sammeln. Die bekanntesten deutschen Himalaya-Forscher dieser Zeit waren die drei Brüder Schlaginweit.

Seit Anfang des 20. Jh. kamen schließlich auch Bergsteiger in größerer Zahl. In jüngster Zeit ist dieser Andrang so groß geworden, daß in verschiedenen Himalayaregionen (z. B. Nepal) bestimmte Berge weit im voraus gebucht werden müssen. Die Bergsteiger aus dem Westen haben im Basislagerbereich vielfach umweltfeindliche Müllhalden hinterlassen und noch viele andere ökologische Schäden auf ihrem Konto. Ein beträchtlicher Teil der mit ihren Expeditionen verbundenen schweren körperlichen Arbeiten (Tragen von Lasten) wird als Kuliarbeit auf mit Dritte-Welt-Niedriglöhnen »bezahlten« einheimischen Hilfskräften abgeladen, die auch nicht angemessen kranken-, unfall- und rentenversichert werden.

Sommerfrischen der indischen Oberschicht

Als die Engländer durch die indische Befreiungsbewegung zur Aufgabe ihres Kolonialreiches gezwungen wurden, verschwanden die Hill Stations keineswegs, sondern wurden zu Sommerfrischen der braunen Sahibs, der indischen Oberschicht. Die verkehrsmäßige Öffnung weiter Gebirgsregionen im nordindischen Himalaya bewirkte in jüngster Zeit, daß die bekannten Hill Stations auch mit den für die indische Mittelschicht erschwinglicheren Massenverkehrsmitteln erreichbar sind. Dadurch hat sich die Zahl der Urlauber in den nicht allzu weit von der Ebene entfernten Sommerfrischen – *Shimla, Mussoorie, Nainital* – stark erhöht.

Die Trekker kommen

Ende der 60er und Anfang der 70er Jahre war Wandern im Hochgebirge – für das sich immer mehr der Begriff Trekking durchsetzt – noch eine Sache, die lediglich von ein paar Studenten und Alpinisten betrieben wurde. Dies änderte sich jedoch schlagartig, nachdem von Globetrotter-Reiseführerautoren und Reiseagenturen entdeckt wurde, daß sich die außerordentliche Schönheit der Himalaya-Gebirgslandschaft – einschließlich der kulturellen »Exotik« der Bergvölker – gut vermarkten läßt. Auf einige Gebiete setzte ein Massenansturm ein. Dies gilt hauptsächlich für *Zentralnepal* (Muktinath-Track, Helambu-Track, Langtang-Track, Everest-Track) und einige wenige Gebiete in Kashmir (Kolahoi-Track, Amarnath-Track), *Ladakh* (Lamayuru-Track) und *Himachal Pradesh* (Manali, Lahaul).

Unter dem Begriff Trekking sind inzwischen sehr unterschiedliche Aktivitäten zusammengefaßt, die von 1–2tägigen Wanderungen durch Bauerndörfer in der Nähe von Sommerfrischen bis zum 2–3wöchigen Track über mehr als 5.000 m hohe Pässe und durch reißende eiskalte Bergflüsse reichen. So verschieden die Aktivitäten sind, so verschieden sind auch die Motive. Auf der einen Seite stehen jene, die sich um ein Verständnis von Kultur, Geschichte, Wirtschaft und Ökologie des Wandergebietes bemühen und lediglich bewohnte Gebiete besuchen, auf der anderen Seite jene, die sich beim Trip durch unwegsame Gebiete beweisen wollen, und denen die Probleme der Kleinbauern oder die Erfordernisse des umweltgerechten Verhaltens gleichgültig sind.

Bergsteiger-Expeditionen und Trekking-Gruppen erhöhen die Anzahl der Menschen in den dünnbesiedelten höheren Bergregionen drastisch und schädigen durch Begehung, Lagerplätze und Brennholzbedarf das empfindliche Ökosystem der Bergregionen. Der ehemalige Entwicklungshelfer Reinhold Jahn errechnete, daß die etwa 10.000 Trekker, die Nepal 1978 besuchten, den jährlichen Zuwachs von etwa 730 ha Wald oder den Baumbestand von 11,5 ha verbrannten.[1] Ein Trekking-Tourist verbrauchte damals pro Tag eine Holzmenge, die einer nepalesischen Familie für eine Woche ausreichen muß.

Kritik am Bergtourismus in unserer Öffentlichkeit haben zwar nicht zur radikalen Wende im Umweltverhalten der vorwiegend aus Europa und Amerika kommenden Trekker geführt, aber doch bewirkt, daß solche Groß-Naturverbraucher wie der Deutsche Alpenverein jetzt doch etwas sorgsamer mit der Natur umgehen. In diese Richtung zielt etwa die Teilnahme ihrer Wandergruppen an Wiederaufforstungsaktionen in Nepal. Ihre Generosität geht aber nicht so weit, daß sie sich auch durch Wiedergutmachungsleistungen an der Bewältigung der durch die Entwaldung Nepals verursachten jüngsten schweren Monsunüberschwemmungen in Nordindien und Bangladesh (1988) beteiligen würden. Für die Folgekosten der mitverursachten Zerstörung nepalesischer Bergwälder fühlt man sich eben doch nicht so ganz verantwortlich, v. a. wenn damit größere finanzielle Leistungen verbunden sind.

Für umweltverträgliches und soziales Wandern

Trekking in diesen Bergregionen mit ihrem hochsensiblen Ökosystem kann nur dann verantwortet werden, wenn alles vermieden wird, was die Umwelt schädigen könnte. Dazu ist unumgänglich, daß man sich an folgende Regeln hält:

1. Es sollte ausschließlich auf dafür vorgesehenen oder unbewachsenen Flächen gezeltet werden, damit der Unterwuchs geschont wird.
2. Als Brennstoff ist nur Kerosin zu verwenden, die gefährlich geschrumpften Baumbestände müssen rigoros geschützt werden. Dasselbe gilt für Pflanzen (darunter inzwischen viele vom Aussterben bedrohte Arten).
3. Feuer muß vollständig ausgemacht werden, bevor man weiterwandert.
4. Es ist möglichst nur Proviant zu verwenden, dessen Überreste von der Natur leicht und schnell abgebaut werden können. Gegenstände (Flaschen, Plastikbehälter etc.), bei denen dies nicht möglich ist, müssen, auch wenn sie geleert sind, wieder mitgenommen werden.
5. Der abbaubare Müll ist zu vergraben, damit die Trekkingpfade nicht zu stinkenden Müllhalden werden.
6. Der Kauf von Tierhäuten, frischem Fleisch von Nutztieren oder freilebenden Tieren muß unterbleiben. Durch entsprechende Käufe wird erstens ein zusätzlicher Anreiz geschaffen, die Herden zu vergrößern und die bereits heute vielerorts ökologisch bedenklich fortgeschrittene Überweidung zu forcieren, zweitens wird u. a. die Jagd auf gefährdete Tierarten animiert.
7. Bergwanderer, die sich unterwegs bei Einheimischen versorgen, sollten sich auf zwei bescheidene Mahlzeiten beschränken, um nicht Preistreiberei wegen Verknappung des Nahrungsmittelangebots auszulösen, denn die ersten, die es trifft, sind die kleinen Bergbauern. Es ist empfehlenswert,

möglichst viel Proviant aus Regionen mitzubringen, wo die Lebensmittel weniger knapp sind.

8. Ein Track ist genug. Besonders geeignet sind Routen, die noch nicht überlaufen sind.

Bedingt durch die starke Fixierung auf die überwältigende Naturschönheit der Himalayaberge kommt vielen ausländischen Trekkern häufig nur sehr beschränkt zu Bewußtsein, daß Bergwandern auch eine soziale Dimension hat. Es ist ein wenig in Vergessenheit geraten, daß das soziale Wandern fast so alt ist wie die auf eine angeblich unveränderte Natur ausgerichtete Sichtweise. In dieser Tradition stand seit ihrer Gründung u. a. die Organisation der Naturfreunde. Wer sozial wandert, richtet seinen Blick auf Dinge, die besonders mit den arbeitenden Menschen (Hirten, Bergbauern etc.) und ihrem Alltag in Zusammenhang stehen, wie z. B. deren Wohn- und Gesundheitsverhältnisse, Lohn- und Arbeitsbedingungen sowie auf das politische Leben und die Kultur (Kleidung, Eßsitten, moralische Normen, Kunst, Religion) der besuchten Region.

»Soziales Wandern schließt den sonstigen Inhalt des Wanderns nicht aus. Ein rechter Wanderer soll für alles Anteilnahme zeigen, für alles, was ihm von Natur und Kultur begegnet. Er kann sozial wandern, auch wenn er daneben Naturwissenschaftler, Botaniker, Zoologe, Geologe, Bootfahrer, (...) oder Photograph ist. Das soziale Wandern soll nicht andere Arten des Wanderns verdrängen, es bedeutet nur gesteigertes Erleben.«[2]

Anmerkungen
1 Süddeutsche Zeitung vom 17. 8. 1981.
2 Zeitschrift der Naturfreunde, 1930.

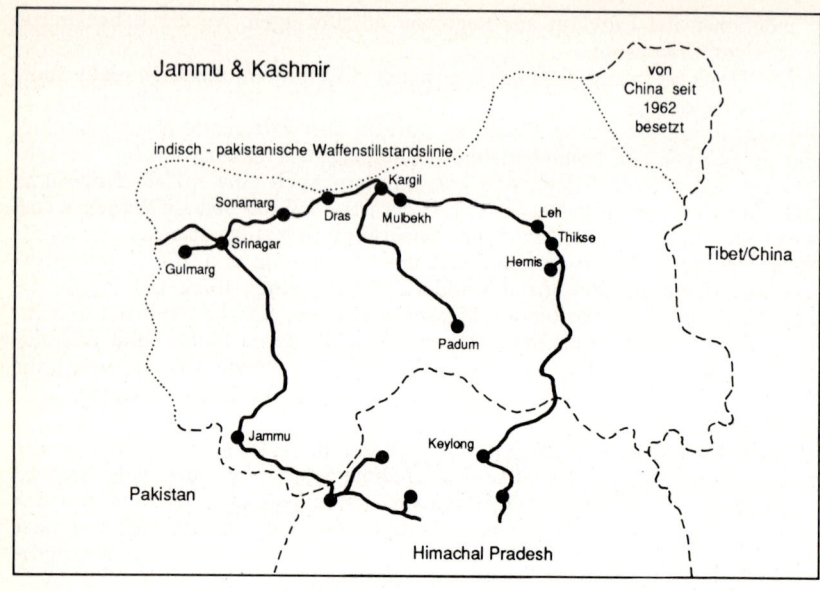

Jammu & Kashmir
Politische Geschichte

Britische Kolonialherren, Dogra-Despotie

Die politische Einheit Jammu & Kashmir ist nicht viel älter als 140 Jahre, sie entstand im Jahre 1846. In jener Zeit verkauften die Engländer nach dem Sieg über die *Sikhs* die Gebirgsregionen dieses punjabischen Großreiches an den von rajputischen Vorfahren abstammenden hinduistischen Dogra-Fürsten *Gulab Singh*, da ihnen die direkte Herrschaft über diese großenteils sehr unwegsamen Hochgebirgsregionen zu aufwendig erschienen. Für dieses insgesamt 224.000 km² große Hochgebirgsland namens Jammu & Kashmir, bestehend aus *Kashmir, Hunza, Ladakh*, der *Gilgit Agency* und *Jammu* zahlte letzterer 1.575.000 $. Auf der politischen Ebene mußte der Dogra-Herrscher den Briten – v. a. was die Außenpolitik betraf – Vasallentreue versprechen.

Jammu & Kashmir, von dessen Bevölkerung sich zwei Drittel zum Islam bekennen, war eines der größten unter den zahlreichen von den englischen Kolonialherrn lediglich durch indirekte Herrschaft kontrollierten indischen Fürstentümern.[1] Wie die Sikh-Herrscher waren die Dogra-Maharajas autokratische Feudalherrscher, die die Bauern erbarmungslos über hohe Steuern auspreßten und der Bevölkerung jegliche demokratischen Rechte vorenthielten. Ihre Staatsverwaltung stützten sie auf die Hindu-Minderheit (ca. 30 % der Bevölkerung), deren privilegierte *Brahmanenkaste* (Kashmiri-Pandits) die Schlüsselstellungen erhielt.

Um 1930 entstand hauptsächlich in der Region des *Kashmir Valley* eine wachsende Bewegung gegen die Dogra-Despotie und die englische Kolonialherrschaft, als deren unbestrittener Führer schon sehr bald der charismatische *Sheikh Abdullah* hervortrat. Diese Bewegung, die sich alsbald *National Conference*[2] nannte, artikulierte v. a. die Interessen der ausgebeuteten und rechtlosen kashmirischen Moslembauern. Ihre Hauptziele waren neben der Beseitigung der autoritären Dograherrschaft die Aufhebung der Benachteiligung der Moslems im politischen (Verwaltung) und kulturellen (Bildung) Sektor sowie der Aufbau eines demokratischen und säkularen Staates. Trotz vielfältiger Unterdrückungsmaßnahmen (wiederkehrende Verhaftungen der politischen Führer) gelang es dem Dogra-Raja niemals, die Widerstandsbewegung unter Kontrolle zu bringen. Obwohl die National Conference (von Moslems dominiert) mit der großen indischen Befreiungsbewegung des von *Jawaharlal Nehru* und *Mahatma Gandhi* geführten *Indian National Congress* (bürgerlich-nationalistisch) viele Gemeinsamkeiten aufwies, blieb sie stets eine eigenständige, auf die Kashmirregion (zwei Drittel der Bevölkerung von Jammu & Kashmir) begrenzte Bewegung. Der Säkularismus ihrer populären Führung hielt sie auch davon ab, sich vor den Karren der Muslimliga spannen zu lassen. Eine weitere Folge dieser Politik war, daß im Kashmir Valley moslemisch-kommunalistische Gruppierungen schwach blieben.

Teilung von Jammu & Kashmir

Der indische Subkontinent wurde 1947 als geteiltes Land von den abziehenden englischen Kolonialherren in die Freiheit entlassen. Der *Indian National Congress* hatte nicht verhindern können, daß die Moslemliga in den mehrheitlich von Moslems bewohnten Gebieten im Nordwesten sowie im Osten (Gangesdelta) des Landes den theokratischen Moslemstaat Pakistan errichten durfte. Dieser Staat erhob auch Anspruch auf Jammu & Kashmir, dessen Bevölkerung zu zwei Dritteln aus Moslems bestand. Um den Dogra-Herrscher, der einen selbstständigen nachkolonialen Staat Jammu und Kashmir anstrebte, zum Anschluß an Pakistan zu zwingen, unterstützte dessen Regierung im Herbst 1947 einen Überfall pathanischer Freischärler auf das Kashmir Valley. Den großen Schrecken verbreitenden Stammeskriegern gelang es, in kurzer Zeit bis in die unmittelbare Nähe von Srinagar vorzudringen. In dieser bedrohlichen Situation gab der Maharaja am 25.10.1947 den Anschluß seines Reiches an die Indische Union bekannt und bat Premierminister Nehru um militärische Hilfe.

Eiligst eingeflogene indische Truppen zwangen die Pathanen zum Rückzug. Daraus entwickelte sich der erste indo-pakistanische Krieg, der mit der Teilung von Jammu & Kashmir endete. Ein Drittel – der Westen und Norden – fiel an Pakistan, der Rest an die Indische Union.[3] Beide Staaten beanspruchen jedoch ganz Kashmir, so daß sich ein Dauerkonflikt entwickelte, in dessen Verlauf es nach 1948 nochmals zu zwei Kriegen (1965, 1971) kam.[4]

Im September 1947 schickte die *National Conference* eine Delegation nach Pakistan, deren Autonomieforderung auf Ablehnung stieß. Danach schwenkte sie endgültig auf die Seite der Indischen Union um, wo mehr Autonomie und Freiheit zu erwarten war. Ein weiterer Grund für diese Entscheidung war, daß sich die N. C. in Sachen Säkularismus und »Sozialismus« mit der in Delhi herrschenden Congress Party relativ einig war und einen auf religiösen Prinzipien basierenden Staat à la Pakistan ablehnte.

Im indischen Teil von Jammu-Kashmir wurde *Sheikh Abdullah* Ministerpräsident, während der Dogra-Raja *Hari Singh* als hochbezahlter Pensionär ins Privatleben abgeschoben wurde. Sein Sohn *Karan* erhielt die neugeschaffene Funktion des Gouverneurs.

Bereits kurz nach seinem Regierungsantritt, nämlich im April 1948, begann der Sheikh eine tiefgreifende Landreform[5], durch die die großen Ländereien der feudalen Grundherren und Zinswucherer, die soziale Basis des Maharaja-Regimes, zerschlagen wurden. Die entmachteten Landbesitzer, die lediglich einen kleinen Teil ihres Landbesitzes (Obergrenzen für Landbesitz) behalten durften, waren hochkastige Hindus, die Kleinbauern und landlosen Bauern, an die das Überschußland ging, Moslems. Dies hatte zur Folge, daß in Kashmir der Großgrundbesitz verschwand und an seine Stelle zahlreiche Klein- und Mittelbauern traten, die sich fortan dem Sheikh und seiner Partei verpflichtet fühlten.

Als zweite umwälzende Neuerung kam 1947/48 wie in den anderen Regionen der Indischen Union die Einführung der parlamentarischen Demokratie. Bei den ersten Landtagswahlen gewann die *National Conference* eine überwältigende Mehrheit.

Wohl sympathisierte der Sheikh immer noch mit einem unabhängigen Staat Jammu und Kashmir, er gab diesen Gedanken auch nicht auf, richtete jedoch seine praktische Politik auf einen begrenzten Anschluß an die Indische Union aus, wobei es galt, Jammu & Kashmir möglichst viel Eigenständigkeit zu sichern.

1951 beschloß das Kashmir-Parlament unter politischer Führung von Sheikh Abdullah die interne Autonomie für alle Bereiche außer Landesverteidigung, Außenpolitik und Kommunikationswesen. Die Zentralregierung in Delhi mußte dies notgedrungen akzeptieren. Daraus ergab sich für Jammu & Kashmir ein Sonderstatus im föderalen System Indiens, der im *Delhi Agreement* vom 14.7.1952 und der *Constitutional Order* (Application to Jammu & Kashmir) 1954 festgelegt wurde.

In den Augen der indischen Zentralregierung galt der Ministerpräsident von Jammu & Kashmir als ein unzuverlässiger Partner, der jederzeit die Anbindung von Kashmir an Indien rückgängig machen konnte. Im August 1953 wurde Sheikh Abdullah von der Zentralregierung wegen »Hochverrat« gestürzt und verhaftet. Obwohl der angekündigte Prozeß niemals stattfand, verbrachte er – von einer vorrübergehenden Freilassung im Jahre 1958 abgesehen – bis 1964, also 11 Jahre, im Gefängnis.

Der Sheikh wurde von der Zentralregierung durch die ebenfalls zur National Conference gehörenden machthungrig-opportunistischen Gruppe um *Ghulam Bakshi* »ersetzt«. Das neue Regime erwies sich als außerordentlich korrupt.

1956 bildeten Vertraute des Sheikh gegen die nun von Bakshi dominierte National Conference die *Plebiscite Front*, die den zukünftigen Status von Kashmir, also auch den Anschluß an Indien, von einem Volksentscheid (Selbstbestimmung für Kashmir) abhängig machte. Sie verfügte im Kashmir Valley über eine breite Basis, weshalb sie der unpopuläre Bakshi-Clan von Landtagswahlen ausschließen ließ.

Bakshi war 1963 nach 10 Jahren korrupter Herrschaft derart desavouiert, daß ihn die Landesregierung nun durch seinen Gefolgsmann *Shamasudhia* ablösen ließ. Letzterer blieb allerdings nur wenige Monate im Amt des Chiefministers of Jammu-Kashmir. Als am 27.12.1963 das berühmte Haar des Propheten Mohammed aus Srinagars berühmter Hazratbal-Moschee gestohlen wurde, brach ein gewaltiger Volksaufstand aus, der nur vordergründig religiös motoviert war. Wirkliches Ziel war die Machtclique um Ghulam Bakshi, die sich nur dank ihrer Manipulationen an der Macht halten konnte und die bei der Mehrheit der Bevölkerung der Hauptstadt verhaßt war. So wurden zwei Kinos, die einem Bruder des früheren Ministerpräsidenten gehörten, sowie eine Reihe von Häusern der Familie und ihrer engeren Anhänger angezündet. Da Shamasudhia die Unruhen nicht unter Kontrolle bringen konnte, wurde er vom Gouverneur – zu jener Zeit der Sohn des ehemaligen Maharajas – abgesetzt und der Notstand ausgerufen. Am 28. Februar übernahm *G. M. Sadiq,* der in der National Conference Sprecher der Opposition gegen Bakshi war, das Amt des Chiefministers, wobei in weiten Kreisen der indischen Öffentlichkeit klar war, daß außer dem Sheikh kein kashmirischer Politker eine breite Basis besaß. Dies wurde schließlich auch von dem indischen Ministerpräsidenten *Nehru* eingesehen, als er am 27. April 1964 den *Sher-e-Kashmir* nach 11jähriger Haft freiließ und zu Verhandlungen nach Delhi einlud. In der kurzen Zeit bis zu Nehrus Tod kam es jedoch nicht mehr zu einer Einigung. 1965 wurde der Sheikh abermals für lange Zeit arrestiert. *G. M. Sadiq* konnte sich 10 Jahre an der Macht halten. Wie bereits unter Bakshi wurde die Abdullahsche Politik sozialer Reformen aus den frühen 50er Jahren nicht fortgeführt. Es wurden auch keine Anstrengungen unternommen, die 1952 der Zentralregierung abgerungenen Spielräume für regional autonome Politik auszuschöpfen.

Kashmir-Vertrag, Rückkehr Sheikh Abdullahs

Vor diesem Hintergrund blieben die Regierungen Bakshi und Sadiq sehr unpopulär, während der charismatische Sheikh bei den unteren und mittleren Moslemschichten – der Mehrheit der Bevölkerung von Jammu & Kashmir – unvermindert hohes Ansehen genoß und als Hoffnungsträger angesehen wurde, von dem man sich eine Verbesserung der wirtschaftlichen und sozialen Situation erhoffte.

Der richtigen Einschätzung der Situation durch Indiens Premierministerin Indira Gandhi ist es zuzuschreiben, daß der »Löwe von Kashmir« 1974 endlich auf freien Fuß gesetzt und mit ihm der *Kashmir Accord* ausgehandelt wurde. Der Sheikh machte das Zugeständnis, daß er nun den Anschluß von Jammu & Kashmir an die Indische Union auch ohne Plebiszit ein für alle mal akzeptierte, während die Zentralregierung ihrerseits auf die vollständige Gleichschaltung Jammu & Kashmirs auf bundesstaatlicher Ebene verzichtete und außerdem Sheikh Abdullahs Rückkehr in das Amt des Chiefministers konzidierte.

Für die Regierung in Delhi bedeutete der Kashmir-Vertrag, daß sie in diesem strategisch sehr wichtigen Gebiet ihre Position festigen konnte. Sheikh Abdullah, dessen *Plebiscite Front* aufgrund ihres Ausschlusses von den Landtagswahlen nicht im Kashmir-Parlament vertreten war, mußte nun gegen die Congress-Parlamentsmehrheit regieren. Da dies zu ständigen Konflikten führte, löste er schließlich im Februar 1977 den Landtag auf. Bei den Neuwahlen gewann er die erwartete Mehrheit für die *National Conference,* in die er die Plebiscite Front wieder umbenannt hatte. Bis zu seinem Tod 1983 betrieb er eine Politik, die auf wirtschaftliches Wachstum ausgerichtet war.

Hauptnutznießer waren aber nicht die unteren Moslemschichten, sondern vielmehr die Hindu- und Moslemoberschichten, denen v. a. der Ausbau der Infrastruktur und die Expansion der Märkte (Handel, Handwerk, Tourismus) zugute kam.

Nachfolger Farooq Abdullah

Nach dem Tod von *Sheikh Abdullah* wurde sein Sohn *Farooq* Chiefminister. Die Nachfolge war von Streitigkeiten überschattet, da sich der Sheikh-Schwiegersohn *G. M. Shah* – 20 Jahre älter als Farooq –, über Jahre einer der treuesten Adjutanten des Sheikh, übergangen fühlte. Im Sommer 1984 stürzte er mit Hilfe der Congress Party und von 12 Parlamentsabgeordneten der National Conference, denen er Ministerämter anbot, seinen Schwager Farooq und spaltete damit die National Conference. Der Congress war v. a. deshalb an Farooqs Sturz interessiert, weil jener sich auf nationaler Ebene an Konklaven oppositioneller Nicht-Congress-Landesregierungen zwecks gemeinsamer Aktionen gegen die Congress-Zentralregierung in New Delhi beteiligte und gegen die Punjab-Politik New Delhis opponierte.

Shah hatte die Mehrheit der Bevölkerung gegen sich, die, noch stark vom Patriarchat geprägt, im Sheikh-Sohn den legitimeren Erben sah. Gegen den Massenprotest ging Shah mit Notstandsmaßnahmen vor. Bei den Wahlen zum Nationalparlament im Frühjahr 1985 mußte die Shah-National Conference eine deutliche Niederlage gegenüber der Farooq-National Conference hinnehmen. Als der Congress einsah, daß mit den Leuten um Shah nicht zu gewinnen war, zog er 1986 seine Unterstützung zurück: das Shah-Regime brach wie ein Kartenhaus zusammen. Anschließend ließ die Zentralregierung erneut den Notstand ausrufen. Schließlich mußte der als national unzuverlässig gescholtene Farooq Abdullah mit dem Congress ein Wahlbündnis eingehen, um von Rajiv Gandhi (indischer Premierminister von 1984 bis 1989) das Einverständnis für Neuwahlen zu bekommen.

Der in den Augen vieler Kashmiri zu kompromißbereite Farooq verlor sehr viele Anhänger und konnte die konzedierten Landtagswahlen lediglich ganz knapp für sich entscheiden. Man erwartet eben von einem Mitglied der Abdullah-Familie eine klare Distanz zum Congress und zur Zentralregierung – und das heißt möglichst viel Eigenleben für Kashmir. Die Enttäuschten wanderten zu islamisch-fundamentalistischen Gruppen ab, die nun zum ersten Mal in der kashmirischen Geschichte eine nennenswerte Stimmenanzahl erhielten.

Nach 11 Jahren Militärdiktatur in Pakistan kam im November 1988 mit *Benazir Bhuto* bei den erstmals wieder abgehaltenen freien Wahlen eine zur Sozialdemokratie tendierende Politikerin an die Macht. Falls die neue pakistanische Regierung sich erfolgreich gegen das Militär behaupten kann, käme neue Dynamik in die Kashmir-Politik, denn ein demokratisches und säkulares Pakistan hätte sicher für viele kashmirischen Moslems große Attraktivität.

Aufruhr der Fundamentalisten, Gouverneurs Rule

Im Sommer und Herbst 1989 stand das Kashmir Valley verstärkt im Zeichen wachsender Aktivitäten rechter islamischer Fundamentalisten und Separatisten (KLF, Jammu & Kashmir Liberation Front). Dazu zählten ihr Boykottaufruf für die Wahlen zum Zentralparlamen in Delhi, die Verbrennung der indischen Flagge und Proteststreiks am Unabhängigkeitstag sowie eine Reihe militanter Demonstrationen, bei denen die Inder aufgefordert wurden, Kashmir zu verlassen. Im Januar 1990 erreichten die Aktionen ihren Höhepunkt: bei schweren Auseinandersetzungen zwischen der Polizei und den überwiegend jugendlichen Separatisten kamen etwa 100 Menschen ums Leben, Die Regierung Faroog Abdullah, die sich der für sie ungewohnten Lage nicht gewachsen sah, trat am 22. 1. 1990 zurück. Anschließend wurde von Delhi der Ausnahmezustand erklärt und das Kashmir Valley von paramilitärischen Verbänden besetzt, die rigoros gegen die Sezessionisten vorgehen.

Während in frühen Jahren die religiösen Fundamentalisten ausschließlich propakistanisch waren, möchten heute nicht wenige von ihnen einen unabhängigen Kashmir-Staat. Die antiindischen Sezessionisten haben in jüngster Zeit starken Zulauf unter den Jugendlichen, die besonders stark unter der wachsenden Arbeitslosigkeit zu leiden haben. Es ist fraglich, ob Frarooq Abdullah und seine National Conference noch eine Mehrheit unter Kashmirs Moslems haben.

Anmerkungen
1 Die Briten überließen alle schwer zugänglichen und agrarisch armen Gebiete einheimischen Fürsten zwecks stellvertretender Herrschaft. Lediglich 60 % der gesamten Fläche des indischen Subkontinents wurde von ihnen auf direktem Wege regiert.
2 Neben der National Conference gab es noch eine Reihe anderer moslemischer Bewegungen, die aber alle eine untergeordnete Rolle spielten und deshalb hier übergangen werden.
3 Für den indischen Teil von Kashmir bedeutete die Teilung den Verlust eines großen, leicht zugänglichen und wirtschaftlich sehr wichtigen Hinterlandes und der einzigen ganzjährig offenen Straßenverbindung in die nordindische Ebene, da die Region um Rawalpindi/Jhelum an Pakistan fiel.
4 Durch die indo-pakistanischen Kriege von 1965 und 1971 wurde der Grenzverlauf in Kashmir nur geringfügig verändert.
5 Durch Klagen von Großgrundbesitzern wurden der Landreform viele Hindernisse in den Weg gestellt und ihre zeitliche Verwirklichung stark verzögert.

Geographie

Der Bundesstaat Jammu & Kashmir liegt im äußersten Nordwesten der Indischen Union. Er grenzt im Westen und Norden an *Pakistan*, im Osten an das von China besetzt gehaltene *Tibet* und im Süden an die indischen Bundesländer *Punjab* und *Haryana*.

Jammu & Kashmir ist mit einer Fläche von 138.124 km² (davon Ladakh, einschließlich der von China besetzten Gebiete, 95.876 km²) etwas mehr als halb so groß wie die Bundesrepublik Deutschland. Über 80 % der gesamten Fläche besteht aus Gebirge, davon ein großer Teil höher als 2.500 m. Höchste Erhebung des Landes ist der Saser Kangri-I, 7.672 m, im Distrikt *Kargil*.

Zwischen den Hauptregionen von Jammu & Kashmir bestehen, was das Klima und die Vegetation betrifft, enorme Unterschiede. Während die gut beregneten Berge von Kashmir mit ihren Nadelwäldern und Almen sehr alpin aussehen, ist die Region Ladakh eine Hochgebirgswüste mit nur wenigen grünen Talauen und Oasen.

Dichtbesiedelte Täler, menschenleere Hochgebirgsregionen

Jammu & Kashmir zählt lediglich 6 Millionen Einwohner, die hauptsächlich in den beiden dichtbesiedelten Gebieten *Kashmir Valley* und *Jammu Plaines* (Distrikt *Srinagar* 318, Distrikt *Pulwana* 289, Distrikt *Jammu* 305 Einwohner pro km²) leben. Andererseits sind die ausgedehnten Hochgebirgsregionen nahezu menschenleer (*Leh* 2, *Kargil* 5, *Doda* 36 Einwohner pro km²).

Von 1971 bis 1981 nahm die Bevölkerung jährlich um 3 % zu, das ist ein Wachstum, das etwa 25 % über dem indischen Durchschnitt liegt. Auf 1.000 Männer kamen 1981 lediglich 899 Frauen (Indien insgesamt 936), was nichts anderes heißt, als daß die Sterblichkeitsrate bei Frauen besonders hoch ist, weil sie einen niedrigeren gesellschaftlichen Status haben und daher im Krankheitsfall medizinisch noch schlechter als die Männer versorgt werden. Am schlimmsten ist diese Situation im Distrikt *Kargil*. Bei genauerer Betrachtung ergibt sich, daß die Überlebenschancen der Frauen (Lebenserwartungen) in den mehrheitlich von Moslems bewohnten Distrikten *Anantnag*, *Baramulla*, *Srinagar* und *Doda* am geringsten sind.

21,5 % der Bevölkerung lebt in den Städten, wobei allerdings drei Viertel der Stadtbewohner allein in *Srinagar* (die Hälfte) und *Jammu-Stadt* (ein Viertel) konzentriert sind. Diese beiden Städte haben den Charakter von Ballungsräumen mit schwer belasteter Umwelt. Die übrigen Städte sind zumeist sehr klein und haben vielfach ein ausgesprochen ländliches Aussehen. Die übrigen 79,5 % der Bevölkerung leben in 6.500 Dörfern, deren Versorgung mit Ärzten und sonstigen sozialen Diensten sowie Bildungseinrichtungen und Verkehrsverbindungen im allgemeinen sehr schlecht ist.

In Jammu & Kashmir sind alle Religionen vertreten, die in der Geschichte des Indischen Subkontinents eine größere Rolle spielten. *Kashmir* ist mehrheitlich *islamisch* (ca. 90 % der Bevölkerung), in *Jammu* überwiegen die *Hindus* (80 % der Bevölkerung) und in *Ladakh* (Distrikte Kargil und Leh) gehört ein wenig mehr als die Hälfte der Bevölkerung dem *lamaistischen Buddhismus* an. Mit der Dominanz jeweils verschiedener Religionen in den Hauptregionen Kashmir, Jammu, Ladakh korrespondiert eine unterschiedliche kulturelle Einfärbung dieser Landesteile.

Wie in mehreren anderen indischen Bundesstaaten existiert in Jammu-Kashmir keine einheitliche Landessprache. Den größten Anteil hat *Kashmiri*, das 54 % der Bevölkerung als Muttersprache ansehen. Zu den großen Sprachen zählen weiter *Dogri*, *Gojri* (inklusive *Bakkarwali*), *Pahari* und *Punjabi*. Darüber hinaus gibt es mehr als ein Dutzend sogenannter kleiner Sprachen. Die sprachliche Heterogenität ist noch stärker ausgeprägt als die religiöse.

Wirtschaftliche Entwicklung

Land- und Forstwirtschaft

Vier Fünftel der Bevölkerung von Jammu & Kashmir leben von der Land- und Forstwirtschaft. Die gesamte Volkswirtschaft ist immer noch sehr stark von der landwirtschaftlichen Produktion abhängig. So ist die kleine, lediglich geringfügig diversifizierte Industrie in beträchtlichem Umfang auf die

Kashmiri

Verarbeitung lokaler landwirtschaftlicher Produkte zugeschnitten. Dieser Zusammenhang trifft noch stärker auf das zahlenmäßig noch stark vertretene Handwerk zu (ca. 200.000 Beschäftigte). Witterungsbedingte Schwankungen in der landwirtschaftlichen Produktion rufen auch außerhalb des Agrarsektors starke Wirkungen hervor. Da Jammu & Kashmir ein Gebirgsland ist, sind lediglich ca. 20 % der Fläche ackerbaulich nutzbar. Dieses Potential ist restlos ausgeschöpft, eine weitere Ausdehnung der Ackerbaufläche ist ökologisch nicht tragbar (Gefahr der Bodenerosion; Erdrutsche).

Die Bedingungen für die landwirtschaftliche Produktion sind regional sehr unterschiedlich. Gunsträume (fruchtbarer Boden, relativ mildes Klima, genügend Niederschlag bzw. Bewässerung) sind das *Kashmir Valley* und die *Jammu Plaines*; besonders schlecht bestellt ist es um große Teile der Hochgebirgswüste *Ladakh*.

Die landwirtschaftliche Produktion stieg von 1973–74 bis 1982–83 um knapp 30 %, also jährlich um 3–4 %; das Wachstum war damit eher bescheiden. Dennoch reichte es aus, um das früher auf Nahrungsmittelzufuhr angewiesene Jammu-Kashmir in die Lage zu versetzen, sich nun vollständig selbst versorgen zu können.

Das Wachstum der landwirtschaftlichen Produktion basierte v. a. auf dem zunehmenden Anbau hochertragreicher Getreidesorten und den verstärkten Einsatz von Dünge- und Pflanzenschutzmitteln, was jedoch ökologisch sehr problematisch ist (Pestizide!).

Dagegen hat die Mechanisierung nur geringfügig zugenommen (1974–75 710 Traktoren, 1981–82 1.728 Traktoren). Dies hängt damit zusammen, daß 87 % der Bauern Kleinbauern mit weniger als 2 ha Landbesitz sind, die sich die teuren Traktoren nicht leisten können.

Die Mehrheit der Bauern ist sehr arm. Lediglich die wenigen Mittelbauern und jene Bauern, die Spezialkulturen wie *Safran* anbauen oder im Besitz von Obstgärten sind, können einen über dem Existenzminimum liegenden Einkommenslevel erreichen.

1983–84 wurden 85 % der Ackerflächen mit den drei Getreidearten *Reis* (27 %), *Weizen* (21 %) und *Mais* (27 %) bebaut. Zwei Drittel der Reisanbaufläche befindet sich im *Kashmir Valley*, der Rest im *Jammu*. In den Distrikten *Leh* und *Kargil* gibt es keinen Reisanbau, da dort der Sommer zu kurz ist. Für den Mais gilt in etwa dieselbe regionale Verteilung der Anbaugebiete. Dagegen ist der Weizenanbau fast vollständig auf den Raum *Jammu* konzentriert.

Ein wichtiger Bereich mit ständig zunehmender Bedeutung ist der *Obstanbau* (90 % Apfelanbau), der etwa 12 % der kultivierten Fläche (Potential ca. ein Viertel der Fläche) einnimmt. Der größte Teil des Obstes wird zu günstigen Preisen in indischen Großstädten außerhalb von Jammu & Kashmir verkauft. 5 % der Ackerfläche wird von *Raps* und *Senf* eingenommen. Wichtigste Spezialkultur ist der *Safran* (Regionen *Pampore* und *Kishtwar*), ein guter Devisenbringer, da kashmirischer Safran auf dem Weltmarkt sehr begehrt ist (s. S. 68). Etwa 5 % der Bodenfläche nehmen *Wiesen* ein, die noch vorwiegend von halb- und vollnomadischen Hirten bewirtschaftet werden (s. S. 37 ff.).

Wenn man den offiziellen Angaben Glauben schenken könnte, wären im Jahre 1982–83 27,74 % der Landesfläche bewaldet gewesen. Es ist jedoch realistischer, statt dessen von 15–18 % auszugehen. Diese Wälder werden intensiv genutzt; ein Indikator dafür ist, daß die Forstwirtschaft 1982–83 zum Bruttosozialprodukt einen Beitrag von 8 % leistete. Hauptkonsumenten der Waldprodukte sind die privaten Haushalte (Brennmaterial), Handwerk und die Sportartikelindustrie. Der Waldbestand ist v. a. aufgrund des lange Zeit zugunsten von Industrie und Handwerk betriebenen Raubaus stark vermindert und geschädigt worden. Es existieren zwar seit 1976 Wiederaufforstungsprogramme, diese sind aber viel zu bescheiden. Eine ökologisch konsequente Forstpolitik steht noch aus.

Industrie und Handwerk

Die Industrialisierung steht noch ganz am Anfang. Der Beitrag des Industriesektors zum Bruttosozialprodukt beträgt 2 %. Es gibt nur wenige Unternehmen mittlerer Größenordnung. Die großen Konzerne gehen nicht nach Kashmir und Ladakh, da der Aufwand für Transporte (Zeitaufwand, Transportkosten) von den Industriezentren Bombay, Calcutta und Delhi in die ferne Gebirgsregion sehr groß ist, Profite sich dementsprechend nur woanders maximieren lassen. Die wenigen Mittelbetriebe sind Staatsunternehmen, die nach anderen Prinzipien wirtschaften.

Die kashmirische Industrie ist im wesentlichen Verarbeitung von land- und forstwirtschaftlichen Produkten, dagegen gibt es kaum Maschinenbau, elektrotechnische und chemische Industrie. Die Industrie ist auf die beiden Ballungsräume *Jammu* (Bahnverbindung mit Delhi, Calcutta und Bombay) und *Srinagar* (großer lokaler Markt) konzentriert.

In den zahlreichen kleinen Industriebetrieben werden die Arbeiter äußerst schlecht bezahlt und arbeiten ohne minimalsten Unfallschutz. Sie sind ohne gewerkschaftliche Interessenvertretung. Dagegen ist die Situation der Lohnarbeiter in den Staatsbetrieben um einiges besser, da diese in größerer Zahl gewerkschaftlich organisiert sind, was dazu führte, daß sie sich verschiedene soziale Leistungen erkämpfen konnten und bessere Löhne als die Beschäftigten der Kleinindustrie erhalten.

Neben dem kleinen Industriesektor existiert ein mehr als doppelt so großer Bereich des traditionellen Handwerks (ca. 200.000 Beschäftigte). Dieser Zweig war im 19. Jh. schon fast von den billigeren Waren aus den kapitalistischen Metropolen verdrängt worden, hat aber nun durch massive Förderung in den letzten Jahrzehnten seitens staatlicher Institutionen eine auch in der ehemaligen Blütezeit nicht gekannte Größenordnung erreicht.

Das traditionelle Handwerk ist in allen Regionen des Bundesstaates Jammu & Kashmir zu Hause, jedoch ist die Konzentration von Handwerkern und die Palette handwerklicher Produkte in *Srinagar* und Umgebung am größten. Die Handwerkswaren werden v. a. von Touristen gekauft, so daß das Einkommen sehr stark von Fluktuationen im Tourismusgeschäft betroffen ist. Von etwa gleich großer Relevanz ist der Export.

Die Handwerksbetriebe sind im allgemeinen klein. Es werden vielfach auch Kinder beschäftigt, die extrem ausgebeutet werden (s. S. 48).Die Handwerksbetriebe hängen auch sehr stark von den Händlern ab, die ihnen die Preise für das Rohmaterial und die Fertigprodukte diktieren.

Tourismus

Etwa 10–15 % des Bruttosozialprodukts dieses Bundesstaates hängt vom Tourismus ab. In nur 30 Jahren stieg die Zahl der Touristen explosionsartig von 11.000 auf 642.300 – davon 43.745 Ausländer – im Jahre 1981 an. Etwa 80 % der Touristen sind auf das *Kashmir Valley* konzentriert, das besonders stark vom Tourismus abhängt. Wenn – wie 1984 durch die politische Krise im Punjab – die Fremden wegbleiben, sind in Srinagar Tausende ohne Beschäftigung.

Tendenzen der gesamtwirtschaftlichen Entwicklung

Wesentliche Charakteristika der jüngeren ökonomischen Entwicklung in Jammu & Kashmir sind:
– ein massiver, aber längst nicht ausreichender Ausbau der Infrastruktur;
– ein nur geringfügiges Industriewachstum bei ungleich stärkerer Zunahme des tertiären Sektors (Verwaltung, Tourismus, Handel);
– eine nur langsame Zunahme des Bruttosozialprodukts mit einer weitgehenden Stagnation des Pro-Kopf-Einkommens;
– eine hohe Rate von Unterbeschäftigten (Landwirtschaft) und Arbeitslosen, die nicht durch einen dynamischen Industriesektor absorbiert werden;
– eine starke Schädigung der Umwelt durch wachsende Motorisierung und Überausbeutung der Wälder.

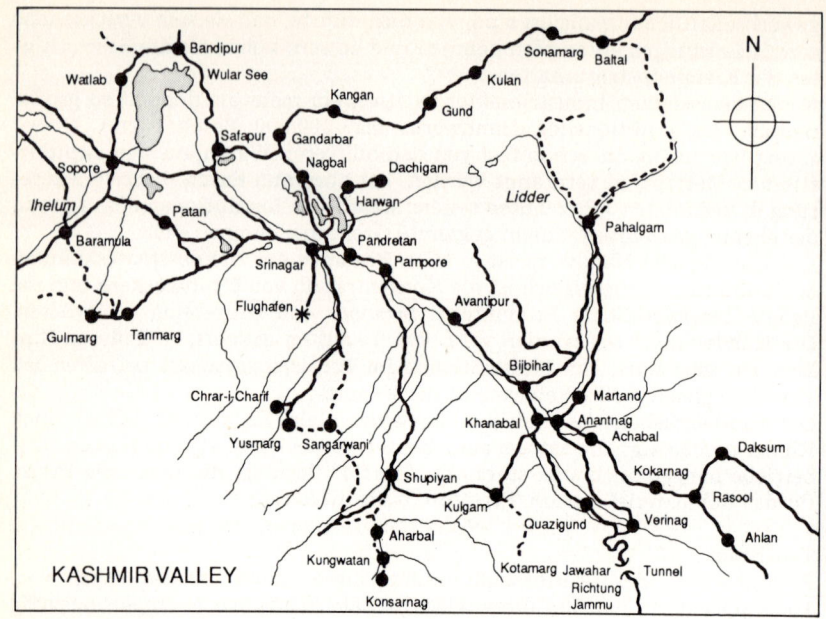

KASHMIR VALLEY

Kashmir

Täler, Reisfelder, alpine Bergwelt

Das Herz von Kashmir ist das dicht bevölkerte *Kashmir Valley*, in dem auch die über 700.000 Einwohner zählende Landeshauptstadt *Srinagar* liegt. Dieses über 100 km lange und durchschnittlich 15–30 km breite Tal mißt einschließlich der Berge im Hinterland 15.853 km². Es liegt 1.300–1.400 m hoch und ist von mächtigen Gebirgsketten umgeben, die im Norden bis 8.126 m (*Nanga Parbat*, bereits im von Pakistan besetzten Teil von Kashmir) und im Süden bis 4.800 m (*Pir Panjal*) aufragen.

In Süd-Nord-Richtung wird es vom *Jhelum River* durchflossen, der östlich vom *Banihal-Paß* entspringt. Seine beiden größten Zuflüsse sind der *Lidder* und der *Sindh*.

Der Fluß hat im Tal lediglich ein Gefälle von 1,6 %. Weil er reichlich Schwebestoffe mit sich führt, hat sich im Laufe der Zeit das Flußbett erhöht und liegt heute über der Ebene. Obwohl er in der jüngsten Vergangenheit in weiten Abschnitten eingedämmt wurde, richtet er in der Zeit nach der Schneeschmelze und im Falle eines starken Monsuns immer noch Überschwemmungen mit beträchtlichen Schäden an.

Der Jhelum fließt im Norden des Kashmir Valley in den riesigen *Wular Lake* (16 km lang, 10 km breit), der von hohen Bergen flankiert wird. Er verläßt ihn aber in westlicher Richtung und durchbricht bei *Baramulla* die Pir Pan-

jal-Kette. Bei *Rawalpindi/Nordpakistan* erreicht er schließlich die nordindische Tiefebene.

Der Jehlum speist ein weit verzweigtes Bewässerungssystem, das das Kashmir Valley abschnittweise in ein einziges großes Reisfeld verwandelt. Reis ist Hauptnahrungsmittel der Kashmiri, man kennt mehr als 50 Sorten, wie z. B. *Basmati* und *Looliangul.* Während man früher den Reis setzte, wird er heute direkt auf die Felder gesät. Die Aussaat liegt im März, geerntet wird im September und Oktober. Der Anbau von Reis reicht bis in 2.000 m Höhe hinauf. Außer Reis werden im Kashmir Valley auch Mais, Gerste, Roggen, Weizen und Hirse angebaut. Der Weizen, der zusehends eine größere Bedeutung für die Ernährung erhält, wird im Herbst gesät und im Mai/Juni geerntet, ist also Winterweizen.

Das Klima des Tals (Daten s. S.57) ist ausgezeichnet für den Obstanbau geeignet, Kashmir ist dementsprechend eines der Hauptobstanbaugebiete Indiens. Es gedeihen hier Äpfel, Birnen, Aprikosen, Pflaumen, Pfirsiche und Walnüsse. Ein großer Teil der Früchte wird in die großen Städte der nordindischen Ebene geliefert.

An den Rändern des Tals liegen zahlreiche von vielen Furchen zertalte Hänge, die man *Karewas* nennt. Sie bestehen aus Schichten von Sand-, Ton- und Kieselablagerungen. Mit ihrer gelblichen Farbe stehen die Karewas in deutlichem Kontrast zum Grün der Reisfelder. Man hat herausgefunden, daß dieser als weitgehend unfruchtbar geltende Boden für den Anbau von Safran (Crocus Sativa) gute Bedingungen bietet, so daß hier heute in großem Stil Safran angebaut wird.

Am Beckenrand und in den Seitentälern sind in den letzten Jahrzehnten große Gebiete entwaldet und in Weideland verwandelt worden. In dieser Zone wird auch Mais angebaut.

Das Kashmir Valley wird nach allen Seiten von hohen Bergen umgeben. Höchster Berg des Kashmir Himalayas ist der *Nanga Parbat*, 8.126 m, der sich im vom Pakistan besetzten Gebiet befindet. Im indischen Teil von Kashmir liegen die größten Höhen bei knapp über 6.000 m (Grenzgebiet zu Ladakh).

Das Gebirge besitzt einen ausgesprochen alpinen Charakter. Während in den mittleren Lagen ausgedehnte Nadelwälder das Bild bestimmen, nehmen Almen die Zonen zwischen 2.800 m und 4.000 m ein. Auf ihnen sind im Sommer große Herden von Kühen, Schafen und Ziegen zu Hause. Die Hirten sind teils Halb-, teils Vollnomaden.

Aufgrund der vielen schönen Flußtäler, der ausgedehnten Wälder und Almen und eindrucksvollen Berggipfel zieht diese Region zahlreiche Urlauber und Bergwanderer an. Die Zentren des Bergtourismus sind *Gulmarg* und *Pahalgam*.

Hirten und Bergnomaden in Kashmir

In Kashmir wird Ackerbau und Weidewirtschaft traditionell von verschiedenen Gruppen betrieben. Die Beweidung der Almen in den Hochgebirgsregionen, die das Kashmir Valley umgeben, ist Sache von Wanderhirten. Es gibt drei Hauptgruppen von Hirten:

1. die *Chopans*, die das Vieh der seßhaften Reisbauern des Kashmir Valley in den Sommermonaten auf den Almen hüten;
2. die *Gujars*, halbseßhafte Wasserbüffelnomaden und
3. die *Bakkarwals*, zwischen den Bergen von Kashmir und Ladakh und den Ebenen des Punjab hin und her wandernde Ziegenhalter, von denen noch viele vollnomadisch leben.

Die Chopans

Die im Kashmir Valley ansässigen Reisbauern besitzen große Viehbestände, die als Arbeitstiere und Lieferanten von Dünger, Milch und Fleisch benötigt werden. Da die Flächen im Tal im Sommer vollständig für den Naßreisbau (bei minimaler Stallhaltung) genutzt werden, muß das Vieh auf Weiden ins Hochgebirge ausweichen. Die Reisbauern waren immer von dem sehr arbeitsintensiven Reisbau so stark beansprucht, daß sich neben ihnen eine spezielle Schicht von Hirten, die *Chopans*, herausbildete, die im Sommer mit ihren Herden (Schafe, Rinder, Pferde) auf die Almen hinaufziehen.

Die Chopans sind ethnisch und sprachlich Kashmiri, sie besitzen jedoch ein geringeres Ansehen als die Reisbauern und leben deutlich abgesondert am Rande der Dörfer. Sie sind dazu verpflichtet, im Frühjahr vor dem Pflügen der Reisfelder die Tiere auf den Feldern der Bauern zur Düngung einzupferchen.

Die Chopans erhalten für ihre Dienste Reis, Anteile an Wolle und Fleisch und haben das Recht, die Schafe für den eigenen Butterkonsum zu melken. Für Tiere, die durch Raubtiere oder Absturz ums Leben gekommen sind, muß das Fell vorgelegt werden. Dies ist natürlich kein absoluter Schutz vor illegaler Schlachtung und Verkauf von Tieren.

»Gewöhnlich verlegen die Chopans in einer bestimmten Reihenfolge während des Almsommers mehrfach die Weidegründe der Herden. Damit wechseln auch die Unterkünfte, die meist aus einfachen Hütten (Nadelholz-Blockbau) bestehen, zum Teil aber nur aus Zelten; bei kürzeren Aufenthalten und auf den Wanderungen wird im Freien kampiert. Diese temporär wechselnde Siedlungsweise und die Tatsache, daß die Chopans mit ihren gesamten Familien zur Herdenwanderung gehen, nähert sie dem Charakter wirklicher Wanderhirten, während andere Merkmale mehr der Almwirtschaft, wieder andere der Transhumanz entsprechen, wie die Übernahme der Herden durch Fremdhirten, die Talweide nach der Rückkehr usw. Nur im Hochwinter erfolgt Stallhaltung in den Heimgütern der Reisbauern. Das würde demgegenüber eine almwirtschaftliche Komponente bilden – auch fremdes Lohnpersonal zum Hüten und zur Sennwirtschaft ist ja, neben Familienkräften, unserer Almwirtschaft nicht fremd. (...) Die (außer einiger Selbstversorgung) fehlende ›Sennwirtschaft‹ und die relativ starke Beweglichkeit nähert die Chopans wieder den eigentlichen Wanderhirten

Verbunden mit der Chopan-Weidewirtschaft ist, wie in den Alpen, eine starke Beeinflussung der oberen Nadelwald- und der subalpinen Birkenwaldzone durch Holzentnahme, Rodung, Viehtritt usw. und damit ein Herabdrükken der Waldgrenzen.«[1]

Ein Teil der Chopans ist in jüngster Zeit dazu übergegangen, sich auf den früheren Sommerweiden dauerhaft niederzulassen und einen Teil der Flächen im Trockenfeldbau zu bewirtschaften. Ihre traditionelle Beziehung zu den Reisbauern kommt darin zum Ausdruck, daß sie in den Sommermonaten zusammen mit ihrem eigenen Vieh zusätzlich Vieh der Reisbauern als »Pensionsvieh« weiden lassen. Im Winter geht ein Teil der seßhaften Chopan-Männer zur Saisonarbeit nach Jammu.

Unter den Chopans gibt es eine Reihe, von der Funktion her sehr unterschiedliche Gruppen. Jene, die traditionell auf Almwanderungen gehen, werden *Pohuls* genannt. Sie haben das größte Sozialprestige. Dagegen haben die *Doombs*, die die während der Reisbauperiode zurückbleibenden Teile des Viehbestandes (insbesondere Rinder) im Kashmir Valley an Rainen und anderen Restflächen weiden lassen, ein geringes Ansehen. Von den Doombs ist in den letzten Jahren eine größere Zahl in gering qualifizierte nicht-agrarische Berufe übergewechselt. Ein solcher Bereich ist z. B. der Straßenbau.

Die Gujars

Die *Gujars* sind eine Gruppe von Hirten, die sich ethnisch und sprachlich von den Kashmiris unterscheidet. Sie sind aber wie letztere Moslems. Es

Gujars

wird vermutet, daß sie ursprünglich in den Ebenen von Punjab und Rajasthan beheimatet waren.

Sie waren nach ihrer Einwanderung in die Bergregionen Nordindiens zunächst über viele Jahrhunderte Vollnomaden, die zwischen den sommerlichen Almweiden in Kashmir und den Winterweidegebieten im Dornbuschwald der *Siwaliks* hin und her wanderten. Seit einem halben Jahrhundert wurden sie durch die starke Reduktion ihres winterlichen Weidegebietes aufgrund der starken Ausdehnung des Ackerbaus im Punjab gezwungen, sich im Winter am Rande des Kashmir Valleys niederzulassen: aus Vollnomaden wurden Sommernomaden.

Sie verbringen heute den größten Teil des Jahres in Einzelhofsiedlungen oberhalb des Reisanbaugebietes, wo sie neben der Viehwirtschaft im Sommer auch Maisanbau betreiben. Der Mais wird im Frühjahr, bevor sie auf die Almen ziehen, ausgesät und im Herbst nach der Rückkehr von den Bergweiden geerntet. Das Interesse der Gujars gilt primär dem Maisstroh als Winterfutter für ihre Büffel. Sie machen inzwischen auch in bescheidenem Umfang Heu.

Ursprünglich war der in den Bergregionen unbekannte Wasserbüffel das einzige Weidetier der Gujars, heute halten sie auch Schafe und Rinder. Da sich die großen und schweren Büffel in den ganz hohen Gebirgsregionen mit ihren mitunter steilen Hängen sehr schwer tun, bevorzugen die Gujars Almgebiete mit flachem Relief unterhalb des eigentlichen Hochgebirges. Dadurch, daß die Gujars sich am Rande des Kashmir Valley, am *Sindh* und *Chenab*, zur Winterzeit niederlassen, sind die Anmarschwege zu den Sommerweiden erheblich verkürzt worden. Für die Büffel werden große Wasserlöcher angelegt, in denen sie suhlen und ihre durch die starke Strahlenaufnahme überhitzte empfindliche schwarze Haut abkühlen können.

»Die fettreiche Milch der Büffel, denen die ganze Sorge und wirtschaftliche Aktivität der Gujars gilt, wird zu Butter und weiter zu Butterschmalz (Ghee) verarbeitet, das auch heute noch das Haupteinkommen der Gujars bringt. Sie sind die einzigen Wanderhirten Kashmirs, die auch auf den Almen eine ökonomisch bedeutende Sennwirtschaft betreiben (das Buttern erfolgt in Kupferkesseln durch Drehen eines großen Holzquirls); vielfach errichten sie auch recht stattliche Almhütten (in jenem Flachdach-Baustil der sog. Kothas).«[2]

Die Bakkarwal [3]

Die *Bakkarwal* sind die zuletzt nach Jammu & Kashmir gekommene Gruppe von Wanderhirten. Bei ihnen handelt es sich um Pathanen aus der North Western Frontier Province, die sich 1861 durch Auswanderung der Unterdrükkung seitens anderer Stämme entledigten. Der Maharaja von Jammu & Kashmir ließ sie einwandern, weil er sich eine gute Einnahme aus der Besteuerung ihrer großen Ziegenherden versprach. Sie sind auch heute noch Vollnomaden, die im jahreszeitlichen Wechsel zwischen der Punjab-Ebene und den Gebirgen von Kashmir/Zanskar hin und her wandern.

»Die jährliche Auf- und Abwärtswanderung erstreckt sich von den alpinen Steppen jenseits des Himalaya-Hauptkamms in Ladakh und alpinen Matten am Fuße der Gletscher des Hauptkammes bis in die Dornbusch- und Hartlaubwälder der Siwaliks, die durch den winterlichen Weideaufenthalt stark degradiert und der Bodenerosion ausgesetzt werden. Klima-ökologisch führt ihre Wanderung, die sich im Frühjahr und im Herbst jeweils über 10 bis 12 Wochen erstreckt, aus dem subtropisch-semiariden Dornbusch durch die verschiedenen humiden Stufen des Hochgebirges bis in die ›alpine Steppe‹ nördlich des Himalaya. (...) Während der Wanderungen kampieren sie im Freien, an großen Feuern, die zur Abwehr gegen Raubtiere (Bären, Wölfe, Schneeleoparden) neben den Rastplätzen der Herden entzündet werden. Während des Tages wandern die Herden und Familien getrennt, abends trifft man sich an den regelmäßig genutzten Rastplätzen. Auf den Weidegründen dienen Leinenzelte (z. T. wahrscheinlich aus alten Militärbeständen) und gelegentlich auch einfache Almhütten als Unterkünfte.«[4] Für den Transport werden Pferde als Tragtiere benutzt.

Auch die Bakkarwal bekommen die starken Veränderungen in der Landwirtschaft des Punjab und die Expansion des modernen Verkehrssystems stark zu spüren. Einige hat dies bewogen, die bisherige Lebensweise teilweise zu ändern. Unter dem Einfluß der Forstverwaltungen, denen die Ziegen zu viel Schäden an Bäumen und Böden verursachen, haben sich Gruppen von Bakkarwal überreden lassen, mehr und mehr Schafe in die Herden aufzunehmen. Eine Sippe ist sogar zur Rinderzucht übergegangen. An den Nordhängen des *Pir Panjal* sind eine Reihe größere Schafwirtschaftsbetriebe (staatliche Entwicklungsprojekte) eingerichtet worden, in denen Bakkarwal als Schäfer eingestellt sind.

Die traditionelle Bakkarwal-Ökonomie basiert auf dem Verkauf von Fleisch, Wolle, Haaren und Gehörnen der großen Kaghan-Ziege. Dagegen werden Milch und Butter lediglich für den Eigenbedarf erzeugt. Aus den Erträgen in der Viehwirtschaft finanzieren sie u. a. den Kauf von Land und Häusern in den Siwaliks, die sie an seßhafte Bewohner vermieten.

Obwohl die Bakkarwal Moslems sind, werden sie von den Bauern des Kashmir Valley aufgrund der ethnischen Unterschiede und der anders gearteten Lebensweise geringschätzig angesehen. Den Gujars geht es in dieser Hinsicht sehr ähnlich. Von beiden Gruppen wird beklagt, daß sie von der kashmiridominierten Landesregierung vernachlässigt werden.

Es existiert eine kleine Bakkarwal-Elite, die es sogar zu Ministerehren gebracht hat. In jüngster Zeit haben sie sich auf die Seite der Congress Party geschlagen, von der sie mehr als von der National Conference Farooq Abdullahs erwarten. Sie sind bestrebt, den mit vielfältigen Förderungen verbundenen Status eines *Scheduled Tribe* zu erlangen, was allerdings die Gegensätze zur Kashmiri-Bevölkerung verschärfen würde.

Sie haben ihre eigenen Heiligen und Schreine. Eine besondere Vereehrung genießt das Grab des *Ubaid-Allah Bijran* in *Wangat*.

Anmerkungen

1 Uhlig, H.: Wanderhirten im westlichen Himalaya, in: C. Rathjens, C. Troll, H. Uhlig (Hg.): Vergleichende Kulturgeographie der Hochgebirge des südlichen Asiens, Wiesbaden 1973, S. 160.

2 Ders., a.a.O., S. 162.

3 Zur Situation der Bakkarwal vgl. A. Rao: Entstehung und Entwicklung ethnischer Identität bei einer islamischen Minderheit in Südasien: Bemerkung zur Geschichte der Bakkarwal im westlichen Himalaya, Berlin 1988.

4 Uhlig, H.: a.a.O., S. 163.

Religion in Kashmir

Etwa 90 % der Bevölkerung von Kashmir ist nach offiziellen Angaben islamisch. Damit ist freilich wenig darüber ausgesagt, wie intensiv der Glaube des Einzelnen oder von Gruppen wirklich ist. So gibt es z. B. neben den fanatischen Fundamentalisten der *Jamaat-i-Islami* – derzeit lediglich eine Minderheit – in ebenfalls erwähnenswerter Anzahl die vielen Pragmatiker, die ihre religiöse Praxis primär auf die Erfordernisse des Arbeitsalltags reduzieren, und die gar nicht so geringe Zahl der Opportunisten, die zwar längst den Glauben verloren haben, aber um nicht aufzufallen, nach außen hin mitmachen. Schließlich erscheinen in besagten Statistiken so manche Kashmiri als waschechte Moslems, die in Wirklichkeit Agnostiker oder Atheisten sind.

Etwa 10 % der Bevölkerung von Kashmir bekennt sich zum *Hinduismus*. Die Kashmiri-Hindus sind durchweg *Brahmanen*. Bei der Islamisierung des Landes sind nämlich alle untergeordneten Kasten mit »fliegenden Fahnen« ins Lager des kastenlosen, egalitären Islam übergelaufen, um dem unterdrückerischen Kastensystem zu entkommen. Die Konversion zum Islam war weitgehend gewaltlos.

Fünf Pfeiler des Islam, sunnitische Orthodoxie, mystischer Volksislam

Im Kashmir Valley dominiert der *sunnitische* Islam, der aber keineswegs eine Einheit bildet. Wichtigster Gegensatz ist der zwischen *Orthodoxie* und *Volksislam*.

Aller Unterschiede zum Trotz existieren allerdings zwischen beiden Grundströmungen in einer Reihe von Grundprinzipien und Normen Übereinstimmung. So sind z. B. der Prophet Mohammed, die heilige Schrift Koran und die »fünf Pfeiler« des Islam unumstritten. Letztere umfassen folgende Verpflichtungen:

1. Glaube an den *einen allmächtigen Gott*;
2. *fünfmaliges tägliches Gebet* zu vorgeschriebenen Zeiten in vorgegebenen Körperhaltungen und mit Pflicht-Gebetsformeln. Von besonderer Bedeutung ist das gemeinsame Gebet der Männer am Freitagnachmittag in der Moschee. Dem Gebet hat eine rituelle Waschung vorauszugehen.

Morgengebet: zwischen Morgengrauen und Sonnenaufgang;
Mittagsgebet: zwischen Mittag und der Mitte des Nachmittags;
Nachmittagsgebet: zwischen der Mitte des nachmittags und Sonnenuntergang;
Abendgebet: zwischen Sonnenuntergang und Dunkelheit;
Nachtgebet.
Den Beginn der Gebetszeit ruft der Muezzin – heute vertreten durch einen Lautsprecher – jeweils vom Minarett herunter.

3. *Im neunten Monat, dem Ramadan*, von der Morgendämmerung bis Sonnenuntergang zu fasten (Enthaltung von Speisen, Getränken, Genuß-

*Hamadan-Moschee
in Srinagar*

mitteln und Geschlechtsverkehr). Zum Fasten sind alle gesunden Männer und Frauen ab 14 verpflichtet (ausgenommen: Reisende, Altersschwache, schwangere Frauen).

4. *Almosen an die Armen* zu geben;
5. einmal im Leben nach *Mekka zu pilgern.*

Hinzu kommen noch eine Reihe anderer Gebote und Verbote, von denen das Verbot des Alkoholgenusses, des Essens von Schweinefleisch, das Verbot des Glücksspiels, das Verbot, für verliehenes Geld Zinsen zu nehmen, besonders wichtig sind.

Im Gegensatz zum pragmatischen Volksislam zeichnet sich der orthodoxe sunnitische Islam durch eine rigorose Einhaltung der oben angeführten Verpflichtungen aus. Der Glaube wird demonstrativ durch besondere Barttracht und typische Kleidung nach außen gekehrt. Seine Anhänger gehören vorwiegend zur kashmirischen städtischen Ober- und Mittelschicht, die im Islam ein Mittel zur Disziplinierung der moslemischen Unterschichten sieht.

Der orthodoxe Islam bestimmt die Rechtsprechung, Zivilverwaltung (Riten bei Geburt, Eheschließung und Tod), Moscheen, Koranschulen etc. Da in Indien statt des bürgerlichen Gesetzbuches immer noch der Kodex der jeweiligen Religionsgemeinschaft gilt, unterliegen die kashmirischen Moslems dem durch die Orthodoxie verwalteten Recht der *Sunna.*

Dem rigiden Formalismus des orthodoxen Sunnitentums steht die informelle, verinnerlichte Religiosität des von mystischen Elementen durchdrungenen Volksislam gegenüber. Die Frömmigkeit der Anhänger des Volksislams kommt außer in der Verehrung Allahs und der unbeirrbaren persönlichen Liebe zum Propheten Mohammed in der von Innigkeit geprägten Verehrung von Heiligen zum Ausdruck, deren Gräber die Zentren vielbesuchter Wallfahrtsorte bilden.

»Selbstverständlich betet man zu einem Heiligen anders als zu Gott: Man verwendet andere Bittformeln und erfleht häufig Hilfe in ganz alltäglichen Belangen (z. B. Heilung von Krankheit, Kindersegen, Fruchtbarkeit der Felder, Regen, gute Reise). Oft werden verschiedene Dinge am Schrein deponiert, um den Heiligen an die vorgetragenen Bitten zu erinnern (z. B. Stoffetzen, Geld, Kerzen, kleine Wiegen, Tiergehörne, Roßschweife, Armreifen, in Blech geschnittene Hände etc.). Gerade Stoffetzen können im Sinne von Votivgaben häufig auch Ausdruck der Dankbarkeit sein, wenn ein Wunsch in Erfüllung gegangen ist. Der haptischen Erfahrung (d. h. dem Berühren und Betasten) kommt in der Verehrung eine bedeutende Rolle zu: Die Berührung des Heiligengrabes, des Gitterwerks, einer Reliquie etc. mit den Lippen, Händen und Armen ist Zeichen der innigen Beziehung des Gläubigen und sichert nicht zuletzt den unmittelbaren Kontakt mit einer Segen spendenden und Heil erwirkenden Kraftquelle. Selbst Kleinkinder ahmen dieses Verhalten ihrer Eltern nach und streichen sich z. B. nach der Berührung eines Kenotaphs (Grabaufbau) mit den Handinnenflächen über ihr Gesicht.«[1] Der Heiligenschrein spielt für die mittleren und unteren Schichten der kashmirischen Moslems eine größere Rolle als die Moschee. In diesen Schichten haben auch die bei der Orthodoxie verpönte Musik und Dichtung einschließlich der Ekstase als Erbe des in der Zeit vom 11. bis 14. Jh. in Kashmir stark vertretenden *Sufitums* (islamische Mystiker) einen bevorzugten Platz.

Moslemalltag, Öffentlichkeit

Geschlechtertrennung:

Wie in den anderen Moslemländern sind in Kashmir die Lebens- und Arbeitssphären der Geschlechter deutlich voneinander getrennt. Wirkungssphäre der Frau ist der »innere Bereich«, das Haus – die Erziehung der Kinder, Kochen, Hausarbeit. Männer sind Fremde in diesem Bereich, die sich im wesentlichen nur zum Essen und Schlafen dort aufhalten.

Dagegen ist die Öffentlichkeit die Sphäre der Männer, die dort einem Beruf nachgehen, Geschäfte betreiben, Einkäufe erledigen, Bekannte treffen, ihre Freizeit verbringen, Politik machen. Nur wenige Frauen gehen in diese nicht für sie bestimmte Männerwelt/Öffentlichkeit hinaus. Die Tradition schreibt vor, daß sie, um ihre Ehre zu schützen und aus Scham, einen Überwurf mit Schleier tragen, durch den das Gesicht teilweise oder vollständig verhüllt wird. Der Schleier ist zugleich Schutzmittel und Kontrollmechanismus.

Durch die rigide Geschlechtertrennung und den Ausschluß der Frau aus der Öffentlichkeit (die Ausnahme bilden wenige hochgebildete Akademikerinnen) sind die Kashmiri-Frauen in bezug auf Politik und Wirtschaft (öffentliche Angelegenheiten) unterdrückt und unmündig.

Gefühle zeigen in der Öffentlichkeit:

Emotionen wie Lachen, Weinen, Wut etc. sollen in der Öffentlichkeit nicht gezeigt werden. Das gilt gleichermaßen für Männer und Frauen. Nur in wenigen Situationen sind Abweichungen gerechtfertigt. Ein Beispiel ist das Wehklagen der Frauen über die Toten. Unter diese Ausnahme fallen auch die passionsähnlichen Umzüge der *Schiiten* mit Selbstgeißelungen anläßlich der Trauerfeierlichkeiten zum Gedenken des Märtyrertods von Husein. Freilich sind die Schiiten Außenseiter in Kashmir und die sunnitische Orthodoxie würde ihren »ketzerischen« Glauben verbieten, wenn sie dazu in der Lage wäre.

Körperliche Nähe:

Innerhalb der Geschlechter ist es – für Europäer reichlich ungewohnt – selbstverständlich, daß man sich sehr nahe ist: in Gruppen Schulter an Schulter sitzt, sich an Händen und Armen hält und drückt. Dies gilt für die Frauen noch stärker als für die Männer.

Berührungen unter Männern erscheinen vielen westlichen Touristen als absonderlich und führen vielfach zu der Annahme einer weiten Verbreitung der Homosexualität in Kashmir (allgemein den islamischen Ländern), was aber ein Vorurteil ist. Homosexualität ist in Kashmir mit Sicherheit nicht mehr verbreitet als in westlichen Ländern. Allerdings bestehen hier wie im Westen mindestens genauso viele geringschätzende und diskriminierende Verhaltensweisen gegenüber Homosexuellen.

Während also innerhalb der Geschlechter viel körperliche Nähe möglich ist, sind die Beziehungen zwischen den Geschlechtern bis auf die häusliche Ehegemeinschaft tabuisiert. Berührungen zwischen einem Mann und einer Frau, die nicht miteinander verheiratet sind, sind in der Öffentlichkeit so gut wie unmöglich und führen zu schweren Konflikten. In der Öffentlichkeit ist überhaupt kein Platz für Zärtlichkeiten zwischen den Geschlechtern – weder für Verheiratete noch für Unverheiratete. An westlichen Werten orientierte junge Kashmiri haben es sehr schwer.

»Dies hält jedoch junge Burschen – etwa im Gedränge eines Bazars – nicht von Versuchen ab, vor allem Frauen aus dem Westen anzufassen. Letztere hält man für freizügig und jederzeit bereit für sexuelle Abenteuer. Diesen Ruf haben in erster Linie Hippie-Mädchen und Globetrotterinnen – nicht ganz zu Unrecht – begründet. Ihre Kleidung und ihr Verhalten erscheinen, wie die ihrer zeitweisen männlichen Begleiter, einheimischen Moralvorstellungen keineswegs angemessen.«[2]

Männliche Touristen sollten im Umgang mit einheimischen Frauen sehr zurückhaltend sein. Auch Verhaltensweisen, die bei uns als ausgesprochen höflich gelten, müssen im Kontext der moslemischen Gesellschaft nicht unbedingt richtig sein. So wird es als unmoralisch angesehen, wenn man einer Frau aus dem Auto hilft und sie dabei berührt.

»Anständige« Kleidung:

Moralisch richtige Kleidung ist jene, die auch Beine und Arme bedeckt. Dies wird auch von den Männern verlangt. Von Frauen erwartet die sunnitische Orthodoxie, daß sie auch den Kopf bedecken – am besten gleich total verschleiern.

Touristinnen, die in Shorts oder kurzen Röcken reisen, sind in den Augen der Orthodoxie ein Ärgernis. Da man kurzfristig an diesen Vorstellungen wenig ändern kann, ist es ratsam, sich auf die einheimischen Vorstellungen ein wenig einzustellen – also lange Hosen und Hemden bzw. Blusen mit Ärmeln anziehen.

Die »rechte« Hand:

Nach islamischer Tradition ist die linke Hand unrein, da man sich mit ihr (zusammen mit Erde oder Sand und anschließend Wasser) in der gesamten islamischen Welt den Hintern abputzt. Mit dieser Hand pflegt man sich auch zu Schneuzen. Das hat zur Folge, daß nur die reine rechte Hand für Begrüßungen, zum Essen etc. gut ist. Dies hat man zu berücksichtigen, wenn man in einer kashmirischen Moslemfamilie eingeladen ist. Die Vorstellung von der reinen rechten Hand gehört übrigens auch in das Verhaltensrepertoire der kashmirischen (indischen) Hindus.

Anmerkungen
1 Frembgen, J.: Alltagsverhalten in Pakistan, Berlin 1987, S. 53.
2 Ebd., S. 74.

Reiseziele in Kashmir

Kashmirs grüne Täler, bewaldete Berge und schöne Hochalmen mit den verschneiten Bergriesen (4.000–6.000 m hoch) sind der Sommertraum der indischen Menschen südlich der Himalayaberge. Für die große Mehrheit ist dies aufgrund ihrer großen Armut sündhaft teure Himalaya-Urlaubsland freilich unerschwinglich. So werden die unerfüllbaren Sehnsüchte immer wieder durch idyllische Filmszenen und farbenprächtige Werbefotos gestillt. Nach Kashmir kommen nur indische Urlauber, die mindestens zur städtischen Mittelschicht gehören, und die zahlungskräftigen Ausländer. In diese Kategorie fallen mit indischen Augen gesehen auch die westlichen »Rucksackreisenden«.

Ihre Hauptreiseziele sind *Srinagars Dal Lake* mit seinen Hausbooten sowie die alpine Bergwelt von *Gulmarg, Pahalgam, Sonamarg,* der *Kolahoi Glacier* und die *Shiva-Lingam-Höhle* von *Amarnath*. Dies ist selbstverständlich nur ein schmaler Ausschnitt. Wer den Alltag der Kashmiris außerhalb touristischer Trampelpfade kennenlernen möchte, findet noch ein breites Feld vor.

Kashmir bietet nicht nur schöne Berglandschaften zum Wandern, sondern auch Städtchen mit interessanter Holzarchitektur, ein sehr breites Handwerk mit vielen formschönen Produkten und eine islamische Regionalkultur, die viele Besonderheiten aufweist (z. B. die Architektur der Moscheen), die nicht in unser allgemeines Islambild passen.

Kashmir Valley

Das Landschaftsbild des Kashmir Valley wird von Reisfeldern bestimmt. An den Wegrändern stehen lange Reihen Pappeln und Weiden. In den Dörfern mit ihren schönen traditionellen mehrstöckigen Holzhäusern sieht man Enten und Gänse über die Straßen watscheln.

Srinagar
(740.000 Ew.,
1.300 m)

Srinagar – die Landeshauptstadt – liegt in einem weiten Talabschnitt in der Umgebung dreier Seen: *Dal Lake, Nageen Lake, Anchar Lake.* Sie wird von zahlreichen Kanälen durchzogen, die vom *Jhelum River* abzweigen, der sich durch die Stadt schlängelt.

Dank seines angenehmen Sommerklimas und als Standort für zahlreiche Ausflüge in nahegelegene Hochgebirgsregionen (2.200–5.400 m) erfreute sich Srinagar schon bei den Moghuls und den Briten besonderer Sympathien als Sommeraufenthaltsort. Heute kommen in den Sommermonaten in großer Zahl indische Urlauber aus der Mittel- und Oberschicht sowie ausländische Touristen.

Diese einst als »Paradies auf Erden« gepriesene Stadt ist jedoch längst keine Idylle mehr, sondern eine von vielfältigen Umweltbelastungen geplagte ausgedehnte Großstadt. Die starke Motorisierung sorgt für Abgaswolken und unerträgli-

*Hausboote auf einem
Kanal in Srinagar*

47

chen Verkehrslärm. Der Strom der ungeklärten Abwässer von Haushalten und Betrieben machte die vielen Kanäle zu stinkigen Kloaken. Der einst liebliche Dal Lake, auf dem die Touristen auf Hausbooten zu wohnen pflegen, ist auf dem Weg zum eutrophen Gewässer (zum Dal Lake s. S.50).

Händler/ Handwerker

Über 10 % der Bevölkerung von Jammu-Kashmir bzw. ein Viertel der Bewohner des Kashmir Valley lebt im Ballungsraum Srinagar. Seit 20 Jahren wächst die Einwohnerzahl dieser Stadt jährlich um 4–5 %. Heute leben in Srinagar 740.000 Menschen, in 10 Jahren werden es eine Million sein.

Einwohnerzahl, in 1.000

Jahr	1961	1971	1981	1988
Einwohner	300	417	520	740

Religion

Ca. 85 % der Einwohner von Srinagar sind Moslems, in der Mehrheit Sunniten. Damit ist Srinagar die einzige große indische Stadt mit einer eindeutigen Moslemmehrheit. Der moslemische Charakter der Stadt äußert sich – von den Moscheen abgesehen – sehr augenfällig darin, daß man in den Straßen der Stadt außer Touristinnen nur wenige Frauen sieht.

Wirtschaft

Ca. ein Drittel der Industrie von Jammu & Kashmir befindet sich in Srinagar (Produktion von Teilen für Uhren und Telefonen; Verarbeitung landwirtschaftlicher Produkte). Da ihre Entwicklung jedoch noch in den Kinderschuhen steckt, sind in Srinagar lediglich etwa 15.000 Personen in diesem Wirtschaftsbereich beschäftigt. Hauptbeschäftigungszweige sind die staatliche Verwaltung, der Handel, das Handwerk und mit dem Tourismus zusammenhängende Dienstleistungen.

Es hat sich ein reiches Handelsbürgertum herausgebildet, dessen Operationsfeld vom lokalen Markt im Valley über das Geschäft mit den Touristenwaren bis in den Export reicht. Diese Händler besitzen z. T. auch große, auf Handwerksartikel spezialisierte Geschäfte in Delhi, Bombay etc. Ihr Geschäft gedeiht dank niedriger Löhne und der verbreiteten Kinderarbeit. Da im handwerklichen Sektor weder starke Kooperativen noch gewerkschaftliche Organisationen existieren, sind sie in einer sehr starken Position.

Politik

Die Stadtpolitik wird von der moderaten Moslempartei *National Conference* dominiert, die trotz aller populistischen Rethorik primär die Interessen der reichen Händler und der mittleren und oberen Schicht der Verwaltungsbürokratie vertritt. Politische Parteien, die den Lohnabhängigen besonders verbunden sind, wie die verschiedenen kommunistischen Parteien (CPI, CPM), haben in Srinagar nur eine zahlenmäßig kleine Anhängerschaft.

Srinagar

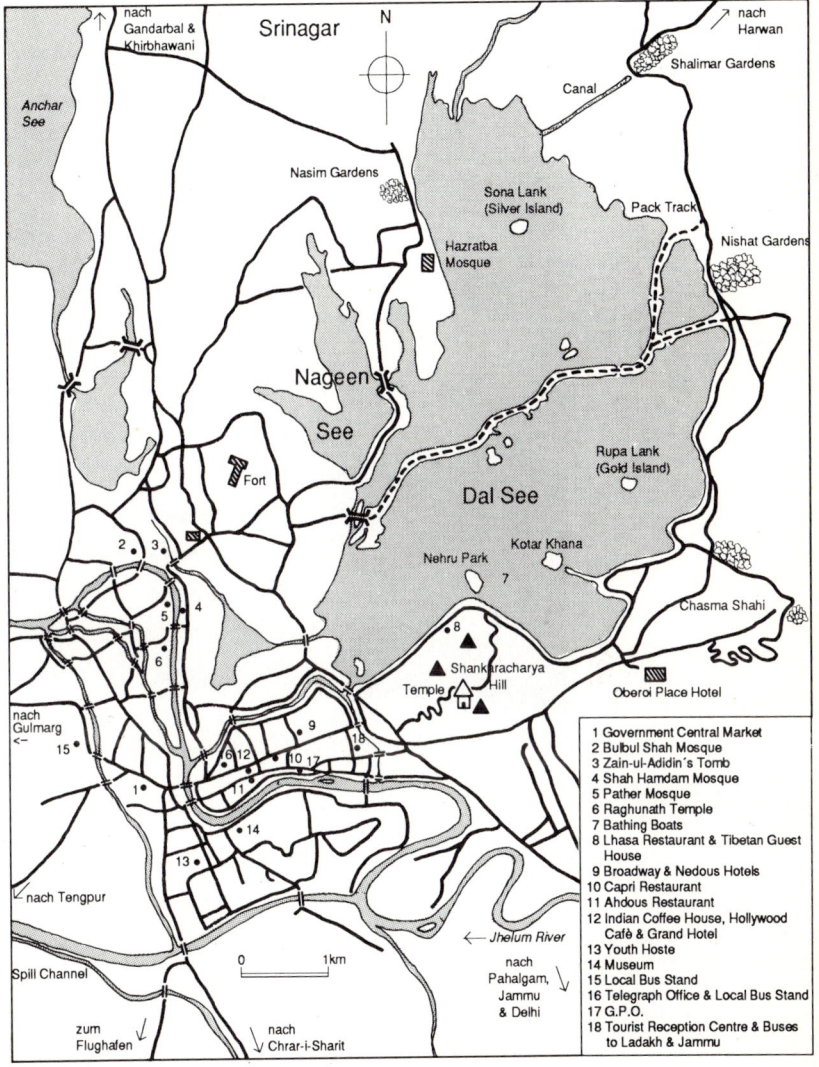

nach Gandarbal & Khirbhawani

Srinagar

N

nach Harwan

Shalimar Gardens

Canal

Anchar See

Nasim Gardens

Sona Lank (Silver Island)

Pack Track

Nishat Gardens

Hazratba Mosque

Nageen See

Fort

Rupa Lank (Gold Island)

Dal See

Kotar Khana

Nehru Park

7

Chasma Shahi

2   3

5

4

6

8

Shankaracharya Hill

Temple

Oberoi Place Hotel

nach Gulmarg

15

9

18

16 12

10 17

1

11

14

13

nach Tengpur

Jhelum River

nach Pahalgam, Jammu & Delhi

Spill Channel

0   1km

zum Flughafen

nach Chrar-i-Sharif

1 Government Central Market
2 Bulbul Shah Mosque
3 Zain-ul-Adidin´s Tomb
4 Shah Hamdam Mosque
5 Pather Mosque
6 Raghunath Temple
7 Bathing Boats
8 Lhasa Restaurant & Tibetan Guest House
9 Broadway & Nedous Hotels
10 Capri Restaurant
11 Ahdous Restaurant
12 Indian Coffee House, Hollywood Cafè & Grand Hotel
13 Youth Hostel
14 Museum
15 Local Bus Stand
16 Telegraph Office & Local Bus Stand
17 G.P.O.
18 Tourist Reception Centre & Buses to Ladakh & Jammu

Angesichts dieser politischen Konstellation überrascht nicht, daß sich, während sich am *Dal Lake Boulevard* zahlreiche luxuriöse Hotels, Restaurants und Geschäfte aneinanderreihen, in der von den unteren und mittleren Schichten bewohnten Altstadt am *Jhelum River* aufgrund der fehlenden Subventionen für die Instandsetzung und Erhaltung der Bauten ein großer Teil der traditionellen Holzhäuser in einem baufälligen Zustand befinden.

Stadtgeographie

Das Zentrum der Stadt befindet sich zwischen dem *Tourist Reception Centre* im Osten und dem *Jhelum* im Westen. Im Süden und Norden wird es vom *Jhelum* bzw. einem Jhelum-Kanal begrenzt. Während an der *Residency Road* und am *Dal Lake Boulevard* die modernen teuren Läden konzentriert sind, befinden sich die einfachen Läden, in denen die Unter- und Mittelschichten von Srinagar einkaufen gehen, im alten *Basarviertel*. Der Altstadtteil im Bereich des Basar ist auch

Altstadt

wegen seiner Holzhäuser im traditionellen Kashmirstil interessant. Der Tourismus konzentriert sich auf den im Nordosten gelegenen Dal Lake und seine Umgebung.

In der Altstadt von Srinagar am Jhelum

Der Dal Lake und seine Bewohner

Der Dal Lake

Dieser 19,6 km² große See im Osten und Nordosten Srinagars ist das Herzstück des kashmirischen Fremdenverkehrs. Mit Ausnahme der Südseite ist er von Bergen umgeben, die ihm eine malerische Kulisse verleihen. Am Fuß dieser Berge liegen Dörfer mit großen Obstgärten und die berühmten *Ziergärten der Moghuls* (Nordosten).

Im Nordosten des Dal Lake erhebt sich im Hintergrund der 3.904 m hohe *Mahadev*, dessen Gipfel stets schneebedeckt ist. Am Ostufer führt ein breiter Boulevard entlang, auf dem die Urlauber promenieren. Dies ist Srinagars Prachtstraße mit Luxushotels, teuren Restaurants und Läden.

80 % des Wassers des Dal Lake kommt vom *Telbal Nallah,* der im Bereich des *Dachigam Nationalparks* entspringt. Auf dem Seegrund existieren verschiedene Quellen. Vom *Dalgate* fließt Wasser zum Jhelum ab. Es besteht auch eine Verbindung zum *Anchar Lake.*
7,9 km² der Seefläche werden durch auf der Wasseroberfläche *schwimmende Gärten* (floating gardens) genutzt. Diese befinden sich im Nordwesten des Sees. Am Westufer schließt sich Marschland an, das von Pappeln und Weiden gesäumt wird.
Im Südwesten des Dal Lake liegen zahlreiche Hausboote, in denen in- und ausländische Touristen ihren Urlaub verbringen. In der Umgebung der Touristenboote befinden sich einfachere und kleinere Boote, auf denen die Boat People des Dal Lake, die *Hanjis,* zu Hause sind. Der See wird von zahlreichen schönen *Shikara*-Booten und auch Motorbooten bevölkert. In jüngster Zeit wurde der Dal Lake durch das sorglose Wegkippen von Hausbootabfällen zusehends verschmutzt und eutrophiert (große Mengen von Algen; abschnittweise trübes, stinkendes Gewässer).

Hanjis – die Bewohner des Dal Lake

Die Dauerbewohner des Dal Lake zählen größtenteils zu den Hanjis. Unter dieser Bezeichnung faßt man in Kashmir traditionellerweise alle zusammen, die auf Seen und Flüssen leben und/oder arbeiten, also Bootsfahrer, Flößer, Fischer, Hausbootbesitzer etc.
Ein Teil der Hanjis geht auf jene Flußschiffer zurück, die ein kashmirischer Hindu-Herrscher im 12. Jh. aus Sangaldip in Sri Lanka holte. Diese hatten die Aufgabe, im Kashmir Valley ein effizientes Flußtransportsystem aufzubauen.
1981 betrug die Zahl der auf Srinagars Seen und Kanälen sowie in deren Umgebung beheimateten Hanjis 166.040. Sie gehörten, von ein paar wohlhabenden Hausbootbesitzern, Händlern und Staatsangestellten abgesehen, zur armen Unterschicht von Srinagar. Nur 6,8 % (1983) werden älter als 54 Jahre, Krankheiten und Sterblichkeitsrate sind überdurchschnittlich hoch. Ihre Familien sind kinderreich. Die Mädchen heiraten bereits im Alter von 14 bis 18 Jahren.
1981 besaßen lediglich 3,7 % der Hanji-Frauen (Gesamt-Kashmir 15,8 %) und 20,5 % der Männer (Gesamt-Kashmir 35,5 %) eine Grundschulbildung. Die einzelnen Hanji-Viertel weisen sehr unterschiedliche Berufsstrukturen auf. Während im Südostbereich des Dal Lake die Besitzer und Betreiber von Hausbooten, Motorbooten und Shikaras überwiegen, sind im Nordostbereich die dominierenden Berufe Gemüsebauer (floating gardens) und Fischer. In den am Ostufer gelegenen Stadtteilen *Sheikh Mohalla, Hazratbal, Kankati* etc. leben vorwiegend Hanji-Handwerker (Zimmermänner, Schneider, Bootsbauer etc.).

Geschichte

Die Geschichte Srinagars ist zugleich auch die Geschichte Kashmirs. Als älteste Siedlung auf dem Boden der heutigen Stadt wurde 250 v. Chr. ungefähr 2 km östlich vom *Takht-i-Sulaiman Hill* der Ort Srinagari gegründet. Diese Siedlung war bis zum 6. Jh. das Zentrum des Kashmir Valley. Dann ging diese Position an *Pravarapura* (oder das neue Srinagar) über, der unter *Pravasan* errichteten neuen Hauptstadt von

Kashmir, die in der Umgebung des *Hari Parbat Hill* lag. Zeitgenössische Besucher beschreiben diesen Ort als ein Städtchen mit Holzhäusern und zahlreichen Tempeln, das von einem Netz von Kanälen durchzogen ist.

Srinagar war in seiner frühen Phase wohl viele Jahrhunderte eine buddhistische Stadt (etwa bis zum 9. Jh.) und wurde später wieder hinduistisch. Ab dem 12. Jh. befindet sich die Stadt unter islamischer Herrschaft. Während die Unberührbaren und unteren Kasten vollständig zum Islam konvertierten, blieben die Brahmanen (die Priesterkaste) und verschiedene Händlerkasten Hindus. Unter den islamischen Herren wurde das Erscheinungsbild der Stadt im 14. und 15. Jh. durch den Bau von Moscheen stark verändert. 1589 mußten sich die Regionalherrscher Srinagars dem mächtigen Moghulreich unterwerfen, das damals fast den gesamten Indischen Subkontinent beherrschte. Die Moghuls blieben knapp 200 Jahre.

Zentrum der Moghulmacht bildete das *Hari Parbat Fort* (erbaut im 14. Jh.). Da die Moghuls Srinagar wegen seines kühlen Sommerklimas sehr liebten, ließen sie rund um den Dal Lake mehrere schöne *Ziergärten* anlegen.

1753 fielen die Afghanen in das Kashmir Valley ein und plünderten die Hauptstadt. Die Afghanenherrschaft dauerte bis 1819. Sie gilt als die schrecklichste Periode in der kashmirischen Geschichte. Die Moghul hatten die Bauern zwar auch enorm ausgebeutet, aber ihnen doch das Existenzminimum belassen; die Afghanen nahmen selbst auf letzteres keine Rücksicht. 1819–1846 befand sich Srinagar in den Händen der *Sikhs*. Auf die Sikhs folgten die *Dogras*, deren Fürstentum Jammu & Kashmir allerdings von den Briten abhängig war. Srinagar diente den Dogras als Sommerresidenz, den Winter verbrachten sie in Jammu.

Den hinduistischen Dograherrschern blieb das moslemische Srinagar eine fremde Stadt; die bauliche Gestaltung war ihnen gleichgültig. Da sie die Moslembevölkerung benachteiligten, waren diese despotischen Feudalherren bei der Bevölkerung verhaßt und seit 1931 Ziel zahlreichen Protestes. Ihre Entmachtung nach 1947 wurde mit Freude aufgenommen. Als Jammu & Kashmir 1948 zwischen Indien und Pakistan geteilt wurde, wurde Srinagar zur Sommerhauptstadt des neugeschaffenen indischen Bundesstaates gleichen Namens.

Zu einer Stadt mit mehrheitlich moslemischer Bevölkerung gehören natürlich auch sehenswerte Moscheen. Zu denken ist v. a. an die steinerne *Pathar Masjid*, die Holzmoschee *Shah Hamadan Masjid* und die *Jama Masjid*.

Shah Hamadan Masjid | Die hölzerne *Shah Hamadan Masjid* bietet mit ihrem stufenförmigen Dach, das man eher auf einem nepalesischen Tempel erwartet, und dem spitzen Turm, wie man ihn von Holzkirchen im Alpengebiet kennt, einen ungewohnten Anblick. An ihren Außenwänden befinden sich Filigranzeichnungen, der Innenraum ist mit Platten versehen, die mit geometrischen Mustern verziert sind. Außerdem fallen die kunstvoll skulptierten Türen und Fenster ins Auge. Die Shah Hamadan Masjid entstand 1395. Nach Bränden wurde sie 1479 und 1731 jeweils wieder aufgebaut.

Nicht-Moslems haben keinen Zutritt zu diesem Heiligtum. Dies ist eine Ausnahme, da im Gegensatz zu vielen Hindu-Tempeln die Moscheen in der Regel jedermann zugänglich sind.

Jama Masjid Die *Jama Masjid* ist die größte Moschee von Kashmir. Sie wurde 1404 erbaut. Wie die Shah Hamadan Masjid brannte sie mehrfach ab. In ihrer heutigen Form und Ausstattung geht sie auf die Ära des Moghul-Herrschers *Aurangzeb* (1659–1707) zurück.

Schrein von Hazratbal In Srinagar gibt es 5 Grabmoscheen, von denen der westlich vom Dal Lake gelegene *Schrein von Hazratbal* der weitaus

Hazratbal-Moschee in Srinagar

bedeutendste ist. Er ist zweifellos das sakrale Zentrum von Moslem-Srinagar. In seiner marmornen Moschee wird ein Haar des Propheten Mohammed aufbewahrt. An den großen Festtagen *Id Milad* (Geburtstag des Propheten), *Meraj* sowie den Geburtstagen der ersten vier Kalifen wird der Schrein von Hazratbal von jeweils mehr als einer halben Million Menschen besucht. An diesen Tagen werden in seinem Umfeld zahlreiche Läden und Stände aufgebaut, so daß die Festtage zu einem einträglichen Unternehmen für die moslemische Geschäftswelt von Srinagar werden. Normale Spenden an den Schrein – die übrigens reichlich sprudeln – werden von den Verwaltern des Schreins und ihren Familien als Einkommen verbucht. Während des Befreiungskampfes hielt Sheikh Abdullah im Schrein von Hazratbal seine großen Reden; hier befindet sich auch seine letzte Ruhestätte.

Nishat Bagh Shalimar Bagh Zu den Prospektsehenswürdigkeiten von Srinagar zählen weiter die beiden im Nordosten der Stadt am Rande des Tals gelegenen Moghulgärten *Nishat Bagh* und *Shalimar Bagh* – von den indischen Urlaubern vielbesuchte Parks mit großen Blumenrabatten. Von der Entfernung her sind die Gärten sehr gut mit dem Fahrrad zu erreichen. Es ist empfehlenswert, noch ein Stück in Richtung Nordosten weiterzufahren: die Gegend ist schön, und ein paar Dörfer sorgen für Abwechslung.

Shankara-charya-Hügel Empfehlenswert ist auch ein Spaziergang auf den *Shankara-charya-Hügel*, 300 m über dem Dal Lake, von wo man sich aus der Vogelperspektive einen ersten Überblick über die Stadt Srinagar verschaffen kann. Auf dem Shankaracharya-Hügel befinden sich ein *Tempel* aus dem 16. Jh. und ein moderner Fernsehturm.

Ankunft *Bus*: Die Busse von Jammu nach Srinagar kommen im Hof neben dem *Tourist Reception Centre* an. Von hier ist es lediglich etwa 1 km bis zum Dal Lake, so daß ein Taxi nicht unbedingt erforderlich ist. Dagegen liegt der Hauptbusbahnhof von Srinagar – der *Batmalu Bus-Stand* –, auf dem die Lokalbusse zu Zielen in Kashmir abfahren, etwa 3 km vom Dal Lake entfernt.

Flug: Der Flughafen liegt ca. 10 km außerhalb. Es besteht eine Busverbindung zum Tourist Reception Centre. Wenn der offizielle Taxitarif eingehalten wird, besteht nur ein geringer Preisunterschied zum Flufhafenbus. Die Taxifahrer sind mit bestimmten Hausbooten liiert, zu denen sie den Fahrgast unbedingt bringen wollen.

Bibliothek Über eine brauchbare kleine Bibliothek zum Thema Kashmir und einen gut ausgestatteten Zeitungs- und Zeitschriftenlesesaal verfügt der *Sher-e-Kashmir-Reading Room*, nahe GPO.

Bootstouren Zu den Lieblingsaktivitäten der Touristen gehören Fahrten mit den schönen *Shikara-Booten* über den *Dal Lake*. In der Regel werden dabei die *Floatings Gardens*, die *Moghul-Gärten* und der *Nehru-Park* angesteuert, empfehlenswert ist, auch den benachbarten *Nageen Lake* zu besuchen, der noch nicht so verschmutzt ist. Es werden auch mehrtägige *Shikara-Ausflüge* vom *Dal Lake* auf dem *Jhelum River* zum *Wular Lake* angeboten.

Buchhandlung

Die beste Auswahl bietet *The Kashmir Bookshop* in der Sherwani Rd.

Einkäufe

Um einen groben Anhaltspunkt für die Preise der vielen schönen handwerklichen Produkte zu bekommen ist es ratsam, zunächst einmal ins *Government Arts Emporium* (große Auswahl) zu gehen, wo die Preise im Gegensatz zu den privaten Geschäften fest sind.

Aus ökologischer Verantwortung verbietet sich der Kauf von handwerklichen Gegenständen aus Holz, um nicht zusätzliche Anreize zur Entwaldung zu geben. Auch auf den Kauf von Kleidungsstücken aus dem Pelz von vom Aussterben bedrohter Tiere (z. B. Schneeleopard) ist zu verzichten.

Am günstigsten kauft man wohl in der *Residency Road* ein. Die Läden, die in der Umgebung des *Tourist Reception Centre* und am *Boulevard* liegen, sind im allgemeinen teurer.

In den von Touristen stark besuchten Geschäftsvierteln wird man oft von Anwerbern der Händler angesprochen, die mitunter sehr hartnäckig sind. Die auf Touristenwaren spezialisierten Kashmiri-Geschäftsleute handeln oft sehr aufdringlich und trickreich. Man sollte nun aber nicht vorschnell die Erfahrungen mit einigen wenigen Händlern, Anwerbern und Taxifahrern zum Urteil über die »Kashmiri« verallgemeinern, das wird mit Sicherheit ein Vorurteil.

Essen und Trinken

Sowohl im Stadtteil *Dal Lake/Boulevard* als auch im Geschäftsviertel *Sherwani Rd.* gibt es eine Reihe guter Restaurants.

Zu den besten Lokalen im Bereich der *Sherwani Rd.* zählt das *Tao Café*, ein gemütliches Gartenlokal mit chinesischer Küche und allerlei Snacks. Erwähnenswert sind weiter das *Alka Salka*, das *Adhoo's Restaurant* und das *Caprini* (Pizza, Burgers, Shashliks, Kababs, Chinese Food).

Im Bereich des *Boulevard* ist das in einer Seitenstraße gelegene *Lhasa Restaurant* in der Traveller Szene sehr populär, dessen gute chinesische und tibetische Küche allerdings nicht ganz billig ist (mittlerer Preislevel). Zum Lhasa gehört auch ein *Gartenlokal*. Es ist aber längst nicht so teuer wie die Speiselokale der Luxushotels des Boulevard-Viertels (siehe Übernachtung).

Zu den beliebten Treffs von Rucksackreisenden gehört auch die *Glocken Bakery* (am Eingang des Boulevard, erste Seitenstraße rechts), wo man Apfelstrudel und deutsches Brot bekommt – der Besitzer arbeitete mehrere Jahre in Frankfurt.

Als Snacks zu empfehlen sind die kleinen Sesamkringel, die man an vielen Kiosken erhält.

Freizeit

Mit einer deutschen Stadt dieser Größenordnung verglichen ist das Freizeitangebot in Srinagar bescheiden. Es gibt nur wenige Sportstätten und außer Kinos fast keine Kulturangebote.

So bleiben für die Freizeit gelegentliche *Kinobesuche*, sommerliches *Picknick* und die großen *Feste*. Diese Aktivitäten sind freilich im moslemischen Srinagar fast nur den Männern vorbehalten. Die Frauen leben zu Hause hinter hohen Hofmauern. Seit einigen Jahren dringt nun die Öffentlichkeit über das Fernsehen in eine wachsende Zahl von Familien in diese Zitadelle der Abgeschlossenheit ein.

Handwerk

Das Handwerk von Srinagar ist äußerst vielfältig. Zu seinen in aller Welt bekannten Produkten gehören: Lederwaren (Kleidung), Stoffe, Schals, Gebetsteppiche mit iranischen Mustern, Filzteppiche (Namdas), allerlei Artikel aus Wolle (Socken, Handschuhe, Pullover, Decken etc.), Krüge, Wasserpfeifen, Chilams, Holzschnitzereien, Schmuck, bemalte Papiermachés, schöne Westen und Hemden sowie kunstvoll geschnitzte Kästen, Tabletts, Truhen, Tische und Möbel aus Holz.

In verschiedenen Zweigen des Handwerks sind in größerer Zahl Kinder beschäftigt. Dies gilt im besonderen Maße für die Teppichmanufakturen. Die Kinder der *Carpet Factories* kommen aus durchweg sehr armen Familien, die auf diesen Zuverdienst angewiesen sind. Sie arbeiten täglich 7–9 Stunden in stickigen und halbdunklen Räumen, in einer ausgesprochen ungesunden Haltung auf dem Boden sitzend. Viele weisen schwere Haltungsschäden auf. Ihnen stehen keine Aufenthaltsräume und Kantinen zur Verfügung. Nicht wenige werden bereits in jungen Jahren zum Krüppel. 1985 lag der Tageslohn der Kinderarbeiter in den Teppichmanufakturen bei 5–6 Rp (ca. 1 DM). Sie waren weder kranken- noch rentenversichert. Sie hatten die Schule vorzeitig verlassen.

Ein beträchtlicher Teil der in Srinagar angebotenen handwerklichen Gegenstände werden in den Dörfern der weniger fruchtbaren Randgebiete des Kashmir Valley hergestellt. In diesen Gebieten werden die Handwerker noch schlechter bezahlt als in Srinagar.

Information

Zentrales Fremdenverkehrsbüro von Srinagar ist das *Tourist Reception Centre*, ein großer Gebäudekomplex, der im Parterre schalterförmig eingerichtet ist. Es existieren folgende Einrichtungen: Auskunft, Post, Bank/Geldwechsel, Vermittlung von Hotelzimmern und Hausbooten, Verkaufsstellen für Busfahrkarten nach Leh, Jammu und verschiedenen Zielen im Kashmir Valley, Büro der Indian Airlines.

Im TRC befinden sich auch Abteilungen für Trekking und Bergsteigen sowie Angeln und Fischerei.

Klima/ Reisezeit

Hochsaison herrscht in den warmen Sommermonaten von Mai bis September. Auch an sehr warmen Tagen ist es nachts relativ frisch und kühl.

Der Winter ist nicht allzu kalt. Von Mitte Dezember bis Anfang Februar liegt in Srinagar Schnee. Zentralheizungen fin-

det man nur in den Luxushotels. Unter den Einheimischen ist
es Sitte, sich einen Eimer mit glühender Kohle zwischen die
Beine zu stellen.

Temperaturen in °C

Monat	1	2	3	4	5	6	7	8	9	10	11	12
Mittl. Max.	4,4	7,9	13,4	19,3	24,6	29,0	30,8	29,9	28,3	22,6	15,5	8,8
Mittl. Min.	-2,3	-0,8	3,5	7,4	11,2	14,4	18,4	17,9	12,7	5,7	-0,1	-1,8

Krankenhaus Chest Disease, Tel. 739 29; Children Hospital, Tel. 736 61; Jawarharlal Nehru Memorial Hospital, Tel. 773 32; Joint and
Bones Hospital, Tel. 738 25; Kashmir Nursing Home, 724 00;
Ladies Hospital, Tel. 738 96; Sher-e-Kashmir Institute of Medical Sciences, Tel. 774 67; S.M.H.S Hospital, Tel. 769 92-93.

Kulturszene Moderne, realitätsnahe und kritische Literatur und Kunst
hat eine sehr schmale Basis. Nur wenige der in Kashmiri
schreibenden Männer und Frauen sind überregional bekannt.
Es existiert lediglich eine sehr kleine kommerzielle *Filmindustrie*, aber kein alternatives Kino. Von Verhältnissen wie in
Kerala oder Westbengalen kann die kritische Intelligenz von
Srinagar nur träumen. Zu den wenigen überregional bekannten Künstlern gehört der Maler *G. R. Santosh*, dessen Bilder
von tantrischen Motiven bestimmt sind.

Lebenshal
tungskosten Wer preiswert lebt, kann das auch als Tourist in Srinagar.
Das heißt: Tee statt Thums up trinken, öfter mal Dal oder
Mixed Vegetables essen und im Sikh-Gurudwara, der Jugendherberge oder in einem billigen Hausboot übernachten
sowie häufiger zu Fuß gehen. Wer jedoch middle class like
lebt, hat in der Touristenstadt Srinagar mit höheren Ausgaben als in den meisten indischen Städten vergleichbarer Grö
ßenordnung zu rechnen.

Markt Am frühen Morgen – ab etwa 6 Uhr – findet im Bereich der
Floating Gardens ein *Floating Market* statt, zu dem zahlreiche Boote vollbeladen mit Gemüse fahren. Zu diesem bunten
Treiben kommen auch zahlreiche, mit Kameras bewaffnete
Touristen. Das Gemüse wird z.T. in den *Floating Gardens* gezogen. Die schwimmenden Gärten, das sind große Inseln, bestehend aus Erde, Schilf- und Wurzelmatten – schwankender
Grund, aber fruchtbar.

Sport Gesündester und zweckvollster Sport für Touristen ist wohl
das *Radfahren* – zumindest, wenn man die übervollen und
von Abgasen verpesteten Hauptverkehrsstraßen meidet. Die
stabilen Räder ohne Schaltung und Beleuchtung, die man für
ca. 2 DM pro Tag ausleihen kann, sind unverwüstlich. Die
Fahrradverleihshops befinden sich im Bereich zwischen dem
TRC und dem *Boulevard*, geöffnet 9 bzw. 10–18 Uhr.
Darüber hinaus kann man in dem noch nicht so stark ver

schmutzten *Nageen Lake* baden. Dagegen ist der Dal Lake, der die reinste Kloake ist, nicht zu empfehlen.

Ganz in der Nähe des TRC liegt ein großer *Golfplatz*, der von der Oberschicht Srinagars frequentiert wird.

Trekking

Die Trekkingagentur *Summit Treks*, The Bund, Srinagar 190001, P. O. Box 315, organisiert zahlreiche interessante Tracks in Kashmir und Ladakh. Individualtrekker können sich hier ihren Trekkingproviant zusammenstellen lassen und Karten beschaffen.

Universität

An der Universität Srinagar wird eine verschwindend kleine Elite ausgebildet. 74 % der Bevölkerung von Jammu & Kashmir (über 90 % der Frauen) sind Analphabeten; viele Kinder brechen die Primarschule vorzeitig ab. Während im Bereich der Elementarbildung die Verhältnisse (materielle Ausstattung der Schulen, Lehrmittel, Zahl der Kinder pro Lehrkraft) sehr schlecht ist, wird in die Universitäten Jammu und Srinagar überproportional investiert.

Übernachtung

Hausboot: In der Kolonialzeit entwickelte sich unter den Briten die Gepflogenheit, die Sommerferien im Hausboot auf Srinagars Dal Lake zu verbringen. Die indische Oberschicht und ausländische Touristen setzen diese Tradition fort.

Die Boote sind alle nach demselben Prinzip aufgebaut: An der Frontseite haben sie eine kleine Veranda, von der man den vorbeigleitenden Shikaras zuschauen kann. Daran schließt sich ein Aufenthaltsraum an. Im hinteren Teil befinden sich 2–4 Schlafräume.

Zwischen den Hausbooten bestehen beträchtliche Unterschiede im Komfort. Es gibt insgesamt fünf Kategorien. Die Preise werden vom TRC festgelegt, jedoch von den Besitzern bei zu schwacher Nachfrage selbst unterboten. Der Preis variiert nicht nur nach der Güteklasse des Bootes (wobei innerhalb einer Kategorie große Qualitätsunterschiede bestehen können), sondern auch nach der Lage.

Am billigsten sind *Chinar Bagh*, die *Kanäle* (stinkend, nicht empfehlenswert) und der *Jhelum River*, alles Standorte, die von lärmenden Straßen umgeben sind. Am besten gelegen sind die Boote auf dem offenen *Dal Lake* und dem benachbarten *Nageen Lake*. Eine Zwischenposition nehmen die Boote am Anfang des *Dal Lake/Dal Gate* ein: Ihre Lage könnte zwar besser sein, aber immerhin ist kein Straßenlärm zu hören. Ein Vorteil dieses Hausbootviertels ist die relativ große Nähe zu den für Touristen interessanten Stadtteilen. Es ist ratsam, mit der Shikara ein paar Boote abzufahren, um Preise und Ausstattung zu vergleichen.

Bevor das Zimmer gemietet wird, sollten folgende Dinge festgelegt werden:

1. die Shikara-Verbindung zum Boulevard ist im Preis eingeschlossen;
2. keine Vollpension, damit man nach eigener Wahl essen kann;

3. Händler kommen nicht auf das Boot, da man diese im allgemeinen kaum wieder los wird.

Man sollte auch bald herausfinden, wo die Leute ihr Wasser hernehmen. Falls dies vom Fluß oder Dal Lake stammt, ist es nicht trinkbar.

Bei der Ankunft auf dem Busbahnhof neben dem TRC (Ankunft der Busse von Jammu und Leh) sowie am Flughafen wird man mitunter von den Anwerbern der Hausboote regelrecht bedrängt.

Tarife der Hausboote (Sommer 1989)			
	Übernachtung	Vollpension	EZ/DZ
Deluxe oder 5-Star	270/350	350/530	
A Klasse	160/235	210/320	
B Klasse	120/200	160/260	
C Klasse	50/80	110/160	
D Klasse oder Donga Boat	25/50	60/80	
	EZ/DZ	EZ/DZ	
Kurs: 1 DM = ca. 8 Rp, EZ = 1 Person, DZ = 2 Person			

Hotels

Außer den Hausbooten gibt es in Srinagar auch eine große Auswahl an *Hotels* verschiedener Preisklassen.

Untere Kategorie: Latif Guest House; Hotel Sundowna; Hotel Savoy (etwas höhere Preise als die beiden zuerst genannten); Hotel New Green View, neben dem Hausboot Taj Palace sowie das Tibetan Guest House, an der Gagribal Road (parallel zum Boulevard; Reservierung über das Lhasa-Restaurant möglich).

Mittlere Kategorie: (EZ 18–30, DZ 22–40 DM): Hotel Pamposh, Residency Rd., Tel. 756 01-2 (Küche: Indian, Continental, Kashmiri); Hotel Jahangir, Hotel Mazda, The Boulevard (Küche: Indian, Mughlai, Chinese, Continental), Hotel Metro, Dalgate, Hotel Pacific, Dalgate (Gruppentarif: halber Preis; Küche: Indian, Chinese, Continental, Kashmiri) und Hotel Sabena, Residency Road (Küche Indian, Chinese, Continental, Tandoori).

Luxusklasse: (EZ ab 40, DZ ab 50 DM, verbilligte Gruppentarife): Hotel Broadway, Maulana Azad Rd. (sehr teuer, zwei Bars, drei Restaurants, Swimming Pool, Farbfernseher, Geldwechsel); Hotel Oberoi, The Boulevard (Zentralheizung, Küche: Indian, Chinese, Gujarati, South Indian, Continental).

Camping Strand am Nageen Lake.

JH beim Museum.

Verkehrsverbindungen *Bahn:* Ab Jammu, 284 km, bestehen direkte Zugverbindungen mit *Delhi* (tgl. vier Züge), *Agra/Bombay* und *Varanasi/Calcutta*. Man kann in Srinagar bei der *Northern Railway*

Out Agency, Badshah Chowk, reservieren lassen. Dies muß allerdings spätestens vier Tage vor Fahrtantritt erfolgen.

Bus: Srinagar-Jammu: Tgl. mehrere Busse (A- und B-Klasse, Video Coach), Abfahrt vom Tourist Reception Centre 7.30 Uhr. Die Fahrt ist landschaftlich sehr schön und dauert 9–10 Stunden.

Srinagar–Leh: B-Klasse-Bus tgl. 8.30 Uhr (70 Rp), A-Klasse-Bus (90 Rp) und De-Luxe-Bus (180 Rp) Mi, Sa Abfahrt TRC 8.30 Uhr; die Straße Srinagar-Leh ist von Juni bis Oktober offen. Die Busfahrt von Srinagar nach Leh dauert zwei volle Tage, in Kargil wird übernachtet. Anstelle dieser endlosen Fahrt wären Unterbrechungen in *Sonamarg, Kargil, Lamayuru, Khalsi* und *Alchi* empfehlenswert. Wer in Etappen reist, muß ab Sonamarg Lkws anhalten, da der Leh-Bus in der Regel voll ist, so daß keine Zusteigemöglichkeiten bestehen. Die Lkws verlangen denselben Preis wie der Bus. Ab Khalsi besteht eine lokale Busverbindung mit Leh.

Busse im *Kashmir Valley* und zu den *Hill Stations:* Vom General Busstand Batmalu (Hauptbusbahnhof von Srinagar) fahren Busse zu den Hauptorten des Kashmir Valley und zu den Hill Stations *Sonamarg, Tanmarg/Gulmarg, Pahalgam, Daksum* und *Kishtwar* (alle Orte mindestens einmal tgl.). Die ersten Busse fahren bereits morgens um 5, die letzten zwischen 15 und 16 Uhr. Zu den letztgenannten Orten fahren auch Busse des Tourist Reception Centre, dessen Ausflugsbusse aber wesentlich höhere Tarife als die lokalen Busse haben – allerdings auch mehr Komfort.

Flug: Der Flughafen ist ca. 10 km vom Stadtzentrum entfernt und ist mit dem Tourist Reception Centre durch einen Bus verbunden.

Flüge nach *Amritsar* (388 Rp, tgl.), *Jammu* (233 Rp, tgl.), *Chandigarh* (571 Rp, fünfmal wöch.), *Leh* (344 Rp, dreimal wöch.) und *Dehli* (617 Airbus, 756 Rp, mindestens zweimal tgl.).

Ausflüge

Wer gern Rad fährt, kann sich in Srinagar ein *Fahrrad* mieten und damit ein paar Touren in verschiedene Städtchen und Dörfer des Kashmir Valley unternehmen.

Auch *Wanderungen* sind empfehlenswert. Als Wanderwege kann man die Landstraßen benutzen. Vor der Hauptverkehrsachse Srinagar-Jammu muß jedoch gewarnt werden, da auf ihr der Verkehr (Busse, Lastwagen, Militärkolonnen) sehr dicht ist, so daß man sie im Grunde nur mit einer Gasmaske benutzen kann.

Für weitere Touren (ab 40 km) an den Rand des Kashmir Valley und zu den Hill Stations besteigt man die meist völlig überfüllten Lokalbusse.

Nahziel für Tagesausflüge mit dem Fahrrad könnten *Chrar-i-Sharif* (33 km südwestlich von Srinagar; Rückweg mit dem Bus am späten Nachmittag) und der *Manasbal Lake*, 30 km nördlich vor Srinagar, sein.

Der Norden und Nordwesten von Kashmir

In dieser Region liegen viele schöne Wald- und Gebirgslandschaften wie die Berge um *Gulmarg*, das *Lolab Valley* und der *Wular Lake* und seine Umgebung. Von diesen Gebieten ist nur in Gulmarg starker Tourismus, wo auch das einzige Wintersportgebiet Kashmirs liegt.

Manasbal Lake

30 km nördlich von Srinagar, an der Straße nach Bandipur gelegen. Dieser See, der 4–5 km lang, 2 km breit und 12 m tief ist, gilt als sehr fischreich und ist ein kleines Vogelparadies. Im Juli und August ist im Osten ein Teil des Sees mit einem Teppich rosaroter Lotusblüten bedeckt. Am Südufer des schön gelegenen Sees befindet sich ein großes Dorf, in dem man beim Spaziergang von einer Schar Kinder umdrängt ist. Die Ökonomie dieses Dorfes basiert auf Sägewerken und Obstgärten.

Übernachtung

Tourist Bungalow, an der Straße nach Bandipur (Zi. ca. 7 DM, Restaurant), *Hausboot* am nördlichen Seeufer/Safapur sowie ein Champingplatz namens *Qoz Bagh*.

Wular Lake

Indiens größter See, von hohen Bergen flankiert, liegt ca. 50 km nördlich von Srinagar. In Normalzeiten ist er 19 x 10 km groß, jedoch erweitert sich sein Umfang in der Zeit der Schneeschmelze sehr stark.

Um den See herum führt eine Asphaltstraße, über die im Sommer täglich auch ein paar Touristenbusse rollen. Es gibt auch einen Rundtrack, der nicht allzu schwer ist und der nur von wenigen Touristen gegangen wird, da es sich nicht um einen spektakulären Track über hohe Pässe handelt.

Übernachtung

In den am See gelegenen Orten existieren genügend Übernachtungsmöglichkeiten, so z. B. Rest Houses in *Bandipur* und *Watlab*. Man kann den Ausflug zum Wular Lake mit Touren ins *Erin Valley* (von Nodhal oder Bandipur aus) oder ins *Lolab Valley* (von Sopore aus) verbinden.

Bandipur und Erin

Das alte Handelsstädtchen *Bandipur*, 56 km nördlich von Srinagar, liegt unterhalb des *Tragbal-Passes* (3.555 m) am Ufer des Wular Lake. Von Bandipur hat man regelmäßige Busverbindungen mit Srinagar, Erin ist mit dem Jeep bzw. zu Fuß zu erreichen.

Nur etwa 20 km östlich von Bandipur liegt in einem schönen Hochgebirgstal der kleine Urlaubsort *Erin*. Zur Übernachtung stehen ein Rest House und ein Campingplatz (am Fluß) zur Verfügung.

Track	Erin ist Ausgangspunkt des fünftägigen *Gangabal Track*, für den man einen Guide, Proviant und ein Zelt braucht. *Verlauf der Route:* 1. Tag: Erin–Poshpatri; 2. Tag: Poshpatri-Sarabal Lake; 3. Tag: Sarabal Lake–Kund Sar Lake (3.800 m) am Fuße des Harmoukh (5.175 m); 4. Tag: Kund Sar Lake–Gangabal Lake; 5. Tag: Gangabal Lake–Naran Nag; Jeepweg über Wangat nach Kangan, wo eine Busverbindung nach Srinagar besteht.
Sopore	Größter Ort der Wular Lake-Region, 53 km nordwestlich von Srinagar gelegen. Sopore ist Ausgangspunkt für Wanderungen in die Täler von *Kunius* und *Lolab*. Das waldreiche Lolab Valley mit seinen kleinen Dörfern und Obstgärten ist sehr angenehm, es gibt hier kaum Tourismus, da für diese Gegend nicht wie für Gulmarg und Pahalgam mit spektakulären Reklamefotos geworben wird. Es sind eben Täler wie viele andere.
Gulmarg (2.600 m)	Das bekannteste Hill Station von Kashmir liegt über ein 3 km langes und durchschnittlich 1–2 km breites Hochtal verstreut, dessen Wiesen von bewaldeten Hügeln umgeben sind. Im Westen wird es von dem gewaltigen *Apharwat* überragt, der 4.511 m hoch ist. Hauptsaison sind die Monate Mai bis September. Etwa 90 % der Gulmargbesucher sind Angehörige der indischen Mittel- und Oberschicht.
Orts- geographie	Das Hill Station besteht aus einem kleinen Kern am östlichen Eingang zum Tal, einer Anhäufung von Hotels um das Tourist Office (plus der in den Grenzgebieten von Kashmir allgegenwärtigen Armee). Im westlichen Bereich liegen verschiedene Hotels auf den Hügeln rund um das Tal. Gulmarg ist also kein Ort mit einem echten Zentrum. Was sich als Geschäftsviertel anbietet, ist sehr bescheiden.
Sport	Die indischen Sommerurlauber machen Spaziergänge auf dem *Rundweg* um das Hochtal oder wandern nach *Khilanmarg* oder *Apharwat* oder spielen *Golf*. Eine andere weitverbreitete Freizeitaktivität ist das *Angeln* in den fischreichen Gebirgsflüssen in der Umgebung von Gulmarg. Im Winter liegt reichlich Schnee. Die langen Hänge von Khilanmarg und Apharwat eignen sich gut als Abfahrten. Ein Lift ist auch vorhanden. Skier und Skischuhe können ausgeliehen werden. Es werden auch Kurse abgehalten. Außer indischen Skisportlern trifft man hier auch den ein oder anderen in Indien arbeitenden Europäer sowie last not least ein paar Wintersportanhänger aus der Traveller Szene. Die *Skisaison* dauert in Gulmarg von Dezember bis März. Die technischen Einrichtungen (Lifte, Preparierung der Pisten) sind ausgesprochen bescheiden; ähnlich verhält es sich mit den abendlichen Freizeitmöglichkeiten – also: no Aprés Ski.
Information	T. O. auf der Westseite des Tals, ca. 500 m vom Golfplatz entfernt. Hier, aber auch an verschiedenen anderen Stellen im

Tal sind Tafeln angebracht, auf denen die Preise für Ponies und Träger angeschlagen sind.

Übernach-
tung

Gulmarg ist teuer. Dennoch gibt es auch einige *Hotels*, die für Rucksacktouristen erschwinglich sind. Eines davon ist das New Montain View (brit. Kolonialstil; schöne Lage, an klaren Tagen sogar Blick auf den *Nanga Parbat*, 8.126 m; EZ und DZ, der Preis hängt ein wenig davon ab, wie stark das Hotel jeweils belegt ist; auch eine ganz passable Küche). Unter diese Kategorie fällt weiter das Hotel City View. Einigermaßen billig ist auch das New Punjabi Hotel.

Zur mittleren Preiskategorie zählt das Gulmarg Inn (Preis etwa doppelt so hoch wie im City View). Sehr teuer sind das Hotel Highland Park (Bar, Restaurant mit englischer, chinesischer, nordindischer und kashmirischer Küche; der schöne Garten lädt zu einer Tasse Tee oder Kaffee ein), das Woodland Hotel und Nedous' Hotel.

Verkehrsver-
bindungen

Die *Busse* fahren heute bis direkt nach *Gulmarg*. Früher mußte man die letzten 5 km von der damaligen Endhaltestelle Tanmarg zu Fuß oder mit dem Pony zurücklegen. Im Be-

Umgebung

reich Gulmarg und Umgebung benutzen viele lauffaule Mittelklasse-Inder das *Pony* als Verkehrmittel.

Khilanmarg

600 Höhenmeter über Gulmarg, am Fuße des *Apharwat*, dessen Bergwiesen im Frühling (Mai/Juni) prächtig blühen, ist ein sehr beliebtes Wanderziel. Bei klarem Wetter besteht eine gute Aussicht auf den riesigen *Nanga Parbat*, 8.126 m, und die Berge östlich des Kashmir Valleys.

Khilanmarg ist 6 km von Gulmarg entfernt, der Aufstieg dauert etwa 1–1 1/2 Std. Der Pfad ist leider – wie viele andere Wanderwege um Gulmarg – von den Ponies, die fußmüde Touristen tragen müssen, ausgetreten und verschmutzt.

Nochmals 600 m höher liegt der *Alapather Lake*, der sich damit bereits fast schon in Gipfelnähe zum Apharwat befindet. Bis Ende Mai bleibt der See vereist.

Ziarat of
Baba Rishi

Ziarat of Baba Rishi, der vielbesuchte Schrein eines bekannten Moslemheiligen (gestorben 1480) liegt 5 km östlich von Gulmarg, an den Abhängen zum Kashmir Valley. Der Weg zum Schrein führt streckenweise durch dichten Wald.

Buniyar

Nicht besonders anstrengend, aber landschaftlich reizvoll ist die Tageswanderung nach Buniyar. In *Buniyar* existiert ein Rest House. Anschließend kann man sich die Dörfer im westlichen Jhelum Valley um *Uri* und *Baramulla* anschauen, eine Tour um den *Wular Lake* unternehmen und schließlich nach Srinagar fahren.

Wanderun-
gen/Trekking

Von Gulmarg kann man den 3-Tages-Track zum *Konsar Nag* (4.039 m), einem See auf einem Berggipfel, südlich des Apharwats, unternehmen. Guide, Proviant und Zelt sind erforderlich.

Der Nordosten

Diese Gegend ist bekannt für ihre schönen Hochgebirgstäler wie das *Sindh Valley* und die Täler von *Lidder* und *Shesh-nag.* Haupttouristenziele sind die Hill Stations *Pahalgam* und *Sonamarg*, der *Dachigam-Naturpark*, der *Kolahoi-Glacier* und die *Grotte von Amarnath* mit Shivas berühmten Eislingam. In dieser Gegend wird relativ viel gewandert.

Dachigam

Der Natur- und Wildpark, 25 km nordöstlich von Srinagar gelegen, ist bekannt für seine Bären, Panther und Rotwild. Dieser Park, der sich durch seine üppige Vegetation auszeichnet, liegt im *Mahadev Valley*. Das Flüßchen kommt vom *Mar Sar Lake* herunter. Die für den Besuch günstigste Jahreszeit ist Juni/Juli. Weitere Auskünfte erhält man vom *Game Warren*, TRC Srinagar.

Sonamarg
(2.740 m)

Kleiner Hochgebirgsort, 83 km nordöstlich von Srinagar, an der Straße Srinagar–Leh/Ladakh.

Dieser reine Touristenort, der nur in der Sommerzeit bewohnt ist, liegt ausgesprochen malerisch – kleiner reißender Fluß, Almen, Tannenwälder, hohe Berge im Hintergrund. Man fühlt sich in die Alpen und Heimatfilme vom Schlage »Wo der Wildbach rauscht« versetzt.

Sonamarg besteht lediglich aus einer Reihe einfacher Restaurants und Hotels, kleinen Läden, ein paar offiziellen Gebäuden sowie einem Touristenkomplex. Die Mehrzahl der Besucher sind indische Urlauber, die in Tagesausflügen von Srinagar herüberkommen. Außerdem legen auch ein paar ausländische Touristen auf dem Weg nach Ladakh hier einen 1–2tägigen Stopp ein.

Saison
Essen und
Trinken

Mitte Mai bis Ende Oktober.In den verschiedenen kleinen Speiselokalen entlang der Hauptstraße und in der Caféteria des Rest Houses kann man sich einigermaßen gut versorgen.

Übernach-
tung

Am billigsten ist es, am *Sindh River* zu zelten. Nicht allzu teuer sind auch die Zimmer im sehr einfachen *Glacier Hotel* und im *Rest House* (nur DZ für ca. 7 DM). Es existiert auch ein *Tourist Bungalow* (DZ ca. 10 DM), der allerdings ca. 2 km vom Ortszentrum entfernt ist (Richtung Kulan).

Verkehrsver-
bindungen

Tgl. mehrere *Busverbindungen* mit *Srinagar* (4 Std.). In Richtung *Kargil/Leh* verkehren keine lokalen Busse, so daß man sich am Vormittag nach einem *Lkw* umschauen muß. Die Lkws sammeln sich auf einem Parkplatz 4 km östlich von Sonamarg, von wo sie um 13 Uhr starten, wenn die Straße für den Verkehr freigegeben wird. Spätestens eine halbe Stunde später ist dann der letzte Lkw in Richtung *Zoji La-Paß* verschwunden, so daß sich erst wieder am nächsten Tag eine

*Frauen in einem Dorf
bei Sonamarg*

Mitfahrgelegenheit bietet. Der Paß ist nur von Mitte Mai bis Oktober für den Autoverkehr geöffnet. *Fußgänger* können schon ein paar Wochen früher bzw. noch ein paar Wochen später den Zoji La-Paß überqueren. Da in dieser Zeit noch manches Problem mit Schnee und Eis auftreten kann, ist es notwendig, sich einheimischen Paßgängern anzuschließen.

Die schönen Ausblicke beim Aufstieg zum *Zoji La* (3.600 m) und die ungemütliche Fahrt im Lkw oder Bus auf zudem schlecht ausgebauter Straße lassen die Paßüberquerung zu Fuß empfehlenswerter erscheinen.

Wanderungen/Trekking Die Umgebung von Sonamarg ist vorzüglich für Wanderungen verschiedenster Schwierigkeitsgrade geeignet. Trotz guter natürlicher Voraussetzungen gibt es in Sonamarg noch keinen technisierten Skibetrieb. Wer dennoch kommt, ist fast ganz allein in einem tiefverschneiten Hochgebirgstal.

Sonamarg ist Ausgangspunkt von Tracks nach *Pahalgam*, zum *Amarnath Cave* und nach *Erin* (Gangabal Track).

**Sonamarg-
Thajiwas-
Glacier**

Wanderungen in die unmittelbare Umgebung

Hin- und Rückweg 2 1/2–3 Std., leichte Bergwanderung, kaum Orientierungsprobleme.

Während man den Gletscher greifbar nahe vor sich liegen sieht, wandert man auf allmählich ansteigendem Weg das *Thajiwas Valley* hinauf. Leider ist der Wanderpfad spätestens Anfang Juli von den zahlreichen Ponytouren stark ausgetreten (fast umgepflügt). Dieser Minitrack wird von indischen Urlaubern stark bevölkert.

Man kann im Thajiwas Valley zelten.

**Pahalgam
(2.200 m, ca.
1.000 Ew.)**

Fremdenverkehrsort im malerischen *Lidder Valley*, an beiden Seiten von hohen Bergen umgeben. Von der Landschaft her liegt es m. E. viel schöner als Gulmarg, mit dem es konkurriert. Negativ ist jedoch, daß Pahalgam fast ausschließlich aus Geschäften für Touristen und Hotels besteht. Zum Glück sind die Händler jedoch nicht so aufdringlich wie in Srinagar.

Wenn man sich freilich ein Stück außerhalb des Ortskerns niederläßt, ist es wirklich schön in Pahalgam. Der Ort ist nicht zuletzt auch deshalb sehr bekannt, weil er Ausgangspunkt für die in Kashmir und auch im übrigen Nordindien sehr populären Tracks nach *Amarnath* bzw. zum *Kolahoi Glacier* ist.

Sport

Wie in Gulmarg: im Sommer *Wandern* und *Campen*, im Winter *Skilaufen*, wobei in Pahalgam allerdings heute noch jeder Abfahrt ein mühseliger Aufstieg vorausgeht.

Für *Angler* sind die fischreichen und noch nicht verschmutzten Flüßchen *Lidder* und *Sheshnag* ideal. Man braucht für diesen Zweck ein Permit, das vom Director, Game & Fisheries, Government of Jammu & Kashmir, TRC Srinagar, Tel. 28 62, ausgestellt wird.

Saison

Die Wander- und Trekkingsaison dauert von Mitte April bis November. Danach wird es kalt und schneit.

Information

Das T. O. befindet sich im Zentrum. Gleich um die Ecke liegt auch der *Busbahnhof*. Im T. O. sind auf einer großen Tafel die Preise für Ponies und Träger angeschlagen.

**Bank/Geld-
wechsel**

State Bank of India, neben dem T. O., geöffnet vom 1. Mai bis 31. Oktober.

**Essen und
Trinken**

Im Ortszentrum gibt es Speiselokale der verschiedenen Preisklassen. Gut aber teuer ist z. B. das *Tabela Restaurant* (Chinese, Indian, Continental – auch Kashmiri-Tee).

**Übernach-
tung**

Billigkategorie: Empfehlenswert ist das *Windrush House* (new), das etwas außerhalb von Pahalgam (1 km Richtung Chandanwari) am linken Ufer des rauschenden und reißenden Sheshnag liegt (sehr schöne Lage); DZ 6, DRZ 9, VBZ 11 DM.

Falls das Windrush besetzt ist, kommt als nächstes *Bentes Lodge* in Frage, die ähnliche Preise hat und ebenfalls ein wenig außerhalb liegt. Des weiteren existiert in Pahalgam ein

Tourist Bungalow (DZ ab 12 DM, auch Schlafsaal). Das Fremdenverkehrsamt vermietet auch *Blockhütten/Huts* (unterschiedliche Größe; Ein-Bett-Hütten bis Hütten mit drei Doppelräumen; außerhalb der Saison Preisermäßigung).

Mittel- und Luxusklasse: Mittlere Kategorie (EZ ab 24, DZ ab 30 DM): Central Hotel, Hotel India, Natraj Hotel, Shepherds Hotel und Wolga Hotel.

Teuer: (EZ ab 70, DZ ab 80 DM): Mount View, Pahalgam Hotel (Küche: Chinese, Gujarati, Indian, Continental; Zentralheizung, Bar, überdachter Swimming Pool, Geldwechsel, Farbfernsehen, Luxusklasse).

Verkehrsverbindungen
Busse nach *Srinagar* (häufig) und Jammu (mehrmals tgl.). In der Saison ist es notwendig, frühzeitig reservieren zu lassen. Außerdem fahren auch *Sammeltaxis* von Pahalgam nach *Srinagar*.

Wanderungen Sheshnag Valley/Tulian Lake
Als leichter Spaziergang empfiehlt es sich, ein paar Kilometer das *Sheshnag Valley* hinaufzuwandern.

Tulian Lake, 16 km von Pahalgam und 11 km von Bhai Saran entfernt, in 3.658 m Höhe gelegen, von Bergen umgeben, die den größten Teil des Jahres verschneit sind. Diese Wanderung ist recht anstrengend.

Trekking
In der Umgebung von Pahalgam bestehen vielfältige Möglichkeiten für leichte bis mittelschwere Tracks, die zwischen 3 und 10 Tagen dauern können. Die Werbung der kashmirischen Fremdenverkehrsämter hat dafür gesorgt, daß die Hauptrouten recht stark frequentiert sind. Allzu sorgloses Verhalten gegenüber der Umwelt hat dazu geführt, daß verschiedene Zeltplätze *(Aru, Lidderwat)* zu Müllkippen geworden sind – voller Plastik und Blech, das die Natur nicht abbauen kann.

Kashmiri-Dorf bei Pahalgam

Der Süden, Südwesten und Südosten

Diese Region, in der es ebenfalls viele schöne Gebirgstäler gibt, ist vom Tourismus noch wenig berührt. Kleine Gruppen von Urlaubern und Trekkern trifft man lediglich in *Yusmarg, Aharbal* und *Daksum.*

Pampore
16 km südwestlich von Srinagar, Zentrum des kashmirischen Safrananbaus. Der *Crocus Sativus*, aus dem der Safran gewonnen wird, wird im Juli und August gepflanzt und im Oktober geerntet. Der Safran wird aus den orangeroten Narben des violett blühenden Crocus Sativus gewonnen. Man benötigt etwa 15.000 Blüten für die Gewinnung von 1 kg Safran.

Mattan
61 km südlich von Srinagar, an der Pahalgam Road gelegen, ist dank einer verehrten Quelle ein gut besuchter Hindu-Wallfahrtsort.

Übernacht.
Tourist Sarai.

Martand
64 km südlich von Srinagar, auf dem Weg nach Pahalgam, liegt die älteste und bedeutendste Ruine eines Hindu-Tempels in Kashmir. Dieser *Shiva-Tempel* wurde unter dem kashmirischen Herrscher *Mukhtapida* (699–736) erbaut. Er war dem Sonnengott Surya geweiht.

Chrar-i-Sharif
33 km südwestlich von Srinagar, auf dem Weg nach Yusmarg (9 km), liegt das Städtchen, dessen Erscheinungsbild noch gänzlich von der traditionellen Holzbauweise geprägt ist.
In Chrar-i-Sharif befindet sich der Schrein mit dem Grab des

Zentrum von Chrar-i Charif

im Kashmir Valley hochverehrten Moslemheiligen *Hazrat Sheikh Nooruddin*. Anläßlich der jährlichen Wiederkehr seines Todestages im Monat Poh (Dezember) ist der Schrein Mittelpunkt großer Festlichkeiten. Er darf nur von Moslems betreten werden, so daß man sich darauf beschränken muß, seine nicht uninteressante Außenarchitektur unter die Lupe zu nehmen.

Verkehrsverbindung
Chrar-i-Sharif ist von Srinagar mit dem *Bus* zu erreichen. Mit dem *Rad* braucht man von Srinagar nach Chrar-i-Sharif ca. 3 Stunden. Auf den ersten 20 km führt die Straße im Kashmir Valley durch ein paar Dörfer (mit Teelokalen zum Rasten). Auf den letzten 10–12 km geht es kräftig bergauf.

Yusmarg
(2.377 m)
Ca. 46 km südwestlich von Srinagar. Touristenort in einem schmalen, offenen Tal, in den Hügeln vor der *Pir Panjal Range*. Yusmarg ist dabei, so etwas wie ein Mini-Gulmarg zu werden.

Übernacht.
Verkehrsverb.
Tourist Huts, Tourist Bungalow.
Busverbindung mit *Srinagar*.

Aharbal
(2.480 m)
Dorf ganz im Südwesten von Kashmir, bestehend aus ein paar Häusern und einen Touristenkomplex. Hauptattraktion sind die *Wasserfälle* des *Visha River*.
Aharbal liegt drei Busstunden von Srinagar entfernt. Wer nicht viel Gepäck hat, kann bereits im benachbarten Handwerks- und Handelsstädtchen *Shupiyan* aussteigen und nach Aharbal hinaufwandern.

Übernachtung
In Aharbal existiert ein *Tourist Bungalow*. Auch zum *Zelten* ist geeignetes Gelände vorhanden.

Trekking
Die Gebirgsregion um Aharbal, der *Pir Panjal*, wo im Sommer die Gujars ihre Herden weiden lassen, bietet vielfältige Möglichkeiten für schöne *Tracks,* die bisher nicht genutzt werden. Einzige gelegentlich frequentierte Route in dieser Gegend ist der Track um *Konsar Nag* (s. S.71).

Anantnag
(40.000 Ew)
Zweitgrößte Stadt im Kashmir Valley, 56 km südöstlich von Srinagar. Im Volksmund wird noch der alte Name *Islamabad* gebraucht.
Seit vielen Jahren ist Anantnag die Hochburg der islamischen Fundamentalisten und religiösen Fanatiker von Kashmir.
Zu den Sehenswürdigkeiten von Anantnag zählen der alte *Sommerpalast* aus der Zeit, als es noch Hauptstadt von Kashmir war, und ein kleiner *Hindu-Tempel*, der über einer schwefelhaltigen Quelle steht.

Markt
Ende September/Anfang Oktober findet in Anantnag ein in ganz Kashmir bekannter *Markt* statt.

Verkehrsverbindung
Von Ananatnag bestehen häufige *Busverbindungen* mit *Srinagar* und *Pahalgam*.

Kokernag	72 km südöstlich von Srinagar gelegen, Hochgebirgsort mit
(2.020 m)	verschiedenen Heilquellen, ein Kurort á la Kashmir.
Übernacht.	*Tourist Huts* und *Tourist Bungalow.*

Daksum	85 km südöstlich von Srinagar, ein Gebirgsdorf, das von ho-
(2.513 m)	hen Bergen umgeben ist. Bis vor ein paar Jahren war es Aus-
	gangsort für eine 3tägige Wanderung nach *Kishtwar.* Das ist
	jetzt überflüssig, da nun eine befestigte Straße über den *Sim-*
	than-Paß führt. Da der Verkehr aber sehr spärlich ist, kann
	man die reizvolle Wanderung auch auf der Straße unterneh-
	men – und hat keine Orientierungsprobleme.
Trekking	*Die Route:* 1. Tag: Daksum–Simthan, 16 km (5–6 Std. bis zur
	Höhe des Simthan-Passes; offen Ende April bis Mitte Sep-
	tember);
	2. Tag: Simthan–Mughal Maidan via Chhatru (17 km);
	3. Tag: Mughal Maidan–Maidan Dadpath (8 km), von dort zu
	Fuß oder mit dem Bus (2 x tgl.) nach Kishtwar.
	Zur *Übernachtung* stehen in Daksum ein *Tourist Bungalow*
	(DZ ca. 10 DM) und ein *Zeltplatz* zur Verfügung.
	Für die *Busfahrt* von Srinagar nach Daksum (tgl.) braucht
	man ca. 3 Std.

Trekking in Kashmir

Wichtige Berge von Kashmir
Arjuna, 6.230 m, Brahma´s Wife, 6.416 m, Kolahoi, 5.425 m, Sickle Moon,
6.574 m, zahlreiche Fünf- und Sechstausender.
Trekking hat in Kashmir schon einige Tradition. Außer westlichen Bergwan-
derern begegnet man hier des öfteren einheimischen Jugendgruppen.
Haupttrekkingregion ist der Nordwesten, insbesondere die Region zwischen
Lidder und *Sindh Valley*, Gebiete, für die charakteristisch sind: bewaldete
Täler, reißende Gebirgsflüsse, Almen, auf denen man die Gujjarhirten trifft.
Recht populär sind auch verschiedene Routen im Südwesten mit *Lehinwan*
oder *Kishtwar* als Augsgangspunkt. Die nicht ganz leichten Tracks von
Kashmir nach *Zanskar*, die auf weiten Streckenabschnitten durch Hochge-
birgseinöden führen, werden hingegen fast ausschließlich von westlichen
Bergtouristen unternommen.
Es gibt in *Srinagar* verschiedene *Trekkingagentouren*, die Touristen, denen
das Wandern auf eigene Faust zu risikoreich und beschwerlich erscheint,
einschließlich Zelt und Verpflegung alle nötigen Dienste zur Verfügung stellen.
Es gibt wenig gute *Trekkingliteratur* für Kashmir. Verschiedene, zwar nicht
gerade perfekte, aber doch einigermaßen brauchbare Wanderkarten kann
man sich über die kashmirischen Touristeninformationen in New Delhi (Kanishka Bazar, Ashoka Rd. 19) und Srinagar besorgen.

Trekkingsaison

Die Wandersaison dauert in Kashmir von Mitte Juni bis Ende Oktober. Die zweite Junihälfte ist klimatisch eine günstige Zeit, aber es kann passieren, daß auf den Pässen Schnee liegt. Im Juli und August tritt häufig Regen ein (mittelstarker Monsun), nach dem es jedoch – durch die sommerliche Wärme bedingt – rasch wieder abtrocknet. Wer sich entsprechend ausrüstet, kann in dieser Jahreszeit durchaus wandern. Als ideale Monate gelten September und Oktober: tagsüber warm, trocken und klares Wetter; nachts kühl, aber noch kein Frost. Der erste Schnee fällt Ende Oktober oder Anfang November.

Jeder Monat der Wandersaison hat landschaftlich und agrarwirtschaftlich seine Besonderheiten. Im Juni kehren die Hirten mit ihren Herden auf die Almen zurück, restaurieren ihre Sommerbehausungen und durch die Schneeschmelze zerstörte Brücken – die ersten Blumen erscheinen auf den vom Schnee befreiten Wiesen. Für den Juli sind die zahlreichen Nebel ein hervorstechendes Merkmal – Ende des Monats wird es sommerlich heiß. Im August blühen die Bergwiesen; das ist jene Zeit, von der die Naturfreunde schwärmen und die Fremdenverkehrsprospekte in hohen Tönen reden. Im September rüsten die Hirten zur Rückkehr in die Winterquartiere in tiefer gelegenen Regionen. Einige Wanderer nehmen den Eindruck herbstlich gefärbter Birken auf den Dias mit nach Hause.

Ausrüstung:

In Pahalgam können Individualtrekker Zelte und Schlafsäcke mieten. Da diese allerdings relativ alt und verbraucht/dreckig sind, ist es besser, eigene Sachen mitzubringen. Da es im Sommer ziemlich häufig regnet, ist es dringend erforderlich, Regensachen (Regenmantel, Plastikplane für den feuchten Boden etc.) mitzunehmen.

Der Konsar Nag-Track

Aharbal–Konsar Nag Lake–Aharbal, 3 Tage, nicht allzu schwer, Proviant und Zelt erforderlich.

Ausgangspunkt ist Aharbal, ca. 3 Busstunden von Srinagar entfernt.

1. Tag: Aharbal–Kungawatan–Mahinag

Bis *Kungawatan*, 9 km (3 Std.), geht man stets das bewaldete *Vishov Valley* hinauf. Kungawatan ist eine Lichtung, auf der ein Forest Rest House steht. Es existieren auch ein paar Blockhütten, die Rajput Gujjars gehören, die hier oben im Sommer ihre Herden weiden lassen.

Am Nachmittag macht man sich nach Mahinag auf. Man wandert zunächst durch dichten Wald und anschließend wieder am Fluß entlang. *Mahinag* (2.989 m) liegt in einer von Bergen umrandeten kleinen Hochfläche. In Mahinag muß man zelten, da es kein Rasthaus gibt.

2. Tag: Mahinag–Konsar Nag und zurück

Der bis hierher leichte Track wird nun etwas anstrengender. Bis zum 3.700 m hoch gelegenen *Konsar Nag Lake* sind 700 Höhenmeter zu bewältigen. Um den See erheben sich hohe Berge. Der Konsar Nag Lake ist 46 m tief, 3 km lang, 1 km breit, er leuchtet tiefblau und ist sehr klar. Zum Baden ist der See freilich zu kalt.

Man wird sich am frühen Nachmittag auf den Rückweg machen und die Nacht wieder in Mahinag verbringen.

3. Tag: Mahinag–Aharbal

Von Pahalgam zum Kolahoi–Glacier

Dieser Track, der nicht allzuviel Zeit in Anspruch nimmt und auch relativ leicht ist, gehört zu den populärsten Trampelpfaden Kashmirs. Er bietet zweifellos eine sehr schöne Hochgebirgslandschaft, die viel Alpenländisches an sich hat. Es existieren genügend Restaurants und Übernachtungsmöglichkeiten entlang der Route, so daß Zelt und Proviant nicht unbedingt mitgenommen werden müssen.

1. Tag: Pahalgam–Lidderwat, 23 km (2.408 m, 11 km, 3–4 Std.)
Der Weg, der auch von Jeeps befahren wird, führt bis Aru an der rechten Seite des *Lidder River* entlang. Bei der sehr geringen und nur allmählichen Steigung ist eine gemütliche Wanderung möglich. Bei Regen ist die Straße in großen Teilstücken stark verschlammt: aus Trekking wird dann Drecking. In der trockenen Jahreszeit dagegen staubt es kräftig, wenn die Jeeps der indischen Middle Class-Touristen vorüberfahren.
In Aru gibt es die sehr einfachen Herbergen *Paradise Guest House* (Übernachtung im DZ 1 DM/Pers.) und *Travellers Lodge*, das mittlere *Rest House* (DZ 4 DM, Zi. sehr klein, Reservierung wie das RH in Lidderwat durch Pahalgam Project Organisation, Pahalgam) sowie das teure *Hotel Fimi* (EZ 40 DM, DZ 60 DM ,wenn es leer ist, gibt es 20 % und mehr Preisnachlaß; gutes, aber sehr teures Restaurant). Ca. 1 km vor Aru existiert ein weiteres teures Hotel am Fluß (Restaurant).
Für die Strecke *Aru–Lidderwat* braucht man ca. 4 Std. Während auf dem ersten Kilometer (sofort hinter dem Ortsende von Aru) ein steiler Anstieg zu bewältigen ist, ist der Rest der Strecke nur leicht ansteigend. Man folgt immer dem Fluß und überquert ihn kurz vor Lidderwat.
Lidderwat, 3.300 m, ist eine Lichtung mit Bergbächen und einer eindrucksvollen Bergkulisse. An Übernachtungsmöglichkeiten existieren ein *Rest House* (Reservierung notwendig), die *Paradise Lodge* (DZ 4 DM, brauchbares Restaurant: Vegetable Rice, Dal, Chapattis, Tee, Kaffee etc. und gutes Campinggelände).
In Lidderwat zweigt der Track nach *Tar Sar/See-Sonamarg* ab, s. unten.

2. Tag: Lidderwat–Kolahoi Glacier und zurück, zusammen ca. 26 km; Hinweg 5, Rückweg 3–4 Std.; ca. 500–600 m Höhenunterschied, keine steilen Anstiege bis zum Gletscher des Kolahoi. Auf den ersten Kilometern wandert man streckenweise durch Wald, der Rest des Tracks führt durch Almen und Gujardörfer und schließlich Gesteinsfelder. Der Gletscher des 5.400 m hohen Kolahoi beginnt in 3.800 m Höhe und ist relativ kurz und reichlich dreckig. Die Berge in der Umgebung des Gletschers sind 4.000–5.400 m hoch.
Da unterwegs nur an einigen wenigen Plätzen Tee angeboten wird, ist es sinnvoll, eine Tagesration Essen mitzunehmen.

3. Tag: Rückweg nach Pahalgam: Lidderwat–Aru (2–2 1/2 Std.), Aru–Pahalgam (ca. 3 Std.)

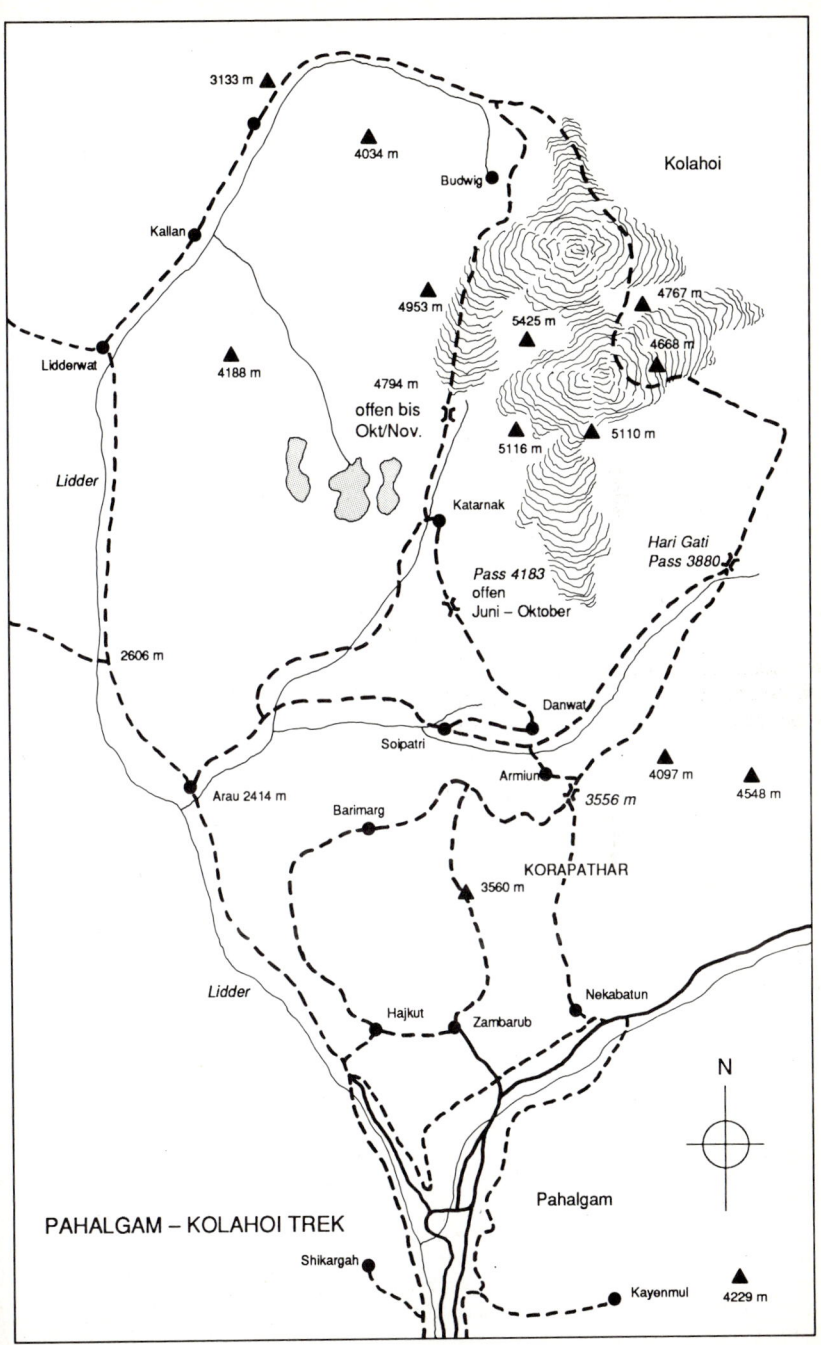

PAHALGAM – KOLAHOI TREK

3133 m

4034 m

Budwig

Kallan

Kolahoi

4953 m

4767 m

5425 m

4668 m

Liderwat

4188 m

4794 m
offen bis
Okt/Nov.

5116 m

5110 m

Lidder

Katarnak

Hari Gati
Pass 3880

Pass 4183
offen
Juni – Oktober

2606 m

Danwat

Soipatri

Armiun

4097 m

3556 m

4548 m

Arau 2414 m

Barimarg

KORAPATHAR

3560 m

Lidder

Nekabatun

Hajkut

Zambarub

N

Pahalgam

Shikargah

Kayenmul

4229 m

Von Pahalgam ins Sindh Valley (Sonamarg) via Khem Sar

Über Lidderwat, Sekiwas und Kulan; 4 Tage, Proviant und Zelt für Teilbereiche erforderlich; mittelschwer – grüne Täler und Hochalmen.

1. Tag: Pahalgam–Lidderwat, 23 km, wie 1. Tag Kolahoi-Track

2. Tag: Lidderwat–Sekiwas (3 Std.)
Der Track folgt dem Weg hinter dem Rest House. Auf den ersten 500 m geht es steil bergauf. Bis Sekiwas sind zwei Seitentäler zu überqueren. *Sekiwas* (3.400 m) ist eine Wiese auf einem Plateau – annehmbares Gelände zum Zelten, obwohl die Gegend zuweilen sehr windig sein soll.
Exkursion: Wer etwas Zeit mitbringt, könnte von Sekiwas einen Ausflug zum *Tarsar-Lake* unternehmen (Hin- und Rückweg ca. 6 Std.). Große Achtung ist bei der Überquerung des Flusses oberhalb von Sekiwas angeraten – insbesondere in der Zeit der Schneeschmelze (Juni/Juli). Nach der Überquerung geht man bis zum Tarsar Lake stetig bergauf. Dieser schön gelegene See ist 2 km lang und 1 km breit. Von dem Bergkamm am äußersten Ende des Sees sieht man den *Marsar Lake*, aus dem ein Fluß kommt, der durch das Dachigam-Naturschutzgebiet fließt und in Srinagars Dal Lake mündet.

3. Tag: Sekiwas–Yemhar-Paß (4.350 m)–Khemsar, 11 km (6 Std.)
Von Sekiwas dreiteilt sich das Tal: Die rechte Schlucht führt zum *Sonamous-Paß*, 3.960 m, die mittlere zu einem 4.200 m hohen Paß und die rechte zum *Yemhar-Paß*, 4.350 m; in letztere biegen wir ein.
Für den steilen Anstieg sind rund 3 Std. einzuplanen. Von der Paßhöhe bietet sich ein prächtiges Gebirgspanorama. Der Abstieg ist ebenfalls ausgesprochen steil. Der Pfad ist schmal und für Pferde sehr schwierig. Am Fuße des Passes liegen zwei kleine Seen, der *Khemsar* und der *Yemsar*. Hier hat man die Möglichkeit zum Zelten.

4. Tag: Khem Sar–Kulan (Sonamarg), 13 (29) km.
Bis zur Lichtung *Zaiwan* (3.048 m), 6 1/2 km, steiler Abstieg. In Zaiwan gibt es ein Forest Rest House. Auch der zweite Teil der Route bis *Kulan* weist ein starkes Gefälle auf. Vor Kulan muß man über den *Sindh River*. Kulan ist 60 km von Srinagar und 16 km von Sonamarg entfernt. Wer vom Trekking noch nicht genug hat, kann auf einem guten Pfad den Sindh entlang nach Sonamarg wandern. Wer keine Lust mehr verspürt, hält den nächsten Bus oder Lastwagen Richtung Sonamarg an.

Helko Peters

Pahalgam–Amarnath-Track

Der Track führt zur *Höhle von Amarnath*, in der es einen berühmten, von den Anhängern des Hindugottes *Shiva* verehrten Lingam aus Eis zu sehen gibt. Mitte August (während der Vollmondtage) findet die weithin bekannte *Amarnath Yatra* statt, anläßlich der Tausende von frommen und auch weniger frommen Hindus zu Fuß von Pahalgam bzw. Baltal (nahe Sonamag) nach Amarnath pilgern. Dieser Track ist für geübte Bergwanderer als leicht anzusehen.

1. Tag: Pahalgam (2.200 m)–Chandanwari (2.896 m), 17 km, Gehzeit mit Rucksack (und ohne Träger) 4 Std.

Am rechten Ufer des *Easter Lidder (Sheshnag)* geht es auf einem gut ausgebauten Weg nach *Chandanwari* – keine schwere Steigung; genau das Richtige, um sich ans Bergwandern zu gewöhnen. Es besteht auch die Möglichkeit, mit dem Jeep diese erste Etappe zu bewältigen. Wer noch nicht auf Campa und Kekse verzichten will, findet verschiedene Shops entlang des Weges.

Die Vegetation zeigt die für stark besiedelte Berggebiete in Indien typischen Erscheinungen: Baumlos und von der Erosion stark zerissene Grasnarben und freigelegtes Gestein. Der auch hier um sich greifende Straßenbau tut das Seine dazu. (Die Ursache für die Erosion ist im Uttarakhand-Kapitel von Hagen Berndt ausführlich dargestellt, so daß wir hier nicht weiter auf dieses Problem eingehen).

Diejenigen, die diesen Track zwischen dem 15. Juli und 15. August machen, können damit rechnen, daß sie auf ihrem Weg einer großen Anzahl von *Saddhus* begegnen, Asketen, denen der Anstieg und die im Sommer mit steter Regelmäßigkeit auftretenden Monsunregen weniger auszumachen scheinen als den oft guttrainiert aussehenden europäischen Rucksacktouristen.

Hier auf der westlichen Luvseite des Himalaya kommt es oft zu stundenlangen Stauregen und Kälteeinbrüchen. Der dann knöcheltief aufgeweichte Weg macht das Vorwärtskommen sehr schwierig.

Die Zeltstatt *Chandanwari* besteht nur in der Saison von Juli bis September, in der Bauern vornehmlich aus Anantnag hier hoch kommen, um an frommen Pilgern und abenteuerhungrigen Rucksacktouristen durch den Verkauf von Lebensmitteln und die Vermietung von Übernachtungsmöglichkeiten – den Begriff Hotel sollte man nicht zu wörtlich nehmen, gemeint ist ein Zelt – zu verdienen.

Pilgersänfte nach Amarnath

Wer sich nicht die Mühe machen möchte, sein eigenes Zelt aufzustellen, der findet in den Kashmiri-Zelten Platz auf einer relativ bequemen Liege. In den einfachen Speiselokalen von Chandanwari erhält man Chapatis, Reis mit Dal, Alu Mater, verschiedene andere Gemüse und Eieromeletts. Auf Fleisch ist zu verzichten.

2. Tag: Chandanwari (2.896 m)–Sheshnag (3.600 m), 13 km (5 Std.)
Spätestens ab hier muß man sich auf die eigenen Füße verlassen oder ein Pony samt Guide mieten, da der Weg nun nicht mehr befahrbar ist. Für diejenigen, denen es schwerfällt, auf Luxus zu verzichten, bietet sich die Möglichkeit, sich in einer Sänfte bis zu den Stufen der Amarnath-Höhle tragen zu lassen. Es gibt viele reiche Inder, die von dieser Art des »Reisens« Gebrauch machen.
Die ersten 2 km führen mit leichter Steigung über Schneebrücken am Fluß entlang. Dann aber geht es 4 km in steilen Serpentinen, aber auf relativ gut ausgebautem Weg zum *Pissu Top*, 3.377 m, hinauf. Nach der Steigung trifft man wieder auf Tea Stalls.
Es folgen 4 km leichte Wegstrecke, hangparallel zum rechten Ufer des *Eastern Lidder*, bevor es die restlichen 3 km nach Sheshnag wieder etwas ansteigt. Bei *Sheshnag* liegt ein wunderschöner, blauer See, den man eine ganze Weile vor Augen hat. Wer den kleinen Abstieg zum See nicht scheut, der findet dort ideale Zeltstandorte. Doch ist auch hier für Unterkunft und Verpflegung gesorgt.

3. Tag: Sheshnag (3.600 m)–Mahaguna-Paß (4.700 m)–Panchtarni (3.800 m), 16 km 7–8 Std.)
1 km geht es noch den *Eastern Lidder* entlang, bevor an einem steilen Anstieg 800 Höhenmeter zum *Mahaguna-Paß*, 4.700 m, überwunden werden müssen. Dies ist das schwerste Stück des Tracks und erfordert von Ungeübten ein großes Durchhaltevermögen. In der baum- und teils vegetationslosen Landschaft ist der Weg weithin sichtbar, ausgetreten von den Tausenden von Pilgern, Ponies und Trägern, die Jahr für Jahr diesen Weg gehen. Geier, erkennbar an ihrem langen Hals, kreisen öfter über dem Wanderer.
Beim Abstieg vom Paß folgt man hangparallel dem *Sindh River* und erreicht nach 10 km das Zeltlager von *Panchtarni*.
Während der Yatra übernachten die meisten Pilger hier unten, da ihnen Amarnath zu kalt ist. Zur *Amarnath-Höhle* ist es nicht einmal eine halbe Tagestour. Panchtarni ist wohl das schönste Zeltlager. Umgeben von gewaltigen Bergmassiven, liegt es am Rande eines breiten, glaziär geformten Trogtals. Verwilderte Gletscherbäche schlängeln sich in vielen Armen durch großteils vermoortes Gelände. Man schlägt für ein paar Tage sein Zelt auf und schaut sich in Tagestouren, ohne den schweren Rucksack, die Umgebung an. Besonders schön ist ein Trip durch das breite Tal in östlicher Richtung.
In Panchtarni ist ein Polizeiposten, bei dem man übrigens auch seine Sachen abstellen kann. Als Hotel und Restaurant ist das *Greenland* sehr empfehlenswert: gutes und preiswertes Essen.

4. Tag: Panchtarni–Amarnath-Höhle–Panchtarni, 7 km (3 Std.)
Man bricht am besten ganz früh am Morgen auf, dann hat man viel Zeit, die Pilgerstätte, die Saddhus und das ganze Geschehen in Ruhe auf sich wirken

zu lassen. Die Zieletappe erweist sich als Hindernislauf. Immer wieder muß man auf dem oft sehr schmalen Weg stehenbleiben und ausweichen, damit Pilger auf Pferden oder Träger mit einem reichen Hindu in der Sänfte passieren können. Auch viele einheimische Bauern begegnen einem hier, die Brennholz zur Amarnath-Höhle tragen. Hinter den riesigen Holzbündeln sind oft nur noch die nackten Beine und Füße zu sehen.

Der Weg führt über den *Santsinghpari-Paß* (4.500 m) und biegt in nordöstlicher Richtung in ein Flußtal ein. Über ein langgestrecktes Schneefeld erreicht man die Höhle.

Während der Yatrazeit bilden sich manchmal derart lange Schlangen, daß man Stunden braucht, um heranzukommen. In dieser Zeit lassen sich viele Saddhus am Hang vor der Höhle nieder. Religiöse Gesellschaften verteilen kostenlos Tee, Süßigkeiten und Reismahlzeiten.

Um den Lingam aus Eis in der Höhle von Amarnath ranken sich zahlreiche Legenden. So soll er im Sommer wachsen und im Winter wieder zurückschmelzen und bei Vollmond dunkelblau leuchten. Vom Fluß *Amravati* heißt es, Shiva habe sein Wasser in einen Nektar der Unsterblichkeit verwandelt. Viele Pilger nehmen ein reinigendes Bad in dessen eiskaltem Wasser.

Spätestens jetzt stellt sich die Frage nach dem Rückweg. Man kann von *Panchtarni* nach *Baltal* und *Sonamarg* gehen. Der Weg führt am *Sindh River* entlang. Er zweigt kurz nach dem Santsinghpari-Paß von der Amarnath-Route nach Osten ab. An der Abzweigung steht ein Schild. Von Panchtarni bis Baltal braucht man 6–7 Stunden.

Als zweite Möglichkeit bietet sich an, zunächst bis *Sheshnag* zurückzuwandern und von dort aus nach *Panikhar* ins *Suru Valley* hinüberzutrekken.

Als dritte Alternative bietet sich schließlich die Rückkehr zum Ausgangspunkt *Pahalgam*, was natürlich ein wenig langweilig wäre.

Helko Peters

Von Pahalgam in das Suru Valley (Distrikt Kargil)

Dieser Track dauert 7–8 Tage (je nach Jahreszeit kann es schon mal einen ganzen Tag regnen) und ist recht schwierig. Proviant, Kerosin und ein Zelt sind unbedingt erforderlich. Wer im Bergwandern noch nicht so erfahren ist, sollte auf einen Guide nicht verzichten. Bei Verletzungen/Unfällen kann keine Hilfe geholt werden, und man muß sich auf sich selbst und die Hilfe der wenigen Bergbauern verlassen. Deshalb ist es empfehlenswert, eine reichhaltige Reiseapotheke mitzunehmen.

1. Tag: Pahalgam–Chandanwari, 17 km (4 Std.), s. Amarnath-Track

2. Tag: Chandanwari–Sheshnag, 13 km (5 Std.), s. Amarnath-Track

3. Tag: Sheshnag–Rangmark, 7 km (6 Std.)
Der Weg biegt kurz hinter *Sheshnag* nach rechts ab und führt dann zum *Gulol Gali* (4.406 m) hinauf. Der Aufstieg, für den man ca. 3 Std. braucht, ist relativ steil. Er führt zunächst durch Zwergsträucher und Geröllfelder und schließlich über ein Schneefeld. Der Ausblick von der Paßhöhe ist phantastisch. In den Vormittagsstunden sind noch keine Wolken da, so daß man

Gulol Gali/Great Himalaya

*Behausung von Hirten
im östlichen Kashmir*

weit in den Gebirgszug des *Great Himalaya* hineinschauen kann. In nordöstlicher Richtung ist der *Shansi La* (5.900 m) zu erkennen. Die übrigen Gipfel liegen zwischen 5.000 und 5.700 m.

Auch der Abstieg führt zunächst über ein Schneefeld, aus dem der *Gulol Nar River* mehrere hundert Meter unterhalb des Passes austritt, an dessen linkem Ufer man entlanggeht. Der Pfad führt in nordöstlicher Richtung über ein steiles und gefährliches Geröllfeld ins Tal. An der Einmündung des *Gulol Nar* in den *Sain Nar* stehen mehrere Steinhütten. Hier findet man am rechten Ufer des Sain Nar einen guten *Zeltplatz*.

4. Tag: Rangmark–Humpet, 8 km (4 Std.)
Am rechten Ufer des *Sain Nar* geht es in südlicher Richtung hangparallel leicht den Berg hoch. Man trifft immer wieder auf Bergbauern, die hier in den drei Sommermonaten ihre Schafe und Ziegen weiden lassen. Im September beginnt wieder der Abtrieb.

Bis zur Einmündung des *Sain Nar* in den *Kanital Nallah* geht es immer am Hang entlang. Man folgt dann dem *Kanital River* etwa 300 m hangparallel auf der rechten Uferseite, bis man im Tal unten eine Schneebrücke über den Fluß entdeckt. Sie wird auch von den Einheimischen benutzt. Es führt kein Weg den Hang hinunter, den muß man sich selbst über Viehtreppen und durch Zwergsträucher selbst suchen (ca. 200 m abwärts). Vorsicht! Auf diesem, nach Südosten exponierten Hang gibt es Hornvipern, kurze, gedrungene und äußerst giftige Schlangen.

Auf der anderen Flußseite geht es nun links den Fluß entlang nach *Humpet*, wo etwas oberhalb vom weiten Tal am linken Ufer des *Kanital Nallah* Steinhütten stehen.

5. Tag: Humpet–Kanital/Fuß des Lonvilad Gali, 22 km (8 Std.)
Von Humpet geht es am linken Ufer in dem breiten Trogtal des *Kanital Nallah* in Richtung Südost. Das überbreite und sehr flache Tal wurde von einem Gletscher geformt. Nach etwa 10 km biegt das Tal nach links in östlicher Richtung ab. Man muß nun die Flußseite wechseln und sich dafür eine Furt suchen, da es hier keine Brücke gibt. Das Wasser ist nicht sehr tief (ca. 1 m), die Strömung ist jedoch stark. Die beste Stelle sollte man von den Einheimischen erfragen. Nach der Flußdurchquerung hat man noch etwa die Hälfte der Tagesetappe vor sich. Die Route führt nun am rechten Ufer des *Kanital Nallah* entlang. Man steigt ein Stück den Hang hinauf bis zu ein paar Steinhütten. Weiter geht es hangparallel des Flusses zum Fuß des *Lonvilad Gali* nach *Kanital*. Auf dem letzten Abschnitt des 5. Tages, der eben verläuft, hat man den Paß mit seinen langen Gletschern stets vor Augen.

Die Häuser von Kanital bestehen aus Holzstämmen, die unten im Tal geschlagen werden. Die Stämme müssen einzeln in mühseliger Arbeit heraufgeschleppt werden.

6. Tag: Lonvilad Gali, 12 km (8 Std.)
An diesem Tag ist das schwierigste und gefährlichste Stück des Tracks zurückzulegen. Von *Kanital* führt der Weg am rechten Ufer des *Kanital Nallah* weiter. 2 bis 3 Seitenbäche sind zu überqueren, bevor man zu einem kleinen See kommt. Das Gletschertor ist auf der linken Seite zu umgehen. Ein Weg ist jetzt nicht mehr auszumachen.

Zunächst geht es über grobes Moränenmaterial ein Stück – etwa 200 m – den Gletscher hinauf. Dann wechselt man zur rechten Gletscherseite hinüber, da er dort frei von Moränen ist. Die verschiedenen Gletscherspalten können alle in Serpentinen umgangen werden. Der Weg wird dadurch zwar länger, aber andererseits viel sicherer. Man sollte die Gefährlichkeit von Gletschern nicht unterschätzen. Weiter oben fehlen die Gletscherspalten und man kommt auf dem verharschten Eis gut voran. Hier sieht man auf der rechten Seite die Fortsetzung des Gletschers in Kartreppen und das anschließende Kar, in der Mitte die Spitze des *Lonvilad* und links einen Bergeinschnitt, den Paß, den man noch bewältigen muß.

Vom Gletscher geht man nach links auf die Schneelawine zu und folgt dieser bis zur Paßhöhe. Die Höhenangaben über diesen Paß reichen von 4.600 bis 5.200 m, wir gehen von 4.900 aus.

Beim Abstieg folgt man weiter der Schneelawine, bis man auf einem Moränenhügel den Weg wiederentdeckt. Dieser führt auf ein Schneefeld hinab, dem man zu folgen hat. Letzteres leitet in einem weiten, halbkreisförmigen Bogen um den Moränenschutt herum. Man folgt dann der ersten Schneezunge, die sich in die Moräne erstreckt. Danach muß man sich den Weg wieder selbst suchen und versuchen, das Eis auf der linken Seite zu erreichen. Als Hilfe wurden kleine Steintürmchen errichtet, die aber oft kaum zu erkennen sind. Ein Fernglas ist hier sehr von Nutzen.

Auf dem Gletscher muß man sich auf der linken Seite halten, da weiter unten sehr große Längsspalten auftreten. Beim Übergang vom Gletscher auf den Gesteinsschutt sorgen wieder Steintürmchen für die Orientierung. Ab hier führt ein Weg ins Tal hinunter. Am Gletschertor vorbei, dem der *Chalong Nallah* entspringt, gelangt man etwa 100 m tiefer zu einer Bergweide, die sich als Zeltplatz anbietet.

7. Tag: Chalong-Gletscher–Panikhar, 15 km (4 Std.)
Man folgt dem linken Ufer des *Challong Nallah* bis ins Haupttal des Flusses. Auf der linken Seite des Tales führt ein Weg nach *Panikhar*. Auch hier muß der Fluß durchwatet werden. Man sucht sich eine Stelle, wo er in viele Seitenarme aufgespalten ist. Nun geht es immer bergab in einem schönen Tal, in dem es zusehends grüner wird. Schließlich wird das *Suru Valley* mit Panikhar erreicht (Einzelheiten s. Trekking in Ladakh, Von Kargil durch die Täler von Suru und Doda/Zanskar nach Padam).

Wer frühmorgens aufgebrochen ist, erreicht noch den Ein-Uhr-Bus nach *Kargil* (etwa 4 Std.). Am Abend kann man sich dann in Kargil in einem der vielen Hotels von den Strapazen der vergangenen Tage ausruhen und mal wieder gut essen gehen (chinesische und tibetanische Küche).

Von Panikhar aus bestehen auch Bus- und Lastwagenverbindungen Richtung *Zanskar*.

Von Lehinwan in das Suru Valley

Sieben bis acht Tage, schwer, Zelt und Proviant erforderlich, kann durch Exkursionen in verschiedene, zur Wanderroute benachbarte Täler der Kette des Großen Himalaya um einige Tage ausgedehnt werden. Der Ausgangspunkt *Lehinwan* wird von *Srinagar* in vierstündiger Busfahrt erreicht.
Übernachtung: Rest House.

1. Tag: Lehinwan–Margan-Paß–Inshin (ca. 8 Std.)

1985 wurde an einer Straße zum Paß gebaut. Man ist jedoch auf diese nicht angewiesen, da ein gut angelegter und erkennbarer Schafhirtenweg zum Paß existiert. Man geht zunächst das Tal hinauf. Der eigentliche Aufstieg zum Paß beginnt oberhalb des Waldes. In 3.380 m Höhe markiert ein Steinhaufen den Beginn des weiten offenen Passes. Auf der Mitte des Passes steht eine Schutzhütte, neben der sich Gelände zum Zelten befindet. An klaren Tagen sind schöne Himalaya Views zu erwarten. Besonders mutige Einheimische überqueren den Paß schon Mitte bis Ende April, aber das ist ein risikoreiches Glücksspiel, da in dieser Jahreszeit Stürme auftreten können. Trekker sollten diese Unternehmung nicht vor Juni starten.

Der Weg nach *Inshin* hinunter ist gut auszumachen, für die Strecke sind ungefähr 2 Std. zu veranschlagen. Vor dem Dorf existiert ein *Forest Rest House*, wo man übernachten sollte.

2. Tag: Inshin–Sukunni (7–8 Std.)

Auf etwa halbem Wege wird *Gumbah* erreicht, wo man auf einer Brücke auf das andere Flußufer wechselt. Auf dieser Seite geht man dann 6–7 km, bevor es wieder auf die gegenüberliegende Seite hinübergeht, wo dann *Sukunni* liegt.

Die Ökonomie dieser Gebirgsdörfer ist noch stark subsistenzorientiert. Es wird v. a. Korn angebaut. Eine gewisse Rolle spielt auch rote Gerste als Futtergetreide. Das Getreide wird in einfachen Wassermühlen gemahlen. Die bescheidene Nahrungsmittelversorgung wird durch von der Regierung zur Verfügung gestellten hochsubentionierten Reis, der auf Pferderücken über die Berge transportiert wird, aufgebessert. Verschiedene zusätzliche Nahrungsmittel und Konsumgüter werden durch den Verkauf von im Winter gestrickten Pullovern auf dem Markt von Srinagar finanziert.

3. Tag: Sukunni–Humpet (6 Std.)

Die nächsten 5–6 km führen am linken Flußufer entlang. Dann gelangt man an eine Gabelung: Unsere Route führt auf einer Schneebrücke (in der Hochsaison Holzbrücke) über den Fluß. Sodann wandert man 2–3 km an der anderen Seite, bis man auf den *Kanital Nallah* trifft, dem man nun flußaufwärts folgt. Vor *Humpet*, das auf einem offenen Plateau liegt, geht es steil hinauf. In der Nähe der Bakkarwal-Siedlung ist ein guter Platz zum *Campen*. Von den Hirten kann man Milch, Yoghurt und Chapatis (aus Korn) kaufen.

Wer eine Exkursion in das Humpet gegenüberliegende Tal unternehmen möchte, braucht den Rat oder die Führung durch die Bakkarwal, die aus Erfahrung die Pfade, Flußfurten und Wasserstände (zu verschiedenen Tages- und Jahreszeiten) gut kennen.

4. Tag: Humpet–Kanital/Fuß des Lonvilad Gali.
5. Tag: Lonvilad Gali
6. Tag: Chalong Glacier–Panikhar; s. Tage 5–7 des Pahalgam–Panikhar-Tracks.

Reisepraktisches zu Kashmir

Essen und Trinken

Die Kashmirische Küche ist eine Synthese verschiedener Küchen Zentralasiens und Nordindiens. Besonders stark war der Einfluß der Moghuls. Zu den populärsten Gerichten zählen *Biryani, Kababs* (gegrilltes Fleisch am Spieß) verschiedenster Art sowie im *Tandur* zubereitete Fleischgerichte und Brote. Als Nonplusultra kashmirischer Kochkunst werden die sieben *Mishanigerichte* angesehen.

»Das erste der sieben Mishani-Gerichte ist ein vielfältig verwendbares Masala, Warri genannt, das aus Zwiebeln, Kreuzkümmel, Koriander, roten Chillies, Garam Masala und dem Saft einer kleinen einheimischen lila Blume, Mawal, hergestellt wird. Aus diesen Zutaten macht man eine Paste, die zu kleinen Ziegeln geformt, zum Trocknen in die Sonne gelegt wird. Warri wird als Bestandteil des Mishani entweder allein oder mit gehacktem oder gewürfeltem Lammfleisch gereicht. Die folgenden Gerichte sind scharfgewürzte Scheiben Lammleber, Nieren, Schulterfleisch und Kababs aus gehacktem Lammfleisch, die mit Masala und geschlagenem Ei gemischt und zu kleinen Bällchen geformt über einem Holzkohlenfeuer gebraten werden. Es gibt Lammkeule, mit gesiebten aromatischen Gewürzen abgeschmeckt, und Portionen zarten Lammfleisches, die mit Kardamon, Kreuzkümmel und Zimt gewürzt, in Milch eingelegt, dann über kleinem Feuer gekocht und schließlich in Walnußöl gebraten werden. Das letzte Mishani-Gericht, das die Kashmiren selbst als das Meisterwerk ihrer Kochkunst bezeichnen, ist am umständlichsten und schwierigsten in der Zubereitung und am delikatesten in Beschaffenheit und Geschmack: Goshtaba. Für Goshtaba braucht man ganz zartes, fettes Fleisch, am besten Lammbrust. Dann wird das Fleisch einen ganzen Tag lang zusammen mit einer ziemlich starken Mischung aus Kardamon, Kreuzkümmel, Nelken, schwarzem Pfeffer und einer kleinen, dunkelbraunen, getrockneten Blüte, Badiani genannt, geklopft und durchgedreht. Wenn dann eine völlig glatte Paste entstanden ist, in der es keine unerwünschten Fasern mehr gibt, wird das Fleisch mit gut geschlagenem Quark gemischt und zu großen Bällen geformt – etwas größer als Tennisbälle –, die in Ghee gebraten werden.«[1]

Hauptnahrungsmittel der Kashmiris ist *Reis*. Bei den unteren Schichten gibt es zum Reis in der Regel lediglich Gemüsegerichte, aber nur selten Fleisch. Im Winter können sie sich auch kein Frischgemüse leisten, da hohe Transportkosten die Preise in unerschwingliche Höhe treiben.

In den moslemischen Unterschichten nimmt man das Essen auf dem Boden sitzend ein. Man gruppiert sich im Kreis um ein großes Tablett, von dem sich jeder einen Teil nimmt. Es wird auch kein Besteck benutzt, sondern mit der bloßen Hand gegessen. Zum Essen wird ausschließlich die rechte Hand benutzt, da die Linke als unrein gilt.

Dagegen ist es in der moslemischen Mittel- und Oberschicht üblich, das Essen im westlichen Stil, auf Stühlen sitzend, an einem Tisch einzunehmen. In diesen Haushalten pflegt man von einem eigenen Teller zu speisen. Zum Mittag- und Abendessen gehört hier auch ein gut gewürztes Fleischgericht. Gegessen wird Schaf, Hühnchen und Ziege, während, wie bei Moslems üblich, Schweinefleisch als schmutzig gilt und daher verboten ist.

Die Hindu-Pandits von Kashmir haben übrigens, was das Essen von Fleisch betrifft, dieselben Eßgewohnheiten wie die Moslems, was überrascht, da Brahmanen in den anderen Regionen Indiens Vegetarier sind. Verschiedene Ethnologen erklären diese Besonderheit damit, daß die Kashmir-Pandits, durch die Abgeschlossenheit des Landes bedingt, die Entwicklung vom fleischessenden Priester der vedischen Ära zum vegetarischen Brahmanen späterer Zeitalter nicht mitgemacht hätten.

Hauptgetränke sind in Kashmir *Tee* und *Quellwasser*. Für ausländische Touristen gibt es auch *Bier, Whisky* und *Wein* in teuren Restaurants/Hotels und Spezialläden in einigen wenigen Touristenorten. Die Moslembevölkerung des Kashmir Valley hält sich weitgehend an das vom orthodoxen Islam praktizierte *Alkoholverbot*.

Zur Beschreibung der einzelnen Gerichte s. Glossar zur nordindischen Küche im Teil »Praktische Reisetips für Reisen nach Nordindien«.

Anmerkung
1 Rau, S. R.: Die Küche in Indien, Reinbek 1980, S.152.

Klima/Reisezeit — Kashmir besitzt ein Klima, das in etwa wie in den Alpen ist. *Wandersaison* ist von Mitte Mai bis Oktober. Von Dezember bis Anfang März kann *Wintersport* betrieben werden. S. auch Srinagar, s. S.57.

Übernachtung — In den Haupttouristenorten *Srinagar, Gulmarg* und *Pahalgam* findet man Übernachtungsmöglichkeiten von sehr einfach (pro Pers. 5 DM) bis luxuriös (pro Pers. 100–200 DM). In Orten mit etwas Tourismus gibt es in der Regel jedoch nicht mehr als ein *Forest Rest House* oder *Tourist Bungalow*. Wer größere Wanderungen in noch wenig von Urlaubern frequentierte Gebiete plant, muß entweder ein Zelt mitbringen oder bei einer Trekkingagentur in Srinagar eine organisierte Tour buchen.

Verkehrsverbindungen — Srinagar ist mit den nordindischen Zentren *Delhi* und *Amritsar* per *Bus* (täglich) und *Flugzeug* (täglich) zu jeder Jahreszeit verbunden. Von Srinagar aus bestehen lokale *Busver-*

bindungen mit den Hauptorten im *Kashmir Valley* und den populären Gebirgsorten *Gulmarg, Sonamarg* und *Pahalgam.* Einzelheiten s. Srinagar, S.59.
Verbindungen nach *Ladakh* s. ebenfalls Srinagar, S.60.

Jammu

Geschichte

Während der Moghul-Zeit bestand Jammu aus zahlreichen kleinen Hindu-Königreichen, die unter der Oberherrschaft der Moghuls standen. Nach dem Zerfall des Moghul-Empire Mitte des 18. Jh. übernahmen die Rajputen Rajas wieder das Kommando. Unter ihnen erwies sich bald *Raja Drov Deo* als der mächtigste und brachte die anderen unter seine Hegemonie. 1808 wurde Jammu schließlich von dem aggressiven Sikh-Königreich des *Ranjit Singh* annektiert. Dieser dehnte in der Folgezeit seine Herrschaftssphäre bis Tibet und zum Karakorum aus. 1846 wurde das Sikhreich von den Briten in ihr indisches Kolonialreich einverleibt. Die Gebirgsregionen ließen sie als abhängiges Fürstentum unter dem Dograherrscher *Gulab Singh* als »Jammu und Kashmir« (Jammu, Kashmir, Gilgit/Baltistan, Ladakh) weiterbestehen. Nach der Erlangung der Unabhängigkeit wurde Jammu Teil des indischen Bundesstaates »Jammu und Kashmir«. Es gab verschiedentlich Bestrebungen, Jammu als eigenständigen Bundesstaat aus Jammu-Kashmir herauszulösen.

Geographie, Sozialstruktur, Politik

Im Süden grenzt der Bundesstaat Jammu & Kashmir an die Ebenen des *Punjab*. Diese Region nimmt der Landesteil Jammu ein, der mit 26.395 km² fast doppelt so groß ist wie Kashmir. Jammu besteht grob gegliedert aus drei Teilen:
– den *Jammu Plains*, einem Tieflandstreifen, der noch zur nordindischen Tiefebene gehört. Dies ist eine landwirtschaftlich sehr fruchtbare Region (Reis, Weizen, etc.). In diesem Gebiet, das sehr dicht besiedelt ist, liegt *Jammu Town*, die weitaus größte Stadt des Landesteils Jammu;
– den *Siwaliks*, dem Vorgebirge, das ebenfalls noch recht stark besiedelt ist;
– den Bergen des zum *Lesser Himalaya* gehörigen *Pir Panjal* (Höhen zwischen 3.000 und 5.000 m) im Norden, die sehr dünn besiedelt sind.
Der Süden und der mittlere Teil von Jammu wird zu 90 % von *Hindus* bewohnt (Sikh- und Moslemminderheiten), im Norden (Doda-Distrikt) überwiegen die *Moslems* (ein Drittel Hindus).
Im überwiegend von Hindus bewohnten Landesteil Jammu (62,1 % Hindus) ist der *Congress* die weitaus stärkste politische Kraft. Hindu-kommunalistische Parteien und Gruppierungen sind im Gegensatz zu den benachbarten Bundesländern Punjab, Haryana und Himachal Pradesh ohne Bedeutung.
In dem bevölkerungsarmen nördlichen Teil von Jammu ist die *Kashmir based National Conference* von *Sheikh Farooq Abdullah*, dem zurückgetretenen Ministerpräsidenten von Jammu & Kashmir, die tonangebende Partei.

Scheduled Castes (frühere Unberührbare) in Jammu

Der Volkszählung von 1981 zufolge gehören 18,25 % (gesamtindischer Durchschnitt 15,75 %) der Bevölkerung des Landesteils Jammu zu den auch *Harijans* genannten früheren Unberührbaren – Unberührbarkeit ist ja nach der indischen Verfassung verboten.

Während im Norden von Jammu, der von Moslems bewohnt ist, der Anteil der Harijans gleich null ist, liegt dieser im hinduistischen Süden von Jammu in den meisten Distriken zwischen 20 und 30 %, in einigen sogar bei fast 40 %. Insgesamt existieren 12 als *Scheduled Castes* anerkannte Unberührbarenkasten. Allein 53 % von ihnen gehören zur Kaste der *Meghs*. Weitere große Gruppen sind die *Chamars* und die *Dooms*. Sie sind z. T. noch in ihren als unrein geltenden Beschäftigungen als Feger, Gerber, Wäscher etc. tätig.

88 % der Harijans leben heute noch auf dem Land. Aus ihrem Kreis stammt ein großer Teil der bettelarmen Landarbeiter, die von den die Landarbeit verachtenden Brahmin- und Rajput-Landherren rücksichtslos ausgebeutet werden. Allein die Hälfte der 12 % städtischer Harijans lebt in *Jammu Town*. Viele von ihnen sind bei der Stadt (Müllabfuhr) oder in der staatlichen Verwaltung (untere bis mittlere Ränge) beschäftigt. Desweiteren sind sie in größerer Anzahl in privaten Haushalten und in der modernen Lederindustrie tätig. Letztere beschäftigt in großem Stil Unberührbare, da die Verarbeitung von Lederwaren als unrein gilt.

Durchgangsland der Touristen

Jammu spielt für ausländische Touristen bestenfalls die Rolle eines Durchgangslandes, das man auf der Überlandreise von Delhi nach Srinagar in wenigen Stunden mit dem Bus durchfährt. Einige wenige besuchen noch die Umgebung von *Kishtwar*, wo man ausgezeichnet trekken kann.

Dagegen hat Jammu einen starken Zustrom von einheimischen Pilgertouristen, da nicht allzuweit nördlich von *Jammu Town* mit *Vaishno Devi* einer der am stärksten besuchten Hindu-Wallfahrtsorte Nordwestindiens liegt.

Reiseziele in Jammu
Jammu Town und Vaishno Devi

Jammu Town
(305 m hoch,
ca. 260.000
Ew.)

Diese Großstadt am Rand der nordindischen Ebene ist aufgrund des milden Winterklimas der Wintersitz der Landesregierung von Jammu & Kashmir. Vom Erscheinungsbild und den sozialen Problemen ähnelt die Hindu-Stadt Jammu den Städten in Haryana und Uttar Pradesh.

Die Silhouette der Stadt wird geprägt von mehreren Hindu-Heiligtümern, deren vergoldete Dächer ins Auge springen.

Tempel

Für die Besichtigung seien v. a. der *Ragunath-* und der *Ranbireshwar-Tempel* empfohlen.

Jammu hatte in den normalen Zeiten, als es noch nicht die Punjab-Krise gab, einen starken Durchgangsverkehr Richtung Srinagar, da viele Kashmir-Urlauber den billigeren Landweg vorzogen.

Information

Großes *Tourist Reception Centre* an der Vir Marg. Von hier fährt auch der *A-Bus* nach Srinagar ab.

Klima/Reisezeit

Jammu Town hat das Klima der nordindischen Tiefebene. Sommer: April bis Juni heiß: 30–45° C; langer und starker Monsun von Juli bis September; frischer und warmer Herbst von September bis November; kühler Winter von Dezember bis Februar: 5–25° C.

Übernachtung

Eine Konzentration von *Hotels* befindet sich um die *Vir Marg* im Zentrum von Jammu.

Billige Kategorie: Tawi View, Maheshi Gate (wohl das beste dieser Kategorie, DZ eDu, in der Traveller-Szene beliebt); Tourist Home Hotel, an der Vir Marg, gegenüber dem Tourist Reception Centre (ähnlicher Level); Hotel Kashmir (DZ gDu, sauber).

Mittlere Kategorie: (etwa 50 % höhere Preise): Hotel Jagan (mit A/c Restaurant); Hotel des Tourist Reception Centre.

Luxuskategorie: Hotel Cosmo und Asia.

Verkehrsverbindungen

Bahn: Expresszüge nach *Delhi* (4 x tgl.) und *Bombay* via Delhi (1 x tgl.).

Bus: Tgl. am frühen Morgen A- und B-Busse nach *Srinagar*. Zwischen der Ankunft des Nachtzuges aus Delhi und der Abfahrt der Busse nach Srinagar steht genügend Zeit zur Verfügung. Die Fahrt dauert etwa 9 Std. Eine auf mehrere Tage verteilte Anreise mit verschiedenen Unterbrechungen ist in jedem Fall vorzuziehen (s. S.88 ff).

Von Jammu bestehen auch direkte Busverbindungen mit *Pahalgam, Kishtwar* und *Pathankot.* Von Pathankot hat man Anschluß nach *Chamba* und *Dharamsala.*

Flugzeug: Regelmäßige Flugverbindungen mit *Srinagar, Chandigarh* und *Delhi.* Insbesondere im Mai und Juni sind die Flüge für lange im voraus ausgebucht.

Vaishno Devi	Ein der Hindugöttin *Devi* geweihter Schrein in einer 30 m langen Höhle in 1.700 m Höhe, 12 km von dem reizvollen Städtchen *Katra* entfernt, das 48 km nördlich von Jammu liegt.

Vaishno Devi ist sehr populär, so daß die Zahl der Pilger sehr groß ist; dies gilt besonders für die eigentliche Pilgersaison von März bis Juli.

Die Pilger (Yatra) gehen den stark ansteigenden Weg von *Katra* nach *Vaishno Devi* zu Fuß. Auf jene, die nicht laufen können (Alte, Kranke) oder wollen, wartet ein Heer von Ponies, Dandies und Träger; die Tarife sind nicht gerade niedrig, aber immerhin offiziell festgelegt.

Die Route ist nun auch beleuchtet, damit auch nachts noch gepilgert werden kann. Auf halbem Wege, in *Adkunwari*, liegt die große Raststelle mit einem Tempel für die Göttin, einem Teich, Tea Stalls, Läden und einem Hotel.

Übernachtung	*Tourist Bungalow* in *Katra*, Reservierung durch TRC Jammu, TRC Srinagar und den Tourist Officer im T. B. Katra selbst. Auch Übernachtungsmöglichkeiten beim Schrein (Hotels, Pilgerherbergen).
Verkehrsverbindungen	Häufige *Busverbindung* von *Katra* nach *Jammu* (Local Bus und Deluxe Bus). Tgl. auch zweimal *Helikopter Service* zwischen *Jammu* und *Vaishno Devi*.

Von Jammu nach Srinagar

Früher konnte *Srinagar* nur im Sommer erreicht werden, da der Weg über den mehr als 3.000 m hohen *Banihal-Paß* führte, der vom Spätherbst bis zum Frühjahr durch tiefen Schnee unpassierbar war. Dies hat sich geändert, seit durch den Bau des Jawahar-Tunnels der Paßübergang überflüssig wurde.

Von Jammu schlängelt sich die Straße in vielen Kurven zwischen den Vorbergen mit ihren Reisterrassen und Getreidefeldern über *Udhampur* (68 km) auf etwa 2.000 m hinauf.

Chenab Valley	Dann geht es bei *Ramban* ins *Chenab Valley* hinunter. Zwischen Udhampur und Ramban kommt man durch die Bergorte *Kud* und *Batote*, wo man im T. B. übernachten und wandern kann.
Kashmir Valley	Kurz hinter Ramban steigt die Straße wieder bis zum Dorf *Banihal*, wo man durch den *Jawahar-Tunnel* in das *Kashmir Valley* eintritt. Hinter dem Tunnel beginnt gleich die Abfahrt in das 1.000 m tiefer gelegene Tal. Es ist im Sommer mit seinen herrlich grünen Reisfeldern eine Augenweide. Die Fahrt wäre feilich um vieles genießbarer, wenn die Straße nicht so dicht befahren wäre.

Srinagar ist 90 km vom Jawahar-Tunnel entfernt.

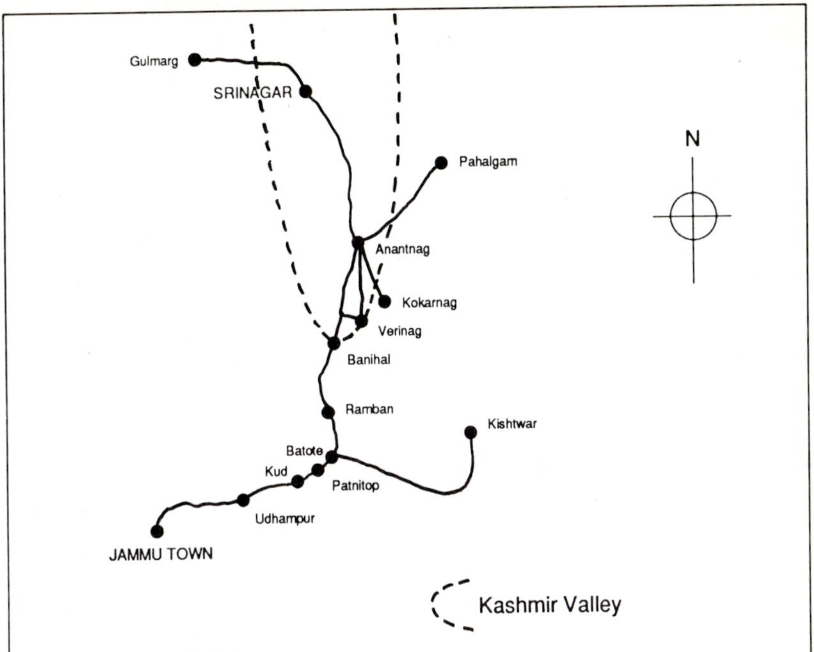

Gulmarg

SRINAGAR

N

Pahalgam

Anantnag

Kokarnag

Verinag

Banihal

Ramban

Kishtwar

Batote

Kud

Patnitop

Udhampur

JAMMU TOWN

Kashmir Valley

Von Jammu nach Srinagar

Bewässerte Reisfelder im Kashmir Valley

Kishtwar (1.620 m)	Kishtwar ist ein Städtchen auf einem Plateau, hoch über dem *Chenab River* und unterhalb des *Nagin Sheer* gelegen. Von der Stadt ist ein ca. 3 km entfernter *Wasserfall* zu sehen, der in mehreren Kaskaden etwa 700 m hinunterstürzt. In der Umgebung von Kishtwar wird Safran angebaut. Im Anschluß an die Ernte pflegt man ein großes *Fest* zu feiern. Kulturell ist Kishtwar Hindu-Moslem-Mischgebiet. Beide Religionsgemeinschaften haben von der jeweils anderen Seite eine Reihe von Bräuchen übernommen.
Information/ Geldwechsel	Es gibt derzeit noch keine Touristeninformation. Die wenigen Trekkinggruppen kommen auch so zurecht. In Kishtwar besteht keine Möglichkeit, Geld zu wechseln; entsprechendes ist zuvor in Jammu, Srinagar oder andernorts zu erledigen.
Übernach- tung	Mehrere einfache *Hotels* im Bereich des Hauptbazars sowie das *PWD Rest House*, ca. 1 km vom Ortszentrum entfernt (ca. 10 DM pro Zi.).
Verkehrsver- bindungen	Es bestehen tgl. *Busverbindungen* nach *Srinagar* (285 km, 15 Std.) und *Jammu* (10 Std.). Jüngst wurde eine Straße über den *Sythen-Paß* angelegt, die die Strecke Kishtwar–Srinagar halbiert. 1985 verkehrten auf der neuen Straße, die lediglich vom späten Juli bis Mitte September offen ist, nur Jeeps und Lkws.
Wanderun- gen/Trekking	Kishtwar ist Ausgangspunkt für Tracks nach *Kashmir, Zanskar, Lahaul/Manali* und *Chamba*. Dazu s. Trekking in Jammu.

Trekking in Jammu
Drei Wanderrouten

Die Region Jammu spielt im Bergwandern nur eine periphere Rolle. Die Routen beginnen alle in *Kishtwar* und führen nach *Kashmir, Padum/Zanskar, Chamba/Himachal Pradesh, Keylong/Lahaul* und *Manali/Himachal Pradesh.* Die unten angeführten Tracks können ab Ende Mai beginnen. Im Juli und August wird *Kishtwar* von einem Monsun mittlerer Stärke berührt. In diesen Monaten können lediglich die Tracks Richtung *Kashmir* und *Zanskar* durchgeführt werden. Aber auch auf diesen Routen muß an den ersten 2–3 Tagesetappen mit Regenfällen gerechnet werden.

Dagegen sind die Monate September und Oktober für alle Tracks gut geeignet. Anfang November endet die Trekkingsaison. Wer seinen Proviant auf Kerosin, Gemüse, Früchte, Reis und Biskuits beschränkt, kann sich in Kishtwar ausreichend versorgen. Pferde und Mulis besorgt der *Chowkidar* des *PWD Rest House.* Die Tarife sind je nach Schwere und Frequenz der Route recht verschieden. 1986 zahlte man für Tragtiere auf Tracks nach *Kashmir* pro Tag 10 DM. In Richtung *Chamba* und *Umasi-La* waren die Tarife doppelt so hoch. Am teuersten sind Pferde für Wanderrouten durch das *Pangi Valley.*

Die Lage Kishtwars weit ab von den populären Trekkingrouten bietet den Vorteil, daß die Tracks von Kishtwar noch nicht überlaufen sind.

Von Kishtwar via Umasi-La nach Padum/Zanskar
Ein sehr schwerer Track, der 9–10 Tage dauert und mehrere Tage durch unwegsame Einöden und Gletscher führt. Zelt, Guide und Proviant sind ein absolutes Erfordernis.

1. Tag: Kishtwar–Padyarna (6 Std.)
Es gibt eine Busverbindung nach *Padyarna* (2 Std.), die jedoch in der Frühsaison und auch ab und an im Monsun durch Erdrutsche bedingt unterbrochen ist. Dementsprechend wird man nicht unbedingt die Busfahrt fest einplanen können.
Bereits wenige Kilometer hinter *Kishtwar* geht die Asphaltstraße in einen befestigten Jeepweg über. Der »Chenab Highway« liegt hoch über dem *Chenab River*. Auf dem Weg von *Kishtwar* nach *Padyarna* kommt man durch verschiedene Dörfer, in denen sich neben der Stammbevölkerung auch Gujars niedergelassen haben, die nun nicht mehr mit ihren Büffelherden im Punjab überwintern. Dazu wurden sie durch Programme der Regierung von Jammu & Kashmir animiert.
Kurz vor Padyarna ist ein *PWD Rest House*, zu dem auch ein Platz zum Zelten gehört. Im Ort gibt es mehrere Tea Stalls.
In *Padyarna* und *Atholi* kann man Pferde mieten, allerdings ist das in der Saison mitunter nicht ganz einfach. Wenn die Pferde der Bauern vergeben sind, kann man sich auch an Gujars wenden. Die Mieten pro Pferd liegen bei ca. 20 DM pro Tag.

2. Tag: Padyarna–Galhar–Shasho (8 Std.)
4 km hinter Padyarna endet in *Galhar* die Straße. Im Ort existieren mehrere Tea Stalls, oberhalb vom Dorf steht ein FRH.
Während die Teilstrecken Padyarna–Galhar und Galhar–Nunhuto (hoch über dem *Chenab Valley*; prächtiger Rückblick auf Kishtwar; FRH) leicht zu wandern sind, wird der letzte Abschnitt, bedingt durch das häufige Auf und Ab, sehr anstrengend. Nun führt der Wanderpfad durch dichtbewaldete Schluchten – die Landschaft ist wie im unteren Warwan Valley. In *Shasho* gibt es einen Wasserfall zu bewundern. Das RH oberhalb der Tea Stalls ist baufällig. Es existiert eine gute Campsite.

3. Tag: Shasho–Atholi (6–7 Std.)
Nach 4–5 km tritt der Waldweg in offenes Gelände. Der Blick richtet sich auf ein fruchtbares Tal, in dem die Dörfer *Kundal* und *Atholi* zu sehen sind. Oberhalb des Tals befinden sich die verschneiten Bergspitzen des *Pir Panjal*. Der Pfad führt nun zum Talgrund hinunter.
Die Bevölkerung von Kundal und Atholi besteht aus Hindus und Moslems, während in dem auf der anderen Flußseite (noch ein Stück östlich von Atholi) gelegenen *Gularbagh* aus Zanskar eingewanderte buddhistische Händler zu Hause sind.
Das Groß-Dorf *Atholi* ist auf einem Plateau angelegt, das oberhalb der Einmündung des *Pardar Valley* in das *Chenab Valley* liegt.
In Atholi befindet sich die Verwaltung des Distrikts *Pardar*, es gibt auch

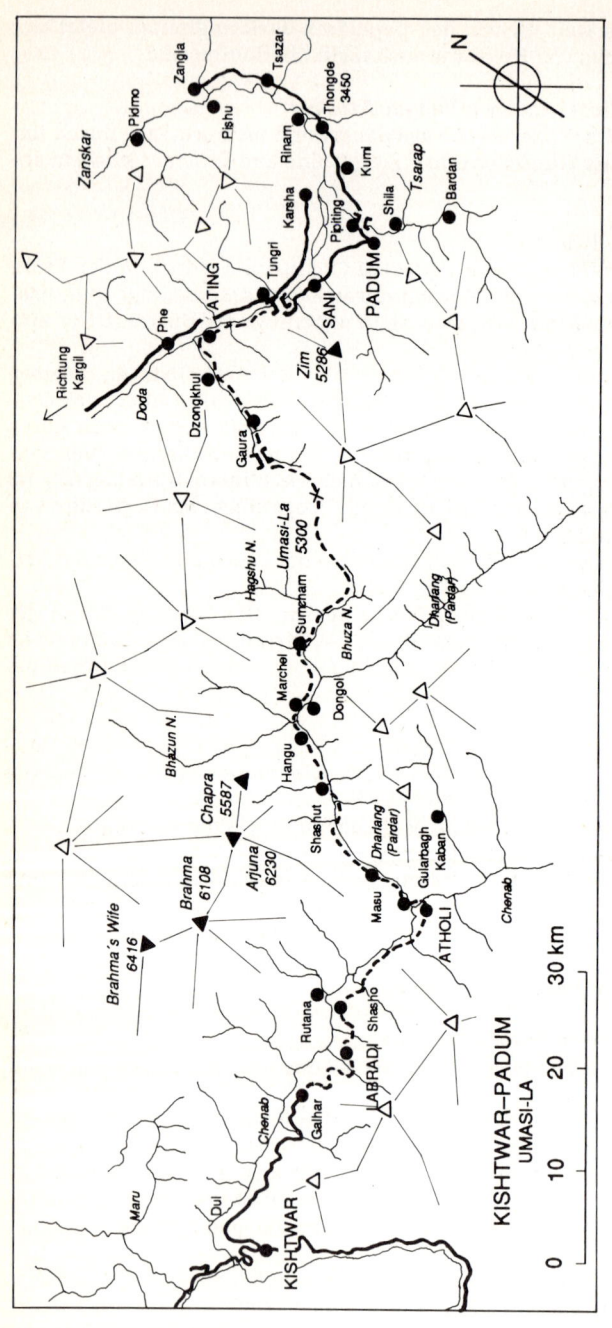

KISHTWAR–PADUM
UMASI-LA

0   10   20   30 km

eine Mittelschule. In dem großen Bazar erhält man Grundnahrungsmittel, Biskuits und Süßigkeiten. Das FRH und das Gelände zum Zelten liegen etwa 1 km vom Bazar entfernt.

Der Weg von Kishtwar nach Atholi ist auch im Winter offen. An der Atholi Bridge teilt sich der Pfad: Links geht es via *Pardar Valley* und den *Umasi La* (Beschreibung unten) nach *Zanskar*, rechts via *Sach-Paß* nach *Chamba/Himachal Pradesh*.

4. Tag: Atholi–Shashut (9 Std.)

Man überquert zunächst in rascher Folge auf stabilen Brücken den *Chenab* und den *Dharlang* (auch Pardar Valley). Erstes Dorf auf der Nordseite des Dharlang ist das schon angeführte, von eingewanderten Zanskaris bewohnte *Gularbagh*. Dort ist es ebenfalls möglich, Pferde zu mieten. Man erhält die Pferde aber lediglich bis zum *Umasi-La*. Wenn man das Tal weiter hinaufgeht, wird die zunächst artenreiche Vegetation wesentlich ärmer, z. B. besteht der Wald lediglich aus Zedern.

Zu Beginn des letzten Viertels der Tagesetappe muß der Hauptfluß überquert werden. Kurz vor Shashut wird ein Plateau mit alpiner Vegetation erreicht.

In *Shashut* erwartet die Trekker ein Tea-Lokal und ein kleiner Zeltplatz (neben dem Dorftempel); ca. 1 km weiter existiert auch ein *Forest Rest House*.

5. Tag: Shashut–Marchel (4 Std.)

Man folgt immer dem Hauptfluß. Der Pfad ist gut ausgebaut. Man wandert leicht bergauf, der Höhenunterschied zwischen Shashut und Marchel beträgt lediglich 300–400 m. Marchel liegt oberhalb vom Zusammenfluß von *Bhazun Nallah* und *Pardar River*. Es ist das erste überwiegend von Buddhisten (Lamaisten) bewohnte Dorf auf der Route. Die kleine Gompa wird wie im Nachbardorf *Lusen* von der Bardan Gompa mit Lamas versorgt.

In *Marchel* gibt es einen Police Check Post, der v. a. die Funktion haben soll, ausländische Touristen von dem nahegelegenen Saphir-Bergwerk fernzuhalten. In Marchel stellen die gemieteten Pferde ihren Dienst ein, da sie den *Umasi-La-Paß* (ladakhisch) bzw. *Pardar-La* (lokale Bezeichnung in Kishtwar und Atholi) nicht überqueren können. Die Lasten werden von Trägern übernommen, die pro Tag den lächerlich niedrigen Betrag von ca. 10 DM erhalten.

Auch für Trekker, die ihr Gepäck selbst tragen, ist es empfehlenswert, einen Guide zu engagieren, da es mitunter sehr schwierig ist, die Route über den *Umasi-La* auszumachen. Eine Alternative ist, sich Einheimischen, die nach Zanskar hinübergehen, anzuschließen.

6. Tag: Marchel–Sumcham–Hogshu Base (ca. 6 Std.)

2–3 km hinter Marchel verläßt man das *Pardar Valley* und wandert nun in nordöstlicher Richtung das Tal des *Bhuza Nallah* hinauf. Von der Abzweigung sind es noch 3–4 km bis *Sumcham*, dem letzten Dorf vor dem Paß.

Das *Hogshu Base Camp* befindet sich bei einem Birkenhain, wo der *Hogshu Nallah* in das *Bhuza Valley* mündet. Hier zweigt übrigens eine wenig begangene Route ab, die zum *Hogshu La* und den zanskarischen Dörfern unterhalb des *Pensi La* führt.

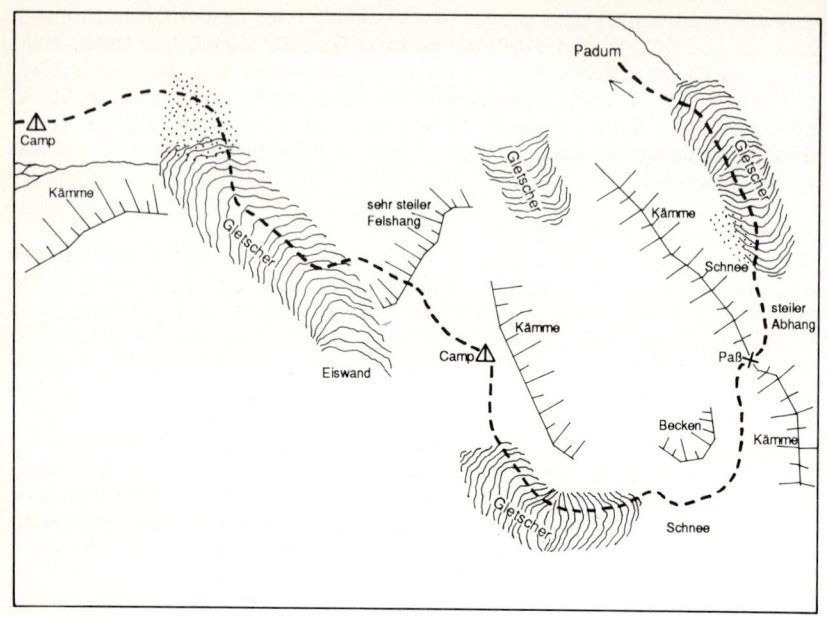

Route durch die Gletscherwelt des Umasi La

7. Tag: Hogshu Base Camp–Camp in Bachnähe (4–5 Std.)
Nachdem man die Wiese am Camp überquert hat, führt der steil ansteigende Track nach links aus dem Valley und auf ein Plateau, von dem die Moränen des Gletschers zu sehen sind. Man campt am Rande des vom Gletscher fließenden Baches.

8. Tag: Camp in Bachnähe–Camp an den Felsen (6 Std.)
Man geht zunächst an breiten Felsen entlang und gelangt bald in ein mit dikken Steinen und viel Geröll bedecktes Eisfeld. Man sieht nun auch den langen Gletscher, der zu überqueren ist. Der beste Weg ist durch schmale Steinhaufen markiert. Nach etwa 2 1/2stündigem beschwerlichem Marsch über Eis erreicht man eine Eiswand. Hier verläßt man den Gletscher und klettert über den felsigen und sehr steilen gegenüberliegenden Hang. Nachdem man den Hang erstiegen hat, geht man in Richtung der Felsen und campt unterhalb von ihnen.

9. Tag: Camp an den Felsen–Umasi-La (5.342 m)–Camp nahe der Brücke (8–10 Std.)
An diesem Tag ist es notwendig, sehr früh aufzubrechen.
Man geht die Felsen entlang und gelangt bald wieder auf den Gletscher, den man auf der linken Seite hinaufgeht (etwa 2 Std.). Dann wendet man sich nach links und klettert einen Schneehang hinauf, der zu einem Plateau führt. Um das Bassin ist rechts herumzugehen. Dadurch wird schließlich noch ein großer Umweg nach links notwendig. Sobald man am Fuß der Peaks ange-

kommen ist, gilt es, besonders aufzupassen, damit die kleine Lücke, die zum Paß führt, nicht verfehlt wird.

Am 5.342 m hohen Paß schaut man in ein großartiges Gebirgspanorama. Der Abstieg, der zunächst durch Schnee und dann über ein Gletscherfeld führt, ist lang und nicht ungefährlich. Es ist sorgfältig auf Gletscherspalten zu achten. Man braucht für den Weg über diesen Gletscher ca. 3 Std. Anschließend geht man zwischen mächtigen Felsen einen Fluß entlang. Das Camp liegt bei der Brücke.

10. Tag: Camp in Nähe der Brücke–Ating (9 Std.)
Wiederum ist ein sehr früher Start ratsam, da man einen langen Abstieg über Weideflächen vor sich hat. Am späten Nachmittag taucht auf dem gegenüberliegenden Ufer die *Dzonghul Gompa* auf. Diejenigen, die sich die Gompa anschauen möchten, bleiben über Nacht in Dzonghul. Wer jedoch weitergeht, gelangt am frühen Abend nach *Ating*.

Dzonghul Gompa

Dieses, durch Erweiterung einer Eremitenklause entstandene Kloster ist ein Ort, in dem die Meditation besonders groß geschrieben wird. Die 30 Mönche gehören zur *Lho Drukpa Kargyüpa-Schule*.
Im Dukhang stellen Thankas Begebenheiten aus dem Leben der wichtigen Kargyüpa-Heiligen *Marpa* und *Milarepa* dar.
Hauptziel der Dzonghul-Pilger ist jedoch auch heute noch die Meditationshöhle *Maropas*, wo sie einen Fußabdruck des Heiligen verehren.

11. Tag: Ating–Sani–Padum (7–8 Std.)
Man geht nun bis zum *Tempel von Sani* am rechten *Doda-Ufer* entlang. Man wird sich auf jeden Fall die Gompa anschauen und entweder in Sani übernachten (Platz zum Zelten vorhanden) oder mit dem Lkw nach *Padum* fahren – oder zu Fuß die ausgesprochen leichte Strecke entlang der Straße nach Padum gehen (3–4 Std.).

Von Kishtwar nach Kashmir via Marwa/Warwan Valley
Sechs Tage, nicht allzu schwer, verschiedene Dörfer auf der Route, die noch an das Kashmir des 19. Jh. erinnern.

1. Tag: Kishtwar–Palmar–Ikhala (RH), 28 km, Jeepweg (zu Fuß 8–9 Std.)

2. Tag: Ikhala–Sirshi (6–7 Std.)
In Sundar zweigt der Track zum Base Camp des 6.416 m hohen *Brammah* ab – Hin- und Rückweg ca. 4 Tage.

3. Tag: Sirshi (FRH)–Hanzal–Yourdu (FRH) (ca. 8 Std.)
Das Tal zwischen Kishtwar und Yourdu wird *Marwa Valley* genannt, während der Abschnitt jenseits von Yourdu *Warwan Valley* heißt.

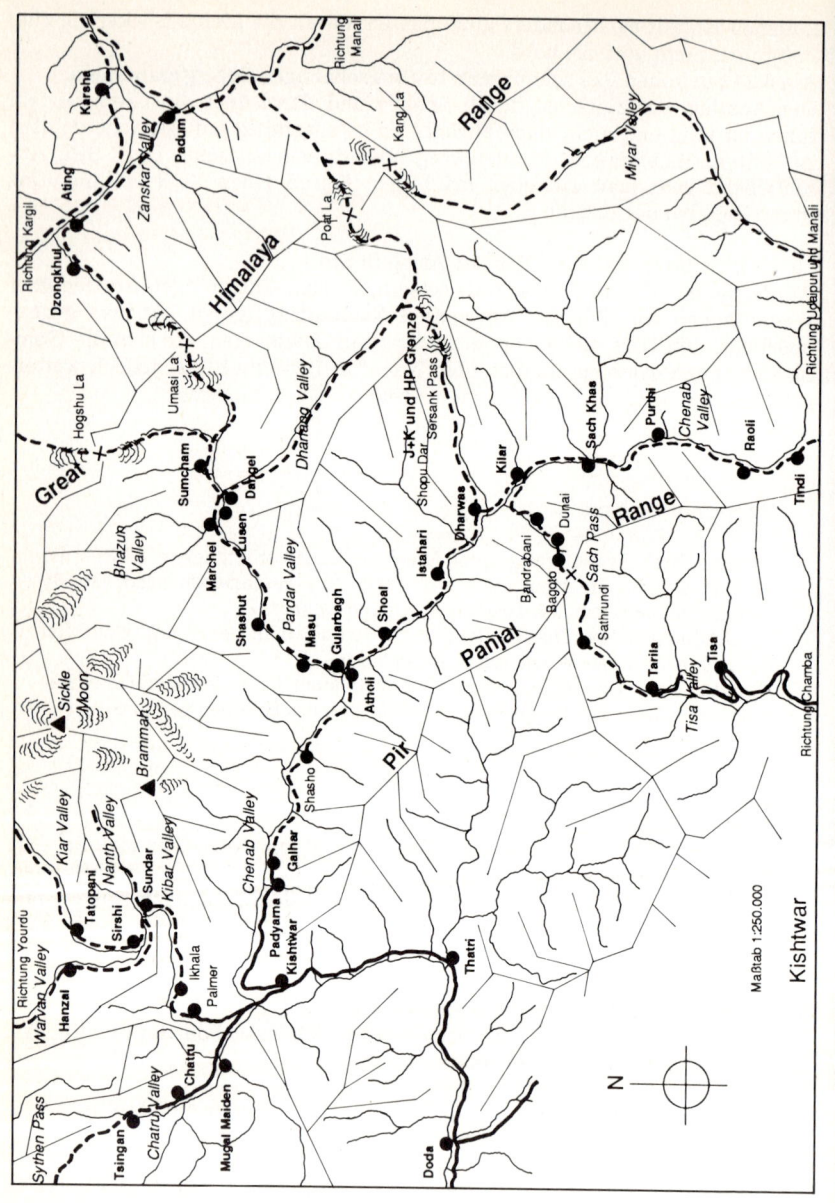

Maßstab 1:250.000

Kishtwar

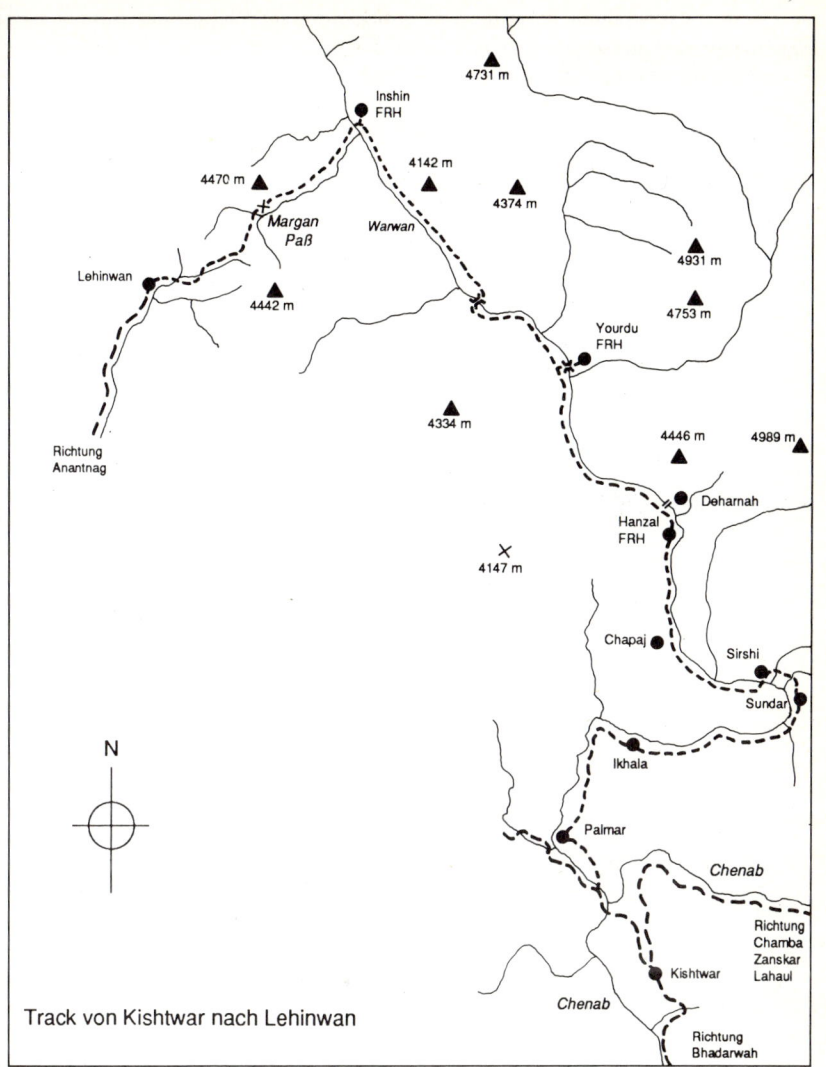

4731 m

Inshin
FRH

4142 m

4470 m

4374 m

Margan
Paß

Warwan

4931 m

Lehinwan

4442 m

4753 m

Yourdu
FRH

4334 m

Richtung
Anantnag

4446 m

4989 m

Deharnah

Hanzal
FRH

×
4147 m

N

Chapaj

Sirshi

Sundar

Ikhala

Palmar

Chenab

Richtung
Chamba
Zanskar
Lahaul

Kishtwar

Chenab

Richtung
Bhadarwah

Track von Kishtwar nach Lehinwan

4. Tag: Yourdu–Inshin (FRH) (7 Std.)

5. Tag: Inshin–Margan-Paß (3.811 m)–Lehinwan (FRH) (7 Std.)
Der Anstieg zum Margan-Paß ist steil. Von der Paßhöhe hat man einen schönen Rundblick auf das *Warwan Valley* und *Nun Kun-Massiv* (über 7.000 m)
sowie die Bergketten des *Großen Himalaya.*
Der Weg über den Margan-Paß gehört zu den Hauptrouten der Bakkarwal

auf ihren alljährlichen Wanderungen zwischen den Ebenen des Punjab und den Almen des großen Himalaya. Auf dem Hinweg passieren ihre Herden den Paß Mitte Juni – und dann sieht man sie wieder Ende August/Anfang September hier oben, wenn sie sich auf dem Rückweg befinden. Von *Lehinwan* gibt es eine Busverbindung nach *Srinagar* (7 Std.).

Von Kishtwar nach Chamba/Himachal Pradesh

9–11 Tage, mittlerer Schwierigkeitsgrad, Zelt und Proviant erforderlich – die Route wird auch von vielen einheimischen Bauern begangen.

1. bis 3. Tag: s. Track von Kishtwar nach Padum/Zanskar
4. Tag: Atholi–Shoal (3–4 Std.), Zeltplatz 1 km jenseits von Shoal
5. Tag: Shoal–Istahari (ca. 7 Std.)
6. Tag: Istahari–Dharwas (ca. 5 Std.)
7. Tag: Dharwas–Kilar–Dunai (8–9 Std.)
Kilar ist Verwaltungszentrum der *Pangi-Region*. Im Bazar werden so lebenswichtige Dinge wie Kerosin, Mehl, Reis, Kartoffeln etc. angeboten.
8. Tag: Dunai–Sach-Paß (4.350 m)–Sathrundi (8–9 Std.)
Der Weg von Bagoto (2 1/2 Std.) zum Paß ist sehr steil; (je nach Jahreszeit 3–6 Std.)
10. Tag: Sathrundi–Tarila–Chamba; ab Tarila Bus.

Ladakh

Politische Geschichte

Buddhistische Könige, Dogras, indische Militärs
Als früheste Besiedler von Ladakh werden die *Mons* angesehen, die aus Nordindien einwanderten. Auf sie folgten *Darden* aus Baltistan. Von letzteren wurden im Indus Valley (Ober-Ladakh) erste Siedlungen angelegt und kleine Stammesreiche gegründet.
Ab der *Ashoka-Zeit* (3. Jh. v. Chr.) wurde die Region Ladakh über 1.000 Jahre – mit Unterbrechungen – von den im westlichen Nachbarland Kashmir dominierenden Kräften beherrscht. Von dort kam auch ab dem 3. Jh. v. Chr. der *Buddhismus*, der bis in die Gegenwart hinein bestimmender Faktor im Weltverständnis und Kulturleben der Ladakhis geblieben ist. In der Zeit ab dem 7. Jh. nahm er durch die Synthese des Mahayana-Buddhismus mit dem Bönkult wie im benachbarten und seit dieser Zeit eng mit Ladakh verbundenen Tibet allmählich die Gestalt des lamaistischen Buddhismus an.
Ab 930 taucht in der Geschichtsschreibung erstmals das selbständige Königreich Ladakh auf. Die Herrscher entstammen der tibetischen Dynastie der *Yarklun*.
Während in Kashmir in diesem und den folgenden Jahrhunderten der Bud-

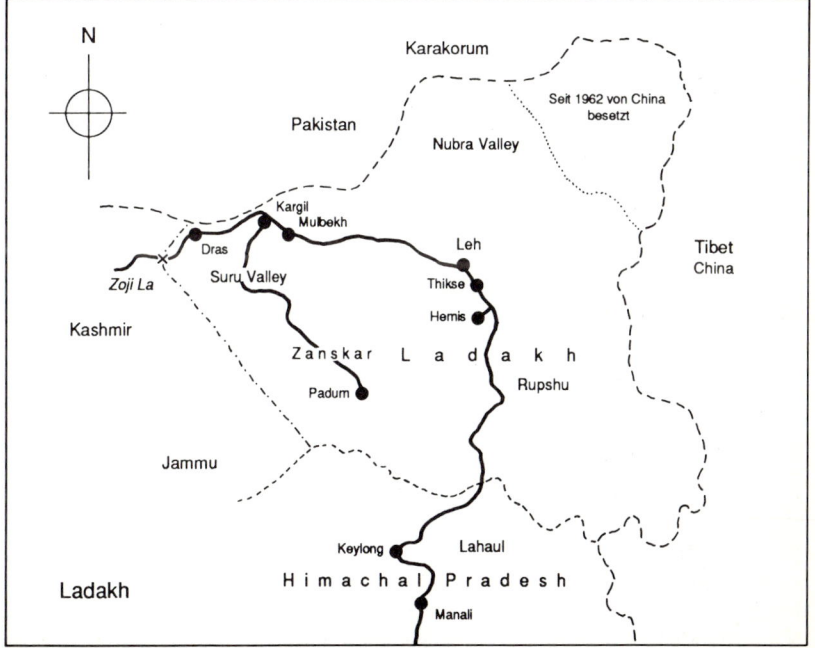

dhismus durch den Hinduismus und Islam verdrängt wird, kann er in Ladakh und Tibet alle Konversionsversuche unbeschadet überstehen. Das 11. Jh. ist die erste Blütezeit im lamaistisch-buddhistischen Sakralbau. In dieser Zeit wurden z. B. die bedeutenden Gompas von *Alchi, Mangyu, Spituk* und *Karsha (Zanskar)* erbaut. Außerdem wurden in jener Epoche viele alte Heiligtümer der Ur- und Bönreligion in lamaistische Klöster umgewandelt. Einen solchen Ursprung haben *Lamayuru, Likir, Bardan* und *Phiyang*. Der Bau der Sakralbauten wurde durch die Ausbeutung der ladakhischen Bauern und die Tributzahlung unterworfener Völker finanziert.

Etwa ab dem 12. Jh. befanden sich die Könige von Ladakh in einer vasallenhaften Abhängigkeit von den Herren von Tibet.

Im 15. Jh. führte das Vordringen der lamaistischen Reformgruppe der *Gelbmützen* (Gelugpa = die Tugendhaften) zu starken Veränderungen im ladakhischen Buddhismus. Zunächst wurden von den Eiferern die traditionsreichen Rotmützen-Klöster der *Kadampa-* und *Kargyüpa-Schulen* in *Likir, Spituk* (beide Ladakh), *Phugtal, Karsha* und *Tongde* (alle Zanskar) übernommen, später darüber hinaus mehrere bis in die Gegenwart sehr einflußreiche Klöster *(Tikse)* zusätzlich gegründet.

Im 15. Jh. kam es im Gefolge von Streitigkeiten im Herrscherhaus zur Teilung des Landes in *Unter-Ladakh (Basgo)* und *Ober-Ladakh (Shey)*. Erst 70 Jahre später wurde Ladakh unter der Linie von *Basgo* wiedervereinigt. Die neuen Herrscher nennen sich großspurig *Namgyal-Dynastie* (großer Sieger). Außer Ladakh kontrollieren sie auch Zanskar, das von 1470–1834 ihr Vasallenstaat bleiben sollte.

Seine größte Ausdehnung erreichte das Königreich Ladakh Mitte des 16. Jh., als die in Lahaul und Kulu eingefallenen Truppen *Tsewang Namgyals* die angeführten Gebiete unter ladakhische Fremdherrschaft brachten.

In der 2. Hälfte des 16. Jh. durchzogen die Horden der Moslemherrscher *Mirza Haider Dughlat* (Khan von Kashgar) und *Ali Mir* (Khan von Baltistan) plündernd und zerstörend das Land.

Der stark unter Druck geratene Ladakhi-Herrscher *Yamyang Namgyal* konnte zwar nicht verhindern, daß die dardischen Fürsten und größere Teile der Bevölkerung von Purig zum Islam konvertierten, aber Ostladakh blieb dem Buddhismus erhalten. Seit jener Zeit ist Ladakh in ein mehrheitlich *moslemisches* Westladakh (Distrikt *Kargil*) und ein *buddhistisches* Ostladakh *(Leh)* gespalten.

Im 17. Jh. (ca. 1620–1660) setzte ein Wiedererstarken der Namgyals ein: Teile von Purig und Baltistan wurden zurückerobert, die Könige von Zanskar und die dardischen Fürsten wieder unter ladakhische Oberhoheit gezwungen und ein Sohn des *Sengge Namgyal* als Herrscher von *Guge* eingesetzt. Trotz ihres Wiederaufstiegs fühlten sich die Herren von Ladakh durch den expansiven Nachbarstaat Tibet bedroht, als dessen fünfte Kolonne sie die einflußreichen und anhangstarken Gelbmützen ansahen. Um deren Position zu schwächen, gingen die Namgyals dazu über, die alten Rotmützen-Schulen zu fördern. Diesem Zweck diente auch die Gründung der später sehr einflußreichen Drukpaklöster von *Hemis* und *Chemre*.

Die Herrscher von Ladakh bekannten sich persönlich zum *Rotmützenorden* und suchten durch die Trennung von Staat und Religion die Mönche aus der Politik herauszuhalten – einer Politik, die dem Gottkönigtum des theokratischen Staates Tibet diametral entgegengesetzt war. Zentrales Ereignis in der jüngeren Geschichte von Ladakh ist die Dogra-Invasion des Jahres 1834, durch die der König entmachtet und Ladakh unter die Herrschaft des Sikh-Vasallen *Dogra-Rajputen Gulab Singh* geriet. Die Dogras plünderten nicht nur das Land, sondern zerstörten auch viele kulturhistorisch bedeutende Bauwerke (Burgen, Klöster). Nach dem Untergang des Sikhreiches wurde Ladakh 1846 Teil des von den Briten abhängigen Dogra-Fürstentums Jammu & Kashmir.

Bei der Teilung des indischen Subkontinents nach der Befreiung vom britischen Kolonialismus wurde Ladakh im Gefolge bewaffneter Auseinandersetzungen 1948 zwischen Indien und Pakistan geteilt, wobei die nördlichen Regionen *(Skardu, Baltistan)* an Pakistan fielen. Das zentrale und südliche Ladakh *(Leh, Kargil)* ist seither Teil des indischen Bundesstaates Jammu & Kashmir.

Eine weitere einschneidende Veränderung der politischen, wirtschaftlichen und kulturellen Situation des Landes wurde 1959 durch die endgültige Annektion Tibets durch die VR China ausgelöst. Durch die Schließung der Grenze mußte der wichtige Tibethandel aufgegeben werden. Außerdem verloren die lamaistischen Buddhisten ihre Verbindung zu Lhasa als zentraler Weiterbildungsstätte. Die bereits zu diesem Zeitpunkt beträchtlichen Spannungen zwischen Indien und China verschärften sich in den folgenden Jahren. 1962 kam es, nachdem China mit *Aksai Chin* ein großes Gebiet (Hochfläche, menschenleer) im Osten Ladakhs besetzt hatte, zum Krieg zwischen Indien und China, der für Indien mit einer blamablen Niederlage endete. Daraus zog die indische Zentralregierung die Konsequenz, daß das rückständige und schwer zugängliche Himalayaland Ladakh aus militärstrategischen Gründen verkehrsmäßig zu erschließen sei.

Erstes Ergebnis der veränderten Infrastrukturpolitik war der Ausbau des alten Karawanenwegs *Srinagar–Leh* zu einer modernen Straße. Anschließend wurden entlang dieser einzigen Straßenverbindung zwischen Kashmir und Ladakh zahlreiche Kasernen angelegt und die Armee in größerem Stil verstärkt. Ihre Stärke wird heute auf mindestens ein Viertel der ladakhischen Bevölkerung geschätzt. Die Anwesenheit dieser für das menschenleere Land riesigen Armee hat schwerwiegende Auswirkungen auf die soziale, kulturelle und ökologische Situation. So sind z. B. inzwischen in größerer Zahl ladakhische Männer beim indischen Militär beschäftigt und kommen dort mit völlig anderen Werten (nordindischer Hinduismus etwa) in Berührung, was das Verhältnis zur eigenen kulturellen Überlieferung verändert.

Ein weiteres sehr wichtiges Datum in der jüngsten Geschichte Ladakhs ist die Öffnung des Landes für Touristen im Jahre 1974. Die damit verbundenen vielfältigen positiven und negativen Veränderungen im Leben der Ladakhis sind im Leh-Kapitel dargestellt (s. S.169 ff).

Geographie und Ökologie

Hochgebirgswüste, Schluchten, Oasen

Ladakh umfaßt die beiden Distrikte *Kargil* und *Leh*. Es ist nach den Gebietsverlusten an Pakistan rd. 95.000 km² groß, inklusive der von China be-

Landschaften in Ladakh

setzten Gebiete (ca. ein Drittel der Fläche der Bundesrepublik). Es grenzt im Osten an das von der VR China annektierte *Tibet*, im Norden an die indisch-pakistanische Waffenstillstandslinie, im Westen an *Kashmir* und im Süden an *Himachal Pradesh*. Ladakh besteht durchweg aus hohen, kahlen, in den höheren Lagen schneebedeckten Bergen (5.000–7.000 m), zahllosen engen, zerklüfteten und z. T. schwer zugänglichen Tälern (3.000–4.000 m) und einigen wenigen Hochplateaus.

Der größte Teil des Landes wird von den parallel zueinander von Südosten nach Nordwesten verlaufenden Bergketten der *Ladakh-* und der *Zanskar Range* eingenommen.

Zahlreiche, von Gletschern gespeiste reißende Bäche und Flüsse bahnen sich ihren Weg aus der bizzarren Bergwelt. Größter Fluß Ladakhs ist der *Indus*, der vom *Kailash* in Tibet, dem am meisten verehrten Berg der Hindus kommt. Er durchquert das Gebiet zwischen *Hemis* und *Khalatse*, das Kernland von Ladakh, und fließt dann nach Pakistan. Seine bedeutendsten Nebenflüsse sind der *Shayok* aus dem *Nubra Valley* und der *Zanskar*. Von regionaler Bedeutung sind noch die Flüsse *Dras, Suru* und *Wakha*.

Die Flüsse sind etwa 6 Monate im Jahr zugefroren (im Winter ideale Trekkingwege!). In der Zeit der Schneeschmelze verwandeln sie sich in lehmbraune, bis zum Rand des Flußbettes gefüllte, reißende Gewässer. Im Spätsommer und Herbst, wenn sie wieder ruhiger dahinströmen, sehen sie dann grünlich bis blau aus.

Ladakhs zahlreiche Seen haben alle leicht salzhaltiges Wasser. Der größte ist der *Pangkong Lake* in der Region *Changtang*.

Extremes Klima

Hohe Bergketten im Süden (*Rothang-Paß*, Berge von *Lahaul*) und Westen (*Zoji La-Paß*, Berge von *Kashmir*) halten die Monsunwolken auf, so daß das Land fast überhaupt keinen Niederschlag (Schnee, Regen) abbekommt und daher extrem trocken ist. Davon gibt es allerdings verschiedene Abweichungen; so fällt im *Dras* und *Suru Valley* mehr Regen als in *Leh* und relativ viel Schnee.

Das Klima von Ladakh ist geprägt durch extreme Temperaturunterschiede. Im Winter (5–7 Monate, November–Mai) wird es eisig kalt (in *Dras* bis 40° C) und im kurzen Sommer fast heiß (tagsüber mitunter über 30° C). Es besteht darüber hinaus ein ausgeprägter Tag-Nacht-Unterschied. Im Sommer kühlt es nachts stark ab, manchmal fast bis zum Gefrierpunkt; im Winter wärmt es sich zu den sonnigen Mittagen hin stark auf (über Null Grad). Eine weitere starke klimatische Belastung geht von den das ganze Jahr über wehenden starken Winden aus.

Entsprechend der großen Höhe – sogar die Täler liegen über 3.000 m hoch – ist die Sonnenstrahlung sehr intensiv. Die extreme Kälte und Hitze sowie der starke Wind zerstören und erodieren seit Jahrtausenden das Gestein und haben die wüstenhaften Landschaften am *Indus* und *Zanskar* geschaffen. Die bizarren Felsformationen erhalten durch ihre sehr unterschiedlichen mineralhaltigen Gesteine einen zusätzlichen Reiz.

An der Herausbildung der Hochgebirgswüste Ladakh tragen auch die Menschen insofern einige Schuld, als zuviel von dem geringen Baumbestand abgeholzt wurde.

Ethnische und sprachliche Heterogenität

Die Bevölkerung von Ladakh setzt sich aus einer Reihe von Ethnien zusammen, die teilweise auch unterschiedliche Sprachen sprechen. Die Heterogenität ist im 19. Jh. durch die Einwanderung von *Kashmiris* (nach der Dogra-Invasion) und *Yarkandis* noch komplexer geworden. Ganz grob gesehen lassen sich zwei große Gruppen unterscheiden, nämlich die indo-arische und tibetisch-mongolische. Zur ersten zählen die *Darden* und *Mons*, zur letzteren die *Bhot* (oder Ladakhi) und die *Changpas*. Die Mehrheit der Bevölkerung der Regionen *Leh* und *Zanskar* gehört zur Gruppe der *Bhot, Bod, Bodh, Bot-pa, Bhautta* oder *Bota*, für die auch das Synonym *Ladakhi* benutzt wird. Nach verbreiteter Ansicht sind sie tibetischen Ursprungs, es gibt aber Forscher, die annehmen, daß sie ursprünglich aus der Mongolei zugewandert sind.

Die Mehrheit der *Bot-pa* sind Anhänger des Buddhismus. Der Anteil der Moslems unter ihnen hat in der jüngeren Vergangenheit zugenommen. Sie sprechen Ladakhi, das von den meisten Sprachforschern als westtibetischer Dialekt angesehen wird. Da ihre Kultur weiter unten ausführlich beschrieben wird, gehen wir hier nicht weiter auf sie ein.

Sehr eng mit den Bot-pa verwandt sind die *Changpas*, tibetische Halbnomaden, die im Sommer auf dem *Changtang-Hochplateau* (4.500 m) mit ihren Pferden, Mulis, Yaks, Hunden sowie Schaf- und Ziegenherden von Weideplatz zu Weideplatz ziehen. Zum Überwintern ziehen sie nach *Skar-zhung* hinunter. Sie wohnen in Zelten aus schwarzem Yakhaar. Die Changpas sprechen einen tibetischen Dialekt und sind wie die Bot-pa Buddhisten.

Ebenfalls in die Gruppe der Tibeter (Turko-Tibeter) gehören die *Baltis*, deren Wohngebiete nördlich von *Kargil* allerdings seit 1948 zum größeren Teil in Pakistan liegen. Sie konvertierten im 16. Jh. zum schiitischen Islam. Mit dem Religionswechsel verbanden sie auch einen Wechsel im Familiensystem: Aus Anhängern der Polyandrie wurden Anhänger der Polygamie. Sie sprechen aber immer noch ihren alten tibetischen Dialekt. In ihrem Aussehen ähneln sie stark den Bot-pa.

Dagegen zählen die *Darden* zur indo-arischen Gruppe. Sie sind ursprünglich von Gilgit im heutigen Pakistan eingewandert. Sie siedelten zunächst in der Gegend von *Khalatse*, wo sie über viele Jahrhunderte die Karawanenwege nach Kashmir und Turkestan kontrollierten, bewachten die Indusbrücken und kassierten Zölle. Diese Zeit dokumentieren heute verschiedene Ruinen von Burgen und Wachtürmen.

Ihre gegenwärtigen Hauptsiedlungsgebiete liegen im *Dras Valley* und in Pakistan. Der größere Teil der Darden trat im 17. Jh. zum Islam über. Wenngleich sie im Laufe der Zeit einige Sitten und Bräuche der moslemischen Kashmiri übernommen haben, so haben sie doch auch eine Reihe alter Traditionen bewahrt. So lehnen sie alle Produkte der Kuh (z. B. Milch), Eier und Zwiebeln ab. Wasser gebrauchen sie ausschließlich zum Trinken, lehnen aber seine sonstige Verwendung ab, da sie glauben, daß dadurch die Götter/Geister beleidigt würden. Sie sprechen heute noch ihre überlieferte Sprache *Shrina*.

Eine Sonderposition nehmen die Darden von *Dah, Hanu* und *Garkon*, im unteren Indus Valley, ein, die *Drogpas* oder *Dogmas*, die noch weitgehend dem alten dardischen Volksglauben anhängen. Anläßlich der verschiedenen Feste werden die traditionellen Instrumente gespielt und Lieder über ihre Geschichte/Herkunft gesungen.

Während sich die Drogpa-Männer in ihrer Kleidung nur wenig von den Ladakhi unterscheiden, heben sich die Drogpa-Frauen mit ihrem, zu zahlreichen dünnen langen Zöpfen geflochtenem Haar und ihren Kappen mit viel Silberschmuck, Münzen, Pfauenfedern und Blumen deutlich ab. Sie sind in Wollhosen und weit ausgeschnittenen, grauen Mänteln gekleidet, um die Schultern legen sie ein Ziegenfell. Sie schmücken sich mit Halsketten aus Silber und Korallen.

Zur indo-arischen Gruppe zählen schließlich auch die vor langer Zeit aus Nordindien eingewanderten *Mons*, die man in fast jedem ladakhischen Dorf antrifft. Sie bilden die niedrigste Schicht der ladakhischen Gesellschaft. Ihren Lebensunterhalt verdienen sie als Schuster, Schmiede und Schreiner. Unter den Mons gibt es sowohl Buddhisten als auch Moslems.

Wirtschaftliche und soziale Entwicklung

Oasen-Landwirtschaft
Wegen der großen Höhen, der äußerst geringen Niederschläge und extremen klimatischen Bedingungen ist nur ein sehr kleiner Teil Ladakhs (10–15 % der Gesamtfläche) landwirtschaftlich nutzbar. Unter diesen Umständen blieb das Land äußerst dünn besiedelt: Insgesamt leben in Ladakh lediglich 131.000 Menschen (1981); auf 1 km² kommen nicht einmal 2 Personen (in der Bundesrepublik 248). Die beiden einzigen »Städte« *Leh* und *Kargil* haben nicht mehr als 10.000 bzw. 5.000 Einwohner. 95 % der ladakhischen Bevölkerung lebt auf dem Land. Die Dörfer sind häufig viele Kilometer voneinander entfernt. Der Ackerbau ist auf einige Täler beschränkt. Hauptagrargebiete sind einige Abschnitte des relativ weiten *Indus Valley* in *Oberladakh* und das mittlere *Suru Valley* um *Sanku*. Die Felder werden gemeinhin durch das Wasser von Gletscherbächen bewässert. Zu diesem Zweck sind schon vor vielen Jahrhunderten weitgefächerte Kanalsysteme angelegt worden. Es existieren von der Dorfgemeinschaft festgelegte Rechte und Regeln für die Nutzung des Wassers. Ein Bewässerungsaufseher sorgt für die Funktionstüchtigkeit des Systems und die Einhaltung der Nutzungsrechte.

Auf den lehmhaltigen Sandböden werden Weizen, Gerste, Hülsenfrüchte, Kartoffeln, Blumenkohl und Zwiebeln angebaut. In den Tälern von *Indus* und *Shayok*, in denen die klimatischen Bedingungen nicht ganz so extrem sind, gedeihen Aprikosen (auch im Dras Valley) und Äpfel. Indische Landwirtschaftsexperten züchteten in jüngster Zeit verschiedene, besser an das extreme Hochgebirgsklima angepaßte Gemüsesorten. Dahinter stand einerseits das Interesse, die Armeeversorgung von den im Kriegsfall leicht zu unterbrechenden Nachschubwegen unabhängiger zu machen bzw. die Armee reichhaltiger mit Frischgemüse zu versorgen, sowie das Nahrungsmittelangebot für die Touristen attraktiver zu gestalten.

Zyklus der Feldarbeit

Das Agrarjahr dauert lediglich 4 Monate. Es beginnt damit, daß kurz nach der Schneeschmelze die Bewässerungskanäle ausgebessert werden. Anschließend pflügen die Bauern mit einfachen, von Yaks gezogenen Holzpflügen ihre Getreidefelder.

In dieser noch immer von den Mythen der Religion dominierten ladakhischen Dorfwelt legen Astrologen den Beginn der Feldarbeit und Aussaat fest. In der Zeit zwischen der Aussaat und der Ernte müssen die relativ schnell austrocknenden Felder mindestens dreimal bewässert werden. Das Getreide wird Anfang September reif. Wie zur Aussaat benutzt man auch bei der Ernte sehr einfache Arbeitstechniken und keine Maschinen. An den Erntearbeiten beteiligt sich die gesamte Familie. Es wird vom frühen Morgen bis zum Einbruch der Dunkelheit gearbeitet. Nur am Nachmittag wird eine größere Pause eingelegt. Zum Mittagessen sitzt man in einem großen Kreis in fröhlicher Runde zusammen. Man ißt Tsampa und greift gern und oft nach dem Changbehälter.

Die Getreidepflanzen werden entweder vollständig aus dem Boden gerupft und der Dreck von den Wurzeln abgeklopft oder mit einer kurzen Sichel direkt über dem Boden abgeschnitten. Anschließend legt man das Getreide auf kleine Haufen zum Trocknen aus. Sobald es trocken ist, wird es schließlich auf den kreisrunden Dreschplatz gestreut und von den im Kreis herumlaufenden *Yaks* oder *Dzos* gedroschen. Ein Bauer hält den Ochsen mit rhythmischen Liedern in Trab.

Bevor das Getreide in Säcke abgefüllt wird, legen die Bauern zunächst noch eine »glückbringende« Heiligenfigur auf den Körnerhaufen.

Lebenswichtige Viehwirtschaft

Neben dem Ackerbau ist die Viehwirtschaft die zweite und annähernd gleichbedeutende Quelle für den Lebensunterhalt der Dorfbevölkerung. Die Bauern halten Schaf- und Ziegenherden, die ihnen Milch, Yoghurt, Käse, Fleisch und Wolle liefern. All das erhält man auch vom Yak, der außerdem noch als Arbeits- und Zugtier verwendbar ist. Für die Bestellung der Felder und zum Transport werden außerdem Pferde, Esel und Dzos eingesetzt. Um die Viehwirtschaft zu verbessern, wurden von der Jammu & Kashmir-Regierung in vielen Dörfern Tierzuchtzentren eingerichtet. Diese sind allerdings finanziell sehr ungenügend ausgestattet. Es wären auch einige Tierärzte erforderlich, um mit den zahlreichen Tierkrankheiten einigermaßen fertig zu werden. Seit ein paar Jahren betreibt die Regierung auch Hühnerfarmen.

Wachsender moderner Sektor: Bürokratie, Militär, Tourismus

In Ladakh wird die bis vor wenigen Jahren vorherrschende Subsistenzwirtschaft allmählich von der kapitalistischen Warenzirkulation durchdrungen. Dieser Prozeß ist in den Kleinstädten *Leh* und *Kargil* viel weiter fortgeschritten als in den Dörfern der als besonders rückständig geltenden Region *Zanskar*. Im Zuge dieser Entwicklung ist ein kleines Handelsbürgertum entstanden. Das Gros der Geschäftsinhaber stammt allerdings aus Kashmir, so daß nur sehr begrenzt von einem einheimischen Bürgertum die Rede sein kann. Die Herausbildung des Kapitalismus blieb bislang auf den Handel und die Geldwirtschaft (Warenzirkulation) beschränkt, es existieren nicht einmal Ansätze zur Industrialisierung.

Der moderne Sektor besteht vorwiegend aus der Verwaltung, der Entwicklungsbürokratie übergeordneter staatlicher Einheiten (Landes- und Bundesbehörden), dem Bildungs- und Gesundheitswesen, dem Tourismussektor und dem seit 1962 aufgebauten umfangreichen Militärapparat. In diesen Institutionen sind inzwischen in größerer Zahl Einheimische beschäftigt, und diese Zahl ist weiter im Zunehmen begriffen. Jeder junge Ladakhi, der aus der Beschränktheit der Dorfökonomie heraus möchte, ist bestrebt, eine Beschäftigung in diesem Sektor zu finden.

Die neuen Beschäftigungsmöglichkeiten des modernen Sektors kommen fast nur den Männern zugute. Nur wer in diesem Sektor arbeitet, erhält ein stabiles Geldeinkommen, das es gestattet, die inzwischen auch in Ladakh begehrten Konsumgüter der modernen Industrie zu kaufen. Das hat dazu geführt, daß die Tätigkeit der ladakhischen Frauen in der geldlosen Subsistenzwirtschaft von Haus- und Feldarbeit zusehends als minderwertig, archaisch (wertlos) gilt, weil sie nicht bezahlt wird. Das Sozialprestige der Frauen ist im Sinken begriffen.

Religion, ein wesentlicher Bestandteil des Lebens

In Ladakhs Gesellschaft spielt der religiöse Überbau noch eine bestimmende Rolle, das heißt, daß die Naturvorgänge noch in beträchtlichem Ausmaß metaphysisch gedeutet werden und die Normen des Alltagslebens religiösen Ursprungs sind. Der sich allmählich auch in Ladakh verbreitende technische Fortschritt, der Ausbau der säkularen Bildungseinrichtungen und der starke Tourismus könnten den Einfluß der Religion auf die Gestaltung des kulturellen und sozialen Lebens, sowie die Erklärung der Naturphänomene und den Umgang mit der Natur deutlich vermindern.

Etwa 52 % der Bevölkerung gehört nach offiziellen Statistiken dem *lamaistischen Buddhismus* an, knapp 48 % sind Anhänger des *Islams*, darüber hinaus gibt es einige wenige Hindus und Christen. Die Regionen *Leh* und *Zanskar* sind lamaistisch, wobei es dort aber auch Orte mit einer sunnitisch-moslemischen Bevölkerungsmehrheit *(Padum, Shushot)* gibt. Im Raum um *Kargil* leben mehrheitlich schiitische Moslems.

Buddhismus in Ladakh

Das frühbuddhistische Erbe

Buddha, der Begründer der Lehre, starb im Jahre 483 v. Chr. im Alter von über 80 Jahren. Er lebte in der Umgebung der heutigen Stadt *Patna*, in der nordindischen Gangesebene. Buddhas Heilslehre entstand in der Auseinandersetzung mit den Hindu-Brahmanen, deren Tieropfer, religiöse Mythologie (v. a. auch die Götter) und arrogante Autoritätsansprüche aufgrund ihrer Kenntnis der Veden er verachtete. Außerdem lehnte er das Kastenwesen ab. Kern seines religiösen Systems sind die vier edlen Wahrheiten *(arya satya)*.

1. *Alles leidet.* Leiden, das ist Geburt, Alter und Tod, Trauer und Verzweiflung, zwangsweise Gesellschaft mit Menschen, die man nicht mag, Trennung von Freunden, Nichterfüllung von Wünschen usw.

2. *Ursache allen Leidens ist die Gier* nach Lust, nach Werden, nach Vernichtung sowie das Unwissen, d. h. die Unkenntnis der vier edlen Weisheiten.
3. Da Gier und Unwissen das Leiden hervorbringen, kann es nur durch deren *Beseitigung* aufgehoben werden.
4. *Die Erlösung vom Leid ist nur durch Erleuchtung* möglich. Solange dies nicht geschieht, wird die Seele eines Menschen stets in einem anderen Menschen oder Lebewesen wiedergeboren.

Um die Befreiung von der Wiedergeburt zu erlangen, müssen die folgenden acht Regeln (»Achtweg«) befolgt werden:

1. Die rechte Ansicht, d. h., daß man an die vier edlen Wahrheiten glaubt.
2. Der rechte Entschluß, der in die drei Entschlüsse zur Entsagung, zum Wohlwollen und zur Nichtschädigung von Lebewesen unterteilt ist.
3. Rechte Rede: Die Worte sollen nicht aus Lüge, Klatsch, Schmähung und Geschwätz bestehen. Der Sinn der Sprache liege v. a. darin, durch sie Menschen zu heilsamen Taten zu bewegen, ansonsten sei Schweigen besser als Reden.
4. Rechtes Verhalten: Mord, Diebstahl und Ausschweifungen – zu Buddhas Zeiten der außereheliche Sex – sind verboten.
5. Rechtes Leben oder rechte Lebensführung: Die Menschen dürfen nur Berufe ausüben, die anderen kein Leid verursachen. Mit der rechten Lebensführung unvereinbar sind: Metzger, Vogelfänger, Fallensteller, Fischer, Jäger, Soldat, Kerkermeister, sowie der Handel mit Waffen, Lebewesen, Fleisch, berauschenden Getränken und Gift.
   Wenn sich seine Anhänger an dieses Gebot halten würden, wäre der Buddhismus nicht nur in der Theorie eine zutiefst pazifistische und humane Religion.
6. Rechte Anstrengung: Abwehr unheilsamer und Erzeugung heilsamer Geisteshaltung.
7. Rechte Achtsamkeit: Die halbautomatisch ablaufenden Körperfunktionen wie Atmen, Gehen, Stehen, verschiedene Denkprozesse sollen bewußt gemacht werden, um auf diese Weise emotionale Ausbrüche und Flatterhaftigkeit unter Kontrolle zu bringen und ein inneres Gleichgewicht zu entwickeln.
8. Rechte Meditation: Die Meditation ist auf dem Wege, der zur Erleuchtung führt, der letzte und entscheidende Schritt. Solange jedoch die anderen sieben Wege noch nicht gegangen sind, d. h. Sinnenlust, Übelwollen, Stumpfheit, Aufgeregtheit, Gewissensunruhe und Zweifel nicht beseitigt sind, kann der Gläubige noch nicht mit der wirklichen Versenkung, der zur Befreiung von der Wiedergeburt führenden Erleuchtungsmeditation beginnen.
   Während der Meditierende sein Denken und seine Sinne von der Welt (Gesellschaft) zurückzieht, bekommt er im Erlebnis innerer Stille eine Ahnung von der Erlösung, dem Nirwana, in das er als Erleuchteter (Buddhaschaft), vom Zwang der Wiedergeburt befreit, nach seinem Tod eingeht. Das *Nirwana* ist ein absolutes Nichts, in das die psychische Befreiung vom allgegenwärtigen Leiden einmündet.

Buddha, der das Leiden ausschließlich im psycho-physischen Bereich ansiedelte und dessen zugleich auch sozio-ökonomische und naturgeschichtliche Bedingtheit übersah, hatte als einzigen Ausweg eine psychologische Lösung des Problems parat: Die Persönlichkeit wird durch immer intensivere Meditation allmählich in einen Zustand gebracht, in dem das Gefühl (die Sensibilität) für die Welt samt ihrem Elend nicht mehr existiert. Die Herr-Knecht-Welt der noch nicht Erlösten bleibt selbstverständlich in Leid und Unterdrückung zurück.

Die Erlösung (Befreiung) ist des einzelnen Menschen ureigene Tat, zu der keine Hilfe göttlicher Wesen erforderlich ist, an deren Existenz Buddha im übrigen auch nicht glaubte. Der Ur-Buddhismus ist eine atheistische Religion.

Hinayana, Mahayana

Schon bald nach dem Tod des Gründers kam es unter seinen Anhängern zu Auseinandersetzungen um die richtige Lehre und Lebensweise. Im Laufe der Zeit bildeten sich dabei die beiden Hauptströmungen *Hinayana-* und *Mahayana-Buddhismus* heraus. Der *Hinayana-Buddhismus* ist die orthodoxe Richtung, die sich im wesentlichen auf Buddhas Lehre bezieht. Nach Auffassung der Anhänger des Mahayana-Buddhismus ist er elitär, weil aufgrund seiner vielfältigen Anforderungen nur wenige Menschen, nämlich eine Handvoll Mönche, imstande seien, ohne den Umweg zahlreicher Wiedergeburten zur Erleuchtung zu gelangen. Demgegenüber vertritt der *Mahayana-Buddhismus* die Lehre, daß einige Erleuchtete als *Bodhisattvas* aus Liebe zu ihren Mitlebewesen so lange auf den Übergang ins Nirwana verzichten, bis alle anderen – auch die Laien – dank ihrer Hilfe den Weg dahin geschafft haben. Da es bequemer und leichter ist, Bodhisattvas und andere überirdische Wesen (z.B. zahlreiche Buddhas) zu verehren, als nach Anweisung des historischen Buddhas zu leben, nahm der Mahayana-Buddhismus, nachdem er erst einmal die Schleusen für Hilfswesen geöffnet hatte, zwangsläufig eine starke Entwicklung zum Ritual und Kultus.

Lamaismus: Tibetische Variante des Mahayana-Buddhismus

Im 7. Jh. wurde unter dem Herrscher *Songtsen Gampo* der Mahayana-Buddhismus in Tibet eingeführt, wo er im Laufe der nächsten Jahrhunderte den einheimischen *Bönkult*, eine schamanistische Religion, verdrängte. Der Mahayana-Buddhismus konnte sich jedoch nur deshalb durchsetzen, weil er viele religiöse Praktiken der vorbuddhistischen Religion Tibets aufnahm. Dieses Erbe finden wir heute in den Totenzeremonien und den Mysterienspielen der tibetischen Klöster, sowie der Verehrung von Geistern und Dämonen im Volksglauben. Auch verschiedene Ritualgeräte sind alttibetischen Ursprungs.

Diese Synthese aus Bönkult und Mahayana-Buddhismus, die auch bald im an der Peripherie Tibets gelegenen Ladakh zur vorherrschenden Religion wurde, wird *Lamaismus* genannt – abgeleitet vom tibetischen Wort »Lama« (geistlicher Lehrer, höherer Geistlicher) entsprechend dem Sanskritwort »Guru«. Außer in Tibet und Ladakh setzte sich der Lamaismus auch in Sikkim und Bhutan durch.

Volkslamaismus

In der religiösen Praxis der lamaistischen Laien leben auch vielfältige Elemente der Vorbönreligion, des Schamanismus, Animismus und Bönkults fort. Ältestes Element des Volkslamaismus ist wohl der Steinkult (Megalithkultur), jene Anhäufung von Steinen zu *Lathos* und *Ladses,* die als Opferstätte für Geister fungieren. Während die Lathos, kleine gemauerte Bauten mit quadratischem Umriß und stufenpyramidischem Aufbau in der zweiten und dritten »Etage«, eine regelmäßige Struktur besitzen, sind die Ladses nicht mehr als chaotische Steinaufhäufungen.

Ein Lhato symbolisiert in Kombination mit einem Pfahl, dem Weltbaum des Schamanismus bzw. der alttibetischen Mythologie, die Achse des Kosmos mit seinen Bereichen Erde, Luftraum und Himmel. Rotgestrichene Lhatos sind Sitz zorniger Gottheiten und haben die Aufgabe, unheilbringende Dämonen fernzuhalten; weißgestrichene Lhatos beherbergen hingegen wohlwollende Geister.

Dagegen gelten Ladses als Sitz der Bezirksgeister und des Windpferdgeistes sowie als Ort übernatürlicher Offenbarungen an die Ahnen. Lhatos und Ladses sind mit Gebetsfahnen, Geisterfallen, Votivtafeln, Tiergehörnen, Tierschädeln (insbesondere Steinbock) sowie Schaf- und Ziegenschulterblättern (alte Orakelgegenstände) versehen, die zusätzliche Abwehr gegen Dämonen gewähren sollen.

Lhatos und Ladses sind über das gesamte Land verstreut, man findet sie besonders häufig auf Paßhöhen, in Schluchten, an Wegkreuzungen und auf Berggipfeln. Aus vorbuddhistischer Zeit stammt auch die volkstümliche Dämonenabwehr mittels Geisterfallen – Typus Fadenkreuz –, die sehr unterschiedliche Größe annehmen können. Zur Abwehr von Dämonen sind vor Kloster- und Hauseingängen und auf Dächern Puppen, ausgestopfte Tiere, Gehörne, Schädeldecken von Widdern, mit Yakhaar umwickelte Pfeile und Stoffzylinder auf Holzgerüsten sowie Dreizacke angebracht.

Eine große Rolle spielen im Volksglauben Amulette, die als Schutz und Glücksbringer dienen. Solche Kraft erwartet man z. B. von Haaren, Nägeln, Asche etc. verstorbener heiliger Personen und trägt solches in Amulettkästchen/Gahu um die Schulter gebunden mit sich. Andere Amulette sind um den Hals geschlungene dünne Seidenbänder/Sungdü und mit fünffarbigen Fäden verschnürte Papieramulette/Sungkhor, auf denen heilige Sprüche stehen. Letztere gelten als ausgesprochene Glücksbringer. In diesem Ruf sind auch Türkise, Korallen und Achate mit weißen Linien. Fromme Laien versprechen sich insbesondere durch stundenlanges, stereotypes Aufsagen von Mantras eine außerordentliche Heilswirkung. Diesen Zweck sollen auch die von Wasser, Luft oder der eigenen Hand getriebenen Gebetsmühlen erfüllen.

Schulen im lamaistischen Buddhismus

Im Laufe der Jahrhunderte entstanden eine Reihe von Schulen/Orden und Sekten, die v. a. auf die unterschiedliche Auslegung der *Tantra-* und *Yogasysteme* zurückzuführen sind. Gegensätze bestehen auch hinsichtlich der Ordensregeln, der Einhaltung des Zölibats, der Wertschätzung von Yoga, magischen und okkulten Praktiken und Dogmatik. Ganz grob lassen sich die beiden Hauptsekten der *Rotmützen (Kargyüpa)* und *Gelbmützen (Gelugpa)* unterscheiden.

Die *Kargyüpa*-Schule geht auf den Laien-Guru *Marpa* zurück (1012–1097), dessen Schüler *Milarepa* noch berühmter als der Gründer ist. Besonderes Gewicht wird auf Yoga und Meditation gelegt, während Dogmatik, Logik und Debattierkunst fast ohne Bedeutung sind.

Die Mönche der Kargyüpa dürfen heiraten, da die Ehe nicht als Hindernis auf dem Weg zur Heiligkeit/Erlösung angesehen wird. In ihren Klöstern wird Disziplin relativ klein geschrieben.

In Ladakh und Zanskar gehören folgende Klöster zur Kargyüpa-Schule:

1. *Drukpa-Kargyüpa:* Hemis, Chemre, Hanle und Zweigklöster;
2. *Lho Drukpa:* Stakna und Zweigklöster in Zanskar (Bardan, Dzonghul, Sani und Stagrimo);
3. *Drigung Kargyüpa:* Lamayuru, Phiyang, Wanla und Zweigklöster;
4. *Karma Kargyüpa:* Karma Dupghud Chösling Gompa, Choglamsar.

Die *Gelugpa*-Schule wurde im 14. Jh. von dem tibetischen Mönchsgelehrten *Tsongkhapa* (1357–1419) als Reaktion auf den Verfall der Ordensdisziplin gegründet. Da ihre Mönche im Gegensatz zu den roten Mützen der Kargyüpa gelbe Mützen tragen, erhielt die Gelugpa-Schule den Namen »Gelbmützen«.

Die Gelugpa-Schule geht einen »Mittleren Weg« zwischen Weisheit und Praxis. In ihren Klöstern herrscht strenge Disziplin und Zölibat. Der Nachfolger Tsonkhapas wurde zum *Dalai Lama*, dem religiösen und politischen Führer der Gelugpas und zugleich Gottkönig von Tibet, das seit dem 14. Jh. von den Gelugpas beherrscht wird, da es ihnen gelang, die anderen Schulen »herauszudrängen«.

Der Dalai Lama wird als Inkarnation des Transzendenten *Bodhisattvas Avalokiteshvara* angesehen. Er ist jedoch keineswegs die einzige religiöse Führungsfigur, die als Inkarnation einer transzendenten Wesenheit angesehen wird. Die besondere Schwierigkeit, daß die Gelugpa-Führer zölibatär leben und daher der Dalai Lama seinen Rang nicht an einen Sohn vererben kann, wurde im 15. Jh. durch die Einführung der khubilganischen Erbfolge überwunden. Der gegenwärtige Dalai Lama (14. der Gottkönige; 1935 geboren) floh 1959 nach der Annektion Tibets durch die VR China nach Dharamsala in Indien, wo er seither im Exil lebt.

In Ladakh gehören folgende Klöster zur Gelugpa-Schule:

1. *Spituk* mit den Nebenklöstern *Sankar, Stok* und *Sabu;*
2. *Tikse, Likir* mit verschiedenen Nebenklöstern in Ladakh und Zanskar sowie *Rizong.*

Neben all den Differenzen gibt es aber auch eine ganze Reihe von Gemeinsamkeiten unter den lamaistischen Schulen. So ist für alle der Kanon *Kanjur* verbindlich, das Wort des Meisters, 108 Bände, die als Lehre des historischen Buddha *Shakyamuni* angesehen werden.

Ein zweites Werk mit sektenübergreifender Wirkung ist der halbkanonische *Tanjur*, zu dem die Übersetzung großer buddhistischer indischer Philosophen, umfangreiche Tantrakommentare und Texte zur Mathematik, Heilkunde, Astrologie, Astronomie etc. gehören. Man kann diese Werke in den meisten ladakhischen Klöstern finden.

Lamaistische Gottheiten – eine phantastische Welt

Das Konglomerat aus Bönkult und Mahayana-Buddhismus hat eine bunte Phantasiewelt aus zahlreichen Geistern, Dämonen, göttlichen und halbgöttlichen Wesen hervorgebracht, die die Menschen entweder im irdischen Leben bedrohen oder ihnen bei der Erlösung aus dem Kreislauf der Wiedergeburt (dem urbuddhistischen Traum) behilflich sind (Bodhisattvas, Buddhas). Über 500 solcher Wesen soll es geben. Daher ist es nicht ganz leicht, sich in der Welt der lamaistischen Ikonographie (wissenschaftliche Bestimmung der Darstellung der Gottheiten) zurechtzufinden.

Wenn man vereinfacht, lassen sich die Gottheiten und übernatürlichen Wesen in die folgenden 7 Gruppen einteilen: Buddhas, Yidams, Bodhisattvas, weibliche Gottheiten, Dharmapalas, mindere Gottheiten und Heilige.

Buddhas

Von den Anhängern fast aller lamaistischen Richtungen wird der *Adi* (der erste) *Buddha* (der Erleuchtete) verehrt, der so etwas wie den Vater aller Buddhas symbolisiert, ein von Ewigkeit her bestehendes Wesen, ohne Form und ohne Grenzen. In den abstraktesten Darstellungen ist er als Flamme, die aus einer Lotosblüte aufleuchtet, dargestellt. So findet man ihn über dem Sonne-Mond-Symbol der Chörten.

In den beiden großen lamaistischen Schulen der Rot- und Gelbmützen nimmt er auch konkrete Gestalt in *Vajradhara* an.

Vom Adi Buddha stammen die fünf mystischen *Dhyani Buddhas* ab. Sie bestehen jeweils aus Familiengruppen, von denen jede eine bestimmte Himmelsrichtung besetzt hält. Sie werden auch als Verkörperung der fünf Sinnesorgane, sowie der ursprünglichen Farben und Elemente verehrt.

Nach Auffassung der lamaistischen Buddhisten erscheinen zu bestimmten Zeiten erleuchtete Wesen/Buddhas auf der Erde, um die Lehre zu verkünden. Als bisher letzter erschien vor 2.536 Jahren der Prinz *Siddharta* oder historische Buddha, der in *Lumbini* in Nepal geboren und in *Bodh Gaya* erleuchtet wurde.

Der Erleuchtete, der auch *Shakyamuni* genannt wird, wird oft als auf dem Thron einer doppelten Lotusblume Sitzender dargestellt. Er trägt Mönchs-

Adi Buddha Vajradhara

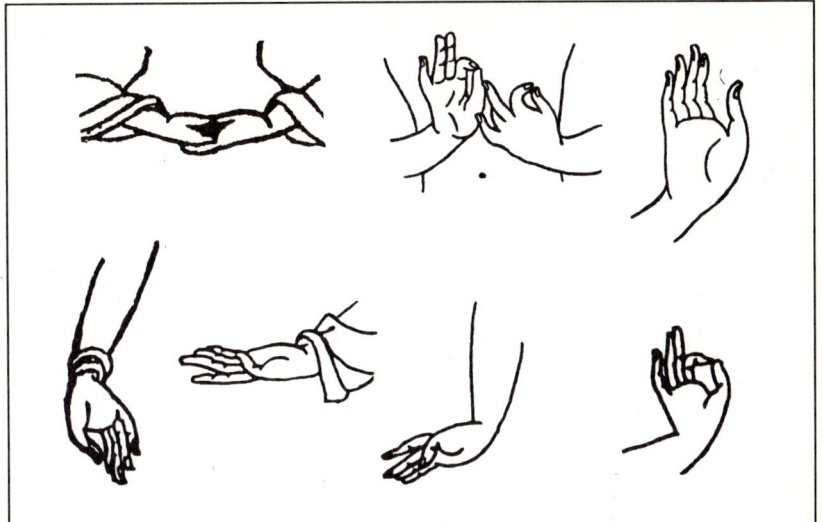

Symbolische Handhaltungen (Mudras)

kleidung, sein Körper ist gelb, sein Haar blau. In der linken Hand hält er eine Bettelschale, wodurch Leben ohne materiellen Reichtum symbolisiert wird. Die rechte Hand ist in der *Bhumisparsa Mudra* ausgestreckt, jener Geste, die dazu dient, im Augenblick der Erleuchtung den teuflischen Dämon *Mara* abzuwehren.

Häufig wird Buddha-Shakyamuni zusammen mit seinen Hauptschülern *Madgalyana* und *Shariputra* gezeigt. Ebenfalls sehr beliebt ist in Ladakhs Klöstern jene Szene, die Shakyamuni im Kreis der 16 *Arhats* zeigt. Weiter wird Shakyamuni-Buddha vielfach zusammen mit den sieben *Medizinbuddhas* gemalt, die mit ihren übermenschlichen Kräften die Menschen vor Krankheit schützen bzw. ihnen bei Krankheit helfen. Sie sind in Mönchsroben gekleidet und halten außer der Bettelschale auch einen Zweig *Myrobalan*, der ihre heilenden Kräfte verkörpert, in den Händen. Schließlich findet man Shakyamuni auch im Kreis der 35 *Buddhas des Bekennens* abgebildet, die von Schuld reinigen können, wenn man ihre Namen in der richtigen Einstellung aufruft.

Yidams

Yidams sind Erscheinungsformen von Buddhas, die die *Tantras*, die spiritualistischen Lehren des Buddhismus, sichern. Mönche oder Laien bitten sie um spirituelle Hilfe, wenn sie meditieren.

Soweit die Yidams in ihren friedvollen Manifestationen auftreten, sieht man sie mit dem Rad der Lehre, dem Lotus oder Juwel, dagegen halten sie in ihrer zornigen Manifestation den Donnerkeil, das Hackmesser und die Schädelschale in den Händen.

Zu den populärsten Yidams gehören *Hevajra*, eine der wichtigsten Schutzgottheiten der Sakyapa-Schule, *Kalacakra*, der die tantristische Mystik verkörpert, und *Yamantaka* in seinen verschiedenen Manifestationen.

Bodhisattva Avalokiteshvara

Mantra OM Mani Padme Hum

Bodhisattvas

Im Lamaismus Tibets und Ladakhs werden acht *Bodhisattvas* besonders verehrt. Bei weitem am bedeutendsten von ihnen scheint *Avalokiteshvara* (der Herr, der gnädig herabblickt) zu sein, den man u. a. auch *Padmapani* (der den Lotos in der Hand hält) und *Lokeshvara* (Herr der Welt) nennt. Ihm wird grenzenloses Mitleid zugeschrieben. Er soll bis in die tiefste Hölle hinuntersteigen, um Lebewesen vor Leid zu bewahren. Die Hilfesuchenden rufen ihn mit dem berühmten *Mantra* »Om mani padme hum – Om, Juwel im Lotus! Hum« – an. Diese Formel murmeln die Ladakhi beim Drehen der Gebetsmühlen, wenn sie sich in großer persönlicher Not befinden oder wenn sie in der Todesstunde eines mitleidvollen Bodhisattvas zur Verminderung ihres *Karmas* (Summe der Verfehlungen) bedürfen.

»Die Gestaltenvielfalt, in der Avalokiteshvara Hilfe leistet, ist unerschöpflich. Er kann als Toter erscheinen, um in dem Betrachter die Einsicht der Vergänglichkeit zu wecken, er kann zur Hetäre werden, um Männer mit dem Haken der Begierde anzulocken und auf den Weg der Erkenntnis zu bringen, er kann als Dorfbewohner, Karawanenführer, Priester, Minister und Hauptminister auftreten und ist auch der Dalai Lama, das geistlich-weltliche Oberhaupt Tibets. Manchmal geschieht es, daß Avalokiteshvara sich die Gestalt von Göttern anderer Religionen beilegt, um auch Nicht-Buddhisten Erlösungsassistenz zu gewähren.«[1]

Von ihm sind über 130 Erscheinungsformen bekannt. Auf verschiedenen Darstellungen trägt er im Haarknoten ein kleines Abbild des transzendenten Buddhas *Amitabha*. Auf anderen ist er anhand eines Gazellenfelles zu identifizieren.

Von den übrigen Bodhisattvas wären noch folgende zu erwähnen: *Manjushri*, der Unwissenheit zerstört; *Vajrapani*, der das Böse vernichtet; *Kritigarbha*, der den Lebewesen die Abgeltung ihres schlechten Karmas erträglicher macht, und *Mahasthamaprata*, der in den Menschen das Bedürfnis nach Erlösung wachsen läßt.

Padmasambhava

Weibliche Gottheiten

Bekannteste weibliche Gottheit ist *Tara* (verschiedene Formen), die das Symbol höchster Reinheit und mystische Partnerin des Avalokiteshvara ist.

Außer den verschiedenen Taras genießen in Ladakh auch die Göttinnen *Prajnaparamita*, Schutzpatronin der Weisheit, und *Sitatapatra* eine besondere Verehrung. Weitere weibliche göttliche Wesen sind unter den Namen *Saktis* und *Dakinis* bekannt.

Dharmapalas

Dharmapalas sind weltliche Bodhisattvas, die mit großer Unerbittlichkeit alle der lamaistischen Doktrin feindlichen Kräfte verfolgen. Entsprechend werden sie ausgesprochen furchterregend dargestellt (Attribute: Schädelschale, Hackmesser, Ritualtrommel, Dreizack, Seil und Kranz mit Totenköpfen). Hauptdharmapalas sind: *Yamantaka* (auch Yidam), *Hayagriva* (roter Schutzgott mit Pferdehals) und *Mahakala* (75 Formen).

Tilopa

Naropa

Marpa

Milarepa

Maitreya

Padmasambhava

Mindere Gottheiten
Zu diesem Kreis gehören die vier *Lokapalas,* die die vier Welten schützen. In der buddhistischen Kosmologie wird der Berg *Meru* als Zentrum der Welt angesehen. Dieser sei von einem riesigen Salzozean umgeben, in dem in jeder Himmelsrichtung vier Haupt- und zwei Nebenkontinente liegen; unsere Erde befindet sich im Süden. Die Lokapalas, die diese Kontinente zu sichern haben, sind im allgemeinen im Vorhof zur Versammlungshalle der Klöster abgebildet.

Dhrita-rashtra ist Wächter des Ostens (Symbol: Laute), *Virudhaka,* Wächter des Südens (blau, in der Hand ein Schwert), *Virupaksha,* Wächter des Westens (mit Chörten und Schlangen); *Vairasvana,* Wächter des Nordens (mit Manguste und Siegesbanner).

Heilige, Yogis, Tantriker
Zu ihnen gehören die bekannten lamaistischen Missionare und Yogis aus der Zeit vom 10.–14. Jh. wie *Padmasabmhava,* der den Buddhismus in Tibet durchsetzte. Diese Gruppe umfaßt auch viele bekannte Lamas der verschiedenen lamaistischen Schulen.

Einer gewissen Beliebtheit erfreuen sich auch die 85 *Mahasiddhas,* eine Gruppe indischer und tibetischer Yogis, denen dank besonderer übernatürlicher Kräfte Wundertätigkeit zugeschrieben wird.

Sie werden auf einem Antilopenfell sitzend abgebildet. Ihr langes Haar wird von einem Knoten zusammengehalten. Um Schulter und Knie ist eine Schnur geschlungen. Der Körper ist lediglich mit einem Hüfttuch bekleidet.

Meistverehrte Yogis sind die großen Tantriker *Tilopa, Naropa, Marpa* und *Milarepa* (10. und 11. Jh.)

Anmerkung
1 Schumann, H.W.: Buddhistische Bilderwelt. Ein ikonographisches Handbuch des Mahayana– und Tantrayana–Buddhismus, Köln 1986.

Lamaistische Kunst – Spiritualität in Farbe und Formen

Die traditionelle Kunst Ladakhs ist im wesentlichen die auf religiöse Zwecke ausgerichtete Kunst des Lamaismus. So ist *Malerei* die Anfertigung von *Fresken* für Gebetsräume und von *Thankas* (Rollgemälden) zur Unterstützung der Meditierenden.

Der Künstler bleibt anonym, seine Aufgabe ist durch die Vorschriften religiöser Schriften vorgegeben. Für die zu malenden Gottheiten sind vorgegeben: Farbe der Gottheit, Anzahl der Arme, Füße und Köpfe sowie die Symbole. Die Malerei ist eine religiöse Handlung, deren Beginn durch einen Astrologen festgelegt wird.

Lebensrad

Thankas

Ein Hauptzweig der buddhistischen Malerei sind die Thanka genannten länglichen Rollgemälde aus Leinen, die mit Brokat eingefaßt sind. Neben den zumeist gemalten Thankas gibt es aber auch gestickte oder aus Brokat- und Seidenstücken genähte Thankas.

Populäre Motive sind Begebenheiten aus dem Leben Buddhas, Yogis oder Schutzgottheiten in ihren zahlreichen schrecklichen oder auch nicht so schrecklichen Erscheinungsformen, oder magische Diagramme.

Man sieht die Thankas außer in den Gebetsräumen der Klöster auch in den Häusern hängen. Laien und Mönche benutzen Thankas mit bestimmten Motiven als spirituelles Hilfsmittel in der Meditation; Verstorbenen sollen bestimmte Thankas zu einer besseren Wiedergeburt verhelfen.

Das Lebensrad

An den Außenwänden ladakhischer Tempel sieht man meist neben dem Eingang eine Darstellung des *Rad des Werdens*, das den leidvollen Wiedergeburtenkreislauf *(Samsara)* versinnbildlicht, aus dem nach der Lehre aller buddhistischen Richtungen sich letztendlich alle Menschen zu befreien haben.

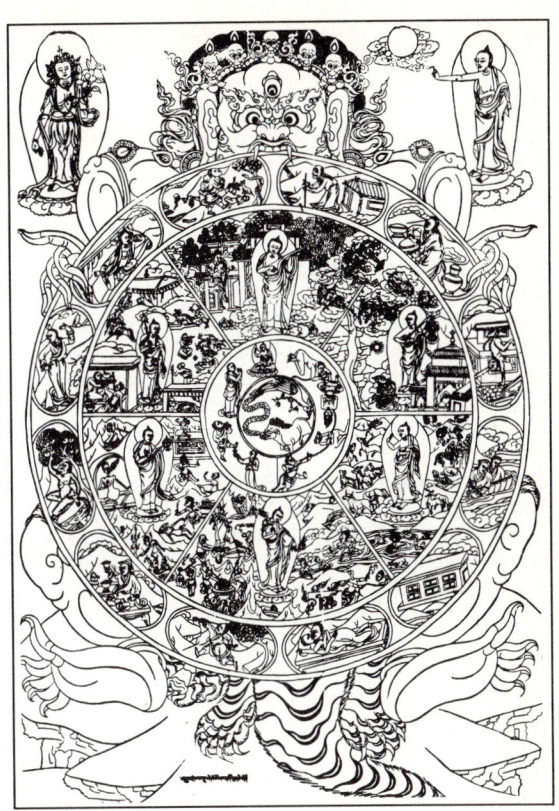

Lebensrad

Das Lebensrad befindet sich in den Krallen des furchterregenden Dämonen des Todes, *Mara*. Im Zentrum des Lebensrades zerren, durch Schwein, Schlange und Hahn symbolisiert, Begierde, Haß und Verblendung aneinander, die vernichtet werden müssen, um dem Kreislauf der Wiedergeburt zu entrinnen. In dem schmalen Kreis um den Innenkreis ist rechts dargestellt, daß die Bösen den karmischen Abstieg zu erwarten haben, links jene, die ihr *Dharma* einhalten, karmisch aufsteigen.

In dem nach außen anschließenden sehr breiten Ring sind jene sechs Reiche oder Welten wiedergegeben, in denen die Wesen je nach der Qualität ihrer Taten (*Karma*) wiedergeboren werden.

Sektor 1: Glückliche Welt der Götter, die aber noch nicht befreit sind. Der Bodhisattva Avalokiteshvara (mit Laute) sucht sie für diesen letzten Schritt zu gewinnen.

Sektor 2: Rangnächste Welt der Titanen. Avalokiteshvara, hier mit Schwert und Lederküraß ausgestattet, sucht Frieden zu stiften zwischen den Göttern und Titanen. Lediglich ein einzelner Titan schließt sich seiner Botschaft an.

Sektor 3: Welt der Tiere. Avalokiteshvara sucht ihnen aus dem Buch der Weisheit in seiner Linken die Heilslehre des Buddhas zu vermitteln.

Sektor 4: Hölle, teils Feuer-, teils Frosthölle. Diese darf verlassen werden, sobald das schlechte Karma sich erschöpft hat. Avalokiteshvara hilft den in der Frosthölle Leidenden durch eine Flamme.

Sektor 5: Gespensterreich, in das jene geraten sind, die in ihrer vorherigen Existenz habgierig, geizig oder gefräßig waren. Sie führen eine fürchterliche Existenz: Haardünne Hälse machen ihnen das Essen und Trinken zur Qual, ihnen wird durch brennende Böden der Schlaf verunmöglicht, jeder Teich und jeder Quell verwandelt sich in ihren Händen in flüssiges Feuer. Avalokiteshvara legt ihnen die Buddhalehre dar und reicht Wasser.

Sektor 6: Menschenreich, in dem Alter, Krankheit etc. für viel Leid sorgen. Dennoch gilt es als beste Ausgangsposition zur Befreiung. Avalokiteshvara tritt als Meditationsmönch mit Rasselstab und Almosentopf auf.

Der äußere Rand des Lebensrades gibt in 12 Szenen entscheidende Kräfte und Faktoren im menschlichen Leben wieder.

Szene 1: Eine blinde Greisin taumelt auf einen Abgrund zu. *Unwissenheit* ist dafür verantwortlich, daß die meisten Menschen dem Wiedergeburtskreislauf nicht entrinnen können.

Szene 2: Ein Töpfer stellt Schalen und Krüge her. Durch seine *Taten* häuft er Karma für die zukünftige Wiedergeburt an.

Szene 3: Ein Affe schwingt sich von Haus zu Haus. Von der Tatabsicht bestimmt, verschafft sich das *Bewußtsein* nach dem Tode des Lebewesens eine neuerliche Existenzform.

Szene 4: Zwei Männer in einem Boot; Symbol dafür, daß in der neuen Existenz Name und Körper untrennbar sind.

Szene 5: Ein Haus mit sechs Fenstern. Damit sind die *sechs Sinne* (Sehen, Hören, Riechen, Schmecken, Tasten und Denken) symbolisiert.

Szene 6: Ein Liebespaar; darin verkörpert sich *Gefühl* (emotionale Berührung).

Szene 7: Ein Pfeil trifft einen Mann ins Auge. Aus der Berührung kommt *Empfindung* – häufig schlechte.

Szene 8: Ein Mann hebt einen Becher Gerstenbier. Darin verkörpert sich *Gier* oder Durst, die zum Verharren im Kreislauf der Wiedergeburten zwingt.

Szene 9: Eine Äffin pflückt Früchte – Versinnbildlichung des *Ergreifens* einer neuen Existenzform.

Szene 10: Eine Frau lockt mit ihrem Geschlecht; darin drückt sich das *Werden* des neuen Wiedergeburtswesen aus.

Szene 11: Gebärende Frau symbolisiert die *Geburt* in eine neue Daseinsform.

Szene 12: Eine Leiche wird zum Leichenplatz gebracht; damit ist *Alter und Tod* gemeint.

Klöster als Zentren des religiösen Lebens

Mittelpunkt des religiösen Lebens im buddhistischen Ladakh bilden die Klöster, deren Mönche in allen wichtigen Lebensabschnitten und im Alltag der landwirtschaftlichen Produktion durch ihre Rituale und Zeremonien die Götter, Dämonen und andere überirdische Kräfte gewogen halten.

Wenn man die ärmlichen Verhältnisse in den Dörfern betrachtet, stellt man sich unwillkürlich die Frage, wie und aus welchen Einkommensquellen dieses reiche Klosterwesen entstehen konnte. Das Rätsel löst sich, sobald man weiß, daß sich die Klöster seit ihrer Gründung einen großen Teil des agrarischen Mehrprodukts dieser kargen Bergregion aneigneten und dies auch heute noch tun.

Die Klöster wurden von den ladakhischen Königen und Grundherren bei ihrer Gründung als kleine Stiftungen mit Ackerland und Frondörfern bedacht. Im Laufe der Jahre ist dieser Besitz durch die erbrechtliche Regelung, daß der Grundbesitz von Familien ohne männliche Erben an die Klöster fällt, ständig gewachsen.

Die Klosterländereien werden von den Bauern der umliegenden Dörfer bewirtschaftet. Für ihren Besitztitel kassieren die Klöster – örtlich unterschiedlich – ein Viertel bis Drittel der Ernte als Grundrente. Außer durch die Grundrente beuten die Klöster die Bauern noch durch ihre rituellen »Tätigkeiten« aus, für die sie dank der Gläubigkeit der Bauern reichlich Spenden erhalten.

Zwischen den Klöstern und den ehemaligen Adelsclans und großen Landbesitzern bestehen nicht nur deshalb enge Beziehungen, weil die Notabeln Hausheiligtümer in den Gompas unterhalten, sondern auch, weil die Priesterschaft durch ihre ideologische Macht über die bäuerliche Unterschicht ein wichtiger Verbündeter bei der Absicherung der Privilegien der ladakhischen Oberschicht ist.

Interne Ungleichheit: Klosterhierarchie

Die lamaistischen Klöster sind hierarchisch organisiert. An ihrer Spitze steht ein inkarnierter Abt *(Kusho)* auf Lebenszeit oder ein auf mehrere Jahre gewählter nichtinkarnierter Abt *(Khanpo)*. Aufgrund des großen Landbesitzes der Hauptklöster und der noch ungebrochenen geistigen Macht des Buddhismus in Ladakh üben die Äbte der großen Klöster einen beträchtlichen Einfluß aus.

Mönch im Kloster Sankar bei Leh

121

Zu der kleinen Clique, die die Klöster dominieren, gehört auch der *Chakhdzod*, der für die Organisation der Kloster-Ländereien und Besitztümer zuständig ist. In seinen Bereich fällt das Eintreiben des ausbeuterischen Pachtzinses, den die Bauern der Klosterländereien an die Gompas entrichten müssen. Zu den Autoritätspersonen zählen schließlich die Zeremonienmeister. Für Disziplin und Ordnung sorgt der *Cho-chimpa*. Die Mehrheit der Mönche ist ungebildet und einflußlos und geht einer praktischen Tätigkeit nach.

Herkunft und Ausbildung der Mönche

Von vielen ladakhischen Familien wird auch heute noch der jüngste Sohn ins Kloster geschickt. Es besteht jedoch die Einschränkung, daß Kinder aus sogenannten »unreinen« Familien (z.B. von Schmieden, Metzgern, Bettelmusikanten etc.) nicht erwünscht sind.

Der Eintritt ins Kloster erfolgt bereits im (unmündigen!) Alter von 6 Jahren. Der Mönchsschüler bekommt einen Lehrer zugeteilt, der ihn die tibetische Sprache und die heiligen Schriften lehrt und ihm beibringt, die religiösen Instrumente zu spielen und den Opferkuchen zu formen. Er lebt im Hause seines Lehrers und reinigt dessen Wohnung, kocht und macht Tee für ihn. Nach zwei Jahren werden die Mönchsschüler zum *Getsül/Novizen* befördert. Sie sind nun Träger niederer Weihen. Der neue Status manifestiert sich darin, daß sie nun in rote Ordensroben gekleidet sind.

Frühestens mit 20 Jahren können sie die Weihen zum vollordinierten *Gelong/Mönch* erhalten. Voraussetzung ist die Absolvierung von 253 Gelübden sowie die Ablegung einer besonderen Mönchsbeichte. Die meisten Gelongs können nicht oder nur wenig lesen. Diese Gruppe übt praktische Berufe aus, wie Koch, Lagerverwalter, Händler etc. Außschließlich die kleine Schicht der Mönchsintelligenz besucht nach der Ordinierung noch die Schule für buddhistische Philosophie in *Choglamsar* (bei Leh) oder die Universität *Sarnath* (bei Varanasi). Bis zur Schließung der tibetischen Grenze 1959 war *Lhasa/Tibet* der wichtigste Studienort der ladakhischen Mönche.

Von den verschiedenen Titeln, die erworben werden können, stellt der *Lama* die unterste Kategorie dar. Als höchster Grad wird der Titel des *Geshe* oder *Lharampa* vergeben, der vielleicht unserem Doktor der Theologie entspricht. Während die interne Ausbildung zumindest für die ärmeren Schichten von den Klöstern finanziert wird, müssen die Kosten für die externe Weiterbildung von jedem selbst getragen werden.

Liturgie und Riten

Ein zentraler Moment im Klosteralltag sind die regelmäßig abgehaltenen umfangreichen liturgischen Veranstaltungen, die nach einem genau vorgeschriebenen komplizierten Ritual ablaufen.

Ganz grob lassen sich die zahlreichen Rituale in zwei große Gruppen einteilen: Die Riten für friedvolle *(Zhi)* Wesenheiten und die Riten für zornerfüllte *(Dragpo)* Gottheiten.

Ein wichtiger Bestandteil lamaistischer Liturgie sind von symbolischen *Mudras/Gesten*, Musik und allerlei Ritualgeräte untermalte Rezitationen aus den heiligen Schriften.

Hauptritualgeräte sind: Das Diamantzepter *(Dorzhe)*, die Glocke *(Drilbu)*, das Weihwassergefäß *(Bumpa)*, der Gebetskranz *(Thengpa)* und die Pfauenfedern *(Mayurapicca)*. Davon unterscheiden sich die Instrumente, die gegenüber Schreckensgottheiten verwendet werden: So Schädelschale *(Kapala)*, Hackmesser *(Kartrika)* und Ritualdolch *(Kila)*.

Opfergaben

Das Erscheinungsbild der buddhistischen Liturgie ist aufgrund der Vielzahl von Opferschalen und Gaben verwirrend, dennoch bestehen Regeln für Schalen und Gaben je nach Sekte, Tantraklasse, Götter- und Dämonengruppe, je nach Zweck gibt es unterschiedliche Anweisungen.

Allgemeine Opfergabe sind: Milch, Butter, Getreide, Zucker, Heilkräuter, Samen, Blumen, Duftstoffe und Wasser. Bei Schreckensgottheiten wird hingegen Fleisch, Blut, Wein, Bier oder die »fünf Ambrosien« Kot, Urin, Sperma, Blut und Fleischsaft, vielfach durch Substitute vertreten, als Opfer angeboten.

Bei Riten mit friedvollem Gehalt sind die Opferkuchen bauchig und weiß, bei Riten, die auf Gedeihen und Überfluß zielen, sind sie juwelenförmig und gelb, bei Unterwerfungsriten sind sie rot.

Musikinstrumente

Die Art der jeweils eingesetzten Musikinstrumente variiert ebenfalls mit der Art der Zeremonie. Bei Ritualen für zornige Gottheiten schlägt man z. B. die Becken horizontal und kräftig, während dies bei Ritualen für friedvolle Gottheiten vertikal und behutsam zu geschehen hat. Große Rahmentrommeln und Becken werden lediglich zur Begleitung von Textrezitation und liturgischem Gesang eingesetzt.

Schlaginstrumente: Große Rahmentrommel *(Na* oder *Chö Na)* mit zwei Trommelfellen; kleine Handtrommel mit Schlagkugeln und Schallkörper, manchmal aus Hirn- und Schädelschalen (aus vorbuddhistischer Zeit); drei Arten von Zimbeln oder Bronzebecken.

Blasinstrumente: Schnecken *(Dun)*, besonders verbreitet: Das rechtsdrehende weiße Muschelhorn *(Dunkar)*; kurze Hörner *(Kanglin)*, zumeist aus menschlichen oder tierischen Oberschenkelknochen; lange Hörner *(Ragdun;* mehrere Meter lang)*; Schallmeien *(Gyaglin)* aus Holz; Schalltrichter aus Kupfer oder Silber; Flöten und kurze Trompeten.

Architektur, Inneneinrichtung, Kultgegenstände

Die Lage und Anlage der Klöster wird von der Topographie bestimmt, die große Unterschiede aufweisen kann. Man findet sie auf Inselbergen im Tal, auf Felsausläufern am Rande der Täler, sowie am oberen Ende terrassierter Felder – aber auf jeden Fall immer hoch über Dörfern und Feldern. Ihr Erscheinungsbild erinnert stark an mittelalterliche Ritterburgen in Europa. Sie sind nach einem relativ einheitlichen Schema angelegt, das durch topographische Besonderheiten und die Zugehörigkeit zu unterschiedlichen lamaistischen Orden jedoch modifiziert wird.

Im Zentrum des Klosters, der Gompa, stehen im allgemeinen die beiden großen Versammlungsräume *Dukhang* und *Lhakhang*, zu denen je nach Reichtum und Größe des Klosters noch mehr oder weniger viele kleinere Räume/ Bauten hinzukommen.

Der *Dukhang* (Dus-Khang = Versammlungsraum) oder *Dukhang Chenmo* (Duskhang chen-mo = große Versammlungshalle) ist jene Halle, in der sich die Mönche täglich zu allgemeinen Zeremonien und Butterteemahlzeiten versammeln. Bauhistorisch ist er auf die altindischen buddhistischen Klöster *(Vihara)* zurückzuführen.

Der Dukhang verfügt über einen Vorraum, an dessen Eingangstür die Wächter der vier Himmelsrichtungen abgebildet sind, die den Raum vor Dämonen und bösen Geistern schützen sollen. Auf der linken Wand sieht man häufig das Lebensrad, während auf der rechten Seite die sechs Symbole des langen Lebens – alter Chinese, Reh, Vogel, Felsen, Baum und Wasser – abgebildet werden.

Der Dukhang ist ein Saal, den acht bis sechzehn Säulen in einen Haupt- oder Mittelteil und zwei Nebenteile gliedern. Im Zentrum des Raumes befinden sich mehrere Sitzreihen für die sich versammelnden Mönche. Davor stehen in der Regel mehrere kleine Holztische, auf denen Teetassen und Tsampaschalen, Ritualgeräte (Glocken, Donnerkeile, Handtrommeln) und Schriftblätter abgestellt sind. Kultischer Mittelpunkt des Dukhang ist der Altarplatz vor der dem Eingang gegenüberliegenden Wandseite, der aus verschiedenen Altartischen besteht, auf denen sich Standbilder, Chörten und Zeremonialgerät (Glocken, Donnerkeile, Handtrommeln) befinden.

Die Wände des Dukhang sind mit Buddhas, Bodhisattvas, Heiligen, Gelehrten usw. bemalt. Die Themen ergeben sich aus der jeweiligen Schulzugehörigkeit des Klosters. An den Seitenwänden befinden sich auch häufig Bücherregale für die Manuskriptpakete des lamaistischen Kanons (Kanjur und Tanjur).

In den Versammlungshallen der größeren ladakhischen Gelbmützen- und reformierten Rotmützen-Klöster wird durch einen erhöhten Thronsitz die imaginäre Gegenwart eines inkarnierten Abtes oder Sektenoberen symbolisiert, wie z.B. des *Dalai Lama* bei den *Gelugpa* oder des *Dharmaraja* bzw. *Dukchen Rinpoche* bei den *Drukpa Kargyüpa*. Diese Versammlungshallen werden dann auch *Chokhang* oder *Tsogskhang* oder auch *Chökhang/Dharmahalle* – abgeleitet von Cho oder Chö = Religion oder Gesetz (Dharma) oder von Tsoshing (Stammbaum, Hierarchie der Schule/Sekte) – genannt.

Als weitere Besonderheit ist in den großen Gelugpa-Klöstern ein kleiner *Tsangkhang/Figurenraum* von der Versammlungshalle abgetrennt, in dem sich die Standbilder der von dieser Schule des tibetischen Buddhismus besonders verehrten Wesen befinden. Bei der Verehrung dieser Standbilder nehmen die Gläubigen zugleich eine Rechtsumwandlung des Dalai Lama vor.

Ausdruck der Klosterhierarchie ist der *Simchung* (Zim-chung = Abtsresidenz), der Sitz des Abtes im ersten Obergeschoß des Dukhang oder Chokhang. Dieser besteht aus Vorraum, Hauptraum und Privatzelle. Im Hauptraum befinden sich Sammlungen von Thankas und Bronzen als Teil des Klosterschatzes.

Vor der Versammlungshalle ist gewöhnlich ein Klosterhof angelegt, der primär als Festspielplatz für die alljährlich stattfindenden *Chammysterien* fungiert, deren Gegenstand die Darstellung des Sieges der Buddhisten über die Bönreligion ist. Um den zahlreichen Zuschauern Platz zu bieten, ist der Klosterhof von umlaufenden Zuschauerrampen (mitunter zweistöckig) umgeben. An den Galeriewänden sieht man häufig die Gruppe der 84 altindischen *Mahasiddhas* abgebildet.

Jedes Kloster besitzt zumindest auch einen *Lakhang* (Lha-khang = Gotteshaus, Tempel), ein als Tempel fungierender Raum oder Bau, in dem gebetet wird und der der Verehrung friedvoller Wesen wie Bodhisattvas, Schutzgottheiten, hierarchischen Inkarnationen, Sektengründern oder der Beschäftigung mit Lehrschriften (z. B. Kanjur-Lhakhang), tantrischen Mandalas etc. dient. Im Lhakhang befindet sich in der Regel das Standbild des im jeweiligen Kloster besonders verehrten Wesens sowie verschiedene andere Statuen. An den Wänden sind Malereien angebracht.

In einigen Klöstern findet man ein Stück abseits der Hauptgebäude auch den *Labrang* (Abtshaus), in den sich der Abt zur Meditation zurückzieht.

Zum Kloster gehört ansonsten noch der *Gonkhang* (Schutzgott-Tempel; von Gonpo oder Gönpo = Schützer), in dem sich das Standbild der zornvollen Erscheinungsform jener Schutzgottheit befindet, die das Kloster vor Dämonen, Feinden der Religion, Naturkatastrophen und Epidemien bewahren soll. Das mit Tüchern verhängte Standbild wird lediglich an wenigen Festtagen von seiner Verkleidung befreit. Dieser durch seinen dunkelroten Anstrich leicht identifizierbare Bau ist an keinen festen Ort gebunden. Er kann inmitten der anderen Bauten oder hoch oben weit über dem Klosterkomplex oder auch deutlich abseits von den Klosterbauten liegen. Unterhalb der religiösen Zwecken dienenden Bauten sind über den Hang verstreut die Behausungen der Mönche (meist zweigeschossige kubische Bauten) angelegt. Im Gegensatz zu den Zelltrakten der christlichen Klöster Europas besitzt hier jeder Mönch sein eigenes Haus.

Im Bereich des Klosters selbst oder in seiner unmittelbaren Umgebung oder an den Wegen zum Kloster stehen *Chörten* (Behälter für Reliquien und heilige Schriften, persönliche Gebrauchsgegenstände großer Heiliger und Lamas, vielfältige Votivgaben wie Buddha-Bildnisse, Statuen, Edelmetallgegenstände, Schmuck, Votivtäfelchen aus Tsa-Tsa/Ton, kleine Zauberkügelchen mit der Asche von wundertätigen Pheldung Rilbu/Heiligen; ein Stück Lebensholz, bestehend aus einem mit Dharanis/Bannsilben beschriebenen rotgefärbten Stab aus Wacholderbaum- oder Sandelholz. Diese findet man auch an Pilgerwegen, bei Einsiedeleien und in der Nähe von Meditationshöhlen. Sie enthalten Asche von verstorbenen Lamas oder Heiligen. Die Asche wurde mit Lehm vermischt und zu kleinen Figuren geformt. Die Grundform ist der *Chang-chub* oder Chörten der Erleuchtung. Auf einer getreppten Unterzone ruht der kubische Banrim/Unterbau, der das schwere Element Erde symbolisiert, das dem *Dhyanibuddha* des Südens, *Ratnasambhava*, zugeordnet ist. Zwischen dem Unterbau und dem Mittelbau besitzen die meisten Chörten weitere vier Stufen. Der gewölbte *Bumpa/Mittelteil* ist Verkörperung des Urozeans und der Allgegenwart des Ur- oder *Adibuddhas*. Das Element Wasser versinnbildlicht zugleich auch den *Dhyanibuddha* des Ostens, *Akshobhya* oder *Vairocana*. Im Sockel oder Mittelteil können Steinkisten oder andere Behälter für die Reliquien eingefügt sein.

Der Chörten besitzt eine Spitze aus 7 bis 13 Ringen, die verschiedene Erleuchtungsstufen ausdrücken. Auf der Spitze ist ein kleiner Schirm angebracht, der vor Übel schützen soll. Er verkörpert das Element Luft und den Dhyanibuddha des Nordens, *Amoghasiddi*.

Gekrönt wird der Chörten durch die ungezüngelte *Nadaflamme*, die höchste Erkenntnis und Abschluß des Yogaweges (Befreiung) symbolisiert. Der Bindu ist von einem nach oben gerichteten Metallkranz umgeben.

Vom Konstruktionsschema unterscheidet man acht klassische Chörten, die die wichtigen Stadien im Leben des historischen Buddha symbolisieren:

1. *Tashi Gomang* oder *Kutam-Chörten:* Erinnerung an die Geburt Buddhas (Prinz Siddharta) im Hain von Lumbini.
2. *Lhabab-Chörten:* Mit der Himmelsleiter ist Buddha als großer Lehrer im Reich der Götter zu Besuch.
3. *Namgyal-Chörten:* Versinnbildlicht Buddhas langes Leben.
4. *Chothul-Chörten:* Buddha leistet dem teuflischen Dämon Mara vor seiner Erleuchtung erfolgreich Widerstand.
5. *Dütül-* oder *Yendum-Chörten:* Symbol des endgültigen Sieges über den Versucher Mara.
6. *Chang-chub-Chörten:* Erinnerung an die Erleuchtung Buddhas.
7. *Padfung-Chörten:* Zu Ehren der ersten Predigt Buddhas in Sarnath.
8. *Myangdas-Chörten:* Symbol für Buddhas Parinirwana.

An den Zugangswegen zu den Klöstern befinden sich mitunter bis zu 10 m breite und etwa 1,5 m hohe Steinwälle aus Bruchsteinen, die *Ledong* oder *Mani-Mauern* genannt werden. Ihre leicht dachförmige Oberfläche wird von den Mani-Steinen gebildet, das sind Steine, in die in tibetischer Schrift das

Manisteine

Mandala Chörten

bekannte Mantra des Bodhisattva Avalokiteshvara »OM Mani Padme HUM« oder verschiedene andere magisch-mystische Formeln (*Bijas* und *Mantras*) eingemeißelt sind. Diese Mauern werden von gläubigen Buddhisten im Uhrzeigersinn umwandert (Vorschrift: Rechte Körperhälte immer entlang der Mauer).

Dagegen sieht man den in Form einer dreigeschossigen Stufenpyramide angelegten *Latho* (Geisterfalle) nur selten in Klosternähe. Sie sind ein Erbe der vorbuddhistischen Zeit. Sie befinden sich bevorzugt an Eingängen zu Schluchten, Paßhöhen und Wegkreuzungen.

Gesellschaft des buddhistischen Ladakh

Soziale Ungleichheit

Die traditionelle Gesellschaft von Ladakh kannte dank des Buddhismus keine Kasten, sie kannte aber soziale Ungleichheit in Form sozialer Schichtung. Die herrschende und privilegierte Schicht (großer Landbesitz, hohes Sozialprestige, politische Macht) wurde und wird auch heute noch aus dem inzwischen abgesetzten Königshaus und seinen Verwandten, dem Adel und den Äbten der Klöster gebildet, die alle Grundrenten beziehen. Im mittleren Spektrum befinden sich die Beamten, Bauern, Händler und Mönche, wobei die Gruppe der Bauern sehr heterogen ist – zumal dazu sowohl kleine Bauern, die Klosterländereien gepachtet haben, wie Besitzer mittelgroßer Ländereien (5–10 ha) gehören.

Am unteren Ende der buddhistischen Gesellschaft von Ladakh stehen die *Mgar pa* (Eisenschmiede), *Mon* (Schreiner) und *Be da* (Musikanten), die von den drei oberen Schichten, den *Dmangs pal*, als unrein *(Rigs ngan)* angesehen werden und daher von ihnen fast so behandelt werden wie die Unberührbaren in der Hindugesellschaft.

»Dies zeigt sich beispielsweise darin, daß ein Dmangs pal nicht aus einem Gefäß ißt oder trinkt, aus dem zuvor ein Angehöriger der Rigs ngan-Schicht gegessen oder getrunken hat, daß ferner ein Gewöhnlicher keine von einem Niedrigen zubereitete Speise ißt. Auch schläft ein Gewöhnlicher nicht im gleichen Bett wie ein Niedriger, trägt nicht dessen Kleidung und schläft nicht mit einer Rigs ngan-Frau, auch wenn dies im geheimen vorkommen soll. Wenn die Niederen unter Leuten aus anderen Schichten weilen, müssen sie, von den anderen getrennt, auf niedrigen Kissen oder auf dem Boden Platz nehmen. Vor ihnen werden keine Tischchen aufgestellt, höchstens Bretter hingelegt. Rigs ngan ist auch der Eintritt ins Kloster verwehrt.«[1]

Auch unter den *Rigs ngan* besteht eine Hierarchie mit verschiedenen Tabus. Die oben stehenden *Mgar ba* grenzen sich deutlich von den beiden anderen ab. Die Ärmsten der Armen der buddhistischen Gesellschaft von Ladakh sind die *Be da*, die im Gegensatz zu den *Mon* kein eigenes Land besitzen und von der Dorfgemeinschaft ausgegrenzt in Zelten am Dorfrand leben.

Es gibt verschiedene Ansichten unter Ethnologen und Sozialwissenschaftlern über die Gründe für die niedrige Stellung der Rigs ngan. Am einleuchtendsten ist die Hypothese, daß die *Mgar pa* von den tibetischen Ladakhi unterworfene »Ureinwohner« sind und es sich bei den *Be da* um eine erst spät aus Lahaul eingewanderte Gruppe handelt, der es nicht gelang, an dem bescheidenen Agrarpotential Ladakhs zu partizipieren.

Während früher die Mitglieder der niedersten Schicht nur ganz bestimmte Berufe ausüben konnten, gibt es heute unter ihnen immer mehr Personen, die anderen Berufstätigkeiten nachgehen. So findet man von den traditionell als Schreiner tätigen Mon einzelne als Taxifahrer, Hirten oder in der Verwaltung beschäftigt.

Aufsteiger aus der Schicht der Unreinen haben es sehr schwer. Sie können zwar ihren ökonomischen Status verbessern, werden aber in den anderen Belangen (Feste, Dorfpolitik) weiterhin als Unterprivilegierte behandelt.

Familienstruktur

Im buddhistischen Ladakh ist wie in den anderen Himalayaregionen die Familie nach wie vor die Keimzelle der Gesellschaft und die einzige Institution, der man sich verpflichtet fühlt (Loyalität). Dagegen ist der Staat ein Abstraktum, daß weit weg ist und für das man sich nicht einzusetzen vermag.

Untersuchungen ergaben für die 70er Jahre, daß ein Drittel der ladakhischen Haushalte aus Kernfamilien (Eltern und noch nicht erwachsene Kinder), etwas über die Hälfte aus erweiterten Kernfamilien und nur eine sehr kleine Zahl aus Großfamilien besteht.

Die überwältigende Mehrheit der Ehen sind heute monogam. Die früher weit verbreitete Polyandrie ist in der Region *Leh* im Gegensatz zu *Zanskar* weitgehend verschwunden.

Polyandrie bedeutet, daß eine Frau neben dem ältesten Sohn einer Familie zugleich noch bis zu zwei seiner Brüder mitheiratet. Darüber hinaus vorhandene Söhne wurden bis vor wenigen Jahren durchweg ins Kloster geschickt.

Heute ist dies angesichts der Tendenz zur monogamen Ehe und der Zunahme von Beschäftigungsmöglichkeiten außerhalb der Landwirtschaft nur noch teilweise der Fall.

Die Institution der Polyandrie war durchaus praktisch-rational begründet. Sie sicherte eine stabile, d. h. stagnierende Bevölkerungszahl und verhinderte die Zersplitterung des Familienbesitzes, was die Menschen in diesem Land mit extrem ungünstigen Naturbedingungen vor Hungerkatastrophen bewahrte.

Durch die Polyandrie bekamen die Frauen eine relativ starke Position in der buddhistischen ladakhischen Gesellschaft. Daher waren sie niemals gewillt, ehrfürchtig hinter ihrem Gatten herzulaufen, wie es das Schicksal vieler Hindu- und Moslemfrauen in Indien ist. Sie verstecken sich auch nicht hinter dem Schleier.

Geheiratet wird in Ladakh im Alter von 18 bis 25 Jahren. Insbesondere Frauen haben es schwer, wenn sie dieses Alter überschritten haben. Geheiratet wird, von Ausnahmefällen abgesehen, nur innerhalb der gleichen sozialen Schicht. Wer einen Mann oder eine Frau mit einem niedrigeren Status heiratet, steigt sozial ab.

Pha spun

Vier bis sechs Haushalte (Familien) bilden eine Gemeinschaft, innerhalb der verschiedene reziproke Rechte und Pflichten bestehen, in der ein gemeinsamer Schutzgott verehrt wird und die einen gemeinsamen Leichenverbrennungsofen besitzt. Diese Gruppen werden *Pha spun* genannt. Kriterium für die Zugehörigkeit zur Pha spun-Gruppe ist nicht Verwandtschaft, sondern vielmehr die Pha spun-Zugehörigkeit der Familie, in der man lebt, die ererbt wird bzw. bei Einheirat in eine andere Familie automatisch durch diese zugeschrieben wird.

Der Sitz des Schutzgottes einer Pha spun-Gruppe befindet sich entweder auf dem Hausdach oder im Haustempel einer Familie, die Mitglied der entsprechenden Pha spun-Gruppe ist.

Frauenleben

In der buddhistischen Gesellschaft von Ladakh besteht eine geschlechtsspezifische Arbeitsteilung. Den Männern obliegt die Durchführung religiöser Hausrituale, die Dorf- und sonstige Politik, das Pflügen, Bäumeschneiden, Ausweiden von Tieren, handwerkliche und geschäftliche Aktivitäten; die Frauen haben zu kochen, die Kinder zu versorgen, die Felder zu bewässern und zu bearbeiten, Vieh zu hüten, die Schafwolle zu reinigen und zu verspinnen etc. Während also die Männer nur außer Haus arbeiten, sind die Frauen durch Haus- und Feldarbeit doppelt belastet. Ein weiteres wesentliches Merkmal dieser geschlechtsvermittelten Trennung von Sphären ist, daß die Frauen von den politischen Angelegenheiten ausgeschlossen bleiben – trotz der Gleichheitsgarantie in der indischen Verfassung.

In der ladakhischen Öffentlichkeit scheint die Ansicht weit verbreitet, daß Frauen Männern geistig, psychisch und physisch unterlegen sind. Aufgrund der Menstruation wird den Frauen das Attribut »unrein« zugeschrieben. Deshalb sind sie auch nicht fähig, zur »Erleuchtung« zu gelangen.

»Die ideale Frau soll ein anziehendes Äußeres haben, weniger eine gute Schulbildung besitzen als körperlich hart arbeiten können und einen guten,

Ladakhi-Frau

reinen Charakter und Verhalten haben (...), die Hausarbeit (kochen, waschen usw.) richtig beherrschen, d. h. ihre Arbeitsweise muß ästhetisch anzusehen sein. Sie soll die Gäste richtig bewirten und sie in der Höflichkeitsform anreden können. Eine gute Frau (pomo gyala) hat stets ein lachendes Gesicht, wird nie ärgerlich, ist duldsam, auch wenn der Mann sie schlägt und sich schlecht benimmt.«[2]

Diese ideale Frau ist nach gemeinsamer Ansicht von Männern und Frauen Ladakhs verheiratet. Über Frauen, die unverheiratet geblieben sind, wird von Männern und Kindern mit Vorliebe gespottet und gewitzelt. Ledige Frauen, die schwanger werden, werden sozial geschnitten. »Außer- und voreheliche Sexualität wird eher bei Männern als bei Frauen geduldet. Wird dies bekannt, laufen diese Frauen Gefahr, mit Prostituierten gleichgestellt zu werden. Für Männer und Frauen ist es tabu, gemeinsam über Sexualität und oft auch über Empfängnisverhütung zu reden. Eine ›gute Frau‹ artikuliert nie ihre Bedürfnisse ihrem Ehemann. Geschlechtsverkehr soll nur in Dunkelheit und nie in Räumen, in denen religiöse Bilder hängen, stattfinden. Auch beim Schlafen zieht sich nur der Mann aus, die Frau behält meist Hose und

Frau mit Tibi

Bluse oder die volle Kleidung an. Inzest wird sowohl sozial als auch religiös
stark tabuisiert. Homosexualität ist weniger stark tabuisiert und wird auf
eine nicht richtige Funktion der Geschlechtsorgane zurückgeführt.«[3]

Kinder
Kleinkinder, insbesondere Säuglinge, werden sehr verwöhnt und mit viel
Aufmerksamkeit bedacht. Sie werden bis zum zweiten oder gar dritten
Lebensjahr von der Mutter gestillt, die sie etwa ab dem zweiten oder dritten
Monat auf den Rücken gebunden bei ihrer Arbeit im Haus oder Feld stets
hautnah dabei hat. Die Erziehung der Kinder basiert auf dem altbuddhisti-
schen Ideal der Gewaltlosigkeit und Ehrlichkeit. Aggressionen sollen nicht
innerhalb der Familie geäußert werden. Wenn Kinder ungehorsam sind, wird
ihnen mit bösen Geistern oder dem Ausschluß aus der Familie gedroht.
»Reinlichkeitserziehung findet kaum statt. Die Kinder werden im Alter von
etwa zwei Jahren angewiesen, sich beim Urinieren in die Hocke zu setzen.
Geschieht dies in der meist sehr sauberen Küche, wird Sand darauf gestreut
und alles nach draußen gekehrt.«[4]

Der Ernst des Lebens beginnt bereits in dem zarten Alter von sechs Jahren, dies gilt viel stärker für die Mädchen als für die Jungen. Wenn ein Mädchen zehn wird, soll es fähig sein, alle leichten bis mittelschweren Haus- und Feldarbeiten zu verrichten. Zwischen Mutter und Tochter besteht eine enge Beziehung, die auch nach der Heirat fortdauert.

Anmerkungen
1 Brauen, M.: Feste in Ladakh, Graz 1980, S. 15.
2 Kuhn, A.-S.: Beitrag zur Analyse des medizinischen Pluralismus vor dem Hintergrund des medizinischen Weltbildes des Laien in Ladakh, Heidelberg 1986, S. 172.
3 Ebd.
4 Ebd., S. 173.

Bräuche und Sitten

Riten und Feste anläßlich von Geburt, Hochzeit und Tod
Geburt:
Die Geburt eines Kindes ist wie der Tod in Ladakh mit religiösen Riten und Reinlichkeitstabus verbunden. Das beginnt direkt mit dem Akt der Geburt selbst, der nicht in Räumen stattfinden darf, in denen Gottheiten ihren Wohnsitz haben. Dies gilt z. B. für die Küche, wo die Herdgöttin lebt, und den Kultraum.

Bei der Geburt leisten Frauen aus dem eigenen und aus den Nachbarhäusern Hilfestellung. Die Nabelschnur schneidet man mit einem Messer ab, das dann aber für längere Zeit nicht mehr verwendet werden darf, da dadurch die Herdgöttin erzürnt würde.

Ab der Geburt ißt die Mutter für mehrere Monate *Mar zan*, mit flüssiger Butter gemischtes Gerstenmehl oder Reis.

Schutzmaßnahmen für das Baby:
Ein wichtiger Berater und Schützer ist der Astrologe, der ein Geburtshoroskop aufstellt. Es kann sein, daß er vorschlägt, die Kanten und Ecken des Geburtshauses mit roter Farbe zu bestreichen, um dadurch die *Btsan* (Geister) am Betreten des Hauses zu hindern. Es ist aber auch denkbar, daß er zu bestimmten Riten rät.

Um sich vor dem »bösen Blick« zu schützen, trägt das Neugeborene etwa einen Monat ein Kleidchen, dessen Innenseite nach außen gekehrt ist. Ethnologen deuten diesen Brauch dahingehend, daß damit erreicht werden soll, daß böse Geister dadurch außerstande gesetzt werden, das Kind zu erkennen. Ein weiterer Schutz soll über Amulette bezweckt werden, die von Mönchen erstellt werden.

»Ferner werden hinten am Kleid eines neugeborenen Knaben ein gelbes oder rotes nach unten zeigendes Dreieck und ein kleiner, vom Dorfschmied aus Eisen gefertigter Pfeil und ein Bogen angenäht. Das Dreieck soll bewirken, daß das betreffende Kind eine religiöse Person wird, Pfeil und Bogen, daß es mutig werde. Gleichzeitig beschützen Pfeil und Bogen aber auch vor bösen Mächten. Hinten am Kleid eines neugeborenen Mädchens werden schwarze Samenkapseln von Lotosblumen angebracht, die im Dialekt mtsho padmei ri

*Festlich geschmückte
Ladakhi-Frau*

co (g) genannt werden. Zudem erhält das Mädchen – manchmal auch der
neugeborene Knabe – vom Schmied zwei Armreifen aus Eisen. Auch hier
fällt auf, daß ein Angehöriger der sozial niedrigsten Schicht, ein Schmied,
für den Schutz des Neugeborenen sorgt, in diesem Fall durch Abgabe von
Objekten, die er selbst herstellte.
Einige Tage nach der Geburt wird auf die Stirn des Neugeborenen bis zum
Nasenansatz ein schwarzer senkrechter Strich (zhur) mit einem Gemisch aus
Ruß und Butter gemalt, um das Kind vor dem Unheil anrichtenden bösen
Blick der Leute zu schützen. Dieser Strich wird solange auf die Stirn des
Kleinkindes gezeichnet, bis dieses das Alter von drei bis vier Jahren er-
reicht.«[1]
Außerdem wird auch einiges für den gesundheitlichen Schutz getan. Tradi-
tionellerweise – und in einigen Familien auch heute noch – werden die Ba-
bies auf in Tüchern eingewickelten Steinbock-, Hirsch- oder Ziegendung gelegt, der getrocknet und erwärmt ist. Diese nestartige Unterlage hält das
Kind warm und saugt außerdem den Urin ab. Nach ladakhischer Auffassung
soll es auch vor Erkältung schützen.

Tabus und Verhaltensvorschriften für die Eltern:
Die Geburt bewirkt bei den Eltern eine rituelle Verunreinigung, der durch verschiedene Verhaltensvorschriften Rechnung getragen wird. Für den Vater gilt dies allerdings nur dann, wenn er sich zum Zeitpunkt der Geburt zu Hause aufhält. So dürfen sie während der ersten sieben Tage (in manchen Familien auch 15 oder 30 Tage) nicht in die Nähe des Herdes treten, um nicht die Herdgöttin zu verärgern. In dieser Zeit dürfen sie auch kein Küchengerät benutzen. Weiter sollen sie etwa zwei Wochen zu Hause bleiben (die Dauer variiert etwas nach Familie und Ort).

Geburtsfeste:
Am dritten (Vater, Mutter, Großeltern des eingeheirateten Elternteils, ganz nahe Verwandte), fünften (Verwandte), siebten (Nachbarn), fünfzehnten (Nachbarn) und dreißigsten (aus allen Haushalten) Tag besuchen Verwandte und Bekannte die Familie des Neugeborenen und bringen ihnen Geschenke.
Die Besucher bekommen wie bei vielen Festen in Ladakh Tee und Bier gereicht, das mit dem mitgebrachten *Mar pa* zusammen gegessen wird. Das Hauptgeburtstagsfest wird am 30. Tag nach der Geburt gefeiert, zu dem praktisch alle Dorfbewohner eingeladen sind. Um die vielen Gäste unterzubringen, wird neben dem Geburtshaus ein großes Zelt aufgestellt.

Hochzeit:
Die Partnerwahl wird in den meisten Fällen noch immer von den Eltern getroffen. Für deren Wahl sind Besitz und Arbeitskraft ausschlaggebender als die gegenseitige Zuneigung der zukünftigen Ehepartner.
Die Partnersuche geht in der Regel von jener Familie aus, in die hineingeheiratet wird, zumeist ist das die Familie des Bräutigams. In der folgenden Darstellung gehen wir ebenfalls von diesem Fall aus.
Es existieren zwei Hochzeitsarten: Die *traditionelle Hochzeit*, die sehr aufwendig ist und sich über vier Tage hinziehen kann, und die *Raubhochzeit*, die lediglich mit einer einfachen Zeremonie im Bräutigamhaus und einem gemeinsamen Essen und Trinken im engsten Kreise verbunden ist. Im Falle der traditionellen Heirat, die *Mag pa* genannt wird, gehen der Festlegung des Hochzeitstermins durch einen Astrologen vier bis fünf Besuche der Bräutigamfamilie bei den Eltern der Braut voraus, in denen allmählich Einigkeit erzielt wird.

Zug zum Haus der Braut:
Am ersten Tag der Hochzeit ziehen die *Nyo pa*, die Helfer des Bräutigams, in einem Festzug mit dem Vater des Bräutigams zum Haus der Brauteltern, um die Braut abzuholen. Der Bräutigam muß zu Hause bleiben und auf die Braut warten.
Der Hochzeitszug wird von vielen Leuten im Dorf willkommen geheißen. Bei dieser und anderen Gelegenheiten singen und tanzen die Nyo pa. Vor dem Elternhaus der Braut angekommen, singen die Nyo pa weitere Lieder und tanzen um einen Bierkrug und ein Räucherfaß, die von zwei Kindern gehalten werden.

Im Haus der Brauteltern:
Anschließend geht man ins Haus, wo mit Tanz, Liedern und viel *Chang* und

ebenfalls reichlich angebotenen Speisen bis tief in die Nacht hinein gefeiert wird. Am frühen Morgen des zweiten Tages wird ein Lied angestimmt, das den Vater, die Mutter, die Schwestern und Brüder sowie Freunde/Freundinnen und Bekannte der Braut bittet, aufzustehen und die Mitgift vorzubereiten.

Bald darauf versammeln sich alle Festteilnehmer in der Küche. Als letzte wird schließlich auch die Braut von dem Anführer der Nyo pa und der Brauthelferin in diesen Raum gebracht. Sie setzt sich auf einen in der Mitte der Küche ausgelegten Teppich, auf den man kurz vorher mit Gerstenkörnern eine Swastika (Glückssymbol) gezeichnet hat. Rechts von ihr nimmt die Brauthelferin Platz.

Nun wird zwischen zwei Pfeilern das Mitgiftseil (weiße Schärpe) aufgespannt und darüber zur Mitgift gehörige Kleider gehängt. Außer Kleidungsstücken gehören zur Mitgift Haushaltsgeräte wie Löffel, Pfannen, Tischchen, Silbersachen, Sitzkissen etc., Schuhe, Schmuck und Geld. Bei reichen Familien kommen Pferde und Kühe hinzu, bei armen Ziegen und Schafe.

Nach verschiedenen, der Brautfamilie und der scheidenden Tochter gewidmeten Glücks- und Segenszeremonien liest ein Mann die auf einer vorgefertigten Liste verzeichneten Mitgiftgüter vor. Die Vertreter des Bräutigamhauses sprechen für jeden Gegenstand ihren Dank mit einem »ju« aus.

Noch während des Aufzählens werden die Gegenstände in Kisten und Säcke für den Abtransport ins Bräutigamhaus verpackt. Neben der Mitgift muß die Braut noch einen Teller voll Reis und ein Stück Fleisch in das Haus der Schwiegereltern mitbringen, womit sie symbolisiert, daß es in der neugegründeten Familie immer genügend zu essen geben wird.

Nachdem die Mitgift verstaut ist, dankt die Braut den Eltern für alles, was sie ihr im Laufe des bisherigen Lebens zugute kommen ließen und bittet darum, sie gehen zu lassen. Die Anwesenden legen ihr nun zum Abschied Glücksschleifen um die Schultern, während die Nyo pa tanzen und singen.

Zug vom Elternhaus der Braut zum Elternhaus des Bräutigams:
Bevor die Braut das Haus verläßt, geht sie schließlich noch ein letztes Mal in den elterlichen Kultraum, wo sie sich zum Abschied vor den Hausgottheiten dreimal weinend auf den Boden wirft. Fortan ist dieser Raum für sie tabu.

Bald darauf setzt sich der Hochzeitszug in Bewegung, der die Braut zum Elternhaus des Bräutigams bringt. Er wird von Oboespielern und Trommlern angeführt, dahinter befinden sich die Nyo pa, es folgen die Braut und die Brauthelferin, den Schluß bilden Verwandte von Braut und Bräutigam.

Vor dem Haus des Bräutigams werden die Prozessionsteilnehmer von je einem festlich gekleideten Jungen und Mädchen – wenn möglich Geschwister des Bräutigams – mit Bierkrug und Räuchergefäß empfangen. Vor den beiden Kindern wird ein Teppich ausgebreitet, auf dem man die Mitgift stapelt. Daran schließt die *Bgegs sprod-Zeremonie* an, die sich gegen böse Geister richtet, die der Frau gefolgt sind. Sie wird von Mönchen durchgeführt.

Im Elternhaus des Bräutigams:
Am Hauseingang werden die Gäste und die Braut von der Mutter des Bräutigams willkommen geheißen und erhalten eine Glücksschleife. Die Braut grüßt mit ehrfurchtsvoller Geste zurück.

In der Küche wartet der Bräutigam auf einem kleinen Teppich sitzend auf die Braut. Während sich die Braut auf den zweiten Teppich neben ihren zukünftigen Ehemann setzt, nehmen die Hochzeitsgäste entlang der Wände Platz. Bald darauf nehmen Braut und Bräutigam in der Vorratskammer ihr erstes gemeinsames Mahl ein.

Irgendwann im Laufe des Nachmittags verläßt das Brautpaar die reichlich dem Chang und den Festspeisen zusprechenden Gäste, um im Kultraum die Hausgottheiten zu begrüßen und den im oberen Stockwerk religiöse Texte rezitierenden Mönchen Worte des Dankes zu entrichten.

Den Abend verbringen die Brautleute auf einem großen Platz im Dorf, wo die nicht zum engsten Kreis gehörenden Gäste die Hochzeit feiern. Im Zentrum des Festplatzes befindet sich ein Berg aus geröstetem Mehl, an dem ein gehäuteter Schaf- oder Ziegenrumpf lehnt, sowie ein großer irdener Bierkrug. Die Brautleute begrüßen jeden einzelnen Gast und erhalten jeweils etwas Geld, dafür geben sie den Hochzeitsgästen Fleisch und Mehl mit auf den Heimweg.

Am dritten Hochzeitstag werden in größerer Zahl Verwandte und Bekannte nochmals im Hause des Bräutigams mit Essen und Bier bewirtet. Das Hochzeitsfest endet am vierten Tag, an dem nur im allerengsten Familienkreis gefeiert wird. An diesem Tag haben die Eltern des Bräutigams all jene zu entlohnen, die die Hochzeit zu organisieren hatten. Das sind die Nyo pa, die Bierkellnerin, die Köche, die Musikanten und verschiedene andere Helfer. Zum Abschluß der Hochzeit wird wie so oft in diesen Tagen ein Lied gesungen.

Tod:

Für die lamaistischen Buddhisten ist der Tod in der Regel nicht mehr als ein Durchgangsstadium in einem Zyklus von vielen Wiedergeburten (Kette der Wiedergeburten). In dieser Hinsicht unterscheiden sich die Buddhisten nicht von den Hindus.

Der Tote wird zumeist in einem Raum neben dem Hauskultraum aufbewahrt. Er bleibt noch 4–10 Tage im Haus. Während dieser Zeit halten Mönche Zeremonien zum Wohle des Toten ab. Die Art der Riten hängt davon ab, welcher Schule die Mönche angehören.

Auch Astrologen treten auf die Szene, z. B. haben sie u. a. die Funktion, den Tag zu bestimmen, an dem die Leiche außer Haus getragen wird. Die Verbrennung sollte nicht an einem »ungünstigen Tag« stattfinden. Am Tag der Verbrennung kommen viele Gäste in das Totenhaus. Sie bringen Geschenke mit und erhalten als Gegenleistung reichlich Tee und Chang. Die Leiche wird von einem großen Zug von Mönchen und Freunden in einer Sänfte zur Verbrennungsstätte der Familie gebracht. Während die Mönche unablässig Gebete murmeln, erklingen immer wieder ihre Ritualtrommeln und Glocken. Nach der Verbrennung kehrt man nochmals zum Haus des Verstorbenen zurück, um zu feiern. Dabei wird die persönliche Habe des Verstorbenen wie Kleider, Geschirr und Möbel versteigert. Den Erlös kassieren die Mönche und ihr Kloster.

Vier Tage nach der Verbrennung gehen die Mönche nochmals zur Verbrennungsstätte, um dort wiederum Zeremonien abzuhalten und aus der Asche des Verstorbenen Votivgaben zu formen, die in die Gebetsnische des Sterbehauses gebracht werden. Ein Teil der Asche wird auch in Flüssen verstreut. Häufig erhalten die Klöster von den Familien der Verstorbenen Geldbeträge, damit sie weiterhin für die Toten beten. Für die Toten werden außerdem Reliquienbehälter und Thankas hergestellt.

Andere Feste
Neujahrsfest:
Größtes Fest in Ladakh ist das Neujahrsfest *(Lhosar)*, das bereits eine Woche vor dem Neujahrstag beginnt, der auf den 1. Tag im 11. Monat des tibetischen Kalenders fällt (nach unserem Kalender ca. 20. Dezember).
Die mit diesem Fest verbundenen ausführlichen Riten gehen zu einem nicht unerheblichen Teil auf die vorbuddhistische Ära zurück. Der Beginn aller Neujahrsfeierlichkeiten fällt auf den 25.10., der dem Andenken an Geburt und Tod des großen Reformators *Tsong kha pa* gewidmet ist. Während der Morgen den Mönchen vorbehalten ist, die heilige Texte lesen, wird der Abend von den Laien gestaltet, die zur höheren Ehre des Reformators und zum Zeichen des Opfers an die Gottheiten zahlreiche Butterlämpchen auf den Hausaltären, an den Fenstern und Dachbrüstungen anzünden.
In den darauffolgenden Tagen werden traditionell die Häuser und Ställe gereinigt und das Gerstenbier Chang gebraut. In dieser Zeit ist es auch Brauch, abends mit Fackeln durch die Dörfer zu ziehen und große Feuer zu entfachen.
Der ereignisreichste Tag der Vorneujahrszeit ist der 30.10. Am frühen Morgen dieses Tages begibt sich mindestens ein männliches Familienmitglied zum Leichen-Verbrennungsofen der Familie, um für die Speisung der Vorfahren im Feuer Gerstenmehl, Butter, Milch und Zucker zu opfern. Dieses *Shi mi-Opfer* ist Ahnenverehrung, was im Buddhismus eigentlich unüblich ist.
Am gleichen Morgen werden auf einem Küchengestell neben dem Herd Mehlsteinböcke mit Fleisch, Mehl, Butter, mehreren Butterlampen, Bier und ein paar grüne Zweige aufgestellt und mit dem Rauch brennender Wacholderzweige beweihräuchert. Danach werden mit weißem Mehl lange Linien, Ketten, Dreiecke oder Swastika gezeichnet. Außerdem werden Glückwünsche an die Wände geschrieben. Am Nachmittag treffen sich alle ehemaligen Hausbewohner mit dem Hausbesitzer und seiner Familie zum Herdfest.
Am Abend werden, nachdem die Klöster beleuchtet worden sind, anschließend auch die Dorfhäuser in den Glanz zahlloser Butterlämpchen getaucht, die außer auf Dächern und Fenstern auch in allen Räumen stehen.
Die wichtigste Zeremonie des Tages – *Lha gsol ces* genannt – findet am Abend statt. Sie hat die Funktion, Gottheiten innerhalb und außerhalb des Hauses Opfer darzureichen, um sie der Familie gewogen zu halten.
Am 1.11. ist endlich der Neujahrstag. An diesem Tag putzen sich alle fein heraus. Am Morgen geht man in den Hauskultraum, um die Götter zu grüßen und zu verehren. Dasselbe geschieht schließlich auch in der Küche gegenüber der Herdgöttin. An diesem Tag werden die Jüngeren von den Älteren beschenkt und erhalten »ein gedeihliches neues Jahr« gewünscht. An diesem und den folgenden Tagen werden Verwandte und Freunde besucht.

Maskentänze, Volksfeste:
In den Winter fällt nicht nur das Neujahrsfest, er ist überhaupt die Zeit der vielen Feste, allen voran Hochzeiten. Anders wäre diese schlimme Jahreszeit auch gar nicht zu überstehen.

Viele Herbst- und Wintertage verbringen die Ladakhi als Zuschauer bei den von den Klöstern veranstalteten Maskentänzen/Mysterienspielen. Sehr beliebt sind auch Volksfeste mit Wettkämpfen im Bogenschießen, wie sie in den Dörfern mindestens einmal im Jahr veranstaltet werden. In der Regel dauern diese Feste, auf denen viel Chang fließt, Geldwetten abgeschlossen werden und unter einem Sonnendach in riesigen Töpfen ständig Tee, Reis und Gemüse zubereitet wird, zwei Tage. Be da- und Monmusikanten verleihen den Ereignissen Farbe und Stimmung.

Anmerkung
1 Brauen: Feste in Ladakh, Graz 1980, S. 35.

Wohnen, Ernährung, Kleidung, Gesundheit und Krankheit

Wohnen
Die Mehrzahl der Ladakhis wohnt im zwei- oder dreigeschossigen Familienhaus[1], das aus getrockneten Lehmziegeln und Holz[2] (Stützbalken, Fenster, Decke) besteht. Mensch und Vieh leben unter demselben Dach. Über der Eingangstür befindet sich eine Nische mit den Schutzgottheiten *Manjushri, Avalokiteshvara* und *Vajrapani*. Im Untergeschoß sind das Vieh und Heu untergebracht. Im ersten Obergeschoß wohnt die Familie im Winter. Das Leben spielt sich dann v. a. in der Küche – dem wärmsten Raum – ab.

Anlage von Brennstoffvorräten in Ladakh

138

In vielen Haushalten befindet sich heute anstelle des traditionellen schwarzbemalten Lehmofens ein massiver schmiedeeiserner Herd. Als Brennmaterial dient hauptsächlich getrockneter Dung. Eine wachsende Zahl von Haushalten besitzt noch zusätzlich einen Petroleumkocher.

An den Wänden sind Regale angebracht, auf denen Geschirr und Kupfertöpfe stehen, die man täglich braucht. Dagegen befinden sich das wertvollere Geschirr sowie die Chang- und Teekannen in einer Vitrine.

In den meisten Häusern sind die Decken und Wände rauchgeschwärzt, da der Rauch lediglich durch ein kleines Loch in der Decke abziehen kann. In den Sommermonaten zieht die Familie in das zweite Obergeschoß hinauf, wo sich außer der Sommerküche der Gebetsraum (Kultraum) der Familie mit Thankas, Statuen und Reliquien verstorbener Familienangehöriger befindet. Die im allgemeinen weißgetünchten ladakhischen Häuser besitzen Flachdächer, auf denen Gemüse, Obst und Brennholz lagert.

Bis auf die Küche mit ihren Sitzteppichen und Tischchen sind alle anderen Räume spartanisch einfach »eingerichtet«. Nur in den Häusern der wenigen Wohlhabenden gibt es einen zusätzlichen Gästeraum *(Zabkhang)*, der mit wertvollen alten tibetischen Teppichen und kunstvoll geschnitzten Tischchen ausgestattet ist. Diese Familien verfügen auch über die Mittel, ihre Räume mit der kostspieligeren Solarenergie zu beheizen.

Anmerkungen

1 Die Häuser sehr armer Bauern haben nur zwei Räume. Der eine ist Stall, der andere Küche-Wohnzimmer-Schlafzimmer.

2 Die Verwendung von Zement und die Anlage schmuckloserer, einfacherer Wohnhäuser nimmt zu.

Ernährung

Die durchschnittliche Ladakhi-Familie ist sehr arm und muß sich mit dem bescheidenen Nahrungsmittelangebot zufrieden geben, das ihr die kleine Landwirtschaft liefert. Bereits geringe klimatische Veränderungen wie harter Nachtfrost oder Schneefall nach der Aussaat im Mai, geringerer Schneefall im Winter mit zu wenig Schmelzwasser im Frühjahr, geringere oder keine Niederschläge, Unwetter oder Pflanzenschädlinge können in diesem extrem unwirtlichen Land Nahrungsmittelknappheit und Hunger im Frühjahr hervorrufen.

Man ernährt sich hauptsächlich von Gerste *(Tsampa)* und Milchprodukten (Joghurt, Buttermilch, weißer Käse und Butter).

Dank der Verbesserungen im Gemüseanbau kann diese Nahrung im Sommer und Herbst durch Erbsen, Rettich, Karotten, Spinat, Zwiebeln, Weißkohl und Kartoffeln bereichert werden. Ein Teil des Gemüses wird für den Winter getrocknet.

Fleisch (Schaf, Ziege, Yak, Kaninchen, Großwild) gibt es nur im Winter, da dann aufgrund der eisigen Kälte die Natur als Kühlschrank fungiert. Zum Kochen verwendet man traditionellerweise Butter und Senföl (in Ausnahmefällen auch Aprikosenöl). In armen Familien ist man zu dem wesentlich billigeren indischen Pflanzenöl Dalda übergegangen.

Eine andere Bereicherung des bescheidenen einheimischen Nahrungsmittelangebots bilden im Herbst die in vielen Dörfern der Indus-Ebene angebauten Äpfel und Aprikosen. Wer Geld hat, kann inzwischen auch im Sommer im

Basar von *Leh* solche wohlschmeckenden Früchte wie Mango, Bananen, Trauben, Kirschen etc. erwerben.

Eier und Reis gelten als Luxusgüter und werden nur bei besonderen Anlässen serviert.

Neben dem allgegenwärtigen Buttertee beliebtestes Getränk ist das gegorene Gerstenbier Chang, das praktisch zu jeder Mahlzeit und jedem Fest gehört. (S. Glossar zur ladakhischen Küche, S.215 f).

Kleidung

Die farbenprächtige Kleidung der Ladakhi befindet sich in wohltuendem Kontrast zur öden Landschaft weiter Teile des Landes.

Die Frauen kleiden sich noch durchweg in der überlieferten Art. Während die Schulmädchen ein ärmelloses, langes Baumwollkeid *(Phumet)* tragen, sieht man die verheirateten Frauen zumeist in einem knöchellangen Mantel aus Filz, Samt oder Seide. Darunter ziehen sie Blusen und lange Hosen aus Wolle oder Baumwolle an. Je nachdem ob sie arbeiten oder feiern, tragen sie am Rücken ein Schaffell oder einen seidenen Umhang, um sich warm zu halten.

Ladakhische Frau mit Perak

An den großen Festtagen tragen noch viele Frauen den berühmten *Perak-Hut*: Ein breites rotes Lederband, das von der Stirn über den Kopf auf den Rücken führt, das dicht mit Türkisen besetzt ist. Über der Stirn ist außerdem ein kleines Kästchen *(Kagu)* aus Gold und Silber angebracht, in dem Schutzgebete enthalten sind. Zum Perak gehören weiter zwei seitlich von der Stirn abstehende schwarze Schaffellklappen. Zum festlichen Perak tragen die Frauen ein buntes Gemisch von mehreren Halsketten aus Perlen, Korallen, Türkisen und Bernsteinen.

Bei den Männern – zumindest der jüngeren Generation – setzt sich zusehends westliche Kleidung durch, während sich die Alten – v. a. auf dem Land – noch überwiegend mit den überlieferten weinroten oder naturfarbenen Wollmänteln kleiden. Bei festlichen Anlässen wird über den normalen Gürtel zusätzlich ein breites Tuch aus weiß-roter Naturseide angebracht.

Die Kleider werden solange getragen, wie sie noch durch zahlreiche Flicken und Sicherheitsnadeln zusammengehalten werden können.

Hygiene

Regelmäßige Hygiene/Körperpflege ist darauf beschränkt, daß man sich morgens das Gesicht mit Seife oder Wasser wäscht. Oberkörper und Beine werden nur selten gewaschen, der Unterleib überhaupt nicht. Ansonsten werden noch die Hände vor der Zubereitung des Essens und nach den Mahlzeiten gereinigt.

Auch die Kleider werden äußerst selten gesäubert, nämlich nur, wenn sie absolut verschmutzt oder verlaust sind.

Nur junge Frauen verwenden während der Menstruation Binden (die anderen Baumwollfetzen).

Gesundheit und Krankheit: Westmediziner, Amchi, Lamas, Astrologen, Orakel

Das Gesundheitswesen des Distrikts *Leh* ist ein Mischsystem, an dem sowohl westlich-naturwissenschaftlich ausgebildete Ärzte *(Allopathie)* als auch Vertreter der tibetischen Medizin *(Amchi)*, lamaistische Mönche (Heiler von Geisteskrankheiten, psychischen Krankheiten), Astrologen und Orakelheiler ihren Anteil haben.

Die Allopathie:

In den letzten 20 Jahren ist dank staatlicher Unterstützung die westliche Medizin auf dem Vormarsch. In Leh gab es 1985 bereits 19 ladakhische Ärzte dieser Richtung, so daß Kashmiri-Ärzte nicht mehr gebraucht werden. Neben dem recht gut eingerichteten Militärkrankenhaus, das den »gewöhnlichen« Ladakhi nicht zugänglich ist, bestehen noch ein ärmlich ausgestattetes Distriktkrankenhaus, sechs private Arztpraxen und mehrere Apotheken mit westlichen Medikamenten. Alle größeren Dörfer im Distrikt werden mindestens durch einen medizinischen Assistenten versorgt. Vor allem bei den Jungen genießt die Allopathie hohes Ansehen. Bei den Älteren, insbesondere in den weiter von Leh entfernten Dörfern, ist der Amchi immer noch in vielen Fällen der einzige Arzt, den man im Krankheitsfall aufsucht.

Die Amchi:

Im Gegensatz zur westlichen Medizin findet man die Amchi, die Ärzte der tibetischen Medizin, auch noch im letzten Winkel des Landes. Sie sind in der Regel Bauern, die ihrer Tätigkeit als Arzt im Sommer zeitweise nur halbtags nachgehen. Die meisten haben ihre Medizinkenntnisse vom Vater überliefert bekommen, also keine systematische Ausbildung erhalten, was bis vor wenigen Jahren ja nur im fernen Dharamsala möglich gewesen wäre. In den Augen der westlich-naturwissenschaftlich ausgebildeten Ärzte sind sie Quaksalber, die verschwinden werden, sobald die Allopathie flächendeckend vertreten ist.

Tibetische Medizin

Die tibetische Medizin steht in der Tradition der *Vajrayana*-Form des Buddhismus. In ihr finden sich Bestandteile von Ayurveda, chinesischer, persischer und vorbuddhistischer Bön-Heiltradition. Ihr gesammeltes Wissen ist im *rGyud bhzi* (oder »Vier-Wurzel-Traktat«) niedergeschrieben. Philosophisch basiert sie auf den tantrischen Lehren und dem Sutrasystem des *Abhidharma*. Krankheit wird nicht nur als körperliche oder psychische Störung gedeutet, sondern soll auch durch die metaphysische Welt verursacht sein.

»Der menschliche Körper besteht aus einem feinstofflichen, mehr als nur psychischen Körper, der den grobstofflichen, physischen Körper durchdringt. Die den Makro- und Mikrokosmos beherrschenden Naturgesetze manifestieren sich im menschlichen Körper in Form dreier Grundwirkungsprinzipien: rlung (Wind), mkhris-pa (Galle), bad-kan (Schleim). Dabei ist rlung das übergeordnete Prinzip, die vitale Kraft, welche den Metabolismus kontrolliert; mkhris-pa steht für Lebensenergie, die während katabolischer Aktivitäten freigesetzt wird, und bad-kan für anabolische Kraft. Jeder dieser drei Faktoren gliedert sich jeweils in fünf weitere Subdivisionen, wobei ihnen bestimmte Lokalisationen und Funktionen innerhalb des Körpers zugeschrieben werden. Durch das richtige Funktionieren dieser drei Faktoren, für deren materielle Aspekte die fünf kosmophysikalischen Energien (Erde, Wasser, Feuer, Luft und Äther) verantwortlich sind, bilden sich sieben Körperkonstituenten. Dabei wird jeweils aus der Essenz des ersten Stoffes der nächste gebildet: Aus dem Nahrungsbrei wird Blut, daraus Muskeln, dann Fett, Knochen, Knochenmark, Sperma/Menstruationsblut. Die Abfallprodukte werden in Form von Urin, Schweiß und Faeces ausgeschieden. Nur wenn sich genannte Grundwirkungsprinzipien und somit auch die fünf kosmophysikalischen Energien und sieben Körperkonstitutionen in einem Gleichgewicht befinden, ist der Mensch gesund. Störungen dieser Balance können auf drei Ebenen (Karma, Psyche, Soma) erfolgen und führen zu Krankheit. In der Therapie werden dementsprechend diese drei Ebenen berücksichtigt. So gliedert sich die Tibetische Medizin in einen dharmischen oder religiösen, einen tantrischen und einen somatischen Teil, die in der Praxis miteinander verwoben sind.«[1]

In der Diagnose spielt die intensive Befragung des Patienten auf konsumierte Nahrungsmittel und das Pulsfühlen eine große Rolle. Vor allem aufgrund des Pulsfühlens soll es nicht nur möglich sein, die drei wichtigsten Krankheitsgruppen, *Badkan, Thikspa* und *Lung* plus Mischformen, zu erkennen, sondern auch den Funktionszustand der inneren Organe Herz, Lunge etc. auszumachen.

Die Therapie zielt sehr stark auf Vorbeugung ab und ist ganzheitlich orientiert. Eine vielfach getroffene Maßnahme ist die Verordnung der richtigen Diät. Es wird auch eine größere Zahl von Medikamenten (Pulver, Tabletten, Sirup, medizinische Butter, Öl) eingesetzt, die die Amchi selbst herstellen. Als weitere Heilmittel werden neben zahlreichen selbstgesammelten Heilmitteln Trink- und Badekuren in heißen Quellen angewandt. »Vor allem Erkrankungen der thikspa-Gruppe (thikspa gomkhor) sowie bestimmte rlung-Krankheiten (...) werden durch Kauderisation (me) behandelt. Dabei werden dem Patienten an bestimmten Körperstellen mittels eines glühendheißen Instrumentes Brandblasen gesetzt. Ort und Applikation und Art des zu verwendenden Instrumentes sollten streng nach Vorschrift gehandhabt werden. Einige Amchi applizieren me oft falsch und ohne Kenntnis der Lokalisation nur auf schmerzende Körperstellen, was oft fatale Folgen hat. Mithin aus diesem Grund wurden alle Amchi 1982 von den Allopathen aufgefordert, von der Applikation von me Abstand zu nehmen. Nur die wenigsten Amchi halten sich allerdings daran, da Kauderisation eine ihrer wichtigsten Behandlungsmethoden ist.«[2]

Es gibt kaum Amchi, die magisch-religiöse Heilmethoden (Amulette, Heilrituale) anwenden. Nach Auffassung vieler Amchi ist die tibetische Medizin gleichwertig mit der Allopathie. Sie sagen von der westlich-naturwissenschaftlichen Medizin, daß sie wohl schneller Schmerzen beseitige, aber die meisten Krankheiten nicht wirklich heile. Die Allopathen kritisieren an der Tibetischen Medizin andererseits, daß diese keine Chirurgie besitze und weniger »leistungsfähig« sei.

Anmerkungen

1 Kuhn, A.-S.: Beitrag zur Analyse des medizinischen Pluralismus vor dem Hintergrund des medizinischen Weltbildes der Laien in Ladakh, Heidelberg 1986, S. 48 ff.
2 Ebd., S. 75.

Religiös-magische Heiler:

Wirkungsbereich dieser Heiler ist die Behandlung von Krankheiten, die durch übernatürliche Kräfte oder Karma »verursacht« sind.

Diese Tätigkeit fällt v. a. in den Bereich der Äbte der Rotmützen, Tantriker *(Duba)* und Astrologen *(Onpo* und *Tsispa),* denen man besondere spirituelle Fähigkeiten zur Abwehr unheilverursachender übernatürlicher Kräfte zuschreibt. Die angewendeten magisch-religiösen Rituale sind sehr zahlreich und vielfältig. Sehr häufig werden *Mantras* eingesetzt, die auf unterschiedlichste Weise zum Patienten gelangen können:

- direkt durch das gesprochene Wort;
- durch Essen von damit besprochener Butter;
- durch Einatmen von Rauch damit besprochener Senfsamen;
- in Form eines auf Papier aufgeschriebenen Mantras, das in Wasser aufgelöst getrunken wird.

Oft erhalten die von übernatürlichen Kräften Bedrohten auch ein Amulett; Amulette werden aber auch gegen Ohrenschmerzen, Augenerkrankungen etc. benutzt.

Orakelheiler:
Von den Vertretern magisch-religiösen Heilens erfreuen sich die Orakelheiler mancherorts besonderer Beliebtheit. Das Besondere an ihnen ist, daß sie ihren Körper zeitweise an eine oder mehrere Gottheiten ausleihen können. Sobald sie den allseits erwarteten Zustand der Besessenheit erreicht haben, sprechen die entsprechenden Gottheiten durch dieses Mensch-Orakel-Medium, nehmen Heilungen vor, geben Ratschläge und Prophezeiungen.
Als Heiler sind allerdings lediglich Hausorakel tätig. Davon gibt es im Distrikt *Leh* etwa 30. Die meisten Orakelheiler sind Bauern, die nur z. T. von dieser Aktivität leben.

Reiseziele in Ladakh und Zanskar

Die besondere Attraktion Ladakhs sind die schönen alten lamaistischen Klöster, von denen v. a. *Hemis, Thikse, Alchi, Rizong* und *Lamayuru* viele Besucher anziehen.
Wer hohe wüstenhafte Berge mit kleinen Oasen liebt, ist hier ebenfalls am rechten Ort. Besonderer Beliebtheit erfreuen sich Wanderungen durch das *Markha Valley* und von *Lamayuru* nach *Zanskar* oder von *Zanskar* nach *Kashmir* oder *Himachal Pradesh*.

Vom Zoji La-Paß nach Leh
Am 3.529 m hohen *Zoji-La-Paß* endet das gut beregnete, grüne *Kashmir*, und es beginnt das kahle wüstenhafte Bergland *Ladakh*. Die sich in zahllosen Serpentinen von *Baltal* zur Paßhöhe hinaufschlängelnde Straße ist die einzige Straßenverbindung zwischen Kashmir und Ladakh. Die kalten und schneereichen Winter bewirken freilich, daß sie lediglich von Mai bis Oktober offengehalten werden kann.
Auf den ersten Kilometern hinter der Paßhöhe, die noch gut beregnet ist, liegen Wiesen, auf denen im Frühsommer Enzian und Edelweiß blühen. In dieser Zeit trifft man auch auf Bergnomaden mit riesigen Schaf- und Ziegenherden, die nach kurzem Aufenthalt Richtung Zanskar weiterziehen.
Auf der Abfahrt vom Paß führt der Weg bald in das Tal des Dras River, dessen Quellgebiet am *Zoji La-Paß* liegt. In diesem Tal, das bereits wenige Kilometer unterhalb des Passes immer kahler und schließlich wüstenhaft wird, bleiben wir bis kurz vor *Kargil*, wo der *Dras* in den *Suru* mündet.

Matayan
(250 Ew.)
Erstes größeres Dorf hinter dem Paß ist *Matayan*, dessen Einwohner sich aus Kashmiris, Baltis und Darden zusammensetzen. In Matayan, das am rechten Ufer des *Gumbar* (Nebenfluß des Dras) liegt, wird Weizen und Gerste angebaut. Ungefähr 20 km hinter Matayan wird *Dras* erreicht, der wichtigste Ort im westlichen *Dras Valley*.

Dras
(3.180 m, ca.
600 Ew.)

Dras ist ein großes Dorf, in dem es aber immerhin einen Tourist Bungalow sowie ein paar kleine Teestuben/Lokale gibt. An einem Checkpost werden ausländische Touristen registriert. In der Umgebung von Dras befinden sich genügend Weidegebiete für große Herden von Schafen, Ponies, Ziegen und Kühen.

Die Bewohner von Dras sind vor langer Zeit aus Kashmir eingewanderte Darden, die im 17. Jh. zum schiitischen Islam übergetreten sind.

Verkehrsver-
bindungen

Wer in Dras einen Rasttag einlegt, reist am besten mit *Lkws* weiter – es besteht dagegen keine Möglichkeit, in den Srinagar–Leh-Bus zuzusteigen. Auf der Strecke Dras–Kargil verkehren auch lokale *Busse*, was hingegen für Sonamarg–Dras nicht der Fall ist.

Wandern/
Trekking

Trekker, die nach *Zanskar* hinauf wollen, können ein Stück des Weges abkürzen und unter Umgehung von Kargil von *Dras* direkt nach *Sanku* wandern. Dieser Track ist allerdings viel schwerer als der leichte Weg von Kargil nach Sanku, auf dem auch Jeeps und Busse fahren. Man sollte den Track nicht ohne Guide machen, da es Orientierungsprobleme gibt.

Route: Dras–Thasgam (23 km)–Kharbu (33 km)–Channigund (47 km)–Kargil (57 km).

Von Dras bis Kargil führt die Straße bis wenige Kilometer vor Kargil durch das enge und sehr spärlich bewachsene Dras Valley. Im Juni bekommt diese triste Landschaft für kurze Zeit kräftige Farbtupfer, wenn die Rosenbüsche am Wegesrand in gelber und roter Blütenpracht erscheinen. Die monotone Fahrt wird durch ein paar Dörfer unterbrochen, die durch ihre Oasenhaftigkeit anziehend wirken. In dieser Region werden Aprikosen angebaut.

Kargil
(2.677 m, ca.
5.000 Ew.)

Wenn man aus dem engen und den größten Teil des Jahres kahlen *Dras Valley* in das Oasenstädtchen *Kargil* mit seinen Weiden und Obstbäumen (Aprikosen) am reißenden *Suru River* und den terrassierten Feldern auf den umliegenden Hängen unterhalb hoher vegetationsloser Berge kommt, stellt sich zunächst ein Gefühl von Faszination ein. Wenn der Blick wieder etwas klarer ist, muß man die schweren Lebensbedingungen (klimatisch, ökonomisch etc.), die soziale Ungleichheit, die Überheblichkeit der kashmirischen Regierungsbürokratie gegenüber den »unterentwickelten« Baltis und vieles andere mehr zur Kenntnis nehmen.

Distrikt-
hauptstadt

Kargil ist Verwaltungshauptstadt des Distriktes *Purig* (Westladakh und Zanskar), der von der indisch-pakistanischen Waffenstillstandslinie im Norden bis *Padum* im Süden, vom *Zoji La* im Westen bis zum *Fatu La* im Osten reicht. Das hat zur Folge, daß neben den alten Lehmbauten auch ein paar moderne Verwaltungsbauten stehen und in der Stadt ein Distriktkrankenhaus, eine Bücherei und eine Filiale der State

Bank of India zu finden sind, wonach man in anderen Orten vergeblich sucht.

Handelsflekken Der große Bazar von Kargil ist der einzige bedeutende Einkaufs- und Handelsplatz des Distrikts. Besonders geschäftig geht es im Herbst zu, wenn die Bauern der Täler von *Dras, Suru, Doda* und *Zanskar* ihre überschüssigen Produkte absetzen: Frische Yakbutter, gewebte Stoffe aus Yak- und Schafwolle, getrockneter Käse, Zwiebeln, Aprikosen etc. Bei dieser Gelegenheit kaufen die Bauern im Gegenzug ihre Wintervorräte an anderen Lebensmitteln wie Salz, Zucker etc. ein.

In Kargil hat sich, wie in Leh, ein kleines Handelsbürgertum herausgebildet, dessen Markt durch den Bau von Straßen und Brücken in den benachbarten Tälern (Erschließung) langsam aber stetig wächst.

Religion Die Bevölkerung von Kargil besteht überwiegend aus schiitischen Moslems, es existiert aber auch eine kleine sunnitisch-islamische Gemeinde, die auch über eine eigene Moschee verfügt. Im moslemischen Kargil sind im Gegensatz zu buddhistischen Orten in Ladakh die Frauen vollständig auf die häusliche Sphäre eingeschränkt und in bezug auf das politische Leben, die Stadtöffentlichkeit und außerhäusliche Berufstätigkeit ganz und gar diskriminiert.

Bank State Bank of India, geöffnet 10–14 Uhr, So geschl.

Elektrizität Von 20–23 Uhr sorgt ein Dieselgenerator für Licht. In der übrigen Zeit tut's die gute alte Wachskerze.

Essen und Trinken Seit Ladakh 1974 für den Tourismus geöffnet wurde, sind in Kargil, wo die Busse und Lkws auf ihrer Fahrt von Srinagar nach Leh für die Nacht anhalten und auch die Leute, die nach Suru und Zanskar reisen, übernachten, eine Reihe von Hotels und Restaurants eröffnet worden.

Gut und billig kann man bei *Babu* in der Hauptstraße, gegenüber vom Taxistand, essen (chinesische Küche, verschiedene nordindische Gerichte, europäisches Frühstück). Die Leute aus diesem Lokal organisieren außerdem auch Tracks. Des weiteren gibt es kleine Speiselokale in den verschiedenen Billighotels entlang der Hauptstraße. Dagegen ist das Restaurant des *Hotel International* sehr teuer. Wer dort speist, sollte sich auf jeden Fall zunächst einmal die Speisekarte zeigen lassen.

Information T. O. vorhanden: geöffnet tgl. 10–13 und 16–21 Uhr.

Krankenhaus District Hospital.

Übernachtung Die beste Wahl ist möglicherweise der *Dak Tourist Bungalow*, dessen guteingerichtete, saubere und geräumige DZ ca. 8 DM kosten. Des weiteren gibt es u. a. die *Hotels* der unteren Mittelklasse D'Zojila (an der Straße nach Suru), Suru View, Greenland und Nun Kun, deren Preise ziemlich deutlich über denen des T. B. liegen.

Entlang der Hauptstraße findet man außerdem mehrere sehr einfache und nicht sehr saubere Hotels der Billigkategorie.

Verkehrsver- **bindungen**	Die *Busse* der Linie *Leh–Srinagar* starten morgens um 5.30 Uhr in beide Richtungen. In der Regel sind diese Busse voll, gelegentlich können aber noch 1–2 Personen zusteigen. Man kann morgens um 9 Uhr mit einem Militärbus nach Leh bis Lamayuru mitfahren; es ist jedoch unsicher, ob er täglich fährt. Busse nach *Mulbekh, Dras, Sanku/Suru Valley*, 40 km (mehrmals tgl.) und *Panikhar/Suru Valley*, 67 km (tgl. um 8 Uhr, Dauer der Fahrt ca. 3 Std., oft sehr voll). Inzwischen ist die Straße nach *Padum* fertig, so daß man jetzt auch mit dem Bus und dem Lkw bis Padum, 237 km, fahren kann. Nach einer Auskunft des T. O. Kargil fährt der Bus nur dann nach Padum, wenn entweder genügend Passagiere vorhanden sind oder auf Bestellung. Ansonsten besteht noch die Möglichkeit, von einem Lastwagen mitgenommen zu werden oder die wesentlich kostspieligeren *Jeeps* oder *Taxis* zu mieten. Statt sich in die sehr vollen Busse und Jeeps hineinzuzwängen und ohne Chance, etwas von der wunderschönen Landschaft mitzubekommen, empfehle ich, die Strecke von Kargil nach Padum zu wandern (s. Trekking in Ladakh S. 193).

Route: Kargil–Lotchum (28 km)–Mulbekh (40 km).
Nur wenige Kilometer östlich von *Kargil* verläßt man wieder das *Suru Valley*. Die Straße passiert einen Militärposten und steigt auf ein sandiges Plateau hinauf. Auf der anderen Seite geht es in das Tal des *Wakha* hinunter, der aus der Gegend um das Rangdum-Kloster in Zanskar kommt. Nach einigen Kilometern öffnet sich das enge schluchtartige Tal, am Südufer liegt das Dorf *Shergol* (ca. 30 Häuser). Die Bevölkerung setzt sich aus Moslems und Buddhisten zusammen, damit ist eine Übergangsregion zwischen dem moslemischen und buddhistischen Ladakh erreicht. Der Ort besitzt wohl eine kleine Moschee, aber sein Erscheinungsbild wird eindeutig vom weißen Kloster der Gelbmützen, *Ganden Dhra-Phuk*, hoch oben auf dem Fels bestimmt.

Die ersten Chörten, umgeben von Gebetsmauern aus Manisteinen, tauchen auf. Die Häuser der Buddhisten mit ihren Gebetsfahnen und Geisterfallen bewegen die Phantasie. Schon bald, wenn man erst einmal ein paar Tage im Land der Lamas verbracht hat, wird das alles zur Selbstverständlichkeit.

Mulbekh (3.200 m)	Man bleibt weiter im Wakha Valley und erreicht nach 6–8 km *Mulbekh*, den größten Ort dieses Tals (120 Häuser). Von einem mächtigen Kalksteinfelsen schauen die *Serdung Gompa* und die *Gandentse Gompa* (erst in den 60er Jahren erbaut; von Likir betreut) herunter. Die Klöster bieten nichts Außergewöhnliches, aber der Aufstieg ist der Aussicht wegen durchaus lohnenswert.

An der Srinagar–Leh Road befinden sich ein paar Läden, ein kleines Speiselokal und ein *Tourist Bungalow* (vier Zimmer, DZ 10 DM).

An einem Felsen ist die große Statue des zukünftigen Buddhas der Liebe *(Maitreya)* zu sehen, die vermutlich aus der späten Gupta-Zeit (7. Jh.) stammt. Der Buddha trägt die Schnur der Brahmanen (von der linken Schulter zur rechten Hüfte herunterhängend), die seine edle Herkunft symbolisieren soll. Mit seinen oberen Händen umfaßt er Kranz und Lotos, die rechte untere Hand drückt die Varada-Geste des Mitleids aus, die linke umgreift eine Vase, die mit dem lebensstiftenden Göttertrank *Amrita* gefüllt ist.

Buddha-Felsrelief von Mulbekh

Fest

Im Herbst findet in Mulbekh ein großes *Erntefest* statt, dessen Hauptereignis der Auftritt des Orakels von Mulbekh bildet. Ort jener Handlung ist der kleine Tempel neben der Steinskulptur des Maitreya, in dessen vom Rauch der ranzigen Butter gefüllten Gebetsraum sich zahlreiche Neugierige drängen. An einem kleinen Tisch gegenüber dem *Avalokiteshvara-Altar* sitzt der orakelnde Bauer, der sein Gesicht mit einem roten Tuch bedeckt hält, über dem er eine Maske mit Totenköpfen und den drei Augen zürnender Gottheiten trägt. Er befindet sich im Trancezustand, stammelt Unverständliches als »Botschaft einer Gottheit«, das eine Hilfsperson in verständliche Worte faßt. Vor dem Orakel knien um Rat Bittende und Kranke. Bei Letzteren legt er seinen Speer auf die zu heilende Körperstelle und ruft *Mantras*. Nach mehreren Stunden Erregung und Trancezustand läuft das Orakel irgendwann in wilden Sprüngen auf den Hof, tanzt um die Gebetsfahne, kehrt in den Tempel zurück, nimmt sich Tuch und Maske vom Gesicht und fällt erschöpft in die Arme seiner Helfer. Das ist das Ende einer Trance und zugleich Startsignal für ein Fest im Hof, bei dem zu den Klängen von Be da-Musikanten getanzt und viel Chang getrunken wird. Die Besucher sind festlich gekleidet. Dies gilt insbesondere für die Frauen, die silberne Halsketten mit Krallen tragen und ihr Haar mit bunten Blumen geschmückt haben.

Übernachtung
Tourist Bungalow.

Route: Mulbekh–Namika La (15 km)–Bodhkarbu (30 km)– Henasku (39 km).
Hinter Mulbekh geht es in langen Serpentinen zum 3.723 m hohen *Namika-Paß* hinauf.
Anschließend fährt man zum Tal des *Kanji Nala* hinunter, dessen Quellgebiet am *Kanji La* liegt, über den die Trekkingroute *Rangdum–Khalsi* führt.

Khangral
Erstes Dorf unterhalb des Namika La ist *Khangral* am Kanji Nala, der nach Nordwesten zum Indus hinfließt. Der Abschnitt zwischen der Hauptstraße und dem Indus gilt als landschaftlich außerordentlich schön. Die Bevölkerung des Kanji Nala Valley ist seit dem 16. Jh. islamisch, hat aber viele alte Bräuche beibehalten. So feiert man noch das lamaistische Neujahrsfest Lhosar, trinkt immer noch Chang und verehrt alte vorislamische Gottheiten.

Chitang
Chitang, der Hauptort des Tals (Palastruine, Fort auf einem steilen Hang; Anbau von Getreide und Aprikosen) ist von Khangral 12 km entfernt – eine Distanz, die man zu Fuß in 2 Std. zurücklegen kann. Leider ist für den Besuch dieses Ortes eine Sondergenehmigung durch die Innenministerien in New Delhi und Srinagar erforderlich.
Man überquert bald hinter *Khangral* den *Kanji Nala* Richtung *Stackney* und folgt ihm in östlicher Richtung über *Bodhkarbu* (größeres Dorf) nach *Henasku*.

Henasku

In dieser Gegend leben die schiitisch-islamischen *Noor Bakshi*, die im Gegensatz zu ihren Glaubensgenossen aus dem Suru Valley als liberal gelten.

Route: Henasku–Fatu La-Paß (12 km)–Lamayuru (27 km).

Hinter *Henasku* fährt man durch eine bizarre Hochgebirgslandschaft zum *Fatu La-Paß* – mit 4.091 m höchster Punkt der gesamten Route – hinauf. Auf der Paßhöhe grüßen Chörten und Gebetsfahnen. Der Fatu La ist nach allen Seiten hin von kahlen, zerklüfteten Bergriesen umgeben. Hier scheint jede Vegetation erstorben. Unweigerlich schleicht sich ein leichtes Angstgefühl ein. Ein Lichtblick ist nur der kleine grüne Tupfer der Oase *Lamayuru*, einige Kilometer im Osten. Anschließend fährt man in langen Schleifen nach Lamayuru hinunter.

Lamayuru
(ca. 3.700 m)

Lamayuru liegt in einer kleinen Oase zwischen hohen Bergen. Unmittelbar in Ortsnähe befindet sich ein riesiger Canyon, dessen bizarre Formen und wunderschöne Gesteinsfarben beeindrucken. Hoch über dem Dorf steht das älteste Kloster von Ladakh, das in jüngster Zeit renoviert worden ist.

Essen und Trinken Übernachtung

Das *Rasthaus* unterhalb der Srinagar–Leh Road verfügt über das einzige gute Speiselokal in Lamayuru.

Man kann in dem oben angeführten Rasthaus recht gut übernachten und zahlt für bescheiden eingerichtete 4-Bett-Zimmer 2,50 DM pro Person. Am Rasthaus werden Pferde für

Eingang zur Oase Shilla

150

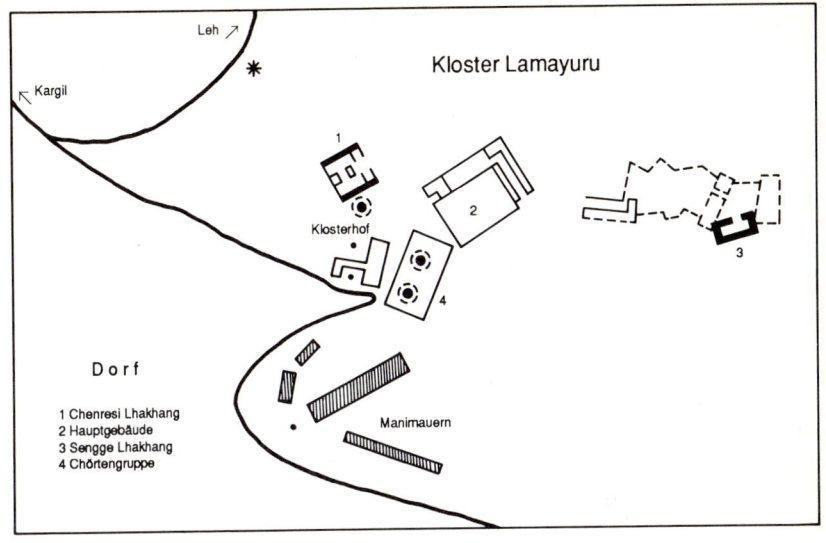

Kloster Lamayuru

Leh ↗

↖ Kargil

1
Klosterhof

2

3

4

D o r f

1 Chenresi Lhakhang
2 Hauptgebäude
3 Sengge Lhakhang
4 Chörtengruppe

Manimauern

Tracks nach *Padum/Zanskar* angeboten.

Im unten gelegenen Dorf existieren noch zwei einfache *Hotels*. Außerdem besteht die Möglichkeit, im *Kloster* zu übernachten.

Verkehrsverbindungen Man geht an die Straße und versucht, *Busse* und *Lastwagen* Richtung *Leh* bzw. *Kargil/Srinagar* anzuhalten.

Kloster Lamayuru

Geschichte

Das Kloster Lamayuru wurde Ende des 10. Jh. gegründet. Es gehörte ursprünglich zur *Kadampa-Schule*. Von den in dieser Zeit errichteten vier Tempeln existieren heute nur noch der guterhaltene *Sengge Khang* und der schwer beschädigte *Lotsawa Lhakhang*. Im 16. Jh. war die *Lamayuru Gompa* der Hauptsitz des damals sehr mächtigen *Kargyüpa-Ordens*. Im 19. Jh. wurde das Kloster Lamayuru während der Dogra-Invasion geplündert und viele seiner Statuen und Manuskripte zerstört.

In der Blütezeit lebten im Kloster ca. 400 Mönche, heute sind es noch knapp 30. Das Kloster besitzt ein paar Äcker, deren Ertrag jedoch bei weitem nicht für die Ernährung der Mönche ausreicht, so daß es wie viele Klöster Ladakhs auf Spenden angewiesen ist, d. h. religiös vermittelte und legitimierte Ausbeutung der gläubigen Bauern der umliegenden Dörfer.

Zum Kloster Lamayuru gehören noch einige Tochtergompas in den Nachbarorten. Die Mönche dieser Klöster feiern im März und Juli *Feste* in Lamayuru.

Die Gompa versucht heute auch, aus dem Tourismus Einnahmen zu erzielen, indem sie Eintrittsgeld verlangt, Zimmer vermietet, »tibetische Antiquitäten« verkauft und an Trekker Pferde vermietet.

Besichtigung

Das *Hauptgebäude* des Klosters Lamayuru geht in seiner heutigen Gestalt auf das 16. Jh. zurück. Es besitzt einen kleinen Innenhof, in dem die verschiedenen Zeremonien abgehalten werden. Im ersten Obergeschoß sind der *Chokhang* und der *Apchi-Lhakhang* (Tempel der Apchi), im zweiten Obergeschoß der *Gonkhang* und der Raum des Abtes untergebracht.

Der *Vorraum zum Chokhang* ist mit in Ladakh populärer Klostermalerei ausgestaltet: Lebensrad, Erklärung der Ordensregeln, Beschützer der Haupthimmelsrichtungen (*Vaishravana* oder *Kubera* mit Rundbanner und Manguste/Norden; *Virudhaka* mit dem Schwert/Süden; *Dritarashtra* mit der Laute/Osten und *Virupaksha* mit einem Chörten/Westen).

Auf dem Altartisch des *Chokhang* befinden sich Standbilder des Buddha *Shakyamuni* mit seinen beiden Lieblingsschülern *Maudgyalyayana* und *Shariputra* sowie verschiedener *Digunkpa*-Äbte – letztere mit roten Lamamützen. In der rechten Seitenwand dieses Raumes liegt die kleine Meditationshöhle des populären Heiligen *Naropa*, in der Ritualgeräte, Butterlampen und Figuren des Heiligen, seines Gurus *Tilopa* und seines Schülers *Marpa* (Gründer der Kargyüpa-Sekte) zu sehen sind.

Der im selben Geschoß gelegene *Apchi-Lhakhang* (Tempel der Schutzgöttin Apchi), ein schmaler länglicher Raum mit lediglich einem Fenster, enthält in einer Ecke den Sitz des rezitierenden Lamas und an der Längsseite einen Altartisch, auf dem ein gläserner Schrank mit vielen bunten Opferkuchen steht. Bei den Skulpturen rechts vom Altar handelt es sich um: Blauer *Mahakala*; Schutzgöttin *Apchi* mit Schädelschale und Spiegel; *Digunkpa-Abt*; blauer *Yidam Cakrasamvara* in Yab-Yum-Stellung mit mystischer Partnerin; *Kubera* oder *Vaishravana* auf einem Löwen; reitende *Apchi*. Genau über dem Chokhang liegt der *Simchung*, der Raum des Abtes, in dem sich mehrere schöne Thankas befinden, sowie ein buntbemalter Wandschrank mit Handschriften, Bildern (*Mahakala*, Digunkpa-Schutzgöttin *Apchi*; *Amitayus*, Buddha des ewigen Lebens) befinden. Nicht uninteressant sind auch die Wandmalereien im *Gonkhang* (Raum der Schutzgottheiten) in der Nordwestecke des zweiten Obergeschosses.

Rechts vom Eingang ist *Mahakala* zu sehen, die lamaistische Version des Hindugottes *Shiva* (neungesichtig), umgeben von verschiedenen Einzelmanifestationen; es folgt *Heruka*, der Meditationsbuddha (Dhyanibuddha). Auf der linken Seite ein weiterer *Mahakala*, eine reitende *Apchi* und eine *Tseringma* (alttibetische Berggöttin und Schutzpatronin der nichtislamischen Darden). Auf der Rückwand Buddha *Shakyamuni* und 16 *Arhats*.

Auf dem Altartisch befinden sich zwischen drei Silberchörten figürliche Abbildungen bedeutender Heiliger der Kargyüpa-Sekte: *Marpa*, *Gampopa*, Dichteryogi *Milarepa* sowie *Atisha*, der geistige Ahnherr der Kadampa-Schule.

Über Treppen gelangt man nach einem etwas mühsamen Anstieg vom heutigen Hauptgebäude des Klosters zum *Sengge-Lhakhang* (Löwentempel), dem ursprünglichen Haupttempel des Klosters Lamayuru, der im 11. Jh. erbaut worden sein soll und dessen Skulpturen und Malereien möglicherweise auf die Gründungsphase zurückgehen.

Besonders hervorzuheben ist die Gruppe von vier um einen Zentralbuddha

(*Vairocana*, Buddha der Weltmitte) angeordneten Meditationsbuddhas.
Der in der Lotoshaltung sitzende Vairocana ist von gängigen Mustern ab-
weichend wie ein Bodhisattva gekleidet und trägt Schmuck im Design der
Gandhara-Epoche. Die Stuckfigur Vairocanas ist von einem für die frühe
kashmirische Kunst charakteristischen Dreipaßbogen umgeben, der eingerahmt wird von Rankenwerk und paarweise dargestellten Tieren und Fa-
belwesen: Elefanten, Seelöwen, Makaras (Seeungeheuer mit Elefantenrüs-
seln). Gekrönt wird die gesamte Szenerie vom Urvogel *Khyun*, einer Synthese aus Mensch und Adler, der in der buddhistischen und hinduistischen
Mythologie noch bekannter unter dem Namen *Garuda* ist.
Um den Zentralbuddha sind die Buddhas der Himmelsrichtungen angeordnet: Links unten der blaue *Akshobhya* als *Dhyanibuddha* des Ostens
mit der Geste der Erdanrufung zum Zeichen des Sieges über den
Versucher *Mara*; links oben der rote *Amitabha*, der Buddha des Westens,
in der Meditationsmudra; rechts der gelbe *Ratnasambhava*, der Buddha
des Südens sowie der grüne *Amogharidi*, der Buddha des Nordens.
Die wertvollen Wandmalereien des *Sengge-Lhakhang*, die ebenfalls auf
das 11. Jh. zurückgehen, sind in einem restaurationsbedürftigen Zustand.
Vor dem Hauptgebäude steht eine Gruppe von *Chörten*, die wohl die größte innerhalb eines ladakhischen Klosterbezirks ist. Diese Chörten beinhal-
ten die Reliquien zahlreicher Mönchsgenerationen einschließlich der verschiedensten Beigaben. Fromme Klosterbesucher umwandeln sie und drehen ihre zahlreichen Gebetszylinder.
Schließlich gehört zur Besichtigung des Klosters Lamayuru noch der Besuch des *Chenresi-Lhakhang* (Avalokiteshvara-Tempel), links unterhalb
vom Klosterhof, in dessen Innenraum ein über 2 m hohes Standbild des
Avalokiteshvara (tib.: Chenresi), des populärsten Bodhisattvas und
Schutzheiligen Tibets (in der elfköpfigen und tausendarmigen Form als
Arya-Avalokiteshvara) steht. Er ist umgeben von Skulpturen des Buddha
Shakyamuni, seiner Lieblingsjünger und verschiedener Bodhisattvas. Die
Malereien (stark beschädigt) stellen Szenen dar aus dem Leben und Wirken des Gautama Buddha *(Shakyamuni)*, sowie seiner Vorexistenzen *(Ja-
takas)*. Unterhalb von Lamayuru existieren, schon im Bereich der Dorfflur
gelegen, lange *Mani-Mauern*.

Wanderung	Tagesausflug in das *Wanla Valley;* Hinweg 4 Std., Rückweg 3 1/2 Std.; Schwierigkeitsgrad: Für geübte Trekker leicht; un- geübte und wenig sportliche Flachländer müssen sich an- strengen.

Man geht von der dem Dorf gegenüberliegenden Flußseite in
östlicher Richtung und wendet sich bei den drei Chörten
nach rechts. Nach ca. 1 1/2 Std. stetig aufwärts führender
Wanderung (am Schluß recht steil) wird der *Prinkiti La-Paß*,
3.726 m (Höhenangaben variieren zwischen 3.700 und
4.100 m), erreicht, von dem im Süden die faszinierende Gebirgslandschaft der schneebedeckten Berge der *Zanskar Range* (5.000–6.000 m) und im Westen der kahle *Fatu La-Paß*
(4.096 m) zu sehen sind.
Nach einem gut einstündigen Abstieg durch eine kahle

Kloster und Dorf Lamayuru

Schlucht gelangt man zum *Shilakong Tokpo* (Wanla River). Rechts führt ein Pfad durch eine kahle Schlucht Richtung *Lingshed/Zanskar*.

Man biegt nach links ab und erreicht nach wenigen hundert Metern das Oasendörflein *Shilla*. In Shilla wird der Fluß auf einer Brücke überschritten. Anschließend wandert man bis zu dem nahegelegenen Ort *Wanla* am rechten Ufer entlang.

Trekking Lamayuru ist Ausgangspunkt von Tracks nach *Zanskar* und *Stok/Leh* (s. Trekking in Ladakh, S. 194).

Route: Lamayuru–Khalatse (27 km)–Nurla (43 km).
Kurz hinter Lamayuru beginnt eine verwegene Abfahrt – insgesamt 20 weit ausholende Kurven bei ca. 500 m Höhenunterschied – in das Indus Valley, das kurz vor *Khalatse* erreicht wird.

Khalatse/	*Khalatse* oder *Khalsi* (3.086 m, 120 Häuser) hat in der Ge-
Khalsi	schichte des westlichen Ladakh seit dem 10. Jh. als Handels-

Khalatse/
Khalsi

Khalatse oder *Khalsi* (3.086 m, 120 Häuser) hat in der Geschichte des westlichen Ladakh seit dem 10. Jh. als Handelsplatz und Verkehrsknotenpunkt große Bedeutung gehabt. Der Ort ist dank seiner geschützten Lage ein großer Obstgarten (Äpfel, Aprikosen, Tomaten). In Khalatse machen die Linienbusse und Lastwagen der Strecke Srinagar–Leh Mittagspause. In den kleinen Speiselokalen in der Bazarstraße erhält man für wenig Geld Reis, Dal und Gemüse. Es existieren auch verschiedene kleine *Hotels* als billige und bescheidene Übernachtungsmöglichkeiten.

In *Khalatsi* endet ein 4-Tages-Track von Rangdum. Von Khalsi ließe sich außerdem ein 3-Tages-Track nach *Likir* (s. S. 211) unternehmen.

Wir bleiben bis Leh im Indus Valley oder dessen näherer Umgebung.

Nurla

Im Indus Valley befindet sich auch *Nurla*, der nächste größere Ort (60 Häuser, zwei kleine Geschäfte) auf der Fahrt nach *Leh*. Wie im nahegelegenen Saspol ist in den letzten 10 Jahren der Obst- und Gemüseanbau mittels Regierungsinitiative stark expandiert. Etwa die Hälfte der Ernte wird an das Militär geliefert, der Rest geht großenteils auf den Markt von Leh.

Tingsmogang

3 km nördlich von Nurla liegt in einem fruchtbaren Seitental des Indus das reiche Großdorf *Tingsmogang* (zu Fuß und mit dem Linienbus zu erreichen), dessen sehenswerte Tempel in Rahmen des Likir-Khalsi Tracks beschrieben sind.

Route: Nurla–Uletokpo (Rizong), 11 km.
Nächster Ort im kahlen Indus Valley ist das kleine Dorf *Uletokpo* (vier Häuser). Da die beiden bekannten Klöster *Rizong* und *Mangyu* nur wenige Kilometer entfernt sind und deshalb recht häufig Touristen in diese Gegend kommen, wurden vor einigen Jahren in Uletokpo *Campingplätze* und ein *Restaurant* eröffnet.

Kloster Rizong

Um zum Kloster Rizong zu gelangen, geht man auf einem ungeteerten Weg das Tal des aus dem nördlichen Bergmassiv kommenden Indus-Nebenflußes *Uletokpo* hinauf.

Nach einer etwa einstündigen Wanderung wird das in einem Aprikosenhain gelegene Nonnenkloster *Chomoling* (20 Nonnen) erreicht. Die Frauen dieses Klosters nehmen am religiösen Leben des benachbarten Männerklosters Rizong teil. Außerdem haben sie verschiedene Arbeitsleistungen für die Rizong Gompa zu erbringen. Dazu zählen: Melken der Kühe, Gewin-

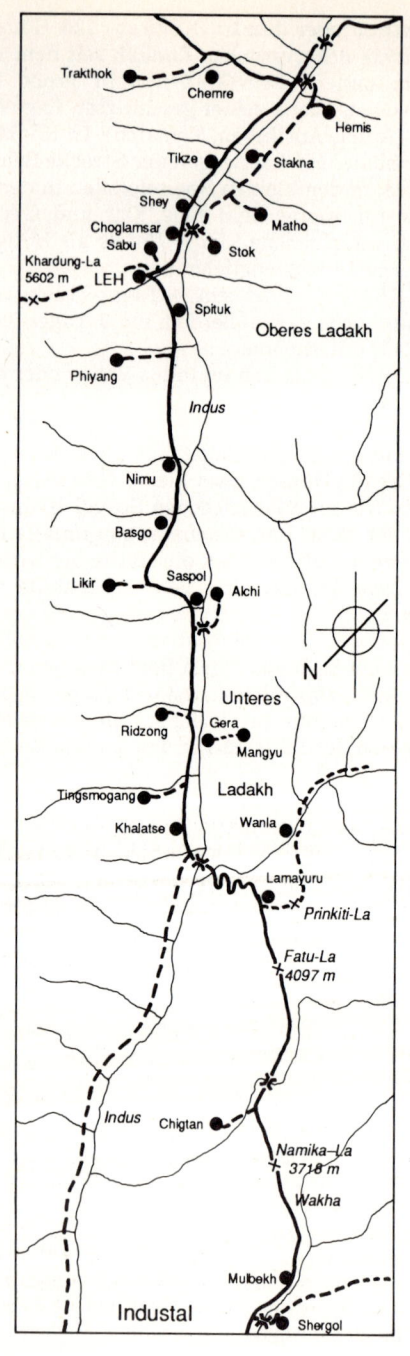

nung von Öl aus Aprikosenkernen für die Lampen der Gebetsräume, Spinnen von Wolle, Weben und Färben der Mönchskleidung.

Kurz hinter dem Nonnenkloster machen Gebetsmauern darauf aufmerksam, daß man sich der Rizong Gompa nähert (30 Min. zu Fuß). Die Route verläßt hier nach links abbiegend den Fluß und führt nun durch eine enge, ansteigende Schlucht. Etwas unvermittelt taucht schließlich das in einen Talkessel hineingebaute Kloster auf.

In diesem Kloster, das primär der Meditation dient, leben heute ca. 40 Mönche. Ihm eilt der Ruf voraus, besonders diszipliniert und asketisch zu sein. So ist nur einmal täglich eine größere Mahlzeit (mittags) erlaubt. Die Mönche leben streng vegetarisch. Alkohol – auch der populäre Chang – ist verboten.

Das Kloster Rizong wurde erst 1841 gegründet, ist also für ladakhische Verhältnisse sehr jung. Die Gründung verdankt es dem Gelübde eines Händlers aus Saspol; es gehört den Gelbmützen *(Gelugpa)*.

Besichtigung

Das Kloster ist halbkreisförmig in einen engen Talboden hineingebaut. Seine zahlreichen Gebäude sind terrassenförmig übereinander gestaffelt. Während in der rechten Hälfte des Klosterkomplexes vorwiegend die Kultbauten zu finden sind, sind in der linken Hälfte – vom *Dukhang* abgesehen – die Wohnhäuser der Mönche konzentriert.

Da das Kloster *Rizong* hauptsächlich ein Ort der Meditation ist, verfügt es über keinen Festspielhof mit Zuschauergalerie. Im Gegensatz zu den meisten Gelugpa-Klöstern findet man in Rizong auch keinen *Tsankhang* (Figurenraum hinter dem Chokhang).

Insgesamt fünf Räume sind kunsthistorisch von besonderem Interesse. Im *Tsultim Nima-Lakhang*, dem Tempel des Klosterstifters (unterer Teil des rechtsseitigen Altbaus) befindet sich ein großer Chörten mit den Reliquien des Klostergründers. Wandmalereien im Vorhof haben *Lokapalas* sowie

Kloster Rizong

den mythologischen Berg *Meru* zum Gegenstand. Ein rechter Hand gelegener Nachbarraum beherbergt einen großen Gebetszylinder.

Ebenfalls auf der rechten Seite des Klosterkomplexes, aber zwei Etagen höher, gelangt man in den *Chokhang*. In dessen Vorraum befindet sich zu beiden Seiten der Eingangstür zur Halle Wandmalereien (vier *Lokapalas*, mythologischer Berg *Meru*). In dem im mittleren Teil zweistöckigen Chokhang nehmen im Zentum zwei Sitzreihen für Mönche einen größeren Raum ein. Für den Dalai Lama und den Abt sind erhöhte Sitze reserviert. Auf dem Altar stehen eine Reihe von Figuren, darunter: Der Sektengründer *Tsongkhapa* mit seinen Lieblingsjüngern, *Amitayus* (Buddha des langen Lebens), Buddha *Shakyamuni*, *Vajrapani*, Bodhisattva von Energie und Stärke, ein elfköpfiger, tausendarmiger *Avalokiteshvara*. Die Malereien an der Eingangswand stellen rechts einen von Heiligen und Gurus umgebenen Buddha sowie links die Gruppe der 36 Buddhas der Sündenvergebung dar.

Im *Gonkhang* (Tempel der Schutzgottheit) befindet sich das Standbild von *Vajrabhairava* (zornig dreinblickende tantrische Manifestation des Weisheitsbuddhas *Manjushri*), des Hauptyidams der Gelugpa-Lamaisten.

Die Hauptversammlungshalle des Klosters, der *Dukhang*, befindet sich im Gegensatz zu den bisher angeführten Bauten in der linken, jüngeren Hälfte des Klosterkomplexes – und zwar weit oben. Sein Zugang liegt am Ende eines Treppenhauses, das mit vier Lokapalas verziert ist.

Der Dukhang ist eine rechteckige Halle, die durch drei mal zwei Säulen gegliedert wird. In seinem hinteren Bereich, der zweistöckig ist, befindet sich eine größere Zahl von Chörten und Figuren. Die Malereien an der Eingangs-, der Fenster- und der Westwand reihen im Uhrzeigersinn die verschiedenen Lebensstadien des historischen Buddha aneinander – Traum der Königin Maya; Herabstieg des weißen Elefanten vom Tushitahimmel; Geburt des Prinzen Siddharta in Lumbini; Fragen an den Hofastrologen; Szenen aus dem elterlichen Palast in Kapilavastu; vier Begegnungen mit dem menschlichen Leid und Elend, verkörpert durch einen Kranken, einen Toten, einen Greis und einen Asketen; Siddhartas heimlicher Ausbruch auf seinem Pferd Kanthaka; Schnitt der langen Haare und Ersatz der Luxuskleidung durch einfache Baumwollgewänder; Askese und Milchspende der Sujata; Versuchung durch Mara; Erleuchtung unter dem Feigenbaum von Bodh Gaya; erste Predigt und das »Andrehen des Rades der Lehre« im Wildpark von Sarnath; Parinirvana im Kreise seiner Schüler.

Übernachtung

Im Nonnenkloster gibt es einen kleinen spartanisch ausgestatteten Raum, in dem man für 10 Rp übernachten kann. Geschlafen wird auf dem Boden. Man kann hier auch frühstücken und Mittag- und Abendessen bekommen.

Vairocanakloster von Mangyu

Dieses Kloster liegt wenige Kilometer südlich von *Uletokpo*, in einem Seitental des *Indus*. Zunächst wird der Indus auf einer Seilbahn überquert, um nach *Gera* zu gelangen, von wo ein Pfad nach Mangyu führt. Für den Ausflug von Uletokpo zum Vairocanakloster sollte man einen ganzen Tag einplanen.

Das Kloster ist eine Gründung von Alchi (11. Jh.); es ging im 15. Jh. an die
Gelbmützen über. Was die Wandmalerei und die Skulpturen betrifft, steht
es in der Tradition des Mutterklosters; dagegen ist die Anlagekonzeption
als Reihenanordnung von mehreren Einzeltempeln konträr zur mandala-
förmigen Anlage von Alchi. Während die vielfach beschädigten Wandmalereien und Mandalas sich nicht mit Alchi messen können, sind die Skulpturen von Mangyu jenen von Alchi künstlerisch und technisch überlegen.
Das Vairocanakloster von Mangyu, das bis vor wenigen Jahren, nur von
Alchi aus im Tagesmarsch zu erreichen war, ist, obwohl es nun ja leicht
zugänglich ist, immer noch ein ganz ruhiger Flecken.

Route: Uletokpo–Alchi-Brücke, 6 km (Kloster Alchi).
Nach nur wenigen Minuten Fahrt wird die große Indus-Brük-
ke von Alchi erreicht. Vom gegenüberliegenden Ufer gelangt
man auf einem Jeepweg zum Dorf *Alchi,* 4 km, wo die wegen

Alchi-Kloster

ihrer bedeutenden Fresken und Holzschnitzereien bekannte Gompa Alchi *Chos-Khor* steht. Dieses Kloster ist etwa so stark besucht wie Thikse und Hemis.

Alchi

Alchi ist ein Dorf, das aus vier Weilern besteht, in dem die Menschen, wie vielerorts im unteren Ladakh, vom Anbau von Getreide und Aprikosen leben. Daran hat auch der Tourismus bisher kaum etwas geändert, dessen Neugier sich auf den im Ortsteil *Chökhor* gelegenen Tempelkomplex *Chos Khor* richtet.

Diese aus dem 12. Jh. stammende Tempelanlage wird zu Recht wegen ihrer wertvollen Malerei und alten Holzschnitzerei sowie der geheimnisvollen Mandalas und imposanten Kolossalplastiken als eine der kulturhistorischen Hauptattraktionen von Ladakh angesehen. Hier überlebt noch der mit der Islamisierung Kashmirs spätestens im 12. Jh. untergegangene spätbuddhistische Stil Nordindiens, in dem die indische Spätguptakunst eine Synthese mit Strömungen aus Zentralasien, Nepal und Bengalen eingegangen war.

Chos Khor

Das vermutlich älteste und nach allgemeiner Überzeugung kunsthistorisch interessanteste Bauwerk der Tempelgruppe ist der dreigeschossige *Sumtsek-Tempel.*

In der Eingangsveranda beeindrucken die kannelierten Säulen, kapitellartigen Sattelhölzer, Kreuzvolutenkapitelle etc. – alles spätantikes Erbe der vorislamischen Kashmirkunst, das man auf den ersten Blick als Laie nicht an dieser Stelle des Erdballs erwartet. Der Innenraum des Tempels wird durch vier Säulen gegliedert, auf deren kunstvoll geschnitzten Sattelhölzern die Zwischengalerien ruhen. Den Mittelraum nimmt ein weißer Chörten ein. Das Untergeschoß besitzt drei Nischen, in denen Großfiguren stehen.

Südnische:

Bodhisattva Avalokiteshvara – weiße Körperfarbe, rot bemalte Hände, roter *Buddha Amitabha* (geistiger Vater des Bodhisattvas) in der mittleren Kronenspitze, wickelartig um die Hüften geschlungener Dhoti, prächtig bemalt mit Herrschern, Palästen, Musikanten etc. Die Deutung der miniaturhaften Szenen ist auch Kunsthistorikern nur z. T. möglich.

Westnische:

Bodhisattva Maitreya – rötlichbraune Körperfarbe, vergoldetes Gesicht, in der mittleren Position seiner fünfzackigen Krone *Buddha Vairocana* (mystischer Herr des Götterpantheons von Alchi), auf dem den Unterkörper umschließenden Dhoti etwa fünfzig kreisförmige Bildfelder mit Szenen aus dem Leben des historischen Buddha *Shakyamuni*, zwischen denen mandalaartige Medaillons eingestreut sind.

Nordnische:

Bodhisattva Manjushri, vergoldetes Gesicht, goldbrauner Oberkörper, auf dem Dhoti Darstellung der 84 Mahasiddhas (»Große Vollkommene«), jener tantrischen Meister und Magier, die im kashmirischen Buddhismus vom 8.–12. Jh. hohes Ansehen genossen. Zentraler Mechanismus ihrer Erlösungslehre ist die Erotik.

In den Seitenwänden der Nischen befinden sich je vier *Taras* (teils zornige, teils friedvolle Manifestationen).

Die Wände des Erdgeschoßes sind mit zahllosen Buddha-Miniaturen ausgemalt, die in Reihen angeordnet sind. An den Seitenwänden der Nischen findet man aber auch allerlei Szenen aus dem Leben irdischer Herrscher. Die Malerei des Sumtsek ist so vielfältig, daß an buddhistischer Kunst interessierte Touristen allein für diesen Raum 1–2 Tage brauchen, wenn sie den Details nachgehen wollen.

In der oberen Etage findet man dagegen nur Malerei mit religiösen Motiven, wobei hier besonders die figürlich-symbolischen Darstellungen meditativer und transzendenter Bereiche, in der Form des *Mandala* ausgedrückt, Neugier erweckt. Im wesentlichen handelt es sich dabei um zwei Typen von Mandala. Beim ersten sind im Zentrum neun konzentrische Kreise angeordnet, beim zweiten ist das System auf einen Zentralkreis ausgerichtet.

»Jedes Mandala, also auch die in Alchi an die Wände gemalten, gewinnt seinen Sinn erst im Ritus, in einem aktualisierten Bezug zum Menschen, der den Ritus ausübt. Er ist somit nicht nur auf Präsenz des in ihm dargestellten Göttlichen angelegt, sondern auf dessen Wirksamwerden während des Kultgeschehens.«[1]

Oberhalb der Figurennischen im Süden, Westen und Norden nehmen große Malereien von Einzelfiguren die Zwischenräume ein. Den Abschluß des künstlerisch sehr interessanten Innenraumes des *Sumtsek* bildet die prächtig bemalte Holzdecke.

Nördlich des Sumtsek liegt der kleine *Dhukhang* (Versammlungsraum) des Klosters Alchi, der vom Kloster Likir betreut wird. Er besitzt einen teilweise überdachten Innenhof. Die süd- und nördlichen Hofwände sind mit einfachen Malereien verziert. Im Hauptraum des Dukhang sind die Skulpturen und Malereien v. a. von *Vairocana* als Manifestation der allumfassenden Dharmadhatu-Weisheit des Urbuddha bestimmt. In der Figurennische steht sein gekröntes, tantrisches Bildnis mit vergoldeten Gesichtern, das von zwei Makaras und himmlischen Musikanten überragt wird. An den beiden Seitenwänden sind vier gekrönte Dhyanibuddhas zu sehen: Rechts *Amitabha* und *Amoghasiddhi*, links *Ratnasambhava* und *Akshobhya*. Weiter sind hier der predigende *Maitreya* und eine *Tara* (?) dargestellt.

Gegenstand der Wandmalereien an der Westwand sind: Ordnung der Tausend Buddhas (beiderseits der Altarvertiefung); Szenen aus dem Leben des historischen Buddha (von Mönchen und Laien umgebener predigender *Shakyamuni*; Abstieg auf der Himmelsleiter nach dem Besuch bei seiner Mutter im Götterhimmel); Inschriften, die auf den Stifter *Sherab Kaldan* verweisen und *Akshobhyas* Paradies preisen.

Die Seitenwände und die Eingangsmauer sind mit je zwei (zusammen sechs) großen Mandalas versehen. Zwischen den Mandalas an den Seitenwänden sind die Personifizierungen von Erkenntnis *(Manjushri)* und transzendenter Weisheit *(Prajnaparamita)* dargestellt.

Über der Tür ist die Schutzgottheit *Mahakala* zu sehen – darüber ein kleines Mandala des *Akshobhya*.

Wie im Sumtsek ist im Dukhang auch Malerei mit weltlich-herrschaftlichen Szenen vertreten, die in paar Eindrücke vom höfischen Leben im 11. und 12. Jh. vermittelt. Kopfbedeckung, Kleidung etc. sind zentralasiatisch. Nur wenige Meter nördlich vom Dukhang stehen in einem Aprikosenhain die beiden kleinen Heiligtümer *Lotsawa*- und *Manjushri-Lhakhang*, deren Kunst ebenfalls in der Tradition von Alchi anzusiedeln ist.

Im Lotsawa-Lhakhang (Tempel des Übersetzers) steht vor der Westwand auf einem Lotossockel ein vergoldeter *Shakyamuni* mit einer Almosenschale und in der Haltung der Erdberührung. Dieser ist umgeben von den Stuckfiguren des *Sadakshari*, einer sitzenden, vierarmigen Manifestation des *Avalokiteshvara* (rechts) und des Tempelgründers und Heiligen *Rinchen Zangpo* (links).

Die Malereien an der Westwand geben die Figuren noch einmal wieder: *Shakyamuni* in Erdberührung (diesmal ohne Schale), in Gesellschaft mit *Sadakshari* und *Rinchen Zangpo* (links).

An der Eingangswand ist wie gewöhnlich *Mahakala* dargestellt, der hier von Miniaturen (spätere Übermalungen) umgeben ist.

Westwand: In der oberen Mitte *Dhyanibuddha*, links unten ein Mandala des *Avalokiteshvara*, rechts unten ein Mandala des *Amitabha* (flankiert von zahlreichen Buddhas).

Die Malerei an der Nordwand ist in einem schlechten Zustand und läßt sich nur mit Mühe ausmachen.

Im nebenan gelegenen *Manjushri-Lhakhang* zieht eine zentrale Gruppe von Figuren, die der *Manjushri*-Verehrung dient, die Aufmerksamkeit auf sich. Dagegen braucht man sich nicht weiter um die kümmerlichen Reste der alten Wandmalerei zu kümmern.

Etwas jünger ist der *Lhakhang Soma* (entstanden Ende 12. bis Mitte 13. Jh.). Das besondere Interesse der Touristen gilt den die Wandflächen füllenden Malereien, die sich stilistisch von jenen der älteren Tempel unterscheiden. Man findet im Lhakhang Soma lediglich drei Mandalas, dagegen gibt es hier Malereien, die in friesartigen Bändern um eine Zentralfigur führen.

Ebenfalls ausgesprochen künstlerisch sind die Chörten von Alchi, insbesondere drei Chörten, die reich verziert sind.

Anmerkung

1 Goepper, R.: Alchi. Buddhas, Göttinnen, Mandalas, Wandmalerei in einem Himalaya-Kloster, Köln 1982, S. 34.

Route: Indusbrücke–Saspol (2 km, Likir)–Basgo (22 km) –Nimu (28 km)–Leh (64 km).

Saspol

Saspol (150 Häuser, Zelte und Unterkunft, Tourist Bungalow) gehört aufgrund des hier möglichen Anbaus von Äpfeln und Aprikosen zu den wohlhabenderen Dörfern von Ladakh. Oberhalb von Saspol liegen Höhlen, in denen im 12. Jh. Mönche der *Kadampa-Schule* (später Gelugpa-Schule) lebten. In den unteren Höhlen befinden sich stilistisch durch Alchi beeinflußte Fresken, dargestellt sind u. a. *Guru Rinpoche* und *Avalokiteshvara*. Darüber gelegene Höhlen: Linke – ein *Mandala*; tausendarmiger *Avalokiteshvara* und *Vairocana*. Mittlere – bemalt mit Buddha *Shakyamuni*; Schutzgott *Heruka*; eine Szene mit Herrscher und Soldaten in Rüstung; Geburt Buddhas; ein Porträt *Rinchen Zangpos*. Rechte – zahlreiche kleine Buddhas; *Amitabha*, Buddha des endlosen Lichtes.

11 km nördlich von Saspol liegt in einem Seitental das *Kloster Likir* (Klukhyil Gompa), das neben Spituk und Thikse zu den bekanntesten Gelugpa-Klöstern des 15. Jh. gehört. Da Likir eine Straßenverbindung mit der Srinagar–Leh Road besitzt, wird es ebenfalls häufig von Reisegruppen besucht.

Kloster Likir

Das Kloster wurde wahrscheinlich im 12. Jh. von den *Rotmützen* gegründet. 300 Jahre später kam es im Zuge von Reformen unter das Kommando der *Gelbmützen*, denen es auch heute noch gehört. In der Likir Gompa leben gegenwärtig etwa 100 Mönche, Abt ist der jüngere Bruder des Dalai Lama.

Das in der Nähe gelegene gleichnamige Dorf ist bekannt für seine Maler und Schreiner, seit einigen Jahren existiert auch ein Zentrum für Kunstgewerbe.

Besichtigung

Der Weg zur Gompa führt an zahlreichen Chörten vorbei. Das Kloster besteht aus zwei Hauptgebäuden, die an einem Hof liegen, der an zwei Seiten auch von überdachten Zuschauergalerien flankiert ist. In diesem Hof werden alljährlich im Winter *Chammysterien* aufgeführt. Noch bevor man den Hof betritt, gelangt man rechterhand zum *Chokhang*. In seinem Vorraum sind die Wände mit der Darstellung der vier *Lokapalas*, dem *Lebensrad* und dem Berg *Meru* geschmückt. Der Hauptraum wird durch vier Säulen aufgeteilt. Im Zentrum befinden sich vier Sitzreihen für die Mönche. Davon abgehoben sind die erhöhten Sitze für den Dalai Lama (Mitte) und den Abt (etwas links) vor der Stirnwand. An den Seitenwänden befinden sich Regale für die Kanonsammlung, dahinter sind teilweise verstellte Malereien auszumachen.

Vor der Stirnwand stehen auf einem Altartisch zwischen Silberchörten von rechts nach links die folgenden Figuren: *Tsongkhapatriade* (Sektengründer mit seinen beiden Lieblingsjüngern), *Jo Rinpoche* (historischer Buddha als 16jähriger Prinz), einzelner *Tsongkhapa*, *Shakyamuni* mit seinen beiden Lieblingsjüngern (hinter dem Sitz des Dalai Lama); je ein lehrender und meditierender *Shakyamuni* sowie *Avalokiteshvara* (ganz links). Ein besonderes Interesse ziehen die zahlreichen, überall an den Wänden und Pfeilern hängenden *Thankas* auf sich.

Man wird sich auch das Obergeschoß anschauen, an dessen Wänden sich die Ahnengalerie des Klosters, bestehend aus Mahasiddhas, Gurus und klösterlichen Inkarnationen, präsentiert.

Der zweite Hauptbau der Gompa, der *Chenresi-Lhakhang* (Avalokiteshvara-Tempel), wird vom Klosterhof über eine kurze Treppe und eine Veran-

Im Gelugpa-Kloster Likir

da betreten. In diesem eingeschossigen Bau befindet sich als Hauptkultfigur ein elfköpfiger *Avalokiteshvara*. Die erst in jüngster Zeit restaurierten Wandmalereien stellen auf der rechten Seite *Shakyamuni* mit den 16 *Arhats* und auf der linken Seite Shakyamuni mit seinen Lieblingsschülern *Maudgalyayana* und *Shariputra* sowie den 35 Buddhas der Sündenvergebung dar. Direkt oberhalb vom Avalokiteshvara-Lhakhang ist schließlich die Abtwohnung angelegt (über eine Seitentreppe zu erreichen). Sie ist mit wertvollen alten Figuren und schönen Thankas ausgestattet.

Ab Saspol verläßt man für eine Weile das Indus Valley, in das man erst wieder in Nimu gelangt. Zwischen *Saspol* und *Nimu* ist ein Höhenrücken zu überqueren.

Basgo

Unser nächstes Ziel ist *Basgo* (160 Häuser, Schulen, ärztliche Hilfsstation).

Nach dem unwirtlichen, steinigen Plateau befindet man sich hier wieder zwischen Getreidefeldern und Obstbäumen. Basgo war im Mittelalter Residenz der Herrscher von Westladakh. Davon zeugt eine das Tal um Basgo beherrschende Burgruine. Der königliche Tempel und die Bibliothek mit ihren tibetischen Malereien sind noch gut erhalten.

Hinter Basgo drücken der bis Nimu wieder tristen-kahlen Landschaft Sieges- und Erleuchtungschörten sowie lange Gebetsmauern ein wenig den Stempel menschlicher Kultur auf.

Nimu

Dann taucht das Dorf *Nimu* (150 Häuser; 3.170 m hoch) in Gestalt eines grünen Tupfers auf.

Von der Indusbrücke bei Nimu führt ein Trekkingpfad nach *Chilling*, dem ladakhischen Zentrum der Gold- und Silberschmiede.

Nach Nimu klettert die Straße auf dem Weg nach *Leh* eine Anhöhe hinauf, von der man auf den Zusammenfluß der Flüsse Indus und Zanskar schaut.

Die letzten 30 km der Route *Zoji La–Leh* führen durch monotones hügeliges Gelände am Rande der Indusebene. Wenige Kilometer vor Leh kommt man an riesigen Kasernen vorbei, die höchst anschaulich daran erinnern, daß diese Region hochgradig militarisiert ist.

Phiyang

Phiyang, 27 km westlich von Leh und nur ca. 6 km von der Srinagar-Leh Road entfernt, ist einen Abstecher wert: Auch hier die Kombination Dorf, Hügel, Gompa – eine schon nach wenigen Tagen Ladakh–Aufenthalt vertraute topographische Szenerie.

Im Juli findet hier ein prächtiges *Klosterfest* statt, zu dem Einheimische und ausländische Touristen in großen Scharen kommen.

Im Kloster existiert eine einfache *Übernachtungsmöglichkeit*. Phiyang besitzt *Busverbindung* mit *Leh*.

Kloster Phiyang

Geschichte

Das großzügig angelegte Kloster Phiyang entstand vor ca. 450 Jahren quasi als Dankesgabe für die Heilung des damaligen ladakhischen Königs von schwerer Krankheit. Der Wundertäter war ein hoher Mönch aus der Umgebung des sagenumworbenen *Kailash* in Westtibet.

Besagter Mönch erhielt zum Dank Ländereien in Phiyang und ließ neben der königlichen Residenz »Tashi-chos-dzong« den roten Bau mit den ältesten Teilen des Klosters anlegen.

Im Kloster Phiyang ist der *Digunkpa Kargyüpa-Orden* zu Hause, der als liberal gilt – z. B. dürfen die Mönche heiraten.

Besichtigung

Der Klosterkomplex liegt deutlich gegliedert entlang einer West-Ost-Achse. Um den Hauptkomplex sind Nebengebäude und Wohnhäuser angelegt, die sich am Südosthang in einer Staffelung anordnen.

Der Zugang erfolgt im Westen durch einen Eingang in der Form von zwei Torchörten. In nördlicher Richtung befindet sich der Festspielhof mit seiner alten Galerie, wo die höchst eindrucksvollen *Mysterienspiele* abgehalten werden. Auf den Galeriewänden ist die Gruppe der 35 Buddhas der Sündenvergebung (im Mittelpunkt der historische Buddha mit seinen beiden Lieblingsschülern), darunter *Jigten Gönpo*, der Gründer der Digunkpa-Sekte im 12. Jh. (in Mönchskleidung einschließlich dem charakteristischen roten Hut) dargestellt.

Erstes größeres Gebäude in der West-Ost-Achse ist der *Lhakhang Nyingpa*, der alte Tempel – auch Chokhang genannt –, das Gründungsheiligum des Klosters. Vor seinem Eingang ist ein Vorraum angelegt, der mit den Hütern der Haupthimmelsrichtungen und dem Lebensrad bemalt ist.

Sein Innenraum wird durch vier mal sieben Säulen gegliedert. Im Zentrum sieht man die Sitze der Mönche und den Thron der Abtinkarnation. Vor der Stirnwand, durch eine Glaswand vom Gebetsraum abgetrennt, lenken verschiedene Figuren in zwei unregelmäßigen Reihen gruppiert, die Aufmerksamkeit auf sich. In der hinteren Anordnung machen wir von links nach rechts aus: *Avalokiteshvara, Shakyamuni, Vairocana* und *Manjushri*. Die kleineren Figuren verkörpern neben dem Sektenahnherrn *Jigten Gönpo* mehrere hohe Lamas – zu erkennen an den hohen roten Hüten – sowie *Vajrasattva* und *Amitabha-Amitayus*.

An den Wänden sind großflächig dargestellt – von der Tür ausgehend – auf der linken Seitenwand nacheinander: Die fünf *Dhyanibuddhas Amogasiddhi, Amitabha, Ratnasambhava, Akshobhya* und *Vairocana*, darauf folgen der Klostergründer und ein inkarnierter Abt. Auf der rechten Seitenwand finden wir von links nach rechts: heilige *Atisha*, Buddha *Amitabha-Amitayus*, Medizinbuddha *Manla*, sowie Bodhisattvatriade *Manjushri, Avalokiteshvara, Vajrapani*. Den Abschluß formt ein wenig übliches *Mandala*, zwei ineinanderlaufende Dreiecke (Dreieck nach unten: weibliches Prinzip; Dreieck nach oben: männliches Prinzip) als Ausdruck männlich-weiblicher Vereinigung.

An der Westseite des alten Lhakhang gelangt man in einen ausnahmsweise einmal nicht düsteren *Gonkhang*, was teilweise damit zusammenhängt, daß dieser fensterlose Raum durch eine Lichtkuppel erhellt wird. Ebenfalls in diese Richtung wirkt die leuchtend bunte Bemalung der zornvollen Gottheiten. In diese Atmosphäre paßt augenscheinlich, daß sich die Digunkpa-Mönche recht locker und lustig geben.

Im durch eine Holzschranke abgetrennten hinteren Viertel des Raumes befinden sich Figurengruppen. Den Mittelpunkt bildet *Mahakala*, als vierarmiger schwarzer Schützer *Gönpo Nagpo* in der gängigen Dharmapal-Ausstattung und den Attributen Schädelschale mit Erleuchtungsessenz sowie Hackmesser zum Abschneiden der Wurzeln der Unwissenheit dargestellt. *Mahakala*, der schwarze Gott, ist die lamaistische Variante des Hindugottes Shiva. Das Hervorstechendste am Gonkhang sind die noch gut erhaltenen Wandmalereien aus der Frühzeit des Klosters (16. Jh., tibetischer Stil, chinesischer Einfluß). Neben den vielen Miniaturen von *Dakinis*, tierköpfigen Bardogottheiten, Friedhofsgöttinnen, alttibetischen Tänmafurien etc. begegnet man auch dem geistigen Stammbaum der Kargyüpa-Schule wie z. B. *Vajradhara* und verschiedenen *Mahasiddhas*. Die letztgenannte Darstellung der Ahnengalerie verweist darauf, daß dieser Raum früher wohl ein Chokhang war.

Eine Sammlung ausgestopfter Tiere, Tanzmasken und verrosteter Waffen deutet an, daß in den magisch-exorzistischen Praktiken der Digunkpa-Schule noch alte vorbuddhistisch-animistische Kulte fortleben.

Nach Westen wird nun das Phiyang-Kloster von dem um einen Innenhof angelegten viergeschossigen Hauptgebäude abgeschlossen, zu dem die Küche, verschiedene Nebenheiligtümer, die Bücherei und der neue Dukhang (Chokhang) gehören.

Der Dukhang (die neue Versammlungshalle), sozusagen der Hauptteil des Klosters, bildet eine Etage über dem Innenhof. In seinem Vorraum sind an Wandmalereien zu sehen: Der Lageplan des Stammklosters *Drigung (Brigung)* in Tibet, das Lebensrad, die vier Hüter der Himmelsrichtungen und die acht religiösen Glückssymbole. Der Innenraum ist an den Wandseiten ein- und in der Mitte mehrstöckig, wo auch Sitzreihen für die Mönche angelegt sind.

Das Renommierstück des Dukhang ist der dicht an die westliche Stirnwand angelegte Altartisch. Zwischen und vor Gedenkbüsten für frühere Äbte ist eine größere Kollektion kaschmirischer Bronzen aufgebaut (wahrscheinlich aus dem 12. oder 13. Jh.). Es wird angenommen, daß diese Sammlung ursprünglich im alten Burgtempel zu Hause war. Die Großfiguren stellen *Padmasambhava, Gampopa* und den Klostergründer dar.

Bei den Wandmalereien handelt es sich auf der linken Seitenwand um eine Shakyamunitriade, die acht Medizinbuddhas und eine Reihe Kargyüpa-Yogis, auf der rechten Seitenwand um die Darstellung von 35 Buddhas der Sündenvergebung und die Bodhisattvatriade *Avalokiteshvara, Manjushri* und *Vajrapani*.

Chörten, Kloster Spituk

167

Kloster Spituk

10 km westlich von Leh liegt die letzte Station auf dem Weg vom Zoji La-Paß in die alte Hauptstadt von Ladakh.

Das Kloster, das seit 500 Jahren zum *Gelbmützen-Orden* gehört, liegt auf einem Bergkegel oberhalb einer fruchtbaren Oase. Seine Anlage folgt ganz den klassischen Prinzipien, wie sie im Kapitel »Kloster-Architektur« ausführlich beschrieben sind (s. S. 123 ff).

Gegenwärtig hat es die Funktion des Zentralklosters der Gelugpa in Ladakh, der derzeitige Abt, *Kusho Bakula*, zählt zu den einflußreichsten Politikern von Ladakh, er war viele Jahre Abgeordneter im Landtag von Jammu & Kashmir und im Zentralparlament in New Delhi.

Leh (3.500 m, ca. 10.000 Ew.)	Distrikthauptstadt, in einem Seitental des Indus gelegen, das von hohen vegetationslosen Bergen umgeben ist, deren Gipfel ganzjährig verschneit sind (Ladakh Range). Leh ist längst nicht so reizvoll wie etwa Lamayuru mit seinem Canyon und dem alten Kloster. Da jedoch in der Umgebung der Stadt zahlreiche kulturhistorisch hochinteressante Gompas *(Hemis, Thikse, Spitok, Phiyang)* zu finden sind und Leh von den Metropolen Srinagar, Delhi und Chandigarh in 1–2 Flugstunden zu erreichen ist, ist es der weitaus am stärksten touristisierte Ort in Ladakh.
Geschichte	Leh war über viele Jahrhunderte ein wichtiger Handelsplatz zwischen Tibet und Kashmir, Baltistan und Himachal Pradesh, Sinkiang, Zanskar und Rupshu. Die Stadt war nach den Bedürfnissen eines Markt- und Umschlagplatzes angelegt und ihr Erscheinungsbild von durchziehenden Karawanen geprägt. Während für die Stadtökonomie von Leh die Landwirtschaft eine zum Handel ergänzende Funktion hatte, war sie in den weitgehend subsistenzorientierten Dörfern der Umgebung der das Leben bestimmende Produktionszweig, neben dem lediglich ein schmales Handwerk existierte.

Diese Situation änderte sich in den letzten 40 Jahren grundlegend. Zunächst wurde durch die Teilung des indischen Subkontinents im Jahre 1948 der Handel mit den an Pakistan gefallenen Gebieten zerstört, und dann ging durch den chinesisch-indischen Krieg im Jahre 1962 die zentrale Handelsbeziehung mit Tibet verloren. Spätestens 1962 hatte das Himalaya-Handelszentrum Leh seine überregionale Bedeutung verloren und war zu einem regionalen Marktflecken abgesunken.

Im Zuge der indisch-pakistanischen (von 1948 bis heute) und indisch-chinesischen Spannungen (seit 1962) und Kriege wurde die an einer zentralen Stelle des Spannungsgebietes lokalisierte Stadt/Region Leh von der indischen Zentralregierung mit zahlreichen militärischen Einrichtungen (Kasernen, Militärflugplatz etc.) versehen und die Infrastruktur der

Region nach primär militärischen Interessen »entwickelt« (Straßenbau, Energieversorgung etc.). Dadurch wurde Leh an die kapitalistische Warenzirkulation des sich auf dem Weg zur modernen bürgerlichen Ökonomie befindlichen Indiens und seiner umfangreichen staatlichen Entwicklungsbürokratie angeschlossen.

Wirtschaft Durch diese sozioökonomischen und politisch-militärischen Prozesse wurden starke Veränderungen in der Wirtschaftsstruktur, Berufs- und Sozialstruktur und dem Werte- und Normensystem von Leh hervorgerufen. Diese Entwicklung wurde durch die Öffnung Lehs und Ladakhs für den westlichen Tourismus im Jahre 1974 verstärkt.

1980 kamen 38,8 % der Einkommen aus dem Staatssektor (Verwaltung, Militär), 28,3 % aus der Landwirtschaft (Felder am Rande von Leh), 22,6 % aus dem Handel (Erweiterung des Marktes durch Militär, Tourismus, stärkere Marktorientierung der Landwirtschaft, wachsende Mittelschicht mit moder-

Marktfrau in Leh

Leh aus der Vogelperspektive

nen Konsummustern) und 9,9 % aus der Produktion von Chang.

Das Einkommen ist sehr ungleich verteilt. Nach einer Untersuchung von *Ashok Aima* standen den unteren 15,2 % der Bevölkerung von Leh lediglich 7,84 % des Einkommens der Stadtökonomie zur Verfügung, während die obersten 25,15 % 42 % erhielten. Das heißt natürlich nichts anderes, als daß auch hier die wirtschaftliche Entwicklung wie in anderen Teilen Indiens an den Stadtarmen vorbeigeht.

Ein besonderes Kennzeichen des sozialen Wandels ist zweitens die Entstehungen einer breiten Mittelschicht von beim Staat angestellten Erwerbstätigen, von denen viele große Hoffnungen in die Modernisierung nach westlichem Muster setzen und ganz oder teilweise mit überlieferten Konsummustern und Verhaltensstilen/Normen brechen.

Hier wie andernorts sind die neuen Berufe v. a. für Männer da, so daß, von einer kleinen Elite abgesehen, die Frauen vom sozial-ökonomischen Fortschritt und der neuen bürgerlichen Öffentlichkeit ausgeschlossen werden.

Politik

In Leh trifft sich die politische Elite von Ladakh. Das sind zunächst einmal jene aus den Machtcliquen der alten Oberschicht, die als Vertreter der Region in Srinagar (Landesparlament, Landesregierung) und Delhi (Lok Sabha) sitzen. Dazu gehören auch jene, die sich in den lokalen politischen Institutionen an den Schalthebeln der Macht befinden.

Ladakh-Politik wird in allen wichtigen Belangen in *Delhi* (Zentralregierung) und *Srinagar* (Regierung des Bundesstaates von Jammu & Kashmir) gemacht. Die alteingesessene politische Elite von Ladakh wird dabei von der Oberschicht des Kashmir Valley (Moslems) dominiert und ist bestrebt, Eigenständigkeit durch die Herauslösung Ladakhs aus dem Bundesstaat Jammu und Kashmir und die Erlangung des Status eines der Zentralregierung unterstellten Bundesterritoriums zu gewinnen.

Diese Bestrebung ist nicht allen zu eigen und wird von ihren Anhängern unterschiedlich stark vertreten. Ein Nahziel ist, den starken Kashmiri-Anteil in der staatlichen Bürokratie und Verwaltung von Leh zurückzudrängen.

Im Sommer 1989 kam es im Raum Leh erstmals wieder seit 1981/82 zu Demonstrationen, in denen für Ladakh die Ausgliederung aus dem Bundesland Jammu & Kashmir und der Status eines Dehli direkt unterstellten autonomen Bundesterritoriums gefordert wurde. In diesem Zusammenhang wurden auch kashmirische Touristenbusse mit Steinen angegriffen.

In Leh existiert keine nennenswerte Arbeiterbewegung, was nicht überrascht angesichts dessen, daß es keine Industrie gibt und sozialer Wandel vorläufig nur wachsender Handelskapitalismus und Einzug staatlicher Verwaltungs- und Entwicklungsbürokratie heißt. Es ist aber in der jungen Intelligenz eine Bewegung entstanden, die sich gegen die ökologische Blindheit der offiziellen Entwicklungspolitik wendet und für umweltfreundliche Alternativen wirbt und arbeitet. Örtliches Zentrum dieser Gruppierung ist das Informationszentrum der »Ladakh People Ecological Development Group« (s. Kasten), zu dem eine Bibliothek (Informationszentrum) und ein inzwischen bei westlichen Rucksacktouristen beliebtes Restaurant gehört, in dem auf Solaröfen gekocht wird.

Ladakh People Ecological Development Group

Diese Gruppe wurde 1983 von der schwedischen Öko-Aktivistin und Linguistin *Helena Norberg-Hodge* gegründet, die seit 1975 jeweils eine Hälfte des Jahres in Ladakh und eine Hälfte auf Vortragsreisen in Westeuropa und Nordamerika verbringt.

Der Gruppe gehören mittlerweile weit über hundert Ladakhis an, die die importierte Entwicklung (z. B. Kunstdünger und Pestizide in der Landwirtschaft) als problematisch ansehen und nach Alternativen suchen. Zu diesem Zweck werden umwelt- und technologiekritische Materialien aus dem Westen gesammelt und in die Bevölkerung hineingetragen (z. B. auch in Schulen).

Abgesehen von den Informationsveranstaltungen ist die Verbreitung umweltfreundlicher Energien das Hauptfeld der Aktivitäten. Angefangen hat diese Projektarbeit mit einem einfachen Solarsystem zur Beheizung von Häusern, was sehr wichtig ist in einem Land, in dem im Winter das Thermometer bis minus 40°C sinkt und in dem zugleich ein großer Mangel an Brennmaterial herrscht.

Seither ist das Programm um sonnenbetriebene Öfen, Wassererhitzer und Nahrungstrockner (für Fleisch und Früchte) sowie Windmühlen und einfache Wasserpumpen erweitert worden.

Es ist zwar nicht leicht, die ladakhische Bevölkerung zur Anschaffung von

Solarheizungen zu gewinnen, es gibt aber unverkennbare Erfolge auf diesem Gebiet. 1986 erhielt die Ladakh People Ecological Development Group den Alternativen Nobelpreis.

Während die Gruppe in ökologischen Fragen sehr kritische Ansichten vertritt, trifft man, was die sozialen und ökonomischen Strukturen der traditionellen ladakhischen Gesellschaft betrifft, bei Gesprächen mit Gruppenmitgliedern häufig auf einen unübersehbaren Hang, die Vergangenheit zu idealisieren.

Sehenswert

Die Silhouette der Stadt Leh wird vom Burgberg mit dem mächtigen Königspalast bestimmt, den manche Tibetkenner mit dem Potala von Lhasa vergleichen.

Königsburg

Zuoberst steht auf den Bauresten einer ehemaligen dardischen Festung die Ruine der kleinen alten ladakhischen *Königsburg*, die aus der Zeit um 1520 stammt, als sich Leh noch im Schatten der damaligen Residenzen Shey und Sabu befand.

Gonkhang

Unweit unterhalb der Burgruine steht ein *Gonkhang* (erbaut um ca. 1530, heute von Gelbmützen betreut). Von besonderem Interesse sind Malereien an der Eingangswand, in denen der ladakhische König samt seinem Gefolge zu sehen ist: Männer in turko-mongolischer Kleidung, Frauen in der überlieferten ladakhischen Tracht. Die Künstler kamen vermutlich aus Kashmir oder dem Tarimbecken. Im Figurenraum des Gonkhang stehen die zumeist verschleierten Standbilder des achtköpfigen *Yamantaka* und des sechsköpfigen *Mahakala*. Zahlreiche Votivgaben im Vorraum weisen darauf hin, daß dieser Tempel von vielen Frauen besucht wird, die um gesunden »Nachwuchs« bitten.

Zhampa-Lhakhang

Im Umfeld des alten Palastes steht weiter der *Zhampa-Lhakhang*, in dem sich eine riesige Figur von Maitreya befindet. Sehenswert ist auch die alte Holzdecke mit ihren vielen Bijas und Mantras.

Königspalast

Kernstück des Burgberges bildet jedoch der relativ weit unten gelegene große Gebäudekomplex des *neuen Königspalastes*, der um 1600 entstand, als Leh unter *Sengge Namgyal* die Funktion der Hauptstadt von Ladakh erhielt. Dieser Palast wurde von den ladakhischen Herrschern bis zur Zeit der Dogra-Invasion im 19. Jh. genutzt. Besondere Aufmerksamkeit verdienen das kunstvoll geschnitzte Eingangstor (Löwentor) und der Palasttempel, in dessen Zentrum der 2 m hohe *Ushnishsa Sitatapatra* steht, eine Figur mit tausend Armen, tausend Augen, tausend Beinen und tausend Köpfen. Sehenswert sind auch verschiedene *Thankas*.

Lhakhang Soma

Noch relativ jungen Datums ist der *Lhakhang Soma* oder *Neue Tempel* (im 19. Jh. erbaut), zu dem ein Tempelhof gehört, in dem im Februar die zweitägigen Chammysterien von Leh abgehalten werden.

Chenresi-Lhakhang	Größter Tempel im Bereich des Palastberges ist der *Chenresi-Lhakhang* (Avalokiteshvara-Tempel), der vermutlich um 1700 angelegt wurde. In diesem Sakralbau wurden früher verschiedene staatlicherseits erforderliche Rituale abgehalten. Auch dieser Tempel verfügt über wertvolle Thankas. Besonderer Blickfang ist allerdings die 3 1/2 m hohe Figur des einköpfigen, zehnarmigen *Avalokiteshvara*, des berühmten Bodhisattvas des Mitleids.

An der Stirnseite des Chenresi-Lhakhang existiert ein kleiner *Gonkhang* mit der Schutzgottheit des Klosters. Weiter gehören zum Tempelsektor um den neuen Palast der *Rote Tempel* (auch Zhampa-Lhakhang), das älteste Heiligtum von Leh (Hauptkultfigur Maitreya) und der sehr kleine *Guru-Lhakhang* (Tempel des großen Lehrmeisters – die alte Wandmalerei ist übermalt).

Bereits im Übergangsgebiet zwischen Palast und Altstadt liegt ein dritter *Zhampa-Lhakhang*, dessen Hauptkultbildnis *Maitreya*, Buddha des zukünftigen Weltzeitalters ist, umgeben von Reliefs des *Manjushri* (Bodhisattva der Weisheit) und des *Avalokiteshvara*.

Lhakhang Soma	Jüngste Gompa von Leh ist der erst 1957 errichtete *Lhakhang Soma* in der Nähe der Filiale der State Bank of India, wo ein großer, juwelengeschmückter *Jo Rinpoche* verehrt wird.
Chörten	Zu den Sehenswürdigkeiten von Leh gehören schließlich noch die *Chörtengruppe* von *Changspa*, (Typus Gomang = viele rechteckige Kammern; Grundriß des Stupa als Sechzehneck), wenige Kilometer westlich von Leh, und die *Chörten* von *Tissaru*, 3 km nördlich von Leh, oberhalb des Gelugpa-Klosters Sankar (größter, ältester und eigentümlichster Chörten Ladakhs).
Kloster Sankar	Das Kloster Sankar, das aus einem sehr umfangreichen Gebäudekomplex (Dukhang, Dölkar Lhakhang, Simchung, Kanjur Lhakhang) besteht, ist aufgrund seiner Nähe zu Leh sehr stark von Touristen besucht.
Bank/Geldwechsel	State Bank of India, geöffnet im Sommer: Mo–Fr 10–14, Sa 10–12 Uhr; übriges Jahr: Mo–Fr 11–14 Uhr.
Bibliothek	In der allgemein zugänglichen *District Library* findet man sehr viel Literatur zu den Themen Politik, Wirtschaft und Kultur Indiens (einschließlich Ladakh). Es existiert auch ein Zeitungs- und Zeitschriftenlesesaal. Die neuesten Zeitungen sind ca. eine Woche alt. Eine kleine ökologisch orientierte Bibliothek befindet sich im Informationszentrum der »Ladakh Ecological Development Group«.
Einkäufe	Die ausländischen Touristen kaufen vorwiegend tibetische Waren wie Chang- und Teegefäße, Silbertassen, Butterstampfer, Ketten, Teppiche mit tibetischen Mustern, Thankas etc. Die Läden und Stände, die diese Gegenstände verkaufen, gehören Exil-Tibetern, Ladakhis spielen keine Rolle. Das Preisniveau für tibetische Waren ist in Leh deutlich höher als in Katmandu/Nepal.

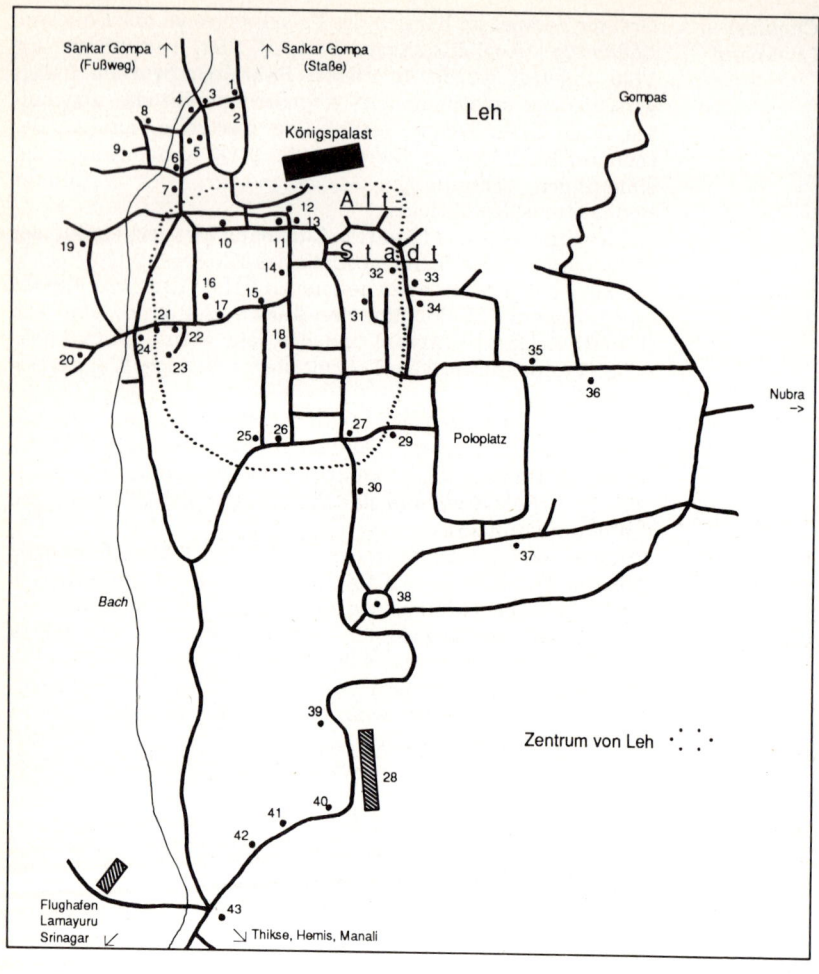

1 Antelope Guest House	2 Campingsite	3 Himalaya Hotel
4 Hotel Shangrila	5 Polizei	6 Hotel Khang La Chhen
7 Indian Airlines	8 Tsemo La Hotel	9 Circuit House
10 State Bank	11 Hilltop Hotel & Restaurant	12 Moschee
13 Kleiner Platz	14 Post	15 Tourist Office Taxi Stand
16 Obst- und Gemüsemarkt	17 Tourist Information Centre	18 Himalaya Hotel & Restaurant
19 Indus Guest House	20 Hotel La Ri Mo	21 Dreamland Hotel & Restaurant
22 Diesel Generator	23 Khangri Hotel & Restaurant	24 Hotel Yak Tail
25 Girl's School	26 Jammu & Kashmir Bank	27 Burman Restaurant
28 Manimauern	29 Palace View Kidar Hotel	30 Taxi Stand
31 Moonland Hotel	32 Tak Guest House	33 Old Ladakh Guest House
34 Delite Cinema	35 Palace View Hotel	36 Child Development Centre
37 National Archery Stadium (Bogenschießen)	38 Busbahnhof	39 Handicraft Training Centre
	40 Animal Husbandry Complex	41 Krankenhaus
	42 Hotel Tibet & Restaurant	43 Tankstelle

Der Kauf von Antiquitäten ist verboten. Es wird gemunkelt, daß sich verschiedene Klöster nicht an diese Vorschriften halten.

Essen und Trinken
In der Traveler-Szene war 1988 das *Dreamland* mit seiner guten tibetischen Küche besonders beliebt.

Ebenfalls gut besucht ist das *Tibetan Restaurant* (chinesische und tibetische Gerichte, z. B. Momos), das Restaurant *Tibetan Hotel* (tibetische und chinesische Gerichte, billig) und das Restaurant der »Ladakh Ecological Development Group«, aus dessen mit Solarenergie arbeitender Küche schmackhafte vegetarische Gerichte für die ökologisch orientierte westliche Traveler-Szene kommen.

Feste
Anfang August findet das *Ladakh-Kulturfestival* statt, das etwa eine Woche dauert, und zu dessen Programm Veranstaltungen mit traditionellen Tänzen, Wettkämpfen im Bogenschießen sowie die Ausstellung ladakhischer Handwerkswaren zählen.

Andere Feste, s. Feste in Ladakh, s. S. 132 ff.

Geschäftszentrum
Im *Main Bazar* findet man sowohl Läden mit modernen Konsumgütern für den täglichen Bedarf als auch Kashmiri-Handwerkswaren für westliche Touristen. Der Bazar befindet sich großenteils im Besitz kashmirischer Händler, was von vielen Ladakhis mit Mißfallen gesehen wird.

Handwerk
Der Förderung des traditionellen ladakhischen Handwerks dient das *Zentrum für Kunsthandwerk*, zu dem Abteilungen für Weberei (Teppiche, Schals), eine Schreinerei und Werkstätten für Silber- und Goldschmiede sowie Thanka-Malerei gehören. Das Zentrum bietet Kurse und längere Ausbildungsprogramme an.

Information
Tourist Office, geöffnet tgl. 10–18 Uhr, Auskünfte über Verkehrsverbindungen, Tracks etc.

Klima/Reisezeit
Saison ist von Juni bis September. In dieser Zeit ist es tagsüber warm bis heiß, aber nachts frisch bis kühl. Außerdem ist das Wetter extrem trocken. Im Gegensatz zu Kashmir fällt in dieser Jahreszeit in Ober-Ladakh so gut wie kein Regen.

Ab Oktober wird es allmählich kalt. Die Winter sind wie in anderen Teilen Ladakhs extrem kühl. Im Winter scheint tagsüber die Sonne. Es fällt nur wenig Schnee (10–15 cm).

Temperaturen

Monat	1	2	3	4	5	6	7	8	9	10	11	12
Mitt. Max.	-1,1	0,6	7,2	13,3	16,1	20,0	25,0	23,9	21,1	15,0	8,3	2,2
Mitt. Min.	-13,3	-12,2	-6,1	-1,1	0,6	6,7	10,0	10,0	5,6	-0,6	-6,7	-10,6

Krankenhaus
Städtisches Krankenhaus, geöffnet 10–16 Uhr, kleinere Behandlungen, Medikamente sind kostenlos, *Militärkrankenhaus*, besser ausgestattet, nur für Militärs und die Oberschicht von Leh zugänglich.

Traditionelle Medizin: In Leh existiert ein Forschungszentrum für tibetische Medizin (Amchi Research Centre). Über die britische Hilfsorganisation »Save the Children Fund« (STCF) wird in Leh gegenwärtig der Aufbau einer Spezialbibliothek für Amchi und eine Amchi Dispensary (als Kommunikationszentrum) finanziert.

Kulturszene Leh ist jener Ort in Ladakh, wo sich das Kulturleben des Landes konzentriert. Die Gruppe der Literaten und Künstler ist klein. Eines ihrer wichtigsten Foren ist *Radio Leh*. Der Förderung regionaler Kunst und Literatur widmet sich die Akademie für Kunst, Kultur und Sprache.

Märkte Es existieren ein ständiger Obst- und Gemüsemarkt (nahe Touristeninformation; gutes Angebot im August und September) sowie ein abendlicher Gemüsemarkt auf dem Bürgersteig des *Main Bazar*.

Post geöffnet Mo–Sa 10–16 Uhr.

Polizei (Visumabteilung) geöffnet Mo–Fr 10–14 Uhr.

Übernachtung Weitaus am preiswertesten sind die vielen kleinen privaten *Guest Houses*, deren Zimmerpreise 1988 zwischen 45 und 80 Rp lagen.

Das optimale Guest House ist ein geräumiges Haus mit sauberen Zimmern, Gemeinschaftsduschen und einem Garten inmitten von Getreidefeldern am Rande von Leh. Die Anwerber der Guest Houses kommen zur Endhaltestelle des Srinagar–Leh-Busses.

Norla Guest House (etwas außerhalb von Leh, in den Getreidefeldern), *Rainbow Guest House* (etwas außerhalb), *Sabila Guest House* (am Pologround), *Bimla Guest House* (große DZ, 80 Rp) und *Indus Guest House* (DZ mit Dusche 80 Rp, ohne Dusche 45 Rp).

Die *Hotels* sind relativ teuer und bieten, soweit sie zur unteren Mittelklasse zählen, oft weniger Komfort als gut geführte Guest Houses.

Kategorie D: Chospa, Dreamland, Delex, Firdous, Hills View u. a. *Kategorie C:* Choskor, Dragon, Himalaya; *Kategorie B:* Ibex, Yak-Tail etc. *Kategorie A:* Indus, Kangri, Kanglachan, Lharimo, Ladakh Sarail (bei Stok, luxuriöse Bungalows) u. a.

Verkehrsverbindungen *Bus:* Nach *Srinagar*: B-Bus tgl. (70 Rp), A-Bus (90 Rp; verstellbare Sitze, Kopfstützen) und De-Luxe-Bus, 2 x wöchentl., Abfahrt 6.30 Uhr, Ankunft in Srinagar am übernächsten Tag um 16 Uhr; Übernachtung in *Kargil*. In der Regel sind die Busse in der Hauptsaison mehrere Tage im voraus ausgebucht. Man kann auch im Lkw mitfahren. Die meisten Lkws starten frühmorgens zwischen 5 und 6 Uhr von einem Platz in der Nähe des Busbahnhofs.

In die Umgebung: Von Leh fahren tgl. Bussse nach *Thikse* (7.30, 14, 17 Uhr), *Shey* (7.30, 14, 17 Uhr), *Hemis* (10 Uhr), *Spituk* (7.30, 14, 17 Uhr), *Phiyang* (7.30, 14, 17 Uhr), *Stok* (7.30, 17 Uhr), *Matho* (7.30, 17 Uhr), *Khalsi* (14 Uhr), *Saspol* (14 Uhr) sowie *Likir* (10 Uhr, Mo, Do) und *Alchi* (10 Uhr, So, Mi).

Paßstraße nach Leh

Entfernung von Leh: Alchi 69 km, *Basgo* 42 km, *Chemre* 40 km, *Changspa* 2 km, *Choglamsar* 7 km, *Flughafen* 7 km, *Hemis* 48 km, *Kargil* 230 km, *Khalsi* (Khalatse) 97 km, *Likir* 52 km, *Lamayuru* 126 km, *Matho* 35 km, *Nimu* 36 km, *Nurla* 85 km, *Phiyang* 27 km, *Rizong* 72 km, *Spituk* 6 km, *Saspol* 62 km, *Stok* 20 km, *Sabu* 13 km, *Srinagar* 434 km, *Thikse* 20 km. *Flug:* In der Saison gibt es wöchentlich fünf Flüge von Leh nach *Delhi,* drei via *Srinagar/Kashmir* und zwei via *Chandigarh*; Tarife 1987: *Leh–Srinagar* 334 Rp, *Leh–Chandigarh* 476 Rp und *Leh–Delhi* 741 Rp.

Ausflugsziele im Südosten von Leh

Chemre
Das Dorf liegt in einem fruchtbaren Seitental, 42 km südöstlich von Leh, unterhalb einer Gompa, die terrassenförmig an einem Berghang angelegt ist. Dieses zur *Drukpa Kargyüpa-Sekte* gehörende Kloster zählt mit seinen etwa 100 Mönchen

Kloster Lamayuru

Landschaft in Ladakh

zu den bedeutendsten Klöstern von Ladakh. In November findet hier ein großes *Maskenfest* statt.

Choglamsar 7 km östlich von Leh liegt *Choglamsar*, ein Dorf, in dem etwa 1.500 Tibeter leben, die 1961–1963 vor der chinesischen Armee flohen, als diese einen Teil des Changtang-Plateaus besetzte. Wichtigste Institution im Ort ist die Schule für buddhistische Philosophie, die heute, nachdem Lhasa als Lehrstätte verschlossen ist, die wichtigste Stätte für die theologische Schulung der Elite der ladakhischen Mönche bildet. Zur Schule gehört eine gut ausgestattete, öffentlich zugängliche *Bibliothek*, in der man neben der buddhistisch-theologischen Literatur auch viele sozial- und kulturwissenschaftliche Bücher sowie mehrere Tageszeitungen vorfindet.

Schule

Bibliothek

1985 wurde mit dem Aufbau eines Studiengangs in tibetischer Medizin begonnen. Vorbilder sind die Amchischulen von Dharamsala und Manali.

Handicraft Centre In Choglamsar befindet sich ein *Handicraft Centre*, in dessen beiden Hallen an 20 Webstühlen Frauen tibetische Teppiche herstellen. Die Arbeiterinnen haben ein dreimonatiges Ausbildungsprogramm zu absolvieren und müssen anschließend mindestens drei Jahre dort arbeiten. Sie erhalten einen bescheidenen Lohn, der 1986 nach Auskunft der Geschäftsleitung für 20 Tage je nach Arbeitsleistung der Frauen zwischen 40 und 70 DM lag. Der Profit des Unternehmens geht an den Dalai Lama in Dharamsala/Himachal Pradesh.

Zum Flüchtlingsdorf Choglamsar gehören weiter Schulen, Geschäfte, kleine Hotels und Restaurants.

Verkehrsverbindung Choglamsar liegt an der Straße Leh–Thikse und ist daher mit *Bus* und *Taxi* zu erreichen. Zu Fuß braucht man von Leh nach Choglamsar etwa 70 Minuten.

Teppichweberin in Choglamsar/ Ladakh

Kloster Hemis

Ca. 40 km südöstlich von Leh, am Rande der Indusebene, liegt das reichste und größte Kloster von Ladakh. Es verfügt über eine bedeutende Bibliothek, wertvolle Thankas und viele kunstvolle Wandmalereien und Buddhafiguren. Im Juni, am 10. und 11. Tag des 5. tibetischen Monats, werden in der Hemis Gompa anläßlich des Geburtstages von *Padmasambhava* berühmte *Maskentänze* veranstaltet, die stark besucht sind. In dieser Zeit werden vor dem Kloster kleine Garküchen und Teebuden aufgebaut.

Kloster Hemis ist zusammen mit Alchi, Thikse und Stok Hauptziel der ausländischen Ladakh-Besucher.

Essen, Übernachtung: Unterhalb des Klosters gibt es ein Restaurant und einen Campingplatz, aber kein Hotel.

Verkehrsverbindungen: Von Leh fährt tgl. um 10 Uhr ein Bus nach Hemis. Derselbe Bus fährt um 14 Uhr wieder zurück. Auf der Hinfahrt werden die ausländischen Touristen am Checkpost in Upshi registriert.

Geschichte

Das Kloster Hemis wurde wahrscheinlich im Jahre 1638 von dem tibetischen Mönch *Stagtsang Raspa* gegründet. Aufgrund seiner engen Beziehung zum damaligen König von Ladakh (geistiger Ratgeber) wurden ihm neben zahlreichen Geschenken auch größere Ländereien übertragen. Die Hilfe des Königs war freilich nicht ganz selbstlos, da es ihm wohl v. a. darum ging, durch die Gründung eines Rotmützen-Klosters (Drukpa-Schule der Kargyüpa-Sekte) ein Gegengewicht gegen die damals übermächtige Gelbmützen-Schule zu schaffen. Seit dieser Zeit gehören auch das Königshaus und die Gebetsräume seiner Burgen dem Rotmützen-Orden an. Mitglieder des Königshauses haben zu allen Zeiten einflußreiche Positionen im Kloster eingenommen.

Die reiche Hemis Gompa vermochte im Gegensatz zu vielen anderen Klöstern alle Eroberungs- und Plünderungszüge fremder Mächte ohne schweren Schaden zu überstehen. Auch nach der indischen Okkupation im Jahre 1834, als mit der Niederlage des Königshauses alle Begünstigungen verloren gingen, wurde der große Besitz an Ländereien und wertvollem Ritualgerät gehalten. Die Äbte von Hemis fungieren als Oberhaupt der *Drukpa Kargyüpa-Sekte* und führen den Titel *Dukchen* (oder Drukchen) *Rinpoche*. Dessen Erbfolge geschieht auf dem Wege der Inkarnation. Dies hat zur Folge, daß das Kloster während der Kindheit und Jugendzeit des heranwachsenden Dukchen Rinpoche von einem Oberlama geleitet wird.

Besichtigung

Die alte Pilgerroute zum Kloster ist durch eine Asphaltstraße ersetzt worden, die mehrfach die mächtigen Mani-Mauern am Straßenrand durchschneidet. Am oberen Ende dieser Mani-Mauern trifft man auf einen heiligen Hain mit einer Gruppe von *Chörten* und einem *Lhato* für *Zhinkyong*, dem Schutzgott der Felder.

Das Kloster ist in Form eines einzigen großen Gebäudekomplexes niveaugleich am Südhang angelegt. Es besitzt eine lange, repräsentative Fassade. Vor dem Hauptgebäude liegt ein geräumiger *Klosterhof*, in dem sich am Gebäudesockel verschiedene kleine, und rechts vom Eingang in einer Nische ein großer Gebetszylinder befinden. Der Hof dient als Festspielplatz

(20 x 30 m) und ist von zweigeschossigen Zuschauergalerien umgeben, die mit einfachen Wandmalereien (84 *Mahasiddhas*) geschmückt sind. Ein erhöhter Sockel fungiert als Sitz des Abtes.

Vom Kloster gelangt man über eine kleine Treppe in den im rechten Flügel des Gebäudekomplexes angesiedelten *Dukhang Chenmo*, die große Versammlungshalle. Seine kleine Vorhalle ist wie fast allerorten mit der Darstellung der vier Hüter der Himmelsrichtungen (*Lokapalas*) und des Lebensrades versehen.

Am Dukhang Chenmo ist v. a. die Holzkonstruktion sehenswert. Um diesen, im Zentrum etwa 8 m hohen Raum läuft eine zweigeschossige Galerie. Sein Dach ruht auf vier kräftigen Stützen. Die Wandmalereien, die reichlich beschädigt sind, sind ikonographisch bedeutungslos. Zum Inventar des Dukhang Chenmo gehören schließlich noch der Abtsthron (in der linken Ecke) und der Andachtsplatz des Schutzgottes *Pehar*.

Ebenfalls vom Hof her betritt man den *Chokhang*, der mit dem *Lhakhang Nyingpa* die linke Hälfte des Klosterkomplexes bildet. Auch hier geht man zunächst durch einen Vorraum, der mit den vier Hütern der Himmelsrichtungen und dem Lebensrad ausgemalt ist. Der Chokhang ist im äußeren Bereich nur eingeschossig. Dagegen tragen in der Raummitte vier Stützen ein von Scheingalerien gebildetes Obergeschoß. Im vorderen Bereich der Raummitte steht auf einem hohen Sockel ein etwa 5 m hoher sitzender Buddha *Shakyamuni* aus vergoldetem Kupfer. Davor ist ein erhöhter Abtsitz angelegt.

Nach hinten befindet sich noch ein Bereich, der durch ein Seil abgegrenzt ist, in dem verschiedene mit Halbedelsteinen besetzte Silberchörten stehen, wo die Reliquien früherer Abtinkarnationen ruhen.

Während die durch Regale mit dem lamaistischen Kanon *Kanjur* und *Tanjur* verstellten Wandmalereien nicht in die Kategorie »besonders sehenswert« fallen, lenken die Reiseleiter den Blick ihrer Klientel auf die Holzkonstruktion, die mit Lotoskapitellen ausgestatteten Säulen, die geschnitzten Sattelhölzer und das Ritualgerät.

Ganz links liegt schließlich noch der *Lhakhang Nyingpa* (der alte Tempel), der, wenn nicht in einer Nische um eine Tara eine Figurengruppe stünde, vollständig leer wäre. Dieser Raum zeichnet sich durch schöne alte Wandmalereien aus, die aus der frühen Zeit der Hemis Gompa (17. Jh.) stammen könnten. So findet man auf der linken Wandseite den Klostergründer *Stagtsang Raspa* (weiß-goldenes Gewand mit Schärpe,weißer Hut, Ohrengehänge); Szenen an anderen Wänden: Episoden aus dem Leben des historischen Lehrers *Shakyamuni* (chinesischer Stil; sein Leben in chinesische Landschaft versetzt), geistiger Stammbaum der Kargyüpa-Sekte, der Urbuddha *Vajradhara* und die 84 *Mahasiddhas*.

Links vom Chokhang führt eine steinerne Leiter zur Dachterrasse hinauf, wo verschiedene Nebentempel zu finden sind. Einer davon ist der allerdings noch unterhalb der eigentlichen Terrasse liegende *Tshom-Lhakhang*, in dem außer wertvollen Thankas ein Silberchörten mit den Reliquien des Klostergründers sowie Standbildern von Abtinkarnationen, des Löwenkönigs *Sengge Namgyal*, des *Stagtsang Raspa*, *Shakyamunis* und *Mahakalas*, untergebracht sind. Auf der Dachterrasse befindet sich auch der *Simchung* (Abtsräume), von dem jedoch lediglich der vordere Teil zugänglich ist, in dem sich die Besucher gewöhnlich die Glasvitrine mit ihren verschiedenen Figuren (u. a. elfköpfiger und tausendarmiger *Arya-Avalokiteshvara*) ansehen.

Oberhalb des Chokhang bzw. des Dukhang Chenmo befinden sich nebeneinander die beiden Bauten *mKhar-rab-gsal* und der *Ka-bcu-pa* (Zehnsäulensaal), die in früheren Jahren von ladakhischen Herrschern genutzt wurden. Im ersten Raum gibt es immerhin noch ein paar Thankas zu sehen, der zweite ist gar reiner Abstellraum für ein paar ausrangierte Standbilder.

Wenngleich verstaubt und baufällig, ist der *Zabkhang* im Nordosten der Dachterrasse für kunsthistorisch orientierte Touristen einer der sehenswertesten Räume des Klosterkomplexes von Hemis. In seinem Untergeschoß befindet sich eine bedeutende Sammlung kunstvoll gearbeiteter Buddha-, Heiligen- und Bodhisattvabronzen aus Kashmir. Im Obergeschoß gehört die Aufmerksamkeit ganz jener halb umlaufenden, buntbemalten Nischenwand, in der neben der im Mittelpunkt stehenden Figur des dunkelblauen Ur- und Adibuddha der Kargyüpa-Schule eine große Ahnengalerie der wichtigsten Lamas der Drukpa Kargyüpa-Schule versammelt ist (in mehreren Reihen übereinander etwa 100 Lehmnachbildungen).

Mysterienspiele

Im wesentlichen handelt es sich bei den Mysterienspielen lamaistischer Klöster – auch *Cham* genannt – um religiöse mimische Tänze, die von Musik begleitet werden. Sie gehen auf vorlamaistische Frühlingsfeiern zurück, in denen der Triumph dieser hellen von Leben erfüllten Jahreszeit über den dunklen, grausamen Winter gefeiert wurde. Mit diesem Fest waren ursprünglich auch Dämonenaustreibungen sowie Menschen- und Tieropfer verbunden.

Daraus wurde unter dem Lamaismus allmählich ein Festritual, in dessen Mittelpunkt die Belehrung der Zuschauer über die Vergänglichkeit des Lebens, die Aufforderung zum rechten Lebenswandel einschließlich intensiver Ausübung der Religion steht. In verschiedenen Szenen werden Padmasambhava und berühmte Lamas verehrt, der Sieg des Lamaismus über die Bönreligion gefeiert und konkurrierende Religionen – z. B. der Hinduismus – mit Spott übergossen. Bei den Mysterienspielen können nur Mönche auftreten; die Hauptrollen werden von ranghohen Lamas gespielt.

Matho

Mit über 200 Häusern ist *Matho* eines der größten Dörfer Ladakhs; es liegt in einem breiten Taleinschnitt, 26 km südöstlich von *Leh* und 5 km südlich von *Stakna*. Es ist von Feldern umgeben, die von mehreren Bergbächen gut mit Wasser versorgt werden.

Matho Gompa

Oberhalb des Dorfes liegt auf einem Bergrücken von Birkenwald umgeben die vor mehr als 500 Jahren von dem Lama *Dungpa Dorzhe Zangpo* gegründete *Matho Gompa*, das einzige Kloster des tibetischen *Sakyapa-Ordens*. Hier leben z. Z. 60 Mönche, denen es aufgrund der liberaleren Anschauungen dieses Ordens erlaubt ist zu heiraten.

Der Klosterkomplex wurde in jüngster Zeit renoviert. Im *Dukhang Soma* (Neuer Versammlungsraum) sind Fresken des Klostergründers Dungpa Dorzhe und bedeutender Äbte so-

Kloster Matho

wie Darstellungen von Buddha *Shakyamuni, Vairocana, Padmasambhava* und verschiedener *Bodhisattvas* zu sehen. Im *Gonkhang* befinden sich neben der verhüllten Schutzgottheit Waffen und Masken für die *Mysterienspiele*. Auf dem Boden liegt Getreide, das von den Bauern des Dorfes nach der Ernte den Schreckensgöttern geopfert wurde, um sie zu besänftigen.

Nagrangfest

Die Matho Gompa ist in Ladakh wegen des sehr populären *Nagrangfestes* berühmt, das am 14. und 15. Tag des ersten tibetischen Monats (ungefähr Februar) stattfindet. Auf diesem Fest versetzen sich verschiedene Lamas nach langer Vorbereitung und Meditation in die beiden gefürchteten Schutzgottheiten *Rangtsan Karmar*, die in Trance tanzen und sich mit Messern attackieren. Diese Tänze sind schamanistisches Erbe der Sakyapa-Sekte.

In der Ära der ladakhischen Monarchie bildeten Mönche aus Matho das Staatsorakel. Während jene Herren von der öffentlichen Bühne verschwunden sind, erfreut sich das Orakel von Matho auch heute noch öffentlicher Wertschätzung.

Pharka

Dörfchen, auf der Spituk gegenüberliegenden Indus-Seite. Hier befindet sich eine kleine Höhlengompa. Dieser Ort ist von Leh sowohl via Spituk (neue Indusbrücke) als auch via Choglamsar (ebenfalls Indusbrücke) zu erreichen.

Sabu

Sabu ist ein großes Dorf (170 Häuser), in einem Seitental, 13 km östlich von Leh gelegen, dessen schöne, stattliche Bauernhäuser, von Bergbächen gut bewässerten Getreidefelder und Obstgärten dem Ort ein recht wohlhabendes Aussehen verleihen.

Sabu war einst ein bedeutender Ort an der Karawanenroute von Leh nach Yarkand. Dieser wurde durch eine Burg ober-

	halb von Sabu geschützt, die im 19. Jh. von den Dogras zerstört wurde, deren Ruine man aber noch heute sieht. Am Fuße der Burg liegt ein kleines Kloster (12 Mönche).
Frauenfest	Zu den Besonderheiten von Sabu gehört das zweitägige *Frauenfest* im Juli. An diesen beiden Tagen lassen die Frauen Haus- und Feldarbeit links liegen, legen ihre besten Kleider und wertvollen Schmuck an, treffen sich in einem großen Festzelt, um Tee und Chang zu trinken und miteinander zu tanzen, während Be da-Musikanten aufspielen. Außer den Musikanten sind Männer ausgeschlossen.
Prozession	Ein weiteres hervorragendes Juliereignis ist eine *Prozession*, die vom Kloster ausgehend durch das Dorf in das hinterste Talende führt. Dieser sehr bunte Zug wird von Mönchen angeführt, die Trommeln schlagen und Hörner erklingen lassen. Um das Dorf vor Dämonen und bösen Geistern zu schützen, werden Häuser gesegnet und vor rotbemalten Lhatos Gebete gesprochen.
Heilquellen	Viele Ladakhi besuchen Sabu wegen seiner *Heilquellen*. Auch ein lokales Orakel wird recht oft von auswärtigen Kunden aufgesucht.
Verkehrsverbindungen	Keine Busverbindung. Man heuert entweder ein *Taxi* an oder geht die Strecke von Leh nach Sabu zu Fuß (2 1/2 Stunden).
Sakti	9 km nördlich von Chemre gelegen, früher ein wichtiger Flekken am Handelsweg nach *Yarkand*. An jene Zeit erinnern noch die Ruinen einer *Burg*. Heute hält die indische Armee am Fuße des Burgberges Position, um die strategisch wichtige Verbindung in das *Nubra Valley* zu bewachen.
Kloster	Kulturelles Zentrum des Dorfes ist das auf einem Berghang liegende *Höhlenkloster* (50 Mönche), das das einzige ladakhische Kloster der Nyingmapa-Schule ist, die einst Tibets ersten Mönchsorden gründete. Vom Dach der Klosters aus hat man eine gute Aussicht auf das Dorf Sakti sowie nach *Hemis/ Martselang* und auf den oft schon im Herbst verschneiten *Gongmaru-Paß*, über den die Trekker Richtung *Markha Valley* wandern.
Fest	Anfang November wird in Sakti wie im benachbarten Chemre ein bedeutendes *Klosterfest* gefeiert. Am letzten Tag warten die Besucher voller Spannung auf das Erscheinen eines bekannten Mönchsorakels.

Kloster Sakti

Ganz oben befindet sich eine alte ehemalige Meditationshöhle, deren Inneres von Butterlampen erleuchtet ist. Auf dem Altar steht die Statue des *Guru Rinpoche* inmitten seiner acht Manifestationen und des *Avalokiteshvara*, des Bodhisattvas des Mitleids.
Eine Treppe führt zum Klosterhof hinunter, dessen Wände mit Lebensrad,

Buddha *Shakyamuni* und Yogis des *Nyingmapa-Ordens* bemalt sind. Hauptteil des Klosters Sakti ist der *Dukhang* (erst in den 40er Jahren erbaut), dessen Fresken hauptsächlich Schutzgottheiten der Nyingmapas darstellen. So ist links neben der Eingangstür *Raptanma*, die Beschützerin des Klosters zu sehen: Körper dunkelblau, um die Hüften ein Tigerfell, in den Händen Hackmesser und Rad der Lehre. Von den Gottheiten der linken Seitenwand fällt *Padmasambhava* (acht Erscheinungsformen) besonders auf. Auch auf dem Altar ist jener zuletzt genannte Yogi die Zentralfigur (Platz in der Mitte). Unter den Altarfiguren finden wir weiter: *Avalokiteshvara* (weiß, vier Arme), *Cakrasamvara* (blau) und *Dorzhe Phagmo* (rot).

Shey	Das Dorf *Shey* liegt 18 km östlich von Leh, am Fuße eines Bergrückens, auf dem die Ruine des alten *Königspalastes* von Ladakh steht. Shey war bis 1470 Hauptstadt von Ladakh. Es wurde von Leh abgelöst, blieb aber Nebenresidenz mit Privattempel und Staatsorakel. Bis zur Besetzung von Ladakh durch die Dogras im Jahre 1834 bestand die Sitte, daß die Königinnen von Ladakh nur im Palast von Shey Kinder zur Welt bringen durften.

Während die Ruinen des 1834 von den Dogras zerstörten Palastes nicht weiter sehenswert sind, ist der nicht weit vom Palast entfernte Tempelkomplex (Dukhang Chenmo und Shakya Thubpa-Lhakhang) durchaus eine Besichtigung wert.

Dukhang Chenmo Der Dukhang Chenmo, in dem einst die religiösen Zeremonien bei Hofe abgehalten wurden, steht heute leer. Ältere Wandmalereien bilden Buddha in Übergröße ab. In der Nähe einer breiten Tür ist die Darstellung von *Stagtsang Raspa* – auch *Shambunath* genannt –, dem Gründer der Klöster Hemis, Chemre und Hanle zu finden.

Das Interesse der Reisegruppen richtet sich v. a. auf den *Shakya Thubpa-Lhakhang* (Shakyamuni-Tempel), der 1633 erbaut wurde. In diesem zweigeschossigen Raum zieht besonders die 8 m hohe Figur von Buddha *Shakyamuni* (aus getriebenem und vergoldetem Kupfer; im Lotossitz) die Aufmerksamkeit auf sich.

Der Hauptandachtsplatz befindet sich im Obergeschoß, das von außen über das Dach der Versammlungshalle betreten wird. Eine ständig brennende Butterlampe hat die Wandmalereien reichlich verrust. An Standbildern sind die blaue, maultierreitende *Pelden Lhamo* (links) und ein roter *Damcan-Reiter* (rechts) zu erwähnen. Als Damcan bezeichnet man Schutzgötter alttibetisch-zentralasiatischer Herkunft. Sie werden immer in mongolischer Tracht mit breiten Hüften und Reiterstiefeln dargestellt. Ihre Schutzfunktion bezieht sich auf Klöster und Orakel.

Daß die Drukpa Kargyüpa-Sekte die Palasttempel verwaltete, äußert sich darin, daß in der rechten Ecke auf einem Tisch die Standbilder von *Padmasambhava* und *Stagtsang Raspa* stehen.

Im Gegensatz zu den Touristen richtet sich das Interesse der Einheimischen auf den kleinen, im Indus Valley gelegenen *Shakya Thubpa-Tempel*, der 1580 erbaut wurde. Wie im Palasttempel steht im Parterre dieses Sakralbaus ein monumentaler, sitzender *Shakyamuni*, der hier mit *Kataks* geschmückt ist, die Glück bringen sollen. Im Gegensatz zum Palasttempel sind die Wandmalereien hier nicht verrust. Sie stellen dar: Am Eingang vier Wächter der Himmelsrichtungen, an den Seitenwänden je acht *Arhats*, an der Rückwand Buddha *Shakyamuni* mit seinen Schülern *Maudgalyayana* und *Shariputra* sowie *Padmasambhava*.

Zu den Sehenswürdigkeiten von Shey zählt schließlich noch ein großes *Steinrelief*, direkt an der Hauptstraße. Es wird als eines der frühesten buddhistischen Monumente in Shey angesehen. Es hatte wohl das bekannte Relief von Mulbekh zum Vorbild. Seine künstlerische Qualität gilt als ziemlich bescheiden. Zur Darstellung kamen die *Dhyani*-(Meditations-) Buddhas. Im Gegensatz zu späteren Werken von Alchi und Lamayuru fehlt ihnen fürstlicher Schmuck und Krone.

Von links nach rechts sind dargestellt: 1. *Dhyanibuddha* des Südens (Geste der Wunscherfüllung); 2. *Akshobhya*, Dhyanibuddha des Ostens (Geste der Erdberührung mit Elefant); 3. *Vairocana*, Dhyanibuddha der Weltmitte (Geste des Predigens); 4. *Amitabha*, Dhyanibuddha des Westens (Geste der Meditation; mit Pfau) und 5. *Amoghasiddhi*, Dhyanibuddha des Nordens.

Es gibt noch einige andere Reliefplatten, die sich an einem Chörten ca. 300 m vom Shakyamuni-Tempel entfernt, befinden.

Das Orakel von Shey

Im August wird in der Thubpa Gompa das zweitägige *Erntedankfest* gefeiert, anläßlich dessen die Bauern *Dordze Chenmo*, der Schutzgottheit des Dorfes, frisches Getreide opfern. Diese Göttin wird aber auch als mächtiges Orakel verehrt, von dem man erwartet, daß es sich mittels eines auserwählten Bauern (Orakel) offenbart.

Am Morgen des Orakeltages treffen sich der Orakel-Bauer und der Abt in einem kleinen Gebetsraum, um durch das Gebet der Anrufung zu erwirken, daß sich Dordze Chenmo offenbart. Dabei versetzt sich das Orakel in Trancezustand, in dem es unter Be da-Musik vor den wartenden Dorfbewohnern erscheint. Es ist in einem farbenprächtigen Brokatmantel gekleidet, seine linke Hand umschließt den *Vajra*, der Stärke symbolisiert. Danach reitet es durch die Flur zur Westseite des Palastes, wo es auf den Podest eines Chörten steigt. Es erhält eine große Menge Chang und antwortet auf Fragen der Dorfbewohner. Bevor das Orakel schließlich in das Kloster zurückkehrt, führt es noch einen Tanz auf. Es erscheint am Abend und, sofern die Gottheit das »will«, auch am nächsten Morgen noch einmal vor den Festteilnehmern.

Als großes Unglück gilt, wenn die Schutzgottheit nicht erscheint, da damit schlechte Ernte und Krankheiten verbunden sein sollen. In diesem Fall führt ein hoher Lama auf Bitten der Bevölkerung eine besondere Zeremonie zur Besänftigung der Schutzgottheit durch.

Verkehrsverbindungen

Busverbindung mit *Leh* und *Thikse/Hemis*.
Man wird *Shey* zusammen mit *Thikse* besichtigen. Der Weg von Shey nach Thikse führt durch die reizvolle Flußlandschaft der Indus-Felder und Wiesen und läßt sich in einer einstündigen *Wanderung* gut bewältigen.

Stakna

Stakna ist ein kleines Dorf auf der kahlen Südseite des Indus, ca. 28 km südöstlich von Leh und 12 km westlich von Hemis.

Kloster

Auch hier findet man auf einem Bergrücken über dem Dorf ein altes *Kloster*, das im 16. Jh. von einem bhutanischen Mönch gegründet wurde. Heute unterhält diese zur *Cho Drukpa-Kargyüpa-Schule* gehörende Gompa (30 Mönche) enge Beziehungen zu bhutanischen Dzongs.
Bei Stakna wurde in jüngster Zeit ein Staudamm angelegt.

Stok
(3.600 m)

Dieses große Dorf, ca. 13 km südlich von Leh entfernt, wird häufig von Reisegruppen besucht, weil dort jener *Palast* steht, in den sich die ladakhische Königsfamilie 1834 nach der Niederlage gegen die Dogras zurückzog. Heute ist dieser nicht gerade nach Palast und Reichtum aussehende Bau ein *Museum*.

Museum

Trekking

Darüber hinaus ist Stok als Ausgangspunkt von Tracks in das *Markha Valley* und nach *Lamayuru* bekannt.

Übernachtung

Ca. 2 km unterhalb des Dorfes liegt das luxuriöse Hotel *Ladakh Saray*.

Thikse

Das Kloster liegt auf steilem Felshügel hoch über dem in der weiten Indusebene angesiedelten Dorf. Die Anlage ist landschaftlich sehr beeindruckend. Die besondere Attraktion der Gompa rührt allerdings primär von seiner reichen Ausstattung mit Fresken, Thankas und vielen wertvollen großen und kleinen Buddhafiguren her.

Thikse ist ein absolutes Muß der »Kultur«-Touristen, die mit ihren Reisebussen bis vor die Klostermauern fahren.

Geschichte

Dieses Kloster wurde im 15. Jh. von den *Gelbmützen* gegründet. Es wurde in der Aufbauphase durch die im 5 km entfernten *Shey* residierende Kö-

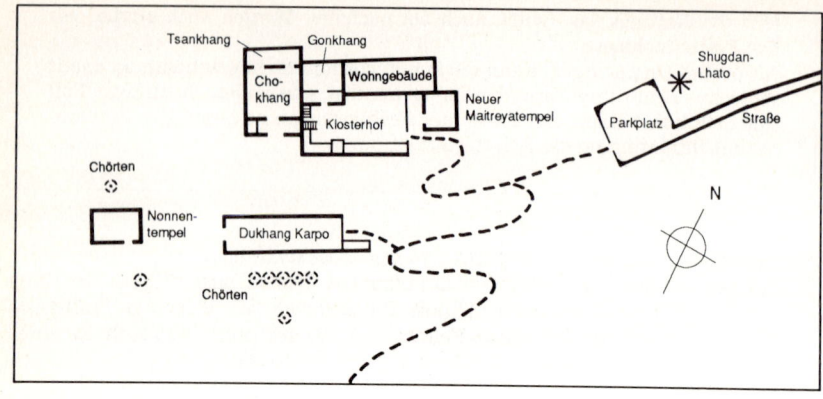

Kloster Thikse

Oase

nigsfamilie der *Yarklun* (s. politische Geschichte, S. 99 ff.) protegiert. Aber dieses Verhältnis ging bereits 1470 zu Ende, als die Herrscher von Shey im innerladakhischen Machtkampf von den *Namgyals* aus *Basgo* geschlagen wurden. Die Gelbmützen von Thikse gerieten damals auch in den Ruf, Agenten des expansiven Klerikalstaats Tibet zu sein.

Besichtigung
Zur Gompa führen sowohl eine Straße im langen Bogen als auch ein steiler Pfad im kürzeren Zickzack.

Am Parkplatz steht ein großer *Lhato*, hier Sitz von *Dorzhe Shugdan,* einer von den Gelugpas geschätzten alttibetischen Schutzgottheit.

Den langgestreckten Klosterhof umgeben an der Ost- und Nordseite Gebäudefronten, an der Süd- und Westseite überdachte Galerien für die Zuschauer der alljährlichen winterlichen *Festspiele*.

Rechts vom Eingang zum Klosterhof befindet sich der erst in jüngster Zeit erbaute *Maitreya-Tempel (Zhampa-Lhakhang)*. Zur Rechten wird der Klosterhof vom höher gelegenen *Chokhang* (Dharmahalle) überragt. Letzterer wird durch einen offenen Vorraum betreten, unter dessen Wandmalereien auch volkstümliche Ausprägungen des tibetischen Kalenders und des Lebensrades zu sehen sind. Der große Innenraum des Chokhang wird durch 4 x 5 Säulen unterteilt. Im Mittelbereich ist er zweigeschossig.

Das Zentrum des Raumes wird von in vier Reihen angeordneten Mönchssitzen eingenommen. An der linken Seitenwand stehen auf einem Regal Kanjur- und Tanjur-Schriften. Wie in den anderen Gelugpa-Klöstern sind vor der Stirnwand die erhöhten Sitze für den Dalai Lama und den Abt der Gompa angelegt. Auf dem Altartisch befindet sich außer einem Figurenschrank das Bild des *Tsongkhapa*.

Die Eingangswand ist wie in vielen Chokhangs mit zornig dreinblickenden Schutzgottheiten geschmückt.

An den Wänden des Obergeschosses sind in zahlreichen Fresken die geistigen Ahnen der Gelugpas dargestellt: 16 *Arhats* um den Buddha *Shakyamuni*, Siddhas und Gurus.

An den Chokhang schließt der *Tsankhang* (der Raum der friedvollen Gottheit) an – eine Besonderheit der Gelugpa-Klöster. In der Mitte dieses Raumes steht Buddha *Shakyamuni,* der von den beiden Bodhisattvas *Manjushri* (rechts) und *Maitreya* (links) umgeben ist. Ganz links in der Ecke befindet sich ein Standbild des elfköpfigen *Avalokiteshvara*.

Der Hauptgonkhang, neben dem Chokhang, besitzt eine rot angestrichene Fassade. Er darf wie der Schutzgottheiten-Tempel nicht von Frauen betreten werden!

Im Tempelinnern sieht man hinter einer Absperrung und durch Tücher verhangen die Umrisse verschiedener Standbilder: Den mehrköpfigen und vielarmigen *Yamantaka-Vajrabhairava,* der Dämonen und Feinde der Religion zertritt; den stierköpfigen *Yama;* den *Dharmaraja;* den *Pelden Lhamo;* den *Mahakala* usw.

Unter den Wandmalereien entdeckt man viele Szenen und Schreckgespenster, die die Menschen von Abweichungen vom nicht dharmagerechten Lebenswandel abhalten sollen, wie feuerspeiende Yaks, blutdürstige Hunde, große schwarze Krähen etc. Es handelt sich überwiegend um Geister aus der vorbuddhistischen Zeit. Sie wurden in der Darstellung mit buddhistischen Symbolen umgeben. So sieht man die Schreckgeister im Chokhang von Thikse mit dem magischen Stab *Khatvanga* und Pfauenfedern zur Sündenvertilgung, Glocken, Sanduhrtrommeln aus Schädeldekken etc.

So wie es dem Idealtypus der Gompa-Architektur entspricht, ist der *Simchung* (Abtsitz) direkt über dem Chokhang eingerichtet. Auch die Ausstattung des Innenraumes entspricht ganz dem üblichen Rahmen: Abtsitz, Figuren- und Skriptenschrank, Thankas etc. In einem Nebenraum steht als Hauptkultfigur ein gekrönter *Shakyamuni*.

Für kunsthistorisch motivierte Touristen sind mehr die Malereien an den Wänden des Innenhofes vor dem Simchung (Darstellung der Ordensregeln; ein *Tsongkhapa*; *Vajradhara* mit 84 *Mahasiddhas*) und die Konstruktionsschemata der acht klassischen Chörten von Interesse.

Von den beiden kleinen *Lhakhangs* oberhalb vom Chokhang ist lediglich der *Zhampa-Lhakhang* (Maitreyatempel) relevant. In offenen Regalen steht eine größere Figurensammlung von Heiligen und inkarnierten Äbten (Ahnengalerie). Kultischer Mittelpunkt ist ein sitzender *Maitreya*.

Der kunsthistorisch bedeutendste Bau von Thikse ist der *Dukhang Karpo* (die weiße Versammlungshalle), ein einzelner Tempel, der auf halber Höhe am Klosterberg steht, der an der Nordwand alte tibetische Malereien besitzt. Von rechts nach links sind zu sehen: Der blaue Urbuddha *Vajradhara* (die Hände in *Vajrahumkaramudra* mit Glocke und Zepter gekreuzt zum Zeichen der Verschmelzung von männlichem und weiblichem Prinzip), umgeben von den Bodhisattvas *Avalokiteshvara* und *Vajrapani* sowie 84 *Mahasiddhas*; der Medizinbuddha *Bhaishajyaguru* (blaue Farbe; rechte Hand in der Haltung der Schutzgewährung; in der linken eine Medizinschale), ebenfalls von Bodhisattvas umgeben; ein Chörten; der Buddha *Shakyamuni* (rechte Hand im Stil der Erdanrufung; in der linken Almosenschale), umgeben von seinen Lieblingsjüngern *Shariputra* und *Maudgalyayana* (Kennzeichen Rasselstab der Wanderasketen) sowie den 16 Arhats; *Tsongkhapa* mit seinen Lieblingsjüngern; eine Gruppe von Heiligen und Gurus (Kleider mit Goldmalerei geschmückt); die Göttin *Ushnishavijaya* (drei verschiedene Gesichter, Diamantzepterkreuz); gekrönter *Amitayus* (rot; mit einem Lebenswassergefäß). Die Malerei an den anderen Wänden ist z. T. noch sehr jungen Datums.

Ebenfalls recht interessant ist der *Chomo-Lakhang* (der Tempel der Nonnen links) oberhalb vom *Zhampa-Lhakhang*, in dem es ebenfalls alte Wandmalereien (Gold- und Rottöne; 16. Jh.) gibt.

Nubra Valley Dieses Tal nordwestlich von Leh, am Fuße des *Karakorums* (höchster Berg K2, 8.611 m), kann von Leh aus nur über den 5.600 m hohen Khardung-Paß erreicht werden, über den sogar eine Straße führt, von der man sagt, daß sie die höchste der Welt sei. Diese »Straße« kann freilich nur in den Monaten September und Oktober benutzt werden, für den Rest des Jahres wird sie von Gletscherzungen in Beschlag genommen. Dieses Gebiet war bisher für Touristen gesperrt, soll aber nun nach Auskunft des Indischen Fremdenverkehrsamtes Frankfurt für Reisegruppen zugänglich sein.

Das *Nubra Valley* wird von den Flüssen *Shayok* und *Nubra* durchflossen, die vom Khumdang Lake kommen und bei Keris in den Indus münden. Dieses von 7.000 m hohen Bergen eingerahmte Tal liegt tiefer und geschützter als das Industal um Leh, so daß es klimatisch wesentlich weniger rauh als jenes ist. Abschnittsweise gleicht diese wunderschöne, von wüstenhaften Bergriesen umgebene Tallandschaft mehr einem großen Garten als einer Oase. Das Erscheinungsbild wird bestimmt von Apfel-, Aprikosen- und Maulbeerbäumen sowie von Pappeln. Zu beiden Seiten des Tales liegen Dörfer und alte Gompas. Am bekanntesten ist *Panamik* (auch Panamakte genannt), das aufgrund heißer Quellen als Badeort fungiert. Von den Bergen am Rande des Tales ist die *Saser Kangri-Gruppe*, 7.672 m, am bedeutendsten. Das Tal und seine Umgebung eignen sich gut für Bergwanderungen.

Rupshu   Ist der Name für das Gebiet zwischen dem Raum südöstlich von Leh und Lahaul, durch das die Straße von Leh nach Manali führt. Es besteht aus 4.000 bis 5.000 m hohen Tälern und um die 6.000 m hohen Bergriesen. Das Klima ist extrem trocken und rauh, die Vegetation wüstenhaft. In dieser Gegend sind die Champa-Nomaden zu Hause. Diese Region war bislang aufgrund ihrer strategisch wichtigen Position – Grenze zu Tibet/China – wie das Nubra Valley für Touristen gesperrt und darf nun nur organisierten Gruppenreisenden auf der Straße Manali–Leh durchquert werden (so eine Auskunft des Indischen Fremdenverkehrsamtes Frankfurt vom August 1989).

Zanskar

Zanskar, das 5.000 km² groß ist, besteht aus den Tälern von *Doda, Lungnak* (Tsarap) und *Zanskar*, die von 5.000–7.000 m hohen kahlen Bergketten umgeben sind. In diesem fast menschenleeren Raum leben nicht mehr als knapp 8.000 Menschen, in der Mehrzahl ladakhisch-tibetischer und buddhistischer Glaubenszugehörigkeit.

Die Dörfer befinden sich alle in den Tälern, die zwischen 3.500 und 4.000 m hoch liegen. Die Landwirtschaft steht in Zanskar vor wesentlich schwierigeren Bedingungen als im Suru Valley und in der Region Leh. In dieser Höhe fehlen alle Voraussetzungen für den Anbau von Reis. In den sehr kalten Gebieten im oberen Doda Valley (Nähe zu großen Gletschern) und im Lungnak Valley kann lediglich Gerste angebaut werden. Dagegen gedeihen in den weniger kalten und fruchtbareren Gebieten von *Karsha, Stongde* und *Padum* auch Weizen und Erbsen. Bei Padum werden auf einer staatlich finanzierten Farm sogar Kartoffeln, Kohl, Rüben und Zwiebeln kultiviert.

Die zanskarischen Bauern besitzen zumeist 1 bis 2 Pferde, 1 bis 2 Kühe, 1 Dzo oder Yak sowie ein paar Schafe und Ziegen. Die Tiere liefern ihnen Wolle, Düngemittel, Brennstoff, Joghurt und Butter.

Jedes Dorf verfügt über einen hochgelegenen Weideplatz, der oft einige Kilometer entfernt liegt. 2 bis 3 Hirten bringen das Vieh im Frühjahr auf die Almen und verbleiben dort bis kurz vor der Ernte (September). Für das Hüten der Kühe erhalten die Hirten einen bestimmten Anteil an der Butter, die männlichen Tiere müssen hingegen ohne Gegenleistung betreut werden.

Fast jede Familie verfügt über eigenen Grund und Boden. Entgegen dem ersten Anschein gibt es beträchtliche Besitzunterschiede unter den Bauern. Die reicheren Bauern haben 4–5 ha, während die bäuerliche Unterschicht mit durchschnittlich 1 ha auskommen muß. 25–30 % der Ackerbaufläche gehören den buddhistischen Klöstern, die von den Pächtern 25 % der Ernte kassieren. Die Bauern haben eine Grundsteuer zu zahlen, deren Höhe sich nach Größe und Qualität ihres Ackerlandes richtet. Da die Freigrenzen für zanskarische Verhältnisse relativ hoch angesetzt sind, sind die meisten Bauern von der Grundsteuer befreit.

Die zanskarischen Bauern verkaufen ihre relativen Überschüsse an Butter, Wolle, Spuruk (Wollstoff für warme Mäntel), Chirpe (getrockneter Käse), Erbsen und Weizen in *Kargil, Leh* und *Manali* und kaufen von den Erlösen Schuhe, Stoffe, Holz und Glas für Fenster, Gewürze etc. Mit den Changpa-Nomaden aus *Rupshu* tauscht man Getreide gegen Salz und Soda-Bikarbonat (für den Buttertee).

Der größte Teil des Jahres ist Winter (November bis Mai). In dieser Zeit wird zu Hause handwerklich gearbeitet und, um der Langeweile zu entgehen, viel gefeiert (Klosterfeste, private Feste). Die Frauen spinnen die Schafwolle für die Kleiderstoffe und die Männer die Yakwolle für die Satteltaschen.

Der Winter ist für die Zanskaris ungeheuer hart, da bei klirrender Kälte (-20° C) aufgrund des Mangels an Brennmaterial fast überhaupt nicht geheizt werden kann.

Padum/Spadum
(3.455 m hoch, ca. 1.000 Ew.)

Diesem großen Dorf ist nur schwer anzusehen, daß es das ökonomische und politische Zentrum von Zanskar ist.

Es liegt am äußersten Ende einer weiten, für das menschenleere Zanskar dichtbesiedelten Schwemmlandebene, und ist im Stil eines Haufendorfs um einen kargen Hügel angelegt.

Die Bedeutung Padums rührt fast ausschließlich von seiner Verwaltungs- und Handelsfunktion her: Sein Bazar ist der einzige Flecken im bettelarmen Zanskar, wo man solch erlesene Dinge wie Salz, Zündhölzer, Kekse, Butter etc. bekommt und eine Verteilerstelle der Regierung Reis, Zucker, Mehl, Öl und Kerosin anbietet. Und wo sonst gibt es in dieser von der Natur so stark benachteiligten Region noch einen Doktor der

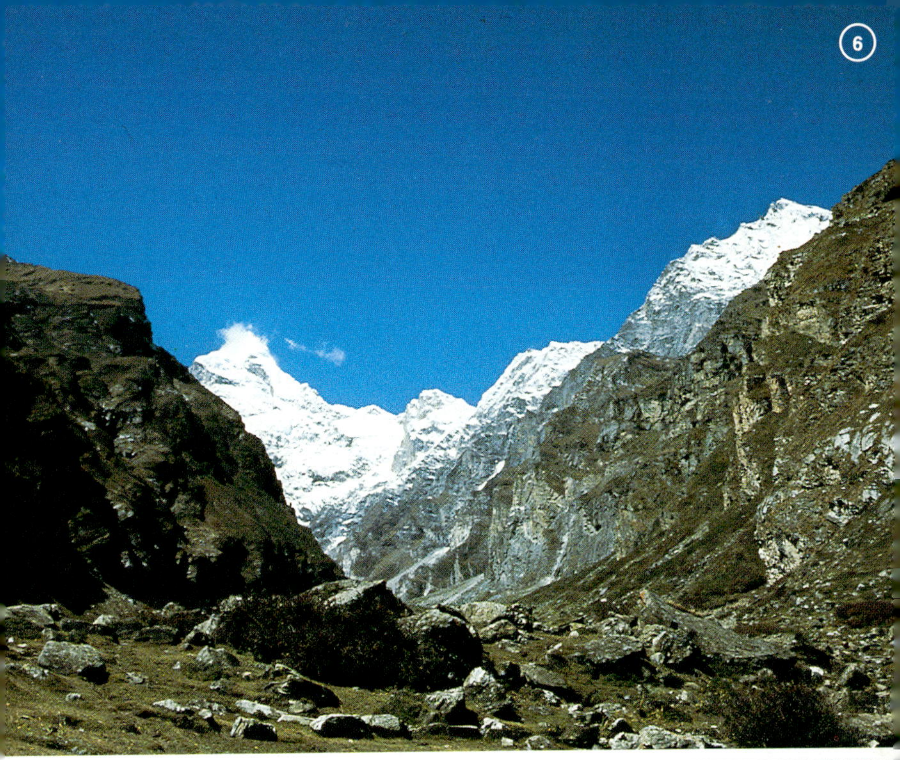
6

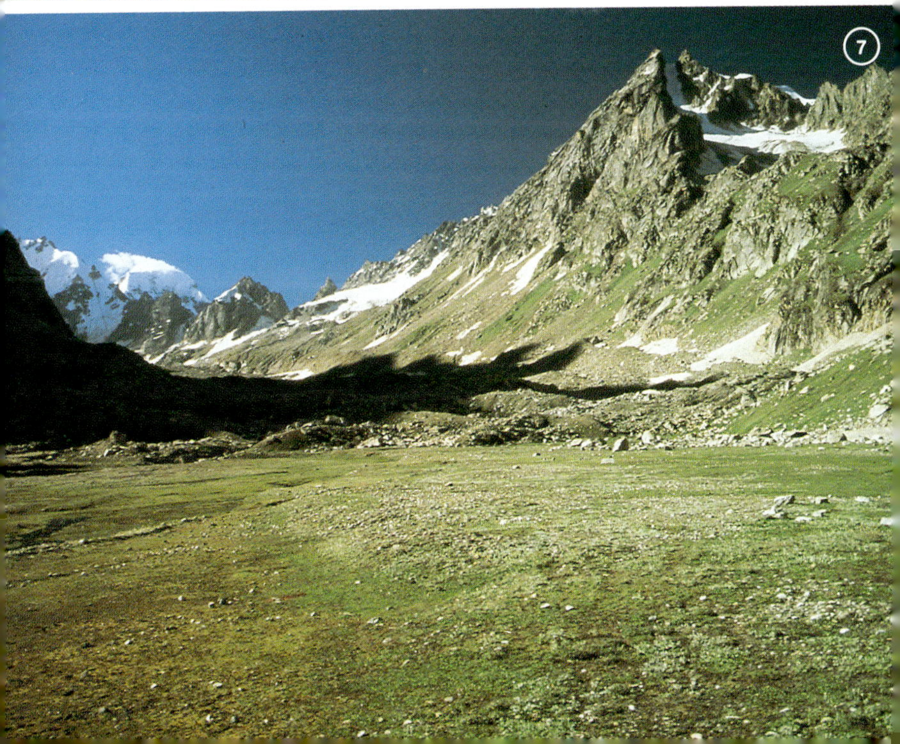
7

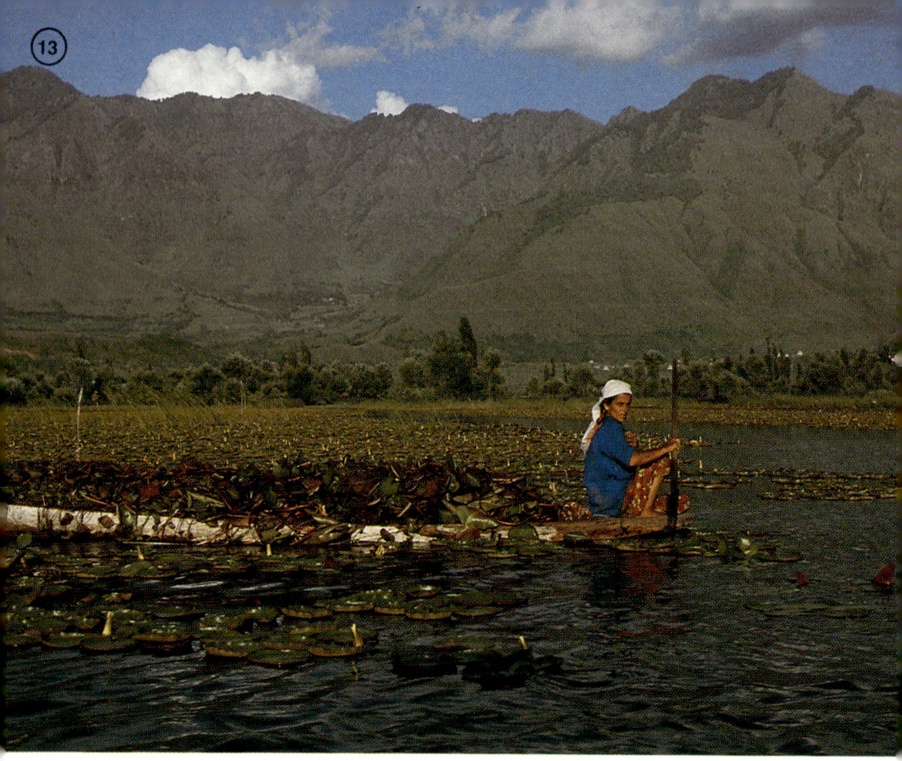
13

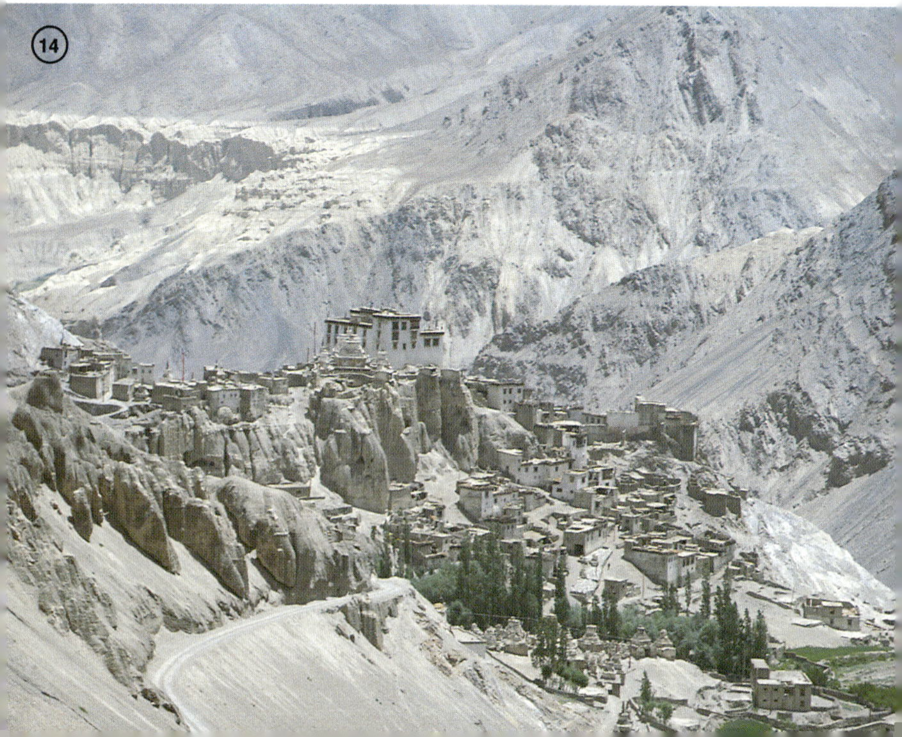
14

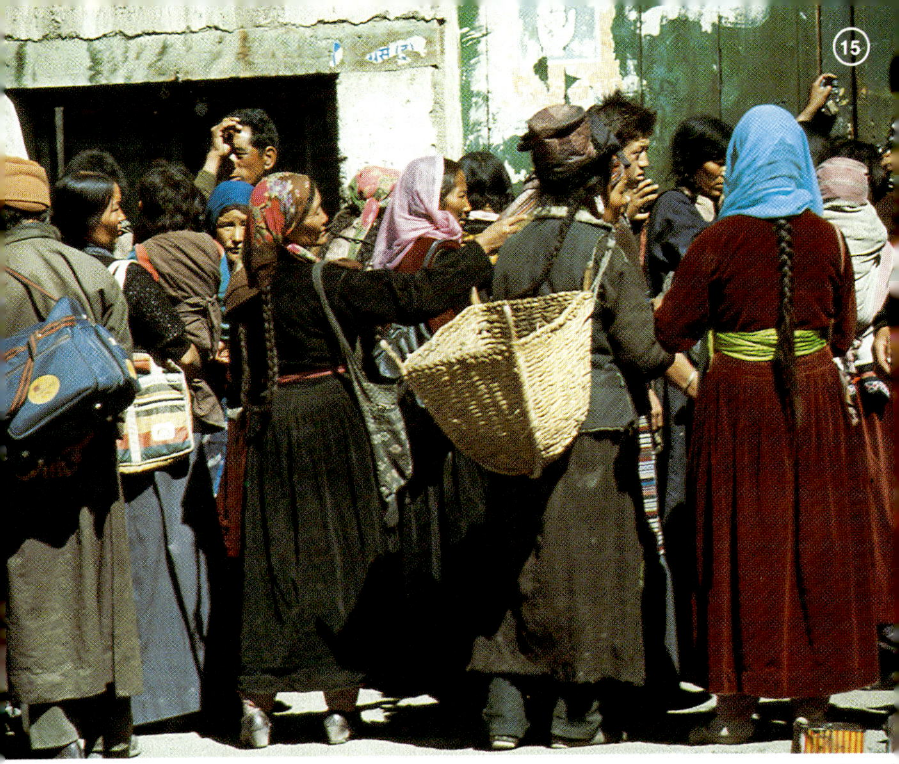

15

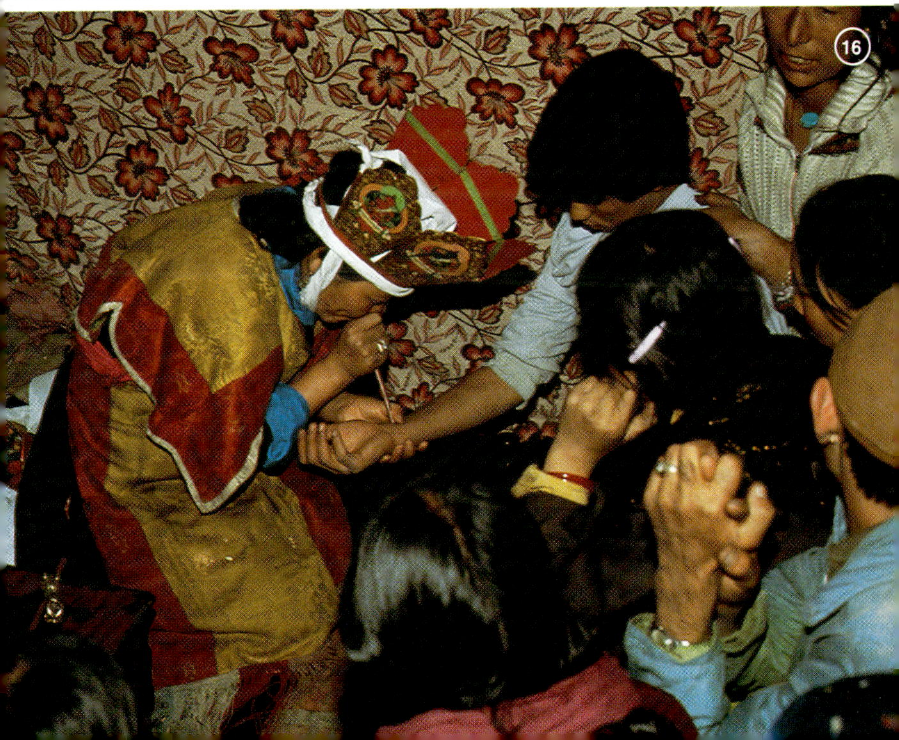

16

Bildlegenden zum Farbteil

	westlichen Medizin und eine höhere Schule?
Religion	Daß Padum von lamaistischen Gebetsmauern umgeben ist, täuscht zunächst darüber hinweg, daß es zu 70 % von sunnitischen Moslems bewohnt wird. Die Moslems kamen erst im 19. Jh. während der Dogra-Herrschaft aus der Region Kishtwar. Das Zusammenleben zwischen Moslems und Buddhisten verläuft keineswegs immer so harmonisch, wie es die Offiziellen im Gespräch gern darstellen. So kam es im Herbst 1976 zu schweren Ausschreitungen, weil Moslems in dem den Buddhisten heiligen See von *Sani* gefischt hatten. Der Konflikt, bei dem auch Steine flogen, wurde erst durch Vermittlung von einem per Hubschrauber eilends aus Leh eingeflogenen hohen Regierungsbeamten beigelegt.
Information	Alle ausländischen Touristen müssen sich im T.O. registrieren lassen. An den Bürowänden sind gute Trekkingkarten angebracht.
	Das Fremdenverkehrsbüro ist bei der Organisation von Ponies, Treibern und Guides behilflich.
Übernachtung	*Tourist Bungalow* (1 Schlafsaal, 5 DZ); ein kleines *Hotel, Privatunterkünfte, Camping*.
Verkehrsverbindungen	Von Juni bis Oktober *Lkw-* und *Jeepverbindung* mit *Kargil*. Die Lkws brauchen für die Strecke etwa 2 Tage. Sie fahren nur bei trockenem Wetter. Alle anderen Ziele wie z.B. *Kishtwar, Lahaul, Manali* und *Lamayuru* sind auf direktem Weg nur zu Fuß zu erreichen.
Trekking	*Tracks* von *Padum*: S. Trekking in Ladakh.

Trekking in Ladakh

Wichtige Berge von Ladakh

Ajang Gliung, 6.062 m, Apasas-II, 7.239 m, Ghaint-I, 7.401 m, Kun, 7.087 m, Mamostong Kangri, 7.526 m, Nun, 7.135 m, Rimo, 7.385 m, Saser Kangri-I, 7.672 m, Sia Kangri, 7.422 m, Singhi Kangri, 7.202 m, Teram Kangri-I, 7.404 m, Wakha La, 6.479 m; zahlreiche Sechstausender.

Im Vergleich zu Nepal und den Haupttrekkinggebieten von Kashmir (Pahalgam) und Himachal Pradesh (Manali) ist die Zahl der Trekker in Ladakh relativ klein.

Trekking hat in Ladakh einen anderen Charakter als in Kashmir. Während in Kashmir große Abschnitte der Tracks durch Nadelwälder und grüne Flußauen führen, wandert man in Ladakh durch kahle Landschaften mit nur wenigen oasenhaft angelegten Dörfern.

Trekking ist in Ladakh schwerer als in Kashmir, da die Pfade in der Regel schmaler und auch oft schwieriger auszumachen sind und es fast keine Rasthäuser an den Routen gibt.

Die Ladakh-Tracks führen auch durchschnittlich in größere Höhen.

Wegen der geringen Vegetation und deshalb sehr sauerstoffarmen Luft können für manchen Bergwanderer Anpassungsprobleme entstehen bzw. sich Tracks über 4.500 m sogar aufgrund der großen gesundheitlichen Risiken verbieten. Es ist ratsam, nicht allein zu wandern, da man im Falle eines Unfalls in menschenleeren Gegenden oft mehrere Tage lang niemandem begegnet und in dieser Notsituation völlig hilflos wäre.

Auf allen größeren Tracks braucht man ein Zelt und Proviant, da im allgemeinen immer ein paar Tage ohne Dörfer enthalten sind.

Wer vorhat, überwiegend bei Bauern zu übernachten, sollte viel Kleingeld mitnehmen, die Leute können oft schon auf Zehn-Rupienscheine nicht mehr herausgeben.

Man sollte sehr früh am Morgen aufbrechen, da es in der Mittagszeit im Sommer fürs Wandern zu heiß ist, so daß lange Pausen eingelegt werden müssen, und die Tage relativ kurz sind (Eintritt der Dunkelheit zwischen 18 und 19 Uhr). Weiter ist es notwendig, sich stets hinreichend mit Wasserreserven (1–2 Liter pro Kopf) zu versehen, da man oft über weite Strecken an keiner Quelle vorbeikommt.

Außerhalb der Erntezeit (September) kann man sich in *Lamayuru, Karsha, Padum* und *Panikhar* einigermaßen mit Pferden versorgen.

Von Kargil nach Padum/Zanskar: Durch die Täler von Suru und Doda (Stot)
Die Route ist, von wenigen Abkürzungen abgesehen, mit der Straße von *Kargil* nach *Padum* identisch. Da der Verkehr nur spärlich fließt, bedeutet er kaum eine Behinderung für ein gemütliches Wandern. Man braucht für die in bezug auf Steigungen leichte Route 7–10 Tage. Dieser landschaftlich ausgesprochen schöne »Track« führt einmal nicht vorwiegend durch Einöden.

Es ist nicht erforderlich, eine größere Menge Proviant mitzunehmen, da man in einer Reihe von Dörfern kleine Speiselokale vorfindet. Ein Zelt ist zwar kein absolutes Muß, aber von großem Vorteil. So kann man sich z. B. bei der Überquerung des *Pensi-La-Passes* und auf dem Streckenabschnitt vom *Pensi-La-Paß* nach *Abran* etwas mehr Zeit lassen, um etwa in der großartigen Gebirgsszenerie rund um den Paß für ein paar Tage sein Zelt aufzuschlagen.

1. Tag: Kargil–Sanku, 40 km (8–9 Std.)
Die Straße *Kargil–Padum* führt bis zur *Rangdum Gompa* stets am *Suru River* entlang, der in der Umgebung von Rangdum entspringt. Nur die ersten 17–18 km sind asphaltiert, der Rest besteht aus befestigter Schotterstraße. Der Abschnitt zwischen *Parkachik* und *Rangdum* ist stellenweise sehr schlecht. Bei Regenwetter entstehen tiefe Schlammlöcher, die die Straße unpassierbar machen. Auch im *Doda Valley* sind in dieser Zeit mehrere Streckenabschnitte stark aufgeweicht. In dieser Zeit wird der Lkw-Verkehr vorübergehend eingestellt.

Das untere *Suru Valley* mit seinen kahlen Bergen und den grünen, gut bewässerten Feldern in der Flußaue ist ausgesprochen reizvoll. Vieles erinnert an Kurdistan, den Iran, Afghanistan und die trockenen Himalaya-Täler von Nordpakistan (Chitral, Swat, Skardu etc.).

Die Menschen sind recht gastfreundlich, wenn man ihre Kultur und Bräuche achtet. Die hier arbeitenden Lehrer kommen in der Regel aus anderen Regionen (Jammu, Kashmir) und werden durch 35% höhere Löhne in diese ökonomisch rückständige Region gelockt.

Suru Valley

Das Suru Valley wird von 20.000 Menschen bewohnt, die ethnisch Baltis sind und sich religiös in ihrer eindeutigen Mehrheit zum *schiitischen Islam* bekennen.

Mit Zanskar verglichen ist das klimatisch begünstigtere (milder, besser beregnet) Suru Valley, insbesondere der Suru-Sanku-Gürtel, viel fruchtbarer und somit reicher. Dennoch sehen die Häuser in Zanskar viel stattlicher aus, was wohl kulturelle Gründe hat.

Im Suru Valley werden Weizen, Gerste, Hirse, Tomaten, Rüben, Kohl und Hülsenfrüchte angebaut. Es gibt genügend gutes Weideland für große Schaf- und Ziegenherden, so daß auch eine ausreichende Versorgung mit Milch und Fleisch möglich ist. Die Überschüsse der Landwirtschaft werden nach Kargil und Zanskar gebracht. In letztere Region ziehen nach der Ernte mehrere große Karawanen.

Ungebrochene Machtposition der schiitischen Priester

Die schiitischen Baltis, die Mehrheitsbevölkerung des Tals, gelten als sehr orthodox. Die schiitischen Priester (Agas genannt), die im Irak ausgebildet werden, haben noch einen bestimmenden Einfluß auf das Denken und Verhalten der Dorfbevölkerung. Das kommt z. B. in der weiten Verbreitung der Koranschulen zum Ausdruck. Diese Schulen, die von den Schiiten selbst finanziert werden, erhalten auch größere Geldbeträge aus dem islamischen Ausland.

Die Dominanz der schiitischen Orthodoxie bedeutet weiter, daß die Frauen in das Haus und die Verschleierung gedrängt, als weniger wert als die Männer gelten und eindeutig benachteiligt werden. Die Sterblichkeitsrate der Frauen ist viel höher. Es gibt kaum eine Frau, die lesen und schreiben kann.

Die Schiiten des Suru Valley halten im Gegensatz zu den sunnitischen Moslems von Leh zu den Buddhisten deutlich Distanz. Sie lehnen es ab, daß Buddhisten ihre Häuser betreten. Es soll keine Heirat zwischen den Anhängern dieser beiden Religionsgemeinschaften geben.

Unter den *Agas* ist die Sitte verbreitet, kurzfristig, d. h. nur ein paar Wochen oder Monate dauernde Ehen abzuschließen. Für Kinder, die aus diesen Verbindungen hervorgehen, übernehmen sie gegenüber der Mutter finanzielle Verpflichtungen.

Wichtigstes Fest im Tal ist *Muharram*, Mitte Dezember. Anläßlich dieses Festes werden große Prozessionen veranstaltet, bei denen sich die Teilnehmer die Haut aufritzen und sich fortwährend auf den blutverschmierten Körper schlagen.

Die Route *Kargil–Sanku* steigt nur minimal und kann in 8–9 Stunden gemütlich zurückgelegt werden. Wer die 40 km nicht ganz schafft oder irgendwann keine Lust mehr hat, kann am Abend das verbleibende Stück mit dem gegen 16 Uhr in *Kargil* abfahrenden *Sanku-Bus* zurücklegen. Sanku ist der größte Ort des gesamten Suru Valley und der Sitz des mächtigen Agas von Sanku. Im Dorf existieren Läden, ein Dak-Bungalow (DZ, Chowkidar im Dorf suchen), Moschee und Schule.

Von Sanku zweigt eine Trekkingroute nach *Dras* ab.

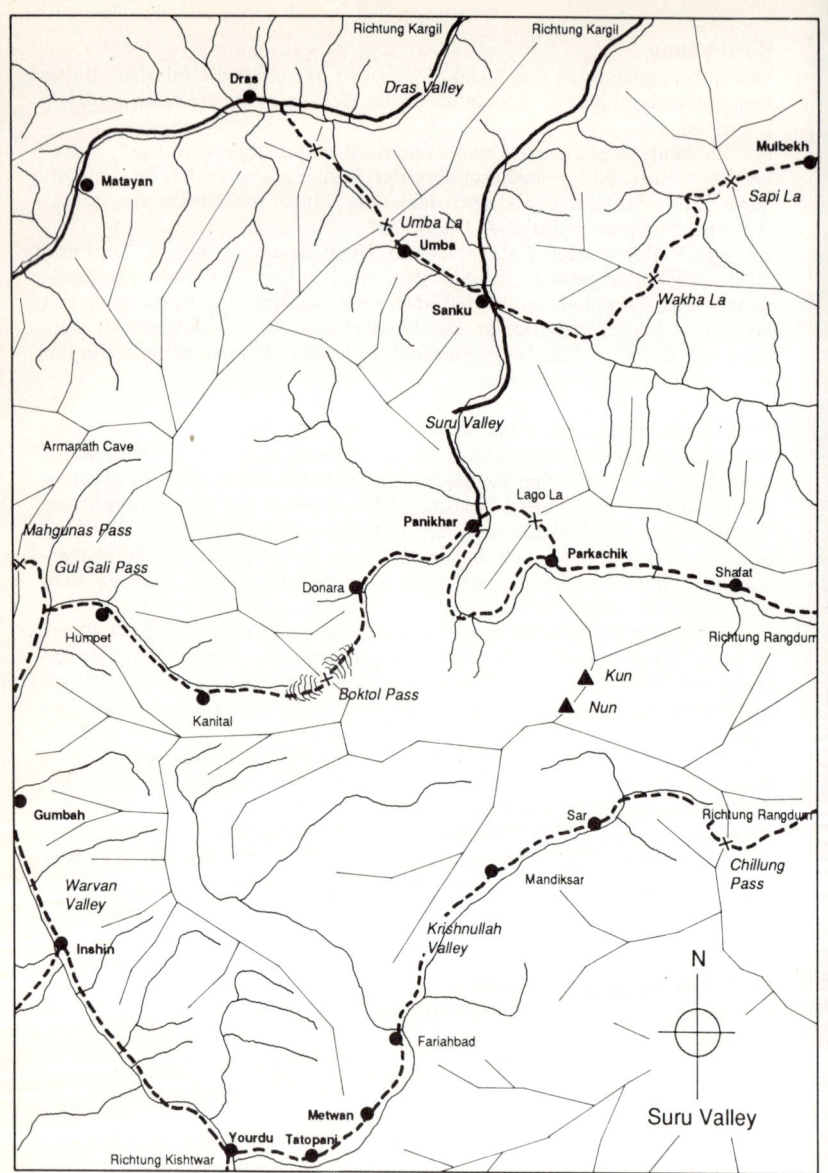

Suru Valley und Nun Kun-Massiv

2. *Tag:* Sanku–Panikhar (27 km)
Die Strecke steigt nur unmerklich an und kann in 5–6 Std. bewältigt werden.
Panikhar ist ein typisches baltisches Bauerndorf mit unverputzten ebenerdi-

gen Häusern, auf deren Flachdächern die verschiedensten Dinge lagern. In Panikhar gibt es ein paar Läden, eine Mittelschule, einen Tourist Bungalow und ein kleines Hotel mit Restaurant.

Von Panikhar zweigen Trekkingrouten nach *Pahalgam* und *Lehinwan* in *Kashmir* ab (diese sind im Kashmir-Kapitel beschrieben, s. S. 77 ff., 80 f.). Bis auf die Erntezeit im September können Trekker in Panikhar Pferde bekommen. Von Panikhar fahren regelmäßig Busse nach *Kargil*.

3. Tag: Panikhar–Parkachik, 22 km (4–5 Std.)
Zur Straße gibt es noch die alternative Route über den *Parkachik-La-Paß*, die wesentlich kürzer, aber anstrengender ist – Aufstieg 2–3 Std., Abstieg 1 Std.

Hinter Panikhar hat man immer wieder faszinierende Ausblicke auf die schneebedeckten Peaks von *Nun*, 7.135 m, und *Kun*, 7.087 m. Von *Tangole* führt ein Pfad zum Basislager des Nun (4 Std.). Die Besteigung von Nun und Kun muß vom indischen Innenministerium und der »Indian Mountaineering Foundation« genehmigt werden.

Parkachik ist das letzte baltische Dorf des Suru Valley. Das sehr ärmliche Dorf liegt auf einem kahlen Hang. Kleine Herberge, Läden (die letzten vor Zanskar), ärztliche Hilfsstation sind vorhanden.

4. Tag: Parkachik–*Gyalmo Tongos*–Yüldo, 34 km (7–8 Std.)
Direkt hinter dem Dorf wandert man an einem gewaltigen Gletscher vorbei. Auf den nächsten Kilometern läuft man stetig bergauf und erreicht nach 22 km *Gyalmo Tongos*, 3.850 m, ein Weidegelände, auf dem Karawanen zu lagern pflegen.

Von *Gyalmo Tongos* brechen die *Kun-Expeditionen* zu ihrem 5 km entfernten Basislager auf, das in der Nähe des *Shafat Glacier* liegt.

Von *Gyalmo Tongos* führt die nur wenig steigende Route nach *Yüldo*, dem ersten buddhistischen Dorf auf dem Weg von *Kargil* nach *Padum*. Hier befindet sich im Sommer ein kleines Zelthotel mit einem Schlafsaal und einem kleinen Speiselokal. Man kann auch verschiedene Kleinigkeiten wie z. B. Biskuits kaufen.

5. Tag: Yüldo–Rangdum–Gompa–Tashi–Stongze–Pensi La-Paß, 30 km (7–8 Std.)
Erstes Ziel ist die auf einem Bergrücken angelegte *Rangdum Gompa*, 6 km, die man nach etwa einer Stunde erreicht.

Kurz vor dem Kloster biegt links der durch eine Schlucht laufende Trekkingpfad nach *Mulbekh* (3 Tage) ab.

Nach einer weiteren halben Stunde Wanderung kommt man am *Tashi Stongze*-Gebäude, einem ehemaligen *Lhakhang*, vorbei, wo noch ein Mönch lebt und das Amt für öffentlichen Straßenbau eingerichtet ist. Weiter hinten im Tal, etwas abseits von der Straße, liegt das Dorf *Rangdum*. In den nächsten Stunden wandert man zum *Pensi La-Paß* hinauf. Der Weg steigt nur allmählich an und läßt sich mit mittleren Anstrengungen bewältigen. Ab und zu huscht ein Murmeltier durchs Gelände und stößt einen schrillen Schrei aus. Die Route führt für viele Kilometer an der großartigen Gebirgslandschaft des *Nun-Kun-Massivs* (7.135 m) mit seinen schneebedeckten Bergen, Gletschern und tiefen Tälern vorbei.

Wer ein Zelt dabei hat, könnte hier oben durchaus den einen oder anderen Tag verbringen.

Auf der Paßhöhe (4.401 m) befinden sich Weiden und mehrere kleine Seen. Kurz vor dem Abstieg, der in vielen Serpentinen verläuft, existieren mehrere Steinhütten von Hirten, wo man eventuell übernacht kann.

6. Tag: Pensi La-Paß–Abran, 35 km

Beim Abstieg hat man auf der rechten Seite stets den riesigen *Drang-Drung-Glacier* neben sich. Nachdem der ca. 3 km lange Abstieg bewältigt ist, geht es bis *Abran* auf einer ziemlich flachen Strecke das *Doda Valley* hinunter. Bis *Chibra*, das kurz vor *Abran* liegt, ist das Tal fast unbewohnt. Nur am Rande des Tales gibt es ab und zu Hütten, die einen guten Joghurt herstellen. Diese Sennhütten sind von der Straße aus meist nicht zu sehen.

Am Straßenrand sind häufig Mani-Steine zu finden, auf denen Gebetssprüche in Sanskrit und Tibetisch stehen und mitunter auch Gottheiten abgebildet sind.

Abran, das Tagesziel, hat wie viele mittelgroße Dörfer in Zanskar ein Tierzuchtzentrum, eine Schule und eine ärztliche Hilfsstation.

Da es im Doda Valley noch keine kleinen Hotels gibt, schläft man bei Privatleuten. Man kann in das nächstbeste Haus gehen und fragen, ob man dort übernachten kann. Man wird kaum Absagen erhalten. Da die Leute nur selten einen konkreten Preis nennen, sollte man 25–30 Rp anbieten. Die Zimmer der Zanskari-Häuser sind spartanisch eingerichtet. Man schläft auf dem Boden, der staubig sein kann, so daß es gut ist, wenn man eine breite Folie dabei hat, die unter den Schlafsack gelegt werden kann. Die Übernachtung schließt ein, daß man am Abendessen teilnimmt. Es ist auch möglich, sich in den Dörfern gegen Bezahlung ein Mittagessen bereiten zu lassen.

7. Tag: Abran–Hemiling (9 km)–Skiamgam (13 km)–Manda (18 km)–Phe (22 km)

Man braucht etwa 4 Std. für diese leichte Wanderung durch diesen mit hübschen Dörfern besiedelten Teil des Doda Valley.

Ab *Hemiling* passiert man etwa in stündlichem Abstand die angeführten Dörfer. Die neue Straße hat einiges in der Ökonomie und im Erscheinungsbild der Doda-Dörfer verändert. Man sieht nun Lkws anstelle von Karawanen, in einigen Dörfern sind Teebuden und Läden eröffnet worden. Der Tourismus ist allerdings nicht allzusehr spürbar, da die meisten Fremden die Orte nur durchfahren.

Oberhalb von *Phe* steht die ca. 300 Jahre alte *Tashi Chos Ling Gompa*, die in den Wirkungsbereich des Gelugpa-Klosters *Karsha* fällt. Im Dukhang der Gompa befinden sich wertvolle Wandmalereien. Auf der rechten Seite sind Szenen aus dem Leben des *Buddha* und seiner wichtigsten Schüler, und auf der linken Seite verschiedene Erscheinungsformen *Mahakalas* dargestellt.

Im Norden von *Phe* befindet sich hinter einem hohen Berg das reizvolle *Rulakung Valley* mit einem Dörfchen gleichen Namens. Diese Gegend ist in Zanskar wegen der guten Butter und zahlreicher Heilkräuter sehr geschätzt. Wegen letzterem wird das Tal von zahlreichen Amchi, den Kräuter sammelnden tibetischen Ärzten aufgesucht.

8. Tag: Phe–Ranthaksa (6 km)–Tungri (11 km)–Padum (24 km), 4–5 Std.
Tungri ist der bei weitem größte Ort im Doda Valley. In Tungri kann man zwischen drei Wanderzielen wählen: Geht man nach Nordosten, erreicht man nach 3–4 Std. *Karsha* mit Zanskars bekanntestem Kloster; in südöstlicher Richtung liegt *Sani*, über das der direkte Weg nach *Padum* führt, und in nordwestlicher Richtung gelangt man nach ein paar Stunden zum Höhlenkloster *Dzonghul*.
Route Tungri-Padum, s. die Wanderung durch das Zanskar-Tal im Padum-Kapitel, s. S. 201 ff.

In der Umgebung von Padum
Wanderung im Zanskar-Tal: Padum–Stongde–Zangla–Karsha–Padum
Dieser vom Geländeprofil her wirklich leichte Track führt durch die schönsten Dörfer des Zanskar Valley und zum bedeutenden Kloster *Karsha*. Man braucht dafür 3–4 Tage, ein größerer Vorrat von Proviant ist nicht erforderlich, aber es ist sehr sinnvoll, ein paar Kleinigkeiten zum Knabbern und Thermosflaschen mit Getränken dabei zu haben.

1. Tag: Padum–Stongde (4 Std.)– Zangla (8 Std.)
Gleich hinter *Padum* führt die Route über eine Hängebrücke. Anschließend wird eine karge Ebene durchquert. Erst kurz vor Stongde taucht mit *Kimi* das erste Dorf auf. *Stongde* liegt am Fuße eines alten Klosters und einer Burg. Es besteht aus den vier Ortsteilen *Piu, Laru, Togdong* und *Tetsa*. Vom Kloster läßt sich das Zanskar Valley gut überblicken.

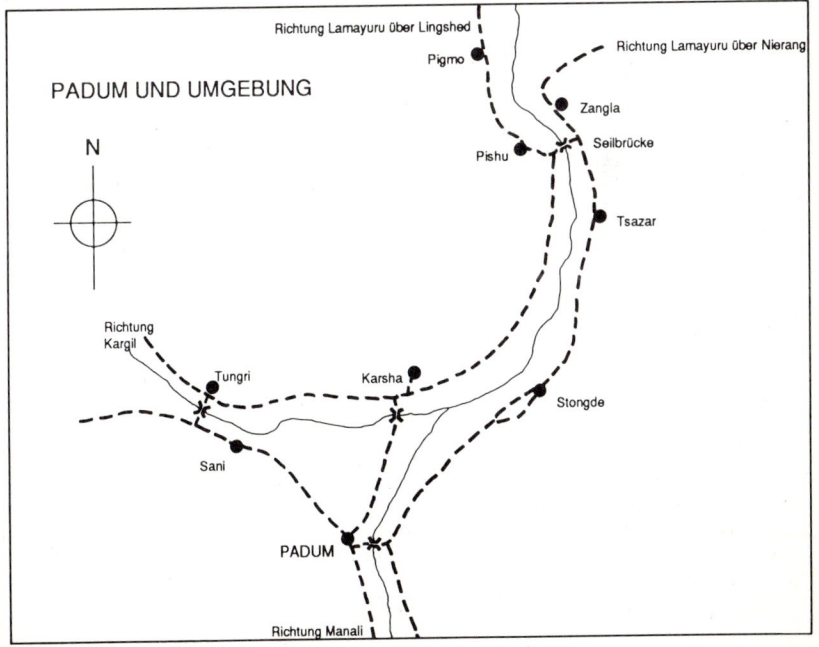

Über *Sheligkeit* (10 Häuser) gelangt man nach *Tsazar* (6 Std.). Dieses Dorf ist um einen zentralen Platz angelegt, also etwas anders als die meisten Dörfer der Region strukturiert.

Bis *Zangla* sind es noch einmal 2 Std. Die wellige Strecke erfordert keine besonderen Anstrengungen.

Vor der Hängebrücke über den *Zanskar*, die die Lamayuru-Trekker überqueren müssen, wird der Pfad auf dem steil zum Fluß abfallenden Gelände sehr schmal. Hier muß man sehr vorsichtig sein. Der Pfad nach Zangla führt an der Brücke vorbei, bis zum Ort benötigt man noch etwa eine halbe Stunde. Zangla, das am Fuße hoher Berge liegt, ist mit etwa 50 Häusern ein großes Dorf. Von hier führt eine sehr schwierige Trekkingroute durch das menschenleere *Zentral-Ladakh* nach *Leh*.

2. Tag: Zangla–Pishu–Karsha (5 Std.)

Von *Zangla* wandert man wieder Richtung *Padum* zurück und überquert auf der bereits erwähnten Hängebrücke den *Zanskar*. Es ist wichtig, möglichst wenig in den reißenden Fluß zu schauen, weil sonst sehr schnell das Gefühl entsteht, daß sich alles dreht. Falls es dazu kommt, muß man sofort zu den Uferseiten hinüberschauen.

Nach einem Abstecher in das nahe gelegene *Pishu* geht man in südlicher Richtung weiter. Der größte Teil des Weges bis *Karsha* läuft durch eine steinige Ebene und an kahlen Felsen vorbei. Unterwegs wird noch das Dörfchen *Rinam* passiert. Das Kloster *Karsha*, das malerisch über dem gleichnamigen Dorf liegt, ist das renommierteste Kloster von Zanskar.

Es existieren eine Übernachtungsmöglichkeit und ein kleiner Laden im Ort.

Karsha Gompa

Das Kloster, an einem Hang hoch über dem Doda gelegen, das aus zahlreichen weißgetünchten Bauten besteht, ist sehr eindrucksvoll. Mit 150 Mönchen ist es nicht nur das größte der Region, sondern eines der größten von Ladakh überhaupt. Es gehörte ursprünglich zum Rotmützen-Orden und kam Mitte des 15. Jh. wie eine Reihe anderer Klöster in den Besitz der Gelbmützen. Folgende Bauten sind hervorhebenswert:

Jampa-Lakhang mit Malerei auf Schiefertafeln und neueren Fresken; *Labrang/Abtshaus* – Wohnraum des Abtes und zwei Gebetsräume mit alten Fresken, großer Maitreya-Figur, elfköpfiger Avalokiteshvara-Figur; großer Klosterhof für die winterlichen *Mysterienspiele*; *Chokhang/untere* Versammlungshalle: Wandmalerei aus dem 17. Jh., Themen: Buddha Shakyamuni und die 16 Arhats; 35 Buddhas der Sündenvergebung; verschiedene Bodhisattvas wie Avalokiteshvara und Maitreya; geschaffen von Zadhpar Dorzhe, dem bekannten Maleryogi von Dzonghul;

Kanjur Lhakhang: Wandmalerei; *Dukhang/oberer* Versammlungsraum: Hauptidol Buddha Shakyamuni; *Gonkhang:* Neben den üblichen Altarfiguren verschiedene Glasvitrinen mit Bronze.

In der Nähe des Männerklosters liegt auch ein Frauenkloster namens *Chu Chik Shal*, in dessen Hauptraum sich Fresken befinden, die stilistische Ähnlichkeiten zu Alchi und Manggyu aufweisen.

3. *Tag:* Karsha–Tungri (3 Std.)–Sani–Padum (7–8 Std.)

Auf dem Weg von *Karsha* nach *Tungri* führt die Route in einem nach zanskarischen Maßstäben dichtbesiedelten und landschaftlich sehr schönen Tal an
den Dörfern *Langmi, Hongchat* (oberhalb vom Weg, am Hang), *Rigzing* (mit
einem Nonnenkloster; ebenfalls am Hang), *Tetsa* und *Khagsar* vorbei.

Tungri ist ein mittelgroßes Bauerndorf mit einem Nonnenkloster. Bei *Tungri*
überquert man auf einer Holzbrücke den *Stot* (Doda) und geht in südöstlicher Richtung weiter. Der Weg, der nach Nordwesten abzweigt, führt zum
bekannten Höhlenkloster *Dzongkhul* und über den 5.211 m hohen *Umasi La-
Paß* nach *Kishtwar* in Jammu.

Der Weg nach *Sani* – identisch mit der Straßenverbindung *Kargil–Padum* –
ist flach und kann gemütlich gegangen werden. Die wenigen Lastwagen und
Jeeps, die auf dieser Strecke verkehren, stören nicht.

Sani hat in der Geschichte des Lamaismus eine gewisse Bedeutung gehabt.
Die Gompa ist sehenswert. Auf der Westseite des Klosters liegt die *Duchot-
Dechen-Dal-Verbrennungsstätte*, die zu den acht berühmtesten Verbren-
nungsstätten der nordbuddhistischen Länder zählt.

Ein paar Kilometer hinter Sani beginnt eine relativ dichtbesiedelte
Schwemmlandebene, die von den Flüssen *Stot* (Doda) und *Haftsel Tokpo*
bewässert wird und in der die Dörfer *Stara, Salapi, Gopak, Nerck* und *Ruk-
ruk* liegen. Die Straße nach *Padum* führt am Rande dieser Ebene vorbei, an
deren Ende schließlich Padum liegt.

Lungnak (Tsarap) Valley: Padum–Bardan–Mune–Char–Phugtal und zurück,
4–5 Tage.
Dieser kleine Track ist nicht schwer, da er keine großen Steigungen aufweist.

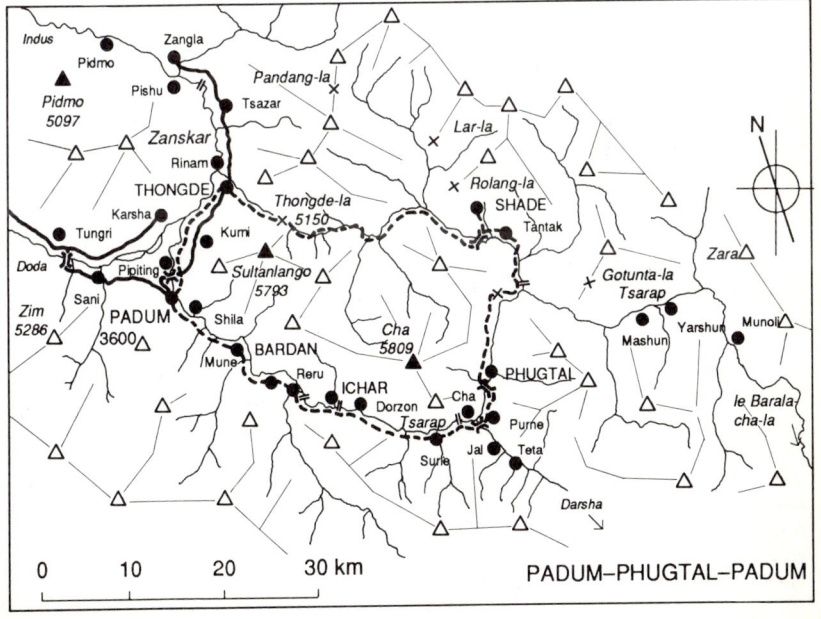

Man kommt durch genügend Dörfer, so daß man sich auch ohne größere Mengen Proviant bei bescheidenem Lebensstil immer einigermaßen versorgen kann. Die Route führt durch zwei karge Täler, auf ihr liegen zwei interessante Gompas. Sie ist richtig für Leute, die 3–5 Tage im Land herumwandern wollen, die aber keine Lust haben, sich schweißgebadet über riesige Berge hinwegzuschleppen.

1. Tag: Padum–Bardan Gompa (3 Std.)–Mune–Raru–Ichar (8 Std.)
Südlich von *Padum* beginnt das lange und enge *Lungnak (Tsarap) Valley*, durch das die erste Etappe der Tracks und die Route der Handelskarawanen nach *Lahaul* und *Kulu* führen. Im Vergleich mit verschiedenen anderen Trekkingrouten in Zanskar und Ladakh ist dieser Weg relativ stark begangen. Für den größeren Teil des Jahres herrscht hier Winter. Im Mai, während und kurz nach der Schneeschmelze, blühen Rosenbüsche und schaffen einen angenehmen Farbkontrast zur kahlen Bergwelt. Im Herbst hat man immer das türkisblaue Wasser des Flusses vor Augen. Ab und zu tauchen dann herbstlich bunte Pappeln am Wegrand auf.
Nach 30 Minuten Wanderung kommt man an *Shila* vorbei. Kurz vor dem Dorf stehen die üblichen Gebetsfahnen. Shila liegt an einem tosenden Wasserfall. Nach einer weiteren Stunde Weges sind hinter einer Schlucht die beiden Häuser von Takar zu sehen. Anschließend schlängelt sich der Weg eng am Fluß entlang. Nach einer größeren Kurve taucht dann plötzlich die weiße Klosterburg *Bardan* auf. Auf dem Weg zum Kloster hinauf passiert man eine Quelle, Gebetsmauern und Chörten. Der Bardan Gompa unterstehen alle Klöster der *Lho-Drukpa Kargyüpa-Schule* in Ladakh, darunter so bekannte Klöster wie Dzongkhul, Sani und Stagrimo.

Bardan Gompa

Dieses auf vielen Postkarten abgebildete Kloster, dessen weiße Mauern in faszinierendem Kontrast zu dem steilen Fels erscheinen, auf dem sie stehen, befindet sich auf einem Flecken Erde, der bereits in der Zeit des Bönkults verehrt wurde. Die hervorragenden Malereien in der Haupthalle sind möglicherweise aus dem 17. Jh. (Manifestation von Mahakala, Yogis der Kargyüpa-Sekte, Lebensrad, Mandalas der fünf Meditations- oder Dhyanibuddhas). Zum Gonkhang, dem zornvollen Schutzgottheiten geweihte Raum, ist in Bardan Frauen der Zutritt verboten.

Nach dem Abstieg vom Kloster führt die Route bald darauf durch eine Schlucht und kurz vor der *Mune Gompa* (3 Std. von Bardan) über einen Steilhang. Das Kloster von Mune ist viel einfacher und kleiner als die Bardan Gompa. Gleich nach der Gompa wird auch das Dorf *Mune* erreicht. Bis zum nächsten Dorf, *Raru* (3.700 m, 20 Häuser, Schule, Amchi) geht man nochmals eine Stunde.
Raru befindet sich auf einem Plateau, im Hintergrund sind schneebedeckte Berge zu sehen.

Hinter der *Gompa* führt der Weg in Schleifen zum Fluß hinunter. Nach einer weiteren Stunde wird das Tagesziel *Ichar* erreicht. Vor dem Ort führt eine Brücke aus dicken Drahtseilen über den Fluß.
Ichar, der größte Ort im Lungnak Valley, verfügt über eine Schule, eine ärztliche Hilfsstation und ein Tierzuchtzentrum.

2. Tag: Ichar–Char (6–7 Std.)–Phugtal Gompa (9–10 Std.)
Der Weg nach *Char* führt am rechten Flußufer entlang. Unterwegs kommt man an folgenden kleinen Siedlungen vorbei bzw. hindurch: *Dorzong* (1 Haus), *Anmo* (3 Häuser), beide am linken Ufer, *Tsathang* (1 Haus), *Surlay* (4 Häuser) und *Skalbogs*, alle am rechten Ufer.
Char, 3.900 m, ist etwa halb so groß wie Ichar. Das Dorf liegt hoch über dem Fluß und ist wie alle Dörfer des Tales mit dem anderen Flußufer durch eine Brücke verbunden.
Man wird entweder in Char übernachten oder nach einer kleinen Rast noch zur ca. 3 Stunden entfernten *Phugtal Gompa* aufbrechen, die im *Tsarap Lingti Chu Valley* liegt. Die Route: Zunächst eine Anhöhe hinauf, dann an einem Geröllhang entlang und schließlich ins Tsarap Valley hinunter; danach abermals einen kleinen Hügel hinauf, von dem aus die ersten Chörten zu sehen sind.

3. und 4. Tag: Rückweg auf derselben Route.
Es gäbe auch die Alternative, den Rückweg über *Shade* und den *Tongde La-Paß* (2–3 Tage) zu gehen, da dies aber eine sehr schwere und nicht immer ohne weiteres auszumachende Trekkingroute ist, muß davon abgeraten werden. Für die Alternativroute benötigt man auf jeden Fall Proviant und einen Einheimischen als Führer.

Von Padum nach Lamayuru
Für diesen Track, der nicht ganz leicht ist, muß man vorher in Srinagar oder Kargil Proviant beschaffen. Ein Zelt ist ebenfalls erforderlich. Unter Umständen erreicht man nicht das nächste Dorf, und im Freien zu schlafen ist auch im ladakhischen Sommer ausgesprochen unangenehm, da es nachts sehr stark abkühlt.
Wer viel Gepäck hat, braucht ein Pferd. Außerhalb der Erntezeit ist es gewöhnlich nicht allzu schwer, in Padum oder Karsha ein solches zu finden. Es besteht auch häufig die Möglichkeit, daß von Lamayuru angekommene Trekkingführer für den Rückweg Kunden suchen. Für diese Route sind 9–10 Tage zu veranschlagen. Es müssen zwei steile Pässe überquert werden: der *Senge-La*, 5.120 m, und der *Serser-La*, 4.975 m. Da dieser Track zu den bekanntesten Touristenwanderwegen Ladakhs zählt, begegnet man gelegentlich kleinen Trekkinggruppen – manchmal sogar Einzelwanderern.

1. Tag: Padum - Karsha (3–4 Std.)
Diese kurze Tagesetappe ist leicht, eignet sich also bestens zum Einlaufen. Die Route führt über das Dorf *Pipiting*. Danach geht es über eine staubige Ebene. Schließlich ist der *Doda* auf einer neuen Brücke zu überqueren. *Karsha* ist nun nicht mehr weit. Man wird sich die malerisch gelegene *Gompa* anschauen. Es existiert ein kleines *Hotel*, auch für Essen ist ausreichend gesorgt.

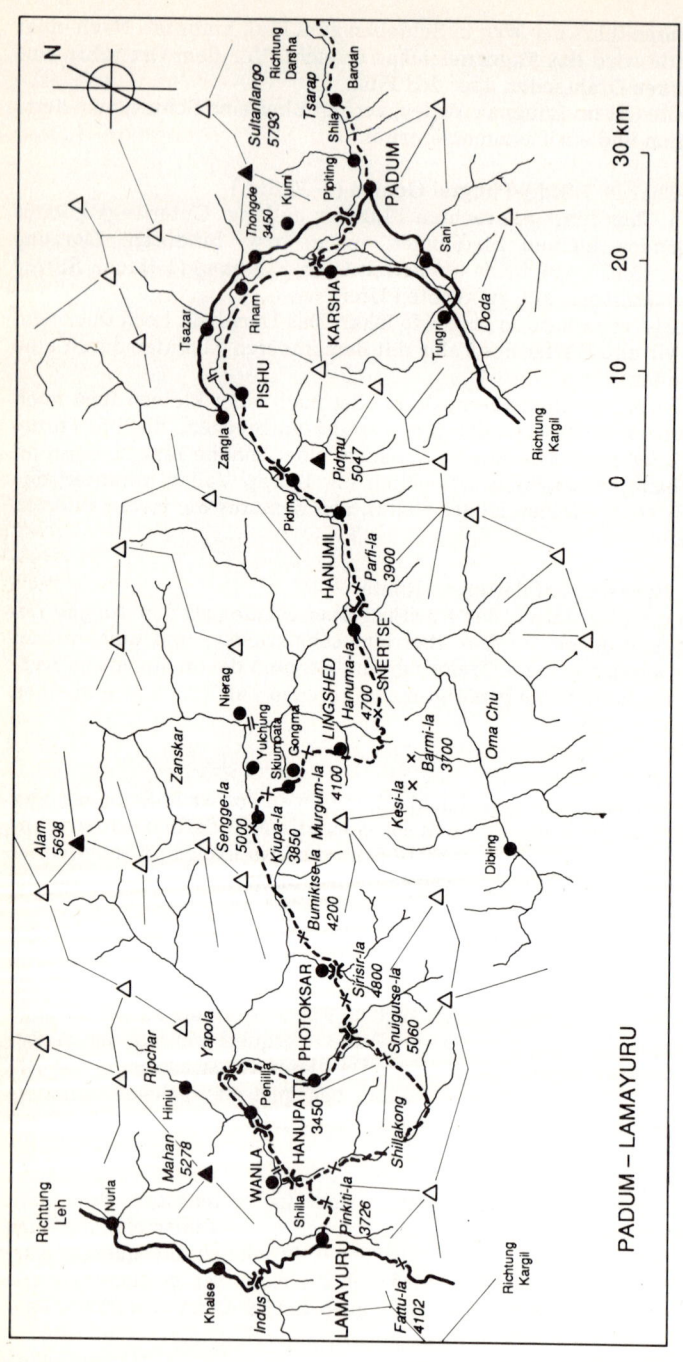

PADUM – LAMAYURU

2. Tag: Karsha – Pishu (5 Std.)
Auch dieser Teil des Tracks ist sehr leicht (keine Steigungen). Auf halbem
Wege kommt man durch das Dorf *Rinam.* Kurz vor *Pishu* kann man einen
kurzen Abstecher machen, um sich die 55 m lange große Zanskar-Hänge-
brücke anzusehen. Unterhalb von Pishu gibt es Gelände zum Zelten, man
kann aber auch im Ort bei verschiedenen Familien übernachten.

3. Tag: Pishu – Hanumil (5 Std.)
Die Route führt weiter am linken Zanskar-Ufer entlang. Nach etwa 3 Std.
wird das Dorf *Pidmo* (20 Häuser, Übernachtung bei verschiedenen Familien
möglich) erreicht. Bis zum Tagesziel *Hanumil* (lediglich zwei Häuser) sind es
nochmals zwei Stunden. Auch diese Tagesetappe ist sehr leicht. Sehr sportli-
che Trekker gehen den Abschnitt Karsha–Hanumil an einem Tag. 100 m hinter Hanumil gibt es einen *Zeltplatz.*

4. Tag: Hanumil–Parfi La-Paß–Snertse (6 Std.)
Ca. 45 Min. hinter *Hanumil* kann man an einem Bach die Wasservorräte auf-
füllen. Der Pfad entfernt sich nun vom Zanskar und führt zum *Parfi-Paß* (ca.
3.900 m) hinauf. Das letzte Stück ist sehr steil. Die Paßhöhe wird nach ca. 4
Std. erreicht. Dann geht es tief hinunter zum *Oma-Chu-River* (Zeltplatz).
Man passiert eine gute Brücke, dann geht es 500 m auf einem sandigen Hang
hinauf – belohnt wird man mit einem faszinierenden Ausblick. Dann geht es
einen Hang entlang bis *Snertse,* Sommeraufenthalt zanskarischer Hirten –
Zelt-Restaurant vorhanden.

5. Tag: Snertse–Hanumala–Lingshed (7 Std.)
Langer allmählicher Anstieg vom *Hanumala-Paß* – zuerst durch Schluchten,
dann wird er leichter. Nach zwei Stunden passiert man eine Schäferhütte
(manchmal Verkauf von Milch). Nach weiteren zwei Stunden wird die Paßhöhe (4.700 m) erreicht. Der folgende Abstieg (ca. 1.000 m) ist sehr steil.
Dann wandert man nochmals 300 m hangparallel zu einem kleinen Paß hinauf. Der anschließende Abstieg nach *Lingshed* ist im Gegensatz zu dem Abstieg vom Hanumala sehr leicht.
Lingshed (80 Häuser) ist ein stattliches Bauerndorf, dessen Silhouette durch
die *Gompa* geprägt ist, die, von bizarren Felsformationen eingerahmt, hoch
über dem Dorf angelegt wurde. Mit ihren 70 Mönchen gehört sie zu den
größten Klöstern Zanskars. In der Zeit vom 18.–20. Juli wird hier ein großes
Maskenfest gefeiert. Zeltrestaurant, Campinggelände (nahe Gompa) vorhanden.

6. Tag: Lingshed–Fuß des Sengge La-Passes (6 Std.)
Leichter Aufstieg (45 Min. bis 1 Std.) zum *Murgum La-Paß* (4.100 m). Anschließend noch weiter bergauf, dann an einer Böschung vorbei und einen
Hang entlang. Eindrucksvolle Gebirgslandschaft, Blick auf das *Nierang
Valley* östlich des Zanskar River. Danach führt der Trekkingpfad wieder
leicht bergab. Auf diesem Abschnitt werden die Dörfer *Gongma* und *Skium-
pata* passiert. Dann folgt ein sehr steiler Anstieg zum *Kiupa La-Paß* (3.850
m). Anschließend wandert man entlang einer Bergseite auf allmählich an-
steigender Route zum Fuß des *Sengge La-Passes* (von einem Mönch betriebe-
nes Zeltrestaurant).

Berge der
Zanskar-Kette

7. *Tag:* Fuß des Sengge La-Passes–Sengge La-Paß–Photaksar (7 Std.)
Der Aufstieg zum ca. 5.120 m hohen *Sengge La-Paß* ist sehr steil. Die Paßhöhe, auf der Chörten grüßen, wird nach 1 1/2–2 Std. erreicht. Über einen kurzen Abhang führt der Pfad in ein breites Tal. Nach dem langen Abstieg ist noch der kurze, leichte Aufstieg zum *Bumiktse La-Paß* (4.200 m; schöner Mountain View) zu bewältigen, bis man nach einem weiteren Abstieg *Photaksar* (3.750 m) erreicht. Dieses Dorf liegt an einem Fluß und ist von mächtigen Bergen umgeben. Privatunterkunft möglich.

8. *Tag:* Photaksar–Sirsir La-Paß–Hanupatta (6 Std.)
Vom Dorf führt die zunächst nur leicht ansteigende Route zu einem großen Chörten hinauf, der nach 1 Std. erreicht ist. Von hier beginnt der lange Aufstieg zum *Sirsir La-Paß* (4.975 m), wobei das letzte Drittel sehr steil ist. Nach nicht allzu schwerem Abstieg gelangt man zu einem Fluß, der auf einer Brücke überquert wird. Anschließend folgt man diesem Fluß bis zum Tagesziel *Hanupatta*.

9. Tag: Hanupatta–Wanla (5 Std.)
Die Route führt weiterhin den *Spanthang River* entlang–mal etwas mehr, mal etwas weniger entfernt. Nach dessen Einmündung in den *Yapola* wechselt man auf einer Brücke auf das Nordufer des Yapola hinüber und folgt diesem in westlicher Richtung. Nach etwa 3stündiger Wanderung gelangt man nach *Phenjilla.* Kurz hinter dem Ort wechselt man wieder auf das südliche Ufer hinüber, auf dem man bis Wanla bleibt. *Wanla* besitzt eine schöne Gompa.

10. Tag: Wanla–Lamayuru (3 Std.)
Von *Wanla* geht es in südlicher Richtung den *Shillakong River* hinauf. Vor dem kleinen Oasendorf *Shilla* ist der Fluß auf einer Brücke zu überqueren. Hinter dem Dorf biegt man bei einem großen Chörten nach rechts ein. Der Pfad führt nun durch eine Schlucht zum *Prinkiti La-Paß* (ca. 3.900 m), dem letzten Paß vor Lamayuru, hinauf. Von der Paßhöhe hat man noch einmal einen fantastischen Blick in die bizarre, kahle Bergwelt, die man in der zurückliegenden Woche durchwandert hat. Auf dem letzten Abschnitt ist der Pfad stets gut auszumachen. Kurz vor der Flur von *Lamayuru* trifft man auf drei Chörten, wo man sich nach links wendet. Nun kommt auch das Ziel des Tracks in Sicht.

Von Padum über Zangla nach Martselang (Leh)
Diese Route gilt als sehr schwer, da zahlreiche reißende Flüsse zu überqueren sind. Von den 10 Tagesetappen führen 7–8 durch unbewohntes Gebiet. Da häufig die Täler gewechselt werden müssen, ist auch die Orientierung sehr schwierig. Guide und Proviant sind also lebensnotwendig. Dieser Track

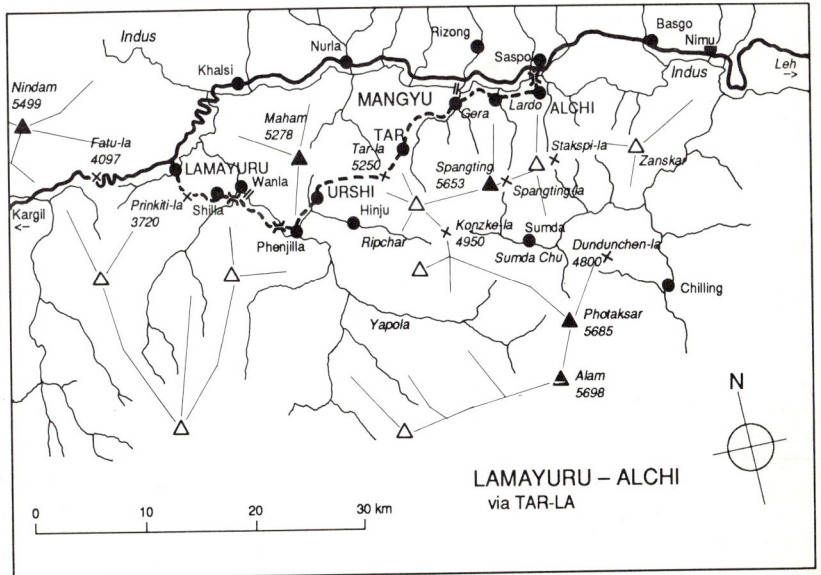

LAMAYURU – ALCHI
via TAR-LA

ist lediglich von Anfang September bis Ende Oktober begehbar. Es existieren zwei Routen.

Route A: Padum–Zangla–Sumdo–Charcha La-Paß (4.850 m)–Chipcha–Tillat Sumdo–Kurig–ZalungKharpo-Paß (5.100 m)–Tatchungtse–Nimaling–Gongmaru-Paß–Martselang (Leh).
Route B: Padum–Zangla–Tillat Sumdo–Karma Sumdo –Rubarung–Plateau–Rubarung-Paß (5.050 m)–Hankar–Gongmaru–Martselang.

Von Lamayuru über Tar La-Paß (5.250 m) nach Alchi
4 Tage, schwer, Zelt und Proviant erforderlich, beste Zeit: Juni bis Oktober. An der Route liegen drei der ältesten Gompas von Ladakh.

1. Tag: Lamayuru–Urshi (6–7 Std.)
Abschnitt Lamayuru–Wanla s. Ausflug Lamayuru–Wanla, oben.
Wanla und die bedeutende *Wanla Gompa* (s. S. 153 ff.) sind am Schnittpunkt dreier Täler gelegen: im Südwesten liegt *Shilakong*, im Südosten die Dörfer *Sumda* und *Chilling*, im Nordosten *Khalatse*, das allerdings nur im Winter über einen Seitenarm des Indus auf direktem Wege zu erreichen ist. Man folgt nun dem Yapola River nach Süden. Auf dem Wege nach *Phenjilla* geht man zunächst auf dem rechten Ufer und wechselt dann auf halbem Wege auf das linke Ufer, wo man bis Phenjilla bleibt. Dort biegt man in das *Ripchar Valley* ein (nordöstliche Richtung). Nach einer Stunde verläßt man das Haupttal und geht in nördlicher Richtung einen Fluß entlang, an dem *Urshi* liegt. Man passiert das Dorf und geht noch ein Stück Richtung Paß, bevor man das Zelt aufschlägt.

2. Tag: Urshi–Tar La-Paß (5.250 m)–Tar (8 Std.)
Der Weg zum Paß ist gut markiert, aber schwierig zu gehen. Für den Aufstieg sind 5 Std. zu veranschlagen. Der Abstieg ist ebenfalls nicht leicht. Besonders das viele lose Gestein ist für Pferde sehr risikoreich (Rutschgefahr). Nach 3 Std. kommt man im Dorf *Tar* an, dem Ziel der weitaus schwierigsten Etappe des Tracks.

3. Tag: Tar–Mangyu (4–5 Std.)
Von *Tar* führt der Wanderpfad an der Hangseite eines anderen Passes hinauf. Der Abstieg bringt uns nach *Mangyu*, einem schönen Dorf mit einer interessanten Gompa. Platz zum Campen am Fluß, unterhalb des Dorfes.

4. Tag: Mangyu–Gera–Alchi (4–5 Std.)
Nach einer 2stündigen Wanderung durch ein landschaftlich schönes, enges Tal, wird in *Gera* der *Indus* erreicht (über eine Brücke Verbindung zur Srinagar–Leh Road). Wir bleiben am rechten Indusufer und gehen flußaufwärts. Bis zum nächsten Ort, *Lardo*, sind es 3 Std. Eine halbe Stunde vor Alchi wird die Straße nach Leh erreicht.
Das Kloster von Alchi, das die schönsten Wandmalereien von Ladakh besitzt, ist weiter oben beschrieben, s. S. 160 ff.

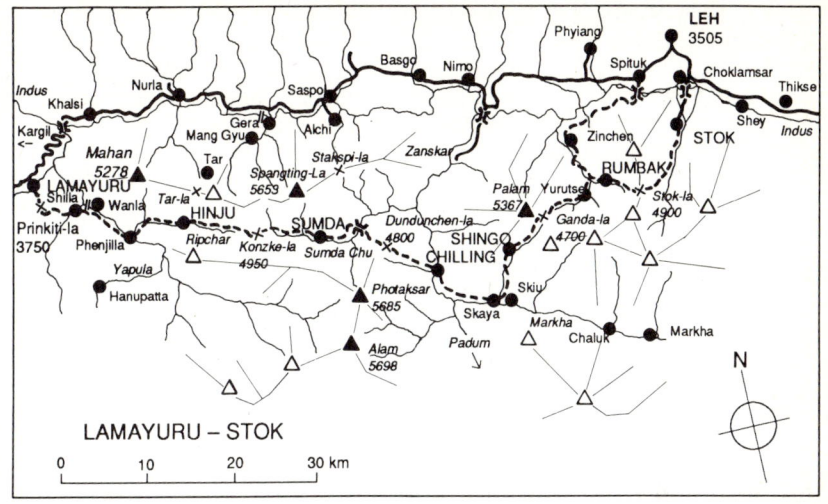

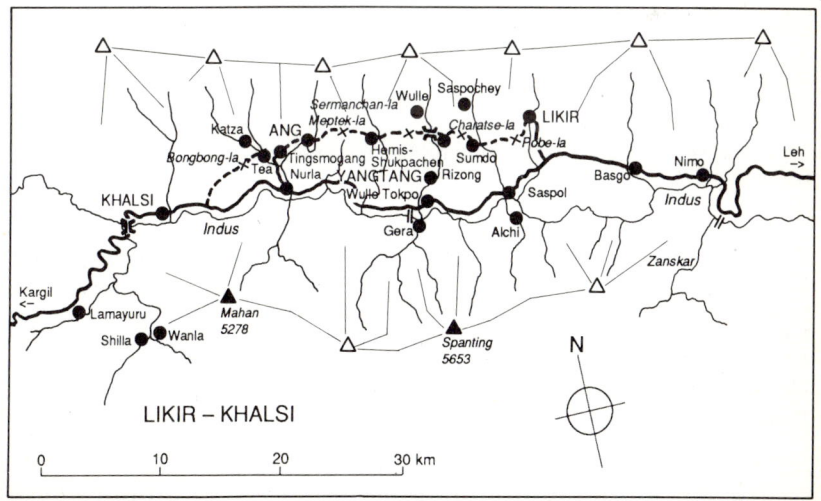

Von Lamayuru nach Stok

6 Tage, schwer, wenig frequentiert, da im mittleren Teil keine Tragtiere eingesetzt werden können; Guide, Zelt und Proviant notwendig.

1. Tag: Lamayuru–Prinkiti La-Paß –Wanla–Hinju (7 Std.)

Bis *Phenjilla* wie *Alchi-Track* (s. a. Ausflug Lamayuru–Wanla, s. S. 153 f.). In *Phenjilla* geht man in dasselbe Tal hinein wie die Wanderer zum *Tar La-Paß*, verläßt dieses aber bald in südöstlicher Richtung. Von der Abzweigung braucht man noch etwa 1 Std. bis *Hinju*.

2. Tag: Hinju–Konzke La–Sumda-Paß (5–6 Std.)

Von *Hinju* wandert man stets das Haupttal hinauf, verschiedene Nebentäler werden links liegengelassen. Auf dem letzten Teil ist der Aufstieg zum *Konzke La-Paß* sehr steil. Von der Paßhöhe (4.950 m) sind das Dorf *Sumda* und die Berge von *Stok* (jenseits des Zanskar River) zu erkennen.

Der Pfad schlängelt nun zum *Sumda Chu River* hinunter, in dessen Tal man bis *Sumda* bleibt. Unterwegs und direkt bei Sumda existieren am Fluß verschiedene zum Zelten geeignete Plätze.

3. Tag: Sumda–Dundunchen La-Paß–Chilling (6–7 Std.)

Man bleibt noch 3–4 km im Tal des *Sumda Tokpo River,* kommt dann an eine Gabelung: links geht es zum *Dundunchen La-Paß* und zum Dorf *Chilling,* rechts zum *Sumdahchoon* und weiter zum *Sumda Valley.*

Da an diesem Tag die Orientierung schwierig ist, wäre es sehr gut, einen Local Guide zu gewinnen.

Sobald man den *Sumda River* überquert hat, beginnt der Aufstieg zum *Dundunchen La-Paß* (4.800 m). Wie so oft ist das letzte Stück des Aufstiegs steil, aber mit einer großartigen Aussicht. Der Abstieg führt zu einem Haus hoch über einem Tal, das nach *Chilling* führt.

4. Tag: Chilling–Shingo (5 1/2 Std.)

Mehrere hundert Meter flußaufwärts von *Chilling* wird der *Zanskar River* in einer Drahtseilbahn überquert. Danach wandert man auf einem guten Pfad 2 1/2 Std. bis *Skaya.* Nicht weit davon entfernt begibt man sich in ein enges Tal, durch das übrigens auch die Wanderer der Trekkingroute Hemis–Stok gehen.

Nach 3 Std. Trekking taucht das kleine Dorf *Shingo* (gutes Campinggelände) auf.

5. Tag: Shingo–Ganda La-Paß (4.700 m)–Rumbak (4 Std.)

Von *Shingo* erfolgt ein langer, aber nicht schwerer Anstieg zum *Ganda La-Paß,* 4.700 m (2 Std.), und anschließend ein wenig belastender Abstieg in ein schönes Tal. Schließlich wird der Weiler *Yurutse* passiert. Bald darauf Überwechseln auf die rechte Flußseite. Danach geht man an einem Hang entlang, bevor eine Böschung erreicht wird, durch die man in das Tal von *Rumbak* eintritt.

Von hier existiert auch eine einfache Route ohne Paß über *Zinchen* und *Spituk* nach *Leh.*

6. Tag: Rumbak–Stok La-Paß (4.900 m)–Stok (Leh) (5 1/2 Std.)

Ein steiler Fußweg leitet in scharfem Zickzack zum fast 5.000 m hohen *Stok La-Paß* (2 1/2 Std.). Anschließend ist auf steilem Pfad tief hinunterzusteigen zu den Sommerweiden der Bauern von Stok. Von Stok fährt einmal am Tag ein *Bus* nach *Leh* (13 km). Man könnte auch nach *Choglamsar* an der *Leh-Hemis Road* hinuntergehen (ca. 1 Std.), von wo aus häufiger *Busse* nach *Leh* fahren und von wo aus man auch *Taxiverbindung* bekommen kann (leere Plätze in durchfahrenden Taxis).

Likir–Khalsi–Track

Likir–Yangtang–Ang–Tingsmogang–Khalsi

Dauer 3 Tage, Zelt und Proviant erforderlich, nicht allzuschwer, nur selten Höhen über 4.000 m. Diese Wanderung führt durch einige der schönsten Dörfer Ladakhs.

1. Tag: Likir–Yangtang, ca. 5 Std.

Nachdem man das Kloster Likir besichtigt hat, geht man in das Dorf *Likir* hinunter. Anschließend wandert man auf allmählich steigendem Weg zum kleinen Paß *Pobe La* hinauf. Von der Paßhöhe führt ein Trail zum Dorf *Sumdo* (ca. 2 1/2 Std.; Abkürzungen möglich). In Sumdo wird ein Fluß überquert (Brücke) und nach rechts weitergegangen. Danach geht man durch eine kahle Schlucht zum *Charatse La*, der nach etwa 45 Minuten erreicht wird. Von hier nach Yangtang sind es noch etwa 30 Minuten.

2. Tag: Yangtang–Ang, 4–5 Std.

Von Yangtang führt die Route zum *Wulle River*, der auf einer Brücke zu überqueren ist. Anschließend geht man bergauf und gelangt nach einer knappen Stunde zur Paßhöhe des *Sermanchan-La*. Es folgt ein leichter Abstieg nach *Hemis-Shukpachan*, einem Großdorf mit einer schönen Gompa. Anschließend führt der Trail zunächst durch flaches und hügeliges Gelände, bevor nach einem steilen Anstieg etwa 2 Stunden hinter Hemis-Shukpachan der Gipfel des *Meptek La* erklommen wird. *Ang* ist jetzt nur noch eine halbe Stunde entfernt, der Abstieg ist leicht. In diesem Dorf findet man in Flußnähe Gelände zum Zelten.

3. Tag: Ang–Tingsmogang–Khalsi, ca. 5 Std.

Von *Ang* setzt man die Wanderung in südlicher Richtung fort. *Tingsmogang* ist lediglich eine halbe Stunde entfernt. Dieses stattliche Dorf ist möglicherweise das landwirtschaftlich reichste Gebiet von Ladakh (Aprikosen, Äpfel, Nüsse). Von Tingsmogang führt eine Straße nach *Nurla* an der Srinagar–Leh Road (täglich ein Bus). Wir wenden uns auf einem Trail nach Westen und gehen über *Tea* (hübsche Gompa über dem Ort) und den *Bongbong La* (steiler Aufstieg) zur Srinagar–Leh Road, auf der wir noch etwa eine Stunde bis *Khalsi* zu gehen haben.

Von Stok über Markha Valley nach Hemis

8 Tage, mittelschwer, aufgrund der Nähe zu *Leh* populärster Track in Ladakh; Proviant und Zelt erforderlich. Die früher so gefürchteten Flußüberquerungen haben den Schrecken verloren, seit in den 80er Jahren im *Markha Valley* eine Reihe von Brücken angelegt wurden. Einige Tage Anpassung an große Höhen, etwa 4–5 Tage *Leh* (3.500 m), sind dringend notwendig. Die Tracks können von Anfang Juni bis Oktober unternommen werden. Die beste Zeit ist der September, dann sind die Tage nicht mehr so heiß, und außerdem ist die Luft sehr klar. Allerdings braucht man ein paar warme Sachen, da es abends schon sehr kühl ist. Wer im Sommer hier wandert, sollte früh am Morgen aufbrechen und wegen der Mittagshitze mehrere Stunden unterbrechen.

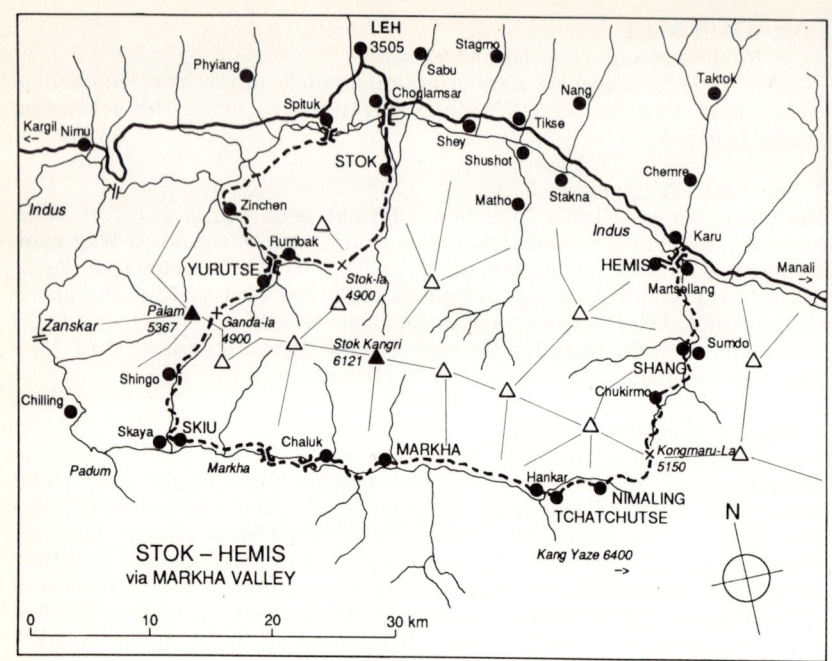

STOK – HEMIS
via MARKHA VALLEY

0   10   20   30 km

1. Tag: Leh–Jingchan (5 Std.)
Man fährt mit dem Jeep nach *Spituk*. Dort schaut man sich noch die bekannte Gompa an (s. S. 168), bevor man den *Indus* auf der neuen Brücke überquert und den Track beginnt.
Der Pfad führt zunächst 7–8 km an dem berühmten Indus entlang flußabwärts (2–3 Std.). Dann geht es nach links in das *Jingchan Valley* hinein. Nach ca. 2 1/2 Std. Wanderung auf einem gut auszumachenden Pfad wird das Dorf *Jingchan* erreicht. Vor dem Ort kann man zelten.

2. Tag: Jingchan–Yurutse (Yuruche) (ca. 5 Std.)
Leichter Aufstieg im selben Tal; ab und zu ist der *Jingchan* zu überqueren. Nach etwa 2 1/2 Std. gelangt man zu einer Flußgabel, von der nach links das Tal abzweigt, in dem *Rumbak* liegt, an dem wir aber vorbeigehen.
Von der Gabelung braucht man ca. 2 Std. bis *Yuruche*. Auf dem zweiten Abschnitt ist der Anstieg stärker.
Ca. 2 Std. Richtung Paß liegt ein geeigneter Platz zum Campen (mit Quelle).

Alternative für die ersten beiden Tage:

1. Tag: Stok (Leh)–Fuß des Stok La-Passes (3 Std.)
Am Anfang steht die Fahrt mit dem Bus oder Jeep nach *Stok* (1 Std.). Empfehlenswert ist, sich zunächst den Palast von Stok anzuschauen. Dafür kann man eine zusätzliche Stunde veranschlagen.

Man geht durch das Dorf Stok und folgt sodann dem linken Ufer des Flusses, der von den Bergen des Stok-Kangri-Massivs herunterfließt. Nach 2 Std. verläßt man den Bach. Man klettert ein Stück, läßt dann einen kleinen Paß links liegen und geht anschließend in einem schmalen Tal bergan. Das Camp befindet sich in der Nähe einer Schafhürde.

2. Tag: Fuß des Stok La-Passes–Stok La-Paß (4.900 m)–Yuruche (Yurutse) (6 Std.)

Vom Camp beginnt ein langer und steiler Aufstieg zum immerhin knapp 5.000 m hohen Paß. Von der Paßhöhe hat man einen faszinierenden Rundblick über Himalaya-Berge sowie das tief unten liegende Indus Valley.

Der steile Abstieg bis zu den Gerstenfeldern von *Rumbak* ist ebenfalls sehr anstrengend (2 Std.). Wer müde ist oder es gemütlich angehen lassen möchte, kann am Rand des Dorfes campen.

Für die anderen heißt es, dem Fluß bis zur Mündung in ein anderes Tal zu folgen. Dann geht man über eine Brücke und folgt dem anderen Fluß auf dessen rechter Uferseite flußaufwärts.

Von *Rumbak* bis zum Tagesziel *Yurutse* braucht man etwa 3 Std.

Die Route über *Stok* ist wohl landschaftlich viel interessanter als der Weg über *Spitok,* bietet aber nicht die für eine allmähliche Anpassung an große Höhen erforderlichen langsamen Übergänge. Mir scheint daher die zweite Route nur für jene Wanderer geeignet, die sich schon seit ein paar Wochen in Ladakh aufhalten und schon einen Track in größere Höhen hinter sich haben.

3. Tag: Yurutse–Ganda La-Paß – Skiu (6–7 Std.)

Der Weg führt auf einem guten Pfad an der Bergseite entlang; dann Überquerung eines engen Tals und im Zick-Zack-Kurs steil hinauf zu einem ebenen Stück, danach an der Bergseite zum *Gandala La-Paß* (4.900 m) hinauf. Von *Yurutse* bis zur Paßhöhe braucht man 3 1/2 Std. Der Abstieg nach *Shingo* ist lang und leicht (1 Std.).

Auch der Weg von *Shingo* nach *Skiu* – immer an einem Bach entlang – (2 1/2–3 Std.) gehört in die Kategorie »ohne besondere Belastung«. Nach ca. 2 Std. gelangt man an eine Weggabel: rechts Richtung *Lamayuru,* links Richtung *Hemis* via *Markha Valley* – unsere Route. *Skiu* (geeigneter Zeltplatz) ist nicht weit entfernt.

4. Tag: Skiu–Markha (7 Std.)

Von Skiu beginnt die mehrtägige Wanderung durch das *Markha Valley.* Der Pfad führt zunächst am nördlichen Ufer des *Markha River* entlang. Nach 1 1/2 Std. geht es über eine Brücke auf die Südseite. Nach einer etwa gleich langen Strecke wechselt man (Brücke) erneut auf das nördliche Flußufer, an dem auch *Chaluk* (einige wenige Häuser) liegt, das bald erreicht wird. Hier ist der *Markha River* erneut zu überqueren. Vor *Markha* führt die Route dann wiederum zur nördlichen Flußseite hinüber. Dann noch ein kurzer Anstieg bis zum Dorf. Man kann vor dem Dorf zelten, es besteht auch die Möglichkeit, im Dorf privat zu übernachten.

5. Tag: Markha–Chachutse (6 Std.)
Man geht auf der nördlichen Seite den *Markha* flußaufwärts. Der Pfad führt streckenweise durch das Flußbett. Man passiert die Gompa von *Humlung* und erreicht schließlich – auf der gleichen Flußseite gelegen – *Hankar* (kleines Dorf, Möglichkeit zum Campen). Hinter Hankar wendet man sich zu dem Tal in nordöstlicher Richtung. Um die Weiden von *Chachutse* zu erreichen, muß der Fluß überquert werden.

6. Tag: Chachutse–Nimaling (3 Std.)
Der Wanderpfad ist im allgemeinen gut auszumachen. Ein Orientierungspunkt ist auch der Fluß, der einen stets – einmal näher, einmal weiter entfernt – zur Linken begleitet.
Kurz vor *Nimaling* liegt rechts des Weges ein kleiner See. Nimaling (Weiden, Sommerbehausungen), eines der schönsten Hochtäler (4.700 m) von Ladakh wird panoramisch von dem 6.400 m hohen *Kang Yaze* beherrscht.

7. Tag: Nimaling–Kongmaru La-Paß–Shang (8 Std.)
In *Nimaling* wird der *Markha River* ein letztes Mal überquert. Danach geht man an der Bergseite eine lange Strecke aufwärts. Der Abschnitt vor dem *Kongmaru La-Paß*, 5.150 m (1 1/2 Std.), besteht aus Serpentinen. Im Gegensatz zum Aufstieg ist der Abstieg steil und schwierig. Man passiert einen Zeltplatz (4.700 m) und gelangt an einen Fluß, dem man folgt. Das Tal ist über ein langes Stück eine schmale Schlucht, die an zwei Stellen für Pferde sehr schwer zu gehen ist. Die mehrfach notwendigen Bachüberquerungen sind allerdings unproblematisch. Am Ende der Schlucht begibt man sich an das linke Flußufer, an dem auch *Chukirmo* liegt. Von hier bis zum Dorf *Shang* muß man mehrere Mal den Fluß durchwaten.

8. Tag: Shang–Hemis (3–4 Std.)
Zunächst ein Stück durch das Flußbett und anschließend ein guter Fußweg zwischen großen Felsblöcken, dann zurück zum linken Flußufer. Schließlich erreicht man einen staubigen Jeepweg, der nach *Martselang* führt.
Man verläßt *Martselang* an der rechten Seite und wandert über einen sanft ansteigenden Pfad nach Hemis. Man wird sich die berühmte Gompa anschauen (s. Ausflüge s. S. 180 ff.) und erst am nächsten Tag nach *Leh* zurückkehren – tgl. eine *Busverbindung* um 13 Uhr.

Von Leh/Hemis nach Padum/Zanskar durch das Landesinnere
8–10 Tage, zahlreiche Flüsse sind zu überqueren; sehr schwer, nichts für ungeübte und untrainierte Trekker; eine Woche ohne Dorf, Guide absolute Notwendigkeit, Proviant und Zelt natürlich auch. Verlauf der Route, s. unter Tracks von Padum.

Reisepraktisches zu Ladakh

Aussprache und Schreibweise

Für die ladakhischen Begriffe und Eigennamen wird die internationale, d. h. im wesentlichen englische Schreibweise benutzt. Bei der Aussprache ergeben sich folgende Abweichungen:

zh: dsch; wie im deutschen Journalist
j: dj
sh: sch
ch: tsch

Essen und Trinken

S. Beitrag zur ladakhischen Küche, s. S. 139 f.

Buttertee: Diesem Getränk kann keiner entrinnen, der durch Ladakhs Dörfer wandert. In den heißen Tee kommen Salz, Soda und ein paar Löffelchen Butter – und dann schwimmen ein paar liebliche Fettaugen auf dem Wässerchen. Das ganze schmeckt wie Bouillon. Wenn man mit den Bauern um das Feuer sitzt, bekommt man nach jedem Schluck wieder nachgekippt.

Buttermilch: Wie Joghurt in den ladakhischen Dörfern sehr beliebt.

Chang: Tibetisches Bier aus Gerste (in Ladakh), Hirse, Mais oder Reis. Der Name irritiert ein wenig, da es ganz anders schmeckt als unser Industriebier. Es hat auch einen geringeren Alkoholgehalt. Chang ist ein gutes, durstlöschendes Getränk beim Trekken.

Chow Mien: Ein Gemisch aus Nudeln und Gemüse bzw. Fleisch, das gebacken wird. Chow Mien ist das Standardgericht der Touristenlokale in Leh. Dieses Gericht bekommt man auch mit Reis (vegetables fried rice).

Holkur: Ladakhi-Plätzchen aus Nüssen, Zucker, Mehl und was sonst noch so in Plätzchen hineinkommt.

Kolak: Chang mit Tsampa gemischt.

Mok-Mok (Momos): Fleischbällchen in Teigtaschen – gibt es sowohl gekocht als auch gebraten.

Papa: Eine Mischung aus Gerste und Erbsen, die zunächst halb geröstet und anschließend gemahlen wird. Die Ladakhis kochen Papa mit Wasser zu einem dicken Brei, den sie mit gewürztem Joghurt essen.

Pawa: gesalzener Pudding.

Roti: Tibetisches Fladenbrot aus Tsampa, das die Form der indischen Chapattis hat, aber dicker ist. Dieser Begriff wird anscheinend nur in Zanskar gebraucht.

Skir: Eintopf aus Fleisch, Kartoffeln, Gerste oder Hirse und, falls jahreszeitlich vorhanden und für die Bauern erschwinglich, Gemüse.

Tsampa: Gerstenmehl, das meist mit Buttertee oder Chang gemixt gegessen wird. Außerdem werden die dicken runden tibetanischen Brotfladen aus Tsampa hergestellt.

Zhoh (Dschoh): Guter Joghurt; zu haben: abends bei den Bauern und mittags bei den Hirten auf den Almen.

Gesundheit Die Täler der Regionen Leh und Zanskar liegen durchschnittlich über 3.500 m hoch und daher sehr sauerstoffarm, so daß sich für Leute mit einem schwachen Kreislauf schwerwiegende gesundheitliche Probleme ergeben können. Sie sollten sich jedenfalls die Sache vorher genau überlegen. Auch die Gesunden sollten sich 1–2 Tage in 2.500–3.000 m Höhe *(Sonamarg, Kargil)* aufhalten, bevor sie in Regionen über 3.500 m gehen *(Leh, Zanskar etc.),* um dem Organismus Zeit zu lassen, sich allmählich an größere Höhen anzupassen.

Es ist notwendig, eine gutausgestattete *Reiseapotheke* mitzubringen, da die medizinische Versorgung in Ladakh sehr schlecht ist – es gibt lediglich ein einfaches Krankenhaus in

Ladakhi Leh. In den größeren Orten kann man sich mit Englisch einigermaßen verständigen. Da Englisch auf Mitglieder der Oberschicht und Middle Class beschränkt ist, besteht natürlich für den ausländischen Touristen eine Sprachbarriere nach unten, der Mehrheit der Bevölkerung.

Ladakhi ist ein tibetanischer Dialekt. In das Ladakhi, das in den Regionen *Leh* und *Zanskar* gesprochen wird, sind auch eine Reihe von Ausdrücken aus dem Hindi, Urdu und Persischen aufgenommen worden.

Im Distrikt *Kargil* spielt *Urdu* eine große Rolle. Die *Darden* sprechen *Shrina.* In das *Tibetisch* der *Baltis* sind seit ihrem Übertritt zum Islam viele persische und arabische Ausdrücke eingegangen.

Reisezeit Die beste Reisezeit liegt zwischen Juni und Oktober. In diesen Monaten ist es tagsüber warm bis heiß (25–35° C) und nachts kühl. Das Klima ist fast das ganze Jahr über äußerst trocken. Es gibt im Sommer nur an ganz wenigen Tagen Regen und im Winter fast keinen Schnee.

Der größte Teil des Jahres ist kalt und der Winter extrem kalt.

Die Mehrzahl der Touristen fährt im August und September nach Ladakh. Es gibt aber auch Leute, die gerade im Winter nach Ladakh gehen, weil sie die *Feste* und das kulturelle Leben, das in dieser Jahreszeit besonders intensiv ist, erleben wollen.

Ab Ende Oktober gibt es, wenn der *Zoji La*-Paß eingeschneit ist, nur noch die Möglichkeit, Ladakh per Luftweg von Delhi, Chandigarh und Srinagar zu erreichen.

Sperrgebiete Alle Gebiete, die mehr als 1 km nördlich von der Straße *Zoji La–Kargil–Khalatse–Nimu–Leh* liegen, dürfen bis auf wenige Ausnahmen (z. B. *Rizong, Phiyang*) von Ausländern nicht betreten werden. Dasselbe gilt für die Gebiete östlich von der Piste *Upshi–Manali.* Die Straße selbst darf neuerdings aber von Reisegruppen mit dem Bus *Leh-Manali* befahren werden.

Tankstellen Für Autotouristen ist es erforderlich, sich darauf einzustellen, daß es lediglich in *Leh* und *Kargil* Tankstellen gibt.

Tourismus	Der Tourismus hat nach dem starken Ansturm zwischen 1974 und 1976, als Ladakh geöffnet wurde, in den letzten Jahren nur noch wenig zugenommen, was damit zusammenhängt, daß nun seit ein paar Jahren Tibet selbst zugänglich ist, für das das lamaistische Ladakh eine Ersatzfunktion hatte.
	Die Zahl der ausländischen Touristen liegt bei ca. 10.000 pro Jahr. Sie konzentrieren sich weitgehend auf *Leh, Hemis, Alchi, Stok* und *Thikse*.
Trekking	Siehe Seite 193 ff.
Übernachtung	Nur in *Leh* findet man Übernachtungsmöglichkeiten aller Kategorien. Gut eingerichtet und preiswert sind die *Tourist Bungalows,* die immerhin in Kargil, Panikhar, Padum, Mulbekh, Leh, Sakti und Saspol existieren.
	Auch verschiedene *Klöster* bieten einfache Übernachtungsräume; so Alchi, Rizong, Lamayuru, Phiyang, Thikse, Hemis und Sakti.
	Während der Saison existieren in Dras, Paschkum, Uletokpo, Saspol und Choglamsar *Dauercamps* mit Toiletten, Waschgelegenheiten, Schlaf- und Essenszelten sowie gelegentlich eigenem Generator. Weitere Campingplätze s. unter Reiseziele und Trekking in Ladakh, S. 176, 193 ff.
Verkehrsmittel	S. unter Reiseziele, S. 176 f.

Himachal Pradesh

Politische Geschichte:

Rajas, Gourkas, Bundesland Himachal Pradesh

Auf dem Gebiet des heutigen indischen Bundesstaates *Himachal Pradesh* entstanden schon früh eine Reihe von Königreichen. Diese zumeist sehr kleinen Gebirgsstaaten blieben auch während der Zeit der Mosleminvasionen und -herrschaft in Nordindien (10.–18. Jh.) weitgehend unabhängig. Diese damals wegen ihrer Unwegsamkeit nur sehr schwer zugänglichen Gebirgsregionen dienten den von den islamischen Invasionsheeren geschlagenen Rajputenclans als Rückzugsgebiet. Darauf ist zurückzuführen, daß heute in Himachal Pradesh *Rajputen* stark vertreten sind.

In der 2. Hälfte des 18. Jh. begann der im zentralen Himalaya (Nepal–Himalaya) beheimatete Stamm der *Gourkhas* mit der Invasion in benachbarte Bergregionen. Opfer dieser Aggression waren zunächst u. a. die Königreiche

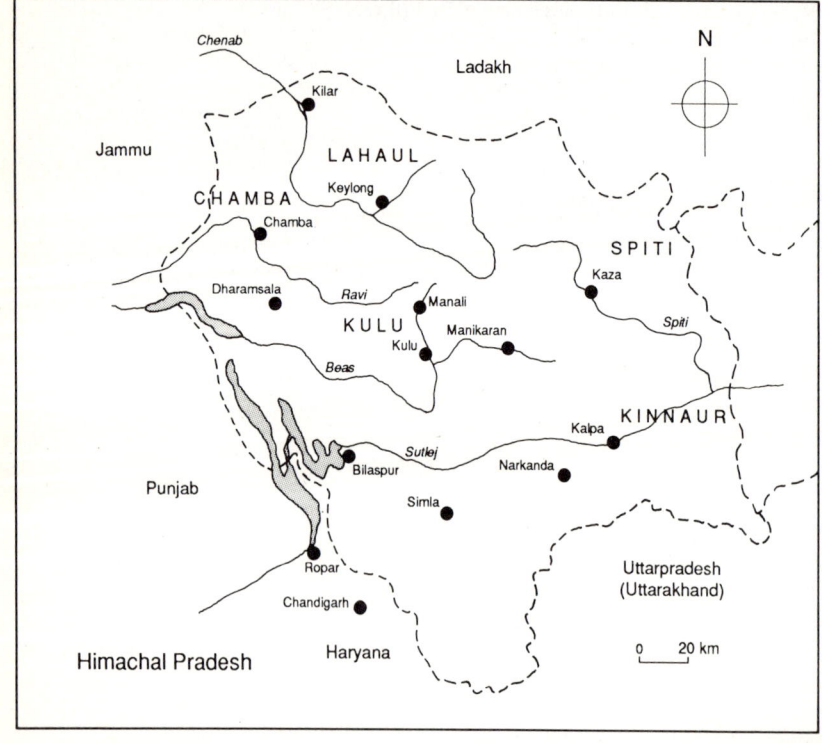

von *Uttarakhand (Garhwal, Kumaon)*. 1809 dehnten sie ihre Herrschaft auch auf das westliche und südliche *Himachal Pradesh* aus. Sie waren wegen ihrer tyrannischen Methoden sehr verhaßt.

1815 wurden die Gourkhas von den *Briten* besiegt und aus Himachal Pradesh und Uttarakhand vertrieben. Eine Fremdherrschaft folgte der anderen. Die europäischen Kolonialherren übten ihr Regime indirekt mittels der von ihnen abhängigen alten *Rajas* aus. 1848 kamen nach dem Sieg der Briten über die Sikhs auch die Himachal-Regionen *Nurpur, Kulu, Lahaul* und *Spiti* unter englische Herrschaft.

Nach der Unabhängigkeit Indiens wurden die Rajas politisch restlos entmachtet und in Rente geschickt. Die Himachal-Region wurde geteilt, der größere Teil kam zum *Punjab (Simla, Lahaul* und *Spiti, Kangra)*, der Rest zu dem kleine Bundesterritorium *Himachal (Pradesh)*. 1966 wurden die Gebirgsregionen des Punjab jedoch mit dem kleinen Bundesterritorium zum Bundesland Himachal Pradesh zusammengefaßt. Hauptstadt wurde *Simla*, die ehemalige Sommerresidenz von British India.

Die politisch dominierende Kraft in dieser Region war von Anfang an der *Indian National Congress (später Congress* [II])*, der, vom politischen Zwischenspiel der *Janata Rule* abgesehen (1977 — 1980), bei fast allen Landtagswahlen die Nase vorn hatte. Seit Beginn existierte aber auch eine starke hindu-chauvinistische Opposition.

Bei den Assembly Elections von 1982 erzielten die Rechten die gleiche Anzahl von Parlamentssitzen wie der Congress (I), dem es aber dank korrupter Praktiken gelang, sich eine hauchdünne Parlamentsmehrheit zusammenzukaufen. Weitaus stärkste Gruppierung des rechten Spektrums ist die *BJP*.

Bei den 1985 nach Indira Gandhis Ermordung durchgeführten vorgezogenen Landtagswahlen wurde der Congress (I) dank der gewaltigen Sympathiewelle für Sohn und Congressführer *Rajiv Gandhi* erstmals auch im schwierig gewordenen Himachal Pradesh wieder mit einer großen Mehrheit in das Parlament geschickt. Kommunisten und Sozialisten/Sozialdemokraten konnten bisher in diesem Bundesstaat noch keine nennenswerte Rolle spielen.

Die ökologische Bewegung ist zahlenmäßig stärker, aber dennoch keine Massenbewegung. Frauenbewegung und Arbeiterbewegung/Gewerkschaften besitzen fast nur in *Simla* eine Basis. Letzteres gilt übrigens auch für den studentischen Protest.

Geographie und Ökologie

Gebirgsland mitten in der Umweltkrise

Himachal Pradesh grenzt im Norden an *Jammu & Kashmir,* im Westen und Südwesten an *Punjab*, im Süden an *Haryana*, im Südosten an *Uttar Pradesh (Uttarakhand)* und im Osten an *Tibet*, das 1951 von China annektiert wurde. Himachal Pradesh ist lediglich 55.673 km² groß. Damit gehört es zu den kleinsten Bundesstaaten der Indischen Union.

Von einem schmalen, zum nordindischen Tiefland gehörenden Streifen an der Grenze zum Punjab abgesehen, besteht Himachal Pradesh ausschließlich aus hohen Bergen und zahlreichen Gebirgstälern. Ein Drittel der Gesamtfläche liegt höher als 3.200 m.

Vereinfacht ergibt sich, daß drei Gebirgsketten das Erscheinungsbild dieses Bundesstaates bestimmen: Vom Südosten zum Nordwesten erstreckt sich der ca. 100 km lange und 60–90 km breite *Dhaular Dhar,* dessen Gipfel zwischen 3.500 m und knapp 6.000 m hoch sind. Nach Norden schließt sich der parallel verlaufende Gebirgszug der *Pangi Range* an, der ca. 500 m höher ist. Beide Gebirgsketten waren ursprünglich stark bewaldet.

Im Osten und Nordosten (*Kinnaur, Lahaul–Spiti*) hat Himachal Pradesh Anteil am Hauptkamm des Himalayas, dem *Großen Himalaya,* dessen ganzjährig verschneite Bergriesen hier fast 7.000 m hoch sind.

Durch die starken Höhenunterschiede bedingt bestehen innerhalb Himachal Pradeshs beträchtliche klimatische Unterschiede. In den Tälern des äußeren niederen Hügellandes ist das Wetter im Sommer (April–Juli) trocken und heiß und im Monsun (Juli–Oktober) sehr feucht und warm. Diese Region, die die stärksten Niederschläge des Landes erhält (Jahresniederschlag zwischen 150 und 175 cm) besitzt eine subtropische Vegetation.

Die Gebiete zwischen 1.200 und 3.000 m (Hills genannt) sind bereits wesentlich kühler und auch nicht so feucht. In höheren Lagen herrscht alpines Klima, für die ein kühler Sommer und ein sehr langer, kalter, schneereicher Winter charakteristisch ist. In diesen Gebieten existieren neben ausgedehnten Waldgebieten auch große Almen.

Korb, das Haupttransportmittel in den Bergdörfern bei Manali

Fortschreitende Entwaldung

Himachal Pradesh ist – die wüstenhaften Hochgebirgsregionen im Norden und Nordosten des Landes ausgenommen – von Natur aus stark bewaldet. Durch starken Holzeinschlag sind aber mittlerweile große Gebiete weitgehend entwaldet worden. Besonders stark betroffen sind die Distrikte *Simla* und *Kangra*. Für 1971 wurde der Anteil des Waldes noch auf 39 % der Gesamtfläche beziffert, heute dürfte er unter 20 % liegen.

Die Entwaldung hat zur Folge, daß die starken Regengüsse des Monsuns (v. a. am Südabhang des *Dhaular Dhar*) alljährlich schwere Schäden anrichten wie Bergrutsche, Überschwemmungen, Erosion (Abschwemmung) von wertvollem Boden etc.

Dünnbesiedelte Bergregionen, geringe Verstädterung

Himachal Pradesh hat knapp 5 Millionen Einwohner. Die Bevölkerung wuchs zwischen 1971 und 1981 jährlich um 2,2 %, was unter dem gesamtindischen Durchschnitt liegt.

Die Bevölkerungsdichte betrug 1981 lediglich 76 Personen pro Quadratkilometer. Während die Täler und Gebirgsränder der Distrikte *Kangra, Bilaspur, Una, Hamirpur* und *Solan* sowie die Grenzdistrikte zu *Punjab* und *Haryana* so dicht bevölkert sind wie die Ballungsräume in der Gangesebene, sind andererseits die Regionen *Lahaul–Spiti* und *Kinnaur* nahezu menschenleer.

Etwa 93 % der Bevölkerung lebt auf dem Land. Viele der 34.000 Dörfer sind nicht größer als Weiler. Es gibt keine einzige Großstadt. Selbst die Landeshauptstadt *Simla* hat lediglich 70.000 Einwohner.

Politik und wirtschaftliche Entwicklung

Massiver Ausbau der Infrastruktur

Zum Zeitpunkt der Gründung gehörte Himachal Pradesh, was das Bildungswesen, Gesundheitswesen, den Zustand der Straßen, die Versorgung mit Energie etc. – also die Infrastruktur – betraf, zu den rückständigsten Provinzen der Indischen Union. Nur in drei Bundesstaaten war die Situation noch schlechter.

Es war also nicht falsch, daß v. a. in den ersten Jahren die Infrastruktur massiv ausgebaut wurde. So entfielen 78,7 % der Ausgaben des 1. Fünfjahresplans (1951–1956) auf diesen Bereich (Industrie 1,9 %). Aber auch im 7. Plan (1981–1985) ist die Infrastruktur mit einem Anteil von 47 % der größte Ausgabenposten. Im ressourcen- und steuerarmen Bundesstaat Himachal Pradesh werden zwei Drittel der Planausgaben durch die Zentralregierung getragen. Heute, fast vierzig Jahre nach der Gründung und 22 Jahre nach dem Zusammenschluß mit den Bergdistrikten des Punjab, ist die Infrastruktur weitaus besser als im indischen Durchschnitt. Die Zahl der Lesekundigen ist von 7,7 % auf 42,5 % (Männer 53 %, Frauen aber nur 31 %) gestiegen, die Zahl der Ärzte und Krankenhausbetten wurde verfünffacht, das Straßennetz um das Zwanzigfache erweitert und durch den Bau zahlreicher Staudämme die Elektrifizierung von ca. 80 % aller Dörfer erreicht. Himachal Pradesh besitz das größte hydro-elektrische Energiepotential unter Indiens Bundesstaaten. Davon werden gegenwärtig 26 % ausgeschöpft. Über die Hälfte des erzeugten Stroms geht in andere Bundesstaaten.

Der Ausbau der Infrastruktur hat aber nicht nur ökonomischen Nutzen gebracht, sondern auch enorme ökologische Probleme. Dies gilt insbesondere für den Bau von Straßen und die Anlage von großen Staudämmen. Da wir uns an anderer Stelle ausführlich damit beschäftigen (s. S. 303 ff.), verzichten wir hier auf eine Erörterung der Umweltprobleme. Trotz des gewaltigen Ausbaus der Infrastruktur bestehen in diesem Bereich natürlich immer noch enorme Defizite. 57,5 % Analphabeten oder 14 Krankenhausbetten pro 10.000 Einwohner kann niemanden befriedigen.

Dominierender Agrarsektor

Himachal Pradesh ist nach wie vor ein Agrarland. 1983 waren 70 % der erwerbstätigen Bevölkerung in der Landwirtschaft beschäftigt. 53 % des Bruttosozialprodukts kommt aus diesem Sektor. Die Agrarproduktion wuchs von 1966 bis 1984 von 2 bis 3 %, was v. a. durch die massive Steigerung des Einsatzes von Düngemitteln (Verzwölffachung von 1966/67 bis 1982/83) und Pflanzenschutzmittel/Pestiziden zustandekam – ökologischer Preis: gesundheitsgefährdende Rückstände in den Nahrungsmitteln und negative Effekte auf das Grundwasser.

1981/82 wurden pro Hektar 19,5 kg Dünger eingesetzt (gesamtindischer Durchschnitt 34,6 kg), pro Hektar wurden durchschnittlich 1,24 t Getreide geerntet (gesamtindischer Durchschnitt 1,03 t).

Reisbaulandschaft bei Manali

Durch den Gebirgscharakter des Landes bedingt, beträgt die Fläche, die für den Ackerbau genutzt werden kann (Täler und ihre Ränder), lediglich ein Fünftel der Gesamtfläche. Hauptprodukte sind Weizen, Mais und Reis, deren Anteil an der gesamten Anbaufläche 77 % beträgt (1980/81). Der Anteil der Hochertragssaaten (HYV) hat stark zugenommen.

Von wachsender Bedeutung ist der Obstanbau, der etwa 5 % der landwirtschaftlichen Nutzfläche einnimmt. In den subtropischen Gebieten findet man Zitrusfrüchte, in den gemäßigten Klimazonen v. a. Äpfel, Pfirsiche und Birnen, in den trockenen Hochgebirgsregionen Trockenfrüchte (Nüsse). Himachal Pradesh ist der Hauptobstversorger der großen indischen Städte. Der Apfelanbau hat hauptsächlich den Besitzern großer Obstgärten einigen Reichtum gebracht. Sie wurden und werden in diesem Zusammenhang vom Staat begünstigt, indem sie weiterhin keine Einkommenssteuer zahlen müssen.

Vorwiegend Kleinbauern

Der Boden ist wohl sehr ungleich verteilt, aber längst nicht so extrem wie in den meisten anderen Bundesstaaten. So ist der Großgrundbesitz in Himachal Pradesh relativ schwach vertreten. 1976 entfielen auf Betriebe mit über 30 ha Landbesitz lediglich 3,5 % der ackerbaulichen Nutzfläche. Dagegen ist die Schicht der Mittelbauern mit einem Anteil von einem Drittel der Nutzfläche recht breit.

Die breite Masse der ländlichen Bevölkerung sind Kleinbauern mit weniger

Frauenarbeit in Himachal Pradesh/Region Kulu

als 5 ha Landbesitz. Auf diese Betriebe entfällt 60 % der Ackerfläche. Von ihnen müssen sich viele noch in anderen Beschäftigungsbereichen verdingen (z.B. als Landarbeiter), weil sie vom Ertrag ihrer kleinen Betriebe nicht leben können.

Am unteren Ende der ländlichen Hierarchie befinden sich die landlosen Bauern/reine Landarbeiter, deren Anteil in Himachal Pradesh bei 4–5 % liegt, was im Vergleich zu vielen anderen Regionen Indiens sehr niedrig ist. Die Landarbeiter Himachal Pradeshs sind in der Regel *Harijans* (ehemalige Unberührbare), die auch im sozialen und kulturellen Leben trotz schützender Gesetze de facto vielfältig benachteiligt sind.

Für die Dörfer Himachal Pradeshs ist charakteristisch, daß nur die Großbauern und z.T. die Mittelbauern sowie Bauern mit speziellen Kulturen (Cash Crops, z.B. Äpfel) für den kapitalistischen Markt produzieren. Zwei Drittel der Bauern betreiben Subsistenzproduktion (Selbstversorgung).

Das halbnomadische Wanderhirtentum überlebt

Etwa 40 % der Bodenfläche von Himachal Pradesh wird als Weideland (u. a. weite Almen) eingestuft. Zum Teil sind die Hirten lokaler Herkunft, es scheint jedoch das überlokale Wanderhirtentum (Transhumance) zu überwiegen. So werden z.B. die Hochalmen im Norden des Landes von den im Südwesten beheimateten *Gaddi-Hirten* genutzt, die den Winter mit ihren Herden in tieferen und wärmeren Regionen verbringen.

Die Viehwirtschaft ist nicht nur für die Ernährung (Milch) ein wichtiger

Bäuerin im Parvati Valley

Faktor, sondern fungiert auch als Rohstofflieferant für das bedeutende wollverarbeitende Handwerk (*Kulu Valley*).

Kaum mittlere, keine großen Industriebetriebe

Himachal Pradesh zählt zu jenen Bundesländern, in denen die Industrialisierung noch kaum begonnen hat. Es gibt nur wenige Mittelbetriebe und überhaupt keine Großbetriebe. In der Hauptsache handelt es sich um die Verarbeitung land- und forstwirtschaftlicher Produkte, z. B. Produktion von Apfelsaft, Herstellung von Holzkästen für das Lagern von Obst.

Die Industrie befindet sich fast ausschließlich in den niedriggelegenen Regionen am Südwestrand von Himachal Pradesh. In den vielfach technisch und arbeitsorganisatorisch sehr archaischen Kleinbetrieben existieren keine Gewerkschaften, so daß die Lohnabhängigen ohne effektive Interessenvertretung sind. Dagegen besteht in Himachal Pradesh wie in den meisten Regionen des Landes ein breiter handwerklicher Sektor.

Resultate der gesamtwirtschaftlichen Entwicklung

Nach einem kräftigen Wachstumsschub in der Zeit von 1967/68 bis 1975/76, in der das Bruttosozialprodukt jährlich um 4,3 % zunahm, hat sich das Wachstumstempo deutlich abgeschwächt, so daß die Wachstumsrate für den Zeitraum von 1967/68 bis 1982/83 insgesamt lediglich 3,1 % betrug (national 4,4 %). Dank des relativ schwachen Bevölkerungswachstums steht das Bundesland dennoch beim Pro-Kopf-Einkommen hinter Punjab, Haryana, Maharashtra und Gujarat bereits an fünfter Stelle. Die soziale Ungleichheit ist im Vergleich zu den meisten Bundesstaaten weniger kraß und der Anteil der Bettelarmen (offizieller Terminus: absolute Armut/below the poverty line) mit »nur« 27,2 % der Bevölkerung für indische Verhältnisse gering.

Frauen bei der Holzbeschaffung

Während der Anteil des Agrarsektors (Beschäftigte, Anteil am BSP) zusehends abnahm, hat zugleich eine stetige Expansion des Dienstleistungssektors (Staatsverwaltung, Infrastruktur, Handel, Banken, Tourismus) stattgefunden, so daß neben dem quantitativ dominierenden Agrarbereich nun ein zweiter großer Beschäftigungssektor besteht. Die industrielle Entwicklung verlief bescheiden langsam, so daß der Industriesektor derzeit ökonomisch irrelevant ist.

Religion und Alltagskultur

Lokale Varianten des Hinduismus

Die Bevölkerung von Himachal Pradesh besteht, von *buddhistischen* (Lahaul–Spiti, Kinnaur) und *moslemischen* Minderheiten sowie kleinen *Sikhgemeinden* abgesehen, die insgesamt lediglich 3–4 % ausmachen, aus *Hindus*.

In weiten Gebieten von Himachal Pradesh verehrt das Volk immer noch die überlieferten Dorfgötter und -göttinnen sowie zahlreiche Geister und Dämonen (s. Kulu-Kapitel, s. S. 233 ff.). Die Hauptgottheiten des brahmanischen Hinduismus, *Shiva* und *Vishnu*, sind die Götter von Minderheiten.

Die Kastenhierarchie wird von den *Brahmanen* angeführt, die etwa 10 % der Hindus ausmachen.

Auf dem nächsten Rang stehen die zu den *Kshatriyas* zählenden *Rajputen* (Kriegerkaste), zu denen etwa ein Viertel der Hindus zu zählen ist. Diese stammen entweder von ehemaligen Regionalherrschern oder von jenen Rajputenclans ab, die sich vom 11.–16. Jh. vor den in Nordindien eingefallenen Moslemheeren in die sicheren Berge zurückzogen. Die Rajputen waren früher in größerer Zahl in der britischen Kolonialarmee vertreten und sind heute eine der zahlenmäßig größten Gruppen in der Armee der Indischen Union.

Etwa 40 % der Hindus dieses Bundeslandes werden den im mittleren Kastenspektrum angesiedelten Bauernkasten zugerechnet.

Ganz unten befinden sich die *Harijan* genannten ehemaligen Unberührbaren – 22 % der Hindus von Himachal Pradesh – sofern man sie überhaupt zu ihnen zählt. Ihr Anteil ist besonders hoch in den dichtbevölkerten Gebieten des *Kangra Valley* und von *Bilaspur*.

Unter den ehemaligen Unberührbaren hat sich eine Elite herausgebildet, die die Möglichkeiten der staatlichen Hilfsmaßnahmen voll ausschöpft, während die Masse der ehemaligen Unberührbaren in der Rolle der besitzlosen Landarbeiter bleibt, die ökonomisch extrem ausgebeutet und sozial stigmatisiert sind.

Insgesamt läßt sich sagen, daß trotz des gesetzlichen Verbots der Unberührbarkeit und der damit verbundenen Praktiken dennoch bei zahlreichen Kastenhindus vielfältige Vorurteile und Verhaltensweisen fortbestehen, die die Harijans einschließlich ihrer geschützten Elite benachteiligen.

Reiseziele in Himachal Pradesh

Der Südosten und Süden

Trotz des Touristenbooms Richtung *Manali* ist das 1.200–3.000 m hohe Bergland im Südosten das Haupturlaubsgebiet von Himachal Pradesh geblieben. Dies hängt damit zusammen, daß diese Region wesentlich näher an den dichtbevölkerten und teilweise bereits stark urbanisierten Bundesstaaten Punjab, Haryana, Delhi und Uttar Pradesh liegt. Konzentrationspunkte des Fremdenverkehrs sind verschiedene Städtchen entlang der *Kalka-Simla Road* und *Simla*, die in der Kolonialzeit eine bevorzugte Hill Station waren. Im Gegensatz zu Manali und Dharamsala kommen die Besucher der Touristenregion von Südost-Himachal Pradesh fast alle aus dem Inland.

Simla (Shimla) (2.206 m, 70.000 Ew.)
In der Kolonialzeit Sommerresidenz der Briten, heute Landeshauptstadt von Himachal Pradesh und Handelszentrum sowie vielbesuchter Urlaubsort/Hill Station.

Simla wird jährlich von über 200.000 Touristen besucht, 98 % davon sind inländische Urlauber, die vor der Sommerhitze in das hochgelegene, kühle Hill Station entfliehen. Entsprechend dieser Motivation konzentriert sich der Besucherstrom auf die nordindischen Sommermonate von Anfang Mai bis Mitte Juli, wenn der Monsun beginnt. In dieser Zeit ist die Stadt wahnsinnig voll. Auf der Mall herrscht dann ein Gedränge wie auf einem überfüllten Bahnsteig in Calcuttas Howrah Station.

Stadtgeographie
Simla liegt über einen Bergrücken verstreut. Nur der allerengste Ortsbereich ist bewaldet. Wenn man den Blick auch nur etwas weiter schweifen läßt, erblickt man weite baumlose Gebiete, die einen damit konfrontieren, daß sich die ökologische Situation im Raum Simla in den letzten 20 Jahren dramatisch verschlechtert hat (Entwaldung, Bodenerosion, Zersiedlung etc.).

Mall
Über den Kamm im geographischen Zentrum der Stadt läuft die *Mall*, die ehemalige Prachtstraße der britischen Kolonialherrn, auf der heute die Urlauber aus der indischen Mittel- und Oberschicht promenieren und in deren teuren Lokalen sie Essen gehen. Die Mall und ihre Umgebung, insbesondere die *Christ Church*, erinnern durch die Architektur ihrer Bauten noch an die Kolonialherrschaft. Viele der ehemaligen Sommerwohnungen der Briten sind heute freilich baulich in einem sehr schlechten Zustand und werden in absehbarer Zeit abrißreif sein, wenn nicht bald mit umfangreichen Renovierungsarbeiten begonnen wird.

Basar	Nach Süden liegt unterhalb der Mall ein großes *Basarviertel*, in dem die unteren und mittleren Schichten von Simla einkaufen.
	Als Landeshauptstadt ist der Fremdenverkehrsort Simla mit seinen zahlreichen Hotels und Restaurants zugleich auch eine Stadt mit einem überproportionalen Bestand an Verwaltungsgebäuden (Sekretariat des Ministerpräsidenten und Ministerien, viele oberste Landesbehörden, Steuerbehörden, Statistische Ämter etc.). Außerdem befinden sich viele wichtige staatliche Forschungseinrichtungen und Bildungsinstitutionen (z. B. eine Universität) in der Stadt.
Chhota Simla	Da die Mall aufgrund ihrer Funktion im Fremdenverkehr für die Regierungsbauten zu wenig Platz ließ, wurde mehrere Kilometer südwestlich von ihr vor einiger Zeit das Regierungsviertel *Chhota Simla* angelegt.
	Simla ist eine Verwaltungs-, Handels- und Touristenstadt, in der es keine Industrie gibt. Am oberen Ende der Sozialhierarchie von Simla stehen die Spitzen der Staatsbürokratie/Landesregierung und Bildungs- und Forschungsorganisationen sowie reiche Hoteliers und Händler (Handelsbürgertum). Im Gegensatz zu den meisten anderen Städten des Landes existiert in Simla eine breite Mittelschicht, bestehend aus den zahlreichen Beschäftigten in der Staatsverwaltung, im Bildungswesen, im Tourismussektor sowie Handel. Ganz unten steht schließlich die zahlenmäßig noch größere Gruppe jener, die die unqualifizierten Tätigkeiten in der Verwaltung, im Transportwesen und Tourismus ausüben oder als Kleinhändler oder Haushaltshilfen/Hausdiener ihr Dasein fristen.
Geschichte	Das Hill Station *Simla* ist eine historisch junge Stadt. Die Briten entdeckten dieses im Sommer so erholsame bewaldete Fleckchen in 2.200 m Höhe in Jahre 1819 und legten bereits wenige Jahre später hier ihre Sommerhauptstadt an. In dieser exklusiven Residenz durften Inder nur als Dienstpersonal leben. Auf der Prachtstraße *The Mall* waren sie überhaupt nicht zugelassen. Die Kolonialherren wollten bei ihren Spaziergängen nicht von den Kolonisierten gestört werden. Simla war als Sommerhauptstadt von British India ein Hill Station, in dem lediglich die ersten Ränge der Kolonialverwaltung Urlaub machen durften.
	Nach der Unabhängigkeit (1948) war Simla zunächst Hauptstadt des ungeteilten *Punjab,* zu dem auch ein Teil des heutigen Bundesstaates Himachal Pradesh gehörte. Nach der Teilung des Punjab wurde es schließlich Landeshauptstadt des um die Gebirgsdistrikte des Punjab erweiterten *Himachal Pradesh.*
Information	Das *Tourist Information Centre*, The Mall, Tel. 33 11, bietet Broschüren und Stadtpläne an, verkauft Tickets für Ausflüge in verschiedene Bergorte (s. Ausflüge) und reserviert Tourist Bungalows in der Umgebung von Simla.
	An der Mall gibt es auch ein *Information Centre* mit Lese-

raum, wo Tageszeitungen, Zeitschriften und ein paar informative Bücher über Himachal Pradesh (v. a. Architektur) gelesen werden können.

Ökologische Informationen über die Umweltsituation im Raum Simla kann man sich über das »State Social Work and Research Centre« (SSWRC), Chopal 171211, Tel. 28, Simla District, beschaffen; Ziele dieser Gruppe sind: Encouraging Social Forestry, Drive against Deforestation; Promoting reduced consumption of fuelwood by encouraging the use of more efficient chulhas, solar cookers and biogas.

Sehenswert	Auf verschiedenen Streifzügen durch die Stadt kann man versuchen, das koloniale Hill Station-Sommerhauptstadt zu rekonstruieren und sich die Veränderungen bewußt machen, die mit seiner Umwandlung in einen Urlaubsort der indischen Ober- und Mittelschicht sowie in die Landeshauptstadt eines indischen Bundesstaates verbunden sind.
Sommerresidenz	Die *Sommerresidenz* des britischen Vizekönigs, des Herrschers über Indien, ist ein in den Jahren 1884–1888 erbauter, sehr eindrucksvoller, mehrstöckiger festungsartiger Gebäudekomplex, in dem heute das »Institute of Advanced Study« untergebracht ist. In diesem Institut können ein paar auserwählte indische Wissenschaftler, die für 1 bis 2 Jahre von ihren akademischen Verpflichtungen befreit werden, Grundlagenforschung in Social, Political and Economic Philosophy, Comparative Indian Literature (including Ancient, Medieval, Modern, Folk and Tribal), Comparative Studies in Philosophy and Religion, Fundamental Concepts and Problems of Logic and Mathematics etc. betreiben. Das Institut besitzt eine gut ausgestattete Bibliothek, die man als Außenstehender nur über eine Sondererlaubnis benutzen kann.
Museum	*State Museum*, u. a. mit Skulpturen aus den verschiedenen Regionen von Himachal Pradesh und Miniaturen der Kangra-Schule.
Einkaufen/ Post/Geld-wechsel/	Alles in der *Mall*.
Essen und Trinken	Die Mehrzahl der guten Restaurants befindet sich in der *Mall* und ihrer Umgebung. So: *Balajee's* (das als bestes Speiselokal von Simla gilt), *Fascination* (gleiches Haus, obere Etage), *Alfa, Goofa, Shere-e-Punjab* (billig, schmackhafte Punjabi-Küche; in der Nähe mehrere sehr einfache und sehr billige Lokale), *Asiana* (teuer, Musikband) sowie zwei geräumige *Indian Coffee Houses* mit südindischen Gerichten, billigen Snacks und dem besten Kaffee von Simla.
Kulturszene	Die Gruppe derjenigen, die moderne bürgerliche Kunst (Malerei, Plastik), Literatur, Musik und Theater machen, ist mit New Delhi verglichen sehr klein. Für die Mehrheit der Bevölkerung von Simla heißt Kultur, sich an den zahlreichen hindu-religiösen Festen zu beteiligen oder, neuerdings bei einer wachsenden Zahl, Konsum von

Fernsehsendungen. Verbreitetste Medien sind allerdings immer noch der Hindifilm (Kino) und der Rundfunk, zu dessen Hauptprogrammteilen jene allerorten zu hörenden Hindifilmschlager, jene populären banalen Schmachtfetzen gehören.

Übernachtung

Die Preise für Übernachtungen variieren sehr stark im Laufe des Jahres und erreichen ihren Zenit in der Hauptsaison (April bis Anfang Juli). In dieser Zeit ist es oft schwer, ein preiswertes Zimmer zu finden.

Billigkategorie: Ashoka Hotel, nahe Christ Church, *Ridge* (ruhige Lage, sauber, EZ ab 7 DM, DZ ab 12 DM, VBZ ab 18 DM.); *YMCA*, ebenfalls in der Nähe der Kirche und der Mall (sauber, geräumig, EZ, DZ, alle Zi. Du/WC, Preise 20–30 % niedriger als im Ashoka Hotel; für Nichtmitglieder einmaliger Beitrag von ca. 1 DM; Frühstück und Essen auf Bestellung). Recht brauchbar ist auch das *Dreamland Hotel*, an dem man auf dem Wege zum Ashoka Hotel (Preise zwischen YMCA und Ashoka) vorbeikommt.

Im Bereich des Busbahnhofs gibt es eine Reihe sehr billiger *Hotels*, die spartanisch eingerichtet und häufig schmuddelig sind. In diese Kategorie fällt das Hotel *Vikrant*.

Mittelklasse (DZ 20–35 DM): *Hotel Samrat* (preiswertestes Haus in dieser Kategorie), *Hotel Shingar*, Tel. 28 81, beide am Ostende der Mall; *Hotel White*, Tel. 61 36, nahe Hotel Diplomat, Tel. 35 95.

Obere Mittelklasse (DZ ab 36 DM): *Hotel Diplomat*, The Mall, Tel. 30 33, *Lord's Grey Hotel*, Tel. 51 46.

Verkehrsverbindungen

Zugverbindung mittels einer Bergbahn nach *Kalka*, von wo aus Anschluß Richtung *Delhi* besteht.

Busverbindung mit *Chandigarh*, 117 km (häufig, 4 Std., ca. 2 Std. schneller als die Kleinbahn), *Delhi*, 364 km (10 Std.), *Manali* (11 Std.), *Mandi* (6 Std.), *Dharamsala* (11–12 Std.) und *Dehra Dun* (9 Std.).

Wintersport

Im Winter besteht die Möglichkeit zum alpinen Skisport in *Kufri* und *Narkanda* und zum Schlittschuhlaufen im Eisstadion von *Simla*.

Ausflüge

Chadwick Falls

7 km von Simla, 1.586 m hoch gelegen, von Wald umgeben. Diese 67 m hohen Wasserfälle gelten besonders für die Zeit des Monsuns als eindrucksvolles Naturschauspiel.

Glenn

1.830 m, populärer Picknick-Platz (Flüßchen und Wald), 4 km von Simla, zu erreichen über das Cecil Hotel.

Jakkoo Hill

2.455 m, 2–3 km vom Stadtzentrum entfernt, Simlas Hausberg – Standardausflug aller in- und ausländischen Simla-Besucher – anstrengender Aufstieg von ca. 45 Min. Vom Gipfel überblickt man einen großen Teil der Stadt Simla und verschiedene umliegende Täler. Bei klarem Wetter ist auch das verschneite Hochgebirge im Norden zu sehen. Auf dem Jakkoo Hill steht ein alter *Hanuman-Tempel*, in dem Affen

	herumspazieren. Ein kleines Lokal bietet Getränke und Snacks an.
Prospect Hill	2.145 m, 5 km von Simla, 45 Min. Fußweg – Ausgangspunkt *Boileauganj*; Rundblick über Gebirgslandschaft. Der *Tempel* ist *Kamma Devi* geweiht.
Sankat Mochan	1.875 m, 7 km von Simla, *Hanuman-Tempel*, zu Fuß oder per Auto erreichbar. Aussicht auf Simla.
Summer Hill	1.983 m, 5 km, Vorort an der Bahnstrecke nach *Kalka* – ein paar schattige Wanderwege.

Kufri

2.501 m, 16 km, Skisportzentrum von Simla (Lift vorhanden), Saison: Ende Dezember bis Anfang März; Skier und Skischuhe können ausgeliehen werden. Im Februar finden regelmäßig alpine Skiwettbewerbe statt. Es ist nicht sicher, daß in der Saison immer ausreichend Schnee liegt.

Übernacht. *Indira Rest House*, 2 km von Kufri.
Verkehrsverb. *Busverbindung* mit Simla.

Naldera

2.044 m, 22 km, ein beliebter Ausflugsort der Ober- und Mittelschicht von Simla, die hier *ihren* Golfplatz haben. Von Naldera führt ein Wanderweg nach *Craignano*, 3 km.

Übernacht. T. B. in Naldera und Rest House in Craignano.
Verkehrsverb. *Busverbindung* mit *Simla*.

Wildflower Hall

2.593 m, 13 km, an der Straße nach Kufri, die ehemalige Residenz von Lord Kitchener. Das heutige Bauwerk entspricht allerdings nur noch z. T. dem ursprünglichen Gebäude. Ausblick auf die Berge des Pir Panjal und der Badrinath Range sowie Simla.

Übernachtung Räume in der *Wildflower Hall* (EZ ab 20, DZ ab 30 DM); es existieren auch Hütten mit Küche und Wohnzimmer.
Verkehrsverb. *Busverbindung* mit *Simla*.

Chail

2.150 m, 45 km (via Chini Bungalow), landschaftlich reizvoll gelegenes Städtchen. Besondere Attraktion ist Indiens höchstgelegener *Cricket Ground*. Weitere Sehenswürdigkeiten sind ein *Palast* aus der Zeit, als Chail Sommerresidenz des Maharajas von Patiala war, sowie ein *Sikh-Tempel*.

Übernachtung Hütten des HPTDC, *Hotel Himneel* (mittlere Kategorie) und verschiedene einfache Hotels.
Verkehrsverb. *Busverbindung* mit *Simla* und *Kalka*.

Narkanda

2.704 m, 64 km nordöstlich von Simla, Städtchen (Bazar, mehrere einfache Lokale) in einer prächtigen Gebirgslandschaft (Wälder, hohe Berge, tiefe Täler).

Hattu Peak	Narkanda ist Ausgangspunkt für Tracks nach *Kulu/Manali* (s. Trekking in Himachal Pradesh, S. 274). Auch in der Umgebung hat man vielfältige Möglichkeiten für schöne Bergwanderungen. Ein solches Ziel könnte z.B. der *Hattu Peak* (3.350 m; 2–3 Std. von Narkanda) sein, von dem man eine schöne Aussicht auf die Gebirgsszenerie hat.
Sport	Seit ein paar Jahren wird in Narkanda auch in bescheidenem Maße Skisport betrieben.
Übernach-tung	T.B. (unbedingt bereits in Simla reservieren lassen), PWD Rest House.
Verkehrsverb.	*Busverbindung* mit *Simla* und *Rampur*.

Der Norden und Nordosten

Zweites Hauptreisegebiet von Himachal Pradesh ist die landschaftlich sehr schöne alpine Region um *Manali*, etwa 200 km nördlich von Simla. In dieser Gegend wird auch sehr viel gewandert.

Neben dem Kulu Valley/Manali-Gebiet spielt im Fremdenverkehr von Nordhimachal Pradesh noch das *Parvati Valley* mit seinem vielbesuchten Sikhpilgerort *Manikaran* eine Rolle. Dagegen ist die Zahl jener, die die Oasen und kahlen Berge (fast 7.000 m hoch) des lamaistisch-buddhistischen *Lahaul* bereisen, relativ klein. Es handelt sich durchweg um ausländische Trekker auf dem Weg nach *Zanskar*, *Chamba* oder auf Rundtrack durch *Lahaul*.

Kulu Valley Geographie	Der obere Teil des *Beas Valley* ist bekannter unter dem Namen *Kulu Valley*. Dieser Abschnitt, der vom *Rothang-Paß* bis *Aut* reicht, ist ca. 100 km lang. Dieses malerisch schöne Tal wird im Westen und Osten von bis 4.000 m hohen und im Norden von über 6.000 m hohen Bergen eingerahmt.
	In das Tal des Beas River münden eine Reihe von Seitentälern, von denen das *Solan Valley* und das *Parvati Valley* am bekanntesten sind.
Wirtschaft	Das *Kulu Valley* ist oft lediglich wenige Kilometer breit. Es gilt als sehr fruchtbar. Wichtigste Agrarprodukte sind Reis und Äpfel. Während der Reis lokal verbraucht wird, gehen die Äpfel großenteils in die großen Städte südlich der Himalayaberge.
	Von großer wirtschaftlicher Bedeutung ist inzwischen auch der Fremdenverkehr, der auf den Raum *Manali* konzentriert ist.
	Eine weitere Säule der Ökonomie ist das Handwerk mit seiner langen Tradition, insbesondere die Verarbeitung von Wolle, deren bekanntestes Produkt die berühmten Kulu-Schals

sind. Eine Industrie existiert noch nicht. Dennoch ist die Umwelt stark geschädigt, was auf die Abholzung weiter Flächen am Rande des Tales und den starken touristischen Durchgangsverkehrs (viele Busse) zurückzuführen ist.

Ganz unten stehen die Landlosen, die *Kohli* und *Dagi*, eine Schicht, zu der etwa 30 % der Bevölkerung gehören. Zu ihnen werden außer den Landarbeitern auch die Handwerker gezählt.

Die *Kohli* sind Anhänger von Schlangengottheiten (*Nagas*), Dämonen und Muttergottheiten. Sie wohnen häufig auf Tempelgrundstücken. Die zahlenmäßig größte Kastengruppe bilden die *Kanet* (Kunidos), eine Bauernkaste mongolider Abstammung, die das mittlere Spektrum der Kulu-Gesellschaft bilden. Zu den Kanets zählen verschiedene Subkasten wie die *Kash*, *Rahu* und *Ra Deo*, zwischen denen Statusunterschiede bestehen. Ihre Tracht und Sitten bestimmen sehr stark das Bild, das man als Fremder vom Kulu Valley bekommt. Die von ihnen verehrten lokalen Gottheiten, *Devis* und *Rishis*, sind der vorherrschende religiöse Kult der Region.

Über den Kanets stehen die Kasten der *Rana*, *Rathi* und *Thakur*, die sich zu den *Kshatriyas* zählen. Die *Ranas* sind Nachfahren der Kleinfürsten und lokalen Häuptlinge des Berglandes, die sich im Laufe des 16. und 17. Jh. den Rajputen beugen mußten. Die *Rathi* sind Großgrundbesitzer ohne aristokratische Privilegien. Teils stammen sie von jüngeren Rana-Söhnen ab, teils sind sie Nachfahren von Rajputen. Die *Thakurs* schließlich sind z. T. Nachkommen jener Offiziere und Garnisonskommandanten, die die Herrscher von Ladakh nach ihrer Invasion im Kulu Valley zurückließen. Sie leben am Fuß von *Rothang* und *Hamta-Paß* in burgähnlichen Bauten.

Die meisten Regionen Indiens sind im Übermaß mit männlichen und weiblichen Göttern, Geistern und Dämonen gesegnet. So ist das auch im Kulu Valley mit seinen 300–400 Gottheiten und anderen der Phantasie entsprungenen Wesen. Seit Jahrzehnten ist allerdings ein Vereinigungs- und Vereinfachungsprozeß im Gange, was dazu führt, daß der überlieferte Götterkosmos zu schrumpfen beginnt. So werden z. B. inzwischen verschiedene Schreine lokaler Dämonen dem populären Affenkönig *Hanuman* zugeordnet, viele ehemals eigenständige lokale weibliche Gottheiten immer öfter mit *Durga* identifiziert, und letztere ihrerseits zur Erscheinungsform von *Lakshmi* erkärt. Der erst unter *Jagat Singh* (1637–1672) eingeführte *Vishnuismus* gewinnt zwar an Bedeutung, bleibt aber letztlich ein fremdes Element im Kult der Bergregion.

Deotas (Dämonen)

Im Gebiet nördlich von *Katrain* und *Naggar* werden zahlreiche Dämonen (Deotas) verehrt, die im allgemeinen lediglich lokalen Charakter haben. Die Dämonen werden in Form von Masken oder Büsten aus Edelmetall dargestellt, die man in den Schatzhäusern der Dörfer aufbewahrt. An Festtagen werden sie auf dem *Rath*, einem hölzernen Wagen oder einem sänftenähnlichen Gestell montiert. Rund um die *Deotas* werden Haarbüschel aus Wolle und kostbare, meist rote Kleidungsstücke an einem Rahmen angebracht.

Die Deotas werden zumeist von zwei Männern auf Tragestangen transportiert. Hinter ihnen folgt ein Zug, bestehend aus Priestern (*Pujari*), Musikanten, Standarten- und Fackelträgern und verschiedenen, zum Tempel gehörenden Handwerkern. Reiche Dämonen-Gottheiten verfügen auch über eigene Tanzgruppen.

Bis in die Gegenwart hinein sind viele religiöse Feste mit Tieropfern verbunden, durch die Dämonen und andere Wesen beschwichtigt werden sollen. Früher gab es auch teilweise Menschenopfer.

Brahmanen waren nur am Hof von *Kulu* am Ritus beteiligt. Bis heute wird im oberen Talabschnitt lediglich der Tempel von *Dhungri* von einem Mitglied dieser privilegierten Kaste betreut. Deotas, das sind *Nagas, Birs, Jognis, Rishis* und *Devis*. Als *Nagas* werden Schlangendämonen bezeichnet, die den Wind, den Regen und das Vieh negativ beeinflussen können. Sie sind in den Schreinen als gewundene Natternfiguren dargestellt. Es besteht nur ausnahmsweise eine Beziehung zur tausendköpfigen *Sheshna*, jener berühmten Kobra aus der Hindumythologie.

Tempelwagen

Nach einer Liste von H. L. Shuttleworth werden in der Kulu-Region insgesamt 70 Nagas verehrt. Zu ihnen gehört auch der Herr über die heißen Quellen von *Vashisht*.

Von einigen wenigen Tempeln abgesehen hausen die Nagas gewöhnlich in sehr einfachen niedrigen Schreinen oder sogar nur in unverzierten Steinblöcken. Die Nagas genießen besondere Verehrung bei den Kohli und den Kanet.

Als *Birs* gelten männliche Geister, insbesondere ruhelose Tote und personifizierte Naturerscheinungen (Paßgottheiten, Baum- und Wasserdämonen wie *Banbir* und *Bir Batal*, die in Wasserfällen und an Kreuzungen hausen und darauf aus sind, Menschen zu ertränken. *Kailubir*, der mit Schlangen und Steinschlag droht, bedroht auch schwangere Frauen).

Die weiblichen Geister-Dämonen heißen *Jognis*. Sie werden als Dienerinnen von *Kali* oder Geschöpfe der *Durga* angesehen. Sofern sie keine regelmäßigen Tieropfer erhalten, drohen sie mit Sturm und Hagel. Es werden mehr als 10 Jognis genannt, die durchweg aus dem Volkshinduismus entstammen und nichts mit den 8 Begleiterinnen der Durga aus der klassischen indischen Mythologie zu tun haben.

Die Jognis, die in *Kulu* auch *Phungi* heißen, sollen sich bevorzugt auf Felsen (zwei Heiligtümer in *Prini*), in Bäumen und auf Berggipfeln aufhalten. Von ihnen hängt das Funktionieren der Mühlen an den Bächen und oberen Flußläufen ab. Im Falle des Abholzens von Zypressen drohen Jognis mit schweren Schneefällen und Lawinen. Sie werden auch in kleinen Schreinen verehrt, die die Form von ca. 1 m hohen, offenen Miniaturhäusern haben.

Unter *Rishis* versteht man in Kulu »bedeutende« traditionelle lokale männliche Gottheiten (*Deo*) mit einer unübersehbaren Beziehung zum Shivaismus. Ihnen sind hüttenähnliche Linga-Schreine mit Giebeldächern geweiht, in deren Firstbalken häufig eiserne *Trishulas* (Dreizacke) stecken. Das Lingam ist im allgemeinen ein unbearbeiteter Felsblock.

Vielen Talbewohnern ist der lokale Ursprung der Rishis nicht mehr bewußt, so daß sie sie schlechthin für Manifestationen von *Shiva* halten.

In der Kulu-Region existieren, wie in vielen anderen Berggebieten von Himachal Pradesh, eine Überfülle von weiblichen Gottheiten, *Devi* genannt. Die meisten werden als *Durga Mahishmardini* abgebildet. Bekannteste Devis sind *Hirimba* – die Hauptgöttin des Tals (s. Manali, S. 251) – *Prini Devi* und *Shana von Shurua* (wahrscheinlich mit Hirimba identisch), *Tripura Sundari* (Naggar) und ihre Schwester *Tripura Klasani* (Moshara), *Khandason Devi* (Bharkha); *Owertara Devi* und *Sandhya Devi* (mehrere Schreine in und um Jagatsukh).

Architektur der Kulu-Tempel	Das Kulu Valley gehört zu jenen Regionen, die von ausländischen Touristen nicht primär wegen ihrer kunstvollen Tempel besucht werden – dafür gibt es doch Khajuraho, Puri, Madurai, Kanchipuram etc. Dennoch bietet sich hier viel Interessantes auf diesem Gebiet.

Neben den vielerorts in Hindu-Nordindien verbreiteten Steintempeln im Nagara-Stil findet man im Kulu Valley auch zahlreiche Holztempel, deren Stil ausgesprochen orginell wirkt.

Tempel in Naggar

Da das Baumaterial aus Zedernholz (Steinfüllung in den Zwischenräumen) stark unter dem schweren Monsunregen und den kalten Wintern zu leiden hat, werden die Holztempel nicht sehr alt. Der älteste noch existierende Holztempel, das Heiligtum der *Hirimba Devi* von *Dhungri* bei *Manali*, wurde erst im Jahre 1553 erbaut.

Die Holztempel befinden sich im allgemeinen am Dorfrand auf einer besonderen Plattform (*Parsha, Prini*) oder auf einer benachbarten Anhöhe (*Simsa*). Dagegen stehen Steintempel im Ortszentrum.

Den Kulu-Tempeln fehlt die andernorts oft vorherrschende Orientierung nach Himmelsrichtungen. Man stört sich nicht daran, daß z. B. eine sich nach Westen öffnende Tür von den Anhängern des brahmanischen Hinduismus als ungünstig

236

und unglückbringend angesehen wird. Zum Tempel – ganz gleich ob aus Holz oder Stein – gehört ein hoher Mast aus dem Stamm einer mächtigen Zeder oder Fichte, der *Dhoj* genannt wird. Dieser wird anläßlich bestimmter Feste aufgestellt (Kaika-Zeremonie).

Holztempel

Unter den Holztempeln werden Tempel mit und ohne Pagodendach unterschieden.

Tempel mit Pagodendach besitzen mehrere übereinanderliegende Dächer, von denen die untersten quadratisch sind und das oberste kegelförmig ist. Zu diesem Typus zählen im Haupttal des *Beas* nur der Hirimba-Tempel von Dhungri, der Tripura Sundari-Tempel in Naggar, der Triyuga Narayan-Tempel bei Bajaura und der Adi-Brahm-Tempel von Kokhan. Die Mehrzahl der Holztempel ist jedoch dem Typus des *Holztempels ohne Pagodendach* zuzuordnen, den G. Jettmar wie folgt beschreibt: »Das Satteldach, dessen Konstruktionsschema selbst noch bei Miniaturschreinen streng gewahrt bleibt, deckt den etwa rechteckigen Raum. Variationen wie Veranden und umlaufende Galerien sind häufig zu beobachten. Sie sind größtenteils jüngeren Datums als der Baukern. Die Dächer sind je nach Größe entweder mit Zedernbrettern (Hanuman und Hirimba von Dhungri) oder mit Granitplatten von beträchtlichem Gewicht schindelartig abgedeckt. In der jüngeren Zeit ersetzt man sie durch leichteres Material, dessen Widerstandsfähigkeit gegen den Druck der winterlichen Schneemasse ziemlich gering zu sein scheint (Thakur Chater Brj Maharaj/Naggar). Jedenfalls ist es den Zedernbohlen der Pagodentempel in dieser Hinsicht deutlich unterlegen.«[1]

Steintempel

Kleine Tempel (Schreine) von diesem Typus bestehen lediglich aus einem einzigen rechteckigen Raum. Größere Schreine besitzen dagegen entweder einen durch Zwischenwände in Kammern unterteilten großen Raum (*Prini Devi*) oder einen ursprünglichen Raum, der im Laufe der Zeit durch Vorbauten in Längsrichtung vergrößert wurde (*Shavan Devi/Shurna*).

Hier unterscheidet man den *Shikaraschrein* und den *Steintempel mit hölzernen Zusatzteilen* (z.B. hölzerner Schirm auf dem Turm; Vorhalle etc.). Der Shikaraschrein verkörpert die in großen Teilen Hindu-Nordindiens allgemein übliche Tempelbauweise, die man in den Berggebieten v. a. in den ehemaligen Residenzen (*Mandi, Jageshwar/Kumaon, Chamba*) vorfindet. Er besteht aus einer kleinen quadratischen *Cella* (Heiligtum), über der ein relativ hoher Turm angelegt ist.

Die meisten dieser Bauten gehen im Kulu Valley auf die dem Vishnuismus eng verbundenen Herrscher *Jagat Singh* (1637–1672) und *Bich Singh* (1672–88) zurück. In diesen Tempeln werden *Rama* (*Sultanpur-Kulu, Vashisht*) und *Krishna* (*Thawa*) verehrt – in den älteren bzw. in auf deren Fundament neu errichteten Schreinen (*Naggar*) herrscht *Shiva*, neben dem noch eine weibliche Gottheit dargestellt wird. Da in

Uhrturm von Mandi

ihnen die Devis, Rishis, Birs, Jognis und Schlangendämonen nicht zugelassen sind, werden diese Steintempel von den Kohlis und Kanets, also der großen Mehrheit der Bevölkerung des Kulu Valley, weitgehend ignoriert.

Anmerkung
1 Jettmar, G.: Die Holztempel des oberen Kulutals, Wiesbaden 1974, S. 49.

Reiseziele

Mandi
(760 m hoch, ca. 15.000 Ew.)

Distrikthauptstadt am Beas, 68 km südwestlich von Kulu, in einem von mehreren Hügeln umgebenen weiten Gebirgsabschnitt gelegen. Die Altstadt, die noch stark von der traditionellen Architektur (Holzhäuser mit kunstvoll geschnitzten Fassaden) geprägt ist, ist das Handelszentrum für die gesamte Region zwischen Kulu und Kangra Valley.

District Office/Clock Tower

Sehenswert ist auch die Architektur des *District Office*, des *Clock Tower* im *Stadtpark* sowie des Stadtteils westlich vom District Office mit seinen alten Steinhäusern, deren große Erker an der Straßenseite und umbauten geschlossenen Innenhöfe neugierig machen.

Tarna-Tempel

Schließlich findet man in Mandi eine Reihe baulich schöner Hindu-Tempel. Vom *Tarna Tempel*, auf dem Gipfel eines Hügels westlich von der Altstadt (Aufstieg über Treppe rechts

238

Mandi aus der Vogelperspektive

vom Hotel/Restaurant Krishna) hat man einen guten Überblick über die Stadt und ihre Umgebung.

Man sieht kaum ausländische Touristen in Mandi, obwohl dieser Ort eine willkommene Unterbrechung des langen Trips Delhi–Manali, Dharamsala–Manali oder Chandigarh–Manali wäre.

Essen und Trinken
Kleine, einfache Lokale am *Stadtpark*, Restaurant *Adarsh* (Mittelklasse), Dining Hall des *Tourist Bungalow* und das bei Angehörigen der einheimischen Mittelsschicht beliebte *Café Mehfil*.

Übernachtung
Tourist Bungalow oberhalb vom Busbahnhof, in der Neustadt (auch Dormitory). Einfache *Hotels* im Altstadtbereich: *Krishna, Standard, Happy Corner* u. a.

Verkehrsverbindungen
Busse nach *Kulu/Manali* (ab 9 Uhr stdl.), *Chandigarh, Simla, Dharamsala* und *Pathankot*.

Ausflüge

Rewalsar Lake
25 km südöstlich von Mandi. An diesem See befinden sich drei vielbesuchte *Tempel* der Hindus, Sikhs und Buddhisten. Alle drei Religionsgemeinschaften verfügen über Übernachtungsstätten, in denen auch ausländische Touristen willkommen sind.

Manikaran

Manikaran

Sikh-Heilig-
tum

Landschaftlich sehr reizvoll gelegener Pilgerort, ca. 45 km
östlich von *Kulu*. Wahrzeichen des Ortes ist der eindrucksvolle Komplex eines *Sikh-Heiligtums*, der zu beiden Seiten
des reißenden *Parvati River* steht. Um zum *Gurudwara* am
Nordufer zu gelangen, überquert man den Fluß auf einer
schaukelnden Hängebrücke. Im Untergeschoß des Bauwerkes
befindet sich ein großes Badebecken, in das Wasser heißer
Schwefelquellen einfließt. Hier nehmen die zahlreichen Sikh-
Pilger nicht nur ein religiös-rituales Bad: den berühmten Hot
Springs von Manikaran wird nämlich auch Heilwirkung zu-
geschrieben. Der Tempel ist zuweilen vom Dampf des heißen
Thermalwassers fast vollständig eingehüllt.
Im ersten Stock des Bauwerkes befinden sich große Speise-

und Schlafsäle. Jeder Gast – auch der ausländische Tourist – ist herzlich willkommen. Alle können hier kostenlos übernachten und speisen. Wie in anderen Sikh-Heiligtümern ist im Gurudwara von Manikaran das Rauchen und der Konsum von Drogen verboten.

Der eigentliche Tempel ist im zweiten Stock des Gebäudes untergebracht. Hier wird von Sikh-Priestern unter Musikbegleitung tagsüber und bis in die späten Abend fortlaufend aus dem *Adi Granth*, dem heiligen Buch dieser Religionsgemeinschaft, rezitiert.

Auch für Hindus besitzt Manikaran eine religiöse Bedeutung. So gibt es hier ebenfalls einen bedeutenden Hindu-Tempel mit Dharamshala und von den Hot Springs gespeistem Badeteich. Da Pilgerorte nicht ohne Business auszukommen scheinen, existieren auch in Manikaran allerlei Läden. Dies sind jedoch keine Puja-Läden wie in Kedarnath und Badrinath.

Wanderung	Der Ort besteht fast ausschließlich aus Holzhäusern im Kulu-Stil. In der Umgebung liegen ausgedehnte Wälder, terrassierte Felder und weite Almen – alles sehr einladend für ausgedehnte Wanderungen. Beliebtestes Wanderziel der ausländischen Traveler Szene ist die Alm von *Kiriganga* (3.354 m), auf der sich ebenfalls ein von heißen Quellen gespeister Badeteich befindet (s. Trekking in Himachal Pradesh, S. 276 f.).
Kiriganga	
Essen und Trinken	Man bekommt im *Sikh-Tempel* gut und reichlich zu essen. Das Essen findet im Schneidersitz auf dem Boden statt. Gegessen wird mit der bloßen Hand, wie das in Indien auf dem Land und in den Familien der städtischen Unterschichten üblich ist. Ansonsten gibt es im Ort eine Reihe kleiner *Restaurants*.
Übernachtung	Man kann im *Sikh-Tempel* kostenlos übernachten. Allgemeine Schlafstätte ist der Fußboden der Schlafsäle. Es existieren auch einfache *Hotels* und ein *Hindu-Dharamshala*.
Verkehrsverbindungen	Häufige *Busverbindung* mit *Bhuntar* (9 km südlich von Kulu); tgl. ein durchgehender Bus nach *Manali*.

Die Sikhs

Religion, Ursprung

Die Religion der Sikhs ist im 16. Jh. als Synthese von Elementen des Hinduismus und des Islams entstanden. Ursprünglich waren die Sikhs Pazifisten. Nach schweren Verfolgungen durch den wegen seiner Grausamkeit gehaßten Moslem-Herrscher *Aurangzeb* wurde der Pazifismus jedoch im Interesse der Selbsterhaltung aufgegeben. Aus den Sikhs, von denen viele wie der Gründer *Guru Nanak* aus einer *Kshatriya-Subkaste* abstammten, wurde ein aggressiv-kriegerisches Volk, das im 18. und 19. Jh. große Gebiete im Westen des *Punjab* bis *Peshawar* sowie Jammu & Kashmir unter seine Gewalt brachte. 1848 unterlag das Sikh-Reich den britischen Kolonisten und wurde Teil des englischen Kolonialreiches in Nordindien.

Die Lehre

Die religiösen Lehren der Sikhs wurden im 16. und 17. Jh. von zehn aufeinanderfolgenden Gurus/Lehrern verkündet. Bis auf ein paar spätere Zusätze sind sie alle in dem von *Arjun*, dem fünften Guru verfaßten *Adi Grant* (auch *Grant Sahib* genannt), dem heiligen Buch der Sikhs, enthalten. Er faßte in diesem Buch die Lehren seiner Vorgänger zu 3.384 Hymnen mit insgesamt 15.575 Versen zusammen. Der Adi Grant ist kein systematisches Lehrbuch, sondern vielmehr eine Sammlung von Spruchweisheiten. So sehen das auch viele Sikhs, die dieses Buch wohl verehren, aber keineswegs vergötzen.

Wie die Moslems glauben die Sikhs an einen einzigen unpersönlichen Gott und lehnen die Vielgötterei der Hindus sowie deren Verehrung von Flüssen, Bergen etc. ab. Gott ist jedoch im Gegensatz zum Islam nicht ausschließlich transzendent (jenseitig), sondern vielmehr zugleich auch die »Seele der Welt«, die in jedem Lebewesen und auch in toten Gegenständen wirksam ist (Pantheismus). Andererseits glauben die Sikhs wie die Hindus an die Lehre von der Seelenwanderung und sind von der Notwendigkeit vielfacher Wiedergeburt bis zur endgültigen Erlösung überzeugt.

Das irdische Dasein genießt eine viel höhere Wertschätzung als bei orthodoxen Hindus. Darin ist begründet, daß die Sikhs gegenüber moderner Technologie aufgeschlossener sind, als die Majorität der Hindus. Am Hinduismus lehnen sie das Kastenwesen, den Polytheismus, die Überbewertung der Askese und den Formalismus seiner Religiosität ab.

Moral, Normen, Bräuche

Der Sikhismus schreibt einen strengen Lebenswandel vor. Sikhs dürfen weder rauchen noch Alkohol konsumieren. Während das Rauchverbot auch heute noch eingehalten wird, setzen sich inzwischen recht viele Sikhs über das Alkoholverbot hinweg.

Sikhs sollen sich zeitlebens weder die Haare schneiden noch sich rasieren (*Kesh*). Die langen Haare werden zu einem Knoten zusammengebunden und unter einem Turban verstaut. So kennt man die Sikhs ja auch: als bärtige Männer mit hohem Turban. Außerdem trägt ein traditionsbewußter Sikh stets einen Säbel (*Kirpan*), einen stählernen Armreifen (*Kada*) und einen Kamm (*Kangha*) bei sich.

Die Sikh-Frauen haben zwar mehr Rechte als die Moslem- und Hindufrauen, sie sind aber nicht vollständig gleichberechtigt. Sitten und Gebräuche anläßlich von Geburt, Heirat und Tod differieren nur unwesentlich vom Hinduismus.

Die Gastfreundlichkeit hat einen hohen Stellenwert. Fremde können in den Herbergen der Sikh-Tempel kostenlos essen und übernachten. Im Gegensatz zum Hinduismus stehen im Sikhismus die Tempel auch allen anderen offen.

Die Sikhs feiern alle Feste der nordindischen Hindus mit und darüber hinaus eine Reihe eigener Feste, von denen die Geburtstage von Guru *Nanak*, dem ersten ihrer Gurus, und Guru *Gobind Singh*, dem zehnten und letzten ihrer Gurus, die bedeutendsten sind.

Gesellschaft

1,89 % (ca. 15 Millionen) der Bevölkerung der Indischen Union sind Sikhs. 1947/48 mußten anläßlich der Teilung Indiens 2,5 Millionen Sikhs den Westpunjab, der an den neugegründeten islamischen Staat Pakistan gefallen war, verlassen, wobei die Sikh-Oberschicht beträchtlichen Landbesitz an die moslemischen Pächter zurückzulassen gezwungen war. Außerdem gingen bedeutende Sikh-Heiligtümer verloren.

Während der Teilung kam es zu brutalen Auseinandersetzungen zwischen Moslems und Sikhs, bei denen auf beiden Seiten Tausende umgebracht wurden. Im Zuge der Teilung des Punjabs verlor die alte Sikh-Feudalherren-Schicht ihre übermächtige Position gegenüber der Sikh-Unterschicht, bestehend aus kleinen Bauern und Händlern.

Heute leben drei Viertel der Sikhs im *Ostpunjab*, dem indischen Bundesstaat *Punjab*, wo sie etwas mehr als 50 % der Bevölkerung ausmachen. Auch in den Nachbarstaaten *Jammu & Kashmir, Haryana, Himachal Pradesh* und *Delhi* gibt es größere Sikh-Gemeinden, dagegen sind in Zentral- und Südindien nur ganz wenige Sikhs zu Hause. Die sehr produktive Landwirtschaft des Punjab wird von einer reichen Schicht von Sikh-Bauern dominiert, die *Jat Sikhs* genannt werden. Es gibt gleichzeitig aber auch Sikh-Kleinbauern und Sikh-Landarbeiter. In den Städten des Punjabs spielen die Sikhs eine untergeordnete Rolle: der Handel und die Industrie werden großenteils vom Hindu-Bürgertum kontrolliert. Die städtischen Sikhs sind hauptsächlich im Reparaturhandwerk, Transportwesen, Büros und Verwaltung tätig.

Politik

Seit Anfang der 80er Jahre besteht unter den Sikhs eine Minderheitenströmung, die einen theokratischen Sikh-Staat – *Khalistan* genannt – zum Ziel hat. Das Mittel, mit dem das angestrebt wird, ist Terror. Bisher wurden mehrere Tausend politische Gegner ermordet. Führer dieser reaktionären Bewegung war in den ersten Jahren der Priester *Bhindranwale*. Zentrum war der »Goldene Tempel«, das große Sikh-Heiligtum in *Amritsar*, in dem jener, umgeben von einer Schar schwerbewaffneter Anhänger, residierte. Hier wurden die Aktionen geplant und gestartet.

Im Laufe der Jahre wurde der Goldene Tempel von Bhindranwales Anhängern in eine waffenstarrende Festung umgewandelt. Sikhs, die mit dieser Entwicklung nicht einverstanden waren, wurden eingeschüchtert und ließen die Terroristen schließlich gewähren.

Im Juni 1984 ließ die Zentralregierung, die durch ihre Teile-und-Herrsche-Politik eine große Mitschuld an der Entwicklung des separatistischen Terrorismus trug, den Tempel stürmen. Über 1.000 Menschen, darunter Bhindranwale und sein engster Anhang, wurden bei dieser, »Aktion Blue Star« genannten Operation getötet. Anschließend wurde der gesamte Punjab von einem riesigen Armeeaufgebot durchkämmt.

Trotz dieser Aktionen wurde das Phänomen Terrorismus im Punjab nicht ausgerottet. Ein entscheidender Grund liegt darin, daß die von der Zentralregierung 1986 im »Gandhi-Longowal-Pakt« gemachten Versprechungen nicht gehalten wurden und damit ein großer Teil der Sikh-Bevölkerung nicht aus seiner ablehnenden bis skeptischen Haltung gegenüber der Regierung in Delhi herausgeht und sich gegenüber den Khalistani-Terroristen ziemlich gleichgültig verhält. Der Terror der Khalistanis ist heute (Herbst 1988) genauso allgegenwärtig wie 1984. Allein in den ersten Monaten des Jahres 1988 wurden mehr als 1.200 Menschen ermordet. Im Mai 1988 ließ die Zentralregierung den neuerlich zu einer Fundamentalistenhochburg gewordenen »Goldenen Tempel« ein weiteres Mal stürmen.

Malana
(2.700 m,
1.000 Ew.)

Dorf in üppiggrüner Gebirgslandschaft hoch über dem *Malana River*. In der Umgebung wird das Panorama von Wäldern und Hochalmen bestimmt; bei klarem Wetter erscheinen in der Ferne weißglitzernde Gletscher.

Die Bevölkerung von Malana gehört, von zwei Weberfamilien und dem Dorfschmied abgesehen, einer hohen Kaste an, die lediglich die Brahmanen als Kommunikationspartner akzeptiert. Diese Kasten- und Sozialordnung impliziert vielfältige Tabus. So dürfen die Hochkastigen nicht berührt werden. Dies gilt auch für die heiligen Steine auf dem Dorfplatz und verschiedene Bäume. Des weiteren darf das Dorf nicht mit Lederschuhen durchquert werden. Fremde können praktisch nur mit den Weberfamilien und dem Schmied in Kontakt treten. Übernachtungsmöglichkeiten bestehen lediglich bei der einen Weberfamilie. Wer zelten möchte, kann dies ausschließlich im Hof des besagten Webers oder außerhalb der Gemarkung von Malana tun.

Seit vielen Jahrhunderten hat Malana den Charakter einer von der Umwelt weitgehend abgeschlossenen Republik, die ihre eigenen Gesetze hat. Dies wurde später auch von den Engländern akzeptiert. Auch die indische Regierung mischt sich selten in lokale Angelegenheiten ein.

Ortsgeographie

Malana besteht aus zwei getrennten Dorfteilen, dem unteren, *Sorabher*, und und dem oberen, *Darabher*. Zwischen beiden befindet sich ein in traditioneller Architektur angelegter Regierungsbau, in dem eine Arztpraxis eingerichtet ist.

Jede Familie verfügt innerhalb der Ortschaft über zwei bis drei Anwesen, wozu noch mehrere Hütten am Fuß der Hochalmen kommen, in denen das Vieh sogar überwintert.

Tempel

Im unteren Ortsteil steht der *Tempel* von Malana, ein in Fachwerkbauweise angelegter Bau aus jüngerer Zeit. Die Tempelaußenwand zieren zahlreiche Hörner von Ibex-Antilopen, Wildziegen und Wildschafen. Der Tempel von Malana ist *Jamlu* geweiht, der in Opposition zu *Raganathji*, dem Hauptgott des Kulu Valley steht. Zu den großen Tempelfesten gehören auch heute noch blutige Tieropfer, dagegen werden Menschenopfer seit der britischen Kolonialzeit nicht mehr praktiziert.

Ökonomie

Haupterwerbsquelle ist die Viehzucht. Schaf- und Ziegenherden weiden auf Hochalmen, die bis an die Grenzen von Lahaul und Spiti reichen. In der direkten Umgebung des Ortes gibt es lediglich einige wenige Getreidefelder.

Es besteht eine rigide Arbeitsteilung zwischen Männern und Frauen. Auf den Schultern der Frauen ruhen die gesamte Hausarbeit, das Wasserholen, die mühselige Beschaffung von Holz sowie die Bestellung der Äcker. Männer geben sich nur mit Schafen ab, während die Frauen für die Rinder verantwortlich sind.

Seit altersher wird nur Kleidung aus selbstgesponnener Wolle getragen. Ein Teil der Wolle und der Wollprodukte sowie des Vorrats an Butterfett dient aber auch dem Tausch gegen Salz, Tee und verschiedene andere Produkte. Wichtigster Marktort ist *Jari*.

Verbindung Malana ist nur zu Fuß zu erreichen. Es existieren Trekkingpfade nach *Naggar* (über den Chanderkhani Paß), *Manikaran* (über den Rashol Paß) und *Jari* im Parvati Valley.

Kulu
(10.000 Ew.) Distrikthauptstadt der Kulu-Region, von mit Zedernwäldern und Almwiesen bedeckten Bergen umgeben. Die gar nicht so weit entfernten Bergriesen *Deo Tibba* (6.002 m), *Indrasan* etc. sind allerdings nicht zu sehen. Das hat zur Folge, daß das Panorama längst nicht so schön wie in Manali ist und Kulu, was den Fremdenverkehr betrifft, lediglich als Transitort auf dem Weg in das touristische Ballungsgebiet Manali fungiert.

Kulus Ökonomie wird davon bestimmt, daß es Verwaltungs- und Handelszentrum des oberen Beas Valley und der umliegenden Bergregion ist. Eine größere Zahl von Handwerkern ist damit beschäftigt, Schals und andere Waren aus feiner Wolle herzustellen, wofür Kulu sehr bekannt ist. Die Produktion wird von Genossenschaften und privaten Kleinunternehmen betrieben.

Der Ort zerfällt in die beiden deutlich voneinander getrennten Teile *Dhalpur* (südlich) und *Sultanpur* (nördlich), die Trennungslinie bildet ein Bach, der in den Beas mündet. Dhalpur, wo die Verwaltungsbauten liegen, ist Neustadt, Sultanpur mit dem bekannten *Raghunath-Tempel* Altstadt. Die kunsthistorisch interessantesten Tempel liegen ein Stück außerhalb von Kulu und werden in der Rubrik Ausflüge beschrieben.

Raghunat-
Tempel Im Ort selbst ist lediglich der in der Altstadt Sultanpur gelegene *Raghunat-Tempel* von Interesse. Die hier verehrte Gottheit *Raghunatji* ist die Hegemonial-Gottheit des Kulu Valley. Hauptfest von Kulu ist das Hindu-Fest *Dassehra*, das

Feste im Oktober gefeiert wird. Es dauert sieben Tage und findet auf einer großen Wiese in Dhalpur statt.

Am ersten Tag wird zunächst in einem feierlichen Zug Raghunathji zum Festplatz gebracht. Dort erscheinen auch die über 200 lokalen Götter und Göttinnen der Kulu-Region, um ihm ihre Referenz zu erweisen. Lediglich *Jamlu* von Malana – wohl das Rebellentum dieser ehemaligen Rückzugsregion symbolisierend – bleibt dem Maidan fern. Er residiert auf dem, dem Festplatz gegenüberliegenden östlichen Beas-Ufer. Die nächsten fünf Tage sind von Musik, Tanz und dem Treiben eines großen Marktes erfüllt. Am 7. Tag wird Raghunathji in seinem hölzernen Tempelwagen zum Flußufer gefahren und anschließend ein Haufen Gras verbrannt. Damit soll der Sieg über den Dämonen *Ravanna* ausgedrückt werden.

Information T. O.: nahe Bus-Stand, Neustadt; in der *District Library*, nahe T. B. befindet sich ein großer Lesesaal für vorwiegend englischsprachige Zeitungen und Zeitschriften.

Essen und Trinken	Eine gute Auswahl an preiswerten Gerichten bietet das *Marigold*, im Stadtteil *Dhalpur*. Das ebenfalls recht gute Restaurant im *Tourist Bungalow* ist um einiges teurer. Für Snacks bietet sich besonders das Cafè im Tourist Information Centre an.
Übernachtung	In *Dhalpur*/Neustadt: Am billigsten ist noch das *Dormitory* (vier Betten im Raum) des T. B., der ansonsten DZ der mittleren Kategorie anbietet (DZ 20 DM). Sehr preiswert ist das *Bijleshwar Hotel*, nahe Touristeninformation (DZ ab 8 DM). Dieselbe Kategorie, aber etwas teurer: *Hotel Daulat* und *Hotel Rothang*. Diese Hotels sind auf jeden Fall besser als die sehr billigen, aber anspruchslosen Sa Ba Guest House und Fancy Guest House.
	Mittelklasse: DZ im *Tourist Bungalow*; teuer: *Ashok Travellers Lodge* (Preise doppelt so hoch wie im T. B.; Off Season 40 % Preisnachlaß).
	In *Sultanpur*/Altstadt: Auch hier gibt es eine Konzentration von Hotels – alle in der Umgebung des Busbahnhofs. Billigkategorie: *Hotel Central, Hotel Kangra*; Mittelklasse: *Kailash Hotel*.
Verkehrsverbindungen	*Bus*: Direkte Verbindung mit *Delhi*, 512 km (15 Std.), *Keylong*, ca. 160 km, *Manali*, 42 km (häufig), *Anni* via *Jalori-Paß* (tgl. 2 x), *Banjar, Manikaran*, 45 km (mehrmals tgl.), *Mandi, Chandigarh*, 270 km und *Simla* (235 km).
	Flugzeug: Im Sommer mit Vaydoot täglich Flüge nach *Delhi*. Der kleine Flughafen befindet sich in *Bhuntar*, 9 km südlich von Kulu.

Ausflüge

Jagannath Devi-Tempel	3 km, im Dorf *Bhekli*, steiler Aufstieg, Rundblick über Kulu. Ausgangspunkt: Akhara Bazar in der Altstadt.
Bijli Mahadev-Tempel	2.438 m, 8 km, auf einem von Jeeps befahrbaren Weg zu erreichen. Dieser Tempel mit Giebeldach ist ein populäres Shiva-Heiligtum. Legenden berichten, daß hier ursprünglich eine Blitzgottheit hauste.
	Holzschnitzereien am Türrahmen zum Innern des Schreins stellen vishnuitische Motive aus dem *Gitagovinda* und *Ramayana* dar. Dies veranschaulicht, daß der Tempel nicht von Dhungri beeinflußt ist. Dagegen bestehen über die linear gezeichneten Nagas und in verschiedenen anderen Dingen Ähnlichkeiten mit dem Sandhya Gayatri-Tempel von Jagatsukh.
Basheshar-Tempel	In *Bajaura*, 15 km südlich, an der Hauptstraße nach *Mandi*, mit kunstvoll behauenen Steinen und schönen Skulpturen.
Wanderungen/Trekking	Tracks nach *Manikaran, Kiriganga, Manali* via *Malana* und *Nagar* sowie nach *Simla* via *Jalori-Paß*, s. Trekking in Himachal Pradesh, S. 274 ff.

Zwischen Kulu und Manali

Es gibt an beiden Ufern des *Beas* Straßenverbindungen zwischen *Kulu* und *Manali*. Während über die Straße am westlichen Ufer sehr viel Verkehr (praktisch der gesamte Verkehr nach Manali) läuft, ist die Straße am östlichen Ufer völlig leer – also gut zum Wandern geeignet.

Raison

8 km nördlich von *Kulu*, an der westlichen Route gelegen, keine hervorragenden Sehenswürdigkeiten, dafür ein ganz normales Dorf ohne Touristenscharen – diese passieren in zahlreichen Bussen den Ort, der von Verkehrslärm und Abgasen geplagt ist. Zum Übernachten steht ein *Campingplatz* mit Hütten zur Verfügung.

Camping

Katrain

19 km nördlich von *Kulu*, an der westlichen Route und an der weitesten Stelle des Kulu Valley gelegen, und vom *Baragarh* (3.325 m) überragt. Der Ort ist wegen seiner Forellenzucht bekannt. Für Touristen stehen ein *Rest House* und ein *Tourist Bungalow* bereit.

Tempel in Naggar

247

Krishna-Tempel
oberhalb von Naggar

Naggar

Auf halbem Wege zwischen *Kulu* und *Manali*, an der östlichen Route gelegen, ein großes Dorf, in dem über mehrere Jahrhunderte, nämlich bis zum Jahre 1660, die Residenz der Rajas von Kulu stand. Ihre Burg (Palast) wurde vor ein paar Jahren in einen *Tourist Bungalow* verwandelt.

Hindu
Tempel

Kein Ort im Kulu Valley besitzt so viele sehenswerte Hindu-Tempel wie Naggar. Dazu gehören z. B. die Steintempel *Gauri Shankar* (11. oder 12. Jh., *Shiva* geweiht), am Fuße des kleinen Bazars unterhalb der Burg, und der *Vishnu* gewidmete *Chatar Bhuj-Tempel*. Im oberen Ortsteil befindet sich mit dem *Tripura Sundari Devi-Tempel* auch ein pagodenartiger Holztempel. Auf einem Hügel liegt hoch über dem Ort schließlich der ebenfalls recht interessante *Murlidhar Krishna-Tempel*, ein Steintempel mit hölzernem Dachschirm über dem Turm.

Die Umgebung von Naggar ist landschaftlich sehr schön, das gilt sowohl für das Kulu Valley als auch die Bergwelt (Almen, Wälder) um den *Chandrakhani-Paß* (s. Trekking in Himachal Pradesh, S. 277 ff.).

Übernach-
tung

Am billigsten sind die spartanisch einfachen Räume im hinteren Teil eines kleinen *Restaurants* in der Nähe des Bus-bahnhofs. Vergleichsweise teuer sind die zur mittleren Kategorie zählenden Zimmer des *Tourist Bungalow* im ehemaligen Palast.

Verkehrverbindungen Vom ca. 5 km westlich von Naggar gelegenen Katrain bestehen zahlreiche *Busverbindungen* Richtung *Kulu* und *Manali* auf der Straße westlich des Beas. Dagegen bestehen auf der östlichen Route lediglich 2 x tgl. Busverbindungen mit *Manali* und überhaupt keine mit *Kulu.* Auf jeden Fall ist eine Wanderung von Naggar nach Manali viel gesünder und interessanter als die Fahrt im überfüllten Bus.

Der Tripura Sundari Devi-Tempel

Der Tempel steht in einem ummauerten rechteckigen Hof. Sein Eingang besteht aus einer Doppeltür. Das Tempelheiligtum besitzt lediglich einen einfachen Raum, in dem das Bronzeidol der *Devi* steht, von nur wenigen Figuren und Reliefplatten umgeben.

Das Portal besitzt im Gegensatz zum reichlich verzierten Eingang des Hirimba-Tempels von Dhungri (bei Manali) nur ganz wenige Ornamente. In dieser Hinsicht stand der Sundari-Devi-Tempel ganz unter dem Einfluß der Chamba-Architektur des 17. Jh.

Dagegen entspricht das im Pagodenschema angelegte hölzerne Tempeldach, dessen unterster Teil von einer balkonartig um das Gebäude laufenden Balustrade gestützt wird, dem Typus des »Pagodendachs« über dem Hirimba-Tempel.

Tempel in Jagatsukh

*Tempel von
Triloknath*

Jagatsukh

Ca. 6 km südlich von Manali an der östlichen Route gelegen, heute ein großes Dorf, das die erste Hauptstadt des Kulureiches war.

Tempel

Im Ortszentrum stehen zwei architektonisch interessante *Tempel*: ein sehr kleiner shivaitischer mit *Shikara*, aus Stein, und daneben ein größerer, rechteckiger aus Holz mit einem Satteldach, der *Sandhya Gayatri*, der Göttin der Abendröte, geweiht.

Letzterer, ursprünglich im 8. Jh. erbaut, gilt als Prototyp des Holztempels mit Satteldach. Der Tempel besitzt ein breites Vordach, das von einer Pfeilergalerie getragen wird. Im Innern des Tempels befindet sich ein ca. 1,80 m hoher Bretterverschlag, in dem die steinerne Figur der Göttin untergebracht ist. Rechts neben dem Sandhya Gayatri Devi-Tempel stehen zwei hölzerne Maste, und am Eingang zum Hof eine kleine Kammer mit modernen Gipsfiguren von *Radha* und *Krishna*.

Prini

Ca. 4 km südlich von *Manali*, an der östlichen Route und an der Abzweigung zum *Hamtah-Paß* gelegen, ist ein weiterer

Devi Tempel

Ort mit sehenswerten Tempeln. So der *Devi-Tempel*, der in die Gruppe der Tempel mit Giebeldach aus Holz (in der Regel Zeder) fällt. Sein Portal repräsentierte beste Kulu-Schnitzkunst und ist auch noch nicht wie das Portal des Hirimba-Tempels von Manali durch Restaurierung (grelle Farben!) verschandelt. Die Tempelgöttin *Prini Devi*, von der nicht ganz klar ist, ob sie eine Inkarnation Lakshmis oder eine Schlangengottheit ist, wird als vollbusige Frau, die eine dreizackige Krone auf dem Kopf trägt, verehrt. In Prini gibt es auch zwei kleine Jogni-Schreine.

Manali
(1.896 m,
5.000 Ew.)

In einer sehr reizvollen Hochgebirgslandschaft, an der westlichen Route gelegenes Städtchen, dessen landschaftliche Szenerie stark an die Alpen erinnert. An klaren Tagen sieht man die verschneiten Gipfel mehrerer über 6.000 m hoher Berge.

Aus dem vor 10–15 Jahren noch geruhsamen Erholungsort zwischen Nadelwäldern, terrassierten Reisfeldern und hohen Bergen, durch den der reißende *Beas River* fließt, ist ein in der Saison (Mai, Juni, September) überfülltes Hill Station mit hohem Urlaubsprestige geworden.

Viele vermögende Inder aus den großen Städten der nordindischen Tiefebene haben hier Grund und Boden gekauft, auf dem sie Hotels errichten ließen, die sie teuer an Dritte vermieten. Die Grundstückspreise sind auf eine vor Jahren unmöglich gehaltene Höhe hinaufgeschnellt. Im Sommer 1985 mußte die Regierung von Himachal Pradesh unter dem Druck der eingesessenen Bevölkerung die Bildung einer Kommission konzedieren, deren Aufgabe darin besteht, den Bau- und Spekulationsboom unter Kontrolle zu bringen und die fortschreitende ökologische Schädigung und ästhetische Verschandelung der wunderschönen Landschaft in und um Manali aufzuhalten.

Nach Manali kommen auch sehr viele ausländische Touristen, die die herrliche Gebirgslandschaft genießen und von hier zu mehrtägigen Trekkingtouren ins Hochgebirge aufbrechen. Unter ihnen befinden sich aber auch sehr viele, die wochen- oder gar monatelang einfach nur herumhängen und sich mit Haschisch vollpumpen, der in der Umgebung wächst und von einer geldgierigen und skrupellosen Händlerclique an meist noch sehr junge westliche Manali-Tou-

**Hirimba
Devi-Tempel**

risten verkauft wird.

Hauptattraktion von Manali ist der *Hirimba Devi-Tempel*, der in einem Waldstück oberhalb von Manali bei *Dhungri*, einem aus wenigen Häusern bestehenden Dorf, liegt.

Der insgesamt 20 m hohe Tempel verkörpert den Typus des Holztempels mit pagodenförmig übereinandergelagerten Dächern (zwei übereinanderliegende Pyramidendächer und ein kegelförmiges Deckenelement). Für den nicht religiös motivierten Besucher sind v. a. die geschnitzten Frontpartien, insbesondere das Portal, von Interesse.

Der innere Doppelrahmen des Portals zeigt Abwandlungen komplizierter floraler Ornamente. Am folgenden Band sind ähnliche Formen in Wasserwellenmustern angelegt. In beiden Streifen ist im Mittelfeld je eine Figur zu sehen, im unteren der glücksbringende kleine Gott *Ganesha* (mit Elefantenrüssel), im darüberliegenden die pferdeköpfige Dämonin *Hirimba*. Der nächste Rahmen besitzt beiderseits des Eingangs architektonische Motive und über der Tür einen Fries von *Kirtimukhas* zwischen zwei heraldischen Löwen. Auf Brett 7 sind die *Navagrahas* in Nischen thronend dargestellt. Der breite äußere Rahmen ist vollständig mit großen Figuren be-

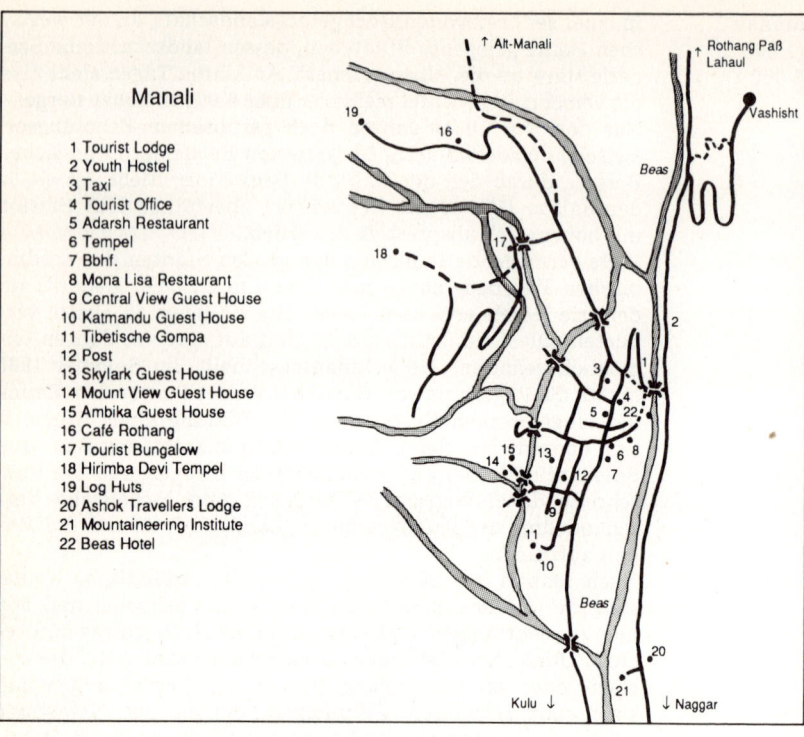

Manali

1 Tourist Lodge
2 Youth Hostel
3 Taxi
4 Tourist Office
5 Adarsh Restaurant
6 Tempel
7 Bbhf.
8 Mona Lisa Restaurant
9 Central View Guest House
10 Katmandu Guest House
11 Tibetische Gompa
12 Post
13 Skylark Guest House
14 Mount View Guest House
15 Ambika Guest House
16 Café Rothang
17 Tourist Bungalow
18 Hirimba Devi Tempel
19 Log Huts
20 Ashok Travellers Lodge
21 Mountaineering Institute
22 Beas Hotel

deckt. Dargestellt sind u. a. verschiedene Avataras (Manifestationen von *Vishnu*) und Figuren des *Ramayana*.

Für die religiös motivierten Besucher ist der Tempel v. a. Wohn- und Kultstätte der verehrten Göttin *Hirimba Devi*, deren Anwesenheit zwei 50 cm lange Fußabdrücke direkt gegenüber dem Portal (in einer Höhlung unterhalb der Erdschwelle, von einem Granitblock überdacht) »beweisen«. Daß der Kult Hirimba Devis noch lebt, zeigen zahlreiche Opfergaben an der Tempelfront: Gehörn von Steinböcken und Wildziegen, kleinere Eisengegenstände wie Trishulas, Vögel, Doppeljoche und Schlangen.

Information   *Tourist Office*, Hauptstraße, gegenüber dem Taxi-Stand – recht brauchbar. Angebot: Hotelliste, Übersicht der Busabfahrten.

Klima/Reise-   Der Winter dauert von November bis April und ist kalt und
zeit   schneereich. In *Solang*, ca. 16 km nordwestlich von *Manali*, besteht inzwischen ein bescheiden ausgestattetes Wintersportzentrum (Übernachtung in Berghütten). Da in Indien der Wintersport noch kaum eine Rolle spielt, ist Manali in dieser Jahreszeit relativ leer, einige Restaurants, Hotels und Guest Houses haben sogar geschlossen. Von Mai bis Juli

*Obststand in
Manali*

*Haus in
Alt-Manali*

*Häuser in
Alt-Manali*

herrscht zunächst Frühling (kurz) und bald angenehm warmes Sommerwetter, in dieser Zeit ist der Ort überfüllt. Der Mitte Juli einsetzende Monsun sorgt dafür, daß es wieder ruhiger zugeht. Der Monsun ist nur in den ersten Wochen sehr stark. Ab Mitte August stört er nicht mehr allzusehr (2–3 oft nur halbe Regentage pro Woche). Der angenehme Herbst dauert von Anfang September bis Anfang November.

Essen und Trinken
An guten Lokalen besteht in Manali kein Mangel. Eine besondere Konzentration befindet sich in der *Hauptstraße*, nahe Touristeninformation und Busbahnhof. In der Traveller-Szene ist das *Blue Dragon Café* mit seinen preiswerten chinesischen und westlichen Gerichten sehr beliebt. Ebenfalls ganz ausgezeichnet – aber etwas höhere Preise – ist das *Mona Lisa Restaurant* in der Nähe des Busbahnhofs. Zu den guten Speiselokalen zählt m. E. auch das *Adarsh Restaurant*. Bei *Peter & Patricia's* bekommt man selbstgemachte Marmelade, Erdnußbutter und Müsli. Zum Frühstücken kann auch das *Mayur Restaurant* empfohlen werden.

Übernachtung
Die Zimmerpreise – auch die der einfachen Hotels – variieren sehr stark im Laufe des Jahres. Sie erreichen ihren Zenit in den Monaten Mai und Juni, wenn Hochsaison herrscht. Sie gehen in den Monsunmonaten Juli und August wieder ein Stück zurück und steigen in den Herbstmonaten September/Oktober noch einmal ein wenig an. Von Dezember bis März sind die Zimmermieten sehr niedrig. In dieser Zeit sind auch eine Reihe von Hotels und Guesthouses geschlossen.

Billigste Kategorie: Die billigste Möglichkeit zu übernachten ist immer noch, sich in einem Dorfhaus in der Nähe von Manali für einige Zeit einzumieten. Sehr billig sind auch die Dormitories des *Youth Hostels*, an der Straße zum Rothang-Paß und des *Tourist Bungalows* (Manaslu Hotel).

Untere Kategorie (DZ 10–20 DM): Bombay Guest House, Awasthi Cottage, Sukiran Guest House, Skylark Guest House, Shangrila Hotel, Ambika Guest House, Bodh Guest House, Sun Flower Guest House, Katmandu Guest House, Paramount Hotel und Tourist Lodge.

Etwas teurer, aber noch billig: Kalpana Hotel, Rising Star, Negri Paldan's Cottages, Montesque Hotel, New Himland Hotel, Neelam Hotel, Blue Heaven, Prasher Cottage, Pujara Hotel, Renuka Guest House, Hill View, Shantiniketan Hotel, Capital Hotel und Beas Hotel (alter Tourist Bungalow).

Mittelklasse (DZ 20–40 DM): Green Guest House, Thakur Hotel, Pine View Hotel, Anupa Hotel und Samrat Hotel.

In diese Kategorie fällt auch der ein Stück vom Zentrum entfernt in einer schönen Landschaft gelegene *Tourist Bungalow* (DO, DZ, Restaurant, bei klarem Wetter Ausblick auf schneebedeckte Berge). Der T. B. muß vor der Saison einige Zeit im voraus reserviert werden, da ein starker Run auf ihn besteht. In der Off Season kann man auch in den Mittelklassehotels billig unterkommen.

Teuer: Hotel Highland, Sun Shine Guest House, Pine Wood Hotel, May Flower Guest House, Marble Hotel.

Das *Tourist Office* offeriert eine ziemlich vollständige Hotelliste mit Preisangaben.

Verkehrsver-
bindungen

Bus: Direkte Verbindung mit *Delhi* (Superfast ist viel billiger als der Video Bus, in dem man zudem noch die schrille Filmmusik ertragen muß), 554 km (ca. 15 Std.) via *Mandi* (5 1/2 Std.) und *Chandigarh*, 312 km (ca. 12 Std.); *Dharamsala*, 253 km (ca. 14 Std.), *Simla, Hardwar, Dehra Dun, Keylong, Darcha, Udaipur* und *Spiti*. In jüngster Zeit ist auch eine direkte Busverbindung für Reisegruppen mit *Leh* eröffnet worden.

In der Saison werden auch regelmäßig Touren zum *Rothang-Paß* und zum *Naggar Castle* veranstaltet.

Flug: Vom *Bhuntar Airport*, ca. 50 km südlich von Manali fliegt Vayudoot nach *Chandigarh* und *Delhi*.

Ausflüge,
Wanderungen

In der Umgebung von Manali bieten sich vielfältige Möglichkeiten zu reizvollen Bergwanderungen, die von mehrstündigen Spaziergängen im Tal bis zu schweren zweiwöchigen Hochgebirgstracks reichen können. Ziele kurzer Wanderungen können z. B. *Jagatsukh* (s. S. 250), der 2–3 km vom Zentrum entfernte, im Wald oberhalb von Manali gelegene *Hirimba-Tempel* (s. S. 251), das ebenfalls lediglich 3 km entfernte *Vashisht* oder *Kothi*, 13 km, in der Nähe des *Solang Valley*, sein.

Alle etwas weiter entfernten Ziele (*Rothang-Paß, Solang Val-*

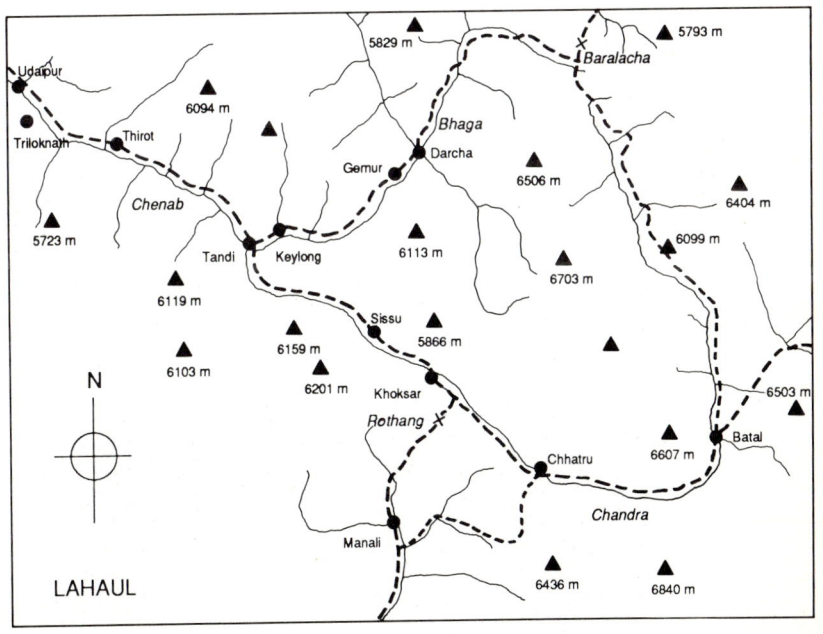

ley, Hamtah-Paß, Lahaul, Chandra Lake etc.) werden im Kapitel Trekking in Himachal Pradesh beschrieben, S. 281 ff.

Vashisht

Ca. 3 km Fußweg vom Ortszentrum (Abkürzung gegenüber der ca. 6 km langen Straßendistanz), von vielen Manali-Urlaubern besuchtes Kulu-Dorf mit kunstvoll gearbeiteten Holzhäusern und einem kleinen Tempel. Im Dorfzentrum existieren mehrere einfache Lokale, verschiedene Leute vermieten Zimmer – etwas Traveller Szene.

Auf dem Weg von Manali nach Vashisht kommt man an den von einer Schwefelquelle gespeisten heißen Quellen von Vashisht vorbei; geöffnet 7–13 und 14–19 Uhr.

Lahaul und Spiti

Ganz im äußersten Norden von Himachal Pradesh, im Westen und Norden von Jammu-Kashmir und im Osten von Tibet/China umgeben, liegt ein wüstenhaftes Hochgebirgsland, das von mehreren Flußtälern zergliedert wird, in denen sich von kleinen Bewässerungsoasen umgebene Dörfer befinden.

Geographie

Lahaul besteht aus vier Regionen: den beiden Tälern der Chenab-Quellflüsse *Chandra* und *Bhaga*, die bei *Tandi* zusammenfließen und den *Chenab* bilden, dem Chenab Tal sowie dem gewaltigen, fast 7.000 m hohen Bergmassiv zwischen den beiden Quellflüssen (Zentral-Lahaul).

Das *Chandra Valley*, das in der Gletscherwelt des *Baralacha-*

*Chandrabha-
ga Valley*

Passes beginnt, windet sich östlich und südlich um das Zentralgebirge. Der obere Teil des Tals besteht aus schneebedeckten Bergen, breiten Gletschern und verstreuten Weideflächen, auf denen im Sommer die Gaddis ihre Schafe weiden lassen.

Weiter unten ist das Tal weniger rauh, so daß hier Ackerbau betrieben werden kann. In diesem Teil des Tals liegen die Dörfer *Khoksar, Sissu* und *Gondlah*, durch die man auf dem Weg von *Manali* nach *Keylong* kommt. Das *Bhaga Valley* beginnt wie das Chandra Valley am *Baralacha*, jedoch fließt der Bhaga westlich um das zentrale Gebirgsmassiv, dessen Grate von Norden nach Süden verlaufen.

Der obere Teil des Bhaga Valley ist ebenfalls unbewohnt. Ab *Darcha*, dem ersten Dorf, beginnt sich das Tal ein wenig zu weiten. Im unteren Teil des Bhaga Valley liegt am nördlichen Flußufer auf einer vom Fluß angeschwemmten fruchtbaren Terrasse *Keylong*, Lahauls Distrikthauptstadt.

Das Chenab oder Chandrabhaga Valley ist das fruchtbarste und am stärksten besiedelte Gebiet von Lahaul. Da es wesentlich tiefer liegt als die Täler der Quellflüsse, können hier mehr Kulturen angebaut werden – Kartoffeln, Gerste, Weizen, Buchweizen, Tomaten, Blumenkohl und anderes Gemüse. Auch im Chenab Valley müssen die Felder durch Kanäle bewässert werden, weil der Monsun nicht über die Bergketten um den Rothang-Paß hinwegkommt.

Spiti
Spiti ist wie Lahaul eine Hochgebirgswüste mit extrem trockenem Klima. Es besteht aus dem ca. 130 km langen *Spiti Valley* (3.500–4.000 m hoch gelegen) und den es umgebenden bis 7.000 m hohen Bergen. Die wenigen Dörfer dieser äußerst kargen Gegend sind Oasen am *Spiti River* oder am Eingang in Seitentäler.

Klima
Das Klima von Lahaul und Spiti ist durch extreme Gegensätze gezeichnet: trockenheiße Sommer, eiskalte Winter. Im langen Winter liegt hoher Schnee, alle Pässe sind eingeschneit, das Land ist 6–7 Monate von der Außenwelt abgeschnitten. In dieser Jahreszeit beschränkt sich das Leben auf Hausarbeit und Handwerk: Betreuen der Tiere, Spinnen der Wolle, Herstellung von Teppichen und Kleidern, Zuschneiden der Häute, Reparatur der Ackerbaugeräte.

Würden in dieser Jahreszeit nicht sehr viele *Feste* gefeiert, an denen jeweils die ganze Gemeinde teilnimmt, wäre die Abgeschlossenheit und der harte Winteralltag wohl kaum auszuhalten.

Religion
Die Bewohner von Lahaul und Spiti, die ethnisch tibetischen Ursprungs sind, gehören, von der Hindu-Minderheit im Chenab Valley abgesehen, wie die Ladakhis dem *lamaistischen Buddhismus* an.

Während in Lahaul die Klöster in den Händen der *Drukpas* (Rotmützen) sind, gehören sie in Spiti den *Gelugpas*, den Gelbmützen. Die Rotmützen sind weniger streng und dulden in ihren Reihen auch Mönche, die verheiratet sind, Alkohol trinken und/oder Fleisch essen. Im Lahaulschen Buddhismus existieren noch vielfältige Elemente schamanischer Naturverehrung wie z.B. Dämonen und Gottheiten, die Gipfel, Gletscher und Bergbäche bewohnen.

Sitten und Bräuche, landwirtschaftliche Technologie, Hausbau- und Siedlungsweise sind in Lahaul und Spiti ähnlich wie in Ladakh, so daß sie hier nicht weiter beschrieben werden.

Bildungssektor

Lahaul und Spiti gilt als eines der ökonomisch ärmsten und rückständigsten Gebiete von Himachal Pradesh. Die Bewohner sind in die Kategorie Scheduled Tribes eingestuft und erhalten im Bildungssektor besondere Reservierungen.

In den letzten Jahren ist der untere Sektor des Schulwesens ausgebaut worden. Wer eine weiterführende Schule bzw. Universität besuchen will, muß jedoch nach Manali bzw. Simla oder Chandigarh. Im lokalen Schulwesen wird Hindi als Schulsprache benutzt und die Muttersprache Lahauli sowie die lokale Kulturgeschichte ausgeschlossen, was gegen elementare Bedürfnisse der Bevölkerung verstößt.

Reiseziele

Während Spiti militärisches Sperrgebiet ist und nur mit einem sehr selten vergebenen Permit bereist werden kann, ist Lahaul fast vollständig zugänglich. Durch die Täler von *Chandra* (bis Batal), *Bhaga* (bis Baralacha-Paß/Rupshu) und *Chenab* (bis Udaipur) führen Straßen/Wege, auf denen auch Busse verkehren. Alle anderen Pfade/Wege können nur zu Fuß oder mit dem Pony zurückgelegt werden.

Der Tourismus hält sich noch in Grenzen. Die meisten Besucher sind Trekker, die einen Rundtrack durch Lahaul machen oder auf dem Weg von oder nach Zanskar/Ladakh diese Region durchqueren.

Keylong
(3.350 m)

Distrikthauptstadt von Lahaul. Ein Konglomerat aus traditionellen Lehmhäusern und zweckförmigen modernen Verwaltungsbauten – insgesamt alles andere als ein reizvolles Städtchen. Dagegen ist die schneebedeckte Gebirgskulisse, von der diese Oase umgeben ist, beeindruckend – vorausgesetzt, daß das Wetter klar ist. In der nahen Umgebung kann man mehrere *Gompas* besichtigen, die mit etwas Schweiß über Bergpfade zu erklimmen sind.

Keylong ist Etappenort oder Ausgangspunkt für Tracks nach *Kishtwar, Chamba, Padum/Zanskar,* zum *Baralacha-Paß* und Rundtouren durch *Lahaul.*

Klima/Reisezeit

Als Zeit für eine Reise nach Lahaul kommen lediglich die Monate Mitte Mai bis Ende September in Frage, in denen es tagsüber warm bis heiß ist und nachts kräftig abkühlt. Entgegen weitverbreiteter Ansicht erhält Lahaul im August in manchen Jahren Monsunregen. Deshalb seien für diese Jahreszeit Lahaul-Bergwanderern Regenschirm und/oder Regenmantel empfohlen.

Essen und Trinken	Bestes Restaurant am Ort ist das *Lama Yuru*, das eine große Auswahl an nordindischen Gerichten und ein paar chinesische Standardgerichte bietet. Das Speiselokal des *Hotel Gyespa* ist längst nicht so gut. Am Markt kann man sich, wenn die Saison es hergibt, einigermaßen mit Äpfeln und Gemüse versorgen. Wer nach *Padum* etc. über *Keylong* wandert, sollte sich bereits in *Manali* versorgen, weil er dort viel mehr bekommt und eine wesentlich bessere Auswahl hat.
Übernachtung	Am preiswertesten sind die Zwei-Personen-Zelte im Garten des T. B., in denen man pro Person ca. 4 DM zahlt. Im *Lama Yuru Hotel* und im *Gyespa Hotel* gibt es nur DZ, die 6 DM pro Person kosten.
Verkehrsverb.	*Busse* nach *Udaipur, Manali* und *Darcha* (2 x tgl.).

Ausflüge

Gemur Gompa	16 km nördlich von Keylong, an der Straße nach *Leh*. Oberhalb des Dorfes steht ein buddhistisches *Kloster*, das über einen nicht übermäßig steilen Pfad gut erreichbar ist. Die Gompa von Gemur wurde im 16. Jh. gegründet. Sie besitzt antike Statuen von *Buddha, Avalokiteshvara* (16. Jh.) und der Göttin *Vajravarahi* (der wichtigsten Gottheit der tantristischen Variante des Buddhismus).
Chamfest	Im Juli finden in der Gemur Gompa anläßlich des *Chamfestes* Maskentänze statt.
Verkehrsverb.	Gemur liegt an der Busstrecke Keylong–Darcha (tgl. 2 x).

Gondlah	3.110 m, an der Straße Manali–Keylong gelegen, ist ein Dorf mit einer *Gompa* und einer 6stöckigen mittelalterlichen *Burg*, von der die Thakurs als Vögte im Auftrag des Rajas von Kulu über Lahaul herrschten, d. h. die Steuern eintrieben und Recht sprachen.
Kardang Gompa	Das Kloster liegt nur wenige Kilometer entfernt, auf der Keylong gegenüberliegenden Flußseite, und ist das bedeutendste buddhistische Kloster Lahauls. Die Gompa gleicht mit ihren zahlreichen, um das Hauptgebäude (Tempel) und die Gemeinschaftsküche angeordneten Zellen der Mönche einem kleinen Dorf. Das Kloster wurde erst vor ca. 80 Jahren von *Norbu Rinpoche*, einem Lama aus Lahaul, der in Tibet studiert hatte, gegründet. Seine Asche wird in einem Chörten im Inneren des Klosterhofes aufbewahrt. Größter Schatz der Kardang Gompa sind 108 Bände des kanonischen Textes *Kanjur* in tibetischer Sprache, die auf Blätter aus Birkenrinde gedruckt sind. Die Thankas sind recht beachtenswert.
Shashur Gompa	3 km, hoch über Keylong gelegen und nur über einen steilen Pfad zu erreichen. Dieses Kloster wurde vor etwa 200 Jahren unter der Leitung vom *Deva Gyatso*, der vom König von Bhutan ausgesandt worden war, um für die Rotmützen Werbung zu betreiben, erbaut.

Burg von Gondlah

Die Gompa steht zwischen Weiden und blauen Tannen (Shashur = unter blauen Tannen). Shashur besitzt wertvolle Wandmalereien, geschnitzte Holzfiguren und eine Bibliothek mit Kanjur-Texten.

Chamfest

Zum *Chamfest* werden in einem kleinen rechteckigen Theater Dämonentänze aufgeführt. Das Fest ist stark besucht. Von Shashur bietet sich eine großartige Aussicht auf riesige Berge und Gletscher.

Gurughantal Gompa

Auf dem Hügel über Tandi gelegen, ca. 8 km von Keylong, ein Ort, der aufgrund des Zusammenflusses von *Bhaga* und *Chandra* religiös verehrt wird.

Auf diesem Hügel wurde erstmals im 12. Jh. ein buddhistischer Tempel errichtet. Der heutige stammt aus dem 18. Jh. und wurde unter Leitung des Ladakhi-Mönches *Tashi Tamphel* erbaut. Das Gebäude weist einige Besonderheiten auf: So ist das Dach eine Pyramide. Von speziellem kunsthistorischen Interesse sind zahlreiche Malereien, die die Holzkonstruktion schmücken, die Decke mit den geometrischen Motiven und die obere Galerie, die von Künstlern aus Ladakh bemalt wurde. Im Tempel sieht man Statuen von *Buddha, Avalokiteshvara, Padmasambhava* und Guru *Navang Namgyal,* Prediger und König von Bhutan im 17. und

18. Jh. Unter vielen weiteren Sehenswürdigkeiten ist auch eine aus dem 17. Jh. stammende Holzmaske. Die Gurughantal Gompa ist in einem schlechten baulichen Zustand und unbewohnt. Wer das Kloster besichtigen will, muß sich das Gebäude von einem Mönch aus dem Kloster unterhalb von Tandi öffnen lassen.

Tayul Gompa 6 km nördlich von Keylong, ebenfalls in einer großartigen Gebirgslandschaft gelegen, ist auch einen Kurzausflug wert. Man wandert auf der Straße nach *Darcha* bis zum Dorf *Istingri*, 4 km. Von dort geht es noch 2 km einen Bergpfad hinauf.

Das heutige Gebäude entstand wie die Gurughantal Gompa von Tandi im 18. Jh. unter Leitung von *Tashi Tamphel*. Hauptattraktion sind drei große Statuen, die *Padmasambhava* (in der Mitte, vergoldet), *Guru Dragpo*, Emanation von Padmasambhava und *Shingedongma*, die fürchterliche Göttin des »Schattens der Dunkelheit« (Tod), die den Stolz und den Egoismus besiegt, darstellen.

Sehenswert sind auch die in leuchtenden Farben gehaltenen Wandmalereien und die Holzkonstruktionen, die das Gebäude stützen, die fein geschnitzt sind. Die Galerie um den Altar und die verschiedenen Säulen weisen Ornamente mit Lantha-Schriftzeichen auf, eine tibetische Variante der indischen Nagari-Schrift.

Udaipur und Triloknath

Udaipur Ärmliches Dorf mit ein paar Kasernen, ein Indikator für die Militarisierung weiter Himalayaregionen. Wenn nicht die Gebirgslandschaft im *Pattan Valley* so schön wäre und ein uralter und berühmter *Tempel* Hindupilger und ein paar ausländische Touristen anlocken würden, käme wohl kein Mensch aus freien Stücken in diese Gegend, die Reisenden überhaupt keinen Komfort bietet.

Hindu-Tempel Der Hindu-Tempel von Udaipur besitzt am Tor, an der Decke und an den Wänden exzellente Schnitzereien aus dem 16. Jh. Der Tempel wird morgens um 7.30 Uhr geöffnet.

Übernachtung Es existiert in Udaipur auch ein *Rest House*, das aber häufig durch die Straßenbau-Oberen und Angehörigen von Soldaten belegt sein soll. Ansonsten hat man noch die Möglichkeit, im reichlich schmutzigen Schlafsaal des sehr einfach eingerichteten *Laxmi Dabha* (gegenüber dem Tempel) zu übernachten. Dagegen ist das Abendessen und Frühstück im dazugehörigen Restaurant durchaus genießbar.

Verkehrsverbindungen Tgl. vier *Busse* nach *Tandi*, von wo aus Verbindung nach *Keylong/Darcha* und *Rothang-Paß/Manali* besteht. Den *Chenab* hinunter Richtung *Kishtwar* gibt es derzeit lediglich einen *Pfad*, der von Kulikolonnen und Trekkern genutzt wird. Mit dem Bau einer Straße wurde begonnen. Über *Udaipur* laufen Trekkingrouten von *Manali* nach *Padum/Zanskar, Kilar/Chamba* bzw. *Kilar/Kishtwar*.

Von Udaipur nach Triloknath
Man geht zunächst auf der Straße Richtung *Tandi/Keylong*. Nach ca. 4 km erscheint ein Schild, das auf die Abzweigung nach *Triloknath* hinweist. Man geht nun zum *Chenab* hinunter, überquert ihn und folgt dann einem Pfad, der zunächst in gerader Richtung bergauf führt, und zweigt bald nach links ab. Rechts sieht man ein großes Dorf liegen. Triloknath ist von der Chenab-Brücke ca. 3 km entfernt. Man wandert durch Gerstenfelder und sieht irgendwann das malerisch auf einem Hügel gelegene Dorf samt seinem berühmten Tempel.

Triloknath   Einer der ältesten Pilgerorte im westlichen Himalaya. Sein auch heute noch von vielen Hindus und Buddhisten besuchter Tempel geht auf das 2. oder 3. Jh. zurück, als in dieser Region der Shiva- und Avalokiteshvara-Kult gleichzeitig gepflegt wurden. Der Tempel wurde in jüngster Zeit leider durch Restaurierungen arg verunstaltet.
Über die alte, nur noch teilweise vorhandene Struktur wurde ein moderner kubischer Bau mit Schrägdach gesetzt, aus dem der noch erhaltene Turm herausragt. In der Cella steht ein Standbild von *Avalokiteshvara*. Auch die übrigen Bauten um den Tempelhof sind einfache moderne kubische Bauten. Im Tempel leben ein paar buddhistische Mönche. Pilger und Touristen können in einem *Dharamshala* übernachten. Im Dorf befindet sich auch ein kleines *Speiselokal*.

Tempel von Udaipur

Der Nordwesten

Ravi Valley: Chamba und Bharmour; Kangra Valley: Dalhousie, Dharamsala

Diese Region im Norden des Punjab besteht von Süden nach Norden aus dem Hügelland der *Siwaliks*, dem fruchtbaren und landschaftlich reizvollen *Kangra Valley* sowie dem steil aufsteigenden Gebirgszug des zum niederen Himalaya gehörenden *Dhaula Dhar* (höchste Erhebung 5.737 m), dessen Wälder (soweit noch erhalten), Almen und schneebedeckte Gipfel eine Augenweide sind.

Diese Region bildet traditionell das Haupterholungsgebiet der Punjabi-Mittel- und Oberschicht. Die wichtigsten Hill Stations sind *Dalhousie, Khajjiar, Dharamsala* und *Palampur. Dharamsala*, seit 1959 Sitz des von Tibet nach Indien geflohenen Dalai Lama, zieht im Gegensatz zu den anderen Orten auch in größerer Zahl ausländische Touristen an.

Chamba
(915 m hoch, ca. 10.000 Ew.)

Ehemalige Hauptstadt eines gleichnamigen Hindukönigreichs, auf einem Plateau am Fuße eines Berges hoch über dem reißenden *Ravi River* gelegen. Dieses sehr alte Städtchen fungiert heute als Verwaltungs- und Handelszentrum des 1966 vom Punjab zu Himachal Pradesh gekommenen Chamba-Distrikts. Ab und zu kommen auch ein paar ausländische Trekker hierher, um nach *Kishtwar/Jammu, Lahaul* oder *Manali* zu wandern. Noch seltener werden jene wenigen Bildungstouristen gesichtet, deren Interesse den alten Hindu-Tempeln gilt, an denen der Ort so überreich ist.

Umgebung

Die Umgebung von Chamba mit ihren Hügeln, Bergen, Wiesen, Flüssen, Quellen, Wäldern und Seen eignet sich gut zum Wandern.

Chowgan

Kommunikationszentrum von Chamba ist der *Chowgan*, eine 800 m lange und 70 m breite Rasenfläche im Herzen der Stadt, auf dem religiöse Feste, politische Meetings und Sportereignisse veranstaltet werden. Man kann dort natürlich auch Picknicken.

Tempel

Von den zahlreichen Tempeln ist eine Gruppe von 6 Steintempeln besonders berühmt. Davon sind drei *Vishnu* und drei *Shiva* gewidmet. Der nördlichste von ihnen, der *Lakshmi Narayan* oder *Lakshmi Nath-Tempel* ist der Haupttempel von Chamba, der Anfang des 10. Jh. erbaut worden sein soll. In seiner Cella befindet sich ein weißes Idol aus Marmor mit goldenen Ornamenten.

Bhuri Singh-Museum

Im *Bhuri Singh-Museum* sind interessante Miniaturen der Basohli- und der Kangra-Schule ausgestellt.

Übernachtung

Eine preiswerte Unterkunft ist das *Janta Hotel*. Nicht allzuviel mehr zahlt man auch im *Akhand Chandi* und im *Hotel Champak*. Zur Mittelklasse zählt das *Hotel Iravati*.

| Verkehrsverb. | Bus-, Jeep- und Taxiverbindung mit *Dalhousie*. |
| Tracks | S. Kapitel »Trekking in Himachal Pradesh«, S. 274 ff. |

Bharmour	69 km östlich von Chamba, Städtchen inmitten terrassierter Reisfelder, vor langer Zeit sogar einmal Hauptstadt eines Regionalreiches. An diese Zeit erinnern noch ein paar Holztempel im Shikara-Stil aus dem 8.–10. Jh.
Yatra	Am 15. Tag nach Janmashtami (August) pilgern viele Tausend fromme Hindupilger zu dem 35 km entfernten, sehr schön gelegenen *Mani Mahesh Lake* (3.890 m). Diese Yatra gilt als reichlich anstrengend, da verschiedene steile Anstiege zu bewältigen sind.
Übernacht.	Forest Rest House.

Die Gaddis von Bharmour

Im Distrikt Bharmour, der im Volksmund auch *Gaderan* (»Gaddiland«) heißt, gehören 70 % der Bevölkerung zum Hirtenvolk der *Gaddis*, die ansonsten noch in Kangra in größerer Zahl zu Hause sind.

Im Gegensatz zu den verschiedenen Bergnomaden in Kashmir wandern bei den Gaddis jedoch nur die Männer, während die Frauen im Heimatort verbleiben und Ackerbau betreiben. Die Wanderungen der Gaddi-Hirten führen im jahreszeitlichen Zyklus zwischen der nordindischen Ebene und Lahaul/Zanskar hin und her.

Auch an den Gaddis ist der soziale Wandel nicht folgenlos vorbeigegangen. Viele Männer sind bodenständig geworden und/oder üben heute ganz andere Berufe aus. Insgesamt sind nur noch etwa 1.800 Gaddis Wanderhirten.

Die Gaddis sind Hindus und gehören in das mittlere Spektrum der Kastenhierarchie. In der Region *Bharmour* ist der Hinduismus traditionell relativ liberal. So ist die Position der Brahmanen recht schwach und die der Unberührbaren nicht so diskriminierend wie vielerorts. Außerdem ist hier die Stellung der Frauen im Vergleich zu weiten Gebieten von *Haryana* und *Uttar Pradesh* relativ stark. So ist die Abschließung der Frauen (Purdah) nicht üblich. Es ist auch selbstverständlich, daß Witwen wieder heiraten können.

Die Gaddis von Bharmour fallen unter die Scheduled Tribes und erhalten die mit diesem Status verbundenen Reservierungen im Bildungswesen und in der staatlichen Verwaltung. Diese Regelung gilt jedoch nicht für die Gaddis von *Kangra*.

Viele Gaddis wandern im Winter auf der Suche nach einer besseren Beschäftigung und einem milderen Klima von Bharmour in das Kangra Valley.

Kangra Valley

Geographie Dieses zu den bekanntesten Himalaya-Regionen zählende fruchtbare, grüne Tal beginnt ein paar Kilometer nördlich von *Mandi* und reicht bis *Shahpur* bei *Pathankot*. Es ist ca. 40 km lang, durchschnittlich 10 km breit und 900–1.500 m hoch.

Nach Norden wird es von der fast 5.800 m hohen *Dhaula Dhar Range* überragt, deren hohe schneebedeckten Gipfel in faszinierendem Kontrast zu den bunten Getreidefeldern des Tals stehen. An den Abhängen des Dhaula Dhar-Gebirges herrschen in etwas höheren Lagen (2.500–4.000 m) Almen und Tannenwälder vor. Die mittleren Lagen wurden früher von großen Eichenwäldern eingenommen, von denen inzwischen beträchtliche Teile dem Kahlschlag zum Opfer gefallen sind. In den unteren Hanglagen beherrschen terrassierte Maisfelder die Szenerie. In der Talaue reiht sich Reisfeld an Reisfeld.

Im Gegensatz zur üppig bewachsenen Nordseite ist die Südseite des Kangra Valley über weite Abschnitte ausgesprochen karg oder gar Ödland. Nach Süden wird das Tal von den *Siwaliks*, die bis knapp 2.000 m hoch sind, begrenzt.

Bevölke-rungsstruktur Das Kangra Valley gehört zu den am dichtesten bevölkerten Gebieten Nordindiens. Etwa 90 % der Bevölkerung lebt auf dem Dorf. Durch die hohe Bevölkerungszahl bedingt ist die Durchschnittsgröße der bäuerlichen Familienbetriebe extrem klein. Über die Hälfte der Bauern hat lediglich bis zu einem halben Hektar oder überhaupt kein Land. Es gibt nur ganz wenige Betriebe von mehr als 3 ha Größe. Diese gehören in der Regel *Brahmanen* oder *Rajputen*, also Angehörigen jener beiden Kasten, die über etwa zwei Drittel der landwirtschaftlichen Nutzfläche verfügen.

Beschäfti-gungsstruktur Nur eine Minderheit unter den Bauern kann von der Landwirtschaft leben, zwei Drittel der Bauernfamilien sind auf Arbeit außerhalb des Agrarsektors angewiesen. Da im Kangra Valley so gut wie keine Industrie existiert, bestehen in der näheren Umgebung nur sehr beschränkte Beschäftigungsmöglichkeiten (Verwaltung, Schule, Transport, Tourismus). So bietet sich lediglich als Ausweg die Arbeitsemigration in benachbarte Bundesländer. Über die Hälfte der auswärts »arbeitenden« Männer sind in der indischen Armee beschäftigte Rajputen (Militärkaste).

Diese »Betätigung« hat eine lange Tradition. So dienten im 17. und 18. Jh. zahlreiche Rajputensöhne aus Kangra in der Armee der Moghuls. Anschließend wechselten sie zu den Sikhs über. Auch die Briten wußten ihre Dienste zu schätzen. Im Ersten Weltkrieg wurden von ihnen 17.000 Rajputen auf den europäischen Schlachtfeldern eingesetzt. Nach der Beendigung der britischen Kolonialherrschaft wurden sie automatisch zu einer der Kerntruppen der indischen Armee.

Außerdem sind sehr viele Arbeitsemigranten aus dem Kangra Valley in den großen Städten der Ganges-Jamuna-Ebene in Haushalten und Fabriken beschäftigt. Da sie im allgemeinen über nur sehr geringe schulische und berufliche Qualifikationen verfügen, reicht es zumeist nur zu den am schlechtesten bezahlten Tätigkeiten, mit denen keinerlei soziale Sicherungen gegen Unfälle und Alter verbunden sind.

Nur dank der Überweisung von in der Fremde arbeitenden Familienangehörigen können große Teile der Bevölkerung des Kangra-Distrikts überleben. Die meisten der Arbeitsemigranten kehren spätestens zum Zeitpunkt der Pensionierung (Armeeangehörige) in die Heimat zurück.

Gesellschaftsstruktur

An der Spitze der Statushierarchie der Hindu-Gesellschaft von Kangra stehen die *Brahmanen* (ca. 10 % der Bevölkerung). Innerhalb dieser Kaste bestehen, was den Status und Landbesitz betrifft, beträchtliche Unterschiede. Es werden vier Schichten unterschieden. Während die oberste Schicht entweder über großen Landbesitz verfügt und/oder eine einflußreiche Position im modernen Sektor (Verwaltung, Bildungswesen) einnimmt, ist die Brahmanenunterschicht ökonomisch arm.

Auf der nächsten Stufe der Statushierarchie stehen die zur Militärkaste gehörenden *Rajputen* (ca. 30 % der Bevölkerung). Auch innerhalb dieser Kaste besteht ein starkes ökonomisches Gefälle, das von Clans mit großem Landbesitz (kleine Gruppe) bis Clans mit marginalem Landbesitz (größere Gruppe) reicht. Die Rajputen-Oberschicht dünkt sich nicht nur der Unterschicht der eigenen Kaste, sondern auch der Brahmanenmittel- und -unterschicht überlegen.

Reiseziele

Dalhousie
(2.036 m,
5.000 Ew.)

Gebirgsstädtchen, das über fünf Hügel in terrassenförmiger Anlage verstreut ist. Zwischen dem niedrigsten (1.537 m) und höchsten Punkt (2.378 m) bestehen über 800 m Höhenunterschied.

Subash Chowk

Der Kern des weit gestreuten Ortes liegt um das geschäftige Marktviertel *Subash Chowk*. In Dalhousie ist seit über 20 Jahren eine größere exil-tibetische Gemeinde »zu Hause«, die durch den Aufbau verschiedener handwerklicher Betriebe (Teppiche) etwas mehr Farbe in den zuvor ganz auf sommerlichen Urlaubsbetrieb ausgerichteten Ort brachte.

Umgebung

In der Umgebung von Dalhousie liegen reizvolle Täler und Eichen-, Kiefern- und Zedernwälder, die sich dank einiger ausgebauter Wanderwege leicht erwandern lassen.

Geschichte

Das Städtchen wurde Mitte des 19. Jh. von Lord Dalhousie, dem britischen Vizekönig von Indien, wegen seiner guten Eignung als Erholungsort gegründet. Es war nach Simla eines der bedeutendsten kolonialen Hill Stations im nordwestlichen Himalaya. Viele alte englische Häuser – oft schlecht erhalten – erinnern noch an jene nun bereits über 40 Jahre zurückliegende Zeit. Als die Briten gingen, reduzierte sich Dalhousies Einzugsbereich auf Urlauber aus der benachbarten Punjab-Ebene.

Saison	1. April bis 31. Juli; 1. September bis 15. November.
Information	T. O. am Busbahnhof.
Essen und Trinken	Gut und billig sind das Restaurant des *Hemkunt Hotels* (auf halbem Weg zwischen dem Busbahnhof und GPO) und das *Amritsar Restaurant* (am Chandni Chowk). Top Restaurant von Dalhousie ist das *New Metro* am Subash Chowk.
Übernachtung	*Sehr billig: Glory und Lalls'*, nahe Busbahnhof. Unterhalb vom Bus-Stand gibt es auch eine *Jugendherberge*. Zur unteren *Mittelklasse* (DZ 10–20 DM) zählen das *Hemkunt*, der *Dalhousie Club* und *Mehars' Hotel*. *Teuer: Aroma-N-Claire*, The Mall (Heizung; Cuisine: Indian, Chinese, Continental).
Verkehrsverbindungen	Direkte *Busverbindung* mit *Amritsar*, 188 km; *Pathankot*, 80 km (4 Std.); *Chamba*, 42 km; *Jullundur* und *Dharamsala*.

Ausflüge

Bakrota Hill	2.085 m, 4,8 km, Aussicht auf die Peaks des *Dhaula Dhar*. Vielbegangener Rundweg um den Hügel.
Khajjiar	1.915 m, 23 km, 1,6 km lange und 1 km breite Waldwiese mit einem kleinen See. Das Panorama ähnelt Gulmarg in Kashmir. Golfplatz, Rest Houses, Jugendherberge.
Kurztrack	Fußweg nach Chamba via Khajjiar, 33 km, an einem Tag zu schaffen. Die leichte Route führt durch schöne waldreiche Landschaft. Wer es nicht besonders eilig hat, verbringt vielleicht noch 1–2 Tage in *Khajjiar*.

Dharamsala (20.000 Ew.) Dhaula Dhar Range	Seit der englischen Kolonialherrschaft ein populäres Hill Station. Das Städtchen liegt zwischen 1.200 und 2.000 m Höhe verteilt inmitten einer schönen Gebirgslandschaft.

Fast unmittelbar oberhalb von Dharamsala beginnt eine wald- und felsenreiche Gebirgsmauer, die bis zu fast 6.000 m aufragt – die *Dhaula Dhar Range*. Diese kontrastiert mit dem unterhalb von Dharamsala gelegenen *Kangra Valley* mit seinen üppigen Reisfeldern und Obstgärten.

Dharamsala besteht aus zwei weitgehend autonomen Siedlungen: der in etwa 1.200 m gelegenen hinduistisch-indischen Stadt, der Hauptstadt des Kangra-Distrikts, in der die einheimischen Touristen zu Hause sind, und der in ca. 2.000 m Höhe gelegenen und 5 km vom Unterstadtzentrum entfernten tibetisch-buddhistischen Oberstadt, die auch den Namen *Mc Leod Ganj* führt. In letzterer leben ca. 3.500 Tibeter, die hier nach 1959, als der Dalai Lama nach Indien floh, mit Hilfe zahlreicher Spenden so etwas wie eine Exil-Hauptstadt aufbauten.

Sehenswert	Von den zahlreichen Institutionen tibetisch-lamaistischer Kultur scheinen mir insbesondere folgende erwähnenswert:
Tanz/Musik	*Tibetan Dance und Drama School:* Ausbildungszentrum für tibetischen Tanz und Musik.
Bibliothek	*Library of Tibetan Works and Archives:* umfangreiche Bibliothek über Tibet und Buddhismus, allerdings fast ausschließlich Literatur spiritualistisch-apologetischer Provenienz oder aus den Denkfabriken konservativer Sozialwissenschaft. Am Schwarzen Brett erhält man Auskunft über Kurse in tibetischer Sprache, tibetischer Medizin, Mahayana-Buddhismus und Yoga.
Theologische Hochschule	*Buddhist School of Dialectics:* Theologische Hochschule. Hier wohnt auch der Dalai Lama.
Medizin	*Tibetan Medical & Astro Institute,* wo in tibetischer Medizin ausgebildet und praktiziert wird. Hier kann man sich übrigens auch vom Hofastrologen des Dalai Lama für ca. 20 DM das tibetische Horoskop erstellen lassen – inklusive eines »Gutachtens über die Wiedergeburtserwartungen«. Außerdem gibt es in McLeod Ganj zwei Drugstores für tibetische Medikamente und mehrere frei praktizierende Heilkundige in traditioneller tibetischer Medizin.
SOS-Kinderdorf	*Tibetan Children's Village,* SOS-Kinderdorf, in dem über 1.500 Flüchtlings- und Sozialwaisen untergebracht sind, die dank der Spenden von Paten in aller Welt hier eine Bleibe samt Ausbildungsstätte gefunden haben.
Klima/Reisezeit	Als besonders günstige Jahreszeit für den Besuch von Dharamsala gilt die Zeit von März bis Juni, wenn es hier im Gegensatz zur Hitze in der nordindischen Ebene »nur« angenehm warm ist, und die Zeit von September bis November, wenn es in dieser Himalaya-Gegend prächtig bunt ist. Nach meinen Erfahrungen ist auch der nicht allzu kalte Winter, wenn man Wollsachen mitbringt, in Dharamsala eine »gute« Jahreszeit. Dagegen sollte man im Juli und August auf keinen Fall nach Dharamsala fahren, da die Monsunregen sehr stark sind. Auch für die besseren Jahreszeiten ist ein Schirm ein notwendiges Utensil, da auch dann ab und zu mit Regen zu rechnen ist.
Information/ Tourismus	T. O. beim Busbahnhof in der Unterstadt. Der tibetische Teil von Dharamsala liegt auf der »Flipp-Route« der Freak- und Traveller-Szene und ist ein beliebter Flekken der buddhistophilen Szene des Westens. Dementsprechend ist der Ort in den guten Jahreszeiten reichlich überlaufen. Für den unteren Stadtteil existiert einiger einheimischer Urlaubstourismus.
Yoga	*Mehr Ashram:* hinduistisch, geöffnet April bis November, Unterkunft und Verpflegung pro Tag ca. 6 DM; Zielsetzung: Bewußtmachung der sogenannten Chakra- und Kundalinienergie. *Tushida-Meditationszentrum:* buddhistisch, geöffnet ganz-

jährig, die Kurse sind auch am Schwarzen Brett der Tibetan Library angeschlagen.

Einkäufe/ Handwerk
In der Oberstadt werden tibetische Produkte wie Teppiche mit lamaistischen religiösen Motiven, Produkte aus Yakwolle, Thankas, Reispapierdrucke etc. angeboten. Außer verschiedenen privaten Läden existiert noch das genossenschaftlich betriebene »Tibetan Handicraft Centre« (unterhalb der Tibetan Children's Village).

Die Exil-Tibeter sind auf diesen Handel angewiesen, da sie, wie man mir versicherte, lediglich selbstgefertigte Waren verkaufen dürfen und außerhalb ihrer Gemeinschaft keinen Job in Indien bekommen. Sie besitzen auch keine feste Staatsbürgerschaft, sondern nur eine Aufenthaltsgenehmigung, die sie halbjährlich verlängern lassen müssen.

Essen und Trinken
In McLeod Ganj, aber auch in der Unterstadt gibt es zahlreiche kleine tibetische Restaurants, die gute chinesische und tibetische Küche sowie ein paar in der Freak-Szene populäre Gerichte wie Pancake und Porridge anbieten.

Oberstadt: Sehr populär ist das *Om-Restaurant*, das eine gute Auswahl an tibetischen Gerichten, Kuchen, gute Musik und angenehme Atmosphäre bietet. In diese Kategorie gehören auch das *Tibetan Himalayan-Restaurant* (Pancakes, gutes tibetisches Brot), das *Yak-Restaurant* (leckere Momos), das *Tibetan Memory-Restaurant*, das *Darjeeling Café* (tibetische und chinesische Gerichte) und das *Shambala Café* (Apfeltorte, Schokoladenkuchen, frisch gepreßter Apfelsaft, Schwarzes Brett mit Infos verschiedener Art). Im *Café Kangra* bekommt man sogar ausnahmsweise Rösti mit Ei und Käseschnitten. Im *Sangey Passang-Restaurant* neben dem McLeod-Busstand kann man gut frühstücken.

Für die Unterstadt sind nur im Zusammenhang mit Übernachtung verschiedene Hotelrestaurants angeführt.

Übernachtung
McLeod Ganj: Die westlichen Touristen lassen sich durchweg in der Oberstadt nieder, um für ein paar Tage oder Wochen in das tibetisch-lamaistische Kulturmilieu einzutauchen. Das ist nicht allzu schwer, da die Exil-Tibeter ausgesprochen entgegenkommend sind.

Unterste Kategorie (DZ ab ca. 4 DM): *Green Hotel* (beste Zimmer zum Tal hin), *Koko Nor Hotel* und *Hotel Om*. Etwas mehr verlangen das *Hotel Tibet* (auch Zimmer der mittleren und gehobenen Kategorie; Dachterrasse, Bar) und das *Hotel Rainbow*. Leute, die länger bleiben möchten, übernachten preiswerter, wenn sie ein Haus oder Zimmer von Privatleuten mieten. Wer an einem Meditationskurs teilnimmt, kann auch im buddhistischen »Tushita-Meditationszentrum« bzw. hinduistischen »Mehr Ashram« wohnen.

Mittelklasse: Hotel Bagsu, ein paar hundert Meter außerhalb (DZ ab ca. 20 DM, unterschiedliche Kategorien).

Unterstadt: Billigkategorie (DZ 6–15 DM): Unter Rucksackreisenden ist das Hotel und Restaurant *Rising Moon* (DZ ab

6 DM, DO, gute Küche mit großer Auswahl, Musik) beliebt. In diese Preiskategorie fallen auch: *Hotel Rose, Hotel Simla* und das *Tibet United Association Hotel.*

Mittelklasse: Hotel Dhauladar (DZ ab 20 DM, aber billiges DO, Garten im Innenhof, Blick auf das Kangra Valley).

Verkehrsver-bindungen
Der Hauptbusbahnhof liegt in der Unterstadt. Zwischen diesem und dem Busstand in der McLeod Ganj verkehren bis ca. 19 Uhr stündlich Busse. Von Dharamsala bestehen direkte Busverbindungen mit *Delhi,* 526 km (13 Std.), *Chandigarh,* 248 km (9 Std.), *Mandi, Palampur, Simla,* 317 km (10 Std.), *Chamba, Kulu,* 214 km (10 Std.) und *Manali,* 253 km (12 Std.).

Ausflüge

Dal Lake
Nur ca. 4 km von Dharamsala entfernt, ein künstlich angelegter See zwischen Hügeln und Tannenwald. Im September

Fest
Schauplatz eines großen *Volksfestes.*

Kangra
18 km südlich von Dharamsala, Städtchen zu Füßen eines Forts, an einem reißendem Bach gelegen (nur 762 m hoch).

Devi Vajare-si-Tempel
Kangra ist sehr bekannt wegen seines *Devi Vajaresi-Tempels,* der zu den ältesten Hindu-Tempeln Nordindiens gehören soll. Schließlich ist der Ort Kunstkennern als Zentrum der im 18. und 19. Jh. überregional bekannten Miniaturmalerei der *Kangra-Schule* ein Begriff.

Übernachtung Es existieren ein paar einfache Hotels.

Verkehrsver-bindungen
Busse nach *Pathankot, Dharamsala, Baijnath* und *Jawalmukhi.*

Triund
8 km von Dharamsala entfernt, (2.827 m) am Fuße des schneebedeckten *Dhaula Dhar* (die Schneegrenze befindet sich in *Ilaqa,* 5 km nördlich von *Triund*). Ausblick auf das Hochgebirge (oberhalb) und das Kangra Valley (unterhalb). Die Wanderung von Dharamsala nach Triund dauert 2–3 Std. (Hin- und Rückweg 4–5 Std.). Wer nicht im *Forest Rest House* übernachten möchte, sollte die Wanderung bereits am frühen Morgen beginnen. Es ist empfehlenswert, Getränke und etwas Essen mitzunehmen. An Herbsttagen ist es notwendig, ein paar warme Sachen dabeizuhaben.

Jawalmukhi
54 km südlich von Dharamsala, im Beas Valley, bedeutendster Hindu-Pilgerort in Himachal Pradesh. Hauptereignisse sind die *Chaitra Fair* (März/April) und die *Asuj Navratas*

Devi-Tempel
Fair (September/Oktober). In *Jawalmukhi* befindet sich ein berühmter *Devi-Tempel.*

Nurpur
56 km westlich von Dharamsala, Städtchen mit einem alten Fort und ein paar Tempeln. Nurpur ist wegen seiner handgewebten, schön gemusterten Textilien und seines »Shawl Weaving Centre« im Punjab und in Himachal Pradesh bekannt.

Palampur	Städtchen (1.260 m hoch), 60 km von Dharamsala. In der Umgebung wurden im vergangen Jahrhundert große Teegärten angelegt. Da der Palampur Tea jedoch dem Darjeeling- und Assam Tea qualitativ unterlegen ist, stagniert der Teeanbau im Palampur District. Palampur ist bei indischen Middle Class-Urlaubern wegen seiner noch nicht so hektischen Atmosphäre geschätzt.
Übernachtung	*Tourist Bungalow*, 1 km vom Busbahnhof;
Verkehrsverb.	Bushaltestelle an der Straße Dharamsala-Mandi/Manali.

Trekking in Himachal Pradesh

Wichtige Berge von Himachal Pradesh
Chau Chau Kang Nilda, 6.303 m, Deo Tibba 6.001 m, Mulkila 6.517 m, Shilla Top 6.200 m, Shigrila 6.230 m, zahlreiche Fünf- und Sechstausender.

Besonderheiten der Flora und Fauna der Bergwelt von Himachal Pradesh
Wer sich für die Flora der Region interessiert, braucht Spezialwerke, die die Pflanzenbestimmung erleichtern. In diesem Reisebuch können nur wenige Pflanzen aufgezählt werden, die besonders ins Auge fallen. Hobby-Botaniker sollten das Kulu Valley im April oder Anfang Mai besuchen, die Zeit der Obstbaumblüte, in der aber auch auf den Wiesen der tiefergelegenen Nadelwälder die gelbe Zeitlose/Colchicum luteum, die wilde Pfingstrose/Paeonia emodi, der Gelbstern/Gagea elegans und der Lerchensporn/Corydalis diphylla blühen. Der Wilde Schneeball und mehrere Schlehdornarten sind eine botanische Besonderheit verschiedener Täler von Himachal Pradesh.
Im Juni ist es für Blumenfreunde besonders lohnenswert, verschiedene Seitentäler von Manali zu durchstreifen. In diesem Monat kann man hier u.a. die Schachbrettblume/Fritillaria roylei, verschiedene Lerchenspornarten/ Corydalis cashmeriana, die Ginsterart Thermopsis barbata und die Kemaon-Iris blühen sehen. Die Zeit, in der der Monsun in Manali, Dharamsala und Chamba gemütliches Wandern stark einschränkt, die Monate Juli und August, ist die beste Jahreszeit, um die Pflanzenwelt des extrem trockenen Lahaul kennenzulernen. In den ja auch immerhin 2.600 bis 3.400 m hohen Tälern dieser Region blühen jetzt die Himalaya–Heckenrose und die Steppenlilie. In über 4.000 m Höhe trifft man auf verschiedene Nelkengewächse (Hornkraut, Eckige Nelke, Leimkraut), Korbblütler (lilablühende Aster, gelbblühende Kratzdistel), Raublattarten, Lippen- und Rachenblütler. An den sandigen Ufern der zahlreichen Bergbäche fallen in diesen Monaten die zartlila Blüten des Tamariskenstrauches ins Auge.
Zum Schluß noch einige Pflanzen, die in weiten Gebieten von Himachal Pradesh verbreitet sind: Akelei, blauer Scheinmohn, Johanniskräuter, verschiedene Storchschnabelarten, viele Vertreter von Schmetterlingsblütler (z. B. lilablühender Indigo–Strauch; gelbblühender Tragant), zahlreiche Rosengewächse (Prinsepia-Strauch; weißblühende Heckenkirsche; Cotoneaster-

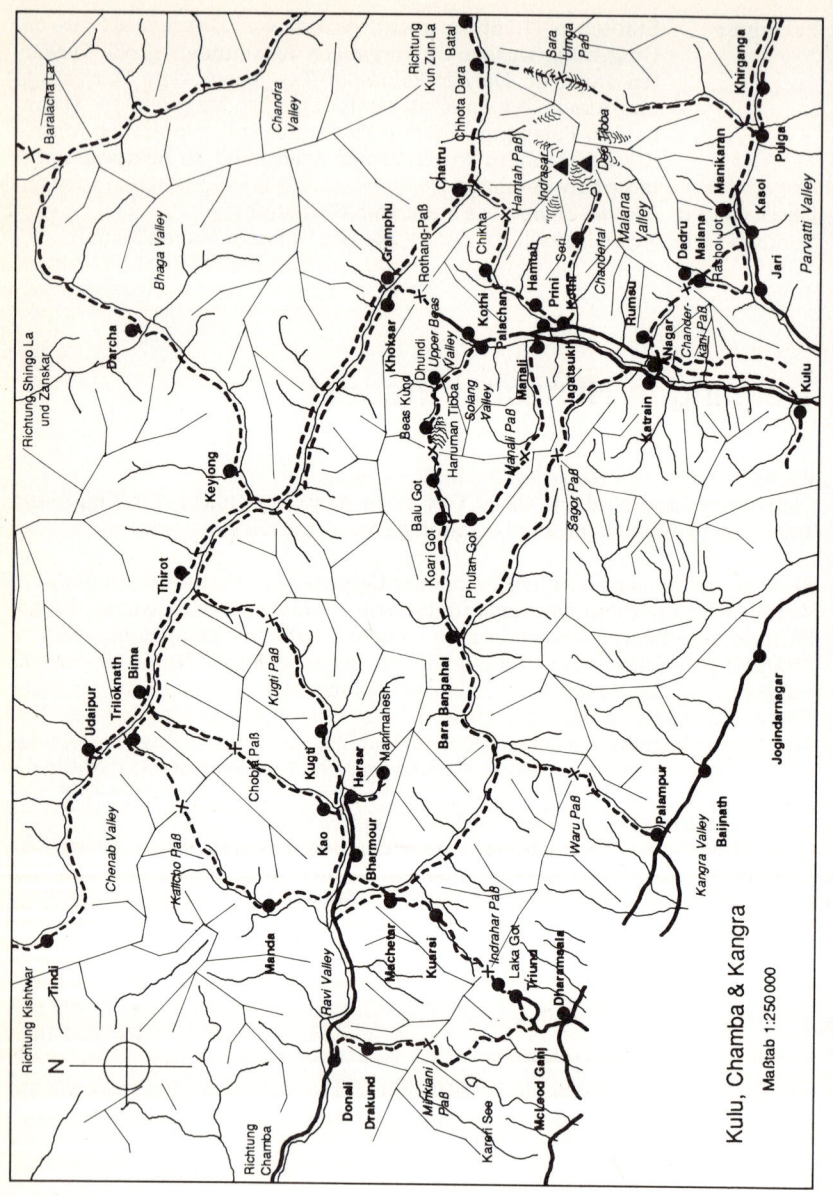

Kulu, Chamba & Kangra

Maßstab 1:250 000

Strauch; fingerkrautähnliche Sibbaldia purpurea); wilde Johannesbeeren, verschiedene Gilbweiderichgewächse (zart rosablühendes Weideröschen; Kälberkropf), Falsches Geisblatt (bis zu fünf Meter hoch); viele Arten von Korbblütlern (Edelweiß; Schneelotos); mehrere Erikasorten; allerlei Vertreter von Rhododendron; eine Vielzahl von Primeln (Himalaya als Hauptverbreitungsgebiet), viele Enzianarten, einige Raublatt– und Nachtschattengewächse, Lippenblütler (orange–blütiger Salbei), mehrere Wolfsmilcharten, weit über hundert Orchideenarten sowie viele Lilienarten.

Fauna:

Die Tierwelt von Himachal Pradesh, Uttarakhand und Kashmir weist nicht allzuviele Unterschiede auf, so daß die folgende Liste für Himachal Pradesh auch für die beiden anderen Regionen verwendet werden kann.

Blaues Schaf/Bharal: in größerer Zahl noch in Lahaul und Kinnaur anzutreffen; Lebensraum vorwiegend in felsdurchsetzten Hochlagen.

Himalaya-Steinbock/Ibex: mit dem Alpensteinbock verwandt; Hauptverbreitungsgebiete: Distrikt Chamba, Norden von Kulu, Lahaul & Spiti und Kinnaur; Lebensraum im Winter am Rand der Täler, im Sommer in der Nähe der Schneegrenze.

Thar: große Bergziege; Lebensraum im Sommer in 2.500 bis 3.000 m, im Winter tiefgelegene Täler von Chamba und Kulu.

Kashmir-Rothirsch: sehr selten; gegenwärtig lediglich noch in einem Schongebiet von Chamba anzutreffen.

Nian: großes Wildschaf; Heimat Tibet, aber auch im Kibber Valley von Spiti zu Hause.

Mochus-Hirsch: klein, kein Geweih; Lebensraum dichte Wälder und Rhododendron–Dickichte in Höhelagen um 2.500 m.

Goral: kleine Antilope; in den meisten Regionen von Himachal Pradesh verbreitet; Lebensraum zwischen 1.000 und 3.000 m.

Chital/Gefleckter Hirsch: wegen seines mächtigen Geweihs eines der meistgejagten Tiere; Lebensraum: niedriges Hügelland.

»Bellender Hirsch«: Einzelgänger; in den niederen und mittleren Höhenlagen recht verbreitet; bevorzugter Lebensraum: Urwalddickichte in 2.000 bis 2.500 m Höhe.

Onager/Tibetischer Wildesel und Luchs: selten, Verbreitungsgebiete: Grenzgebiete zu Tibet und Zanskar.

Schwarzer Himalaya-Bär: in recht großer Zahl in Wäldern und Dickichten in Höhen um 1.500 m.

Brauner Himalaya-Bär: Winterschläfer, Hauptverbreitungsgebiet: Kangra, Kulu, Lahaul, Spiti und Chamba; Lebensraum im Sommer Lagen zwischen 3.000 und 3.500 m; Herbst Abstieg in die Wälder am Rande von tiefgelegenen Tälern, wo durch den Verzehr großer Mengen von Früchten, Wurzeln und Rinde der Winterspeck angelegt wird.

Schneeleopard: sehr selten geworden; nur noch im Pangi Valley, Lahaul, Spiti und Kinnaur in Höhen von über 3.500m anzutreffen.

Im Prinzip kann man in jeder Region des Gebirgslandes Himachal Pradesh interessante Wanderungen unternehmen. Dennoch besteht eine sehr starke Konzentration auf den Raum nördlich von *Manali*. Um dieser regional sehr einseitigen Entwicklung etwas entgegenzuwirken, führen wir hier auch verschiedene Routen für mehrtägige Wanderungen für die Gebiete zwischen *Chamba* und *Kishtwar*, *Chamba* und *Lahaul* sowie *Simla* und *Kulu* an. Die Tracks von *Simla* nach *Kulu* (größte Höhen 3.000–3.500 m), die über verkehrsarme Wege führen, bieten statt dem nahen Anblick eisglitzernder Gebirgsmassive vielfältige Eindrücke vom Arbeiten und Wohnen in Gebirgsdörfern.

Mit Kartenmaterial ist es insgesamt nicht besonders gut bestellt. Am brauchbarsten sind noch die »Trekking Route Maps of Himachal Pradesh«, von denen es insgesamt drei große Blätter/Sheets gibt, die man im Büro der Touristeninformation von Himachal Pradesh in New Delhi, Kanishka Shopping Arcade (nahe Kanishka Hotel), Ashoka Rd. 19, bekommt – falls sie nicht gerade wieder einmal ausgegangen sind.

Von Simla nach Kulu via Narkanda, Anni und Banjar

Zumeist Weg, Übernachtung in RHs; Dauer: ca 4 Tage. Kein spektakulärer Track mit Bergriesen – die höchste Stelle: Jalori-Paß (3.135 m) – aber schöne bewaldete Gebirgslandschaften und eine Reihe von Dörfer, wo man sich ein wenig mit den Agrar- und Umweltproblemen des ländlichen Himachal Pradesh vertraut machen kann.

1. Tag: Simla–Narkanda, 64 km, Straße, Busfahrt von 2–3 Std.
Man könnte die Strecke auch wandern, muß dann aber (insbesondere auf den ersten 16 km bis *Kufri*) die dichten Abgaswolken der Busse und Lkws ertragen. Auf den letzten 40 km vor Narkanda herrscht ökologischer Kahlschlag (Entwaldung, Bodenerosion). Auf dem Weg von Simla nach Narkanda findet man in *Phagu* (T. B.), *Theog* (RH) und *Matiyana* (RH) gut eingerichtete Übernachtungsmöglichkeiten vor, die jedoch alle bereits in Simla im Tourist Information Centre zu reservieren sind. Mehr über Narkanda s. S. 231 f.

2. Tag: Narkanda–Khomarsen–Luhri–Anni
Die Wanderroute von *Narkanda* nach *Khomarsen* ist ein Short Cut, durch den man die Straßendistanz mehr als halbiert. Auf dem ersten Teil des Weges besteht eine exzellente Aussicht auf die Hochgebirgslandschaft. Man geht durch Wiesen und viel Wald. *Khomarsen* ist ein großes Dorf mit mehreren kleinen Läden und Restaurants. Auch von *Khomarsen* nach *Luhri* existiert ein abkürzender Pfad. Er beginnt unterhalb der High School und ist ausgesprochen steinig. Da er nicht immer leicht auszumachen ist, ist es am besten, wenn man sich einem Einheimischen anschließt, der zumindest die erste Hälfte der Route geht. Danach gibt es keine Orientierungsprobleme mehr. Die Strecke von Khomarsen nach Luhri ist unbewaldet. Kurz vor Luhri geht es steil zum reißenden *Sutlej River* hinunter.
Wer am Morgen in Narkanda aufgebrochen ist, einigermaßen zügig gegangen ist und lediglich ein Stündchen Mittagspause in Khomarsen eingelegt hat, wird am Nachmittag um 15.30 den *Bus* von *Luhri* nach *Anni* (eine Fahrt von ca. 1 1/4 Std.) erreichen. In *Anni*, 1.100 m, existiert ein RH, in dem man jedoch nur unterkommt, wenn gerade kein Offizieller die Zimmer einnimmt. 3 km Richtung *Jalori-Paß* befindet sich als weitere Übernachtungsmöglichkeit ein Tempel mit *Dharamshala*.

3. Tag: Anni (1.100 m)–Khanang– Jalori-Paß (3.135 m)–Banjar, 41 km
Wenn man sich beeilt, ist die Strecke an einem Tag zu schaffen. Gemütlicher ist es, daraus zwei Tagesetappen zu machen und ein paar Kilometer vor oder hinter dem Paß im RH zu übernachten.
Die ersten 10 km sind ausgesprochen leicht, da die Straße (Format Feldweg) nur allmählich ansteigt. Die Route ist landschaftlich schön, man passiert ein paar Dörfer, deren Ökonomie aus Kartoffelfeldern und Apfelhainen besteht.

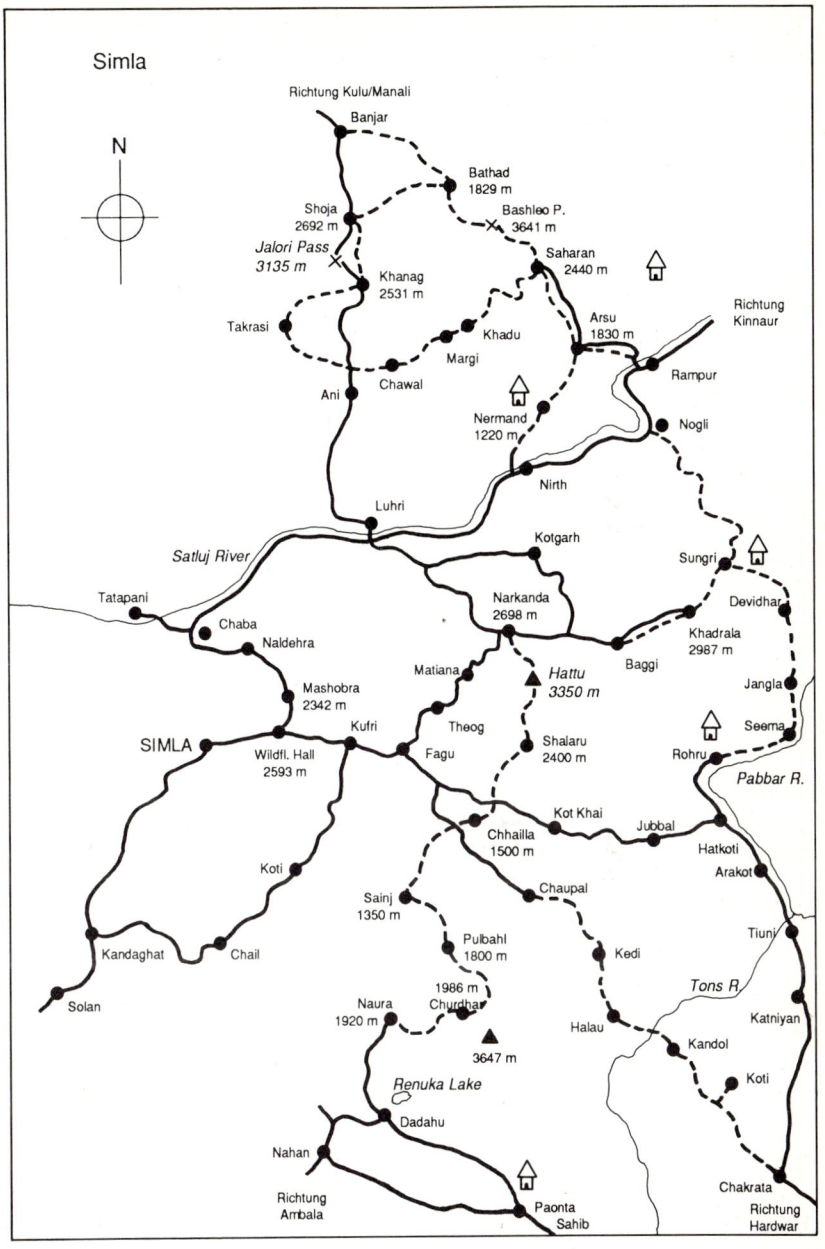

Simla

N

Richtung Kulu/Manali
Banjar

Bathad
1829 m

Shoja
2692 m
Bashleo P.
3641 m

Jalori Pass
3135 m
Khanag
2531 m
Saharan
2440 m

Richtung
Kinnaur

Takrasi
Khadu
Arsu
1830 m

Margi
Rampur

Ani
Chawal

Nermand
1220 m
Nogli

Luhri
Nirth

Satluj River
Kotgarh
Sungri

Tatapani
Narkanda
2698 m
Devidhar

Chaba
Khadrala
2987 m

Naldehra
Baggi

Mashobra
2342 m
Matiana
Hattu
3350 m
Jangla

SIMLA
Kufri
Theog
Shalaru
2400 m
Seema

Wildfl. Hall
2593 m
Fagu
Rohru

Pabbar R.

Koti
Kot Khai
Jubbal

Chhailla
1500 m
Hatkoti

Sainj
1350 m
Chaupal
Arakot

Kandaghat
Chail
Pulbahl
1800 m
Kedi
Tiuni

Solan
1986 m
Churdhar
Tons R.

Naura
1920 m
Halau
Katniyan

3647 m
Kandol

Renuka Lake
Koti

Nahan
Dadahu

Richtung
Ambala
Paonta
Sahib
Chakrata

Richtung
Hardwar

Auf den nächsten 10 km geht es steil zum Paß hinauf. Es soll eine Abkürzung geben, die ich allerdings nicht finden konnte. In *Khanang*, ca. 5 km vor der Paßhöhe, befindet sich ein RH. Die letzten 4 km unterhalb des Jalori-Passes sind bewaldet. Auf dem Paß, einer weiten Alm, stehen ein paar Teebuden und ein moderner Kulu-Tempel. Man hat einen imposanten Ausblick auf die umgebenden Berge.

Anschließend geht man bis *Banjar* ständig bergab. 5 km unterhalb des Passes kommt man an einem weiteren RH vorbei. Banjar ist ein großer Ort mit vielen Läden und kleinen Restaurants. Das RH, am Ortsende Richtung *Aut* gelegen (EZ ca. 2 DM, DZ ca. 4 DM, Essen auf Bestellung), ist gut eingerichtet und sauber.

4. Tag: Banjar–Bali–Aut–Kulu.
Die Wanderung entlang der *Kulu Road* bis *Aut* (23 km) ist vom Streckenprofil her leicht: fast immer abwärts, durch Täler, die von Hängen umgeben sind, deren Ökologie arg geschädigt ist. In dieser Gegend lebt man vom Anbau von Äpfeln, Pfirsichen und Mais.

Auf halber Strecke erreicht man *Bali*, ein großes Dorf mit Läden und kleinen Restaurants. Hier kann man die Frühstückspause einlegen.

In *Aut* trifft man auf die Hauptstraße *Mandi–Kulu–Manali* und nimmt den *Bus* nach *Kulu*, 38 km. In *Aut* existieren mehrere Restaurants, so daß man hier noch die Mittagsrast vor der Busfahrt nach Kulu einlegen kann.

Von Manikaran nach Kiriganga und zurück
Die Umgebung von *Manikaran* mit ihrer den Alpen vergleichbaren grünen Gebirgslandschaft eignet sich gut für ein- bis mehrtägige Wanderungen. Besonders empfehlenswert erscheinen mir Touren nach *Kiriganga* (Hot Springs, Alm, Wälder) und *Naggar* via *Malana*.

Manikaran–Kiriganga–Manikaran
2 Tage, nicht allzu schwer, etwas Tagesproviant erforderlich, da es über den größten Teil der Strecke keine Dörfer mit Läden und Restaurants gibt.

1. Tag: Manikaran–Kiriganga, 26 km (5–6 Std.)
Man geht bis zur Abzweigung nach *Toshan* immer auf der nördlichen Seite des *Parvati River* (stetig bergauf). Dann überquert man ihn und folgt ihm auf der rechten Seite – mal nahe, mal ein Stück entfernt. Auf dem letzten Abschnitt vor Kiriganga wandert man zumeist durch Wald. Es geht jetzt sehr stark bergauf.
Kiriganga (3.354 m) ist eine Hochalm mit einer heißen Quelle, für die ein Badeteich angelegt wurde, über dem ein Tempel steht. Im Sommer 1986 gab es hier zwei kleine *Ashrams*, wo man essen und übernachten konnte.

2. Tag: Kiriganga (3.354 m)–Pulga (2.895 m)–Manikaran (1.870 m).
Der Rückweg ist natürlich viel angenehmer zu laufen, da es jetzt bergab geht. Man geht zunächst bis zur Brücke (2 km vor *Pulga*) und Abzweigung nach *Toshan* dieselbe Route wie auf dem Hinweg. Dieses Mal überquert man aber nicht den Parvati River, sondern folgt ihm auf der südlichen Seite.
Pulga ist ein großes Dorf mit Häusern im Kulu-Stil, das von Feldern umgeben ist. Es gibt hier auch ein geräumiges *Rest House*.

Brücke an der Trekkingroute bei Kiriganga

3–4 km westlich von *Pulga* überquert man auf einer Brücke den *Parvati River*. Der restliche Weg ist mit der Route des Hinweges identisch. Der Rückweg kann wie der Hinweg an einem Tag gut bewältigt werden.

Von Kulu nach Manali via Manikaran und Chandrakhani-Paß
Mittelschwer; 4 Tage; kein Zelt erforderlich; in den Etappenorten genügend Verpflegungsmöglichkeiten, aber für unterwegs sollte man etwas zum Knabbern dabei haben.

1. Tag: Kulu–Bhuntar–Jari–Kasol–Manikaran, ca. 45 km
Man nimmt den *Bus* Richtung *Mandi* bis *Bhuntar* (9 km) und startet von dort die Wanderung. Nachdem man in *Bhuntar* den *Beas River* überquert hat, folgt man bis *Manikaran* stets dem *Parvati River*. Die Strecke steigt leicht.
Auf dem ersten ca. 10 km ist das *Parvati Valley* von kahlen Bergen umgeben, danach wird es üppig. Im letzten Abschnitt ist der Apfelanbau verbreitet. In *Jari*, einem großen Dorf auf halbem Wege zwischen Bhuntar und Manikaran, existiert ein FRH. Von *Jari* zweigt auch eine Trekking-Route nach *Malana* ab.
Die letzten 4 km – von *Kasol* (FRH) nach *Manikaran* – führen durch Wald, dieser Streckenabschnitt besteht aus einem ungeteerten Weg.
Man kann ein paar Tage in Manikaran bleiben und eine schöne Wanderung zur Alm von *Kiriganga* (heiße Schwefelquellen) unternehmen, bevor man den Track nach Manali fortsetzt.

2.Tag: Manikaran–Kasol(1.585m)–Chalal–Rashol–Rashol-Paß (3.247 m)–Malana

Ein Tag mit einem vollen Programm. Zunächst geht man auf dem vom Vortag bekannten Weg nach *Kasol* (4 km) hinunter. In Kasol überquert man auf einer Brücke den *Parvati River* und folgt ihm bis *Chalal.* Von Chalal beginnt der Aufstieg ins Gebirge. Bis *Rashol* geht es immer stark bergauf, die Route ist ein Weg, der nicht zu verfehlen ist. Rashol ist ein stattliches Dorf, dessen Häuser noch alle in der traditionellen Architektur der Kulu-Region angelegt sind.

Ab *Rashol* wird der Anstieg zum ca. 3.200 m hohen *Rashol-Paß* noch steiler. Der Pfad ist nicht immer auszumachen.

Von der Paßhöhe geht es steil hinunter zum *Malana River;* der jetzt wieder gut auszumachende Weg führt größtenteils durch Wald. Bei nassem Wetter ist große Vorsicht angebracht, da dann der Pfad stellenweise sehr glitschig ist.

Der Fluß wird auf einer Brücke überquert. Anschließend geht man wieder bergan. Nach wenigen Kilometern wird *Malana* erreicht.

Malana ist ein Dorf mit vielen Besonderheiten, was seitens des Touristen Fingerspitzengefühl und Respekt verlangt. Es ist z. B. nicht gestattet, in Lederschuhen durch das Dorf zu gehen und schon gar nicht, mit besagtem Schuhwerk den Tempel zu passieren. Man geht also barfuß.

Die Bewohner von Malana sind sehr scheu gegenüber Fremden. 1986 nahm nur eine einzige Familie im Dorf Fremde als Gäste auf. Über ihrem Hauseingang prangt die Inschrift »Welcome«. Übernachtung einschließlich Essen ko-

Rashol, in der Nähe von Manikaran

stete ca. 4 DM. Die indischen Trekking-Gruppen campen außerhalb des Dorfes. Dabei ist Vorsicht geboten: von der hohen Bergwand kann loses Gestein in größerer Menge herunterstürzen (in der Monsunzeit).

Der Dorfgott von *Malana* steht in Opposition zu *Raghunathji*, dem Obergott von Kulu. Er nimmt deshalb auch nicht an dem großen Stelldichein der Kuludorfgötter zum *Dasehra-Fest* in Kulu teil, da ja in der Unterwerfung der Dorfgötter unter den herrschenden Gott von Kulu die Unterwerfung unter den Raja von Kulu symbolisiert wurde, dem sich aber diese abgelegene Berggegend entzog. Aus dieser Abgeschiedenheit resultiert wohl, daß sich in Ma-

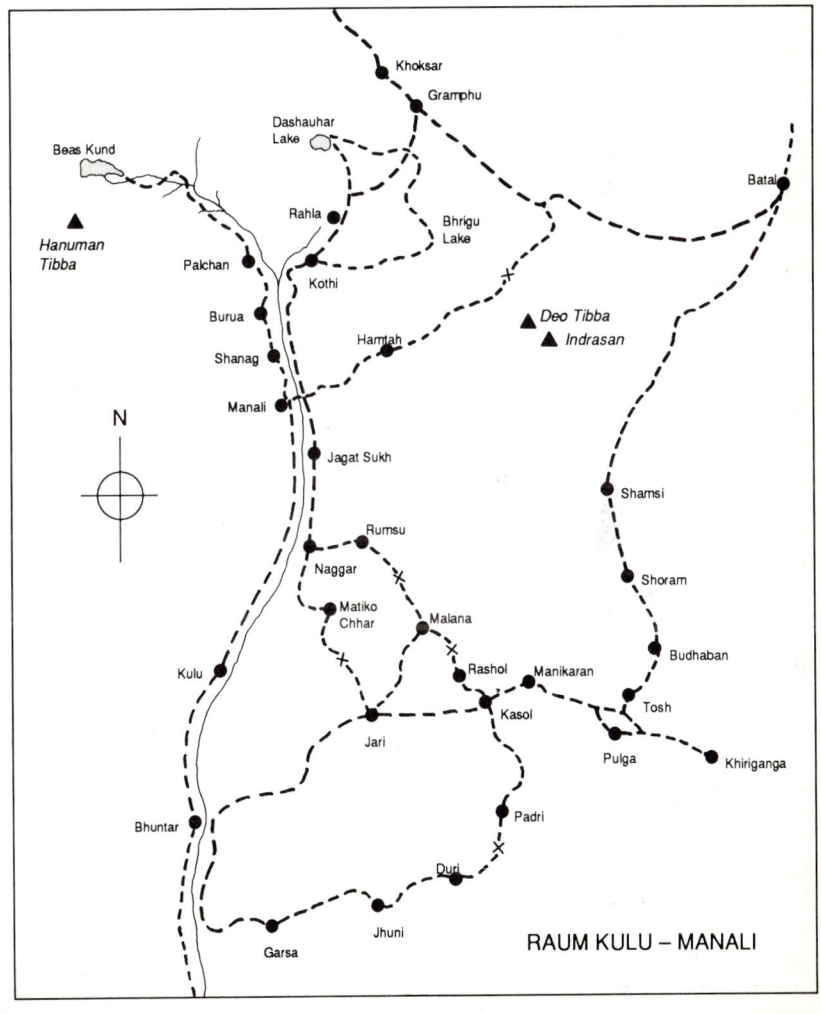

RAUM KULU – MANALI

lana eine Reihe von Bräuchen und Sitten von jenen der Dörfer des Parvati und des Kulu Valley unterscheiden.

4. Tag: Malana (2.652 m)–Chanderkhani-Paß (3.660 m)–Rumsu–Naggar
Ca. 20 km, voller Tag bei zügigem Wanderschritt.
Der Anstieg zum Paß ist recht steil. Auf der Paßhöhe wendet man sich nach Westen (links). Zunächst geht man über weite Almen. Der Blick fällt nach allen Richtungen auf bewaldetes Gebirge. Bei klarem Wetter hat man nach Norden einen schönen Ausblick auf von Schnee und Eis gekröntes Hochgebirge. Unterhalb der Almen führt die Wanderroute bis kurz vor *Rumsu* durch Wald (einschließlich eines langen Streifens mit Rhododendron). Rumsu ist ein stattliches Dorf, das ein, wenig vom Trekkingtourismus berührtes, Eigenleben führt.
Von *Rumsu* nach *Naggar* führt ein breiter Weg, so daß man keine Orientierungsprobleme hat.
Man wird in Naggar übernachten und sich am nächsten Morgen ein paar der schönen alten Tempel anschauen (s. Naggar im Kulu-Kapitel, S. 248).

5. Tag: Naggar–Jagatsukh–Manali, 24 km, 4–5 Std. zu Fuß (auch Bus)
Diese Route, die mit der asphaltierten Hauptstraße *Naggar–Manali* identisch ist, führt durch einen schönen Abschnitt des oberen Kulu Valley, dessen Erscheinungsbild durch üppige Reisfelder und Apfelhaine geprägt ist. In den Dörfern sieht man noch überwiegend die alten Holzhäuser. Man wird in *Jagatsukh* einen kleinen Stopp einlegen, um sich verschiedene alte Tempel anzusehen (s. Jagatsukh im Kulu-Kapitel, S. 250 f.).

Manali-Tracks
Manali ist Ausgangspunkt für viele schöne Tracks, von denen hier aus Platzgründen lediglich ein Teil vorgestellt werden kann.

Manali–Beas Kund und zurück
3 Tage, weitaus populärster Manali-Track, deshalb reichlich bevölkert. Dieser Track ist nicht allzu schwer; es ist sinnvoll, Proviant und Zelt mitzunehmen, um von den begrenzten Übernachtungsmöglichkeiten unabhängig zu sein.

1. Tag: Manali (1.856 m)–Dhundi (Solang Valley, 2.776 m)
Von Manali gibt es regelmäßigen Busverkehr nach *Palachan Village,* wo die durch das Solang Valley führende Wanderroute nach *Beas Kund* abzweigt. Der Weg ist zunächst nur leicht ansteigend.
Der Streckenabschnitt von *Palachan* nach *Dhundi* ist gut markiert. Vom *Dhundi Camp* kann man den *Deo Tibba* (6.002 m) und den *Indrasan* (6.223 m) sehen.

2. Tag: Dhundi–Beas Kund (4.100 m)
Hinter Dhundi wird das *Solang Valley* nun sehr eng. Der reißende Fluß ist mehrfach auf sehr einfachen Gaddi-Brücken zu überqueren. Auf den letzten beiden Kilometern ist ein steiler Anstieg zu bewältigen. Der *Beas Kund* ist ein kleiner, von Wiesen umgebener See. Von hier hat man einen prächtigen

Blick auf eine breite Kette verschneiter Bergriesen, zu denen u. a. der *Hanuman Tibba* (im Süden) gehört. Es lohnt sich also, einen Ruhetag in der Umgebung des Sees einzulegen.

Empfehlenswert ist auch ein Ausflug zum *Lady Lake*. Die Route führt über den Bergkamm östlich vom Zeltplatz. Vom Lady Lake ist der Ausblick auf das Bergpanorama noch besser. Außer dem *Hanuman Tibba* sind hier auch noch *Deo Tibba* und *Indrasan* zu sehen.

3. Tag: Beas Kund–Dhundi–Palachan–Manali

Man kann nun auf der gleichen Route zurückkehren oder den Track um ein paar Tage verlängern, z. B. durch eine Wanderung über den Solang-Paß und den Manali-Paß, Pässe, die beide nicht ganz leicht sind. Für diesen Track (etwa 4 zusätzliche Tage) sind ein Guide, Zelt und Proviant absolut erforderlich.

Den Rückweg von *Beas Kund* nach *Palachan* kann man leicht an einem Vormittag machen. Von *Palachan* fährt man entweder mit dem *Bus* nach *Manali* oder wandert auch den Rest der Strecke (über die Dörfer *Buruhwa* und *Shanag*), wozu man etwa 3 Stunden zusätzlich benötigt.

Helko Peters

Von Manali über den Hamtahjot-Paß nach Chhatru (4 Tage)

Diese Wanderroute führt von *Manali* aus dem *Kulu Valley* über den *Hamtahjot-Paß* (4.270 m) nach *Chhatru* ins *Chandra Valley*.

Hierbei wird der Gebirgszug der *Pir Panjal Range* überstiegen, der die Monsunwolken vom Norden, also dem Chandra Valley, abhält. Ist das *Kulu Valley* für seine üppige Vegetation, Reisfelder, Obstplantagen und Bergwälder bekannt, so trifft man hinter der Gebirgsschranke auf eine vegetationsarme und baumlose Landschaft, die an die Gebirgswüste von Ladakh erinnert. Auf dem Weg in das extrem trockene *Chandra Valley* lernt man alle Stufen der allmählichen Anpassung der Pflanzen an die zunehmende Trockenheit kennen.

Die landschaftlich sehr schöne Route muß als schwierig eingestuft werden und hat mehrere gefährliche Stellen beim Anstieg nach Chhatru. Proviant und ein Zelt sind notwendig. Die Wege sind gut erkennbar, so daß man auf einen Guide verzichten kann. Beste Jahreszeit, wie auch im übrigen Himachal Pradesh, ist Spätsommer und Herbst (Ende August bis Anfang Oktober). Die Nächte sind dann zwar merklich kühler, aber man hat dann keinen Monsunregen mehr zu befürchten, außerdem ist nun die Luft viel klarer und frischer.

1. Tag: Manali (1.856 m)–Hamtah (2.800 m), 10 km (5 Std.)

Von Manali geht man zunächst die Straße Richtung *Chijoga* (südliche Richtung; östliches Beas-Ufer). Überall im Tal finden sich große Obstplantagen (Äpfel und Birnen). Hinter dem *Hamtah Nal* (im Kulu Valley auch *Alaini* genannt) biegt man nach links in Richtung *Hamtah* ab. Bis zum Dorf geht es sehr steil bergan. Man wandert durch Eichen- und Kiefernwälder, begleitet vom lauten Gezirpe der Zikaden.

2. Tag: Hamtah–Chhika (3.500 m), 15 km (6 Std.)

Hinter *Hamtah* gabelt sich der Weg. Man hat den linken, der hangparallel

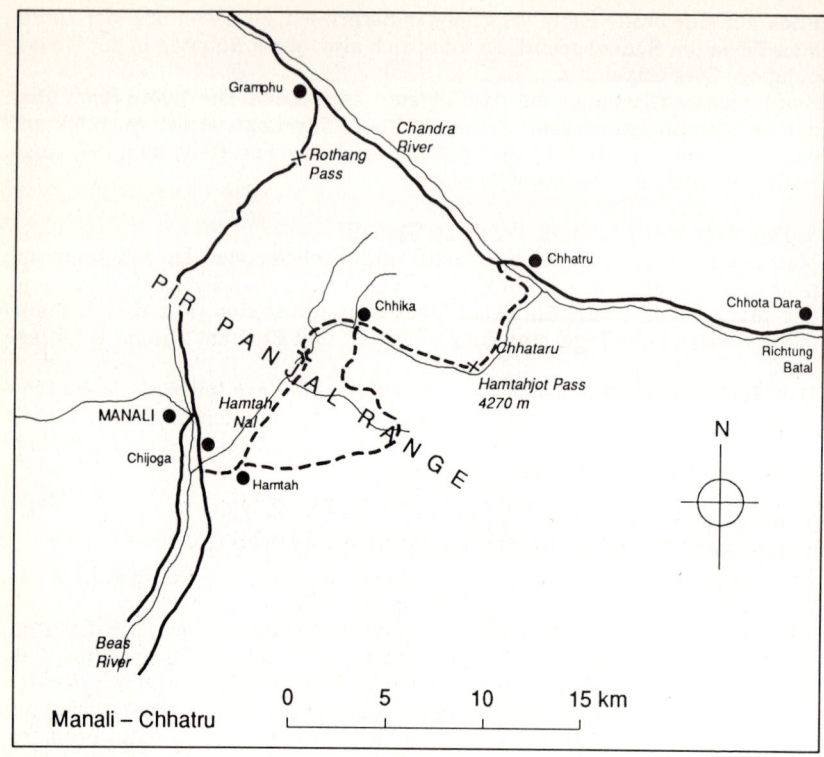

Manali – Chhatru

dem linken Ufer des *Hamtah Nal* folgt, zu nehmen. Er erreicht schließlich auf einer baumlosen Talaue den Fluß, den man auf einer lediglich aus ein paar Baumstämmen bestehenden Brücke überquert. Man kann entweder hier sein Zelt aufschlagen, da es die letzte Zeltmöglichkeit vor *Chhika* ist, oder noch die 5–6 km bis Chhika laufen.

Man geht auf dieser Seite bis fast zum Hamtahjot-Paß immer den *Hamtah River* entlang. An die Stelle der Wälder treten nun Zwergsträucher und alpine Rasen.

3. Tag: Chhika–Hamtahjot-Paß (4.270 m), 12 km (5–6 Std.)
Auf dem Weg zum Paß sind mehrere Nebenflüsse des *Hamtah Nal* zu überqueren, insgesamt ist der Weg gut erkennbar. Das letzte Stück vor dem Paß ist sehr steil. Beim Abstieg muß man sich rechts, also in nördlicher Richtung halten. Der Abstieg ist ebenfalls sehr steil und führt in nur wenigen Serpentinen ins Quelltal des *Chhatru*, der in den *Chandra* fließt. Das obere Tal ist stark vermoort, hat aber einige trockene Stellen, wo man das Zelt aufschlagen kann. Von hier sieht man im Süden Ausläufer des *Deo Tibba*, der platt und eben wie ein Tisch eine Höhe von über 6.000 m erreicht.

*Blick zum
Hamtahjot-Paß*

4. *Tag:* Hamtahjot Paß–Chhatru (3.360 m), 14 km (5–6 Std.)

Man folgt am linken Flußufer dem Tal in nördlicher Richtung. Zunächst geht es entlang an Blumenteppichen, die immer lückenhafter werden, zwischen riesigen Steinblöcken auf einem relativ guten und ebenen Weg hinunter. Der *Chhatru* verläßt an einer Engstelle das Tal, die man überwinden muß. Obwohl es an dieser überaus steilen Stelle keinen Weg mehr gibt, ziehen hier Schäfer mit ihren Herden durch. Man muß an dieser Engstelle etwa 300 m Felswand überwinden, man findet aber immer wieder Tritt- und Haltepunkte. Danach kommen noch etwa 500 m mit teils losem Sand und Geröll. Die Route führt hier ein Stück hinunter zum Fluß und zweigt dann links ins *Chandra Valley* ab.

Man folgt dem *Chandra River* in nordwestlicher Richtung bis zur Brücke, an der die Straße *Manali–Spiti* vorbeiführt. Von hier kann man mit dem *Bus* (1 x tgl.) nach *Manali* und *Batal* fahren. Kurz hinter der Brücke befindet sich ein kleines Restaurant, in dem man gut und preiswert essen und unter einfachsten Bedingungen übernachten kann.

In Chhatru stellt sich die Frage, ob man:

1. über *Batal*, den *Chandra Lake* und den *Baralacha-Paß* nach *Zanskar/Ladakh* weiterwandert (langer Track);
2. einen 2–3tägigen Ausflug zum *Chandra Lake* (Wiesen; beeindruckende Gletscherwelt in der Umgebung) mit anschließender Rückkehr nach *Manali* (Wanderung oder Busfahrt) unternimmt;
3. den *Lahaul-Rundtrack* macht;
4. über den *Rothang-Paß* (2 Tage) nach *Manali* wandert oder fährt (c2 Std.).

Zu Variante 1 s. Tag 10 bis 7 des Lahaul-Rundtracks, S. 288 ff. sowie Track von Lahaul nach Zanskar S. 291 ff.;
zu Variante 2 s. Tag 12 bis 9 des Lahaul-Rundtracks, S. 289 ff.;
zu Variante 3 s. Tag 11 bis 1 des Lahaul-Rundtracks, S. 284 ff. und
zu Variante 4 s. Tag 11 und 12 des Lahaul-Rundtracks, S. 291.

Weitere Tracks von Manali

- Von Manali über Malana, den Rashol-Paß und Manikaran nach Kulu, s. Track von Kulu nach Manali, S. 277 ff.
- Von Manali über Lahaul nach Zanskar/Ladakh, s. Track von Lahaul nach Zanskar, S. 291 ff.
- Von Manali über Rothang-Paß, Keylong, Baralacha-Paß, Chandra Lake und Rothang-Paß nach Manali, s. Lahaul-Rundtrack, S. 284 ff.
- Von Manali über Lahaul und die Pir Panjal Range nach Chamba, s. unter Track von Chamba über die Pir Panjal Range nach Lahaul, S. 297 ff. und 300 f.

Lahaul-Rundtrack

Manali–Rothang-Paß–Udaipur–Keylong–Baralacha-Paß–Chandra Tal (See) – Chhatru–Rothang-Paß–Manali
Dauer ca. 10 Tage; keine ganz schweren Steigungen, dafür sind aber einige reißende Bäche/Flüsse zu überqueren, was auch nicht ganz leicht ist. Zelt und Proviant für das große Teilstück *Darcha-Batal* erforderlich.

1. Tag: Manali (1.896 m)–Rothang (3.980 m)–Sissu (2.957 m); (9–10 Std.)
Man nimmt am besten am frühen Morgen den Spiti-Bus bis zum *Rothang-Paß*, frühstückt in dem kleinen Restaurant unterhalb der Paßhöhe und genießt ein Weilchen das prächtige Panorama der eisglitzernden Bergwelt (über 6.000 m hoch) im Norden. Danach wandert man auf einem Short Cut (mehr als die Hälfte kürzer als die Straße) nach *Khoksar* hinunter.
In *Khoksar* stärkt man sich in einem der kleinen Speiselokale (indische und chinesische Küche). Hier existiert auch ein RH. Am Polizeiposten von Khoksar müssen ein paar Formalitäten erledigt werden.
Bis zum Tagesziel *Sissu* wandert man stets am *Chandra River* entlang. In der nun sehr kahlen Landschaft liegen oasenhaft Kartoffelfelder. Die reicheren Kartoffelbauern leben in Manali und kommen nur zur Aussaat und zur Ernte hierher. Kurz vor *Sissu* kommt man an zwei kleinen Lokalen (Tee und einfache Gerichte) vorbei. In *Sissu* befindet sich ein RH.

2. Tag: Sissu–Gondlah–Thirot (7–8 Std.)
Von *Sissu* bis *Gondlah* ist das Tal grün – Weidenbäume, Kartoffelfelder flankiert von hohen wüstenhaften Bergriesen zwischen 5.866 und 6.201 m.

Berge von Lahaul, vom Rothang-Paß aus gesehen

In *Gondlah* existiert ebenfalls ein gut eingerichtetes RH, das oft verschlossen sein soll, weil der Chowkidar sich im Dorf befindet. Für die Übernachtung zahlt man ca. 3 DM.

In den wenigen Sommermonaten sieht man in Lahaul große Straßenbaukolonnen, die Straßen ausbessern bzw. neue Straßenabschnitte anlegen. In diesen Kolonnen sind hauptsächlich tibetische Frauen und Kontraktarbeiter aus dem fernen *Bihar* beschäftigt. Die Biharis müssen sogar die Kosten für die weite Anreise selbst tragen. Das eigentliche Geschäft machen die Vermittler der Kontraktarbeiter.

Hauptsehenswürdigkeit von Gondlah ist eine schmale mehrstöckige *Zwingburg* (s. auch Keylong, Ausflüge, S. 259).

Hinter *Gondlah* wird die Gegend wieder sehr vegetationsarm. In *Tandi* gibt es vor der Brücke über den *Bhaga River* eine Konzentration von einfachen Restaurants mit indischen und tibetischen Speisen (u. a. Tupka, Momos, Chow Mien). Man kann auch hier übernachten.

In *Tandi* zweigt die Straße nach *Keylong/Darcha* ab. Man geht in westlicher Richtung auf der Straße Richtung *Udaipur* weiter. Bis *Udaipur* führt die Route stets durch das reizvolle *Chenab Valley*. Man kommt durch eine Reihe von Oasendörfern mit Teebuden und kleinen Läden. In *Thirot* besteht die Möglichkeit, in einem RH zu übernachten.

3. Tag: Thirot–Triloknath–Udaipur (6–7 Std.)
Ca. 4 km vor *Udaipur* zweigt nach links der Pfad nach *Triloknath* ab, das ca. 3 km entfernt ist. Die Pilgerorte *Triloknath* und *Udaipur* sind oben beschrie-

Dörfer in Lahaul

Chörten im Chandrabhaga Valley

ben. Über *Udaipur* laufen die Tracks von *Manali* nach *Chamba* und *Kisht-war*. Zur Zeit wird eine Straße von *Udaipur* nach *Tandi* gebaut; in nicht all-zuferner Zukunft soll diese bis Kishtwar fortgeführt werden. Über die mit der Anlage dieser Straße verbundenen ökologischen Probleme scheint man sich offiziellerseits wenig Gedanken zu machen.

4. Tag: Udaipur–Keylong
Mehrstündige Busfahrt; den Rest des Tages kann man für Spaziergänge in der Umgebung von *Keylong* nutzen. Wer einige der im Keylong-Kapitel an-geführten Ausflüge zu buddhistischen Klöstern unternehmen möchte, müßte sich für 1–3 Tage in Keylong niederlassen, s. S. 258 ff.

5. Tag: Keylong (3.350 m)–Jispa–Darcha Checkpost (3.400 m), 29 km (6 Std.)
Leichte Wanderung auf der befestigten Straße *Keylong–Leh/Ladakh–*immer in Reichweite des *Bhaga River*. Man kommt durch ein paar Dörfer, hier bud-dhistisch, im Gegensatz zum teilweise vom Hinduismus geprägten *Chenab Valley*: *Jispa*, 21 km (Baumschule, lange Manimauer, Chörten). Am *Check-post Darcha* existiert auch ein kleines Hotel mit einfachem Speiselokal. Das Dorf *Darcha* liegt etwas östlich von hier.
Die *Busse* nach *Keylong* fahren vom Checkpost ab (2 x tgl. 6 und 14 Uhr).
Am Checkpost ist auch die »Mulka Trekking Agency« zu Hause. Von hier zweigt die relativ stark frequentierte Haupttrekkingroute nach *Padum/Zanskar* nach links von der *Manali–Leh Road* ab. Die zweite Trekkingroute nach *Zanskar* führt wie unten angeführt über den *Baralacha-Paß*.

287

Triloknath

Wer in *RH Patseo* übernachten möchte, sollte sich in Darcha Checkpost nach dem Chowkidar erkundigen, da das RH verschlossen ist, wenn dieser sich – wie das öfter der Fall sein soll – gerade wieder einmal in Darcha aufhält.

6. Tag: Darcha Checkpost (3.360 m)–Patseo (3.820 m)–Suraj Tal/See (ca. 4.800 m), 43 km (8–9 Std.)
Durch Abkürzungen (Short Cuts) kann die Strecke um ca. 5 km verkürzt werden. Auf der gesamten Route geht man durch eine bizarre, wüstenhafte Hochgebirgslandschaft und sieht immer wieder die schneeglitzernden Gipfel von Sechstausendern. *Suraj Tal*, das Ziel dieser sehr langen Tagesetappe, ist ein grün schimmernder See in Paßnähe. Der lange Anstieg zum *Baralacha-Paß* ist nicht allzu steil. Das einzige RH auf der Strecke *Darcha–Suraj Tal* ist in *Patseo*. Zwischen Darcha und dem Paß gibt es außer ein paar kleinen Außenposten der indischen Armee keine Siedlungen.

7. Tag: Suraj Tal–Baralacha-Paß (4.885 m)–Tokpoyongma (4.640 m), (5 Std.)
Die Kulisse um den Paß, ein Hochplateau, ist sehr beeindruckend: in allernächster Nähe liegt ein Dutzend 5.500–6.340 m hoher Berge.
Am Paß verläßt man die Straße nach Leh und geht auf einem Pfad in östlicher Richtung weiter. Die Route nach *Tokpoyongma* ist nicht immer auszumachen. Ab und zu sieht man aufeinandergesetzte Steine, die ihn markieren sollen. Es sind mehrmals Bäche zu durchqueren, von denen aber keiner gefährlich reißend ist. Tokpoyongma ist die Bezeichnung für spärlich bewachsene Almen, auf denen Gaddis ihre Schafe und Ziegen weiden lassen.

Berge in der Umgebung des Baralacha-Passes

8. Tag: Tokpoyongma–Likhimyongma (ca. 4 Std.)
In *Tokpoyongma* ist zunächst ein Nebenfluß des Chandra auf einer Schneebrücke zu überqueren. Ob die Brücke den ganzen Sommer über risikolos passierbar ist, ist fraglich. Nach 3–4 km Wanderung ist ein reißender Gebirgsbach zu überqueren, wobei Vorsicht geboten ist. Bei der Überquerung solcher Bäche ist ein großer starker Spazierstock sehr hilfreich, weil man sich damit etwas gegen die starke Strömung stützen kann. Überquerungen zu zweit zu machen ist ebenfalls von Vorteil, da der schon am anderen Ufer angekommene Trekker dem Partner beim Erreichen des Ufers helfen kann (an Land ziehen; Stock reichen etc.). Bei organisierten Trekking-Touren wird über reißenden Bächen oder Flüssen zur Sicherheit der Trekker ein Drahtseil angelegt.
Nach insgesamt 4–5 Std. Wanderung wird *Likhimyongma* (Wiese, Steinfeld) erreicht, wo man über einen reißenden Fluß muß, den Trekker ohne technische Hilfsmittel nur am frühen Morgen überqueren sollten, wenn der Wasserstand dieses Flüßchens am niedrigsten ist (das Schmelzwasser nimmt durch Sonneneinstrahlung gegen Nachmittag stark zu).

9. Tag: Likhimyongma–Chandra Tal/See, 17–18 km (8 Std.)
Auch am Morgen ist bei der Flußdurchquerung äußerste Vorsicht angebracht. Eventuell muß man den Fluß ein ganzes Stück hinauflaufen, bis man eine Stelle findet, wo er sich in vier Arme teilt. Noch etwas: das Wasser ist eisig kalt. Man hat auch später noch bis *Batal* einige Bäche zu durchqueren, aber keiner ist so reißend und breit wie dieser.

Zentral-Lahaul

Irgendwann am Nachmittag gelangt man zu dem grünfarbenen großen *Chandra Tal*. Etwa 1 km vor dem See eröffnet sich ein faszinierender Ausblick auf den riesigen Gletscher des *Mulkia* (6.517 m) im Westen.

Am *Chandra Tal*, der von weiten Almen umgeben ist, könnte man ein paar Tage bleiben – die Landschaft ist einfach viel zu schön, um hier bloß durchzulaufen. Der See wird noch von nicht allzuvielen einheimischen und ausländischen Bergwanderern besucht. Für einige ist er das Ziel, für andere eine Station auf einer *Lahaul-Rundtour* oder einem Track von *Zanskar* nach *Manali*.

10. Tag: Chandra Tal (4.270 m)–Batal (3.960 m)–Chhota Dara (3.760 m)–Chhatru (3.340 m), 40 km (10–11 Std.)
Das erste Teilstück der Route vom See bis Batal, 8 km, ca. 3 Std., verläuft stets in der Nähe des *Chandra River* und ist stetig leicht fallend. Kurz vor *Batal* stößt man auf die Straße *Manali–Spiti*, die zum *Kunzom-Paß* hinaufführt. *Batal* ist die erste Siedlung nach vier Tagen Wanderung durch einsame Bergregionen. Hier gibt es ein kleines Speiselokal, in dem man auch übernachten kann. Wer hier die Trekking-Tour beenden will, hat die Möglichkeit, mit dem 1 x tgl. verkehrenden *Spiti–Manali-Bus* nach *Manali* zurückzufahren.
Für die Wanderfreudigen bietet sich noch ein volles Tagesprogramm: Man bleibt nun bis *Manali* auf der *Spiti–Manali Road*, einer befestigten Straße. Man geht bis Chhatru immer leicht bergab. In *Chhatru* gibt es im Sommer ein Restaurant, das gleichzeitig als Schlafsaal für Übernachtungen genutzt

wird. Von *Chhatru* zweigt von der Hauptstraße ein Track über den *Hamtah-Paß* nach *Manali* ab, der oben beschrieben ist.

11. Tag: Chhatru–Gramphu–Rothang-Paß, ca. 20 km
Bis *Gramphu* bleibt man noch im Tal des *Chandra River*. Die Straße fällt leicht, aber kontinuierlich. In *Gramphu* existiert ein kleines Speiselokal.
Nun geht es wieder zum *Rothang-Paß* hinauf, von dem man vor 10 Tagen heruntergewandert ist. Der Aufstieg läßt sich durch die Benutzung von Abkürzungen um einige Kilometer reduzieren.
Vom Paß wird man zum letzten Mal einen Blick auf die schneebedeckten Bergketten und Gletscher von *Zentral-Lahaul* werfen, um die man herumgewandert ist.
Auf dem *Rothang-Paß* kann man sich in dem kleinen Lokal stärken. In diesem sehr einfachen Restaurant kann man auch schlafsaalmäßig übernachten.
Wer noch ein Stück wandern möchte, kann nach *Marrhi*, 14 km südlich, hinuntergehen, dort gibt es neben mehreren einfachen Lokalen/Herbergen auch ein *Rest House*.

12. Tag: Rothang-Paß (3.980 m)–Manali (1.896 m), 51 km (10–11 Std.)
Bus oder zu Fuß: Wer zu Fuß geht, kann die Wanderung durch die nach Süden immer üppigere alpine Landschaft – zuerst Weiden, dann Nadelwälder, dann Dörfer mit Obstgärten und Reisfeldern – um ca. 10 km abkürzen. Da es immerzu bergab geht, kann man die recht lange Distanz gut an einem Tag schaffen. Wem es zuviel wird, der nimmt ab *Kothi*, 13 km vor *Manali*, den Bus.

Von Lahaul nach Zanskar
Gewöhnlich beginnt man mit dem Track in *Darcha Checkpost*, 29 km nördlich von *Keylong*. Zwei Wege führen nach *Zanskar*: der leichtere, etwas kürzere und am meisten gewanderte ist jener über den *Shinkun La-Paß*. Der zweite ist nicht nur schwerer, sondern bietet auch die spektakuläreren Mountain Views. Er führt über den *Baralacha-Paß* und den *Phirtse La-Paß*.
In *Darcha* gibt es eine Trekking-Agentur, und man kann hier auch Pferde anheuern. 1986 betrugen die Preise für Pferde pro Tag ca. 20 DM. In der Saison lagen sie über dieser Marke, in der Vor- und Nachsaison darunter. Während der Erntezeit (August) ist es oft sehr schwer, Pferde zu bekommen, da diese in dieser Zeit als Arbeitstiere gebraucht werden.

Route 1: Darcha–Shinkun La-Paß–Padum/Zanskar
9 Tage; nicht leicht; Proviant und Zelt erforderlich. Den Proviant besorgt man sich in Manali.

1. Tag: Darcha–Camp (4–5 Std.)
Um sich an die großen Höhen in Zanskar ohne Gefahr der Höhenkrankheit anzupassen, ist es erforderlich, mit kurzen Etappen zu beginnen.
In *Darcha* verläßt man das *Bhaga Valley* und folgt einem Nebenfluß. Bis zum letzten Weiler in *Lahaul* geht man auf einem Weg. Hinter dem *Hamlet* ist es nur noch ein Pfad. Dann passiert man eine Schlucht. Bald darauf wird ein Nebenfluß überquert. Etwa eine Stunde später gelangt man zu einem Gelände, das gut zum Campen geeignet ist.

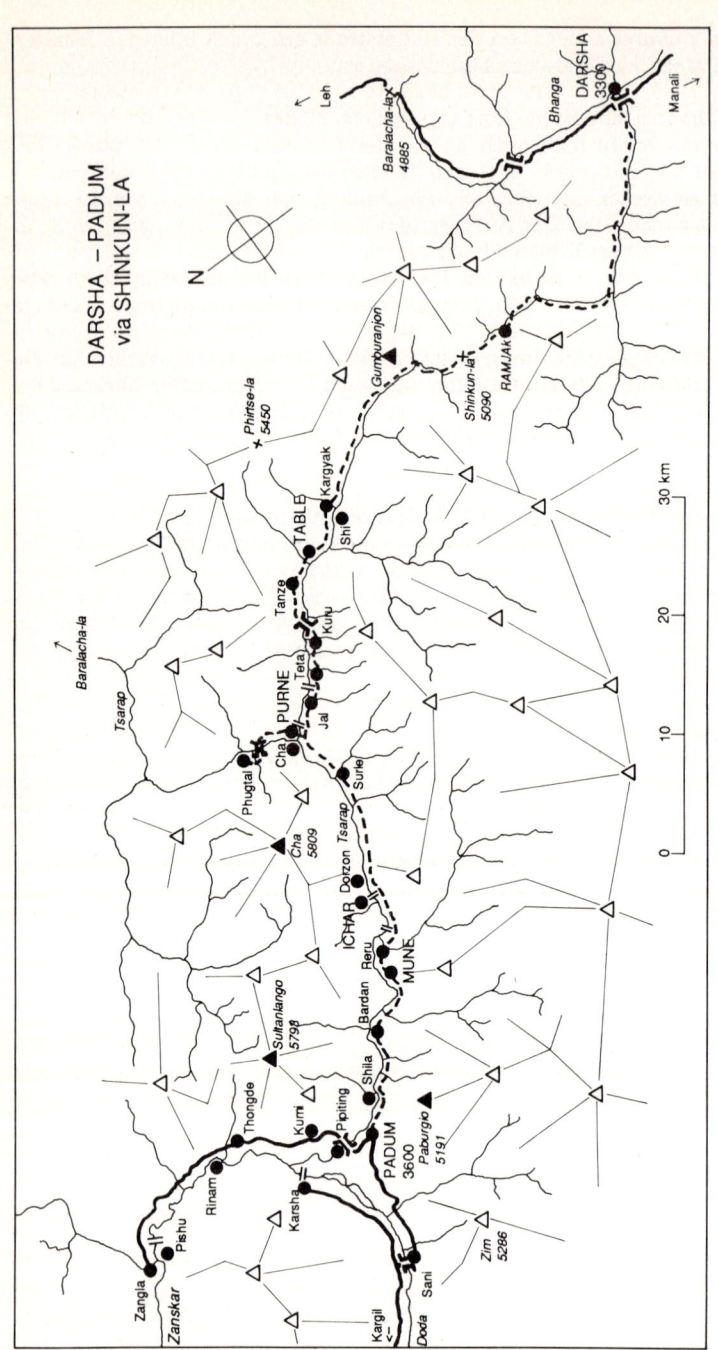

DARSHA – PADUM
via SHINKUN-LA

2. Tag: Camp–Ramjak (6–7 Std.)

Man geht weiterhin auf der rechten Seite des Hauptflusses. Der nächste Nebenfluß wird durch eine Furt überquert. Anschließend geht man auf der linken Seite dieses Baches hinauf. Später muß man noch zweimal die Flußseite wechseln. Das Tagesziel *Ramjak* ist eine kleine Wiese, die sich gut zum Zelten eignet.

3. Tag: Ramjak–Shinkun La-Paß–Camp am Gumburanjon (8–9 Std.)

Der Weg zum Fuße des Passes steigt moderat; es sind mehrfach Bäche zu überqueren. Für diesen Teil der Strecke braucht man ca. 4 Std. Dann geht es im Zick-Zack-Kurs durch Moränen zum 5.090 m hohen *Shinkun La-Paß* hinauf. Dafür braucht man etwa 5 1/2 Std. Der Abstieg ist steil und für Pferde nicht ganz ungefährlich (Eis, herabgestürztes Gestein).

Es sind noch mehrere nicht schwierige Bachdurchquerungen zu machen, bevor man auf ein Plateau gelangt, wo man auf den *Gumburanjon* schaut und zwischen zwei Bächen einen guten Platz zum Campen findet.

4. Tag: Camp am Gumburanjon–Table (6 Std.)

Man steigt ein Stück durch eine Menge heruntergestürzten Felsen. Dann werden wieder mehrere Bäche durchwatet. Nach etwa 1 Stunde geht man unterhalb des *Gumburanjon* entlang. Dann folgt der leichte Abstieg nach *Kargyak* (4.100 m). Nach weiteren 2 Std. Wanderung erreicht man den Zeltplatz *Table*.

5. Tag: Table–Purne (6 Std.)

Die Route nach *Tanze*, der ersten menschlichen Siedlung seit 4 Tagen, ist leicht. 1/2 Stunde vor Tanze trifft man auf die andere Zanskar-Trekkingroute, die vom Phirtse La-Paß kommt. Ein Stück hinter *Tanze* wechselt man über eine Brücke auf das andere Flußufer. Anschließend geht man durch ein Moränenfeld. Auf dieser Flußseite liegt auch *Kuru*, das nächste Dorf, wo Viehzüchter zu Hause sind.

Danach geht es auf einem gut angelegten Pfad stetig abwärts nach *Teta* (3–4 Std. von Table), einem schönen Dorf. Man wandert anschließend noch eine Weile bergab, bevor es auf dem letzten Streckenabschnitt vor *Jal* wieder einmal etwas bergauf geht.

Kurz vor *Purne* muß man steil zum Fluß hinunter und überquert diesen auf einer Brücke. Purne liegt auf dem rechten Flußufer.

6. Tag: Purne–Phugtal–Purne (4–5 Std.)

In der Nähe von *Purne* liegt das bekannte Kloster *Phugtal* (s. Trekking in Ladakh, S. 203), das man ohne besondere Eile in einem Tagesausflug besuchen kann. Man geht durch Schluchten auf der linken Uferseite des *Tsarap* hinauf. Nach etwa 1 1/2 Std. Wanderung überquert man den Fluß auf einer Brücke. 1/4 Stunde danach erreicht man einen schmalen Nebenfluß des *Tsarap*, der in Kaskaden herunterstürzt. Das Kloster *Phugtal* liegt ganz in der Nähe.

7. Tag: Purne–Ichar (5–6 Std.)

In *Purne* kehrt man wieder zu jener Brücke zurück, auf der man vor 2 Tagen auf dem Weg von *Jal* herübergekommen ist und wechselt auf das linke Flußufer hinüber. Der Pfad, der oberhalb vom *Tsarap* verläuft, ist oft nicht einfach zu gehen.

Man kommt an einer Hängebrücke vorbei, die nach *Cha* führt, von wo es ebenfalls eine Verbindung mit Phugtal gibt. Nach etwa 2 Stunden erreicht man *Kaydang*, ein kleines Dorf, das von Pappeln umgeben ist. Auch der Pfad nach *Surle* und darüber hinaus ist stellenweise sehr schlecht und riskant für Pferde. Um nach *Ichar* zu gelangen, muß man den Fluß auf einer Brücke überqueren. In Ichar bestehen gute Möglichkeiten zum Campen.

8. Tag: Ichar–Mune (5 Std.)
Man kehrt auf das linke Flußufer zurück. Die Route steigt stetig bis zu einem größeren Nebenfluß des *Tsarap*, über den eine Brücke führt. Anschließend geht es leicht bergab bis *Reru*. Die Strecke zwischen *Reru* und *Mune* ist flach. In *Mune* kann man gegenüber vom Kloster das Zelt aufschlagen.

9. Tag: Mune–Padum (5 Std.)
Von *Mune* bis *Bardan*, wo eine weitere bekannte Gompa steht, braucht man ungefähr 2 Std. Von Bardan führt ein staubiger Weg nach *Padum*.

Route 2: Darcha (3.300 m)–Baralacha La-Paß (4.885 m)–Phirtse La-Paß (5.450 m)–Padum/Zanskar (3.600 m)
12 Tage, schwer, Guide, Proviant und Zelt unbedingt erforderlich.

1. Tag: Darcha–Patseo (3 Std.)
Der erste Tag sollte v. a. der allmählichen Anpassung an größere Höhen dienen. Man beginnt dementsprechend mit einer kurzen und wenig steigenden Distanz und geht erst am zweiten Tag in die sauerstoffarmen großen Höhen ab 4.500 m hinauf. Die Strecke *Darcha–Patseo* paßt genau in dieses Konzept: sie ist nur ca. 12 km lang und steigt ganz allmählich. Man bleibt stets auf der *Leh Road*, so daß auch keine Orientierungsprobleme auftreten. In *Patseo* wartet ein Rasthaus auf den müden Wanderer.

2. Tag: Patseo (3.820 m)–Suraj Tal/See (ca. 4.800 m), (5–6 Std.)
An diesem Tag geht man etwa die doppelte Anzahl von Kilometern und muß auch doppelt so viele Höhenmeter überwinden.
Der Track folgt auch an diesem Tag der *Leh Road*. Auf dem ersten Teil geht es wie am Vortag lediglich ganz moderat bergan. Auf den letzten 10 km vor dem *Suraj Tal*, dem Tagesziel, wird der Anstieg etwas stärker, jedoch nicht wirklich steil. Dieser herrlich grün glitzernde Bergsee liegt in 4.800 m Höhe. Zwischen Patseo und dem See befinden sich lediglich ein paar kleine Stationen der indischen Armee – Kennzeichen der Militarisierung der Grenzräume zwischen Indien und China. Dieser Streckenabschnitt kann dank verschiedener Short Cuts um etwa 5 km verringert werden.

3. Tag: Suraj Tal–Baralacha-Paß (4.885 m)–Sarchu Bridge (6 Std.)
Am dritten Wandertag bleibt man nochmals auf dem *Manali–Leh-*»Highway«. Der See ist lediglich eine halbe Stunde von der Paßhöhe entfernt. Man wird ein wenig auf dem Plateau um den *Baralacha-Paß* wandern, um die mit Händen greifbare Bergwelt (5.000–6.000 m hohe, verschneite Gipfel) etwas aus der Nähe zu betrachten.

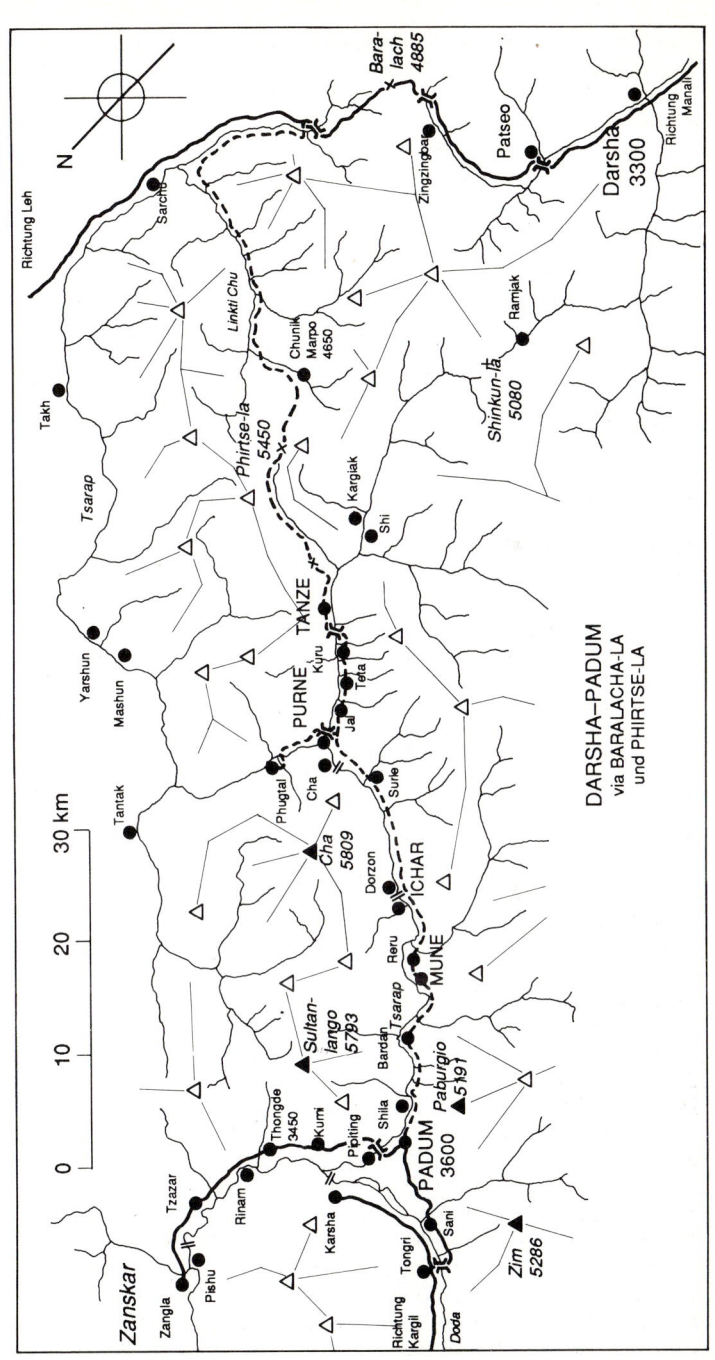

DARSHA–PADUM
via BARALACHA-LA
und PHIRTSE-LA

Dem Paß folgt ein langer Abstieg. Bei der *Sarchu Bridge,* wo unser Trekkingpfad die Hauptstraße verläßt, gibt es Gelände zum Campen.

4. Tag: Sarchu Bridge–Camp im Hochtal (8 Std.)
Man geht nun durch Weidegelände in nördlicher Richtung bis etwa zum Zusammenschluß von *Lingti Chu* und *Tsarap.* Danach führt der Pfad an der linken Seite des *Lingti Chu* hinauf. An diesem Tag müssen mehrere reißende Flüsse durchwatet werden: der erste befindet sich bereits vor dem Zusammenfluß.
Nach etwa vier Stunden passiert man Behausungen von Hirten (links). Dann geht man ein sandiges Tal hinauf. Schließlich werden noch zwei Schluchten durchquert. In der Nähe der zweiten schlägt man das Zelt auf (für Kochen hinreichend Wasser vorhanden).

5. Tag: Camp im Hochtal–Camp des Phirtse La-Paß (7 Std.)
Es ist notwendig, sehr früh am Morgen zu starten, da mehrere breite Flüsse zu überqueren sind.
Nach etwa 1 1/2 Std. wird ein breiter Fluß mit starker Strömung erreicht, wo zunächst einmal eine brauchbare Furt zu suchen ist. Im Anschluß an die Flußüberquerung klettert man auf ein Plateau.
Nach etwa 1/2 Std. gelangt man zu Hütten von Schafhirten – und dann Manisteinen. Darauf verengt sich das Tal, der Pfad verläuft an der Bergseite. Bevor man einen Zusammenfluß erreicht, steigt man einen steilen Hang hinauf, der zu einem kleinen Paß führt. Dann geht man zum Fluß hinunter, der von *Chunik Marpo* kommt.
Anschließend wandert man diesen Fluß aufwärts bis zu einer Furt, die etwa 1 Std. nach den Hirten-Behausungen erreicht wird. Man wechselt nun auf die linke Flußseite und geht weiter flußaufwärts. Das Tal wird breiter. Breite Kämme sind zu überqueren – kurze Kletterpartien. Das Camp, das als Rastplatz für die Überquerung des *Phirtse-Passes* fungiert, liegt am Ufer eines Flusses.

6. Tag: Base Camp Phirtse La-Paß–Phirtse La-Paß (5.450 m)–Camp am Westhang (7 Std.)
Am Anfang ist der Pfad schwer auszumachen. Nach 1/2 Std. erreicht man eine Wiese, von wo aus die Route wieder gut zu sehen ist. Für den Aufstieg zum *Phirtse La-Paß* sind insgesamt etwa 4 Std. erforderlich. Vom Paß aus gibt es zur Rechten einen mächtigen Gletscher zu bewundern.
Der Abstieg ist sehr steil und daher nicht ganz einfach. Unten führt der Pfad zu einem Fluß, der zu durchwaten ist und an dessen linkem Ufer man aufwärts geht. Das ist etwa 5 Std. nach dem Start. Nach ungefähr 1 1/2stündiger Wanderung weitet sich das Flußtal. Man geht dann nochmals 30 Min. bis zum Camp, das etwa 50 m oberhalb des Flusses liegt.

7. Tag: Camp am Westabhang des Phirtse La Paß–Tanze (6–7 Std.)
Der Pfad führt vom Fluß weg den Berg hinauf. Weiter oben überquert man einen Paß mit Schneeresten und Weiden. Von hier hat man einen phantastischen Blick auf *Zanskar* und *Tanze,* das erste Dorf seit Darcha. Bis dort ist es noch ein anstrengender Weg, so muß u. a. noch ein Fluß überquert werden. Etwa 1/2 Std. vor *Tanze* trifft man auf die Route 1: *Darcha–Padum.*

9.–12. Tag: s. 5. (ab Tanze) bis 9. Tag der Route 1
8. Tag: Tanze–Purne (5 Std.)
9. Tag: Purne–Phugtal—Purne (4–5 Std.)
10. Tag: Purne–Ichar (5–6 Std.)
11. Tag: Ichar–Mune (5 Std.)
12. Tag: Mune–Padum (5 Std.)

Track von Lahaul nach Chamba
Rothang Paß–Udaipur–Kilar–Sach–Paß–Chamba
Dauer 11–13 Tage, Zelt und Proviant erforderlich; für ungeübte Trekker sehr schwer. Landschaftlich ist die Route sehr abwechslungsreich: tiefe, wilde Schluchten im Chenab Valley, Gletscherwelt um den Sach-Paß, weite Almen und dichte Wälder auf der Chamba-Seite des Dhaula Dhar-Gebirges. Man trifft nur wenige Trekkinggruppen, aber viele Einheimische, da über unsere Trekkingroute die einzigen Verbindungswege zwischen Manali/Lahaul und Kishtwar/Jammu bzw. Chamba und Kishtwar laufen.

1. Tag: Rothang Paß–Sissu, 7–9 Std.; s. 1. Tag Lahaul-Rundtrack;

2. Tag: Sissu–Gondlah–Thirot; 7–8 Std., s. 2. Tag Lahaul-Rundtrack;

3. Tag: Thirot–Triloknath–Udaipur, 6–7 Std.; s. 3. Tag Lahaul-Rundtrack;

4. Tag: Udaipur–Julha–Salgruar, 6–7 Std.
In Udaipur befindet sich die Religionsgrenze, von jetzt an sind alle Dörfer hinduistisch. Die ersten Kilometer sind Straße; dann geht es auf einen Trail durch eine wilde Schluchtenlandschaft; tief unten fließt der *Chenab*; auch im Spätsommer muß man noch mehrfach über Lawinenreste klettern. Kurz vor dem Tagesziel ist bei dem Weiler *Jhula* der Chenab in einem Wägelchen auf einer Drahtseilbrücke zu überqueren. In *Salgruar* (2.600 m) existiert ein Forest Rest House. Das Dorf, das auch ein paar terrassierte Felder besitzt, liegt weit verstreut. In den Wintermonaten ist es lange Zeit wegen Lawinengefahr vollkommen von der Außenwelt abgeschlossen.

5. Tag: Salgruar–Tindi (2.600 m)
Auch an diesem Tag wandert man auf dem alten Karawanenweg Keylong–Udaipur–Jammu durch enge Schluchten hoch über dem Chenab; der Weg ist oft meisterhaft in extrem steile Felswände hineingebaut; des öfteren sind kleine Steilpassagen nur mit Hilfe von Steigbäumen zu überwinden. Diese Tagesetappe ist zu schwierig für Trageiere, so daß man hier lediglich Träger antrifft. Das Tal wird erst in *Tindi* etwas weiter. Letzteres ist ein Bergdorf auf einer Terrasse ca. 100 m über dem Chenab, das von Weizen- und Gerstenfeldern umgeben ist. Im Ort steht ein Hindu-Tempel mit einem Holzsatteldach, dessen Giebelseite mit kunstvollen Schnitzereien versehen ist. Auf dem Tempelvorplatz befindet sich ein großer Altarstein, auf dem nach vorhinduistischer Tradition (Steinkult) Rauchopfer dargebracht werden. Die Bewohner dieser Gegend wenden sich bei den Problemen des Alltags bevorzugt an die alten Gottheiten, denen sie mehr zutrauen als den hinduistischen. In *Tandi* existiert ein gut eingerichtetes Rasthaus des Himachal Pradesh Public Works Department (HPPWD).

6. *Tag:* Tindi–Raoli

Auch auf diesem Abschnitt bewegt man sich auf oft sehr schmalem Pfad in steilen Felswänden über dem reißenden Chenab; Trittsicherheit und Schwindelfreiheit sind absolut notwendig. Wie in den vorhergehenden Tagen überquert man wieder mehrere Seitentäler, in denen 5.000 bis 6.000 m hohe Gletscherberge zu sehen sind. Zwei Seitenbäche sind auf hohen Schneebänken zu überqueren. Kurz vor *Raoli* kommt man an einem schönen Wasserfall vorüber. Bevor der Ort mit seinem kleinen Rasthaus erreicht wird, müssen wir nochmal zum Fluß hinunter und haben anschließend noch einen kurzen steilen Anstieg zu bewältigen.

7. *Tag:* Raoli–Shaur–Purthi, 6–7 Std.

Nach etwa 4 Stunden wird *Shaur* erreicht, wo sich, nachdem man kurz zuvor durch die engste Stelle der Chenab–Schluchten gegangen ist, das Tal erstmals wieder weitet. Wer das Dorf und seinen sehenswerten Hindutempel mit Holzsatteldach und interessanten Schnitzereien sehen möchte, muß auf einer Angst einflößenden Weidengeflechtbrücke über den Fluß. Der Tempel steht in landschaftlich wunderschöner Umgebung: in der Tiefe tost der wilde Chenab River vorüber; im Hintergrund liegen hohe, verschneite Berge. An den Eingängen zum Tempel befinden sich holzgeschnitzte Widderköpfe (Zweier- und Viereranordnung) und handtellergroße Glocken. Während die Shivadarstellungen an den Giebelseiten und die shivatischen Dreizacke an den Firstbalken und Ganesh– und Hanumanschnitzereien an der Torinnenseite den hinduistischen Charakter des Tempels ausmachen, verweisen die auch bei den Kafiren und Darden sowie an tibetischen Gompas anzutreffenden Glocken darauf, daß die Tempelarchitektur auch vor- und nichthinduistische Elemente enthält. Von Shaur bis zum Tagesziel *Purthi* braucht man noch etwa zwei Stunden. Hier kann man im Forstarbeitercamp das Zelt aufstellen.

8. *Tag:* Purthi–Sach–Kilar, 7–8 Std.

Ab Purthi (2.350 m) wandert man auf einem gut ausgebauten Karawanenweg. An die Stelle der Schluchten tritt nun intensiv bewirtschaftete Gebirgsagrarlandschaft (oben bewaldet; im mittleren Bereich terrassierte Felder; unten der wilde Fluß). Gegenüber von Purthi liegen weitgestreute Bergbauernweiler. Später verengt sich das Tal wieder. In diesem Bereich kommt man an einem kleinen Weiler vorbei, in dem es einen Steinaltar mit drei aufeinandergeschichteten Opfersteinen gibt – vergleichbar dem Tempelvorplatz von Tindi. Von hier ist das Rasthaus von *Sach* (ca. 4–5 Wanderstunden von Purthi) nicht mehr weit. Das gleichnamige Dorf liegt etwa 200 m höher. Die Felder liegen auf einer ausgedehnten Terrasse. Von Sach führt ein Karawanenweg nach *Zanskar*.

Man wird sich vielleicht den Tempelkomplex von Sach ansehen, zu dem außer dem Haupttempel (Giebelschnitzereien) auch zwei kleine Shivatempel (mit Lingams aus Stein) gehören.

Auf dem Wege nach *Kilar* führt die Route zunächst wieder einmal durch eine Schlucht. Nach der Schlucht wird das Tal wieder breiter. In einem Zedernwald steht ein schöner kleiner Tempel mit Satteldach, an dessen Außenseiten außer den verbreiteten geschnitzten Widder– und Ziegenköpfen auch Pferdeköpfe angebracht sind. Das Pferd wird hier wie in Malana und Kinnaur verehrt, wo es als heilig gilt. Aber auch der Hinduismus kommt nicht zu kurz, äußeres Kennzeichen sind die zahlreichen Shiva verehrenden Trisuls (Dreizacke). Wir haben hier allerdings schon ein besonders eigenartiges Monument des in den Bergregionen des nordwestlichen Himachal Pradesh praktizierenden modifizierten Hinduismus vor uns.

Vom Tempel bis Kilar braucht man 2–3 Stunden; es sind etwa 500 Höhenmeter zu bewältigen. Kilar ist das weitaus größte Dorf seit Udaipur. Zur Übernachtung steht ein Forest Resthouse zur Verfügung, das sich in der Nähe eines Tempels befindet. Über den weiten terrassierten Feldern liegen ausgedehnte Almen. Kilar ist der große Trekkingknotenpunkt im Bereich zwischen Jammu, Zanskar, Lahaul/Manali und Chamba. So führen über den Ort Trails nach *Padum* (zwei schwere 5.000-m-Pässe). *Kishtwar* (immer am Chenab River entlang; fünf bis sieben Tage) und *Chamba* (über das Dhaula Dhar-Gebirge). Vor allem die Routen von Kilar nach Kishtwar und Chamba sind reichlich begangen, da über sie sehr viele Transporte laufen.

9. Tag: Kilar–Rasthaus von Bindrabani
Man überquert zunächst auf einer Brücke den Chenab, wandert anchließend um eine Bergflanke herum und trifft dann auf den Trail von Kishtwar nach Chamba, dem man in südlicher Richtung folgt. Man geht bis zum Rasthaus *Bindrabani* (2.600 m) in einem engen Tal stetig bergan. Wenn man am frühen Morgen aufbricht, erreicht man das Ziel bereits am späten Vormittag. Der Karawanenpfad von Kilar zum Sach-Paß ist recht gut mit einfachen Rast- und Schlafstätten besetzt, die in der Regel von den Frauen nepalesischer Gastarbeiter betrieben werden, deren Männer als Holzfäller oder Straßenbauarbeiter beschäftigt sind.

10. Tag: Bindrabani–Almen von Bagotu, 5–6 Std.
Der Wanderweg führt durch ein enges V-Tal zu den Almen von *Bagotu* hinauf. Man geht häufig über Eis– und Schneefelder, die Hinterlassenschaft der gewaltigen Frühjahrslawinen. Wohin das Auge schaut ist beeindruckendes Hochgebirgspanorama: Wasserfälle, Birken an schwer zugänglichen Stellen; im Hintergrund mächtige Gletscher.

Exkurs
Waldzonen im Raum Kilar
Pinus longifolia (bis 2.300 m), Pinus excelsa (1.600 bis 2.800 m), Cedrus deodara/Himalayazeder (1.600 bis 2.800 m), Quercus incana (1.600 bis 2.800 m), Picea morinda/Fichtenart und Quercus dilata/Eichenart (2.600 bis 3.300 m), Abies Pindrow/Tannenart und Quercus semicarpifolia/Eichenart sowie Himalaya–Birke (2.700 bis 4.000 m)

11. Tag: Almen von Bagotu–Sach-Paß (4.350 m)–Satrundi (3.650 m), 7–8 Std.
Der nicht allzuschwere Aufstieg führt anfangs durch ein sich verengendes Hochtal. In 4.100 m wird ein Hochkar erreicht. Auf der Paßhöhe steht ein kleines steildachiges Holzhäuschen; ein Shiva–Heiligtum, das mit Dreizacken und roten Fähnchen geschmückt ist; in der Nähe flattern Gebetsfahnen. Kein Karawanenführer passiert das Heiligtum, ohne ein paar Blumen und Münzen zur Verehrung niederzulegen.
Über den Sach-Paß ziehen zahllose große Schaf- und Ziegenherden – täglich

30–40 mit jeweils 100 bis 200 Tieren –, die Getreide, Dal, Zucker, Linsen, Salz und andere Güter tragen. An jedem Schaf- und Ziegenrücken sind zwei bis fünf Kilogramm schwere Jutesäckchen befestigt. Die Herden dürfen, wenn sie ihren Zielort erreicht haben, für ein paar Tage auf Weiden ausspannen/grasen und machen sich danach mit neuen Lasten auf den Rückweg.

In der Umgebung des Passes liegen vereiste Berge und Gletscher. Auf der Südseite ist dies weniger der Fall, da sie wesentlich wärmer ist. Das Tagesziel liegt etwa 2 Wanderstunden südlich des Sach-Passes, heißt *Satrundi*, besteht aus ein paar Steinhäusern und einem Rasthaus. Auf dem Abstieg schaut man über üppige Almen und dunkelgrüne Wälder. Die Almwiesen um das Rasthaus bilden im Hochsommer einen farbenprächtigen Teppich voller blühender Blumen und Kräuter (gelbblühende Nelkenwurz, Hahnenfuß, stumpfblättriger Ampfer, Löwenzahn, mehrköpfige Sterndole, gelber und blauer Lerchensporn, Himmelsherold, blauer Scheinmohn, rosa Primel, verschiedene Fingerkräuter, wilder Rhabarber, Schaumkraut, Rosenwurz, Himalaya-Storchschnabel, verschiedene Knöterricharten, mehrere Enzianarten etc.).

12. Tag: Satrundi–Rasthaus Bairagarh
Unterhalb von Satrundi wird bald die Waldzone erreicht – zuerst kommt ein Rhododendronstreifen, dann Birken und schließlich dichter Hochwald mit hohen Pindrow-Tannen. Ab 2.700 m dominiert dann subtropischer Laubwald. Die Besiedlung des Südabhangs des Gebirges reicht bis in etwa 3.000 m hinauf. Ganz oben leben tibetische Flüchtlinge, die Viehwirtschaft betreiben; nur ein paar hundert Meter tiefer sind Hänge bereits terrassiert und werden zum Anbau von Mais genutzt. Bis zum Rasthaus *Bairagarh* sind 6–7 Stunden einzuplanen. Letzteres liegt auf einem vorspringenden Bergkamm etwa 800 m über dem Talboden, mit dem es durch einen Jeepweg verbunden ist.

13. Tag: Rasthaus Bairagarh–Chamba
Bis zur Hauptstraße im Tal sind 1 1/2 bis 2 Stunden (8 km) zu gehen. Anschließend Bus nach Chamba.

Von Chamba über den Pir Panjal nach Lahaul

Von Chamba gibt es mehr als ein halbes Dutzend Trekkingrouten zum Chenab Valley und nach Lahaul. Diese Wanderrouten sind fast alle nur wenig begangen. Wir beschränken uns auf zwei.

Track 1: Chamba nach Lahaul/Manali über den Kalicho-Paß (4.999m), Dauer 8 Tage, Trekkingstrecke 92 km.
Route: Chamba–Brahmaur/Bharmour (65 km, Bus 5 Std., einige alte Tempel sind zu besichtigen)–*Sirar* (16 km, durch Wiesen und Lichtungen)–*Bhadra* (14 km)–*Bhansargot* (19 km)–*Alyas* (9 km, Basis für den Kalicho-Paß)–*Triloknath* (über den Kalicho-Paß mit schönem Mountain View und Abstieg; insgesamt 16 km)–*Manali* (Bus; in Tandi umsteigen).

Track 2: Chamba nach Lahaul/Manali über den Chobia-Paß (4.966 m), da im Bereich der Weidegebiete zahlreiche Pfade kreuzen ist es gut, sich für die ersten zwei Tage Einheimischen anzuschließen oder einen Guide zu haben.
Route: Von *Brahmaur* geht man zwei Tage bis zum *Base Camp* für den Paß.

Auf diesem Abschnitt kommt man zunächst durch die Dörfer *Chobia* und *Kao*, wo es auch die Möglichkeit gibt, im RH bzw. der Schule zu übernachten. Am zweiten Tag geht man über Almen, sieht verschiedentlich Sommerbehausungen der Gaddis und erfreut sich an den schönen Bergblumen. Für die Überquerung des Passes sind zwei Tage zu veranschlagen. Der Abstieg zum *Chenab* ist sehr steil. Man wird sich noch die Tempel von *Triloknath* und *Udaipur* anschauen und dann mit dem *Bus* nach *Manali* fahren. Alles in allem sind für diesen nicht ganz leichten Track einschließlich ein oder zwei Rasttage plus Sightseeing in Triloknath und Udaipur 10–11 Tage einzuplanen.

Beide Tracks fallen in die Kategorie schwer und sind nur mit Hilfe eines Guides zu bewältigen. Zelt, Proviant und ein warmer Schlafsack sind dringend erforderlich. Die besten Bedingungen zur Durchführung der Wanderungen bestehen im Juni und im September/Oktober. Im Juli und August herrscht Monsun in dieser Gegend, dessen Regengüsse die Pfade glitschig und gefährlich machen. Gegen Ende Oktober wird es nachts bereits sehr kalt. Außerdem muß man damit rechnen, daß die Pässe schon eingeschneit sind.

Reisepraktisches zu Himachal Pradesh

Essen und Trinken
In Himachal Pradesh sind jene Gerichte weit verbreitet, die wir im A–Z-Teil am Ende des Buches unter dem Stichwort »Nordindische Küche« beschrieben haben. In den Touristenzentren bekommt man auch das, was man in Indien unter chinesischer Küche versteht; in einigen auch tibetische Küche (Dharamsala, Keylong z. B.).

Sprachkenntnisse
In den Zentren des Tourismus (Manali, Dharamsala, Simla) kann man sich gut in Englisch verständigen; aber auch in weit abgeschiedenen Gebieten trifft man nicht selten auf Offizielle (z. B. Ingenieure, Geologen oder Beamte der Forstverwaltung), die des Englischen mächtig sind.

Übernachtung
Mittelklassehotels existieren lediglich in Dalhousie, Manali, Kulu und Simla; es gibt aber in einer Reihe von Orten Tourist Bungalows, die von vergleichsweisem Standard sind. Bergwanderer können davon ausgehen, daß in einer Reihe kleiner Orte auch die recht gut ausgestatteten Forest Rest Houses existieren – und zwar teilweise bis in Höhenlagen von fast 3.000 m.

Verkehrsverbindungen
Hauptverkehrsmittel ist der Bus. Alle Haupttouristenorte sind mit dem Bus zu erreichen. Die meisten haben auch direkte Verbindung mit Delhi. Der Bustransport ist freilich weitgehend auf die großen Täler und ihre Seitentä-

ler und die Region der Hills beschränkt. Dies hat zur Folge, daß weite Teile des Landes nur zu Fuß zu erreichen sind. Der einzige Flugplatz der Region befindet sich 9 km südlich von Kulu.

Uttarakhand
Geographie

Östlich von Himachal Pradesh, und von Tibet im Norden und Nepal im Osten begrenzt, liegt die zum indischen Bundesstaat Uttar Pradesh gehörende Himalayaregion *Uttarakhand*. Mit einer Fläche von 51.000 km² ist sie ein wenig kleiner als Himachal Pradesh.

Wie letzteres hat Uttarakhand Anteil an allen für den Himalaya typischen Gebirgszügen. Im Süden besteht es aus gerade 300 m hohem Hügelland, im Norden aus fast 8.000 m hohen Hochgebirgsformationen. Höchster Berg ist der *Nanda Devi* (7.817 m).

Die Oberflächengestalt von Uttarakhand wird außer von den vielen Bergen auch von zahlreichen Tälern geprägt, die der *Ganges* und die *Jamuna* samt ihrer vielen Nebenflüsse bilden, die ihren Ursprung im Hochhimalaya Uttarakhands haben.

Uttarakhand erhält starke Niederschläge im Monsun (Juli–September), der Winter ist bis in 2.500 m Höhe mild.

Von Natur aus ist der Bereich bis 1.500 m subtropisch, während die höheren Lagen alpine Vegetation besitzen. Etwa 40 % der Fläche ist bewaldet. Der Wald hat große wirtschaftliche Bedeutung für die Bergbewohner.

Uttarakhand hat rd. 5 Millionen Einwohner, 85 % leben auf dem Land. Die meisten bäuerlichen Betriebe, die vorwiegend Reis für den Eigenbedarf produzieren, sind sehr klein und nicht lebensfähig. Es gibt nur ganz wenige mittlere und größere Betriebe.

Die wenigen größeren Städte Uttarakhands (*Hardwar, Dehra Dun*) liegen im Himalayavorland. In ihrem Umfeld sind inzwischen auch verschiedene größere Industrien entstanden.

Hagen Berndt
Umwelt und Menschen in Uttarakhand

Neben der Gebirgslandschaft als solcher sind die Wälder das auffälligste Merkmal des Ökosystems Himalaya. In Uttarakhand ist fast der gesamte Forstbestand des Bundesstaates Uttar Pradesh konzentriert. Uttar Pradesh ist im Durchschnitt nur zu 17 % bewaldet und liegt damit unterhalb der Bewaldung ganz Asiens (ohne die Sowjetunion 19 % Waldfläche) und weit unterhalb des Weltdurchschnitts von 32 %. Das U.P. Forest Department weist 60 % der Fläche der acht Distrikte Uttarakhands als Waldgebiete aus, was allerdings nicht bedeutet, daß sie tatsächlich bewaldet sind. Je nach den Kriterien, die angelegt werden, um zu bestimmen, was noch als Wald gilt und was nicht mehr, können nur zwischen 37,5 % und 48 % der Fläche Uttarakhands als richtige Wälder angesehen werden.

Ökologisch intakte Wälder sind in mehreren Stufen aufgebaut, d. h. vom Bodenbewuchs über Büsche und kleinere Bäume bis zu alten, großen Bäumen. So verringern sie die Aufschlagskraft des Regenwassers auf dem Boden und geben ihm Zeit, das Wasser aufzunehmen. Die Wurzeln der Bäume und Pflanzen lockern das Erdreich auf und erleichtern so die Absorption des Wassers. Dadurch verringert sich das Oberflächenwasser in der Regenzeit, das dort, wo es nur wenige Wälder gibt, starke Schäden durch Erosion bewirkt.

Auch das Schmelzwasser stellt im Frühling eine Bedrohung des Bodens an den Berghängen dar. Da Schnee auf Bäumen langsamer als auf dem Boden schmilzt, kann die Gewalt des Schmelzwassers durch einen dichten Waldbewuchs gezügelt werden.

Dennoch können auch Wälder die Bodenerosion nicht vollkommen verhindern, sondern nur eingrenzen. Allerdings produzieren sie , besonders wenn es sich um Mischwälder handelt, durch den Abwurf von Blättern und durch Humusbildung immer wieder neuen fruchtbaren Boden. Aufnahmefähiger Humus ist auch eine wesentliche Voraussetzung für einen geregelten Wasserhaushalt der Region. Wo es keine Wälder und damit auch keinen Humus mehr gibt, da versiegen auch die Quellen in größerer Höhenlage. Untersuchungen im Kaukasus haben gezeigt, daß in diesem Zusammenhang schon eine Ausdünnung der Wälder um 50 % die gleichen Effekte wie Kahlschlag hat.

Aber die ökologische Bedeutung der Himalaya-Wälder reicht weit über regionale Grenzen hinaus. So ist eine Verringerung der Bodenerosion in den Bergen nicht nur für Uttarakhand von Bedeutung, sondern für beinahe ganz Nordindien. Die von den in Uttarakhand entspringenden Quellflüssen der *Ganga* und *Yamuna* mitgenommenen Sedimente lagern sich am ganzen Flußlauf ab. Dadurch steigt das Flußbett ständig an, und alljährlich kommt es von den direkt unterhalb der Berge gelegenen Ebenen bis nach *Bihar* hinein zu gewaltigen Überschwemmungskatastrophen sowie gelegentlich sogar zur Verlagerung der Flußläufe.

Nicht nur Überschwemmungen, sondern auch periodische Trockenheiten und langfristig gesehen Klimaveränderungen stehen mit dem Verschwinden der Wälder in Zusammenhang. Wälder dämpfen nämlich die jährlichen Klimaschwankungen. Im Sommer ist die Lufttemperatur im Wald geringer, im Winter jedoch höher als in unbewaldetem Land. Die hohe Wasserverdunstung von Bäumen wirkt sich großräumig auf die Niederschlagsmenge aus.

Aus diesen Gründen können die alljährlichen Fluten und Trockenheiten in Nordindien nicht mehr als Naturkatastrophen bezeichnet werden. Als Folgen der Vernichtung der Wälder sind auch sie vom Menschen geschaffen. Dies wurde der Öffentlichkeit bewußt, als 1970 eine Flutwelle das gesamte Dorf *Belakuchi* (Distrikt *Chamoli*) zerstörte, mehrere Busse, Straßen, Brükken, Häuser und über hundert Stück Vieh mit sich riß. Von den Berghängen herabgeschwemmter Sand hatte den Strom und einen seiner Nebenflüsse aufgestaut, bis dieser aus Sedimenten gebildete Damm dem Wasserdruck nicht mehr standhielt und das Wasser- und Sandgemisch mit hoher Geschwindigkeit das Flußtal herabschnellte. Eine weitere, ebenso verheerende Flutkatastrophe erlebten die Bewohner Uttarakhands, als 1978 die *Bhagirathi* über die Ufer trat.

1977 verschütteten Erdlawinen nach Regenfällen das Dorf *Tavaghat*

(Distrikt *Pithauragarh*) und töteten 45 Menschen sowie 76 Stück Vieh. Zwei Jahre später erlebten die Bewohner von Tavaghat denselben Alptraum noch einmal. Mittlerweile sterben jedes Jahr Menschen in Uttarakhand durch Fluten, Erdrutsche und Steinlawinen.

Vor Ankunft der Europäer in Indien gab es keinen Privatbesitz an Wald. Die Nutzung der Wälder wurde nur durch sozial verbindliche, religiöse Bestimmungen eingeschränkt. Allerdings stand der Ausbeutung der Wälder durch eine verhältnismäßig geringe Bevölkerung ein unermeßlicher Ressourcenreichtum gegenüber. Erst die Entwicklung externer Märkte für Holz und einer Handelsstruktur durch die Briten hat zu Beginn des 19. Jh. die Schaffung von Eigentumsrechten über den Wald erforderlich gemacht. In Uttarakhand setzte dieser Prozeß 1821 ein. Zunächst galten die Bestimmungen nur für *Kumaon*, das direkt unter britischer Herrschaft stand, während für die meisten Teile *Garhwals*, das noch bis 1948 von den Fürsten von *Tehri* regiert wurde, gesonderte Bestimmungen und Verträge galten.

Im Jahre 1865 trat das »Government Forest Act« in Kraft, das der Regierung das Recht einräumte, Gebiete zu Forsten zu erklären und sie in ihren Besitz zu übernehmen. Dieses Gesetz wurde 1878 und 1927 überarbeitet, präzisiert und als »Indian Forest Act« verabschiedet. Die hierin festgelegte Einteilung der Wälder in *reserved forests* (der Regierung unterstellt, vom Forest Department verwaltet), *protected forests* (unter Distriktverwaltung) und *village forests* (auch *panchayati forests* genannt, der Gemeinde gehörend) gilt bis heute. Da diese Gesetzgebung die Rechte der Bewohner drastisch einschränkte und bei Übertretungen Strafen androhte, kam es schon vor 1927 zu Protesten in *Kumaon*, in denen die Garantie der Gewohnheitsrechte gefordert wurde.

Wie auch auf anderen Gebieten trat die indische Regierung nach der Unabhängigkeit in die Fußstapfen der kolonialen Forstgesetzgebung. Lokalen Interessen gegenüber sollten nationale Vorrang haben. Heute wird unter »nationalen« Interessen fast auschließlich die kommerzielle Ausbeutung der Wälder durch private, holzverarbeitende Industrien verstanden. Die Bedürfnisse der ländlichen Bevölkerung rücken gänzlich in den Hintergrund und werden nach Aussagen von Kritikern der gegenwärtigen Forstpolitik in dem »Forest Bill« von 1980 gar nicht mehr berücksichtigt.

Während der Wald für die Industrie Rohstofflieferant zur Herstellung von Bau- und Sperrholz, Papier und chemischen Substanzen (aus Baumharz) ist, beruht die gesamte dörfliche Subsistenzwirtschaft in Uttarakhand und damit das Überleben der ländlichen Bevölkerung auf dem Wald. Eine Familie kann stellenweise nur drei bis sechs Monate von den Erträgen der Landwirtschaft leben. Dies macht das Ausmaß der Abhängigkeit vom Wald so deutlich. So ist es nicht verwunderlich, daß mit der Rodung der Wälder in den Vorbergen des Himalaya im Zuge des Eisenbahnbaus in der zweiten Hälfte des 19. Jh. auch das soziale System in diesem Gebiet zerstört wurde.

Der ländlichen Bevölkerung dient Holz, inbesondere in Form von Ästen und Zweigen, als Brennmaterial. Zwei Drittel des privaten Energiebedarfs werden durch Brennholz gedeckt. Daneben wird es auch zur Herstellung von landwirtschaftlichen Geräten und Haushaltsgegenständen verwendet.

Der Wald ist Lieferant von Viehfutter (Laub, Gras), Naturfasern, wildwachsendem Gemüse, Früchten und Heilkräutern. Herabfallendes Laub wird mit Mist gemischt als Dünger verwendet. Aus dem oben erläuterten Zusammenhang zwischen dem Vorhandensein von Wäldern und Wasserhaushalt sowie

Bodenqualität geht die Bedeutung des Waldes auch für die regionale Landwirtschaft hervor.

Da sich die Arbeit in der Landwirtschaft nach der traditionellen Rollenverteilung auf die Frauen konzentriert, haben die Frauen die Vernichtung der Wälder auch als erste gespürt. Während Männer in Uttarakhand für schwere Feldarbeit, Pflügen, Reparatur- und Bautätigkeit und die Vermarktung landwirtschaftlicher Produkte zuständig sind, ist das Aufgabenfeld der Frauen ungleich umfangreicher. Sie erledigen beinahe alle Feldarbeit, bringen die Ernte ein, verarbeiten und lagern die Agrarprodukte, sammeln Holz, Viehfutter, beschaffen Trinkwasser, versorgen Familie und Haushalt. Mit den Sammeltätigkeiten sind sie einen großen Teil des Tages beschäftigt. Da die Wälder immer weiter zurückweichen, sind sie oft über zwanzig Kilometer am Tag unterwegs, teilweise auch auf gefährlichem Gelände.

Die 1976 eingesetzte »National Commission on Agriculture« und das »Forest Departement von U.P« sind der Ansicht, daß fehlende Kontrolle und mangelnde Sachkenntnis der Bevölkerung die Hauptursachen der Waldvernichtung seien. Während das Datenmaterial für Nepal belegt, daß die Wälder dort tatsächlich durch den Druck schnell wachsender Bevölkerung reduziert werden, sind die Verhältnisse in Uttarakhand anders.

Ungefähr 24.000 km² Waldfläche unterstehen dem Staat und werden vom Forest Department nach angeblich »wissenschaftlichen« Nutzungsplänen bewirtschaftet. Das bedeutet, daß Lizenzen für Rodungsvorhaben in dem Maße vergeben werden sollen, daß eine Regeneration des Waldes gewährleistet werden kann. Allerdings weisen Kritiker darauf hin, daß die Forstsituation in Uttarakhand schon lange nicht mehr mit den Nutzungsplänen übereinstimmt, was insbesondere auf illegales Fällen zurückgeführt wird.

Die Lage in den »protected« und den »village forests«, den anderen beiden Kategorien, ist nicht viel besser. Hierunter fallen jedoch nur etwa 6.500 km² Waldfläche. Die Gründe für die Waldzerstörung in diesen Gebieten sind historische: die Forstgesetzgebung hat die Befriedigung primärer Bedürfnisse an Waldprodukten durch die Bergbewohner auf eine so kleine Fläche reduziert, daß die natürliche Regeneration dieser Wälder nicht mehr sichergestellt werden kann.

Auf für jeden Besucher Uttarakhands sichtbare Weise hat auch der Straßenbau zur Zerstörung des ökologischen Gleichgewichts beigetragen. Um die Straßen herum sind die Wälder weitgehend verschwunden, und oft gehen Erdrutsche von den Trassen aus. Das Forest Department hat dies erkannt und mit der Anpflanzung von Bäumen begonnen. Aber auch hier haben ökonomische Verwertungsinteressen bei der Wahl der Baumarten den Ausschlag gegeben, so daß industriell verwertbare Eukalyptusbäume gepflanzt werden.

Hagen Berndt

Chipko – Baumschutz und Wirtschaftsentwicklung in Uttarakhand

Am 27. März 1973 kommen Angestellte der *Simon Company*, einer Fabrik für Sportgeräte in *Allahabad*, in *Gopeshwar* an. Sie haben die Genehmigung, 32 Bäume in der Nähe der Distrikthauptstadt zu fällen, darunter zehn Eschen. Die Besucher werden höflich als Gäste empfangen, jedoch kühl und distanziert betrachtet. Da es zu der Zeit noch keine Hotels in Gopeshwar gibt, werden sie in den Gebäuden des *Dashauli Gram Svarajya Sangh (DGSS)* untergebracht. Der DGSS ist eine Gesellschaft, die aus Arbeiterkooperativen entstanden ist und versucht, dörfliche Selbsthilfeprogramme zu initiieren und zu stärken. Dazu soll der Wald als regionaler Wirtschaftsfaktor erschlossen werden.

Aber gerade unter den Mitarbeitern des DGSS ruft das Anliegen der Simon Company heftige Diskussionen hervor. Sie beschließen, die Fremden an der Ausführung ihres Vorhabens zu hindern. Während einer dieser Versammlungen äußert sich Chandiprasad Bhatt: »Sagt den Simon-Leuten, daß wir das Fällen der Eschen nicht zulassen werden. Wenn sie die Axt gegen die Bäume erheben, dann werden wir uns an die Bäume klammern.« Das Verb »anklammern, umarmen« heißt auf Hindi *chipakna*, und dessen Imperativform *chipko* sollte bald zum Namen der Bewegung werden.

Was war geschehen? Als durch den chinesisch-indischen Krieg im Jahre 1962 die Aufmerksamkeit der Zentralregierung auf die nördlichen Grenzgebiete gelenkt wurde, setzte auch in Uttarakhand eine rege Bautätigkeit ein. Allerding wurden die Aufträge zum Bau öffentlicher Gebäude und Straßen an Kontraktoren vergeben, die den angeheuerten Arbeitern minimale Löhne auszahlten. Um ungelernten Arbeitern eine Alternative zur Emigration ins Flachland zu geben und höhere Löhne zu erzielen, gründeten *C.P. Bhatt* und einige von den Ideen *Mahatma Gandhis* und *Vinoba Bhaves* inspirierte Leute Arbeiterkooperativen. Mit gemeinsamen Kantinen traten sie gleichzeitg gegen das Kastensystem an.

Da qualifizierte Arbeitskräfte immer noch aus dem Flachland kamen, errichteten die Aktivisten eine Schmiede- und eine Holzwerkstatt, aus deren Lehrgängen bis 1972 etwa 450 qualifizierte Handwerker hervorgingen. Aber sowohl diese Initiativen als auch der 1964 gegründete DGSS trafen auf Widerstände korrupter Verwaltungsangestellter und der Kontraktoren aus dem Flachland, die diese Bedrohung ihrer beherrschenden Position in den Bergen schnell erkannten. Um kleineren Betrieben Holz zur Weiterverarbeitung zur Verfügung zu stellen, ersteigerten Mitglieder des DGSS Rodungslizenzen. Seit 1968 versuchten jedoch Kontraktoren, sie in der Weise zu überbieten, daß die Nutzung des Rodungsrechts für den DGSS unrentabel wurde. Auch Bemühungen, Zwischenhändler dazu zu bewegen, den Dorfbewohnern gerechtere Preise für Heilkräuter zu bieten, erwiesen sich als schwierig, so daß schließlich der DGSS selbst die Vermarktung übernahm.

Die »Khadi Gramodyog Commission« (eine gandhische Institution in Delhi, die die Errichtung dörflicher Betriebe fördert) unterstützte seit 1971 den Aufbau kleiner Fabriken zur Verarbeitung von Kiefernharz. Unter anderem wurde in *Gopeshwar* eine solche Fabrik gebaut. Das Scheitern auch dieses Versuchs, eine eigene dezentrale Wirtschaft aufzubauen, politisierte die Mitglieder des DGSS. Denn als 1972 der Fabrik für nur vier Monate im Jahr Kiefernharz zugeteilt wurde und zudem zu höheren Preisen als der großen halbstaatlichen Fabrik in *Bareilly*, kam es zu Demonstrationen, und die Aufmerksamkeit der Presse wurde auf die Problematik Uttarakhands gelenkt.

Der Ärger der Bergbewohner wuchs, als auch der Tischlerwerkstatt des DGSS die Lizenz für fünf Eschen verweigert wurde, die sie zur Herstellung landwirtschaftlicher Geräte verwenden wollte. Aus Protest über diese Behinderungen gab *C.P. Bhatt* am 6. März 1973 seinen Posten im Leichtindustrieverband von Uttar Pradesh auf. Bei Ankunft der Angestellten der *Simon Company* wurde den Bewohnern von Gopeshwar die Ungerechtigkeit und Widersprüchlichkeit ihrer Situation deutlich. Sie fragten sich, was Vorrang habe, die Fabrikation von Sportgeräten für die Mittel- und Oberschicht des Flachlandes oder der Aufbau der Wirtschaft in einer stark marginalisierten Region.

Anfang April 1973 kam es zu mehreren Versammlungen in Gopeshwar, im Verlauf derer eine «Chipko-Resolution» verfaßt und von allen Parteien und Gruppen des Ortes unterstützt wurde. Hierin wurde die Landesregierung aufgefordert, die Vergabe von Rohmaterialen an lokale Verbraucher anstelle an auswärtige Industrien sicherzustellen. Eine große Versammlung im Dorf *Mandal* bei Gopeshwar, wo Bäume zum Fällen markiert worden waren, bewegte die dort am 24. April eintreffenden Waldarbeiter zum Rückzug. In den folgenden Tagen bot das »Forest Department« von Uttar Pradesh dem DGSS eine höhere Zahl von Bäumen unter der Bedingung an, daß die Waldarbeiter nicht weiter behindert würden. Doch die Situation hatte sich mittlerweile zu einem prinzipiellen Konflikt um die Waldnutzungsrechte der Dorfbewohner entwickelt.

Aus diesem Grund wurde es möglich, auch in anderen Gebieten des Distrikts Dörfer gegen die dorthin ausweichenden Waldarbeiter zu mobilisieren, so daß es der *Simon Company* bis Ende des Jahres 1973 nicht gelang, die Rodungslizenz wahrzunehmen. Hiermit begann eine Reihe von Aktionen, mit denen die Bevölkerung einer kleinen Region gegen die Ausbeutung und Vernachlässigung anging. Ihre Forderungen beinhalteten die Abschaffung des Kontraktorensystems, die Bildung von Kooperativen lokaler Waldarbeiter, die Zurückdrängung externer Verfügung über lokale Ressourcen und die Einbeziehung ländlicher Institutionen in Entscheidungsprozesse über den Wald.

Viel bekannter und populärer als die Ereignisse des Jahres 1973 wurde jedoch die Chipko-Aktion in *Reni* 1974, die auch *Gaura Devi* berühmt werden ließ. Reni liegt etwa 20 km von *Joshimath* entfernt im *Niti Valley*, einem der wichtigsten Wassereinzugsgebiete des *Alaknanda River-Komplexes*. Das Dorf wird von *Bhotiya* bewohnt, die von den Anthropologen den tibeto-burmesischen Stämmen zugeordnet werden und im Grenzgebiet von Indien und Tibet leben. Am Hang von Ausläufern des *Nanda-Devi-Massivs* liegt oberhalb des Dorfes ein riesiger Wald, der über einen Fußweg von der Straße nach *Joshimath* aus erreichbar ist.

Aus diesem Wald sind bei den in *Dehra Dun* am 2. und 3. Januar 1974 stattfindenden Waldauktionen knapp 2.500 Bäume zum Preis von 471.000 Rupien versteigert worden. Doch normalerweise fallen den Rodungsarbeiten durch unsachgemäße Vorgehensweise oder durch illegales Fällen viel mehr als die gekennzeichneten Bäume zum Opfer. *C.P. Bhatt*, der die Auktionen beobachtet hatte, kündigte den Widerstand der Bergbewohner an, wurde von den Kontraktoren jedoch ausgelacht. Zwar hatten sie von Ereignissen des Vorjahres gehört, da es sich jedoch um eine viel größere Anzahl von Bäumen handelte, hielten sie Proteste für wirkungslos und nicht weiter problematisch. Trotz unterschiedlicher Einstellungen zu einzelnen Fragen begannen die Mitarbeiter des DGSS und befreundeter Organisationen zusammen mit der Kommunistischen Partei sofort mit Aufklärungskampagnen im Niti Valley.

Am 12. März 1974 schreibt C. P. Bhatt an den Ministerpräsidenten von Uttar Pradesh, erklärt ihm die Situation in Reni und weist auf die ökologische Rolle des Waldes als Schutz gegen Fluten und Erdrutsche hin. Demonstrationen und Protesttage der Schüler im *Chamoli-Distrikt* unterstreichen die Forderung nach Annullierung der Rodungslizenzen. Die Behörden nehmen die Proteste ernst, kommen aber den Kontraktoren gegen die Aktivisten zu Hilfe. Man erinnert sich daran, daß die Grenzregion nur mit einer Sondergenehmigung betreten werden darf, und als C. P. Bhatt diese erhält, wird er in Gopeshwar durch den Besuch von hohen Forstbeamten festgehalten. Behörden und Kontraktoren hoffen so, die Bewegung durch Ausschaltung ihrer Anführer »enthaupten« zu können. Um ganz sicherzugehen, wird die gesamte männliche Bevölkerung des Niti Valley zur Auszahlung längst fälliger Entschädigungszahlungen für den Bau von Straßen und militärischen Einrichtungen nach *Chamoli* bestellt. Doch die Rechnung geht nicht auf. Als am 26. März 1974 Waldarbeiterkolonnen mit Werkzeugen und Proviant in Reni eintreffen, stehen sie einer Gruppe von Frauen gegenüber, die den Fußweg zum Wald versperren. *Gaura Devi*, eine damals 50jährige Witwe und Vorsitzende des Frauen-Wohlfahrtsvereins im Dorf, hat diese Frauen mobilisiert, sobald sie von der Ankunft der Arbeiter gehört hatte. Die Frauen sind durch passive Teilnahme an den Chipko-Sitzungen der vorausgegangenen Wochen und durch ihre tägliche Erfahrung über die Bedeutung des Waldes informiert. Gaura Devi sagt den Arbeitern:»Brüder, dieser Wald ist unser Elternhaus. Wir holen aus ihm Heilpflanzen und Gemüse. Rodet den Wald nicht! Wenn ihr den Wald abschlagt, wird dieser Berg auf unser Dorf fallen, die Flut wird kommen, die Winterfelder werden weggespült werden – Brüder, zerstört unser Elternhaus nicht. Bereitet euer Essen, eßt es auf und dann kommt mit uns hinab. Wenn unsere Männer zurückkommen, dann wird man entscheiden.«

Die Frauen werden beschimpft und bedroht, machen aber ihren Entschluß deutlich, die Arbeiter nicht in den Wald gelangen zu lassen. Eine zweite Gruppe, die den Weg hinaufsteigt, kann leicht zur Umkehr bewegt werden. Nachdem sich schließlich alle Arbeiter zurückgezogen haben, machen die Frauen den Weg unpassierbar. Am folgenden Tag erreichen C. P. Bhatt und seine Mitarbeiter zusammen mit den männlichen Dorfbewohnern Reni. Die Dörfer der Umgebung teilen sich die Bewachung untereinander auf.

Am 9. Mai 1977 setzt der Gouverneur von Uttar Pradesh die »Reni-Untersuchungskommission« ein. In ihrem Bericht, den sie am 15. Oktober 1976 nach eingehender Inspektion der Region vorlegt, bestätigt die Kommission den Zusammenhang zwischen der Entwaldung ökologisch sensibler Wassereinzugsgebiete der großen Ströme und den periodisch wiederkehrenden Überschwemmungskatastrophen. 1977 folgt die Landesregierung der Empfehlung, ein Moratorium für kommerzielle Waldnutzung in den Wassereinzugsgebieten der *Alaknanda* und ihrer Nebenflüsse anzuordnen.

In den Jahren nach 1974 breitet sich die Chipko-Bewegung in allen Himalaya-Distrikten aus, was besonders auf ansprechende Kampagnen durch *Sarvodaya-Aktivisten*, Schüler und Studenten zurückzuführen ist. Bis zur Ausrufung des Ausnahmezustandes im Juni 1975 verlagern sich die Proteste mit wenigen Ausnahmen allerdings in die Städte der Berge, wo Wald-Auktionen zum Anlaß für Demonstrationen, Saalbesetzungen und öffentliche Hungerstreiks werden.

Hier setzen die Aktivisten auch 1977 nach Beendigung des Ausnahmezustandes wieder an, bis es am 28. November im Nainital zu gewaltsamen

Zusammenstößen zwischen Demonstranten und Polizei kommt und die Gebäude des *Nainital Club* durch Brandstiftung in Flammen aufgehen. Die ungeteilte Sympatie, mit der die Aktivisten bisher rechnen konnten, erfährt dadurch zeitweilig eine leichte Verunsicherung. So schreibt eine lokale Hindi-Zeitung: »(...) in Nainital ereignete sich ein in der Geschichte der Waldbewegung nicht dagewesener Vorfall (...). Zum ersten Mal haftet dieser Fleck der Schande auf der Stirn der Waldbewegung (...).« Doch das angesehene Kultur- und Nachrichtenmagazin *Dinman*, das die Chipko-Bewegung schon von den Anfängen an mitbeobachtet hat und den Vorfällen mehrere Veröffentlichungen widmete, ergreift eindeutig die Seite der Demonstranten.

Im gleichen Jahr befaßt sich der Sarvodaya-Aktivist *Sunderlal Bahuguna* mit der Frage der Waldarbeiter, deren Lage eng mit der Forstpolitik verknüpft ist. In einer Ansprache vergleicht er die Waldarbeiter, die er als die »Vorboten des neuen Lebens in den Bergen« bezeichnet, mit *Ram* und *Lakshman*, den göttlichen Helden der Hindu-Mythologie: »Waldarbeiter, euer Pfeil und Bogen sind Säge, Axt und Transportvorrichtung für Baumstämme. Kommt mit ihnen geschmückt, damit der Dämon der Armut und der Arbeitslosigkeit getötet wird.«

Den Konflikt zwischen dem Einsatz für bessere Arbeits- und Lebensbedingungen der Waldarbeiter einerseits und Aktivitäten gegen die Rodung der Wälder andererseits löst Bahuguna mit der Feststellung: »Die Nutzungspläne des Forest Departments sollten so erstellt werden, daß nur so viele Bäume markiert werden, wie in diesem Gebiet Arbeiter vorhanden sind.« Dann würde sich das Problem des Waldschutzes von allein lösen.

Doch schon wenige Monate später ändert Sunderlal Bahuguna seine Haltung. Bis heute vertritt er die Forderung nach Einstellung jeglicher Bewirtschaftung der Wälder mit Ausnahme der Entnahme solcher Produkte, die für die Subsistenzwirtschaft nötig sind. Unter diesem Vorzeichen radikal-ökologischer Forderungen finden in den Jahren 1977–1980 eine Reihe von Chipko-Aktionen im Distrikt *Tehri* statt, während derer unter Leitung von Sunderlal Bahuguna, seiner Frau *Vimala* und von *Dhumsingh Negi* mehrere große Wälder geschützt werden. Auch hier zeigt sich, daß insbesondere die Frauen mobilisiert werden können. Um den Waldschutz zu institutionalisieren, gründen einige Dörfer Frauenkreise, die Waldwächterinnen einstellen.

Der Rückzug auf radikal-ökologische Forderungen, den Bahuguna aufgrund der besorgniserregenden Situation der Himalaya-Wälder als einzig verantwortliche Position ansieht, führt zu einer Spaltung der Bewegung. C.P. Bhatts DGSS und auch die Mitarbeiterinnen des *Lakshmi-Ashrams* in *Kausani* glauben, daß sie den Schutz der Wälder nur dann dauerhaft durchsetzen können, wenn die lokale Bevölkerung ein ökonomisches Interesse daran hat. Nach ihrer Ansicht ist es in einem auf allen Ebenen modernisierenden Land wie Indien unrealistisch, ein Verbleiben bereits verarmter Landbevölkerung in der Subsistenzwirtschaft zu fordern. Dies aber wäre die Konsequenz aus *Sunderlal Bahugunas* Forderung.

Sowohl der Lakshmi-Ashram (im *Dhauli Devi Prakhand*, Distrikt *Almora*) als auch der DGSS (in einem Gebiet zwischen *Chamoli* und *Joshimath*) arbeiten deshalb an der Entwicklung von Konzepten für eine integrierte Entwicklung, deren Planung gemeinsam mit der jeweils betroffenen Bevölkerung erfolgt. Um auch die städtische Bevölkerung, insbesondere die Schüler, in diesen Prozeß einzubeziehen, finden alljährlich sogenannte «eco-development camps« statt, während derer z.B. Schutzwälle angelegt oder Aufforstungsprogramme durchgeführt und die theoretischen Erfahrungen der Städter mit den praktischen der Landbevölkerung in Verbindung gebracht werden. Dabei werden auch die Frauen immer mehr in Entscheidungsprozesse einbezogen.

Hierin liegt ihre Hauptarbeit seit dem 20. April 1981, als die Landesregierung auf Anweisung der Zentralregierung ein Moratorium für die Rodung lebensfähiger Bäume für kommerzielle Zwecke in allen Gebieten Uttarakhands in über 1.000 m Höhe und an Hängen mit einem Gefälle von über 30° in Kraft setzte. Sunderlal Bahuguna bemüht sich durch Vortragsreisen sowie durch spektakuläre Aktionen wie z.B. einem Fußmarsch von *Kashmir* nach *Kohima* (Nagaland) um die Schaffung einer Öffentlichkeit für die Waldfrage und um Solidarität im In- und Ausland.

In den Medien in Indien und besonders in der Presse Europas und Nordamerikas wurde die *Chipko-Bewegung* immer wieder als Beispiel einer ökologischen Bewegung beschrieben, die auf Graswurzelebene organisiert ist. Mittelständische Frauengruppen entdeckten in ihr eine feministische Bewegung, die von der einfachen Bevölkerung ausging. Anküpfungspunkte waren die Tatsachen, daß Chipko ohne eine breite Beteiligung der Frauen nicht möglich gewesen wäre und daß die Bewegung für die Frauen in den Bergen eine wichtige Rolle spielte. So wurde Chipko dann auch auf internationalen Umwelt- und Frauenkonferenzen von selbsternannten Vertreterinnen und Vertretern repräsentiert.

Es ist allerdings fraglich, ob diese Einschätzung der Chipko-Bewegung gerecht wird. Bei näherem Hinsehen erweisen sich derartige Interpretationen leicht als romantisierende Projektionen. Die Ökologiebewegung in Europa, die mit wenigen Ausnahmen von Städtern getragen wird und hier weder einen wirksamen Schutz der Wälder gegen den sauren Regen bewirken noch den Ausbau der Kernenergie in den meisten Ländern Westeuropas verhindern konnte, sieht auf einmal einen großen Teil der Utopien, die sie für ihre eigene Gesellschaft geschaffen hat, im fernen indischen Himalaya verwirklicht. Dabei werden die Protagonisten der Chipko-Bewegung vorschnell zu übermenschlichen spirituellen Größen hochstilisiert, denen das Charisma eines geistigen »Führers« angeheftet wird. Träte eine derartige Person in der bundesdeutschen Alternativbewegung auf, so würden sich jedoch große Teile der anarchisch und anti-hierarchisch eingestellten Szene distanzieren.

So ist auch nicht verwunderlich, daß die Aussagen *Sunderlal Bahugunas*, der die ökologische Lehre in Reinform vertritt und zudem europäischen Vorstellungen eines indischen Guru nahekommt, starke Aufmerksamkeit gerade in der Bundesrepublik Deutschland erfahren. Der Widerhall der Experimente *C.P. Bhatts*, der sich immer wieder um konkrete Lösungen im Spannungsfeld zwischen Ökologie und Ökonomie bemühen muß, ist dagegen viel geringer. Da seine Problemlösungen niemals optimal sein können, spiegelt sich viel zu sehr das Dilemma wieder, mit dem auch europäische Aktivisten zu kämpfen haben. Deshalb eignet er sich viel weniger als Identifikationsfigur.

Bei genauem Hinsehen ist auch der Traum von der Basisbewegung weitgehend ausgeträumt, den städtische Intellektuelle seit 1968 in der Bundesrepublik haben und nun doch – wenn schon nicht hier, so wenigstens im exotischen Uttarakhand – verwirklicht sehen wollen. Jedoch wäre ohne den Einsatz der Anführer wohl kaum eine der Chipko-Aktionen möglich gewesen. Sie waren es auch, die die Kontinuität der Bewegung wahrten. Als es zum Streit kam, spaltete sich Chipko entsprechend lokaler Solidaritäten. Als Ausnahme könnte allerdings *Reni* angesehen werden, wo ja zum Zeitpunkt des Widerstandes keiner der Anführer anwesend war. Als das Dorf nach 1974 zur Pilgerstätte für Journalisten wurde und die oben geschilderten Ereignisse immer wieder erzählt und sogar vorgeführt wurden, entstanden dort beinahe ideale Voraussetzungen für dauerhafte Veränderungen im Dorf. Ein Besuch viele Jahre nach der Aktion und nach dem Auftauchen des letzten Journalisten zeigt jedoch, daß sich kaum etwas verändert hat. Die Dorfbewohner kritisieren C. P. Bhatt, daß er sich mit dem Ruf des Dorfes schmücke und die mit internationalen Auszeichnungen verbundenen Geldsummen einkassiere, ohne ihnen aus ihrer Situation herauszuhelfen. Einen Teil des angeblich ausgezahlten Geldes hätten sie wohl auch gerne selbst gesehen. Ansonsten warten sie noch immer darauf, daß jemand kommt, um sie zu entwickeln, anstatt Lehren aus dem Erfolg zu ziehen und ihr Schicksal in ihre eigenen Hände zu nehmen. Auch an der Situation der Frauen hat sich in Reni nichts verändert.

Dennoch brauchen die Bergbewohner wie auch die Chipko-Aktivisten unsere Solidarität und unser Interesse, wenn es ernst gemeint ist, d. h. wenn man den Menschen dort zugesteht, menschlich zu sein und ihren wie auch immer gearteten, nicht nur idealistischen Träumen nachzugehen. Warum sollten gerade in Uttarakhand die idealen Menschen wohnen, die sich nicht gerne mit Auszeichnungen dekorieren lassen? Oder warum sollten gerade die Bewohner in Reni mehr Eigeninitiative entwickeln als die Bauern in Gorleben oder die Bewohner von Mutlangen? Wenn man Chipko jedoch auf solidarisch-kritische Weise betrachtet, dann erkennt man, wieviel die Aktivisten trotz ihrer schwierigen Situation erreicht haben, daß die Bewegung – auch ohne eine feministische zu sein – wichtige Anstöße für das ökonomische Selbstverständnis der Frauen geliefert hat und daß von ihr praxisbezogene Vorschläge für eine Lösung des Konfliktes zwischen Ökonomie und Ökologie ausgehen. Eine derartige Beschäftigung läßt auch die eigene Situation in einem anderen Licht erscheinen, und darin liegt vielleicht der wichtigste Nutzen der Chipko-Botschaft für uns.

Gesellschaftliche Situation

Auf ethnischer Ebene geht ein deutlicher Riß durch die Gesellschaft der Himalaya-Region von Uttar Pradesh: auf der einen Seite steht die seßhafte, *Pahari* (mit Hindi verwandt) sprechende Bevölkerungsmehrheit, auf der anderen die das sinotibetanische *Bhotiya* sprechende halbnomadische Stammesbevölkerung.

Die Pahari-Gesellschaft

An der Spitze der Hierarchie der Pahari-Gesellschaft befinden sich *Brahmanen* und *Rajputen*, zwischen denen im Vergleich zum Flachland wesentlich geringere soziale Barrieren bestehen. Es existiert eine breite Schicht niederer Kasten. Etwa ein Viertel der Bevölkerung von Uttarakhand besteht aus früheren Unberührbaren.

Soziale und ökonomische Grundzelle der ländlichen Pahari-Gesellschaft ist der Haushalt, bestehend aus mehreren patrilinear miteinander verbundenen Kernfamilien, die oft in einem Komplex von Häusern zusammenwohnen. Die verheirateten Frauen stammen in der Regel aus dem Nachbardorf (Exogamie). Im Gegensatz zum Flachland, wo die Eltern der Braut eine Mitgift (*Dowry*) zu zahlen haben, entrichtet in der Pahari-Gesellschaft von Uttarakhand traditionellerweise die Familie des Bräutigams den Brautpreis. In jüngster Zeit ist man allerdings in den höheren Kasten in vielen Familien zur Mitgiftpraxis übergegangen.

Mächtigste Person des Haushalts ist das älteste männliche Mitglied. In der noch stark von der Tradition bestimmten Pahari-Gesellschaft bestehen patriarchalische Familienverhältnisse. Die Arbeits- und Lebensbereiche von Männern und Frauen sind strikt voneinander getrennt. Männer üben die politischen (Dorf-*Panchayat*/Selbstverwaltung) und religiösen Funktionen aus, sie sind für den Einkauf und Verkauf von Produkten sowie den Bau der Häuser verantwortlich. In der Landwirtschaft sind sie allerdings lediglich für das Pflügen und Anlegen der Terrassenfelder zuständig. Im Vergleich zu den Frauen verfügen sie über viel mehr Freizeit.

Heute, da die zumeist sehr kleinen Bauernhöfe längst nicht mehr genug für den Lebensunterhalt der kinderreichen Familien abwerfen, arbeiten viele Männer außerhalb der Region in den großen Städten des Flachlandes. Das bedeutet noch mehr Arbeit für die durch Feldarbeit, Kochen und Kinderbetreuung stark überlasteten Landfrauen. In zahlreichen Familien hängt das Leben und Überleben inzwischen von den Geldüberweisungen der Männer ab. Viele Ökonomen und Sozialwissenschaftler bezeichnen Uttarakhands Wirtschaft als »Money Order Economy«.

Bhotiya-Gesellschaft

Die *Bhotiya* leben im Sommer in hochgelegenen Dörfern im Grenzgebiet zu Tibet, wo sie Sommergetreide anbauen. Außerdem hängen sie wirtschaftlich von Schafzucht und Handel ab. Bis 1962, als die Chinesen die Grenzen zu Tibet schlossen, waren die Bhotiyas die Träger des Tibethandels, woraus sie einen bescheidenen Wohlstand erwirtschafteten.

Die Bhotiya wurden 1967 zum »Scheduled Tribe« erklärt, erhalten also nun verschiedene Vergünstigungen, die ihren sozio-ökonomischen Status verbessern sollen.

Hinduismus

Uttarakhand, das Land, aus dem die *Ganga* kommt, der heiligste aller indischen Ströme, ist Kernland hinduistischer Mythologie und Religiosität. Nirgendwo in Indien gibt es so viele Tempel und Wallfahrtsorte wie hier.

Da in einem Himalayabuch nicht genügend Raum für eine längere Abhandlung zum Thema Hinduismus zur Verfügung steht, beschränke ich mich auf die Beschreibung einiger weniger Grundstrukturen.[1]

Hindus werden in Kasten hineingeboren. Als Mitglied einer bestimmten Kaste sind Hindus jeweils auf bestimmte Berufstätigkeiten festgelegt.[2] Es bestehen vielfältige Vorschriften über den Kontakt mit Angehörigen anderer Kasten (Essen, Heiraten etc.). So wird in der Regel nur innerhalb der eigenen Kaste geheiratet.

Es existieren vier große Kastengruppen – *Brahmanen, Kshatriya, Vaisha,*

Shudra – die jedoch aus etwa 3.000 weitgehend selbständigen Subkasten bestehen. Das Kastensystem ist hierarchisch. An der Spitze stehen die *Brahmanen*, die Priesterkaste. Auf der zweiten Stufe folgt die Gruppe der *Kshatriya-Kasten*, die Nachfahren der Krieger (z. B. *Rajputen*). Das mittlere Spektrum wird von den Händlerkasten gebildet, den *Vaishas*. Ganz unten stehen die Bauernkasten der *Shudras*. Unterhalb von ihnen sind nur noch die Unberührbaren[3] – *Harijans, Dalits, Scheduled Castes* genannt – zu finden, die traditionellerweise dazu verdammt sind, die als unrein geltenden Tätigkeiten auszuüben. Sie hatten am Rande der Siedlungen zu leben, ihnen war die Nutzung der Dorfbrunnen untersagt und der Zutritt zu den Tempeln verboten.

Seit 1948 ist in Indien die Diskriminierung der Unberührbaren per Verfassung verboten. Gleichzeitig wurden verschiedene Schutzmaßnahmen zur Förderung der ehemaligen Unberührbaren geschaffen, so sind für sie entsprechend ihrem Anteil an der Gesamtbevölkerung Arbeitsplätze in der Staatsverwaltung, Studienplätze in den Universitäten und Sitze in den Parlamenten reserviert.

Diese Maßnahmen haben jedoch lediglich zur Herausbildung einer kleinen Harijan-Elite geführt, während die große Mehrheit der ehemaligen Unberührbaren noch immer die schmutzigsten und erniedrigendsten Berufstätigkeiten ausüben müssen. Unter ihnen ist der Anteil der Armen und Analphabeten überdurchschnittlich hoch.

Das große Ziel der Hindus ist die Erlösung aus dem Kreislauf der Wiedergeburten, die sehr zahlreich sein können. Menschen werden, sofern sie nicht zur Erleuchtung/Befreiung gelangen, nach ihrem Tod wiedergeboren, d. h. ihre alte, unerlöste Seele manifestiert sich in einem neugeborenen Lebewesen. Wer die Kastenvorschriften, das *Dharma*, einhält, hat die Chance, bei der Wiedergeburt einer höher plazierten Kaste anzugehören. Wer hingegen des öfteren gegen den Kodex seiner Kaste verstößt, wird weiter unten wiedergeboren – vielleicht sogar als Tier oder Pflanze. Die Menschen, die am unteren Rand der Gesellschaft stehen, befinden sich dort zu Recht, da ihre gegenwärtige Kastenlage Ergebnis ihrer früheren Taten – *Karma* – ist.

Bei der Bewältigung der Probleme auf dem Weg zu jener Erlösung wendet man sich an die zahlreichen Gottheiten des Hindu-Pantheons. Neben den Göttern und Göttinnen des brahmanischen oder Hochhinduismus (*Vishnu, Shiva* etc.) existieren in vielen Regionen Indiens – so auch in Uttarakhand – zahlreiche Dorfgötter und -göttinnen.

Götterkosmos:

Aus der stattlichen Zahl der Gottheiten verehren die Gläubigen meist mehrere zugleich, wobei der Hang besteht, eine Gottheit zu favorisieren. Die Gottheiten mit der weitaus größten Zahl von Anhängern sind *Vishnu* und *Shiva*, die zusammen mit *Brahma* eine Zentralstellung in hinduistischen Götterkosmos einnehmen.

Vishnu:

Dieser Gott, der Gnade und Güte verkörpert, ist der Erhalter der Welt und allen Lebens. In Zeiten des Verfalls kommt er als Mensch oder Tier inkarniert[4] auf die Erde, um Recht und Ordnung wiederherzustellen und die Guten zu schützen. Populärste Vishnu-Inkarnation sind *Rama* und *Krishna*.

Die Göttergestalt Vishnu ist über eine lange historische Epoche hinweg durch das Verschmelzen vieler lokaler und regionaler Götter und Wesen verschiedenster Vorstellungskreise entstanden. Auf diesem Hintergrund ist die weite Verbreitung und Popularität des Vishnu-Kults auf dem indischen Subkontinent zu erklären.

Vishnu wird im allgemeinen als junger Mann (blaue Farbe) dargestellt, der in seinen vier Armen Muschel (fünf Elemente und Ursprung des Lebens), Rad (Geist und sich ewig erneuernde Existenzen), Keule (ursprüngliches Wissen und individuelles Dasein) und Lotosblume (bewegende Kraft, die das Universum schuf) hält. Er trägt zumeist ein hauchdünnes Hüfttuch, der Körper ist von einer Opferschnur aus drei Bändern umschlungen, an der Brust leuchtet ein Edelstein, den Kopf ziert eine Adelskrone. Seine Ohrringe symbolisieren Wissen und Intuition. Als sein Tragtier fungiert der mystische Vogel *Garuda*. Er ist mit *Lakshmi* verheiratet, der beliebten Göttin des Glücks.

Shiva:

Dies ist vermutlich die älteste Gottheit, die im heutigen Hindu-Indien verehrt wird. Wie Vishnu ist auch Shiva im Laufe von vielen Jahrhunderten auf dem Wege der Synthese divergierender Gottheiten und Götterkonzeptionen entstanden.

Shiva ist zugleich Gott des Erhaltens und Zerstörens. Als Zeugungsgott erhält er mit seiner Frau *Parvati* die belebte Welt. In dieser Funktion wird er in der Form eines aufgerichteten *Phallus (Linga)* verehrt.

In seinem zerstörerischen Aspekt tritt er als Vernichter verschiedener Dämonen und der Feinde seiner Anhänger auf. Daneben ist er der Gott der Schlachtfelder, der Einäscherungsstätten und der unheilschwangeren Kreuzwege, wo er von bösen Geistern, Gespenstern und zwergartigen Kobolden begleitet wird.

Damit ist das weite Betätigungsfeld dieser widersprüchlichen Hauptgottheit aber noch längst nicht erfaßt, denn darüber hinaus gilt er ja auch noch als Gott der Künstler in Gestalt des kosmischen Tänzers und als der große Asket und Yogi. Der *Yogi Shiva* wird als ein zwischen den Gipfeln des heiligen Berges *Kailash* (in Tibet) sitzender Asket dargestellt, der über das Wesen des Universums meditiert. In der Persönlichkeit Shivas existiert ein eigentümliches Nebeneinander von lustvoller Sexualität und Askese.

Andere Götter:

Brahma, neben Vishnu und Shiva als dritte Hauptgottheit angeführt, in verschiedenen Mythen mit der Schaffung des Universums in Verbindung gebracht, besitzt lediglich eine sehr kleine Anhängerschar und wird nur in ganz wenigen Tempeln *(Pushkar)* verehrt.

Dagegen kommt dem kleinen elefantenköpfigen Gott *Ganesha*, dem Sohn Vishnus und Parvatis, der im Rufe des Glücksbringers steht, ein Grad an Popularität zu, der sich mit der Verehrung von Vishnu und Shiva fast messen kann.

Recht viele Anhänger hat auch der Sonnengott *Surya*, was damit zusammenhängt, daß in Indien seit altersher die Sonne als Schöpferin von Leben und Universum verehrt wird. Auf die zahlreichen Dorfgottheiten können wir in diesem Zusammenhang nicht eingehen.

Göttinnen – Lakshmi, Parvati:

Die Hauptgöttinnen des gegenwärtigen brahmanischen Hinduismus stammen mit hoher Wahrscheinlichkeit aus der vorarischen Zeit Indiens, die wie viele frühe Kulturen einen mächtigen Mutterkult kannte.

Eine der Hauptgöttinnen ist die Vishnu-Frau *Lakshmi*, die Göttin der Schönheit und des Glücks. Sie hält je eine Lotosblume in ihren vier Armen.

Gewichtigste weibliche Gottheit ist die Muttergöttin *Parvati*, die als Verkörperung von Energie oder Shivas Shakti gilt. Die zahlreichen Namen und z. T. widersprüchlichen Formen, die diese Göttin besitzt, lassen eine komplexe Entstehungsgeschichte vermuten. Das Götterpaar *Shiva-Shakti/Parvati* wird durch die Vereinigung der männlichen und weiblichen Geschlechtersymbole, *Linga* und *Yoni*, dargestellt.

Die Göttin hat zugleich einen friedlichen Aspekt (als *Parvati, Gauri Uma* oder *Annapurna*) und einen zerstörerischen, wilden (als *Durga, Kali*).

Anmerkungen

1 Mehr zu diesem Thema in: Schmitt, E.: Indien – Politik, Ökonomie, Gesellschaft, Berlin 1984, Kapitel »Die Hindus«.

2 Diese Regel gilt heute nur noch begrenzt; dazu ebenfalls Schmitt, E., a.a.O.

3 Zur Situation der Harijans s. Artikel »Die Unberührbaren«, in: Schmitt, E., a.a.O. S. 243 ff.

4 Details s. a.a.O., S. 291 ff.

Reiseziele in Uttarakhand

Siwaliks: Hardwar, Rishikesh, Dehra Dun, Corbett National Park

Zwischen der nordindischen Tiefebene und den Gebirgszügen der *Garhwal* und *Kumaon Hills* liegt ein ausgedehntes Hügelland (300–1.200 m) mit lichten Wäldern, Savannen und Flußauen. In dieser Region befinden sich die vielbesuchten Pilgerstädte *Hardwar* und *Rishikesh* sowie Nordindiens größtes Naturschutzgebiet, der *Corbett National Park*.

Hardwar
(305 m, ca.
100.000 Ew.)

Hardwar ist eine uralte Pilgerstadt am Oberlauf des Ganges, die zu den sieben heiligsten Orten Hindu-Indiens gerechnet wird.

Alle 12 Jahre wird in Hardwar die berühmte *Kumbha Mela*, das größte Fest in Nordindien veranstaltet. Zur letzten Kumbh Mela von Hardwar kamen 1986 über 4 Millionen Menschen. Aber auch in Normalzeiten kommen täglich mehrere tausend Pilger in die Stadt. Ihr Hauptziel ist das *Har-ki-Pairi Ghat*, wo *Vishnu* nach einer frommen Legende einen Fußabdruck hinterließ, der heute das kultische Zentrum von Hardwar bildet. Hier nehmen die Pilger das heißersehnte rituelle Bad, das ihre Psyche von Schuld befreien soll.

Hardwar kennt keine besonders hervorgehobene Pilgersaison, jedoch ist an den großen vishnuitischen Festtagen wesentlich mehr los als an beliebigen »Durchschnittstagen«.

Stadtzentrum Im Stadtzentrum von Hardwar ist der Straßenverkehr so dicht gedrängt, lärmerfüllt und hektisch wie in Alt-Delhi. Scooter, Fahrrad-Rikschas und herumliegende oder -tappende Kühe bestimmen das Straßenbild.

Im Gegensatz zur ökologisch mittelmäßig belasteten Kleinstadt *Rishikesh* ist Hardwar eine anstrengende und schwer erträgliche Großstadt.

Industrie Die zweite Säule der Ökonomie von Hardwar ist die wachsende Industrie. Nur wenige Kilometer von Hardwar entfernt stehen die Fabriken der »Bharat Heavy Electrical Ltd.«, der Stolz der Modernisierer. Dieser Elektro-Konzern, der mehrere Tausend Menschen beschäftigt, erhält seine Energie von einem einige Kilometer nördlich von Hardwar samt Stausee errichteten modernen Kraftwerk.

Während im Elektrokonzern die Arbeiter durch effektive gewerkschaftliche Organisation ihre Interessen zu vertreten wissen, arbeiten sie in den zahlreichen Kleinbetrieben ohne gemeinsame Vertretung und sind dem Unternehmer hoffnungslos unterlegen.

Stadtgeographie Hardwar liegt westlich des Ganges. Mittelpunkt des städtischen Verkehrs und Geschäftslebens ist die mehrere Kilometer lange *Station Road*, die vom Zugbahnhof weit im Süden bis zum Kultzentrum um das Har-ki-Pairi Ghat weit im Norden führt. Der Ganges kann auf insgesamt drei Brücken überquert werden. Das religiöse Zentrum mit den zahlreichen Tempeln, Dharamshalas, Badeghats und Läden befindet sich zwischen der mittleren und nördlichen Brücke. Nach Westen ist die Stadt an eine Hügelkette angelehnt.

Sehenswert Sehenswerte *Tempel*, renommierte *Ashrams* und das Pilger- und Sadhuleben an den *Badeghats* machen Hardwar für alle, die an sozialen und kulturellen Eigenarten von hinduistischen Wallfahrtsorten interessiert sind, zu einem sehenswerten Reiseziel. Gegenüber Varanasi hat Hardwar den Vorteil, daß es zum einen kleiner und überschaubarer ist, zum anderen noch nicht vom Touristenkommerz erfaßt ist, so daß man nicht durch Schlepper von Touristenläden belästigt wird.

Der Besuch von Hardwar läßt sich gut mit Ausflügen in die benachbarte *Yogitown Rishikesh* und Touren in das Hochgebirge von *Uttarakhand (Yamunotri, Gangotri, Kedarnath, Badrinath* und *Hemkund Sahib)* verbinden.

Beauty Point Einen ersten Überblick über Stadt und Umland bekommt man von einem Hügel im Westen der Stadt, ca. 2 km nördlich vom T.O., der mit der Seilbahn/Ropeway (Beauty Point) zu erreichen ist.

Har-ki-Pairi Ghat Meistbesuchter Flecken von Hardwar ist das bereits mehrfach erwähnte *Har-ki-Pairi Ghat*, an dem eine legendäre »Fußspur« von Lord Vishnu verehrt wird. In seiner Umgebung befinden sich mehrere Schreine, viele Bettler und Sadhus. Aus den Tempeln und Ashrams dringen bis Mitternacht religiöse Musik und Gesänge.

Das Har-ki-Pairi Ghat ist kultisches Zentrum der *Kumbha Mela* (alle 12 Jahre) und *Ardha Mela* (alle 6 Jahre). Allabendlich wird auf dem Ganges *Arti* gefeiert.

Canal Centenary Bridge

Von der nahegelegenen *Canal Centenary Bridge* hat man einen ausgezeichneten Überblick über die Badeghats am westlichen Gangesufer. Recht gut besucht sind auch der *Daksh Mahadev Tempel* und der *Sati Kund*, in *Kankal*, 3–4 km von T. O., die zu den fünf heiligen Plätzen (*Punch Tirthas*) in der Umgebung von Hardwar zählen.

Tempel

Ved Mandir
Museum

Zu den Sehenswürdigkeiten von Hardwar gehören auf jeden Fall auch der *Ved Mandir*, das *Museum* und die ayurvedische *Apotheke* der Gurukul Kangri-Universität an der Hardwar –Jawalpur Road, ca. 3 km vom T. O.

Essen und Trinken

Da Hardwar eine »heilige Stadt« ist, werden in den Restaurants lediglich vegetarische Gerichte serviert; und da dies hier besonders streng durchgeführt wird, erhält man nicht einmal Eier. Gut und preiswert ist das Restaurant *Chottawallah*, in der Hauptstraße. Recht brauchbar ist auch die Gaststätte des *Hotel Gurudev* (Nähe T. O.). Im *Mysore-Restaurant* bekommt man südindisches Essen.

Klima/Reisezeit

Die beste Zeit für den Besuch von Hardwar ist die Zeit von September bis November, wenn die Schwüle des Monsuns vorüber und das Wetter angenehm frisch und warm ist. Aber auch im Monsun ist das Wetter von Hardwar nicht unerträglich. Es ist hier längst nicht so schwül/feucht wie im benachbarten Rishikesh.

Information

T. O., Tel. 19, an der Hauptstraße, nicht weit entfernt vom Busbahnhof.

Übernachtung

Am billigsten sind die zahlreichen sehr einfach eingerichteten *Dharamshalas*. Die meisten billigen Hotels und einige kleine Speiselokale befinden sich zwischen der *Lata Rao Bridge* und dem *Sharavan Nath-Tempel*. Außerdem existieren in der Umgebung des Busbahnhofs eine Reihe brauchbarer Hotels der unteren Mittelklasse.

Billig, einfach und sauber ist z. B. die *Yatri Niwas Lodge*. Empfehlenswert ist auch das *Hotel Panama* (sehr saubere und geräumige Zimmer, ruhige Lage in einer Nebenstraße, allerdings recht weit vom Har-ki-Pairi Ghat). Etwa derselben Kategorie ist das *Gurudev Hotel*, nahe T. O. (mit A/c Restaurant) zuzuordnen. Der *Tourist Bungalow*, der mehrere Kilometer entfernt liegt (am östlichen Gangesufer), ist gut eingerichtet, aber teurer als die billigen Hotels, sofern man nicht gerade Schlafsaal nimmt.

Verkehrsverbindungen

Bahn: direkte Zugverbindung mit *Dehra Dun* (52 km, 1 1/2 Std.), *Delhi* (7 Std.; etwa 3 Std. langsamer als der Bus) und *Lucknow* (14 Std.).

Bus: Zahlreiche Busse nach *Delhi*, 222 km (4 Std.), *Rishikesh*,

24 km, und *Dehra Dun*, 52 km, sowie weniger häufig nach *Mussoori*, 77 km, *Devprayag, Joshimath/Badrinath, Kedarnath, Paonta Sahib* und *Chandigarh*.

Bus- und Zugbahnhof liegen einander gegenüber und sind mehrere Kilometer vom Stadtzentrum entfernt.

Rishikesh
(30.000 Ew.)

Pilgerstädtchen und Hauptstadt der Meditation, am Gangesufer gelegen, 24 km nördlich von Hardwar. Es befindet sich an jener Stelle, wo der noch vergleichsweise wenig verschmutzte Ganges die Himalayaberge verläßt.

Rishikesh, insbesondere die dichtbewachsene Hügellandschaft im Norden, ist seit vielen Jahrhunderten ein Lieblingsplatz der Yogis. So etwas konnte nicht ewig vor dem suchenden Auge westlicher Mystiker, Metaphysiker, Phantasten und Fans »östlicher Weisheit« verborgen bleiben. Spätestens seit die Beatles in den 60er Jahren zwecks einer Reise »nach Innen« eine Weile in Rishikesh verbrachten, wurde das »idyllische« Gangesstädtchen vollends bekannt und geriet nun allmählich immer tiefer in das Getriebe von Tourismus und Spiritual-Kommerz.

Im Gegenzug machten sich auch einige besonders habgierige Gurus in den Westen auf, um ihre Spiritualität direkt auf den potenteren Märkten der kapitalistischen Metropolen abzusetzen. Mehrere ließen sich sogar dauerhaft im Westen nieder.

Stadtgeographie

Das »normale« Rishikesh, das sich nur wenig von anderen nordindischen Provinzstädtchen unterscheidet – dichter, lauter Verkehr, Kühe in den Straßen, enge Gassen mit verfallenen Bauten –, liegt südlich vom *Chandrabhaga River* und westlich vom *Ganges*. Das touristische und kultische Rishikesh ist davon getrennt und beginnt nördlich vom Chandrabhaga und liegt zu beiden Seiten des Ganges.

Wer religiöse Praktiken, Rituale und Bräuche in einem nordindischen Pilgerzentrum studieren möchte und außerdem vorhat, ein paar Wochen oder Monate zu meditieren, findet in der nichtindustrialisierten Kleinstadt Rishikesh umweltmäßig viel günstigere Lebensbedingungen vor als in der unglaublich heruntergekommen, staubigen, lärmerfüllten, stark übervölkerten riesigen Großstadt Varanasi.

Ashramviertel

Hauptattraktion von Rishikesh bildet das große *Ashramviertel* am Ostufer des Ganges zwischen der Hängebrücke *Laksman Jhula* und dem *Geeta Ashram*. Dies ist ein sehr belebtes Viertel, bestehend aus Ashrams, Tempeln, Dharamshalas, Läden für Pujawaren, Läden für religiöse Literatur, Apotheken für ayurvedische Medikamente, Badeghats, vegetarische Speiselokale etc. Viele der Tempel/Ashrams wurden vom Geld reicher konservativer Hindus finanziert. So findet man hier u.a. einen von *Morarji Desai*, dem früheren indischen Premierminister (1977/78) gestifteten Tempel.

Banken/
Geldwechsel

Im Geschäftszentrum existiert eine Filiale der *State Bank of India*.

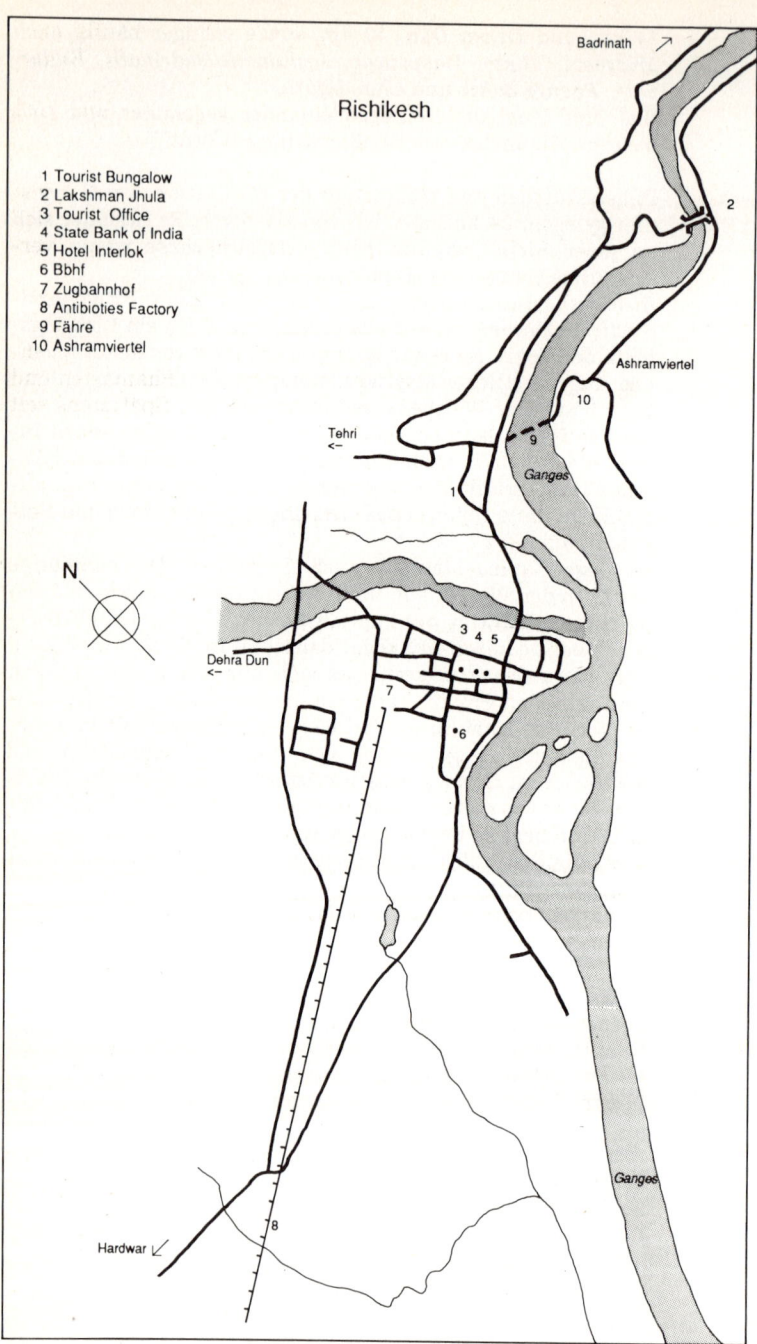

Rishikesh

1 Tourist Bungalow
2 Lakshman Jhula
3 Tourist Office
4 State Bank of India
5 Hotel Interlok
6 Bbhf
7 Zugbahnhof
8 Antibioties Factory
9 Fähre
10 Ashramviertel

Badrinath

Ashramviertel

Tehri

Ganges

Dehra Dun

Hardwar

Ganges

N

Essen und Trinken	In Rishikeshs Öffentlichkeit ist nur vegetarische Küche gestattet. Außerdem herrscht Alkoholverbot. Eine große Auswahl erwartet den Besucher im Restaurant des *Hotel Interlok* (Altstadt), das jedoch nicht gerade billig ist. In dieselbe Kategorie sind die Speiselokale des *Basro The Hotel* und das *Laxmanjhula Hotel* einzuordnen.
	Nicht so teuer und dennoch recht gut ist das Restaurant des *Tourist Bungalow*. Billige und brauchbare Speiselokale gibt es in der Nähe der Abfahrtstelle der Fähren zum Ashramviertel im Stadtteil *Muni-Ki-Reti* sowie im *Ashramviertel*.
Information	*Tourist Office*, Railway Station Rd., Tel. 2 09; *Garhwal Mandal Vikas Nigam*, Montaineering, Trekking, Skiing Division, an der Badrinath Rd.; über dieses Büro kann Trekkingausrüstung beschafft werden. Im Office hängt eine ausgezeichnete Karte für die Hochgebirgsregion *Garhwal*.
Klima/Reisezeit	Etwa wie in Hardwar, in der Regenzeit allerdings schwüler, da Rishikesh unmittelbar vor dem Gebirge liegt (dann Wetter wie in der Waschküche).
Meditation	Adressen der bekanntesten Yogazentren (ohne Wertung) *Divine Life Society*, Shivanand Nagar, Tel. 40; *Yog Niketan*, Muni-Ki-Reti, Tel. 2 27; *Yoga Sadhan Ashram*, Railway Rd.
Übernachtung	Nicht nur weil *Dharamshalas* sehr billig sind, sondern auch, um sich in der religiösen Szenerie umzusehen, empfiehlt es sich, dort zu übernachten.
	Der *Tourist Bungalow* ist gut ausgestattet und hat ein relativ preiswertes vegetarisches Restaurant (geöffnet: Frühstück 6.30–9.30 Uhr, Mittagessen 12.30–14 Uhr, Abendessen 20–22 Uhr).
	Mittelklasse und darüber: *Hotel Interlok*, Innenstadt; in dieselbe Kategorie fällt auch das *Basro The Hotel*, nahe GPO (ebenfalls luxuriöses Restaurant).
Verkehrsverbindungen	*Bahn*: Verbindungen mit *Hardwar* und *Delhi*.
	Bus: Direkte Verbindung mit *Delhi*, 246 km (5 Std.), *Hardwar* (sehr häufig), *Dehra Dun*, 42 km, *Mussoorie*, 77 km, *Yamunotri*, 288 km, *Gangotri*, 258 km, *Uttarkashi*, 154 km, *Kedarnath*, 228 km, *Devprayag*, 65 km, und *Badrinath*, 301 km.
	Der Zug- und der Busbahnhof sind sehr weit vom Ashramviertel und vom Tourist Bungalow entfernt (6–7 km).

Ausflüge

Von Rishikesh nach Yamunotri, Gangotri, Kedarnath und Badrinath

Rishikesh ist das Tor zum *Garhwal-Himalaya*. Fast alle Pilgerreisen zu den Hochgebirgswallfahrtsorten von Garhwal führen über dieses religionssoziologisch hochinteressante Provinzstädtchen. Auch Trekker unterbrechen hier zunächst einmal für ein paar Tage die Anreise. Vier stark frequentierte

Hauptrouten führen von Rishikesh in den Hochhimalaya von Garhwal.

Route 1: Rishikesh–Mussoorie–Barkot–Yamunotri, 288 km
Der Streckenabschnitt bis *Dehra Dun* besteht durchweg aus Hügelland. Dehra Dun ist eine schwer von Schadstoffen belastete Großstadt. Anschließend fährt man in zahlreichen Serpentinen durch baumlose terrassierte Berglandschaft (ca. 1.600 m Höhenunterschied) nach *Mussoorie* hinauf. Für die indischen Urlauber ist dieses renommierte (teure) alte Hill Station Endstation ihrer Reise.
Die Route führt sodann von dem 2.200 m hoch gelegenen *Mussoorie* in das *Yamuna Valley* hinunter, in dem man bis zum Zielort Yamunotri bleibt. In vielen Abschnitten sind die einst üppigen Hänge am Rande des Tals inzwischen vollkommen kahl. An nicht wenigen Stellen rutschen die Hänge immer wieder in die Straßen hinein. Dies geschieht besonders während des Monsuns sehr häufig. In dieser Zeit ist Wandern sehr gefährlich, da immer wieder Steine auf die Straße herabstürzen.
Auf halbem Weg zwischen *Mussoorie* und *Nowgaon* lohnt sich ein Abstecher (bei *Kuan*) nach *Lakhamandal*, wo ein alter Tempel aus dem 8. Jh. steht, in dem sich verschiedene wertvolle Skulpturen befinden.
In der Region um Lakhamandal, die *Jaunsar* heißt, wird noch von Teilen der Bevölkerung die Polyandrie praktiziert.
Wer genügend Zeit hat, könnte statt mit dem Bus den direkten Weg zu nehmen, von *Barkot* über das landschaftlich schöne *Har-Ki-Dun Valley* nach *Yamunotri* wandern.
Die Yamunotri-Busse fahren nur bis *Hanumanchatti*; die letzten 13 km müssen zu Fuß zurückgelegt werden. Dieser Abschnitt, der durch reizvolle Hochgebirgslandschaft führt, ist der weitaus schönste Teil der Strecke.

Route 2: Rishikesh–Tehri–Uttarkashi–Gangotri, 258 km
Nach dem langen Aufstieg ins Gebirge fährt man ab *Tehri* bis *Gangotri* stets durch das Tal des Ganges-Quellflusses *Bhagirati*, das allerdings im Bereich zwischen *Tehri* und *Dharasu* durch die Anlage eines Riesendammes völlig verändert wird (s. Exkurs zum Tehri-Staudamm, S. 331 f.).
Uttarkashi ist ein Provinzstädtchen mit einem alten Geschäftsviertel und verschiedenen Sehenswürdigkeiten.
Der schönste Teil der Route, die erst ab Gangotri so richtig ins Hochgebirge führt, ist der Abschnitt *Harsil–Gangotri–Gaumukh*. Da die Busse bis in den Wallfahrtsort *Gangotri* hineinfahren, fehlt die Yatra-Atmosphäre von Yamunotri und Kedarnath. Die Bergwelt um Gangotri ist freilich genauso schön wie die von Yamunotri und Kedarnath.

Route 3: Rishikesh–Srinagar–Gauri-Kund–Kedarnath, 228 km
Fast die gesamte Strecke führt durch Flußtäler/Schluchten. Zuerst geht es am *Ganges/Alaknanda* entlang, dann folgt man dem *Mandakini*.
Nach 68 km Fahrt wird das am Zusammenfluß von *Bhagirati* und *Alaknanda* gelegene *Devprayag* erreicht, dessen große Badeghats und alte Tempel sehenswert sind. Früher war dieser, noch ganz von der traditionellen Garhwal-Architektur geprägte Ort eine wichtige Yatra-Station, heute wird gerade jener kurze Halt eingelegt, den man einem Zusammenfluß schuldet.
Eine zweite Unterbrechung könnte man in *Guptakashi* einlegen, von wo aus sich abwechslungsreiche Wanderungen nach *Okhimath, Madhyamaheshwar* und *Chopta/Tungnath* (alle unten beschrieben, s. S. 334 ff.) anbieten.
Ab *Gauri-Kund* müssen noch 14 km zu Fuß zurückgelegt werden, bevor der berühmte Tempel von *Kedarnath* in Sicht kommt. Die *Kedarnath Yatra* unterscheidet sich erheblich von der Yamunotri-Yatra. So ist in Kedarnath das Sadhu-Element viel stärker vertreten.

Route 4: Rishikesh–Srinagar–Joshimath–Badrinath, 301 km
Route 3 und Route 4 sind bis *Rudraprayag* identisch. Der gesamte Weg folgt dem *Ganges/Alaknanda*. Die Umwelt dieses Tales ist schwer geschädigt. Zur Unterbrechung empfehlen sich *Devprayag, Srinagar/Pauri* und *Joshimath*. Von *Govindghat*, 18 km nördlich von Joshimath und 24 km vor Badrinath, kann man eine mehrtägige Wanderung nach *Hemkund Sahib*, dem über 4.000 m hoch gelegenen Sikh-Pilgerziel, und dem *Valley of Flowers* unternehmen.

Dehra Dun
(640 m, ca.
300.000 Ew.)

Dehra Dun ist eine Großstadt am Fuße der bis 3.600 m hohen *Mussoori Range*. Dehra Dun fungiert als Handelszentrum für die *Siwaliks* und die Gebirgsregion *Garhwal*, dementsprechend besitzt es ein sehr großes Geschäftszentrum.
Weiter ist es bekannt als Standort unerschwinglich teurer privater Eliteschulen. *Rajiv Gandhi*, Indiens Ende 1989 abgewählter Premierminister, und sein 1980 verunglückter Bruder *Sunjay* gingen hier zur Schule. Nicht wenige von Rajiv Gandhis Beratern und Ministern, die sogenannten *Dun Boys*, sind in dieser elitären Atmosphäre aufgewachsen.
Zu Dehra Duns überregionaler Bekanntheit trägt schließlich auch bei, daß hier viele wissenschaftliche Institute zu Hause sind – darunter z.B. das angesehene »Forest Research Institute«, die wichtigste Forschungseinrichtung auf diesem Gebiet.
Die Großstadt Dehra Dun ist kein Touristenort und wird auch keiner werden. Als Touristen werden hier nur indische Urlauber auf der Durchreise nach Mussoorie, 35 km, gesichtet.

Stadtgeographie	Das Zentrum der Stadt liegt um den Clock Tower/Turmuhr, eine Art Wahrzeichen von Dehra Dun. Südlich davon erstreckt sich der riesige *Patan Bazar*. Die teueren privaten Colleges und die Wohnhäuser der Reichen befinden sich im Norden.
Information	*Regional T. O.*, Gandhi Rd. 66, Tel. 2 32 17; *Garhwal Mandal Vikas Nigam*, Rajpur Rd., Tel. 2 68 17. Morgens um 9.30 Uhr startet vom Regional T. O. eine *Sightseeing Tour*, zu deren Programm *Malsi Deer Park*, *Tapkeshwar Mahadev*, *Forest Research Institute* und *Shastradhara* gehören.
Essen und Trinken	Im Bahnhof ist ein preiswerter *Refreshment Room*. Leckere und billige Thalis serviert man im *Vaishno-Restaurant* gegenüber des Jain Dharamshala (nahe Bahnhof). Zur mittleren Preisklasse gehören die Speiselokale der Hotels *Meedo* und *Prince*, die ebenfalls in der Nähe des Bahnhofs liegen. Gute Restaurants, aber relativ teuer, sind das *Moti Mahal*, Rajpur Rd., und das *Kwalty* (auch chinesische Küche), in derselben Straße, sowie das *Number 1 Hot Shoppe*, 4 Nashvilla Rd. (South Indian, Chinese, Italian Food, geöffnet 11–22 Uhr).
Übernachtung	*Billigkategorie*: *Hotel Victoria*, off Gandhi Rd. (kleine, einigermaßen saubere Zimmer, großer Hof, etwas abseits von der Hauptstraße, ruhig), *Hotel Prince*, Hardwar Rd. 1 (Preise ca. 25 % höher, sauber, untere Mittelklasse, Speiselokal), *Hotel Meedo*, Gandhi Rd. (Preise und Standard ähnlich wie Prince), alle in der Umgebung des Bahnhofs. *Mittelklasse* und darüber: *Hotel Kwalty*, Rajpur Rd. 19 (non A/c und A/c, Bar, Restaurant), *Hotel Relax*, Court Rd. 7 (non A/c und A/c, Restaurant), *Hotel Madhuban*, Rajpur Rd. 97 (erstes Haus am Ort, sehr teuer sowie Luxusrestaurant).
Verkehrsverbindungen	*Bahn*: Zugverbindung mit *Hardwar* und *Delhi*. Bus: direkte Verbindung mit: *Mussoorie*, 35 km (Abfahrt nahe Bahnhof; in der Saison lange Warteschlangen; Dauer der Fahrt 2 Std.), *Hardwar*, 54 km (1 1/2 Std.), *Rishikesh*, 43 km, *Barkot* (via Mussoorie), *Chandigarh*, *Patiala*, *Dharamsala*, *Chamba*, *Gopeshwar*, *Naitwar* (Har-Ki-Dun Valley), *Nainital*, *Pauri*, *Hanumanchatti/Yamunotri* (via Mussoorie), *Shimla* via *Paonta Sahib*, *Tehri* und *Uttarkashi*. *Flug*: Von Jolly Grant, 24 km, Vayudoot Flüge nach *Delhi*.

Widerstand gegen umweltfeindlichen Bergbau im Doon (Dun) Valley

Die Region südlich der *Mussoorie Range* wird *Doon Valley* genannt. Als ihr besonderer Reichtum gilt der reichlich vorhandene Kalkstein, dem die spezifische Fähigkeit zukommt, den Monsunregen zu speichern und in der langen Trockenzeit allmählich abzugeben.

Von diesem Kalkstein wurde zunächst in bescheidenem Umfang für die Zwecke der lokalen Bauindustrie abgebaut. In den letzten Jahrzehnten wurde der Kalkstein-Bergbau sodann stark ausgeweitet (1975 54 Bergwerke), da die Zucker-, Textil- und Stahlindustrie den wegen seiner außergewöhnlichen chemischen Reinheit sehr geschätzten »Dehra Dun-Kalkstein« in großen Mengen nachzufragen begann.

Der massive Abbau von Kalkstein bewirkte, daß der Wasserhaushalt der Region schwer gestört wurde: der Grundwasserspiegel sank, die Trinkwasservorräte gingen zurück, was zur Wassernot in den heißen und extrem trockenen Sommermonaten führte; der Wasserstand der Hauptflüsse der Region, die alle aus dem *Limestone Belt* kommen, ging in den Sommermonaten erheblich zurück.

Im Einzugsgebiet des *Baldi River* haben sich in den letzten beiden Jahrzehnten die Wasserreserven halbiert mit der Konsequenz, daß die Getreideproduktion um 28 % und der Viehbestand um 35 % zurückgingen.

Bereits Mitte der 70er Jahre entstand bei einer wachsenden Zahl von Menschen die Einsicht in die verheerenden Umweltschäden des Kalksteinbergbaus, die bald in massive Proteste und die Gründung zahlreicher Umweltinitiativen mündete.

1985 gelang es der inzwischen zur Massenbewegung angewachsenen ökologischen Bewegung, vertreten durch »Rural Litigation and Entitlement Kendra«, »Friends of the Doon Society« und »Save Mussoori Society«, durch eine Klage beim obersten Gerichtshof die Schließung von 53 der 60 Kalksteinbrüche im Doon Valley durchzusetzen. Das Gericht begründete seine Entscheidung damit, daß »dieser Preis für den Schutz des Rechts der Menschen gezahlt werden muß, in einer gesunden Umwelt zu leben.« Mit seiner Anerkennung des Grundrechts auf eine gesunde und ökologisch stabile Umwelt schuf das Gericht einen Präzedenzfall von großer umweltpolitischer Bedeutung.

Nun klagt man auch gegen den Dehra Dun-Entwicklungsplan, der für diesen bereits stark industrialisierten Raum zusätzliche risikoreiche und umweltbelastende Industrien vorsieht. In dem einst lieblichen Doon Valley ist die von Wald bedeckte Fläche auf 12 % zurückgegangen. Offiziell werden 60 % empfohlen. Um dies zu realisieren, ist ein gewaltiges Aufforstungsprogramm vonnöten, das nur durch starken Druck von unten überhaupt durchgesetzt werden kann.

Corbett Nationalpark	Indiens ältester Nationalpark, 500 km² groß, in den *Himalayan Foot Hills* gelegen – Höhenlage zwischen 400 und 1.210 m (*Kanda*, im Norden).

700 bis 1.000 m hohe sanfte Hügel wechseln mit weiten, dichtbewachsenen Tälern ab. In den Niederungen prägen lichte Salwälder die Landschaft. In den höheren Lagen existieren dichtere Bambuswälder. Außerdem befinden sich im Park auch große offene Wiesen. Durch den Nordwesten fließt der *Ramganga River*.

Der Corbett Nationalpark besitzt eine artenreiche Pflanzenwelt, zu der sowohl tropische als auch subtropische Spezies gehören. Man zählte 110 verschiedene Baumarten, 51 Spezies

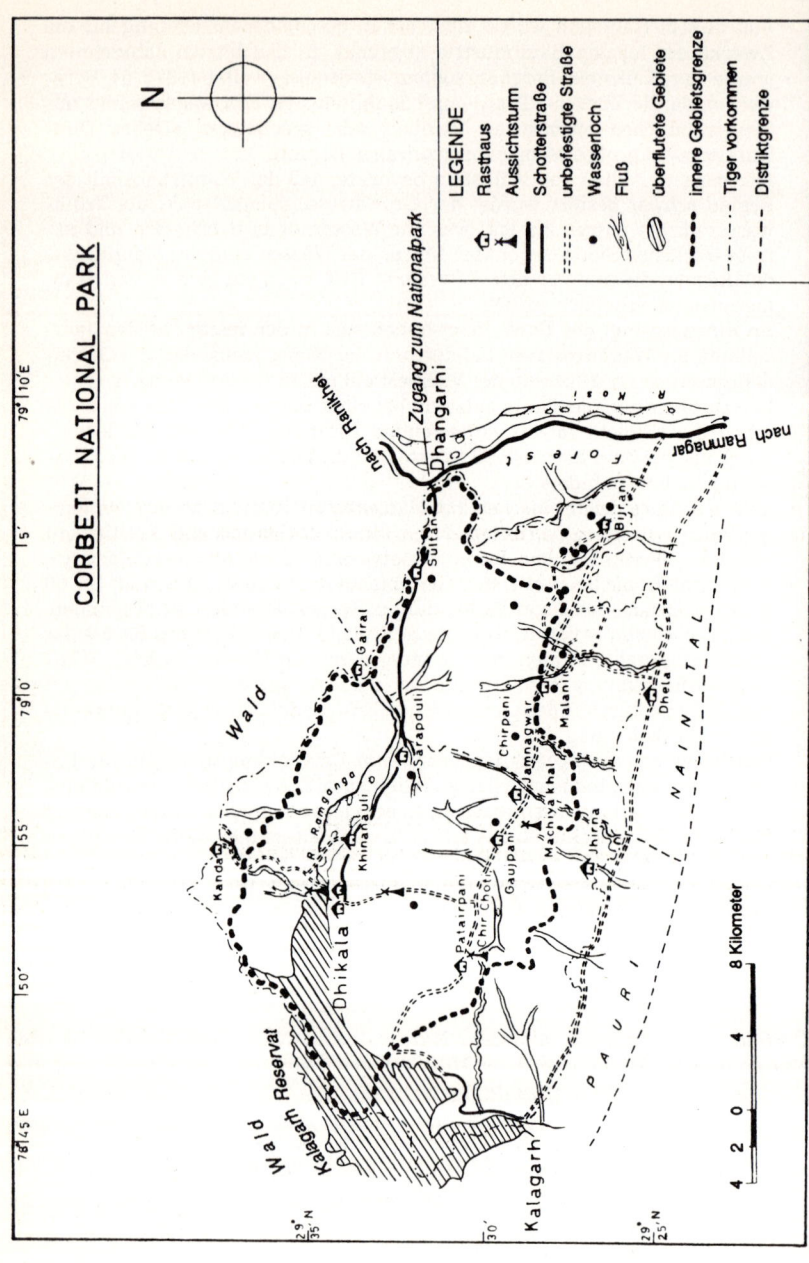

CORBETT NATIONAL PARK

LEGENDE

	Rasthaus
	Aussichtsturm
	Schotterstraße
	unbefestigte Straße
•	Wasserloch
	Fluß
	überflutete Gebiete
	innere Gebietsgrenze
	Tiger vorkommen
	Distriktgrenze

nach Ranikhet

Zugang zum Nationalpark

Dhangarhi

nach Ramnagar

Wald

Gairal

Sultan

Bijrani

R. Kosi

Forest

R. Ramganga

Sarapduli

Khinanauli

Chirpani

Ramnagar

Malani

Kanda

Dhikala

Patairpani

Chir Chot

Gaujpani

Machiya khal

Jhirna

Dhela

Wald Reservat

Kalagarh

Kalagarh

NAINITAL

PAURI

78°45'E 50' 55' 79°0' 5' 79°10'E

29°35'N

30'

29°25'N

4 2 0 2 4 8 Kilometer

von Sträuchern, 33 unterschiedliche Bambusarten und 27 verschiedene Kletterpflanzen.

Genauso reich ist übrigens auch die Tierwelt mit 50 Arten von Säugetieren, 577 Vogelarten, 26 verschiedenen Reptilien, 7 Arten von Amphibien und Myriaden von Insekten.

Zur im Park heimischen Tierwelt zählen u. a. Elefanten, Tiger, Leoparden, Lippenbären, Streifenhyänen, Nilgaiantilopen, Sambharhirsche, Schweinshirsche, Muntjaks, Wildschweine, Rhesusaffen, Stachelschweine, Fischotter, Dachse, Mungos und Ganges-Gaviale, eine in Indien vom Aussterben bedrohte Gattung. Es gehört allerdings einiges Glück dazu, auch nur einen Teil der angeführten Tiere zu Gesicht zu bekommen.

Durch den Bau des Kalagarh-Reservoirs ging 10 % der Parkfläche, die unter Wasser gesetzt wurde, verloren.

Die Besichtigung erfolgt auf dem Rücken von Elefanten. Die Ausritte werden bei Sonnenauf- und Sonnenuntergang unternommen und dauern in der Regel 2 Stunden. Es wird zu Plätzen geritten, die als besonders erfolgversprechend gelten. Ausgangspunkt ist *Dhikala*, 51 km von *Ramnagar* entfernt.

Als beste Jahreszeit für den Besuch des Parks gilt die Zeit von Januar bis April. Im Mai und Anfang Juni ist es zu heiß und die Plage durch Insekten sehr groß und unangenehm. Während des Monsuns, der hier sehr stark ist, wird der Park geschlossen.

Die Zahl der Besucher ist in der jüngsten Vergangenheit kräftig gestiegen (1980: 11.008 Besucher, darunter 1.608 aus dem Ausland), womit einige negative Effekte auf das Ökosystem des Parks verbunden waren – z. B. Lärmbelästigung der Tiere durch laute Musik aus Transistorradios.

Übernach- In *Dhikala* gibt es folgende Unterkünfte: *Cabins* für 20 DM
tung pro Tag; *Tourist Hutments* für 10 DM; *Swiss Cottages Tents* für 2 DM, *Log Huts* für 3 DM pro Person, *Zeltplätze* für 1 DM pro Person. Und damit niemand verhungert, wurde auch ein großes Restaurant geschaffen.

Außerdem existieren in *Saraptuli*, *Bijrani*, *Gairal*, *Kanda* und *Sultan* Forest Rest Houses.

Verkehrsverb. *Busse* nach *Nainital* via *Ramnagar*.

Durchschnittstemperaturen im Park

	J	F	M	A	M	J	J	A	S	O	N	D
Max.	25	28	34	40	43	44					30	27
Min.	3	5	9	13	19	22					8	4

Besonderheiten der Monate, in denen der Park geöffnet ist

	Tiere, die zu sehen sind	Wetter	Sonstige Bemerkungen
Nov.	Tiger, Krokodil und Hirsch	kalt	Beobachtung schlecht wegen hohen Grases
Dez.	Tiger, Krokodil und Hirsch	kalt	Beobachtung schlecht wegen hohen Grases
Jan.	Tiger, Elefant, Krokodil, mehr Hirsche	kalt	verbesserte Sicht
Feb.	Möglichkeit, alle Tiere zu sehen; idealer Monat	Nächte kalt, Tage angenehm	Sicht sehr gut
März/ April	Möglichkeit, alle Tiere zu sehen; idealer Monat	Nächte kühl, Tage warm	Sicht sehr gut
Mai	Tiere ziehen sich viel in das dichte Unterholz zurück	Nächte angenehm, Tage sehr heiß und staubig	

Garhwal und Kumaon Hills

Mussoorie, Tehri Damm, Uttarkashi, Joshimath, Nainital, Ranikhet, Almora, Kausani

Dieses 1.000–4.000 hohe Bergland zwischen dem *Terai* und der Bergkette des *Great Himalaya* ist eine ökologisch schwer geschädigte Region, deren zahlreiche dichtbevölkerte Täler viel von ihrem früheren Reiz verloren haben. Verschiedene riesige Dammbauprojekte drohen die ökologischen Probleme weiter zu verschärfen.

In dieser Region liegen seit der Kolonialzeit verschiedene Hill Stations (*Mussoorie, Nainital*), in die der Massentourismus eingezogen ist. Auch damit sind enorme Umweltprobleme verbunden.

Die Garhwal Hills sind außerdem sehr stark vom Durchgangsverkehr nach Yamunotri, Gangotri, Kedarnath, Badrinath und Hemkund Sahib betroffen. Die Orte, die an den entsprechenden Routen liegen, haben stark unter Abgasen und Verkehrslärm zu leiden.

Garhwal Hills

Mussoorie
(20.000 Ew.)

Neben Nainital und Simla gehört dieses in der Kolonialzeit angelegte Hill Station, 24 km nördlich von Dehra Dun, zu den meistbesuchten Urlaubsorten des nordindischen Bürgertums. Deshalb ist es nicht verwunderlich, daß in der Saison (April–Juni; September, Oktober) hier allerhand los ist.

Das Umland von Mussoorie bietet den Anblick eines ökologischen Desasters, die Abhänge zwischen *Mussoorie* und *Dehra Dun* sind inzwischen vollständig entwaldet worden. Seit einem Jahrzehnt sucht die Umweltgruppe »Save Mussoori«, diese gefährliche Entwicklung aufzuhalten und rückgängig zu machen.

Stadtgeographie

Mussoorie ist über einen Bergrücken verstreut, von dem man einen weiten Blick über das *Doon Valley* werfen kann. Der Ort ist im wesentlichen eine Ansammlung von Läden, Restaurants und Hotels. Die Atmosphäre ist fast ganz und gar die eines Urlaubsortes. Davon unterscheidet sich lediglich der im Osten gelegene Stadtteil *Landaur Bazar*, der einen sehr lokalen Charakter hat (Häuser, Läden, Menschen etc.).

Information

Tourist Bureau, The Mall, Tel. 28 63; hier werden auch Ausflugsfahrten verkauft.

Bibliotheken

Zeitungsleseräume findet man in der *Tilak Memorial Library*, Kulri Bazar, und der *The Library*, Gandhi Chowk.

Buchläden

In der Nähe des GPO existieren mehrere *Buchläden*, in denen auch die meisten gängigen nordindischen englischsprachigen Zeitungen und Zeitschriften zu erhalten sind.

Essen und Trinken

Es ist nicht weiter überraschend, daß es in einem stark frequentierten Urlaubsort viele gute und z.T. auch sehr preiswerte Speiselokale mit ganz verschiedenen regionalen Küchen (Punjabi, Mughlai, Tandoori, Tibetan Food, Lucknow Kebab, südindisches Essen etc.) gibt. Besondere Konzentrationen von Speiselokalen befinden sich im *Library Bazar*, in der Umgebung des *Tourist Office* und im *Kulri Bazar*. Für Kaffeefreunde sei noch erwähnt, daß es in der Nähe des GPO auch ein *Indian Coffee House* gibt.

Übernachtung

Billigkategorie: Man findet sowohl im *Library Bazar* als auch im *Kulri* und *Landaur Bazar* Unterkünfte der unteren Preisklasse (EZ ab 7, DZ ab 11 DM), so in der Nähe des Library Bazar das *Hotel Gulmarg* (sauber, Ausblick auf das Doon Valley, Garten, ruhige Lage), das *Hotel Apsar* im Kulri Bazar und die Hotels *Ganesh*, *Anupa* und *Mullinagar* im Landaur Bazar.
Mittelklasse: *Valley View*, The Mall, Tel. 23 24 (EZ 18, DZ 35 DM)

Verkehrsverbindungen

Häufig *Busse* nach *Dehra Dun*, 35 km (von dort Bahn- und Busverbindung nach Hardwar und Delhi) sowie Busse nach *Chamba*, *Barkot/Yamunotri* und *Uttarkashi/Gangotri*.
Nächster *Flughafen* ist Jolly Grant, 60 km.

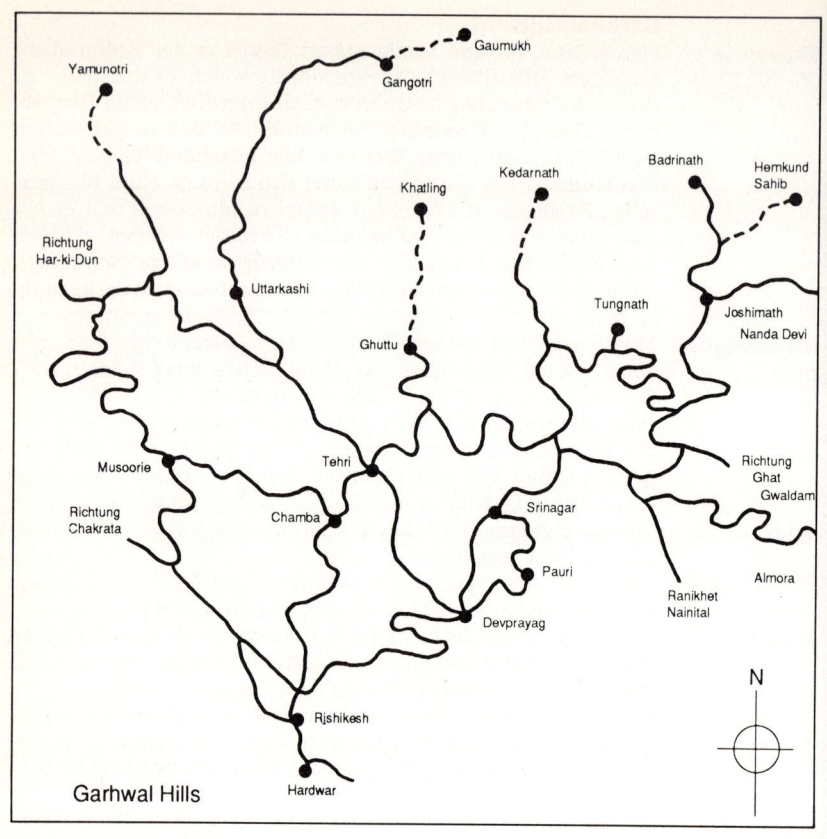

Garhwal Hills

Ausflüge

Gun Hill
Sehr populär sind unter den indischen Upper und Middle Class-Urlaubern Fahrten mit der Seilbahn auf den *Gun Hill*, der die Stadt Mussoorie überragt. Vom Gipfel bietet sich bei klarem Wetter ein Blick auf das Himalaya-Panorama von *Bandarpunch* (6.318 m), *Sri Kantha*, *Pitwara*, die *Gangotri*-Kette etc. und aus der Vogelperspektive *Mussoorie* und das *Doon Valley*. Zum Gun Hill führt außerdem von der Mall Road (nahe Kutchery) ein steiler Fußpfad (Entfernung ca. 1 km).

Lal Tibba
Am *Lal Tibba*, ca. 3 km östlich des GPO, steht eine Aussichtsplattform mit einem Fernrohr, daß bei klarem Wetter die Aussicht auf die Gipfel von *Yamunotri*, *Kedarnath* und *Badrinath* ermöglicht. Direkt in Reich- und Sichtweite liegt der Hausberg von Mussoorie, der *Nag Tibba* (3.600 m). Der Anstieg zum Lal Tibba ist nicht allzu steil und landschaftlich schön.

| Municipal Garden | Ebenfalls sehr beliebt ist der Besuch des *Municipal Garden/ Stadtpark*, ca. 4 km westlich von Mussoorie, mit einem kleinen See – zu Fuß über Waverly Covent Road zu erreichen. |

| Mussoorie International School | In dieser Gegend befindet sich auch die »Mussoorie International School«, ein Elitepensionat, das mit allen Schikanen modernster Technologie ausgestattet ist (Lehrcomputer, modernst eingerichtete Physik- und Chemielabors) und außer Tennisplätzen auch über ein geheiztes Hallenbad verfügt. Ein Platz in dieser Schule (einschließlich Vollpension) kostet rd. 7.000 DM (mehr als 10 Jahreslöhne für Landarbeiter) pro Schuljahr. |

Municipal Garden

Ebenfalls sehr beliebt ist der Besuch des *Municipal Garden/ Stadtpark*, ca. 4 km westlich von Mussoorie, mit einem kleinen See – zu Fuß über Waverly Covent Road zu erreichen.

Mussoorie International School

In dieser Gegend befindet sich auch die »Mussoorie International School«, ein Elitepensionat, das mit allen Schikanen modernster Technologie ausgestattet ist (Lehrcomputer, modernst eingerichtete Physik- und Chemielabors) und außer Tennisplätzen auch über ein geheiztes Hallenbad verfügt. Ein Platz in dieser Schule (einschließlich Vollpension) kostet rd. 7.000 DM (mehr als 10 Jahreslöhne für Landarbeiter) pro Schuljahr.

Das Tehri Project – der bedrohliche Riesendamm

Nur 1 km nördlich vom alten Garhwal-Städtchen *Tehri* wird z.Z. an einem riesigen Staudamm gebaut, der ca. 4 Mrd. DM kosten wird und 1996 nach 10jähriger Bauzeit in Betrieb gehen soll. Mit dem Tehri-Damm soll ein Wasserkraftwerk verbunden werden, dessen projektierte Leistung von 2.400 Megawatt es zu einem der größten der Welt machen soll.

Hinter einer 260 m hohen und 1.180 m breiten Staumauer soll der *Bhagirati*, einer der Quellflüsse des *Ganges*, zu einem 42 km² großen See gestaut werden, in dem 24 Dörfer restlos verschwinden werden. Weitere 72 Dörfer werden überflutet und müssen ebenfalls geräumt werden. Dem Stausee müssen auch größere Waldstücke weichen. Durch das fragwürdige Staudammgroßprojekt verlieren bis spätestens 1996 70.000 Menschen ihre angestammte Heimat. Sie befürchten, wie Erfahrungen mit ähnlichen Projekten lehren, möglicherweise nicht zu Unrecht, daß sie ihre ohnehin bescheidene Existenz gegen eine noch armseligere werden eintauschen müssen.

Nach Auffassung bedeutender indischer Geologen, wie z.B. *Prem Sarup Saklani*, Direktor der geologischen Abteilung der Universität Delhi, ist der Damm ein gewaltiges Sicherheitsrisiko für weite Gebiete Nordindiens. »Die Forscher bedrückt, daß der Staudamm in einer geologischen Verwerfungszone aufgeschüttet wird, die laut Prem »bereits jetzt kritisch gedehnt« sei. Ein seismisch verdächtiger Graben soll in fünf bis sechs Kilometer Tiefe genau unter dem Damm verlaufen.

Ein bei anderen Dämmen dieser Art beobachtetes Phänomen – künstlich hervorgerufene Beben, die durch die Auflast der Wassermassen an dem Damm entstehen können – halten die Forscher erst recht an dem Riesenbauwerk in Garhwal für möglich. Nach ihrer Prognose ist das Einsetzen der Schneeschmelze im Frühling am gefährlichsten, wenn der Bhagirathi zusätzliche Wassermassen aus dem Himalaya mit sich führt.

Aber auch ein Dammbruch im Gefolge eines Bergsturzes erscheint dem Chefgeologen Prem als plausibles Szenario. Ursache dafür könnte der Felsenuntergrund der umgebenden Talhänge sein, die aus einem spröden, vom Stauseewasser leicht zu infiltrierenden Schottergemisch aus Schiefer und Quarz bestehen.«[1]

Wenn der Damm bricht, werden riesige Wassermassen nicht nur Tehri und

Rishikesh, sondern auch die Großstadt Hardwar einfach wegspülen. Die Katastrophe wäre »hundertmal verheerender als das Giftgas-Desaster von Bhopal« (Professor Prem Sarup Saklani).

All dies ist auch den verantwortlichen Politikern in Delhi bekannt, dennoch wird gegen den Protest zahlreicher Bürgerinitiativen in Garhwal an dem bedrohlichen Riesendamm gebaut.

Anmerkung
1 Spiegel, Nr. 8/1988, S. 163.

Uttarkashi (15.000 Ew.)	Distrikthauptstädtchen, in dem viele Pilger auf dem Weg nach Gangotri übernachten. Dieser recht ansehnliche Ort im Tal des Bhagirati River (1.158 m hoch) besitzt einen großen *Bazar*, eine Filiale der State Bank of India, ein großes Postamt, verschiedene bedeutende *Tempel* und *Ashrams* (u. a. der Ashram des Yog Niketan) sowie Badeghats am Bhagirati River.
Information	Die *Touristeninformation* befindet sich in der Nähe des Busstandes, und zwar im gleichen Gebäude wie das Hotel Vijay Raj.
Bibliothek	In der *Bibliothek* des »District Information Centre« erhält man verschiedene englischsprachige Zeitungen. Die Bibliothek ist jedoch in bezug auf lokale Ökologie und soziale Fragen sehr schwach (geöffnet Mo–Sa 8–10 und 15–19 Uhr). Eine gute Auswahl an Zeitungen und Zeitschriften bietet ein kleiner Laden im *Bazar*, nicht allzuweit von der Post entfernt. Außerdem erhält man an verschiedenen Kiosken am Busstand englischsprachige Zeitungen.
Essen und Trinken	Gutes vegetarisches Essen bekommt man im *Hotel Anand* im Bazar. Zu empfehlen ist auch das *Hotel Satyam* (150 m vom Tourist Rest House entfernt), in dem außer nordindischen Standardgerichten auch Südindisches angeboten wird.
Übernachtung	Billig und sauber ist das *Hotel Vijay Raj* (am besten die Zimmer im oberen Geschoß), ganz in der Nähe des Busstandes. In dieser Gegend befindet sich auch die *Traveller Lodge*, die in der Saison oft ausgebucht ist (gleicher Level, aber höhere Preise). Des weiteren gibt es unterhalb des Busbahnhofs eine Reihe von Hotels, die zur Billigkategorie bzw. unteren Mittelklasse zu rechnen sind. Sehr schön gelegen (in der Nähe des Bhagirati-River und der Badeghats), aber 1–2 km vom Busstand entfernt, existiert übrigens auch ein gut ausgestatteter *Tourist Bungalow*. Im letztgenannten Stadtteil liegt ebenfalls der *Yog Niketan Ashram*, in dem es ein *Dharamshala* gibt.
Verkehrsverbindungen	*Busse* nach *Barkot, Yamunotri, Rishikesh, Lanka/Gangotri*; *Lanka*, die Endhaltestelle der Busse von Uttarkashi Richtung Gangotri ist mit Gangotri durch Jeep und Bus verbunden. Im

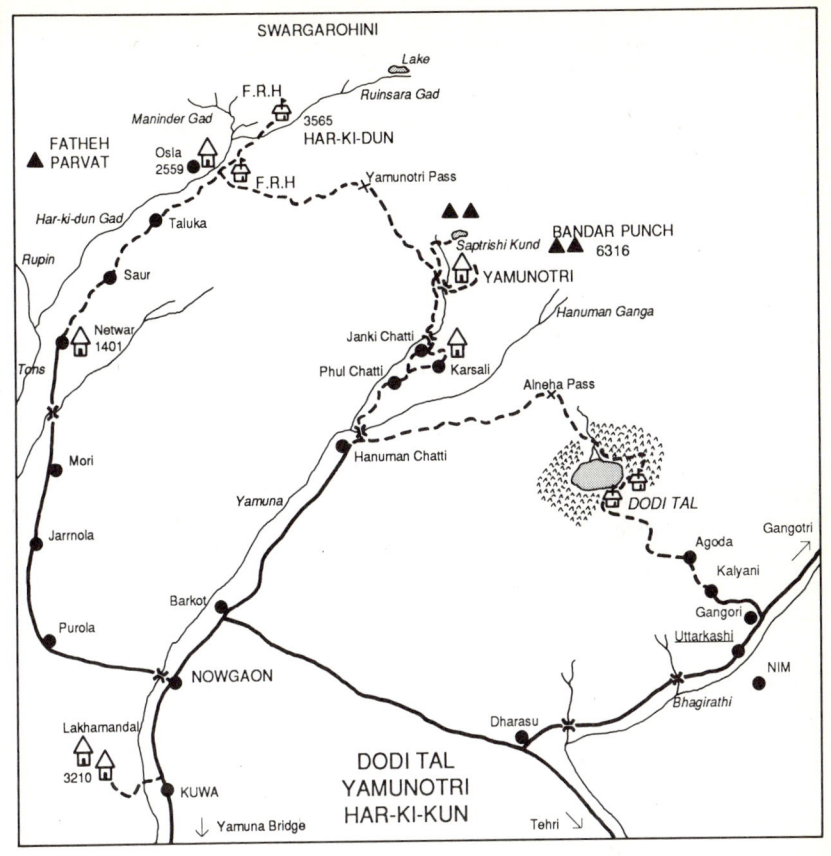

Sommer ist dieser Streckenabschnitt sehr staubig, so daß Autos immer dichte Staubwolken aufwirbeln. Die Straße ist in den Berg hineingesprengt worden, dessen Tektonik darunter schwer gelitten hat. Aus ökologischen Gründen dürfte hier keine Straße existieren. Jedes vorbeifahrende Auto löst Erschütterungen aus, die das Gestein allmählich lösen.

Um diese fatale Entwicklung zu verhindern, wäre der Streckenabschnitt Lanka–Gangotri für den Autoverkehr zu sperren. Für die Pilger und Touristen wären 10 km Fußmarsch nach der langen Busfahrt von der nordindischen Ebene sicherlich sehr gesund.

Wanderungen/Trekking Ca. 10 km Richtung Gangotri beginnt in *Lata* der alte Pilgerweg/Yatra nach *Kedarnath*, auf dem man nach fünf Tagen Wanderung durch abwechslungsreiche Gebirgslandschaft den berühmten Wallfahrtsort erreichen kann (s. Trekking in Uttarakhand, S. 360 ff.).

Ein anderer Track führt über *Dodital* und *Hanumanchatti* in drei Tagen in den fast genauso populären Hochgebirgswallfahrtsort Yamunotri.

Guptakashi, Madhyamaheshwar, Okhimath, Chopta und Tungnath

Guptakashi

Marktflecken, dessen Erscheinungsbild noch stark von der alten Garhwal-Architektur geprägt ist.

Dieser an der Straße Rishikesh–Rudranath–Gauri–Kund/Kedarnath gelegene Ort besitzt die beiden sehenswerten alten Hindu-Tempel *Chandra Sekhar Mahadev* und *Ardha Narishwar*. In der Umgebung befinden sich einige interessante Ausflugsziele, wie das gegenüberliegende *Okhimath* mit seinen schönen Tempeln (Wintersitz der Pandas von Kedarnath), der *Bhagwati-Tempel* von *Kalimath*, 8 km, und die hochgelegenen vielbesuchten *Shiva-Tempel* von *Madhyamaheshwar*, 33 km nördlich, sowie *Tungnath*, ca. 45 km nordöstlich (bei *Chopta*).

Übernachtung

In Guptakshi hat man die Wahl zwischen *Privatunterkunft* und kleinem *Hotel*.

Verkehrsverbindungen

Busse nach *Soneprayag/Gauri-Kund*, *Rudraprayag/Rishikesh* und *Okhimath/Gopeshwar*.

Shiva-Tempel von Madhyamaheshwar

Dieser Tempel, 38 km nördlich von *Guptakashi*, ist nur zu Fuß erreichbar. Der Trekkingpfad zweigt 5 km nördlich von Guptakashi von der Hauptstraße ab und führt über *Kalimath*, 8 km (1.463 m), *Ransi-Tempel*, 19 km (1.765 m) und Gondhar, 22 km (2.073 m).

Die Route ist landschaftlich schön gelegen; stellenweise sind die Gipfel *Chaukhamba*, *Kedarnath* und *Nilkanth* zu sehen. Der Tempel befindet sich in einer Höhe von 3.289 m.

In *Kalimath* und *Madhyamaheshwar* besteht die Möglichkeit, im *Dharamshala* zu übernachten.

Man könnte, statt nach Guptakashi zurückzukehren, auch von *Lank* über *Deoria Tal* nach *Chopta/Tungnath* wandern – ebenfalls eine nicht allzu schwere Route.

Chopta und Tungnath

Ein weiteres vielbesuchtes Pilgerziel in der Region Guptakashi ist der wie Madhyamaheshwar zu den Panch Kedar zählende *Shiva-Tempel* von *Tungnath*, 3.680 m, ca. 5 km nördlich von *Chopta*. Die Pilgerroute beginnt bei einem Tea Stall an der Guptakashi-Gopeshwar Road.

Der nur ca. 5 km lange Aufstieg zum Tempel ist steil, wird aber ein wenig versüßt durch eine schöne Gebirgslandschaft. Der Tempel steht auf einem Bergkamm. Bei klarem Wetter sind der *Panch Chuli*, *Nanda Devi* (7.817 m), *Dunagiri*, *Nilkanth*, *Kedarnath*, *Bandarpunch* und verschiedene andere hohe Berge zu sehen.

Übernachtung

An der Abzweigung des Pilgerwegs von der Hauptstraße Guptakashi-Gopeshwar befindet sich ein *Tea Stall*, in dem

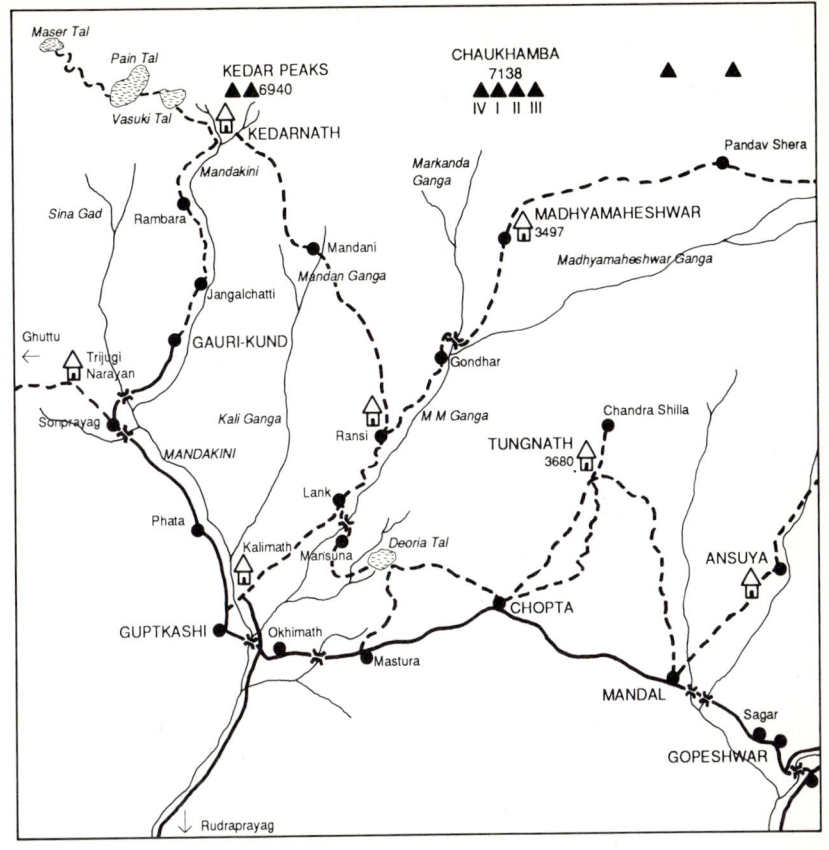

man auch Schlafen kann (sehr einfach). 1–2 km unterhalb vom Chopta Tea Stall (auf Pfad zu erreichen) befindet sich ein *Hirtenweiler* (von Wald umgeben), in dem man ebenfalls übernachten kann (natürlich sehr einfach). Essen einschließlich heißer Milch ist auch erhältlich.

Verkehrsverbindungen

Anhalten von *Bussen* Richtung *Gopeshwar* und *Guptakashi*. Man kann auch entlang der wenig befahrenen Hauptstraße nach Guptakashi und Gopeshwar wandern; in beiden Richtungen kommt man durch landschaftlich reizvolle Gegenden.

Gopeshwar und Rudranath

Gopeshwar ist Distrikthauptstadt von *Chamoli*. Dies findet seinen Ausdruck in vielen Regierungsbauten, Schulen und einem großen Bazar. Der Ort ist als eines der Zentren des ökologischen Widerstandes gegen den Kahlschlag in den Garhwal Hills auch weit über diese Bergregion hinaus bekannt geworden.

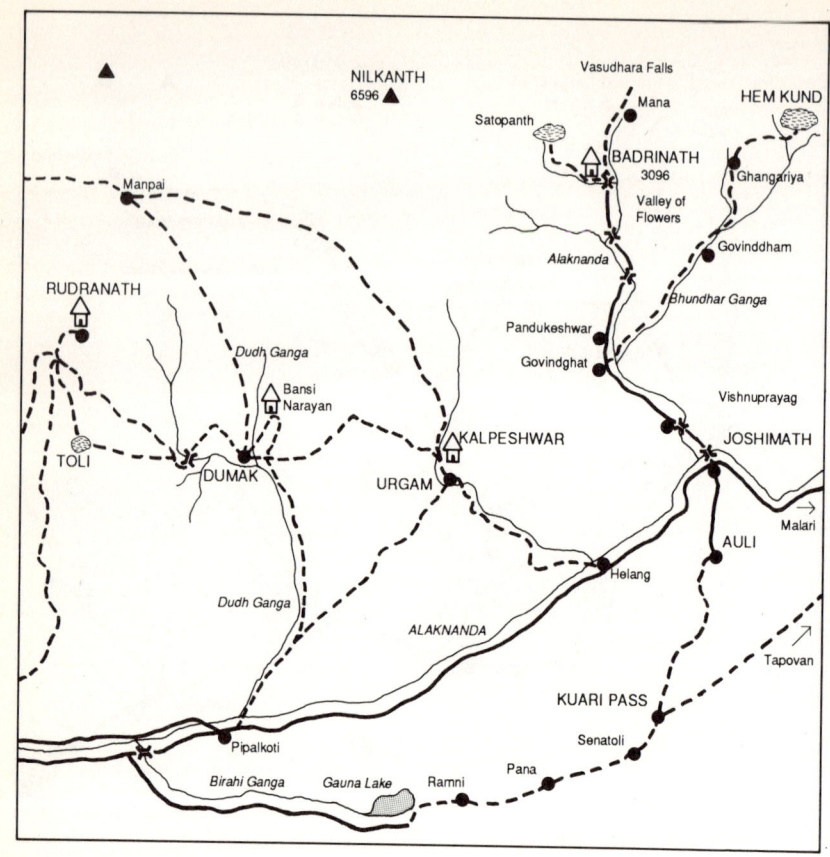

Ca. 30 km nördlich von *Gopeshwar* befindet sich mit *Rudra-nath* ein weiterer in schöner Hochgebirgslandschaft gelege-ner vielbesuchter Tempel. Es ist empfehlenswert, nicht wie-der von Rudranath nach Gopeshwar zurückzukehren, son-dern über *Urgam* nach *Helang* an der Rishikesh–Badrinath Road zu wandern (s. Rudranath Track, S. 361 f.).

Übernach-tung · Da Gopeshwar kein Touristen- und/oder Pilgerziel ist, gibt es hier lediglich bescheidene Übernachtungsmöglichkeiten, so *New Star Hotel* (Zimmer ca. 4 DM).

Verkehrsver-bindungen · *Busse* nach *Guptakashi* und *Joshimath* via *Chamoli*. Wer Zeit hat, kann auch bis Chamoli wandern. Die 9 km lassen sich mittels Short Cuts fast halbieren. In *Chamoli* trifft man auf die verkehrsreiche Hauptstraße *Rishikesh–Joshimath/Badri-nath*.

Wanderungen · Der Raum Gopeshwar gehört zu den dichtbesiedelten Gebie-ten des Hügellandes von Garhwal. Hier kann man auf kleinem Raum mit wenigen Wanderungen alle gravierenden Probleme, die mit Migration und ökologischer Krise zusammenhängen, studieren.

Joshimath
(1.874 m,
10.000 Ew.)

Handelszentrum des Nordostens von Garhwal: viele Läden, Restaurants, verschiedene billige Hotels, eine Touristeninformation – und zahlreiche Kasernen.

Hier übernachten zahlreiche Pilger auf dem Weg nach *Badrinath* oder *Hemkund Sahib* oder unterbrechen doch wenigstens für eine kurze Rast. Die Tempelpriester von Badrinath verbringen den Winter in Joshimath, wo es mehrere z. T. auch alte Tempel (z. B. Nar Singh Mandir) gibt.

Seit ein paar Jahren ist man dabei, in der Umgebung (Auli) ein Wintersportzentrum aufzubauen.

Übernachtung

Nanda Devi Hotel, nahe Busstand (einfach, sauber, EZ, DZ). Wegen der zahlreichen Pilger ist es im Juni und September oft nicht einfach, ein Zimmer zu finden.

Verkehrsverbindungen

Busse nach *Chamoli, Karnaprayag, Srinagar, Rishikesh* (7–8 Std.), *Lata* (Ausgangspunkt für Nanda Devi Track) und *Govindghat* (Badrinath, 42 km; Abfahrt in der Unterstadt am Nar Singh Mandir, Busse sehr voll).

Wandern/
Trekking

Man kann auch auf der Straße nach *Badrinath* wandern. Sie führt ein schönes Flußtal entlang. Man kommt durch ein paar Dörfer sowie am Sikh-Heiligtum *Govindghat* (18 km) vorbei. Wenn die Wanderlust nachläßt, hält man den Bus nach Badrinath an.

Im Gegensatz zum arg verschandelten Joshimath sind die Gebirgslandschaften in der Umgebung sehr ansehnlich. In dieser Region können verschiedene Tracks unternommen werden (s. Trekking in Uttarakhand, S. 359 ff.).

Kumaon Hills

Ranikhet
(ca. 20.000
Ew.)

Hill Station, das wie Nainital auf die Kolonialzeit zurückgeht. Dieses Kleinstädtchen, das auf einem Höhenrücken liegt und von Nadelwald umgeben ist, ist längst nicht so schön gelegen wie Almora.

Der Wald endet auch schon kurz hinter dem Ort, und dann schaut man auf weite Gebiete, die fast vollständig baumlos sind.

Ranikhet hat im Vergleich zu Nainital und Mussoorie nur geringes Prestige. Deshalb ist hier noch kein großer Bauboom ausgebrochen, so daß luxuriöse Hotels fehlen und die Zersiedelung des Umlandes noch nicht stattgefunden hat. Der Touristenrummel hält sich sogar in der Hauptsaison in Grenzen.

Übernachtung

Im Stadtzentrum findet man eine Reihe von Hotels der unteren Kategorie wie z. B. das *Hotel Everest*. Zur Mittelklasse zählt das *West View Hotel*, Mahatma Gandhi Rd. (Küche: Indian, Chinese, Continental, Tandoori).

Verkehrsverbindungen

Busse nach *Kausani, Nainital* (60 km), *Almora* (60 km) und *Delhi*. Der Hauptbusbahnhof, von dem die Busse nach Delhi abfahren, liegt unterhalb des *Tourist Bureau*, neben dem sich auch ein modernes und großes Restaurant befindet. Ca. 1 km entfernt, am Ende des Bazars, gibt es noch einen Busbahnhof, der v. a. auf die Orte in der näheren Umgebung zugeschnitten ist.

Ausflüge

Ayurvedische Medikamente
In der »Cooperative Drugs Factory & Herbarium« werden ayurvedische Medikamente aus lokalen Kräutern hergestellt (und auch erforscht). Sie liegt 3 km von Ranikhet entfernt und kann mit dem Bus und zu Fuß erreicht werden.

Chaubattia
Chaubattia, große Obstgärten und Obstforschungsanstalt, 10 km.

Majkhali
Majkhali, 13 km, Richtung Almora – gute Aussicht auf das Hochgebirge; bei klarem Wetter ist der *Nanda Devi*, 7.817 m, zu sehen.

Corbett National Park
Corbett National Park, s. Reiseziele in den Siwaliks (S. 325 ff.).

Kausani

Kausani ist ein Dorf in ca. 2.000 m Höhe, über einem Hügel verstreut, das wegen des eindrucksvollen morgendlichen Ausblicks auf das *Nanda Devi*-Massiv einst von *Mahatma Gandhi* in hohen Tönen gelobt wurde.

Vor diesem Hintergrund wurden in der Zeit des indischen Befreiungskampfes zwei *Ashrams* gegründet, die in der gandhianischen Sozialbewegung eine bedeutende Rolle spielten.

Anashakti Ashram
Der eine, der *Anashakti Ashram*, ist heute mehr Hotel und gelegentlicher Konferenzort. An einen Ashram erinnern fast nur noch die gemeinsamen Mahlzeiten seiner jeweiligen Besucher.

Laxmi Ashram
Der andere, der *Laxmi Ashram*, fungiert u. a. als Boarding School für Waisenmädchen. Gearbeitet wird nach den Prinzipien der gandhianischen Basic Education, die Lernen und Arbeiten ganzheitlich verbindet. Zur handwerklichen Ausbildung der Mädchen gehören z. B. das Stricken von Pullovern, die in mehreren Läden in der Umgebung von Kausani verkauft werden, und Gartenarbeit. Der Ashram organisiert für Frauen aus den umliegenden Dörfern Kurse im Weben. Schließlich ist der Laxmi Ashram im Rahmen der »Himalaya Seva Sangha« (Hauptbüro: Delhi, Raj Ghat) in der Umweltbewegung aktiv.

Leiterin des Ashrams ist *Rhada Bhatt*, die Autorin der auch bei uns bekannten Erzählung »Ein Mädchen aus Kumaon«.

Der Laxmi Ashram, der auf einem Berg oberhalb von Kausani liegt, besitzt große Gärten, eine Schule, Hostels, etwas Wald, eine Bücherei und verschiedene Werkstätten (Schreinerei, Webstühle u. a.).

Übernachtung
Es gibt zwei kleine *Hotels*: am Busstand und auf der Anhöhe, neben dem Anashakti Ashram (letzteres mit gutem Speiselokal). Man kann auch im *Anashakti Ashram* übernachten.

Verkehrsverb.	*Busse* nach *Almora*(51 Km), *Ranikhet, Bageshwar* und *Baijnath.*
Baijnath	Nördlich von Kausani führt die Straße durch Nadelwald in das fruchtbare *Garur Valley* hinunter, in dem *Baijnath* (19 km) liegt, wo sich mehrere alte Tempel befinden. Beson-
Tempel	derer Stolz des am grünen Ufer des Gomti gelegenen Haupt- tempels von Baijnath (erbaut im 12. Jh.) sind die lebensgro- ßen Statuen von *Shiva, Parvati* und *Ganesha.*
Museum	In Baijnath existiert auch ein kleines archäologisches *Mu- seum.*
Almora (1.638 m, 30.000 Ew.)	Almora ist die ehemalige Hauptstadt von Kumaon und liegt weit über einen Bergrücken verstreut – üppige Vegetation (Bananenstauden etc.), terrassierte Felder; insgesamt eine sehr intensiv besiedelte und bewirtschaftete Berglandschaft. Der Tourismus hält sich im Vergleich zu Nainital in Grenzen. In Almora sind das »All India Cultural Centre«, wo u. a. klas- sische Tänze gelehrt werden, und ein »All India Handicraft Institute« zu Hause. Es gibt eine relativ starke Umwelt- schutzbewegung in Stadt und Umland. Eine größere Anzahl von Frauen und Männern hat in jüngster Zeit mehrfach hef- tig gegen den exzessiven Alkoholkonsum vieler Männer de- monstriert.
Klima/Reise- zeit	Saison: März bis Juni und Mitte September bis Ende Okto- ber. Relativ schwacher Monsun; milder Winter mit wenig Schnee.
Essen, Trinken Übernach- tung Verkehrsver- bindungen	Ein gutes Speiselokal ist das Restaurant *Glory.* Einfach, billig: *New Himalaya Hotel; Alka Hotel;* beide am Busbahnhof (mit kleinen Dachgärten). *Busse* nach *Bareilly, Delhi* (368 km, 14 Std.), *Haldwani, Kathgodam* (90 km, wo man Zuganschluß hat), *Kausani* (51 km), *Lohagat, Moradabad, Nainital* (67 km), *Pithoragarh* (117 km) und *Ranikhet.*
	Ausflüge
Bageshwar	Bageshwar liegt 20 km östlich von Baijnath und 77 km nörd- lich von Almora und ist der bedeutendste Pilgerort der Re- gion. Seine kultische Hervorhebung ist auf den Zusammen- fluß der verehrten Flüsse *Gomti* und *Sarju* zurückzuführen. Hier wird Lord *Shiva* verehrt. 15 z. T. alte Schreine unter- streichen die Relevanz von Bageshwar. Hauptereignis ist die
Uttargayani Fair	im Januar stattfindende vielbesuchte *Uttargayani Fair.* An- läßlich dieses Festes nehmen Tausende ein Bad im Zusam- menfluß der beiden Flüsse.
Nainital (ca. 30.000 Ew.)	In 1.938 m Höhe gelegen, im 19. Jh. als exklusives koloniales Hill Station gegründet. Etwa 100 Jahre war es Sommersitz des Gouverneurs der Vereinigten indischen Provinzen (ent- spricht in etwa dem heutigen indischen Bundesstaat Uttar Pradesh). Der Ort blieb bis zur Unabhängigkeit Indiens sehr

klein, da die Kolonialherren in einigen wenigen Hotels unter sich bleiben wollten. Als sie abziehen mußten, rückten in Nainital wie in Shimla und andernorts die »braunen Sahibs« aus der indischen Oberschicht nach (Bürgertum, obere Schicht der Bürokratie und freie Berufe). In den letzten Jahrzehnten ist der Fremdenverkehr sehr stark expandiert, was auf den ersten Blick die über 130 Hotels und Pensionen sowie die zahlreichen Restaurants und Reiseagenturen demonstrieren. In der Hauptsaison (Mai, Juni) befinden sich ständig 10.000 Urlauber im Ort, darunter jedoch nur wenige Ausländer, da diesen Nainital zu wenig spektakuläre Hochgebirgskulisse bietet.

Außer Urlaubsort ist Nainital auch noch Distrikthauptstadt von Kumaon und Bildungszentrum, letzteres äußert sich in zahlreichen Public Schools, vielen Berufsschulen und durch den Standort der *Kumaon-Universität*.

Stadtgeographie   Im Herzen von Nainital liegt ein 1.600 m langer und 300 m breiter See, der inzwischen – nach Jahren des Touristenbooms – durch die ungeklärten Abwässer der Hotels und Restaurants stark verschmutzt ist. Der See ist von Bergen umgeben, die in besseren Zeiten stark bewaldet waren. Die Zeit der idyllischen *Kumaon Hills* scheint ein für allemal vorbei.

Die Stadt besteht aus den selbständigen Ortsteilen *Malli Tal* (Norden) und *Talli Tal* (Süden). Am Ostufer führt die Renommierstraße »The Mall« entlang. Am Nord- und Südende des Sees befinden sich große Slumviertel, bestehend aus Wellblechhütten ohne Müllentsorgung und Kanalisation. Hier haust die Unterschicht von Nainital, jene, die sich als Pferdeführer, Rikshafahrer, Ruderer, Hoteldiener etc. verdingen oder als kleine Straßenhändler ums Überleben kämpfen. Die meisten von ihnen gehen Ende Oktober, wenn die Saison zu

Wohnviertel der Unterschicht von Nainital

Ende ist, in die Ebene von Ganges und Yamuna hinunter, um sich für die Zeit bis März, wenn die Touristensaison wieder beginnt, eine Aushilfsarbeit zu suchen.

Die Läden in den Geschäftszentren von Nainital gehören fast alle reichen Händlern aus Delhi, Lucknow, Calcutta und anderen großen Städten. Diese bieten überwiegend Produkte an, die bei der Mittel- und Oberschicht in Mode sind: Radio- und TV-Geräte, Kasettenrecorder, Kleidung, die gerade »in« ist. Außerdem verdienen sie gut daran, daß sie Bustouren (Video und Popmusik inbegriffen) zu den zahlreichen Ausflugszielen in der Umgebung (Hindu-Tempel, Seen, Mountain Views, Märkte) veranstalten. Ihre Gewinne investieren sie in der Regel in anderen Regionen.

Freizeit/ Urlaub Es herrscht die Atmosphäre von Familienurlaub: man geht gemeinsam essen, spazieren, läßt sich über den See rudern, unternimmt den einen oder anderen Ausflug. Für die Patriarchen der wohlsituierten Urlauberfamilien gibt es freilich ein paar Extras. So gehen sie ab und zu in die Clubs, um Karten zu spielen und zu schwatzen, oder in den Nainital Billard Saloon. Die jugendlichen Mitglieder dürfen gelegentlich ausgehen, allerdings nur feinsäuberlich nach Geschlechtern getrennt.

Essen und Trinken Übernachtung Gutes und billiges vegetarisches Essen erhält man im *Sharma Vaishnow Restaurant*, The Malli Tal Bazar.
Billigkategorie (DZ 6–12 DM): *Youth Hostel*, am Westend von Nainital (im Schlafsaal ca. 1,50 DM pro Person), *Hotel Coronation*, Tel. 26 49, gegenüber vom Nainital Club im alten kolonialen Teil der Stadt; *Saidar Bhavan* und *Punjab Hotel*, Tel. 25 45, am anderen Ende der Stadt; *Evelyn Hotel*, Tel. 24 57; *Mittelklasse: Grand Hotel*, The Mall, Tel. 24 06.

Verkehrsverbindungen *Busverbindungen* mit *Almora, Ranikhet, Kathgodam* und *Delhi*.
Die nächste *Bahnverbindung* befindet sich in *Kathgodam* (68 km).

Ausflüge
In der Umgebung von Nainital gibt es mehr als 60 z. T. malerisch gelegene *Seen*, zu denen Wanderwege und/oder asphaltierte Straßen führen. An Paßhöhen und vielen Seen befinden sich oft Rasthäuser, so daß man relativ leicht einen Flecken zum Ausruhen und Übernachten findet.

Cheena Peak 5 km vom Busstand, höchster Berg von Nainital, gute Aussicht auf Nainital, ferne Ebenen und das schneebedeckte Hochgebirge (nur am frühen Morgen).

Laria Kanta (2.418 m), ca. 6 km, Aussicht auf den See;
Snow View (2.270 m), ca. 3 km, auch von hier bei klarem Wetter Ausblick auf Himalaya-Panorama;

Khurpa-Tal ca. 5 km, See, an dem sich die Angler ein Stelldichein geben.
Bhim-Tal ca. 22 km, See – Angeln, Bootsfahren; Übernachtung: Tourist Home, Reservierung durch Tourist Office Nainital möglich;

Naukuchia- Tal	26 km von Nainital und 4 km vom Bhim-Tal, ebenfalls ein schöner kleiner See.

Great Himalaya Range von Uttarakhand

Pilgerorte zwischen hohen Bergen: Yamunotri, Gangotri, Kedarnath, Badrinath, Hemkund Sahib

Im Norden von *Garhwal* liegen dort, wo Indiens lebensspendenden heiligen Flüsse *Ganges* und *Yamuna* entspringen, in die faszierende Bergwelt der Sechs- und Siebentausender eingebettet, die berühmten Hindu-Wallfahrtsorte *Yamunotri*, *Gangotri*, *Kedarnath* und *Badrinath* sowie der nicht minder bedeutende Sikhschrein von *Hemkund Sahib*.

Pilgerort, d.h. Treffpunkt der Sadhus, badende Wallfahrer (Yamunotri, Gangotri), Schlangestehen zur *Puja* und neugierige Touristen. Während in *Badrinath* und *Gangotri* die Pilger in Bussen bis in die Orte hineinfahren, sind in *Yamunotri* und *Kedarnath* noch die letzten ca. 15 km zu Fuß zurückzulegen, so daß hier noch etwas von der alten Yatra-Athmosphäre erhalten geblieben ist.

Pilgerzahlen:

Jahr	Badrinath	Kedarnath	Gangotri	Yamunotri
1980	237.357	92.659	28.927	30.201
1981	214.000	97.202	45.329	45.000

Auf dem Yatrapfad von Hanumanchatti nach Yamunotri

Die Straße von *Rishikesh* nach *Yamunotri* endet in *Hanumanchatti* (2.134 m); die letzten 13 km auf dem Weg nach Yamunotri führen auf schmalem Pfad hoch in die Berge hinauf.

Hanuman- chatti	*Hanumanchatti* besteht aus ein paar Läden und einem großen Parkplatz für die zahlreichen Pilgerbusse. Es existiert auch eine Travelers Lodge.

Die meisten Pilger verweilen hier nur zu einer kurzen Essenspause und brechen sofort nach der Ankunft nach Yamunotri auf: viele zu Fuß, manche auf Ponyrücken – die ganz Alten oder Gebrechlichen lassen sich in Körben oder auf Sänften, Dandy genannt, von nepalesischen Kulis zum ersehnten Ziel tragen. Der Weg ist mitunter sehr steil und so schmal, daß an

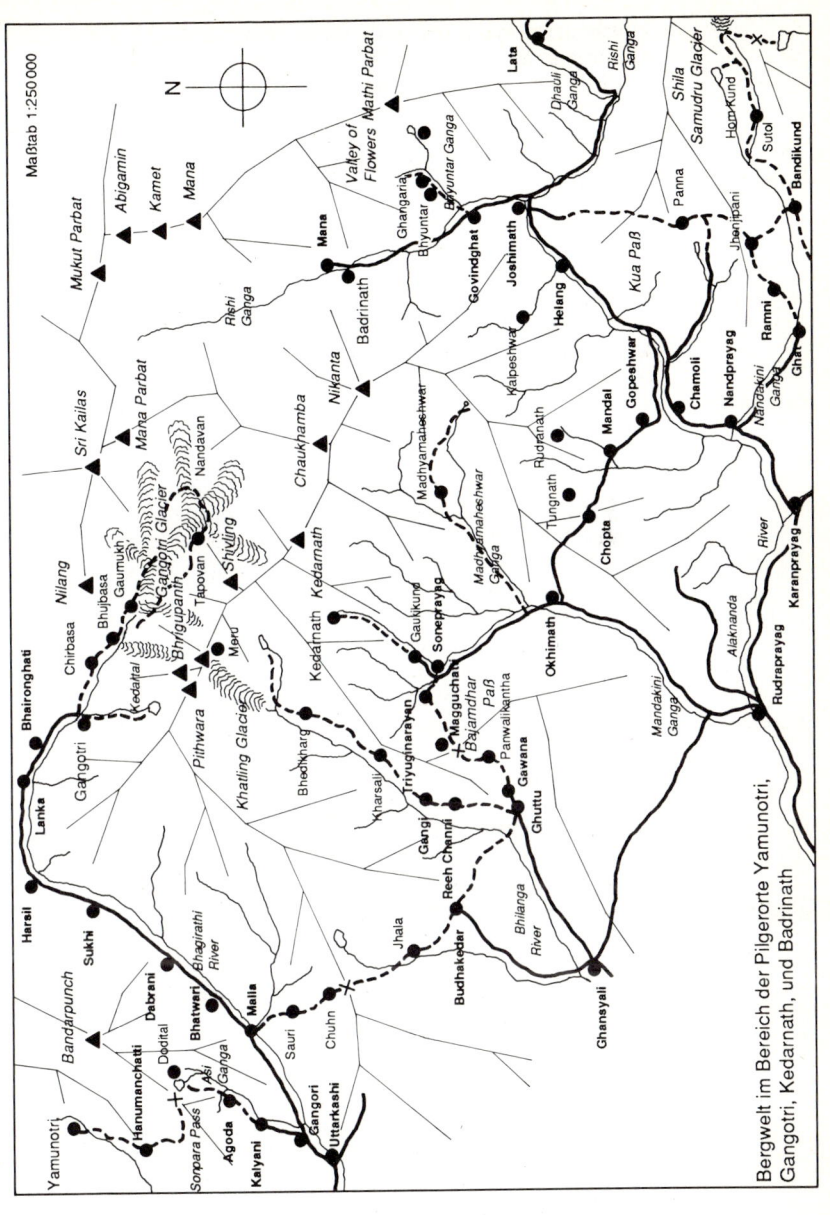

Bergwelt im Bereich der Pilgerorte Yamunotri, Gangotri, Kedarnath, und Badrinath

Maßstab 1:250 000

manchen Stellen zwei Ponies gerade noch aneinander vorbei-
kommen.
Der erste Teil, bis *Yankibaichatti* (2.576 m), 7–8 km, steigt
allmählich, aber nicht übermäßig, und kann in 1 1/2–2 Std.

bewältigt werden. Der Weg führt durch eine gut bewachsene Gebirgslandschaft.

Yankibai-chatti

Yankibaichatti ist das letzte Dorf auf der Yatra nach Yamunotri. Dieses Dorf mit seiner eigenartigen und schönen Architektur bietet sich dank der kleinen *Arvind Ashram Lodge* als Übernachtungsort an. In den Gemüseläden kann man sich einigermaßen versorgen. 1 km weiter Richtung Yamunotri befindet sich auch ein gut eingerichteter *Tourist Bungalow*.

Der Weg von *Yankibaichatti* nach *Yamunotri* ist im Gegensatz zum ersten Abschnitt der Route sehr steil und außerordentlich anstrengend zu gehen. Auf den letzten 500 m schaut man auf nun flacher Strecke auf das faszinierende Panorama schneebedeckter Bergriesen.

Yamunotri

Der Tempel von Yamunotri liegt in 3.323 m Höhe und ist von hohen Bergen umgeben, zu denen auch der *Bandarpunch* (6.316 m) gehört. Hier wird die Quelle des *Yamuna Rivers* verehrt, wobei sich allerdings die wirkliche Quelle im 1 Std. entfernten Gletschersee am *Kalind Parvat* (4.421 m) befindet. In der Nähe des Yamunotri-Tempels gibt es mehrere heiße Quellen, die den Badeteich des Tempels speisen, in dem viele Pilger ein rituell reinigendes Bad nehmen.

Der Tempel von Yamunotri wird von *Pandas* (Tempelpriestern) aus *Kharsali*, einem Dorf gegenüber von Yankibaichatti, betreut. Aus den reichlich fließenden Spenden der gläubigen Pilger läßt es sich ausgezeichnet leben.

Pilgersaison

Der Yamunotri-Tempel wird alljährlich an *Akshaya Tritiya*, in der letzten April- oder ersten Maiwoche geöffnet und an *Diwali*, Mitte Oktober, mit einer kleinen Zeremonie geschlossen. Ende September ist es bereits reichlich kalt, so daß man warme Kleidung mitbringen muß. Da es den gesamten Sommer über recht oft regnet, ist es ratsam, einen Schirm oder Regenkleidung dabeizuhaben.

Übernachtung

In Yamunotri existieren ein *Forest Rest House* und mehrere *Pilgerherbergen*, die in der Saison oft voll sind.

Verkehrsverbindungen

Von *Hanumanchatti* fahren *Busse* nach *Barkot/Mussoorie* (126 km), *Rishikesh* (209 km), *Dharasu* und *Uttarkashi/Gangotri*.

Wanderungen

Von *Hanumanchatti* führt eine Trekkingroute über den *Dodital Lake*, *Agoda* und *Kalvani* nach *Uttarkashi*, das an der Straße nach *Gangotri* liegt. Weniger anstrengend, aber durchaus lohnenswert ist es, auf der Straße nach *Barkot* zumindest das 18 km lange Stück bis *Kunthwar* zu wandern. Auf den ersten beiden Kilometern hat man eine viel bessere Aussicht auf die schneebedeckten Gipfel des Yamunotri-Massivs als vom Pilgerpfad. In *Kunthwar* befindet sich auch ein *Forest Rest House*.

Gangotri

Kleiner, nur im Sommer bewohnter Gebirgs- und Pilgerort (3.048 m hoch), in dessen weithin bekannten *Bhagirati-Tempel* die Gangesquelle verehrt wird. Diese soll am 23 km entfernten *Gaumukh Glacier* liegen, was aber ein Teil der Geologen bestreitet. Letztere vermuten sie am *Gangotri Peak* oder *Narain Parbat*.

Der Ort besitzt mit seinem reißenden Gangesquellflüßchen *Bhagirati*, den noch üppig bewaldeten Bergen in der Umgebung und den stolzen Eisriesen im Hintergrund ein schönes Panorama.

Seit die vor ca. 9 Jahren durch einen Erdrutsch zerstörte Straße *Lanka–Gangotri* instandgesetzt wurde und man nun wieder bequem vor die Tore von Gangotri fahren kann, kommen wieder zahlreiche Pilger und Naturfreunde nach Gangotri und zum Gaumukh Glacier.

Die weitaus größte Gruppe unter den Gangotri-Besuchern stellen trotz der wachsenden Zahl in- und ausländischer Trekker die Wallfahrer, die auch das Erscheinungsbild des Ortes prägen.

Morgens und abends ist sehr viel Leben im Tempel und am Flußufer. Der Tempel ist in den Händen von Pandas, die den Winter in Uttarkashi verbringen. Dank der jährlich mehrere hunderttausend Rupies betragenden Pilgerspenden können sie ein privilegiertes (wohlhabendes) Leben führen. Von den Pandas »arbeitet« nur noch ein Teil im Tempel von Gangotri, die anderen sind z. T. in gut honorierte bürgerliche Berufe umgestiegen. Die Kinder der Pandas bekommen die bestmögliche Ausbildung.

Pilgersaison
Übernach-
tung

Der Bhagirati-Tempel ist von Mai bis Oktober geöffnet.

In der Traveller-Szene ist der *Ashram* des *Yog Niketan* sehr beliebt, in dem man für ca. 6 DM pro Person und Tag übernachten (Blockhütte) und essen kann (Frühstück, Mittagessen, Nachmittagstee, Abendessen). Nebenan liegt ein weiterer Ashram. Es gibt auch eine *Travellers Lodge*, die aber ungemütlicher und teurer als die Ashrams ist.

Verkehrsver-
bindungen

Von *Lanka*, ca. 6 km südlich von *Gangotri*, fahren tgl. mehrere *Busse* nach *Uttarkashi*. Diese Busse sind zumeist sehr voll. Die Strecke von Gangotri nach Uttarkashi ist landschaftlich recht schön und ließe sich auch als 2-Tages-Wanderung bewältigen. Wer nach *Kedarnath* hinüberwandern möchte, muß in *Lata*, ca. 10 km vor Uttarkashi, von der Hauptstraße abzweigen (s. Trekking Uttarakhand, S. 360 f.).

Von Gangotri nach Gaumukh–Gangotri Glacier

Viele Besucher von Gangotri unternehmen auch die populäre Wanderung zum 23 km entfernten *Gaumukh Glacier*: die Pilger, weil die Ganga hier »entspringt«, und die ausländischen Touristen, weil sie ein wenig von der Bergwelt in der Umgebung des Gletschers sehen wollen.

Einige wenige wandern auch zu den noch tiefer in den hohen

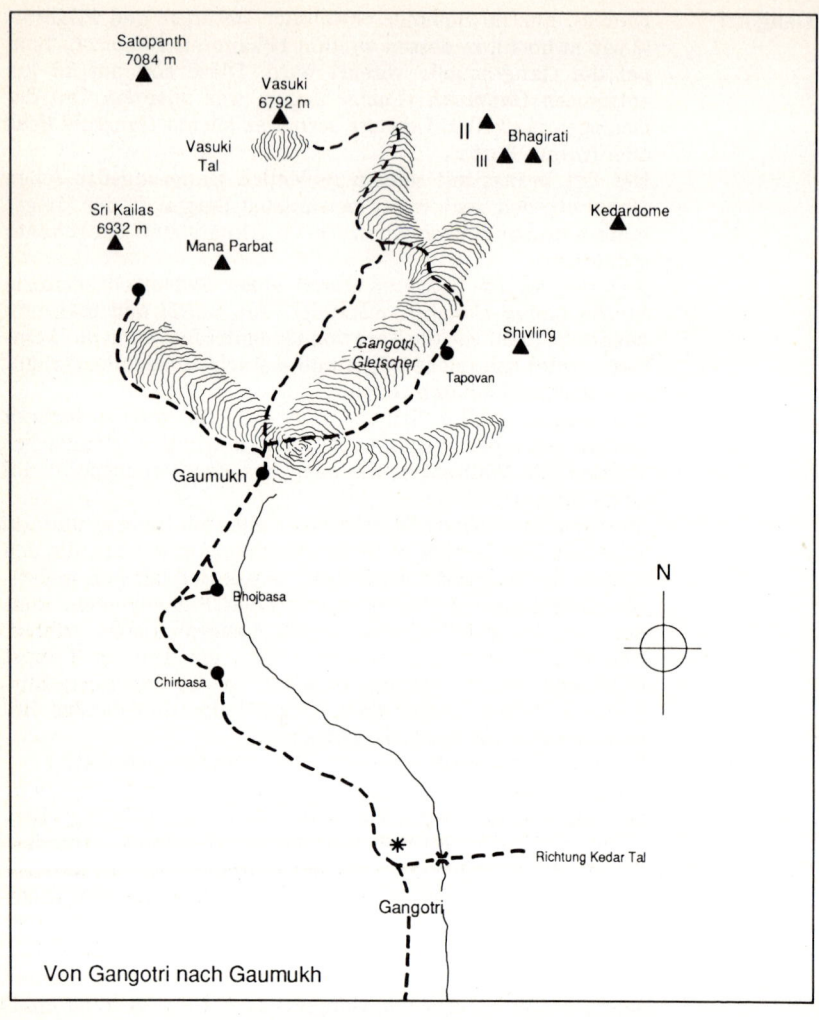

Satopanth
7084 m

Vasuki
6792 m

Vasuki
Tal

II Bhagirati
III I

Sri Kailas
6932 m

Mana Parbat

Kedardome

Gangotri
Gletscher

Shivling

Tapovan

Gaumukh

N

Bhojbasa

Chirbasa

Richtung Kedar Tal

Gangotri

Von Gangotri nach Gaumukh

Bergen gelegenen Almen von *Tapovan* und *Nandanpan*, wo man den vereisten Berggipfeln sehr nahe ist. Für Touren nach Tapovan und Nandanpan ist es notwendig, einen einheimischen Fremdenführer zu engangieren, da die Pfade nicht immer zu erkennen sind. Im Vergleich zu der ausgesprochen leichten Wanderung zum Gaumukh Glacier sind die letztgenannten Touren wesentlich schwieriger und anstrengender.

Wer schnell geht, kann den Track *Gangotri–Gaumukh–Gangotri* an einem Tag (8–10 Std.) zurücklegen. Freilich ist es viel gemütlicher, auf dem Rückweg vom Gletscher in *Lal Babas*

Ashram oder dem in der Nachbarschaft gelegenen *Tourist Bungalow* zu übernachten und erst am folgenden Tag nach Gangotri zurückzuwandern.

Die Route von *Gangotri* nach *Gaumukh* ist ein schmaler Weg, der allmählich steigt. Es ist kein einziger steiler Anstieg zu bewältigen. Auf dem ersten Abschnitt durchwandert man ein bewaldetes Flußtal. Danach wird die Flora immer spärlicher. Kurz vor dem Gletscher beginnt Gesteinswüste.

3–4 km vor Gaumukh kommt man an *Lal Babas Ashram* vorbei, wo man Essen und Tee bekommen kann und auch die Möglichkeit zum Übernachten besteht.

Der Gletscher liegt in einer Höhe von 4.255 m und ist ca. 24 km lang. Er beginnt an der Chaukhama-Gruppe bei *Badrinath*. Der Gletscher ist von einer Reihe von Gipfeln umgeben, von denen die höchsten fast 7.000 m hoch sind.

Die beste Zeit für den Track nach Gaumukh ist von Juni bis September. Bis Ende Mai und ab Mitte Oktober ist der Pfad in der Nähe des Gletschers noch bzw. schon wieder voll Eis und Schnee.

Rund um den Gangotri Glacier

Gaumukh–Tapovan–Nandavan–Vasuki Tal–Gaumukh

Der besondere Reiz dieser nicht leichten Wanderung ist die Aussicht auf die Bergriesen in der Umgebung des Gangotri Glacier.

Tapovan, eine Bergwiese, ist 5 km von *Gaumukh* entfernt. Nach der Gletscherüberquerung folgt zunächst ein 2 km langer steiler Aufstieg. Auf den letzten 3 km geht es nur noch leicht bergauf.

Um das 3 km westlich von Tapovan gelegene *Nandavan* zu erreichen, ist der Gletscher in voller Breite zu durchqueren.

Der Abschnitt von *Nandavan* zum am Fuße des *Vasuki Parvat* (6.792 m) gelegenen *Vasuki Lake* ist sehr steil. Es ist besser, wieder auf demselben Weg zurückzuwandern, da die direkte Route von Nandavan nach Gaumukh, die sehr steil ist, durch sehr unstabile Gesteinsfelder und Fels führt. Hier ist das Risiko, von rutschenden und stürzenden Gesteins- und Felsbrocken verletzt zu werden, (eingeklemmt zu werden oder Beinbruch, Bluterguß/Prellung) sehr groß.

Das Quellgebiet des Ganges

Der Ganges entspringt aus vielen Quellen, »die Gangesquelle« gibt es also gar nicht. Dementsprechend gehen die Geographen von den verschiedenen Hauptquellflüssen aus. Der Quellbereich erstreckt sich auf eine mehr als 100 km breite Hochgebirgsregion, die vom Gaumukh Glacier im Westen bis zum See von *Manasarovar* im Osten (Tibet) reicht.
Hauptquellflüsse sind von Westen nach Osten: der *Bhagirati* (vom Gau-

mukh Glacier); der *Mandakini* (von Kedarnath), der *Alaknanda* (von Badrinath); der *Dhauli* (vom Nili La), der *Karnali* (aus dem Manasarovar-Gebiet) sowie der *Pindari* (vom südöstlichen Nanda Devi-Massiv).

Mutter Ganga

In Indien heißt der Ganges »Mutter Ganga«. Diese besondere Wertschätzung wird verständlich wenn man bedenkt, daß von diesem 2.700 km langen Fluß, der die weiten Ebenen Nordindiens durchfließt und schließlich in den Golf von Bengalen mündet, das Wohlergehen von 250 Millionen Menschen bestimmt wird. Von ihm hängen die Trinkwasserversorgung der Städte, die Wasserversorgung der Industrie und die Bewässerung der Landwirtschaft großer Gebiete Nordindiens ab.

Neben der enormen ökonomischen Bedeutung besitzt dieser riesige Fluß eine außerordentliche religiöse Relevanz, was sicherlich ein ideologisch-spiritueller Reflex des Ökonomischen (materiell Lebensnotwendigen) ist. Für gläubige Hindus ist der Ganges der heiligste der indischen Flüsse.

Dem Wasser des Ganges wird von den gläubigen Hindus die Kraft zugeschrieben, von Sünden und ritueller Verunreinigung zu erlösen. Dazu bedarf es eines Bades im heiligen Fluß. Wer am Ufer der Ganga stirbt, soll sogar vom Kreislauf der Wiedergeburt befreit werden.

An seinen Ufern liegen zahlreiche Wallfahrtsorte (*Rishikesh, Hardwar, Allahabad, Varanasi*), an deren Badeghats täglich Tausende von Pilgern und Sadhus zum rituell reinigenden Bad hinuntersteigen. An den großen Festtagen (z.B. *Kumbha Mela*) sind es sogar Millionen.

Während der heilige Fluß in den Augen vieler Pilger noch in voller ritueller Reinheit erstrahlt, sieht die Realität inzwischen so aus, daß er sich in weiten Abschnitten in eine gesundheitsgefährdende Kloake verwandelt hat. Von den 52 am Ganges gelegenen großen Städten (über 50.000 Einwohner) verfügen nur wenige über Kläranlagen. Aber auch wo solche vorhanden sind, sind sie völlig unzureichend. Neben den ungeklärten Abwässern der Haushalte belasten seit einiger Zeit auch zahlreiche Industrieabwässer das schwer geschädigte Ökosystem des Flusses.

Dank der mühevollen Aufklärungsarbeit und des anhaltenden Protests von Umweltgruppen und umweltkritischen Wissenschaftlern und Journalisten konnte soviel Druck gegen die Zentralregierung in New Delhi gemacht werden, daß Premierminister Rajiv Gandhi im Sommer 1986 den Startschuß für das Mammutprojekt »Clean Ganga« gab.

Bis Ende der 90er Jahre werden insgesamt 2,4 Mrd. Rp bereitgestellt, um die 30 größten Städte mit modernen Kanalisationssystemen und Kläranlagen auszustatten, was zwar längst nicht ausreicht, aber doch die Situation deutlich verbessern wird. Es ist auch geplant, die Abwässer zu recyceln (Biogas, Wasser für Fischzucht und Bewässerung, Dünger, Hühnerfutter).

Kedar Tal
(See)

Eine relativ kleine Zahl von Badrinath-Besuchern unternimmt auch die Wanderung zum Kedar Tal Lake, 17 km nordöstlich von *Gangotri*.

Die Route beginnt am *Dandi Ashram* und folgt der *Kedar Ganga* flußaufwärts. Der stark steigende Pfad führt zunächst durch Nadelwald, an dessen Stelle jedoch kurz vor *Bhoj*

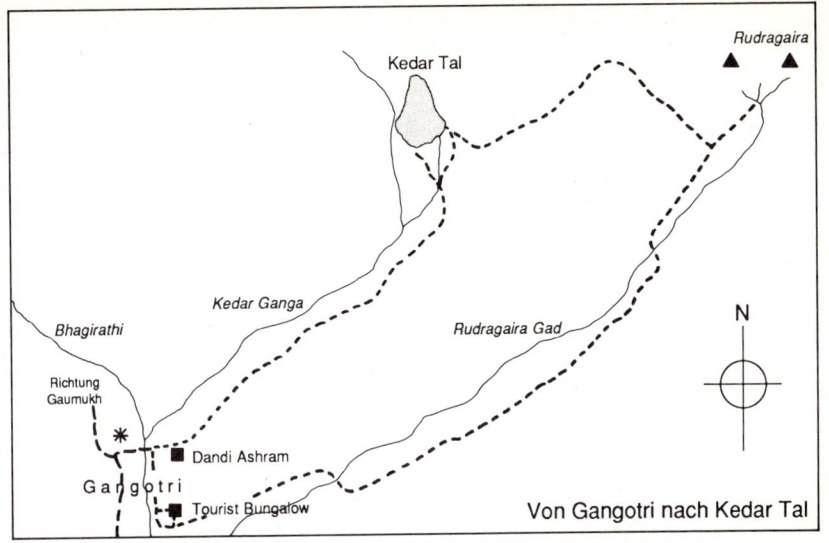

Von Gangotri nach Kedar Tal

Kharak (7,5 km) Birke tritt. Die Rinde der Birken dieser Gegend wurde von den alten religiösen Weisen als Material für
ihre Manuskripte benutzt. In Bhoj Kharak findet man Gelände zum Campen.

Etwa 4 km weiter, und bereits über der Baumgrenze, liegt
die Wiese von *Kedar Kharak*. Von Einheimischen war zu erfahren, daß diese Gegend durch Steinschlag gefährdet ist
und es daher nicht ratsam ist, auf der Wiese zu campen.
Von hier sind es noch 5 km bis zum Kedar Tal Lake. Der
Aufstieg führt durch losen, heruntergestürzten Fels und
ist steil.

Dieser grüne Bergsee befindet sich in ca. 5.000 m Höhe zwi-
schen dem *Bhrigu Peak* (6.772 m) und der *Rudragaira-
Gruppe* (5.518 m). Der See ist durch einen Bergkamm vom
Rudragaira Kharak getrennt, wo sich das Base Camp für eine
Gruppe von Peaks befindet. Zwischen Kedar Tal und dem
Bergkamm liegen 700 Höhenmeter. Von diesem Bergrücken
besteht eine prächtige Aussicht auf zahlreiche verschneite
Berge und verschiedene grüne Täler.

Man geht nun entweder auf dem gleichen Weg zurück oder
überquert den Bergrücken und geht dann am *Rudragaira
Gad* (Fluß) entlang nach Gangotri. Der Fluß ist nach dem Abstieg vom Bergrücken gleich auf der ersten Schneebrücke zu
überqueren (die rechte Seite ist nicht begehbar).

Für diese Wanderung sind Zelt und Proviant unbedingt erforderlich.

Auf dem Pilgertrack von Gauri–Kund nach Kedarnath

Die letzten 14 km auf dem Wege nach *Kedarnath*, d. h. ab *Gauri–Kund*, müssen zu Fuß zurückgelegt werden.

Gauri-Kund

Gauri–Kund ist ein geschäftiges Dorf mit einem großen Parkplatz für die zahlreichen Pilgerbusse, vielen überteuerten Herbergen/Lodges, zahlreichen Läden und Speiselokalen sowie einem stark besuchten Tempel mit Badeteich.

Der größte Teil der Pilger geht zu Fuß. Dennoch sind es bei der großen Zahl der Wallfahrer nicht wenige, die ein Pony mieten oder sich in einen Korb gequetscht oder auf einer nicht so unbequemen Sänfte/Dandi für viel Geld von Gauri-Kund nach Kedarnath tragen zu lassen. Ponies kosteten 1986 30–40 DM, wobei die Treiber gerade 1 DM erhielten; das große Geschäft machen die Besitzer.

Wie in Yamunotri sind die Träger Nepalesen. Für die Dandis wird fast 90 DM verlangt. Die in die nach hinten offenen Körbe hineingequetschten, zumeist alten Menschen, zahlen für die »Tour« ca. 25 DM. Die Körbe gehören den nepalesischen Trägern selbst, so daß sie den gesamten Betrag erhalten.

Auf dem ersten Abschnitt des Weges bis *Rambara* (7 km) geht man durch dichte Wälder und kommt an mehreren Wasserfällen vorbei (gegenüberliegende Uferseite). Nach 3 km tauchen die ersten der zahlreichen Sadhubehausungen auf – manchmal winzige Höhlen, oft nicht mehr als ein kleiner Felsvorsprung. Die meisten Sadhus sind mit Asche verschmiert und sitzen um oder hinter verehrten Gegenständen wie Götterbildern (Shiva), Glocken, Muschelhörnern etc. Von vielen Pilgern erhalten sie ein paar Paisastücke.

Rambara

In *Rambara* gibt es mehrere kleine Speiselokale, einfache Pilgerherbergen sowie ein komfortableres Tourist Rest House.

Während die Strecke von Gauri-Kund bis Rambara nur allmählich ansteigt, geht es nun auf den nächsten 4–5 km, d. h. bis *Garuchatti*, steil bergan. Die Vegetation wird spärlicher. Dagegen sind die letzten 2–3 km flach.

Kedarnath

Kedarnath präsentiert sich als ein großes Dorf mit vielen Läden und Pilgerherbergen, das in einem Hochtal vor einer gewaltigen Gebirgskulisse angesiedelt ist.

Kedarnaths *Shiva-Tempel* ist neben dem Schrein von Sri Badrinath Indiens begehrtestes Himalaya-Pilgerziel. Von der Landschaft her – das sind über 7.000 m hohe eisbedeckte Berge und breite Moränenfelder unmittelbar im Hintergrund – ist der 3.581 m hoch gelegene Ort jedoch viel reizvoller als das letztgenannte Pilgerziel.

Tempel

Um den *Kedarnath-Tempel* sind Badebecken angelegt, im Tempelhof steht eine Statue von *Nandi*, Shivas Reittier. An den Wänden befinden sich schöne Reliefs.

Der Tempel wird von Pandas aus Okhimath bei Guptakashi betreut. Einschließlich ihrer Familienangehörigen sollen ca.

500 Personen von den kräftig sprudelnden Pilgerspenden leben. Die Pandas verbringen den Winter wie viele andere Bewohner von Kedarnath in der nur 1.500 m hohen Region Guptakashi, 60 km südlich von Kedarnath, wo der Winter sehr mild ist.

Der große Gletscher im Hintergrund ist das Quellgebiet des *Mandakini*, in den auch der *Dudha Ganga*, der von einem Berg auf der gegenüberliegenden Seite kommt, fließt. Einen knappen Kilometer von Kedarnath entfernt liegt der Chorabari Lake, der auch *Gandhi Sarovar* heißt, weil einst Asche von Mahatma Gandhi in diesen See gestreut wurde. Der Pfad zu diesem tiefblauen See führt durch ein Moränenfeld.

4-5 km von Kedarnath entfernt liegt ein weiterer kristallklarer Bergsee, der *Vasuki Tal*. Man erreicht diesen See über einen Pfad, der am rechten Ufer des *Mandakini* entlangläuft.

Sadhus

Im Hinduismus teilt man das Leben der Männer in vier Phasen auf. In der vierten und letzten, dem Alter, gilt es als besonders reif und erlösungsfördernd, Familie und Besitz zu verlassen und das Leben eines Sannyasin (Asketen) zu führen, der sich in die Einsamkeit zurückzieht. Es gibt aber auch eine größere Zahl von Hindus, die bereits in der Jugend in das Asketentum (Brahmacara-Asketen) aussteigen. In Indien nennt man beide Gruppen Sadhus. Viele Menschen sehen in ihnen Heilige und fühlen sich aus Religiosität verpflichtet, ihnen Nahrung und Almosen zu geben.

Gegenwärtig soll es in Indien etwa acht Millionen *Sadhus* geben. Je nach ihrer Sektenzugehörigkeit bemalen sie sich mit verschiedenen Zeichen. Die *Shiva-Anhänger* sind gelb gekleidet, lassen Bart und Haare wachsen und malen auf Stirn und Körper das Shiva-Zeichen, den horizontalen Streifen und Dreizack, und verschmieren ihren Körper mit Asche. *Vishnu-Anhänger* erkennt man daran, daß sie in der Regel eine weiße oder rote Gabel tragen und ein roter Punkt ihre Stirn ziert. Im Gegensatz zu den Shiva-Anhängern rasieren sie sich und schneiden das Kopfhaar bis auf einen Haarbüschel. Sie sind in *Dhotis* gekleidet. *Rama-Anhänger* unter den Saddhus tätowieren sich im allgemeinen am ganzen Körper und schmücken ihr Gesicht mit dem Namen *Rama*. Es gibt auch Gruppen von Sadhus, die völlig nackt leben.

Auch im Lebensstil bestehen vielfältige Unterschiede zwischen den Sadhus. Einige leben in Einsiedeleien (*Ashrama*) oder auf dem Dorf, predigen ihre Lehre und erzählen Passagen aus den berühmten Epen und den *Puranas*. Andere streifen ihr Leben lang durch Bazare und Ladengassen und schnorren sich ganz einfach ihr tägliches Brot zusammen. Wieder andere hausen in Höhlen oder Tempeln und verrichten *Pujas* für gläubige Hindus, die zu ihnen kommen.

Viele Sadhus nehmen auch in einem gewissen Umfang priesterliche Funktionen wahr. Wie sie sich an rituellen Zeremonien in Tempeln oder im häuslichen Bereich beteiligen, unterliegt keinen festgelegten Vorschriften, sondern hängt stark vom Sadhu persönlich ab.

Einige Sadhus versammeln ihre Anhänger als Sektenoberhaupt um sich. Solche führenden Sadhus pflegt man *Swami* zu nennen. Auch im heutigen Indien kommt es noch vor, daß sich Sadhus zu Inkarnationen von Gottheiten erklären.

Pilgersaison

Der Tempel wird an *Mahashivrati*, in der letzten April- oder ersten Maiwoche, geöffnet und am Tag nach *Diwali*, im Oktober, geschlossen. Die beste Jahreszeit zum Besuch von Kedarnath ist von Mai bis Juni und im September und Oktober, also in der Zeit vor bzw. nach dem Monsun. In dieser Zeit kommen sehr viele Pilger.

Im Oktober ist es bereits reichlich kalt (tagsüber 5–10° C, nachts knapp über dem Gefrierpunkt). Von November bis April liegt Schnee. Aufgrund der Höhenlage ist Kedarnath auch im Sommer in der Nacht sehr kühl, so daß es sich auch in dieser Jahreszeit lohnt, warme Sachen dabei zu haben. Außerdem braucht man mindestens einen Regenschutz/Regenschirm, da es nach Aussagen der Einheimischen fast täglich – und zwar nicht nur im Monsun – regnen soll.

Kedarnath wird von relativ wenigen ausländischen Touristen besucht.

Übernachtung

Übernachtungsmöglichkeiten bestehen sowohl in *Kedarnath, Rambara* als auch *Gauri-Kund*.

In *Kedarnath* gibt es eine Reihe Dharamshalas und Pilgerherbergen, die für indische Verhältnisse recht hohe Tarife haben. Im Herbst 1987 kostete ein Platz auf dem Boden in einem sehr einfachen Zimmer knapp 7 DM. Außerdem existiert noch die einem Tourist Bungalow vergleichbare Travellers Lodge (ca. 1 km Richtung Rambara).

In *Rambara* findet man ebenfalls ein gut eingerichtetes Tourist Rest House vor. Hinzu kommen einige Chattis/einfache Pilgerherbergen.

Schließlich kann man auch in *Gauri-Kund* übernachten, wo es eine Menge Pilgerherbergen, einfache Hotels und ein teures Tourist Rest House gibt. Auch in den spartanischsten Unterkünften zahlt man in der Saison für die Übernachtung ca. 10 DM.

Verkehrsverbindungen

Von *Gauri-Kund* und teilweise auch *Soneprayag* (3–4 km) fahren *Busse* nach *Rudraprayag, Srinagar, Rishikesh* und Richtung *Ukhimath/Chamoli/Joshimath/Badrinath*.

Badrinath
(3.122 m, ca. 2.000 Ew.)

Hindu-Indiens heiligster und zugleich am stärksten kommerzialisierter Himalaya-Wallfahrtsort – sozusagen »a Himalayan Super Pilgrimage Resort«. Alljährlich kommen über 200.000 Pilger – mehr als doppelt soviele wie in Kedarnath. Kultischer Mittelpunkt dieses kleinen Himalayaortes ist der *Lord Badri Vishal-Tempel* (auch *Shri Badrinath-Tempel* genannt), in dem *Vishnu* verehrt wird.

Ortsgeographie	*Badrinath* liegt in einem von z. T. über 7.000 m hohen Bergen umgebenen Hochtal am Zusammenfluß von *Alaknanda* (einer der beiden Hauptquellflüsse des Ganges) und *Rishiganga*. Der nur 2.000 semi-permanente Einwohner (Sommerbewohner) zählende Ort besteht aus Tempeln, Ashrams und Pilgerherbergen, zahlreichen Läden, von denen viele auf Pujawaren spezialisiert sind – und ebensovielen Kasernen-Baracken sowie den bescheidenen Wohnvierteln der ortsansässigen Bevölkerung. Das bauliche Durcheinander und die verrosteten Wellblechdächer der Bauten nehmen dem Ort viel von jener Schönheit, mit der ihn die Natur ausstattete.

Außer vom leuchtend bunten *Shri Badrinath-Tempel* sowie dem Pilgertreiben in seiner Umgebung geht so lediglich von dem kleinen alten Geschäftsviertel südlich des Tempels ein gewisser Reiz aus.

Badrinaths Infrastruktur läßt einiges zu wünschen übrig. Ein besonderes Manko ist, daß es nur je eine kleine allopathische und ayurvedische Klinik mit einer Gesamtkapazität von 60 Betten gibt (in der Hochsaison tgl. über 5.000 Pilger).

Badrinath ist nur von April bis November bewohnt, den Winter verbringen seine Bewohner wie die Tempelpriester im 1.300 m tiefer gelegenen Raum *Joshimath*.

Klima/Pilgersaison	Die warme Saison dauert von Mai bis Oktober. Bis auf den trockenen Juni ist in allen Sommermonaten täglich mit Regenschauern zu rechnen. Besonders stark sind die Regenfälle in den Monsunmonaten Juli und August. Aufgrund dieser klimatischen Bedingungen ist die Pilgerzahl im Juni am größten und im Juli/August am niedrigsten. Ab Mitte September wird es bereits reichlich kalt. Von Ende November bis Anfang Mai herrscht ein kalter und schneereicher Winter.
Übernachtung	Zahlreiche billige und einfache *Dharamshalas, Hotels* der

Der Tempel von Badrinath

	unteren und mittleren Kategorie, sowie die *Travellers Lodge* am Busbahnhof.
Essen und Trinken	Auch für Essen ist ausreichend gesorgt durch die verschiedenen Lokale, die außer den verbreiteten nordindischen Gerichten auch Südindisches anbieten.
Verkehrsverbindungen	Direkte *Busverbindung* mit *Joshimath, Srinagar* und *Hardwar/Rishikesh*.

Umgebung

Nilkanth Peak (6.597 m)	Dieser schneebedeckte Berg, der Badrinaths Silhouette bestimmt, liegt ca. 8 km westlich vom Ortszentrum. Vom *Nilkanth* kommt die *Rishiganga*, die in Badrinath in den Alaknanda mündet. Auf dem Weg zum Fuße des Berges gelangt man nach ca. 3 km nach *Charan Paduka*, einer Bergwiese, die im Juli in voller Blüte steht.
Sathopantha	25 km nordwestlich von Badrinath, Bergsee inmitten einer Landschaft aus Gletschern und hohen Bergen – nur zu Fuß erreichbar. Für den Hin- und Rückweg braucht man jeweils einen Tag, Proviant und Zelt sind erforderlich. Diese Wanderung kann lediglich von Juni bis September unternommen werden.
Matamurti/ Mana/Vasudhara Falls	Alle Ziele nördlich von Badrinath liegen schon relativ nahe an der indisch-chinesischen Grenze und sind für ausländische Touristen gesperrt.

Der Tempel

Geschichte

Badrinath ist seit frühhinduistischer Zeit ein Ort von herausragender kultischer Bedeutung. Hier sollen z. B. die *Veden* und andere heilige Schriften verfaßt worden sein.

Als in späteren Jahrhunderten in *Garhwal* der Hinduismus für eine lange Periode vom Buddhismus verdrängt wurde, verlor auch Badrinath seine Funktion. Die Kultfigur wurde einfach in den *Alaknanda* geworfen.

Ab dem 8. Jh. hielt der brahmanische Hinduismus wieder in Garhwal Einzug. In dieser Zeit wurde die Kultfigur von dem südindischen Hinduphilosophen *Shankracharya* in *Naradhkund* wiedergefunden und im *Garur* nahe dem *Tapti Kund*, einem Teich unterhalb des heutigen Tempelheiligtums, aufgestellt. Später wurde sie dann zum kultischen Zentrum des Sri Badrinath-Tempels, der sich im Laufe der Zeit zu einem der vier bedeutendsten Hinduheiligtümer entwickelte (die anderen: *Dwarka, Puri, Rameshwaram*).

Verwaltung

Im Tempel des Sri Badrinathji wird *Vishnu* verehrt. Das Geschäft der Verehrung liegt in den priesterlichen Händen der *Rawals*, das sind Nambudiri-Brahmanen aus Kerala/Südindien. Die Rawals sind durch das Sri Badrinath-Tempelgesetz seit dem Jahre 1948 auf die priesterliche Funktion begrenzt, während die Tempelverwaltung und die Verfügung über die

Tempeleinnahmen bei dem »Shri Badrinath Tempel Committee« liegt, das von führenden Landespolitikern besetzt ist.

Architektur, Tempelkult

Der Tempel ist im frühen Nagara-Stil gebaut. Wenn die Pilger seine bunte Eingangsfassade passiert haben, gelangen sie in die viel zu kleine äußere Halle (*Sabha Mandap*), wo sie sich zum *Darshan*, der Begegnung mit dem Kultidol, anstellen. An diese Vorhalle schließen der *Darshan Mandap*, wo die Priester Puja halten, und der *Garbhagriha*, das sanctum sanctuorum, an.

Unterhalb des Tempels befindet sich eine heiße Quelle, in deren Sammelbecken viele Pilger ein befreiendes (von Schuld reinigendes) Ritualbad nehmen.

Der Sri Badrinath-Tempel wird Ende April oder Anfang Mai geöffnet und schließt in der zweiten Novemberwoche. Die Tempelpriester verbringen den Winter einschließlich der Kultfigur von Badrinathji in Joshimath.

Pilger

Die Badrinath-Pilger kommen in der Regel von weit her, nur etwa 10 % stammen aus Garhwal selbst, die übrigen kommen aus allen Regionen des Landes. Die überwältigende Mehrheit von ihnen kommt aus der Unterschicht oder unteren Mittelschicht, viele sind aus ländlichen Regionen. Für die meisten kostet diese religiös motivierte Reise, die häufig im mittleren oder fortgeschrittenen Alter unternommen wird, ein Vermögen. Drei Viertel der Pilger bleibt lediglich einen oder zwei Tage. Im Gegensatz zu den ausländischen Touristen haben sie wenig Interesse an den Naturschönheiten in der Umgebung von Badrinath.

Sikh–Yatra von Govindghat (1.828 m) nach Hemkund Sahib (4.329 m)

18 km nördlich von *Joshimath* beginnt die berühmte, 19 km lange Yatra der Sikhs nach *Hemkund Sahib*, dem bedeutendsten Himalaya-Wallfahrtsort dieser Religionsgemeinschaft. Der Grund für die Verehrung: Hemkund Sahib wird von Govind, dem 10. Guru der Sikhs, im *Dasam Sahib* (seinen heiligen Schriften) als Ort angeführt, wo er meditierte.

Govindghat *Govindghat* liegt am von *Badrinath* herunterkommenden reißenden *Alaknanda River*. Der Ort besteht aus einem großen *Gurudwara*, in dem jeder übernachten kann und gastfreundlich verpflegt wird, sowie ein paar bescheidenen Läden und Privathäusern.

Der Pilgertrack führt nach Nordosten. Sobald man den *Alaknanda* überquert hat, geht es zunächst einmal kräftig bergauf. Nach 2 bzw. 6 km werden die Dörfer *Phulna* (2.104 m) und *Bhyundar* (2.592 m) passiert. Auf diesem Abschnitt der Pilgerroute folgt man immer dem *Lakshman Ganga River*. Nach insgesamt 4–5 Std. wird *Ghangariya* erreicht. Die Wanderung von *Govindghat* nach *Ghangariya* ist nicht allzu schwer. Ein großer Teil der Strecke führt durch den

Wald, so daß man auch an heißen Sommertagen genügend schattige Fleckchen zum Ausruhen findet. Für Getränke und Essen sorgen zahlreiche kleine Stände (ca. alle 2 km) entlang der Route.

Ghangariya

In *Ghangariya* oder *Govindham* – wie die Sikhs sagen – übernachten die meisten Pilger am ersten Tag und brechen erst am frühen Morgen des zweiten Tages nach *Hemkund Sahib* auf. An diesem Tag kehren sie auch wieder nach Govindghat zurück. Dort verbringen sie noch die Nacht, bevor sie mit dem Bus wieder in die nordindische Ebene zurückfahren. Nur ca. 5 % der Sikhs besuchen auch das nahe bei Ghangariya gelegene *Valley of Flowers* und fast überhaupt niemand den Hindupilgerort *Badrinath*, der ja nur 24 km von Govindghat entfernt ist.

Auch in Ghangariya gibt es einen *Sikh-Gurudwara*, wo man kostenlos schlafen (Schlafsäle) und essen kann. Außerdem befinden sich hier noch verschiedene billige *Lodges*, ein *Forest Rest House* und das *Tourist Rest House* (mehrere DZ, aber nur ein EZ). In der Hauptsaison reichen die Übernachtungsmöglichkeiten mitunter nicht aus.

Hemkund Sahib ist 5 1/2 km von *Ghangariya* entfernt. Auf dieser kurzen Distanz müssen über 1.000 m Höhenunterschied bewältigt werden, so daß der Anstieg sehr steil verläuft. Während man für den Anstieg 2 1/2–3 Std. einplanen muß, dauert der Abstieg nicht länger als eine Stunde. Kurz hinter Ghangariya gelangt man an eine Weggabel: links geht es zum *Valley of Flower*, rechts Richtung *Hemkund*. Auf halber Distanz führt der Aufstieg nach Hemkund an verschiedenen *Tea Stalls* vorüber. Die Anstrengungen werden durch beeindruckende Mountain Views entgolten.

Hemkund Sahib

Das Sikh-Heiligtum, das als der höchstgelegene Schrein (4.329 m) der Welt gilt, liegt an einem kleinen, grünlich schimmernden See und ist von 5.000–6.000 m hohen Bergen umgeben. Die Sikhpilger nehmen ein Ritualbad im klaren und kalten See und besuchen anschließend den neuen und sehr modernen Tempel.

Bei den Hindus heißt Hemkund Sahib »Lokpal«. Die Legende berichtet, daß hier *Ramas* Bruder *Lakshman* meditiert habe. Ein kleiner Schrein zu Ehren von Lakshman verweist auf diese mythologische Begebenheit.

Pilgersaison

Die Hauptsaison liegt in den Monaten Juni/Juli und September. In dieser Zeit ist der Pilgerpfad stark bevölkert, allerdings herrscht hier bei weitem nicht so viel Betrieb und Kommerz wie in Kedarnath und Badrinath. Die meisten Pilger gehen zu Fuß, einige machen aber auch die Yatra auf Pferderücken, was nicht billig ist – 1986 kostete der Ritt knapp 100 DM. Es gibt jedoch fast überhaupt keine Coolies auf dem Hemkund-Track. Hemkund Sahib wird nur von wenigen Hindus und ausländischen Touristen besucht.

Pilger / Touristen in Hemkund Sahib und Valley of Flowers (Mai bis Oktober 81)						
	Mai	Juni	Juli	August	September	Oktober
Hemkund	20	12.515	9.356	1.960	15.467	580
Sahib Valley of Flowers	6	212	491	687	180	

Valley of Flowers Der Besuch von *Hemkund Sahib* läßt sich sehr gut mit einem Ausflug in das *Valley of Flowers* kombinieren. Für beide Wanderungen ist *Ghangariya* der Ausgangspunkt. Das Valley of Flowers ist nur 1 km von diesem Standort entfernt. Im Gegensatz zum Hemkund-Track handelt es sich um eine ausgesprochen leichte Wanderung, da der Weg zum und im Park nur allmählich und wenig steigt.

Dieses Hochgebirgstal, das 1931 von dem britischen Bergsteiger *Frank Smythe* entdeckt wurde und das für seinen Blumenreichtum bekannt ist, ist ca. 5 km lang und 1–2 km breit.

Die Blumenblüte beginnt unmittelbar nach der Schneeschmelze im Mai. Zuerst sind die Rhododendrons an der Reihe. Bald darauf folgen Priemeln und Potentillas. Die größte Blütenpracht (in der Hauptsaison) bietet sich von Mitte Juli bis Mitte August, d. h. in den Wochen nach den ersten größeren Monsunregen. Dann gleicht das ganze Tal einem dichten Blumenteppich. Ende September setzt der Herbst ein. Es folgen fünf lange Wintermonate, in denen das Valley of Flowers unter einer dicken Schneedecke schlummert. In den einzelnen Lagen des Valley (unterschiedlichen Standorten) wachsen jeweils ganz verschiedene Blumenarten: In den Moränen Androsaces, Saxifrages, Sedums, gelbe und rote Potentillas, Geranien, Astern und Enziane; auf den Wiesen schneeweiße Anemonen, goldene Lilien wie Nomocharis, blühende Sträucher (Shrubs) und Rhododendrons sowie entlang der Bäche und Flüsse und an Wasserstellen Marigold.

Der wachsende Tourismus und damit einhergehendes unreflektiertes umweltschädigendes Verhalten vieler Besucher haben dazu geführt, daß zahlreiche Verbote erlassen werden mußten. So ist das Pflücken von Blumen, das Wegwerfen von Abfällen etc. unter Strafe gestellt.

Trekking in Uttarakhand

Wichtige Berge von Uttarakhand

Bandarpoonch 6.317 m, Barte Kanta 6.579 m, Bethartoli 6.354 m, Changbang 6.866 m, Chaukhamba 7.140 m, Deoban 6.979 m, Dunagiri 7.068 m, Kalanka 6.933 m, Kamet 7.758 m, Mana 7.274 m, Nanda Devi 7.817 m, Nandakhat 6.674 m, Nandakoth 6.863 m, Panchchuli 6.905 m, Nilkanth 6.597 m, Panwali Dhar 6.665 m, Shivling 6.544 m, Trisul 7.122 m; zahlreiche Fünf- und Sechstausender.

Einige Besonderheiten der Flora der Bergwelt von Uttarakhand

In dieser Himalayaregion trifft man viele Pflanzen an, die es auch in Kashmir und Himachal Pradesh gibt. Es existieren aber auch eine ganze Reihe botanischer Besonderheiten, von denen mir einige erwähnenswert erscheinen.

Untere Lagen: Cassia fistula/gelbblühender Cassia–Strauch, Albizia julibrissin/Mimosengewächse mit lilafarbenen Blüten, Nerium indicum/Indischer Oleander, Paris polyphylla/vielblättrige Einbeere, Lilium oxypetalum/Lilie mit gelben Blüten.

Mittlere Lagen: Thermopsis barbata/Geißblattart, Scutellaria sandeus/ Helmkraut; wie in vielen Gegenden des Süd–Himalyas zahlreiche Orchideenarten.

Höhere Lagen/Bergwiesen: Eremurus himalaicus/Steppenlilie, Saxifraga pseudo-pallida/Steinbrechart, Rosularia rosulata/Dickblattgewächse, Gnaphalium hypoleucum/Ruhrkraut, gelb blühend, Ainsliaea/der Kornblume ähnelnd.

Literatur: G. S. Paliwal (Hg.), The vegetational wealth of the Himalayas, Delhi 1984, Puja Publishers.

Sieben Wanderrouten

In dieser Region wandern in größerer Zahl indische Jugendliche und Studenten während der Sommerferien. Früher kamen auch größere westeuropäische Gruppen (z. B. Deutscher Alpenverein). Deren Hauptziel bildete die *Nanda Devi-Region*, die 1985 bis 1988 wegen großer Umweltverschmutzung für Trekker geschlossen war und nun wieder von Wandergruppen, aber nicht von Individualtrekkern besucht werden darf (Auskunft des indischen Fremdenverkehrsamtes Frankfurt, August 1989).

Haupttrekkinggebiet von Uttarakhand sind die Regionen nordöstlich von *Uttarkashi*, das Gebiet um den *Nanda Devi* (1985–1988 geschlossen), Gebiete um *Homkund* und *Roopkund* und die Gegend um den *Milan* und den *Pindari Glacier*. Diese Tracks bieten schöne Flußtäler, Wälder, Almen, spektakuläre Hochgebirgskulissen, aber nur wenige Dörfer und damit auch nicht allzuviel Einblicke in die soziale und kulturelle Situation der Menschen von Uttarakhand. Um letzteres herauszufinden, bedarf es eines längeren Aufenthalts in verschiedenen Dörfer in den *Garhwal-* oder *Kumaon Hills*.

Von Uttarkashi nach Kedarnath

Dieser 6tägige Track ist nicht allzu schwer, die größte Höhe beträgt nur knapp 4.000 m. Er ist landschaftlich schön und abwechslungsreich, es liegen auch einige Dörfer an der Route. Etwas Proviant sollte mitgenommen werden, ein Zelt ist nützlich, aber nicht unbedingt erforderlich.

1. Tag: Uttarkashi–Lata–Belak
Man fährt zunächst mit dem Bus nach *Lata* (Richtung Harsil/Gangotri), ca. 10 km nördlich von *Uttarkashi*, wo die Wanderung beginnt. In *Lata* überquert man den *Bhagirati River* und folgt auf halber Höhe zur Linken dem *Saura River*. Nach ca. 4 km (bei ein paar Häusern) geht man zum Fluß hinunter und überquert ihn. Hinter der Brücke wendet man sich nach links. Anschließend wandert man durch dichten Wald zum 7–8 km entfernten *Belak-Paß* hinauf. Kurz vor Belak tauchen Almen mit weidenden Kühen auf. Auf der Paßhöhe stehen ein paar Häuser. Darunter befindet sich auch ein einfaches Speiselokal, auf dessen Fußboden übernachtet werden kann. Von *Lata* bis *Belak* benötigt man 5–6 Std.

2. Tag: Belak–Buddh Kedar
Der Abstieg ist leicht; er führt abwechselnd durch Laubwald und Bergwiesen. Wohin das Auge blickt, trifft es auf prächtig bewaldete Gebirgslandschaft. So haben wohl die ganzen Garhwal Hills ausgesehen, bevor der ökologische Harakiri kam.
Nach ca. 10 km Abstieg, wofür man etwa 2 Std. braucht – an einem Fluß entlang, ab und an Rhododendron am Wegesrand –, erreicht man das Dorf *Jhula*. Damit ist der Abstieg beendet. Der restliche Weg bis *Buddh Kedar*, weitere 6 km, ist flach. Ca. 4 km vor Buddh Kedar kommt man durch das stattliche Dorf *Agunda*.
In *Buddh Kedar* gibt es mehrere kleine Herbergen/Hotels. Hier ist auch eine gandhianische Kooperative zu Hause, die ein kleines Sägewerk, eine Teppichweberei und eine Schule betreibt. Die Gandhianer bemühen sich v. a. auch um die Verbesserung der sozialen und ökonomischen Situation (handwerkliche Ausbildungsprogramme) der Unberührbaren und anderen Dorfarmen.

3. Tag: Buddh Kedar–Ghuttu (ca. 17 km)
Ca. 3 km vor Ghuttu trifft der Trekkingpfand auf die Straße *Srinagar–Ghuttu*. In *Ghuttu* existiert ein kleines spartanisches Hotel mit einem brauchbaren Speiselokal. Ghuttu ist auch Ausgangspunkt für Tracks zum *Khatling Glacier*.

4. Tag: Ghuttu–Paniwali (ca. 3.600 m)
Auf dem gesamten Tagesabschnitt geht es kräftig bergauf. Da ein großer Teil der Route durch Wald führt, kann der Aufstieg auch bei sommerlicher Hitze unternommen werden. Nach ca. 4 km, 10 km und ungefähr 2 km vor *Paniwali* kommt man an Hütten vorbei, wo Tee und heiße Milch angeboten werden. Paniwali ist eine weite Hochalm mit einem Dharamshala, ein paar Häusern und einem Rest House. Im Dharamshala bekommt man auch Essen. Unterhalb der Hochalm erstrecken sich ausgedehnte Wälder. Die Szenerie erinnert sehr stark an Österreich. Außerdem hat man bei klarem Wetter eine

fabelhafte Aussicht auf die schneeglitzernden Bergmassive von *Kedarnath* und *Badrinath* (6.000–7.000 m).

5. Tag: Paniwali–Gauri-Kund
Auf den nächsten 2 km klettert man noch einmal ca. 300 m bergauf (größte Höhe wahrscheinlich 3.900 m; unterschiedliche Angaben). Dann erfolgt ein steiler Abstieg – zumeist durch dichten Wald. Nach ca. 9 km wird *Maggu* erreicht, wo man Snacks und heiße Milch bekommen kann. Bis *Triyugi Narayan*, einem Großdorf mit Post und Tea Stalls, das von Kartoffelfeldern und Obstgärten umgeben ist, sind es weitere 3–4 km. Etwa 1 km unterhalb des reichen Dorfviertels liegt der ärmliche *Harijan*-Dorfteil.
Das Tagesziel *Gauri-Kund* ist von *Triyugi Narayan* 6–7 km entfernt. Die letzten 3 km sind Teerstraße (Hauptstraße *Rudraprayag–Gauri-Kund*). An diesem Tag muß zügig gelaufen werden, damit das Tagesziel noch vor Einbruch der Dunkelheit erreicht werden kann.

6. Tag: Gauri-Kund–Kedarnath, s. unter Kedarnath, S. 350 ff.

Von Ghuttu zum Khatling Glacier
Nicht allzu schwerer 5–6tägiger Track. Zelt und Proviant erforderlich. Guide für erfahrene Wanderer nicht erforderlich, da man stets den *Bhilangna River* zur Orientierung hat.
Ausgangspunkt ist *Ghuttu* (einfache Übernachtungsmöglichkeit), über das auch der *Sahastra-Track* und der Track von *Uttarkashi/Gangotri* nach *Kedarnath* laufen.
Die erste Etappe führt über *Reeh*, 10 km auf stetig steigendem Profil nach *Gangi*, einem Dorf, das noch deutlich von der Tradition geprägt ist. Dieser Ort besteht aus drei Teilen: unten liegen die Winterhäuser, in der Mitte das während der längsten Zeit des Jahres bewohnte Hauptdorf, und oben Behausungen für die heiße Jahreszeit (Frische, Weiden).
Nach Norden wird der Anstieg steiler und anstrengender. Bis zur Gujar-Siedlung *Kharsoli* sind es weitere 10 km (Gujars s. Kashmir-Kapitel, S. 39 f.). Von hier ist der Ausläufer des *Khatling Glacier* ca. 7 km entfernt. Das letzte Stück Weideland hat den Namen *Kachotra*; danach muß mehr und mehr Schnee und Eis überquert werden. Um den Gipfel des *Khatling Glacier* zu sehen, muß man bis etwa 5.000 m hinauf.
Es ist ratsam, am zweiten Tag bis *Kachotra* zu wandern. Für den Gletscher und den Rückweg nach *Ghuttu* sind ebenfalls zwei Tage zu veranschlagen.
Es besteht auch die Möglichkeit, vom *Khatling Glacier* auf einer viel kürzeren Route als via Panwali nach Kedarnath zu wandern. Die Route hat folgenden Verlauf:
Gletscher–Maser Tal, 6 km (See mit 4 km Umfang)–*Pain Tal*, 9 km (sehr kleiner See)–*Vasuki Tal*, 12 km (sehr kleiner See)–*Kedarnath*, 12 km.

Von Helang via Rudranath nach Gopeshwar
Ein Track, der nicht besonders schwer ist und der in 3–5 Tagen bewältigt werden kann. Zelt und etwas Proviant sollten mitgenommen werden.
Ausgangspunkt ist der kleine Ort *Helang* an der *Srinagar–Joshimath Road*, wo man den *Alaknanda River* überquert. An einem Muli-Track (auch verschiedene Short Cuts) geht man stetig bergan; nach 9 km wird *Urgam* er-

reicht. An einer Abzweigung wendet man sich nach rechts. Der Pfad führt nun über einen 3.400 m hohen Paß und dann nach *Dumak* hinunter (kein steiler Abstieg). *Dumak* ist 17 km von *Urgam* entfernt. 2–3 km vor Dumak gibt es eine Wiese zum Zelten; auf dem gegenüberliegenden Flußufer bietet ein Tempel ein *Dharamshala* an.

Von *Dumak* geht man 3 km einen Bergrücken entlang und steigt dann zur *Dudh Ganga* hinab (1 km). Man geht den Fluß ein Stück entlang und überquert ihn dann auf einer einfachen Brücke aus Holzstämmen. Der Pfad führt dann durch Wald und mündet in eine Alm. *Rudranath* ist von hier 3 km entfernt und liegt nach rechts. Wenn man vom *Rudranath-Tempel* zurückkommt, gelangt man nach 3 km an eine Stelle, wo sich die Tracks nach *Dumak*, *Gopeshwar* und *Mandal* gabeln. Richtung *Gopeshwar* geht man geradeaus und wandert einen Bergrücken hinauf. Bis Gopeshwar hat man insgesamt 20 km zurückzulegen.

Eine alternative Route führt über *Mandal*, wo sich der Ashram des Chipko-Aktivisten *Chadni Prasad* befindet.

Wer die letztere Route vorzieht, wendet sich an der Gabelung nach rechts. Zunächst wandert man im Zickzack einen Bergrücken hinauf. Dann folgt ein steiler Abstieg zur Gujjar-Siedlung *Naila* (8 km) sowie ein weniger steiler Abstieg zu einem Fluß (6 km), von wo aus es noch 3 km bis *Ansuya Devi* ist. Von hier ist Mandal weitere 6 km entfernt (leicht bergab). Mandal liegt an der *Guptakashi–Gopeshwar Road*.

Helko Peters
Von Joshimath via Kuari-Paß nach Ghat
Dieser Track, der durch subtropische Monsunwälder (Farne, Liane, Epiphyten) und über Almen bis in 4.268 m Höhe (*Kuari-Paß*) führt, dauert 5–6 Tage. Die Route kann als schwierig eingestuft werden. Proviant, Kerosin und ein Zelt sind erforderlich. Es gibt in *Joshimath* genügend Möglichkeiten zur Beschaffung von Proviant.

Es ist dringend anzuraten, bereits in *Rishikesh* genügend Geld zu wechseln, da sowohl in Srinagar als auch in Joshimath keine Möglichkeit zum Umtausch besteht.

Beste Jahreszeit für diesen Track ist die Zeit vor (Juni) und nach (Mitte September bis Mitte Oktober) dem Monsunregen.

Ausgangspunkt für den Track ist *Joshimath*, der eigentliche Track beginnt aber erst in *Tapoban* (15 km). Von Joshimath nach Tapoban fahren tgl. mehrere Busse. Man kann aber auch die schöne Strecke (fast kein Verkehr) zu Fuß in 5–6 Std. zurücklegen. Die Straße führt hangparallel am *Dhaliganga* entlang. Zwischen Reisterrassen und Obstfeldern bietet sich ein schöner Ausblick ins *Nanda Devi-Gebiet*.

1. Tag: Tapoban (2.500 m)–unterhalb des Kuari-Passes (3.400 m), 14 km (7 Std.)
Kurz vor *Tapoban* biegt der Weg rechts von der Straße – zwischen Reisfeldern den Berg hinauf – ab. Etwa 900 Höhenmeter sind an diesem Tag zu überwinden, und der Weg führt steil geradewegs auf den *Kuari-Paß* zu. Etwa 3 km hinter *Tapoban*, noch innerhalb der Reisterrassen, verzweigt sich der Weg. Man folgt dem linken, der rechte führt über *Auli* zurück nach *Joshimath*. Durch üppige Bergwälder und Bergweiden erreicht man auf halbem

Weg zum Paß ein kleines Hochplateau mit wunderbarer Aussicht auf die 7.000er im Nordwesten. Hier findet man auch einen guten Platz zum Übernachten.

2. Tag: Fuß des Kuari-Passes (3.400 m)–Kuari-Paß (4.268 m)–Dhingi (3.500 m), 16 km (8 Std.)
Vom Zeltplatz bis zum Paß sind es noch 900 Höhenmeter. Der Weg dorthin ist gut und weithin sichtbar, wird er doch auch von den Einheimischen benutzt. Das letzte Stück zum Paß führt über baumlose alpine Rasen, wo man schnell vorankommt. Man erreicht einen Platz, der sich *Gailghard* nennt. Von da sieht man die Gipfel des *Nanda Devi* (7.817 m), *Nanda Ghunti* und *Bethartol*. Von Gailghard, also noch vor dem Kuari-Paß, kann man mit normaler Trekkingausrüstung einen 5.000er besteigen. Der *Pangachuali* ist 5.183 m hoch und an seiner schneebedeckten Kuppe zu erkennen. Der Weg ist angenehm zu gehen. Wenn man frühmorgens aufbricht, schafft man den Auf- und Abstieg an einem Tag. Vom Gipfel kann man bis nach *Badrinath* sehen.
Hinter dem *Kuari-Paß*, von dem man bis nach *Dhingi* blicken kann, geht es eine Geröllhalde hinab und nach etwa 500 m zuerst nach rechts durch Wiesen, Rhododendron- und Eichenwälder, später wieder nach links, also in südlicher Richtung hinunter ins Tal. Bis man Dhingi erreicht, muß zweimal ein Fluß überquert werden. Von Dhingi sind der Kuari-Paß und der Pangachuali zu sehen.

3.Tag: Dhingi (3.500 m)–Gilgit (2.900 m), 12 km (4 Std.)
Hinter Dhingi steigt der Weg zunächst ein wenig an, um dann aber nach einer Kuppe ins Tal über *Panna* nach *Gilgit* hinunterzuführen. Der breite und ausgetretene Weg ist gut zu gehen.
Panna ist ein größeres Dorf, umringt von Terrassen mit Reis- und Getreideanbau. Im Ort muß man sich rechts halten. Die Route führt einen steilen Hang hinunter und überquert auf einer Seilbrücke einen Zufluß des Ganges. Hinter der Hängebrücke wurde der Weg schon teilweise befestigt. Er ist durch aufrechtgestellte Steine um etwa 30 cm erhöht. An die oft scharfkantigen, eckigen Steine muß man sich erst gewöhnen. Hier zeigt es sich, ob man gute Wanderschuhe hat, die ein Umknicken des Fußes verhindern. Die Steine werden in Handarbeit einzeln eingepaßt und zugeschlagen, wie man später im Tal sehen kann. Ein wenig Boden wird ausgehoben und jeder Stein hochkant, also mit der kleinsten Oberfläche nach oben, aneinandergereiht. Der Weg soll so im Winter besser begehbar sein, das Regenwasser schneller ablaufen. Die Einheimischen scheinen diese Steinwege nicht zu lieben, führen doch immer wieder Fußpfade direkt an ihnen vorbei.

4. Tag: Gilgit (2.900 m)–Ramni (2.000 m), 16 km (6 Std.)
Zweimal geht es auf dieser Etappe über einen Bergrücken, aber immer tiefer dem Flußtal des *Ganges* zu. Schon 600 m tiefer steigen die Temperaturen wieder merklich an. In *Ramni* gibt es mehrere Unterstell- und Schlafmöglichkeiten. Es handelt sich um die einzigen verputzten Steinhäuser im Dorf, die schon von weitem gut auszumachen sind.

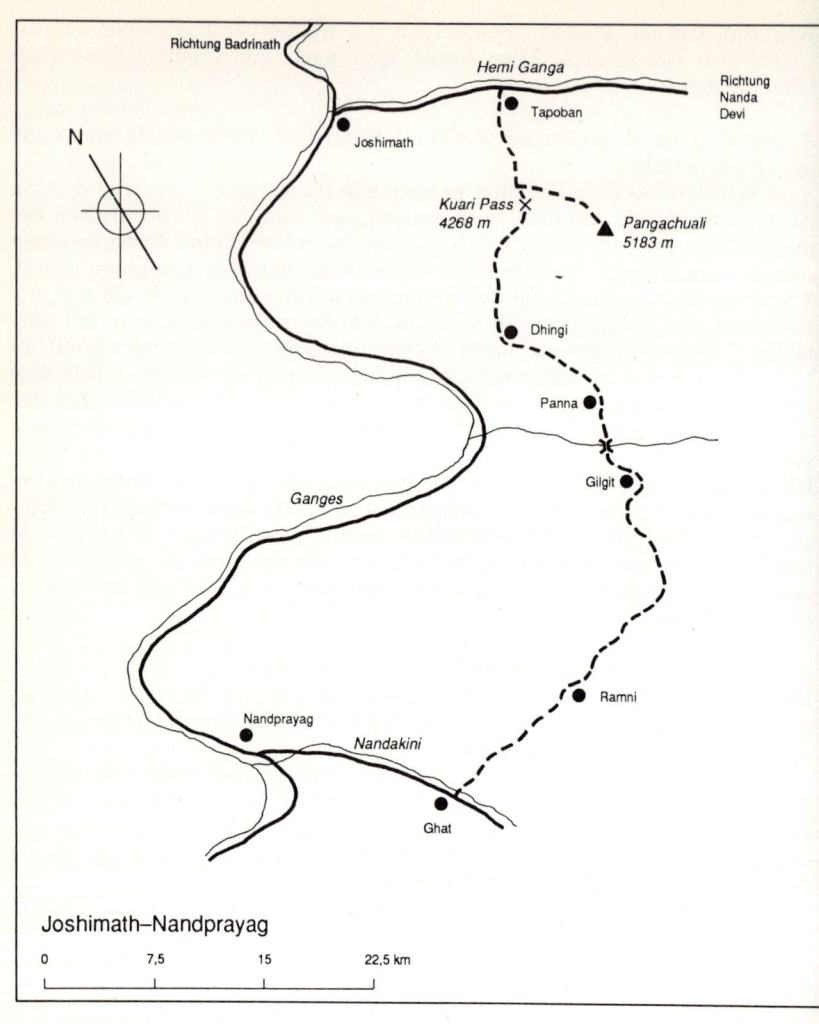

Richtung Badrinath

Hemi Ganga

Richtung
Nanda
Devi

Tapoban

Joshimath

N

Kuari Pass ✕
4268 m

▲ Pangachuali
5183 m

Dhingi

Panna

Gilgit

Ganges

Ramni

Nandprayag

Nandakini

Ghat

Joshimath–Nandprayag

0   7,5   15   22,5 km

5. *Tag:* Ramni (2.000 m)–Ghat (1.300 m), 12 km (4 Std.)
Von *Ramni* führt die Route nach 1–2 km steil hinab ins Tal des *Nandakini*.
Den ganzen Abstieg folgt man den Steinpfaden und kommt am Fluß zu einem kleinen Tea Stall. Am rechten Ufer des Nandakini entlang gelangt man
nach weiteren 2 Stunden nach *Ghat*. Hier gibt es wieder genug Möglichkeiten, Obst und Gemüse einzukaufen. Nach *Nandprayag* fährt täglich ein *Bus*.
Als Alternative bietet sich an, die 19 km lange Strecke – immer am Fluß entlang – zu wandern. Dafür sind etwa 6 Stunden zu veranschlagen.

Nanda Devi-Track

Dies war bis vor wenigen Jahren der Renommiertrack Indiens, ein Track, der an landschaftlicher Schönheit in nichts den berühmtesten Nepal-Tracks nachsteht. Es ist daher nicht verwunderlich, daß er sehr häufig von Trekkinggruppen aus dem Westen (z. B. Deutscher Alpenverein), aber auch einer größeren Zahl indischer Bergwanderer unternommen wurde, womit schwere Umweltschäden einhergingen. Der Track war schließlich durch leichtfertig weggeworfenen Müll derart verunstaltet, daß er 1985 geschlossen und gesäubert werden mußte. Außerdem hatten sich viele Trekker sehr freizügig Bäume für Lagerfeuer gefällt.

Vom indischen Fremdenverkehrsamt wurde im August 1989 mitgeteilt, daß jetzt wieder organisierte Trekkingtouren gestattet werden. Es soll nun strenge Auflagen zum Schutz der Natur geben.

Der Nanda Devi-Track dauert gewöhnlich 11 Tage und gilt als sehr schwer; Zelt und Proviant sowie ein Guide sind notwendig.

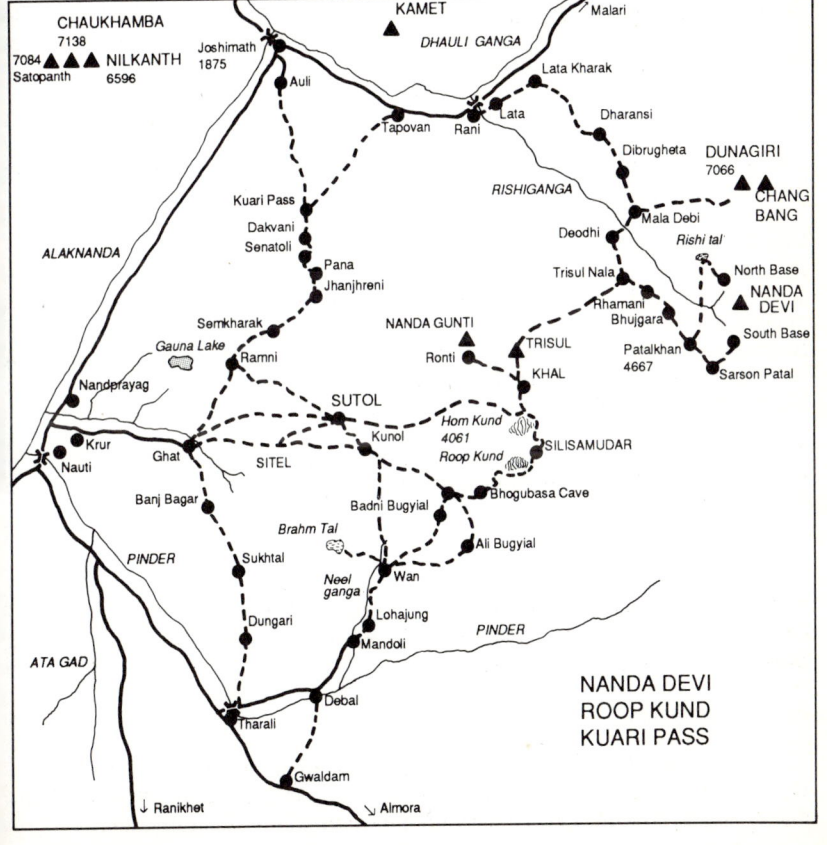

1.Tag: Joshimath (1.830 m)–Lata Village (1.500 m)–Lata Kharak (3.689 m)
Der Track beginnt in *Lata,* das von *Joshimath* mit dem Bus zu erreichen ist
Von *Lata* nach *Lata Kharak* ist ein sehr schwerer Anstieg zu bewältigen. Von
dort hat man eine schöne Aussicht auf die Berge *Hathi Parbat, Nanda Ghutt*
und *Bethartoli Himal* (6.352 m).

2.Tag: Lata Kharak–Dharasi-Paß (4.667 m)
Ebenfalls steiler Aufstieg. Vom Paß schaut man auf den *Dhunagiri* und den
Hanuman (6.076 m).

3.Tag: Dharasi–Deodi (3.554 m)
Zunächst steiler Abstieg nach *Dibrughata* (Blick auf den *Nanda Devi*
7.817 m).

4. Tag: Deodi–Ramani (3.520 m)–Bhujgara (4.050 m), 14 km
Wanderung durch Wacholder- und Rhododendronwälder. *Ramani* ist das Tor
zum inneren Naturpark *Nanda Devi* (Inner Sanctuary)

5. Tag: Bhujgara–Tilchunauni/Camping Site (4.200 m)
Pfad am *Rishi Ganga* entlang. Das Panorama dieses Gebietes wird durch die
atemberaubende Szenerie zahlreicher 7.000er bestimmt. Es gilt als Paradies
für Botaniker, Zoologen, Ornithologen, Angler und Wanderer.

Der 6. und 7. Tag wurden gewöhnlich für den Aufenthalt in diesem Gebiet
reserviert. Für den Rückweg wurden wiederum fünf Tage veranschlagt. Das
Basislager der Bergsteiger liegt einen Tagesmarsch südöstlich vom Endpunkt
der Trekkingroute.

Von Gwaldam nach Roopkund und Homkund
Dieser Track dauert ca. 7 Tage, er ist nicht ganz einfach; Zelt und Proviant
sind erforderlich und von *Rishikesh* oder *Almora* mitzubringen. Aus-
gangspunkt für diesen landschaftlich abwechslungsreichen Track zu den
Bergseen von *Roopkund* und *Homkund* ist *Gwaldam,* an der Straße von
Karnaprayag nach *Baijnath/Kausani/Almora* gelegen, das von Rishikesh via
Karnaprayag mit dem Bus zu erreichen ist.

1. Tag: Gwaldom (1.940 m)–Debal–Mandoli (3.134 m)
Bus bis *Debal,* dann 7 km Fußwanderung nach *Mandoli.*

2. Tag: Mandoli–Bedni Bugyal (3.354 m); 14 km
Aussicht auf *Trisuli* (7.120 m), *Nanda Khat* (6.611 m) und *Ghutti* (6.351 m).

3. Tag: Bedni Bugyal–Roopkund Lake (5.029 m), 14 km
Der Roopkund Lake ist von Gletschern und verschneiten Berggipfeln umgeben (u. a. *Trisuli* und *Nanda Ghuttu*).

4. Tag: Ausruhen.

5. Tag: Roopkund–Jyuirighati Dhar (5.335 m)–Homkund (4.061 m), 13 km
Der Homkund Lake steht wie der Roopkund Lake bei vielen gläubigen Hindus in hohem Ansehen. Er ist deshalb auch einmal im Jahr Pilgerziel.

6. Tag: Homkund–Sotula/Badnikund (2.192 m), 18 km.

7. Tag: Sotula–Ghat (1.331 m), 26 km.
Von *Ghat* Bus nach *Nandprayag* an der verkehrsreichen Straße.
Rishikesh Joshimath/Badrinath

Von Kapkote zum Pindari Glacier
Ein nicht allzu schwerer Track, für den 5–7 Tage zu veranschlagen sind. Es ist ratsam, ein Zelt und etwas Proviant mitzuführen. Es gibt zwar PWD Bungalows in *Loharkhet, Dhakuri, Khati, Dwali* und *Phurkiya,* aber diese sind oft ausgebucht. Der Pindari Glacier-Track ist unter indischen Jugendlichen populär, weshalb man in der Hauptsaison (Juni, September/Oktober) nie ganz einsam ist.

1. Tag: Kapkote (1.080 m)–Loharkhet (1.900 m), 22 km
Ausgangspunkt ist *Kapkote,* 24 km nordöstlich von *Bageshwar,* das mit New Delhi eine direkte Busverbindung besitzt. Man folgt bis zu dem Bhotiya-Dorf *Chir Bazar* dem *Saryu River.* Hier beginnt der steile Anstieg nach *Loharkhet* hinauf.

2. Tag: Loharkhet–Dhakuri (2.700 m), 11 km–Khati (2.210 m), 10 km
Auf dem Wege nach *Dhakuri* ist der *Dhakuri-Paß* (3.000 m) zu ersteigen, der steilste Anstieg auf der gesamten Trekkingroute. Vor dem Paß befindet sich eine Wiese mit prächtigen Blumen und einem bunten Teppich von Rhododendron-Sträuchern. Vom Paß blickt man auf ein eisglitzerndes Bergpanorama, das vom *Nandakot* im Osten zum *Nandakhat* im Westen reicht. Vom Paß geht es tief hinunter zum *Dhakuri Rest House,* das von dichtem Rhododronwald umgeben ist.
Richtung *Khati* wandert man durch einen Eichenwald und erreicht schließlich ein Tal mit einem schönen Ausblick auf den Pindari River. Das kleine Dorf *Khati* (30 Haushalte, letztes Dorf auf dem Weg zum Gletscher) ist umgeben von terrassierten Feldern, auf denen Gerste und große Gurken angebaut werden. Im Winter ist der Ort 2–3 Monate unter einer dicken Schneedecke begraben und von der Außenwelt abgeschnitten.

3. Tag: Khati–Dwali (2.576 m), 10 km–Phurkiya (3.250 m), 5 km–Gletscherzunge (3.657 m) und zurück, 12 km
Nachdem man durch ein Ahornwaldstück gewandert ist, geht man zum *Pindari River* hinunter. Von hier hat man einen schönen Blick auf den *Kaphini-Gipfel.* Am Zusammenfluß von *Pindari* und *Kaphini River* befindet sich das populäre Trekker Camp *Dwali.* Der Streckenabschnitt von *Dwali* nach *Phurkiya* ist eine abwechslungsreiche 1 1/2stündige Wanderung (mehrere Wasserfälle, Birken, Eiben, Rhododendron, Bambus). Schließlich gelangt man zu dem kleinen Bungalow von *Phurkiya* aus dem Jahre 1885, der schier alles überstanden hat – Erdrutsche und Unwetter.
Hinter *Phurkiya* wird die Vegetation zusehends spärlicher. Zur Linken fließt der *Pindari.*
Der *Pindari Glacier* beginnt in 3.657 m Höhe; er ist 3,2 km lang und 365 m breit – also nicht allzu groß. Um den in nordwestlicher Richtung verlaufenden Gletscher liegen nach allen Seiten schneebedeckte Bergriesen, so: rechts

der *Nandakhat Peak* (21.624 ft.) und der *Puali Duarand* (daneben – 21.858 ft.), links der *Bankattia Glacier* mit einer charakteristischen Kurve und daneben der Nandakot (scharf konische Gestalt), der mit 22.510 ft. höchste Berg in der Umgebung des Pindari Glacier ist.

4. Tag: Phurkiya–Dwali–Khati, 25 km.

5. Tag: Khati–Dhakuri–Loharkhet–Kapkote, 33 km.

Reisepraktisches zu Uttarakhand

Essen und Trinken
In Uttarakhand ist – von ein paar regionalen Besonderheiten abgesehen – die »Nordindische Küche« weitverbreitet. In den stark besuchten Touristenorten Musoorie und Nainital existieren auch Restaurants mit chinesischer Küche. In diesen Orten sind auch Küchen anderer Regionen Indiens gut vertreten. Südindische Küche erhält man in Badrinath, Hardwar und Rishikesh.

Sprachkenntnisse
In den oben beschriebenen Touristen– und Wallfahrtsorten gibt es genügend Personen mit ausreichenden Englischkenntnissen.

Übernachtung
Die Haupttouristenorte (Musoorie, Nainital, Hardwar, Rishikesh) sind ausreichend versorgt mit Hotels der mittleren Kategorie. In einer Reihe von anderen Orten kann man auf die ebenfalls recht gut ausgestatteten Tourist Bungalows zurückgreifen. In vielen kleinen Bergorten stehen auch mit dem Notwendigsten versehene Rasthäuser (Rest House, Forest House) zur Verfügung.

Verkehrsverbindungen
Zwischen den Hauptorten sowie zu den großen Wallfahrtsorten bestehen recht häufige Busverbindungen. Die wichtigsten Orte der Region sind auch mit Delhi direkt verbunden. Der einzige Flugplatz liegt tief unten im Terai bei Dehra Dun.

Reisepraktische Tips von A bis Z

ANREISE

Es gibt heute nur noch wenige Touristen, die die Anreise auf dem zeitraubenden Landweg unternehmen.

Die meisten Nordindienreisenden fliegen nach New Delhi, einige auch nach Bombay, wodurch sich aber die Anreise zu den Himalaya-Regionen um etwa 1.400 km verlängert. Flüge von der Bundesrepublik nach New Delhi kosten derzeit (September 1989) zwischen 1.200 und 1.400 DM.

New Delhi ist also im allgemeinen der innerindische Ausgangspunkt für Touren in den nordindischen Himalaya. Die meisten Himalayareisenden bleiben auch ein paar Tage in der indischen Hauptstadt und kombinieren ihre Himalayareise außerdem mit dem Besuch der bekannten Touristenorte in *Rajasthan* (Jaipur, Ajmer, Pushkar, Jaisalmer etc.) sowie Ausflügen nach *Agra* und *Varanasi*.

Delhi

Delhi ist eine sehr alte Stadt, die im Laufe ihrer langen Geschichte des öfteren zerstört wurde. Die neuen Herren ließen sie in der Regel anschließend an einer anderen Stelle nach eigenen architektonischen Vorstellungen wieder aufbauen.

Wenn man von den ganz frühen Siedlungen absieht, kann die heutige Stadt Delhi auf sieben Vorgängerinnen zurückblicken. Von allen existieren noch Bauten, was die Stadt zu einem El Dorado für Archäologen, Kunsthistoriker und Touristen werden ließ.

Mit Ausnahme der ersten Periode der Moghulherrschaft war Delhi die Hauptstadt aller islamischen Großreiche auf indischem Boden. Unter den Briten wurde es 1911 zur Hauptstadt ihres indischen Kolonialreiches, nachdem diesen in Calcutta die politische Situation zu explosiv geworden war. Zwischen 1911 und 1931 wurde südlich der Moghulstadt (heute der Stadtteil *Chandni Chowk* oder *Old Delhi*) eine neue Stadt (*New Delhi*) mit riesigen Repräsentativbauten, breiten Boulevards, großen Parks und luxuriösen Bungalows angelegt.

Nach der Unabhängigkeit – nun Hauptstadt der Indischen Union – wurde New Delhi nochmals stark erweitert (neues großes Diplomatenviertel, viele neue Wohnviertel/Housing Colonies für die wachsende Zahl von Beamten, Hotelhochhäuser, Bauboom im Banken- und Geschäftsviertel südlich vom Connaught Place). Dagegen blieb das alte Delhi, die Stadtviertel um den Chandni Chowk im Kern eine orientalische Stadt mit engen verwinkelten Gassen und überfüllten Wohnungen.

Die Bevölkerung der Stadt hat sich von 1901–1981 verdreißigfacht und liegt heute bei ca. 8,5 Mio.; ein Ende dieses rapiden Wachstums ist nicht in Sicht.

Sehenswürdigkeiten

Delhi zählt zu jenen Städten, in denen man auch nach wochenlangen Streifzügen längst nicht alles gesehen hat.

Für Kurzaufenthalte sei der Besuch folgender Sehenswürdigkeiten empfohlen: *Rotes Fort*, der einstige Sitz der Moghuls (erbaut 1639–1648); *Jama Masjid*, eine der größten und schönsten Moscheen Indiens (erbaut 1644–1658); *Jantar Mantar*, die berühmte alte Sternwarte des *Jai Singh* aus dem Jahre 1725, sowie *Chandni Chowk*, die Altstadt von Delhi.

Übernachtung

Empfehlenswert erscheint die Gegend um den *Janpath*, wo man viele Einrichtungen direkt vor der Haustür hat, wie das Tourist Office, die Post, die Fluggesellschaften, die Banken, das Goethe-Institut (deutsche Zeitungen!) etc.

Billigkategorie: Ringo Guest House, 17 Scindia House, Tel. 4 06 05 (einfach, sauber, gut geführt, Innenhof mit Tischen und Bänken/zugleich Restaurant, sehr populär in der Traveller Szene); *Sunny Guest House,* 152 Scindia House; *Soni Guest House;* in ders. Seitenstraße wie Ringo; *Mrs. Colaco´s,* 3 Janpath Lane, Tel. 31 25 58 (sauber, ruhige Lage in einer Seitenstraße zum Janpath, zu Recht sehr beliebt in der Traveller Szene); *Mr. S.C. Jains Guest House,* Pratap Singh Building, Janpath Lane, Tel. 35 34 84 (ruhig, auch kleiner Garten vorhanden).

Mittlere Kategorie: Das weitaus preiswerteste in dieser Kategorie ist möglicherweise das *Ashok Yatri Niwas,* Manchkuin Marg, neben dem Kanishka Shopping Complex, Tel. 34 45 11; ein 22stöckiges Touristenhotel; *Puri Yatri Paying Guest House,* 3/4 Rani Jhansi Rd., Tel. 52 54 63 (sauber, ruhig); *Roshan Villa Guest House,* Barber Lane 7, nahe Bengali Market, Tel. 32 47 70, 32 24 40.

Luxuskategorie: Hotel Imperial, Janpath (Swimming Pool, Tennisplatz, teures Restaurant mit drei Küchen); *The Taj Mahal Hotel,* 1 Man Singh Road (Apotheke, Swimming Pool, Health & Beauty Centre, Disco, Luxusrestaurant mit sieben verschiedenen Küchen).

Verkehrsverbindungen mit den Himalaya-Regionen

Nach Jammu und Kashmir
Flüge: Jammu, Srinagar (tgl., oft lange im voraus ausgebucht);
Bahn: nur bis Jammu (dort Busanschluß nach Srinagar/Kashmir; populär ist die Fahrt mit dem Nachtzug nach Jammu und Weiterfahrt mit dem Frühmorgenbus von Jammu Town nach Srinagar); Reservierung erfolgt in einem Büro in New Delhi Railway Station.
Bus: Jammu, Srinagar; Abfahrt vom riesigen Bus Terminal am Kashmiri Gate, ganz im Norden der Stadt.

Nach Ladakh
Flüge: Leh (mehrere wöchentlich) via Srinagar bzw. Chandigarh.

Nach Himachal Pradesh
Flüge: Kulu (in der Saison tgl.);
Bahn: nur bis Simla;
Bus: Dharamsala, Simla, Kulu, Manali, Abfahrt Kahmiri Gate.

Nach Uttarakhand
Bus: Hardwar, Rishikesh, Mussoorie, Dehra Dun, Almora, Nainital, Ranikhet etc.

AUSRÜSTUNG

Die Ausrüstung sollte auf die wirklich wichtigen Dinge beschränkt werden, da der Rucksack sonst viel zu schwer wird. Die folgende Checkliste hält sich in diesem Rahmen. Sie ist für die Nordindienreisen gedacht und ist noch um die Sonderliste Trekkingausrüstung zu ergänzen (s. unter Trekking, S. 360 f.). Wir halten diese Liste für notwendig, da die meisten Berg-Touristen ihre Himalaya-Reise mit dem Besuch der berühmten Städte der Gangesebene und Rajasthans verbinden.

Adressbuch mit Kalenderteil
Ausweise, s. Papiere
Bücher: Man beschränkt sich auf einen Himalaya-Reiseführer, ein Englisch-Wörterbuch und ein Medizin-Handbuch für Fernreisen.
Dosenöffner, Erfrischungstücher
Ersatzbrille
Eßbesteck: Darunter ein starkes und gut schneidendes Taschenmesser
Flaschenöffner
Fotoausrüstung: Leute, die nicht aus beruflichen Gründen Aufnahmen machen müssen, sollten sich auf eine Kleinbildkamera beschränken. Filme bringt man am besten von zu Hause mit, da sie bei uns wesentlich billiger sind und die Auswahl viel größer ist. Z. B. bekommt man in Nordindien keine Dias von Agfa. Um sich gegen eventuelle Schäden der Sicherheitskontrollgeräte der Flughäfen zu schützen, sind die Filme in einen Bleibeutel zu geben.
Gummiringe
Karten: Eine Übersichtskarte für Gesamtindien und Spezialkarten für das Trekking.
Kerzen
Klebeband
Kleidung: s. Trekkingausrüstung
Moskitonetz: Nicht unbedingt zu empfehlen, da oft die nötigen Vorrichtungen an den Betten fehlen. Die »Tortoise Moskito Coils«, Spiralen zum Abbrennen, die die Moskitos durch ihren Geruch vertreiben, tun es auch. Damit ist allerdings etwas Gestank verbunden.

Nähzeug: Außer Sicherheitsnadeln, Zwirn, Nadel und Knöpfen ist auch ein Reißverschluß unter Umständen von großem Nutzen.
Papiere: Die wichtigsten Papiere sind möglichst in einem Beutel oder großen Gürtel direkt am Körper zu tragen. Von den wichtigsten Dokumenten macht man sicherheitshalber Kopien (Kaufbescheinigung der Traveller Cheques; die ersten vier Seiten des Reisepasses etc.). Originale sind natürlich an unterschiedlichen Stellen aufzubewahren.
Papiertaschentücher
Plastikflasche: Zur Aufbewahrung von Vorräten an desinfiziertem Wasser.
Plastikplane: Als Unterlage für den Schlafsack auf dreckigen und/oder nassen Böden.
Regenumhang und evtl. Regenschirm: für Monsun.
Reiseapotheke: s. Gesundheitsvorsorge
Reisewecker
Rucksack: Er sollte nicht allzu groß sein, bequem am Rücken liegen und viele Außentaschen haben, damit man nicht wegen jeder Kleinigkeit das ganze Gepäck durchwühlen muß.
Schlafsack: Warmer Daunenschlafsack für die Berge und den Winter in der Ebene, im Sommer tut es in der Gangesebene aber auch ein sehr dünner Schlafsack oder Bettbezug.
Schloß: Für die Türen der Billigunterkünfte. Auch für die Gepäckaufbewahrung an der Bahn sind Schlösser erforderlich, da die Vorschrift besteht, daß lediglich verschlossene Gepäckstücke angenommen werden.
Schnur/Kordel: Z. B. zum Aufhängen der Wäsche.
Schreibzeug: Ein stabiles Mäppchen, ein paar gute Kugelschreiber, Bleistifte, Radiergummi und Bleistiftanspitzer.
Sonnenbrille: Nicht zuletzt auch für Trekker.
Streichhölzer oder Feuerzeug
Sonnenschutzcreme
Taschenlampe
Thermosflasche
Tesaband
Toilettensachen: Nagelschere, Pinzette,

Spiegel, Shampoo (in Indien relativ teuer), Seife, Toilettenpapier (jetzt auch in den großen indischen Städten erhältlich), Zahnpasta, Zahnbürste, zwei Waschlappen und Handtücher, Kamm und Bürste. *Waschmittel:* Waschcreme ist nicht unbedingt erforderlich, das billige indische Waschmittel »Surf« tut es auch.

BOTSCHAFTEN UND KONSULATE

Österreich
Botschaft/Embassy of Austria, EP 13 Chandragupta Marg, Chanakyapuri, New Delhi 110021, Tel. 60 11 12 und 60 15 55, geöffnet: Mo–Fr 9–12 Uhr.
Konsulat, 96/1 Sarat Bose Rd., Calcutta, Tel. 47 27 95;
Konsulat, Taj Building, 210 D. Naoroji Rd., 3rd Floor, Bombay, Tel. 26 20 44;
Konsulat, 114 Nungambakkam High Road, Madras, Tel. 81 21 31.

Schweiz
Botschaft/Embassy of Switzerland, Nyaya Marg, Chanakyapuri, New Delhi 110021, Tel. 60 42 25-27, geöffnet: Mo–Fr 9–12 Uhr.
Konsulat, Manek Mahal, Veer Nariman Rd., Bombay 400020, Tel. 29 35 50.

Bundesrepublik
Botschaft/Embassy of the Federal Republic of Germany, 6/50 G. Shanti Path, P.P. Box 613, Chanakyapuri, New Delhi 110 021, Tel. 60 48 61, geöffnet: Mo– Fr 9–13 Uhr.
Konsulat, Hoechst House, 10th Floor, Nariman Point, Bombay, Tel. 23 24 22.
Konsulat, Hastings Park Road, Alipore, Calcutta 1, Tel. 45 91 41.
Konsulat Mico Building, 22 Commander-in-Chief Road, Madras, Tel. 8 21 25.
Alle Konsulate sind Mo–Fr von 9–12 Uhr geöffnet.

INDISCHE BOTSCHAFTEN UND KONSULATE

Österreich
Botschaft, Opernringhof 17, A-1010 Wien, Tel. 02 22/65 18 66 60.

Schweiz
Botschaft, Weltpoststr. 17, CH-3015 Bern, Tel. 031/44 01 93-95;
Konsulat, 9 Rue du Valais, CH-1202 Genf, Tel. 022/32 08 59.

Bundesrepublik
Botschaft, Adenauerallee 262-264, 5300 Bonn 1, Tel. 02 28/5 40 50;
Generalkonsulat, Joachimstaler Str. 28, 1000 Berlin 15, Tel. 030/8 81 70 67–68, Visa Westberlin;
Generalkonsulat, Sprinkenhof, Burchardstr. 14, 2000 Hamburg 1, Tel. 0 40/33 80 36 und 32 56 44; Visa: Hamburg, Bremen, Schleswig-Holstein, Niedersachsen.
Generalkonsulat, Wilhelm-Leuschner Str. 93, 6000 Frankfurt, Tel. 0 69/27 10 40; Visa: Hessen, Rheinland-Pfalz, Saarland, Baden-Württemberg.
Generalkonsulat, Charlottenplatz 17, 7000 Stuttgart 1, Tel. 07 11/22 37 77.

EINREISEBESTIMMUNGEN
s. Visum

ESSEN UND TRINKEN

Während Ladakh eine sehr eigenständige Küche besitzt (s. Ladakh-Kapitel, S. 215 f.), sind in Kashmir, Himachal Pradesh neben lokalen Spezialitäten auch viele Gerichte verbreitet, die über ganz Nordindien verbreitet sind.

In Nordindien verbreitete Gerichte
Biryani: Wie Pulao ein Reiseintopf, aber schärfer als dieser. Der Reis kann mit Hammelfleisch, Hühnerfleisch, Eiern oder einfach nur Gemüse gemischt sein (mutton biryani, chicken biryani, egg biryani, vegetable biryani).

Churries: Auf vielen Speisekarten findet man die mehr oder weniger scharfen Churries, Reisgerichte mit Gemüse, Fleisch oder Fischzutaten in einer in vielfältigen Variationen auftretenden Gewürzmischung als Sauce. Sowohl das Gericht als auch die Sauce heißt Curry (chicken curry, mutton curry, fisch curry, vegetable curry etc.). Vegetable Curry ist ein meist sehr billiges und leckeres Gericht. Als Vegetables erhält man üblicherweise, was die jeweilige Jahreszeit beschert. Der Name Curry hat mit dem bei uns erhältlichen Currypulver nichts gemein. Der Begriff Curry stammt aus der britischen Kolonialzeit und ist kein Name für ein bestimmtes Gewürz, sondern für alle erdenklichen Arten von Gewürzmischungen, die für ganz unterschiedliche Speisen jeweils verwendet werden. Bestandteile dieser Gewürzmischungen können u. a. folgende Gewürze, Kräuter und aromatische Samenkörner sein: Kardamon, Safran, Kumin (Kreuzkümmel), Koriander, Ingwer, Chillies (Chayenne-Pfeffer), Senfsaat, Pfeffer, Knoblauch, Anis, Dillsamen, Gewürznelken und Kukurma (Gelbwurz), die alle im Gewürzland Indien (v. a. Kerala) gedeihen. Je nach Art und Anzahl (die Anzahl kann zwischen 3 und 30 Gewürzen schwanken!) der verwendeten Zutaten und je nach ihrem mengenmäßigen Verhältnis schmeckt deshalb Curry anders. Als Faustregel für die Schärfe eines Currys gilt jedoch: je weiter man sich im Süden Indiens befindet, desto schärfer brennt der Curry. Curries für vegetarische Gerichte sind ein wenig anders zusammengesetzt als Curries für Fisch- und Geflügelgerichte.

Dal: Gemüse aus Linsen, das manche Familien mehrfach pro Woche essen, da es ein relativ billiges Gericht ist. Dal gibt es als Plain Dal, gekocht, und Fried Dal, gebraten.

Kababs oder Sheek Kabab genannt sind gegrillte Fleischstückchen am Spieß. Diese Gerichte, die aus dem Mittleren Osten nach Indien gekommen sind, erfreuen sich unter Moslems großer Beliebtheit.

Kofta: Fleischbällchen, die unseren Frikadellen ähneln.

Korma ist ein Gericht mit Fleischstückchen, die in einer Brühe aus Fleischsaft, Mohnsamen und Kokosnuß schwimmen.

Pulao ist ein mit Nelken, Ingwer, Kardamon usw. gut gewürztes Reisgericht, das im Vergleich zu Biryani relativ mild ist. Pulao gibt es mit den verschiedensten Zutaten als vegetables pulao, chicken pulao etc.

Tandoori-Gerichte, im Lehmofen, Tandoor, gebackenes Fleisch und Brot, sind die große Köstlichkeit der nordindischen Moghulküche. Am bekanntesten ist das *Tandoori* Chicken, das mit Nan, Chapatis oder Paratha gegessen wird. *Chicken Tikka Kabab* ist in Würfel zerschnittenes Hühnerfleisch, das ebenfalls aus dem Tandoor kommt. Die beiden letztgenannten Gerichte sind für indische Verhältnisse sehr teuer und daher für die unteren Schichten unerschwinglich.

Thali (Meal) ist in weiten Gebieten Indiens das Standarddessen. Es wird auf einer großen Platte serviert, in deren Mitte sich ein Reisberg befindet, um den Schälchen mit verschiedenen Gemüsen, Zwiebelsalat und Joghurt gruppiert sind.

Das Thali bekommt man gewöhnlich auch in den Bahnhofrestaurants und auf Bestellung mittags und abends im Zug.

In Nordindien bekommt man in vielen Lokalen auch die relativ billigen Gerichte *Alu Matter* (Kartoffeln und Erbsen in Sauce), *Matter Paneer* (Erbsen, Quark, Sauce) und *Alu Gobhi* (Kartoffeln und Blumenkohl).

Wer Fleischgerichte bestellt, hat davon auszugehen, daß die Portionen sehr klein und die Preise im Vergleich zu vegetarischen Gerichten sehr hoch sind. In den hinduistischen Regionen Himachal und Uttarakhand gibt es nur wenige nichtvegetarische Lokale.

Zu den meisten Gerichten ißt man in Nordindien Fladenbrot und trinkt Wasser. *Chapatis* sind einfache Fladenbrote aus Weizen- oder Maismehl; *Nan*, ein Brot aus Hefeteig, das im Tandoor gebacken wird.

Paratha: Ein Vollkornfladenbrot mit einem ähnlichen Geschmack wie Blätterteig – mit verschiedenen Füllungen erhältlich.

Puris: Fettglänzende, aufgeblähte Pfann-
kuchen, die aus Mehl, Wasser, Ghee
(zerlassener Butter) und Salz hergestellt
werden.
Snacks:
Pakoras: Gemüse, Fleisch, Eier oder
Käse in einen dicken Pfannkuchenteig
getaucht und ausgebacken – als vegetable pakora, chicken pakora usw. serviert.
Samosa: Ziemlich scharfe Gemüsemi-
schung in gebackenen Teigtaschen;
manchmal auch mit Fleischfüllung.

FREMDENVERKEHRSBÜROS
IN INDIEN

In allen größeren Städten und in den Touristenorten findet man in Indien die *Tourist Office* genannten Fremdenverkehrs-
büros, wo man sich Stadtpläne, Informa-
tionsbroschüren und Adressen aller Art
(Hotels, Geschäfte, Yogakurse etc.) besorgen kann. Diese Büros sind sehr unterschiedlich mit Material ausgestattet.
Ihre Broschüren sind oft sehr unkritisch
gegenüber den sozialen Verhältnissen.

Österreich
Staatliches Indisches Verkehrsbüro, c/o
Air India, Opernring 1, Stiege E, Zimmer
229, A-1010 Wien, Tel. 02 22/51 14 62.

Bundesrepublik
Staatliches Indisches Fremdenverkehrsbüro, Kaiserstr. 77/II, D-6000 Frankfurt
50, Tel. 069/23 54 24.

Schweiz
Office National de Tourisme, 1–3 Rue de
Chantepoulet, CH-1201 Genf, Tel. 0 22/
32 18 13.
In diesen Büros erhält man Broschüren
und Stadtpläne zu allen Regionen des
Landes sowie die verschiedensten touri-
stischen Informationen.

GELD UND WÄHRUNG

Die Währung des Landes heißt *Rupie.*
1 Rupie hat 100 *Paisa.* Während die Einfuhr harter Währung in unbegrenzter
Menge möglich ist, ist die Einfuhr der
Nachbarwährungen aus Pakistan, Nepal
und Ceylon nicht gestattet. Indische Rupien können als *Traveller Cheques* eingeführt werden. Diese kann man über alle
Banken bestellen oder sich auch direkt
über die State Bank of India, Frankfurt,
Taunusstr. 10–14, beschaffen.

Geldwechsel
Der Kurs der indischen Rupie schwankt,
da diese gegenüber den westlichen Währungen floated. Dabei wird der Dollar
ziemlich festgehalten, während die anderen westlichen Währungen im Verhältnis
zum US-Dollar kräftig schwanken. Fällt
der Dollar, steigt der Kurs der anderen
Währungen, steigt der Dollar, fällt der
Kurs der anderen Währungen.
Die Kurse für Traveller Cheques sind etwas besser als für Bargeld (Cash), außerdem haben die T. C. natürlich noch den
Vorteil, daß sie im Falle des Diebstahls
viel Sicherheit bieten.
Wechselquittungen sind aufzuheben, da
man sie für das Rücktauschen bei der
Abreise und bei Aufenthalten über drei
Monaten für die *Income Tax Clearance*
benötigt.
Zwischen den Banken bestehen kleinere
Differenzen in den Kursen, so daß es sich
lohnen kann, zunächst einmal die Wech-
selkurse verschiedener Banken zu vergleichen, bevor man Geld tauscht.

Überweisungen
Wer sehr dringend Geld braucht, kann
dies zu Hause z. B. über Thomas Cooke
Reisebüro, Kaiserstraße 2, 6000 Frankfurt, oder die Filiale der State Bank of India, Taunusstr. 10–14, 6000 Frankfurt, te-
legraphisch überweisen lassen. Das Ganze dauert vier bis sieben Tage.
Vorteil der State Bank of India ist, daß sie
über ein breites, über ganz Indien ausgedehntes Netz von Filialen verfügt, so daß
man sich das Geld auch in andere Orte

als Delhi oder Bombay überweisen lassen kann.

Wer etwas mehr Zeit hat, kann es auch auf dem normalen Wege machen, was etwa 14 Tage in Anspruch nehmen kann. Von den deutschen Großbanken käme für die Überweisung v. a. die Deutsche Bank in Frage, die gute Geschäftsverbindungen nach Indien unterhält.

Welches Geld mitnehmen?

Um sich vor Diebstahl zu schützen, sollte fast das ganze Geld in Traveller Cheques gehalten werden und nur für jeweils eine oder zwei Wochen Geld gewechselt werden.

Im Falle, daß die T. C. gestohlen werden, braucht man, um die verlorenen Schecks bei der Ausstellerbank sperren zu lassen und neue Schecks zu bekommen, die Nummern der verlorengegangenen Schecks. Aus diesem Grund ist es wichtig, an verschiedenen Stellen im Gepäck eine Notiz mit den Nummern der noch nicht eingetauschten Schecks aufzubewahren. Am besten nimmt man auf Dollar oder DM lautende T. C. von American Express (indische Filialen in Delhi, Bombay, Calcutta und Madras) mit. Mit den T. C. deutscher Großbanken kann man in Indien vielerorts nichts anfangen.

Wie das Geld sicher unterbringen?

Eine bewährte Methode ist, das Bargeld bzw. die T. C. möglichst hautnah am Körper in einem Lederbeutel oder Gürtel am Körper zu tragen. Ebenfalls verbreitet ist, das Geld in den Innentaschen der Hosen zu verstecken.

Auf keinen Fall sollte man die Wertsachen in Handtaschen geben, die ja bekanntlich leicht entrissen werden und die man auch irgendwo vergessen oder liegenlassen könnte.

GESUNDHEIT/KRANKHEIT

Wir möchten auf ein kurzes Kapitel mit Tips für den Krankheitsfall ganz verzichten und empfehlen statt dessen die Mitnahme einer Medizinfibel für Fernreisen.

Auf Himalaya-Touren, v. a. wenn sie mit Trekking verbunden sind, kann viel passieren, und da braucht man für den Ernstfall viel mehr Wissen, als es die wenigen und in der Regel sehr allgemein gehaltenen Ratschläge eines Reisebuches bieten können.

Auf jeden Fall sollten jedoch 5–10 Mullbinden (verschieden breit), Heftpflaster, Hansaplast, 2–3 elastische Binden (etwa 8 cm breit), Fieberthermometer, Watte, Pinzette, Schere, Sicherheitsnadel, Rasierklingen, Einwegspritzen, Einwegkanülen, Alkoholtupfer, Dreiecktuch, Wundreinigungstücher (steril verpackt), Mullkompressen, Mittel zur Malariaprophylaxe, Kohletabletten gegen Durchfall, Vitaminpräparate etc. mitgenommen werden.

Trekkingtouren sind oft körperlich anstrengend und sollten deshalb nur von Leuten unternommen werden, deren Herz und Kreislauf vollkommen gesund und die außerdem körperlich fit sind und eine gute Kondition für das Bergwandern mitbringen; s. a. gesundheitliche Probleme beim Trekken.

HÖHENANGABEN

In der Literatur und auf den Landkarten differieren die Höhenangaben mitunter sehr stark. So findet man z. B. für den Prinkiti-Paß bei Lamayuru Höhen zwischen 3.700 und 4.100 m angegeben oder für den Mount Everest in Nepal Angaben zwischen 8.848 und 8.891 m. Es ist daher sehr schwierig, ganz exakte und zutreffende Angaben zu machen. Ich habe jene Höhenangaben verwendet, die mir am wahrscheinlichsten erschienen.

IMPFUNG

Offiziell sind nun seit ein paar Jahren alle Pflichtimpfungen abgeschafft. Dennoch ist es ratsam, sich gegen Cholera, Typhus, Parathyphus, Polio und Tetanus impfen zu lassen sowie Malariaprophylaxe zu betreiben.

LITERATUR ZUM THEMA

Indien im Überblick
Schmitt, E.: Indien – Politik, Ökonomie, Gesellschaft, Berlin 1982, 2. Aufl. 1984.

Umweltprobleme Indiens
Hoering, U.: Ein unlösbarer Konflikt? Umwelt und Entwicklung in Indien, Bad Honnef 1987; im wesentlichen Kurzfassung des berühmten Reports der kritischen indischen Umweltinitiativen: Centre for Science and Environment (Hg.): The State of India's Environment 1984–85, The Second Citizens' Report, New Delhi 1985.

Himalaya im Überblick
Gesamtdarstellung von Politik, Wirtschaft und Kultur: nicht vorhanden.
Bildbände mit vorwiegend populären Essays zur Landschaft und Kulturtradition: Olschak, C., Gansser, A., Gruschke, A.: Himalaya. Wandernde Berge, lebendige Mythen, wandernde Menschen, Köln 1987; fotografisch schönster Himalaya-Bildband.
Merianheft: Himalaya: ebenfalls viele eindrucksvolle Fotos, anregendes Lesebuch.
Geo special: Himalaya: wie das Merianheft sehr ansprechend illustriert und mit informativen kurzen Essays versehen.

Zeitschriften
Himal (engl., Bezug: L. Debuck, Donaustr. 38, Duisburg.)

Ökologie
Tüting, L.: Kahlschlag im Himalaya; Menschen, Bäume, Erosionen, Löhrbach 1987; Überblick über Umweltsituation und ökologische Bewegung in fast allen Himalayaländern (journalistisch).

Nordindischer Himalaya – Einzelregionen
Ladakh
Einzige Region, für die genügend Material für eine gute Vorbereitung existiert.
Friedl, W.: Gesellschaft, Wirtschaft und materielle Kultur in Zanskar (Ladakh), Sankt Augustin 1983; v. a. auf Zangla, einer Teilregion von Zanskar, bezogen; zuverlässigste Informationsquelle zum Thema Zanskar.
Kantowsky, D., Sander, R. (Hg.): Recent Research on Ladakh: history, culture, sociology, ecology, München u. a. 1983; die meisten Aufsätze in Deutsch, wichtige Beiträge zu Ökologie, Religionssoziologie, Tourismus, soziale Entwicklung etc.: wichtige Informationsquelle zur jüngeren gesellschaftlichen Entwicklung.
Kuhn, A.-S.: Beitrag zur Analyse des medizinischen Pluralismus vor dem Hintergrund des medizinischen Weltbildes der Laien in Ladakh, Diss. Heidelberg 1986; guter Einblick in die Alltagskultur und die traditionelle Medizin im Raum Leh; hochinteressant.
Brauen, M.: Feste in Ladakh, Graz 1980; auf den Raum Leh bezogen; detaillierte Darstellung der lamaistischen Feste und Rituale einschließlich des sozio-kulturellen Hintergrunds; wichtiger Beitrag zum Thema Volkskultur in Ober-Ladakh.
Keilhauer, A. und P.: Ladakh und Zanskar, Lamaistische Klosterkultur im Land zwischen Indien und Tibet, Köln 1985 (3. Auflage); umfassende Beschreibung der Kunst der Klöster sowie der Kunstgeschichte des buddhistischen Ladakhs; notwendige Ergänzung für kunsthistorisch interessierte Benutzer dieses Reisebuches.
Hirschberg, H.: Ladakh mit Zanskar, München und Zürich 1987; ebenfalls sehr viel kunsthistorisches Material, aber weniger exakt.
Schumann, H.W.: Buddhistische Bilderwelt. Ein ikonographisches Handbuch des Mahayana- und Tantrayana-Buddhismus, Köln 1986.

Kashmir, Himachal Pradesh
Keine brauchbare Hintergrundliteratur im deutschen Sprachraum.

Uttarakhand
Berndt, H.: Rettet die Bäume im Himalaya. Die Chipko-Bewegung im Spiegel der indischen Presse, Berlin 1987: enthält neben Details zur Chipko-Bewegung auch wichtige Information zur Gesell-

schaft und Umwelt von Uttarakhand.
Krengel, M.: Sozialstrukturen im Kumaon:
Bergbauern im Himalaya, Stuttgart 1989.

INFORMATION

S. Fremdenverkehrsämter in Indien,
S. 375.

ÖFFNUNGSZEITEN

Banken: Mo–Fr 10–14 und Sa 10–12 Uhr;
Büros und Ämter: Mo–Fr 10–16 oder 17
Uhr (Mittagspause 13–15 Uhr), Sa 10–12
Uhr;
Läden: Mo–Sa 10–19 Uhr (große Geschäfte Mittagspause 13–15 Uhr), So geschlossen. Die kleinen Läden öffnen früher und schließen später (einige erst gegen 21 Uhr). Die zahllosen Straßenhändler können sich nicht einmal einen freien
Sonntag leisten.
Post: Mo–Sa 10–19 Uhr, an verschiedenen Orten aber auch nur bis 16 oder
17 Uhr.

POST

Briefe/Postkarten
Am besten ist es wohl, *Aerogramme* zu
verwenden: Sie sind billiger als normale
Briefe, und da die Marken aufgedruckt
sind, kommt auch kein Postbeamter auf
den Gedanken, die Briefmarken für den
Wiederverkauf abzureißen und den Brief
verschwinden zu lassen. Da man in Aerogramme nichts hineingeben darf, läßt es
sich nicht vermeiden, daß man ab und zu
mal einen normalen Brief schreibt. Um sicher zu gehen, daß die Post schnell auf
den Weg kommt, sollte man sie am
Schalter abgeben und abstempeln lassen.

Porto (Anfang 1987)
Postkarte 4 Rp, *Aerogramme* 5 Rp – alles
by Air Mail. Die *Briefe* brauchen bis in die
Bundesrepublik von den großen Städten
(Delhi, Bombay etc.) aus ungefähr eine

Woche. Von den kleinen Touristenorten
im nordindischen Himalaya aus kann es
zwei bis drei Wochen dauern.
Pakete/Bookpost/Filme
Pakete schickt man am besten per *Surfa-
ce Mail/Sea Mail* (Seefracht), da die Air
Mail sehr teuer ist. Die Pakete dürfen bis
zu 20 kg schwer sein. Was schwerer ist,
kann man nur mit Hilfe von Speditionen
versenden. Die Pakete dürfen auch nicht
länger als 1 m sein und Länge plus Umfang soll nicht mehr als 1,80 m betragen.
Der Wert der Sendung darf außerdem
nicht über 1.000 Rp liegen. Man kann
freilich notfalls unterdeklarieren. Die Pakete werden von den meisten Postämtern
nur akzeptiert, wenn sie in weißes Tuch
eingenäht und versiegelt sind. Vor manchen großen Postämtern sitzen Leute, die
darauf spezialisiert sind, die Sachen fach-
gerecht zu verpacken (Kosten 5–15 DM,
je nach Größe des Pakets). Außerdem
hat man drei *Zollpapiere* auszufüllen.
Ein Paket braucht auf dem Seeweg von
Indien nach Deutschland 2 1/2 (Bombay)
bis 3 1/2 Monate (Delhi). Ich habe auch
schon erlebt, daß sie ein paar Wochen
länger unterwegs waren. Im Laufe von 20
Jahren habe ich mehr als 30 Pakete von
Indien nach Hause geschickt, die übrigens alle ankamen. Daraus ziehe ich den
Schluß, daß die indische Post zuverlässig
arbeitet.
Porto für Pakete per Seefracht (Frühjahr
1987) ab *Bombay:* 1 kg: 78 Rp; 1–3 kg:
140 Rp; 3–5 kg: 160 Rp; 5–10 kg: 196
Rp; 10–15 kg: 258 Rp und 15–20 kg: 316
Rp; Fracht vom Inland teurer, da noch die
Kosten für den Transport zum Hafenort
hinzukommen.

Bookpost
Für Bücher, Zeitungen und Zeitschriften
erhält man einen günstigeren Tarif. Ober-
grenze für die Bookpost sind 2 kg. In die
Bookpost darf nichts Handschriftliches
hineingelegt werden.
Post Restante (postlagernde Briefe)
Die postlagernd versandten Briefe kommen in der Regel auf die Hauptpost (General Post Office/GPO, mancherorts auch
Head Post Office genannt). Dort wird sie

nach den Anfangsbuchstaben der Familiennamen sortiert. Es kommt aber immer wieder vor, daß Vor- und Familiennamen verwechselt werden. Wenn also die erhoffte Post nicht dabei ist, schaut man sich vorsichtshalber auch die Briefe an, die unter dem Anfangsbuchstaben des Vornamens abgelegt sind. Die Anschrift für die postlagernde Post sollte ungefähr folgendermaßen aussehen:

Mr.
Otto *Sehnsucht*
Post Restante
GPO New Delhi
India

Man kann die Post auch an ein Tourist Office (mit dem Zusatz »will be collected«), dem American Express (Zusatz »client's mail«, Zusatzgebühr für Nichtkunden) oder an Botschaften und Konsulate senden.

PREISE

Ich gehe in diesem Buch nur sehr sparsam mit Preisangaben um, da solche Angaben durch die in Indien seit Jahren starken jährlichen Preisanstiege zu schnell veralten und nicht mehr besonders hilfreich sind. Soweit also überhaupt Preisangaben gemacht worden sind, bieten sie bestenfalls einen groben Anhaltspunkt.

REISEKOSTEN

Wer bescheiden lebt, braucht – wenn er nicht gerade bei Freunden oder im Ashram wohnt – in einer durchschnittlichen indischen Großstadt im Monat ca. 600 DM für Übernachtung, Essen, Zeitungen/Zeitschriften, Verkehrsmittel (einschließlich Fernfahrten) etc. Die Zeiten, in denen man noch mit 100–200 DM auskommen konnte – wie bei meiner ersten Indienreise anno 1969 – sind längst dahin.

SCHREIBWEISE

In der Literatur trifft man auf unterschiedliche Schreibweisen. Sich an die noch am ehesten zutreffende Schreibweise der Linguisten zu halten, ist jedoch keine Lösung, da diese für ein Reisebuch zu schwierig ist. Ich habe mich im wesentlichen an die Schreibweise aus der in englischer Hochsprache geschriebenen Himalaya-Literatur gehalten.

Im Zusammenhang mit dem Trekking-Phänomen sind im englischen Sprachraum ein paar Begriffe entstanden, die auch in die deutsche Bergwanderliteratur immer mehr Eingang finden, die aber noch nicht alle in den Duden eingegangen sind. Diese Begriffe werden mit Ausnahme von »Trek« in unseren Wanderkapiteln verwandt.

TREKKING

Zur Beschreibung der Tracks (Treks)

Die Wanderrouten werden derart beschrieben, daß in groben Zügen der Verlauf skizziert wird. Es ist schwierig, genaue Entfernungsangaben zu machen, da vielfach keine entsprechenden Daten vorlagen und nur Schätzungen möglich waren.

Angaben über Marschzeiten und Schwierigkeitsgrad sind natürlich sehr subjektiv. Wir sind von jenem Wanderer ausgegangen, der sich etwas Zeit läßt. Ansonsten sträubt sich in uns einiges gegen die Vorgabe von »Trekking-Fahrplänen«. Wenn es einem in einem Dorf gut gefällt und man das Leben dort ein wenig kennenlernen will, bleibt man sowieso ein paar Tage oder gar noch länger – womit der Track zunächst einmal zu Ende wäre.

Soweit wir die Tracks nicht selbst gemacht haben, beziehen wir uns auf Informationen indischer Wanderer, Trekkingagenturen und Bergsteigerinstitute (Mountaineering Institute). Außerdem wurde die Trekking-Literatur ausgewertet, die für den nordindischen Himalaya aber längst nicht so detailliert und materialreich ist wie für Nepal.

Organisation von Tracks

In Srinagar, Manali und Rishikesh gibt es Agenturen (s. entsprechende Kapitel), die Tracks für Kashmir, Ladakh, Himachal Pradesh und Uttararakhand anbieten. Man hat auch die Möglichkeit, an Touren teilzunehmen, bei denen alles, einschließlich Hin- und Rückflug Deutschland-Indien sowie der Aufenthalt in Indien enthalten ist. Als Veranstalter letztgenannter Trekkingtouren in den nordindischen Himalaya seien u. a. Hauser Expeditionen, München, genannt.

Eine größere Zahl von Rucksackreisenden unternimmt Bergwanderungen auf eigene Faust. In diesem Zusammenhang möchten wir davon abraten, Tracks allein zu machen, da man im Falle einer Krankheit oder bei einem Unfall niemand um sich hat, der sofort helfen kann.

Wir schlagen vor, in kleinen Gruppen zu wandern. Bei größeren Gruppen sehen wir die Gefahr, daß das Gruppenleben zuviel Eigengewicht gewinnt und man sich zu sehr von der einheimischen Bevölkerung absondert. Eine Reihe von Vorzügen haben Tracks, die ohne große Proviantschlepperei zu machen sind: weniger Anstrengungen, viel stärkeres Angewiesensein auf die Einheimischen und damit auch viel mehr Möglichkeiten, am Leben der Bergbewohner teilzunehmen.

Gesundheitliche Probleme beim Trekken

Eine Krankheit, mit der Trekker immer wieder konfrontiert sind, ist die Höhenkrankheit. Diese besteht in einem Sauerstoffmangel, der in großen Höhen, also in Nepal, Kashmir und Ladakh aufgrund des dort herrschenden geringeren Luftdrucks und der sauerstoffärmeren Luft auftreten kann.

Anzeichen: Schwindelgefühl und Schwäche, Kopfschmerzen, starke Ermüdung, Übelkeit, Atemnot, Herzbeschwerden. Die Höhenkrankheit kann in schlimmeren Fällen auch mit Symptomen wie Seh- und Hörstörungen einhergehen sowie mit Schlaflosigkeit, Muskelschwäche, Erbrechen, zunehmender Atemnot. Es können im weiteren Verlauf Bewußtseinsstörungen wie Desorientierung, Verwirrtheit und Deliriumzustände auftreten, auch Bewußtlosigkeit.

Vorbeugungs- und Verhaltensmaßnahmen: Für den Aufenthalt in großen Höhen (über 3.000 m) sollte man körperlich unbedingt fit sein. Es ist ratsam, den Aufstieg etappenweise zu nehmen, damit sich der Körper den veränderten Bedingungen anpassen kann, was in aller Regel auch geschieht. Wichtig ist auch, während des Anstiegs den Magen nicht zu überlasten und v. a. Nikotin und Alkohol zu meiden.

Symptome der Höhenkrankheit treten erst nach mehreren Stunden auf. Leichte Beschwerden können durch betont tiefes Ein- und Ausatmen im Sitzen gelindert werden. Es ist auch ratsam, ein Stück abzusteigen. Bei schweren Krankheitszuständen muß eine Sauerstoffzufuhr erfolgen, also Transport in ein Krankenhaus.

Trekkingausrüstung

(s) heißt, auf schweren Tracks und in großen Höhen erforderlich.

Anorak o.ä. mit Kapuze (Skijacke, kurze Parka)
2 Baumwollhemden
Biskuits
Bonbons
Handschuhe
Handtücher
2 Hosen (fest und bequem)
viel Kleingeld, da die Leute auf größere Scheine zumeist nicht rausgeben können
Kocher, Kochtopf, Plastikteller, Besteck(s)
Nähzeug
Nüsse
Plastikplane oder Schaumgummiunterlage
Proviant (s)
dicker und warmer Pullover
Rucksack
Schlafsack (Daunen)
Sonnenbrille
Streichhölzer oder Feuerzeug
Strumpfhose
Taschenlampe (plus Ersatzbatterien)
Thermosflasche (gut, wenn der Rucksack eine Seitentasche hat, in die die Thermosflasche genau hineinpaßt)
Trekkingkarten

1 Paar Turnschuhe mit guter Profilsohle und
1 Paar Wanderschuhe mit Profilsohle; beide müssen gut eingelaufen sein, damit man sich nicht gleich Blasen läuft
Warme Unterwäsche (s)
Waschzeug
Wollmütze (s)
Wollsocken
Zelt (s), 1 bis 2 kg schwer und leicht zu transportieren.
S. Auch Ausrüstung für Indienreisen, S. 372 f.

Beste Jahreszeit für Trekking

S. die Trekking-Kapitel zu Ladakh, Kashmir, Himachal Pradesh und Uttarakhand unter Reiseziele, S. 70 ff., 193 ff., 271 ff., 359 ff.

ÜBERNACHTUNG

Übernachtungsmöglichkeiten verschiedener Kategorien findet man lediglich in den Hauptorten des Tourismus wie Srinagar/Kashmir, Leh, Gulmarg, Pahalgam, Manali, Mussoorie, Simla, Nainital, Hardwar und Rishikesh. Aber immerhin existieren in vielen mittleren und kleineren Gebirgsorten die gut eingerichteten und preiswerten Tourist Bungalows, Traveler Lodges und Forest Rest Houses. Wer größere Bergwanderungen unternimmt, braucht auf jeden Fall ein Zelt.
Einzelheiten zur Übernachtung, s. unter Reiseziele.

VERKEHRSVERBINDUNGEN

Einziges Verkehrsmittel der Bergregionen des nordindischen Himalayas ist der Bus. Alle größeren Hill Stations sind heute von der nordindischen Ebene aus mit dem Bus zu erreichen (Delhi–Jammu–Srinagar; Delhi–Chandigarh–Manali, Delhi–ChandigarhSimla, Delhi–Hardwar–Jamunotri/Kedarnath/Gangotri/Badrinath; Delhi– Nainital).
Zum Busverkehr innerhalb der einzelnen Bergregionen, s. unter Reiseziele.

VISUM

Zur Einreise nach Indien sind für Holländer, Deutsche, Schweizer und Österreicher Visen erforderlich, die man sich bei indischen Konsulaten sowohl persönlich als auch brieflich beschaffen kann. Für den letztgenannten Weg braucht man 3–4 Wochen. Zunächst ist ein Formblatt anzufordern. Dieses ist dann zusammen mit zwei Paßbildern, der Kopie eines Rück- oder Weiterflugtickets und dem Reisepaß sowie der Visagebühr per Einschreiben an das Konsulat zu schicken.
Das Visum gilt für einen Zeitraum von 90 Tagen und kann lediglich um weitere 90 Tage verlängert werden.
Es existieren zwei Arten von Visa: das Visum zur *einmaligen Einreise* (20 DM) und das *Multiple Entry Visa*, das zur mehrfachen Ein- und Ausreise berechtigt. Bei der zweiten Visavariante bleibt die Restgültigkeitsdauer bei Ausreisen für die nächste Einreise erhalten. Spätestens drei Monate nach der Ausstellung des Visums muß man eingereist sein.
Adressen der Konsulate, s. indische Botschaften und Konsulate, S. 373.

Visumverlängerung

Für die Verlängerung des Visums sind die »Foreigner's Regional Registration Offices« zuständig. Es ist im allgemeinen schwierig, mehr als einen Monat Verlängerung zu bekommen. Es ist günstiger, nach drei Monaten nach Nepal oder Sri Lanka auszureisen und sich ein neues Drei-Monats-Visum zu beschaffen.

WECHSELKURS

Anfang 1989: 1 DM = ca. 8 Rp

WINTERSPORT

Der Wintersport steckt im nordindischen Himalaya noch in den Kinderschuhen. Bescheiden eingerichtete Skigebiete findet man lediglich in der Umgebung von Gulmarg, Dharamsala, Simla, Manali und Joshimath.

ZEITUNGEN, ZEITSCHRIFTEN

Nur in wenigen Orten (Srinagar, Simla, Mussoorie, Uttarkashi, Nainital) kommt man pünktlich an englischsprachige indische Tageszeitungen heran. In einigen Orten ist dies mit ein paar Tagen Verspätung möglich (Leh), in den anderen gar nicht. Mit Zeitschriften ist es noch schlechter bestellt.

Bildnachweis:

Ortsregister

386

Sachregister

EXpress Reisehandbücher
– machen dort weiter, wo andere schon lange aufhören ...